个人信息保护法

条文精解与适用指引

DETAILED EXPLANATION AND APPLICATION GUIDELINE
TO THE PERSONAL INFORMATION PROTECTION LAW OF
THE PEOPLE'S REPUBLIC OF CHINA

周汉华／主　　编
周　辉／执行主编

法律出版社
LAW PRESS·CHINA
北京

图书在版编目(CIP)数据

《个人信息保护法》条文精解与适用指引 / 周汉华主编. -- 北京 : 法律出版社, 2022
ISBN 978-7-5197-6414-2

Ⅰ. ①个… Ⅱ. ①周… Ⅲ. ①个人信息-法律保护-法律解释-中国②个人信息-法律保护-法律适用-中国
Ⅳ. ①D923.75

中国版本图书馆CIP数据核字(2022)第017055号

《个人信息保护法》条文精解与适用指引
《GEREN XINXI BAOHUFA》TIAOWEN JINGJIE YU SHIYONG ZHIYIN

周汉华 主编

策划编辑 冯雨春
责任编辑 邢艳萍
装帧设计 汪奇峰

出版发行 法律出版社
编辑统筹 法律应用出版分社
责任校对 朱海波
责任印制 刘晓伟
经　　销 新华书店

开本 710毫米×1000毫米 1/16
印张 29.25　**字数** 505千
版本 2022年3月第1版
印次 2022年3月第1次印刷
印刷 永清县金鑫印刷有限公司

地址:北京市丰台区莲花池西里7号(100073)
网址:www.lawpress.com.cn
投稿邮箱:info@lawpress.com.cn
举报盗版邮箱:jbwq@lawpress.com.cn

销售电话:010-83938349
客服电话:010-83938350
咨询电话:010-63939796

书号:ISBN 978-7-5197-6414-2
定价:118.00元
凡购买本社图书,如有印装错误,我社负责退换。电话:010-83938349

主编简介

周汉华　中国社会科学院法学研究所副所长、研究员，中国社会科学院文化法制研究中心主任，中国社会科学院大学法学院教授、博士生导师，中国法学会学术委员会委员，中国法学会网络与信息法学研究会负责人，中国法学会行政法学研究会副会长，《网络信息法学研究》主编。兼任中国互联网协会个人信息保护工作委员会主任、国家信息化专家咨询委员会委员、最高人民法院案例指导工作专家委员会委员等。接受全国人大常委会法工委、中央网信办委托，起草《个人信息保护法（专家建议稿）》，全程参与《网络安全法》起草工作等，还参与《数据安全法》《电子商务法》《电信条例》等法律法规的专家立法咨询工作。

执行主编简介

周辉　中国社会科学院法学研究所网络与信息法研究室副主任（主持工作）、副研究员，中国社会科学院大学法学院副教授、硕士生导师，北京大学法学博士、国家行政学院博士后。兼任中国法学会网络与信息法学研究会副秘书长、中国互联网协会个人信息保护工作委员会副秘书长、《网络信息法学研究》执行主编，参与《个人信息保护法》《数据安全法》《网络安全法》《电子商务法》等法律的起草论证工作，主持起草《网信系统法治宣传教育第八个五年规划（2021—2025年）（专家建议稿）》。荣获全国法学会系统先进个人、中国社会科学院优秀对策信息对策研究类一等奖、第六届“董必武青年法学成果奖”二等奖等多项部级荣誉奖励，主持国家社科基金等国家级、部级项目十余项，在《环球法律评论》《法制与社会发展》《人民日报》等发表论文数十篇。

20
共同处理

个人信息

的特别规定

36
内存储

37
公共事务

43.对等反制

的义务

53.境外机构义务

56.评估内容

59.受托人义务

第六章 履行个人信息保护职责的部门

60.职责部门

61.保护职责

62.工作说明

63.履职措施

64.约谈审计

65.投诉举报

第八章 附则

73.专业术语

74.施行时间

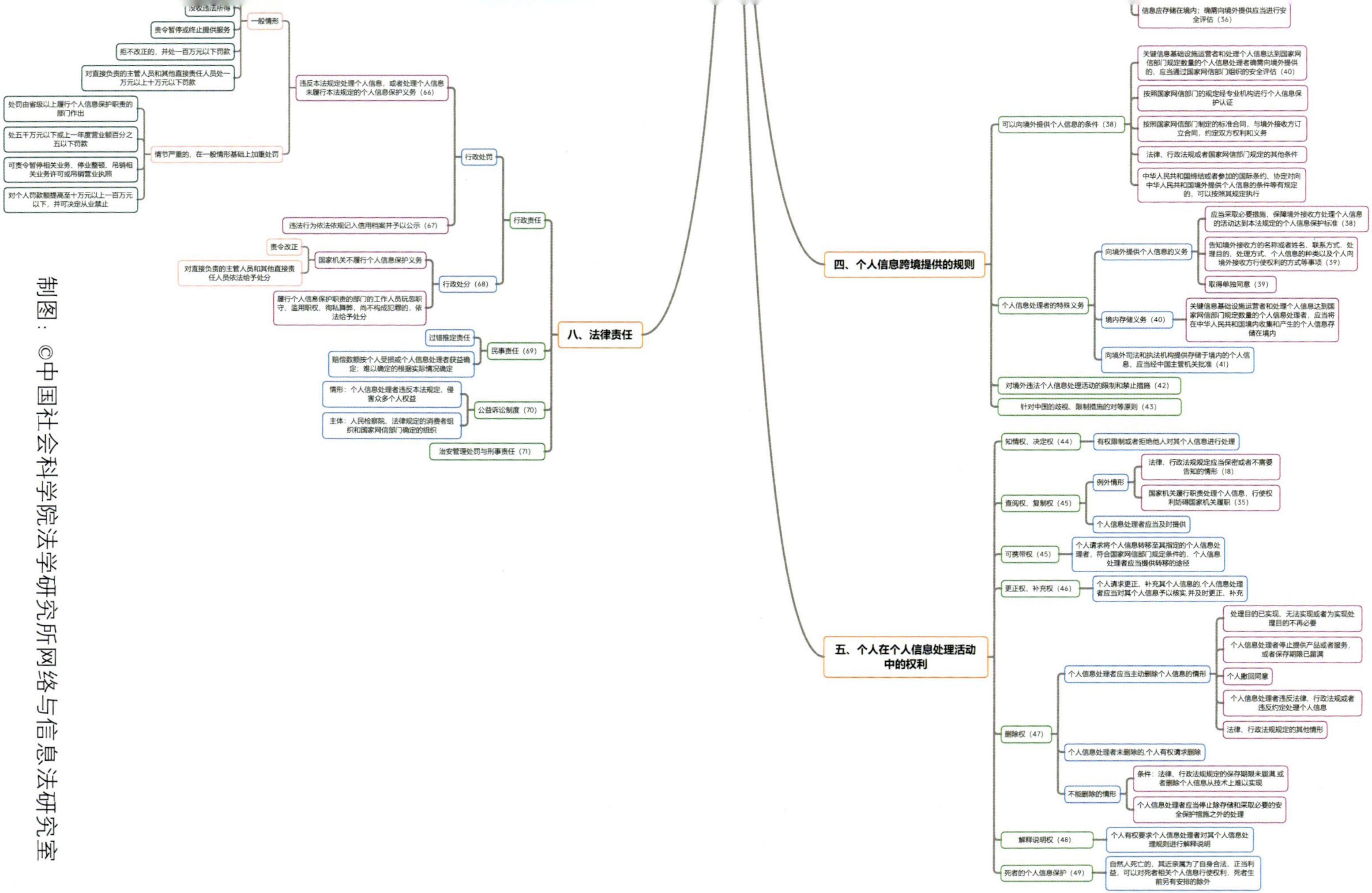

制图：©中国社会科学院法学研究所网络与信息法研究室

序　一

网络时代，信息的重要价值不言而喻，数字经济的核心建立在个人数据的处理和分析之上。互联网正在对世界产生着深刻的影响，新产业、新业态、新模式不断涌现，其范围、深度、广度前所未有。2021 年 12 月国务院印发的《“十四五”数字经济发展规划》也明确指出，“到 2025 年，数字经济迈向全面扩展期，数字经济核心产业增加值占 GDP 比重达到 10%，数字化创新引领发展能力大幅提升，智能化水平明显增强，数字技术与实体经济融合取得显著成效，数字经济治理体系更加完善，我国数字经济竞争力和影响力稳步提升”的发展目标；“展望 2035 年，数字经济将迈向繁荣成熟期，力争形成统一公平、竞争有序、成熟完备的数字经济现代市场体系，数字经济发展基础、产业体系发展水平位居世界前列”。

然而，云计算、大数据等数字技术在提供巨大便利的同时，也催生了一些安全风险。如果不能妥善应对，会对个人、国家、社会产生一系列的风险和挑战，对此，必须发挥法治的引领、规范和保障作用，个人信息保护问题正是重中之重。目前，国际上已经有 130 多个国家或者国际组织制定了与个人信息保护相关的专门法律，明确规定了个人信息权的基本权利属性，并立足于系统性风险预防等特点，建立了相应的执法与国际合作机制，甚至成立了专门的个人信息保护机构。而我国的法治建设正处于体制变革的磨合期、法治范式的转轨期和各界期待的提速期三期叠加阶段，要重视问题与挑战的复杂性、共生性与相互转化性，避免线性思维、单向思维，发挥多维治理的优势，法治、德治、自治、智治相结合，构筑多元主体参与、多种治理方式并用、激励约束并重、依法治理与数据治理互相补充的新格局。

《个人信息保护法》正是产生于这种国情需要和国际经验的交织融合之中，并且与已经出台的《民法典》《数据安全法》《网络安全法》等法律相配套，形成个人信息体系性保护的有机整体，更好地保护个人信息权益，规范个人信息处理活动，促进个人信息合理利用：一方面，信息主体控制自己信息不被信息控制者违法处理或滥用的权利，是整个个人信息保护制度运行的基石；另一方面，个人信息保护立法需要确立信息主体与个人信息处理者激励相容机制，充分调动个人信息处理者的积极性,促使其主动承担保护个人信息的义务。

《个人信息保护法》共八章七十四条,内容涵盖了个人信息处理活动的一般规定、个人信息跨境规则、个人信息处理者的保护义务、履行个人信息保护职责的部门等方面。《个人信息保护法》在基本框架、立法目的、适用范围、核心概念、基本原则、监管制度、法律责任等方面,充分借鉴国际经验,构造以"告知—同意"为核心的个人信息处理一系列规则,首次在我国确立一整套系统的个人信息保护法律制度,弥补以前立法的缺陷。与此同时,《个人信息保护法》充分体现了我国网络法治的强度与灰度:一方面,互联网发展的历史表明,新技术、新应用、新业态的推出都会伴随着风险与挑战,《个人信息保护法》为个人信息保护构筑起一道安全底线,充分体现了法治的强度与权威;另一方面,互联网时代中许多问题都是"无人区",传统法律在应对网络时代的新问题时,需要允许法治存在不确定性,为变革和创新提供灰度决策空间。文武之道,一张一弛。《个人信息保护法》很好地融合了网络法治的强度与灰度,刚柔并济,共同构成了个人信息法律保护的基本行为规则。

掐指算来,从开始研究个人信息保护立法到现在已有近20年时间。早在2003年年初,国务院信息办就曾委托中国社会科学院法学研究所个人数据保护法研究课题组承担《个人数据保护法》比较研究课题并草拟一份专家建议稿,我担任本课题组负责人。课题组成员历经两年,分别形成了中期与最终研究报告。在上述研究的基础上,法律出版社于2006年整理出版了《中华人民共和国个人信息保护法(专家建议稿)及立法研究报告》。然而,2003年还处于传统互联网时代,诸如大数据、云计算等概念较少被提及。进入2010年之后,全球都进入了高速的移动互联网时代,我们面临着相较于传统互联网时代而言更加复杂的技术环境、更加严峻的治理挑战、更加紧迫的保护需要。2017年,《个人信息保护法》起草工作启动,受全国人大常委会法工委经济法室和国家互联网信息办公室原政策法规局委托,我有幸参与了前期研究和起草论证工作。在参与《个人信息保护法》起草工作的过程中,我深刻体会到个人信息保护立法是一项复杂、艰难的工程,其涉及领域之广、社会关切之深、矛盾争议之多、在现有立法中实为少见,而这些观察和体悟也为本书的编写提供了丰富的分析素材和扎实的研究基础。

《个人信息保护法》的颁布和施行仅仅是一个开始,徒法不足以自行,未来该法将会如何真正落地是大家共同关注的话题,这也是本书撰写的最初动力。本书以具体条文为脉络,围绕条文规定、条文主旨、演进过程、条文释义、适用指引、案例链接、关联条文、相关规定以及域外比较等模块展开翔实、全面、深入的分析，力图为读者们呈现一幅多维度、全景式的《个人信息保护法》解读导图。最后，期待本书能够成为各位同仁理解和学习《个人信息保护法》的工具手册。

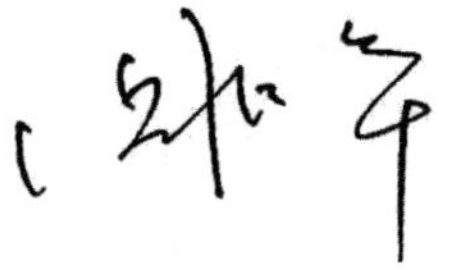

2022年2月于沙滩北街

序　二*

个人信息是重要的数字资产。加强个人信息保护，规范个人信息的获取及使用，不仅事关个人权益维护，也关系数字经济健康发展。“十四五”规划和2035年远景目标纲要对加快推进数据安全、个人信息保护等领域基础性立法提出明确要求；《民法典》对个人信息保护作出了规定；2021年8月，《个人信息保护法》通过，于11月正式施行。这是一部专门规定个人信息保护基本原则和制度的法律，有力增强了个人信息保护的系统性、权威性和针对性，对于统筹个人信息保护和数据合理利用，统筹数字经济发展和数据安全，加快推进数字中国建设具有重要意义。

为更好地保护个人信息权益。习近平总书记强调：“网信事业发展必须贯彻以人民为中心的发展思想，把增进人民福祉作为信息化发展的出发点和落脚点，让人民群众在信息化发展中有更多的获得感、幸福感、安全感。”①随着新技术、新业态、新应用不断涌现，以电子等方式记录的个人信息大量产生。人民群众普遍关心个人信息安全，关注个人隐私能否得到保护。《个人信息保护法》坚持以人民为中心，全面调整、规范各类主体的个人信息处理活动，明确了包括知情权、决定权、删除权等在内的个人信息权益，更加严格地规定了敏感个人信息的范围和处理规则；对于社会反应强烈的胁迫用户同意处理个人信息，“大数据杀熟”和非法买卖、提供或者公开他人个人信息等违法行为明确了法律责任，这些规定有利于进一步健全和完善保护个人信息权益的体制机制。

做大做强数字经济，需要不断发掘和释放各类信息资源的价值潜力、激活海量数据要素的生产潜能，这些离不开对个人信息的有效合理利用。《个人信息保护法》明确了个人信息的定义，不仅注重保护个人信息权益，预防和惩治侵害个人信息权益的行为，而且对个人信息的收集、存储、使用、加工、传输、提供、公开、删除等处理活动进行了全流程规范，明确要求处理个人信息应当在事先充分告知的

---

* 曾发表于《人民日报》2021年11月11日，第9版。

① 《在全国网络安全和信息化工作会议上的讲话》（2018年4月20日），载中共中央党史和文献研究院：《习近平关于网络强国论述摘编》，中央文献出版社2021年版，第25页。

前提下取得个人同意。考虑到个人信息处理场景的不同特点，还规定除取得个人同意之外其他可以合法处理个人信息的情形，如为订立、履行个人作为一方当事人的合同所必需等。这些制度的建立，为个人信息处理活动提供了明确指引，增强了市场对法律政策的明确预期，能够促进数据要素合理利用，有利于更好地激发数字经济发展的活力。

习近平总书记指出："网络信息是跨国界流动的，信息流引领技术流、资金流、人才流，信息资源日益成为重要生产要素和社会财富，信息掌握的多寡成为国家软实力和竞争力的重要标志。"①随着数字经济跨境发展，一些个人信息在全球范围内流动，这给数据安全和数字经济发展带来了新的机遇和挑战。在《网络安全法》《数据安全法》已对数据依法流动作出部分规范的基础上，个人信息保护法对个人信息的跨境流动作出相应制度安排，明确了向境外提供个人信息应当具备的条件，规定了个人信息处理者向境外提供个人信息时必须履行的告知、安全评估等义务，还要求个人信息处理者未经主管机关批准不得向外国司法或者执法机构提供存储于中国境内的个人信息，这为向境外提供个人信息提供了明确的行为规则。

《个人信息保护法》立足中国实际，借鉴国外有益经验，适应了人民群众对美好生活的需要。实施好《个人信息保护法》，必将进一步强化个人信息权益保障，增强我国数字经济竞争新优势，夯实建设数字中国和网络强国的法治基石。

《个人信息保护法》是数字经济的基础立法，也是面向数字未来的开创性立法。随着理论和实践的不断发展，本书提供的阶段性结论必将可以更新。法律的生命力在于实施。我们真诚期待，在法律不断实施的过程中，各位读者能够不吝赐教，以使 2.0 版本能有更加全面、更加成熟的答案。

一起向未来！

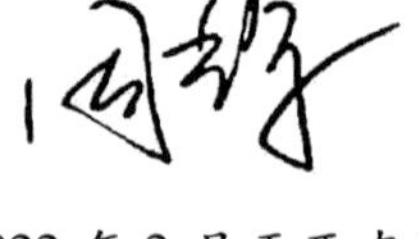

2022 年 2 月于西直门

① 《努力把我国建设成为网络强国》(2014 年 2 月 27 日)，载《习近平谈治国理政》(第一卷)，外文出版社 2018 年版，第 198 页。

目录

第一部分｜导　　读

第二部分｜条文精解与适用指引

PART

1

第一部分

导　读

个人信息保护法治建设的里程碑*

2021年8月20日，第十三届全国人大常委会第三十次会议通过《中华人民共和国个人信息保护法》（以下简称《个人信息保护法》），这是我国个人信息保护领域第一部专门性、综合性、基础性法律，是信息化变革时代贯彻落实习近平法治思想、推进全面依法治国、完善中国特色社会主义法律体系的重要标志性立法，是我国个人信息保护法治建设取得的里程碑进展和标志性成果，对保护个人信息权益、规范个人信息处理活动、促进个人信息合理利用，具有重大而深远的意义。

一、信息社会的基本立法

《个人信息保护法》是信息社会的法律总则，是法律体系从传统工业化时代向新型工业化、信息化时代转型的重要标志之一，是到2035年基本实现社会主义现代化远景目标的重要内容。以法治思维和法治方式回应信息社会的机遇和挑战，是数字经济发达国家的普遍选择，也是把握和发挥信息化在社会主义现代化建设全局中积极作用的基本方略。

《个人信息保护法》是践行以人民为中心的基本立法。出台《个人信息保护法》，可以更好地保护人民群众在信息社会的合法权益，与时俱进地发展和保护人权。我国《宪法》规定，国家尊重和保障人权，公民的人格尊严不受侵犯，公民的通信自由和通信秘密受法律的保护。《个人信息保护法》确立了个人信息处理的合法、正当、必要和诚信原则；明确了严格的同意规则，基于个人同意处理个人信息的，该同意应当由个人在充分知情的前提下自愿、明确作出；将生物识别、宗教信仰、特定身份、医疗健康、金融账户、行踪轨迹等信息，以及不满14周岁未成年人的个人信息依法纳入敏感信息范围，要求基于特定的目的和充分的必要性，并采取严格保护措施才能进行处理；确认和发展了个人在信息处理活动中的权利，明确了个人信息处理者的义务，针对个人信息滥采、滥用严峻的新形势，"大数据杀熟"、网络灰黑产等热点问题，明确管理要求；创设巨额罚款制度和责任人市场禁入制度，严厉震慑侵害人民群众个人信息权益的违法行为；确立个人信息权益损

---

* 周辉：《个人信息保护法治建设的里程碑》，载《网络传播》2021年第11期。

害赔偿过错推定原则，建立个人信息公益诉讼、集体诉讼机制，解决维权成本高、成效低、难度大的各种焦虑，形成系统化的权益保障机制，努力做到“民有所呼、我有所应”，充分体现以人为本、立法为民、保障民生的理念。

《个人信息保护法》是促进数字经济规范发展的基本立法。数字技术、泛在网络的高速发展，经济社会生活方式深刻变革，信息的价值潜力不断得到发掘和释放。出台《个人信息保护法》，增强个人提供信息的安全感、信任感，构建良好的个人信息生产、利用环境，有利于进一步加快数字产业化、产业数字化，有利于进一步推动数字经济高质量发展。《个人信息保护法》全面把握新时代技术、产业发展趋势，聚焦信息处理活动的各类风险，平衡发展与安全，就个人信息的收集、存储、使用、加工、传输、提供、公开全流程进行了制度设计，让信息社会中的经济社会活动有规可循。《个人信息保护法》规定了除基于个人同意之外，可以合法处理个人信息的情形，如履行合同义务、实施人力资源管理或合理处理公开的个人信息，以更好地促进个人信息合理利用；增设了可携带权，个人请求将个人信息转移至其指定的个人信息处理者，符合国家网信部门规定条件的，个人信息处理者应当提供转移的途径，从而在赋予信息主体更多控制权的同时，鼓励更多信息处理应用创新，通过竞争为用户提供更优选择，促进数字经济健康发展。

二、国家治理现代化的基础立法

《个人信息保护法》是建设数字法治国家的重要法律遵循。随着国家治理信息化的深入推进，网上政务平台、政务大数据体系、“互联网 + 监管”系统、智慧司法等加快建设，国家机关处理个人信息的场景日益丰富、形式日益多样、共享日益频繁，相应的权力规范程序机制也应一体健全。除了明确国家机关处理个人信息适用该法的一般规则，《个人信息保护法》还有针对性地作出了特别制度设计，确保各类公权力主体依照法定权限和法定程序，履行法定职责处理个人信息，实现国家治理信息化与法治化深度融合。

《个人信息保护法》是确定个人信息保护监管体制机制的基础立法。横向来看，《个人信息保护法》没有像欧盟那样确立统一、独立的主管部门，但确立了国家网信部门统筹协调、国务院有关部门依法在各自职责范围内分工负责的监管架构。纵向来看，履行个人信息保护职责的部门除了中央有关部门，还包括县级以上地方政府有关部门。

《个人信息保护法》是注重发挥多元共治优势的基础立法。个人信息保护需要全社会共同参与。《个人信息保护法》明确提出，推动形成政府、企业、相关行业组织、社会公众共同参与个人信息保护的良好环境；明确规定，国家网信部门统筹协调推进个人信息保护社会化服务体系建设，支持有关机构开展个人信息保护评估、认证服务，在个人信息跨境提供、合规审计、集体诉讼等方面，重视发挥专业机构和其他有关组织机构治理功能。

《个人信息保护法》是体现技术治理思维的基础立法。《个人信息保护法》规定的个人信息并非所有与个人有关的信息，特指以电子或者其他方式记录的与已识别或者可识别的自然人有关的信息，明确排除匿名化处理后的信息。如果应用匿名化技术，使个人信息经过处理无法识别特定自然人且不能复原，就可以豁免《个人信息保护法》的管理要求，从而鼓励相关技术更好地发展。此外，《个人信息保护法》还规定，国家网信部门统筹协调推进支持研究开发和推广应用安全、方便的电子身份认证技术。另外，《个人信息保护法》除了设定行为规范，还明确了技术措施要求：个人信息处理者应当根据比例原则，采取加密、去标识化等技术措施保障所处理的个人信息的安全；把所采取的安全保护措施是否合法、有效并与风险程度相适应，明确为个人信息保护影响评估的法定内容。

《个人信息保护法》是体现精细化治理理念的基础立法。不同规模的主体处理不同类型的信息，风险不同，相应的合规要求也应有所差异，既要避免放纵风险，也要防止过度增加成本。《个人信息保护法》针对提供重要互联网平台服务、用户数量巨大、业务类型复杂的个人信息处理者，规定了包括治理机制、社会责任报告等在内的、额外的合规义务：对于小型个人信息处理者，明确国家网信部门统筹协调制定专门的个人信息保护规则、标准，可以在法律框架内适当降低合规要求；对于处理敏感个人信息、委托处理个人信息、向境外提供个人信息的个人信息处理者，明确事前进行个人信息保护影响评估要求。

三、数字治理中国方案的重要内容

《个人信息保护法》充分考虑中国国情和主权安全利益，秉持人类命运共同体理念，与国际成功经验同向，提出中国方案。《个人信息保护法》把保护范围延及境外处理中国境内自然人个人信息的活动，高举发展、合作、共赢旗帜，积极营造良好外部环境，参与国际个人信息保护体系改革，宣示国家积极参与个人信息保护国际规则的制定，促进个人信息保护方面的国际交流与合作，推动与其他国家、地区、国际组织之间的个人信息保护规则、标准等的互认。

《个人信息保护法》参考国际惯例，从国际大势出发，积极回应当前国际竞争和斗争的需要，明确了向境外提供个人信息的条件、程序和管理要求；在依法约束境外司法或执法机构调取存储于中国境内的个人信息，依法制裁境外组织、个人从事损害中国公民个人信息权益、危害中国国家安全和公共利益的个人信息处理活动，对等反制任何国家和地区在个人信息保护方面对中国采取歧视性的禁止、限制或者其他类似措施的同时，为双边、多边个人信息保护便利性安排留出空间，中国缔结或者参加的国际条约、协定对向中国境外提供个人信息的条件等有规定的,可以按照其规定执行,从而推动实现互利共赢、共同发展。

《个人信息保护法》于 2021 年 11 月 1 日正式实施。但是,徒法不足以自行。对于个人信息保护而言,法律只能提供一个规范框架、规则体系。未来,还需要通过审慎的执法司法不断总结典型案例和最佳实践,动态化地建立健全细分行业的操作标准,更加努力地发展隐私计算、量子加密等先进技术手段,在法治框架下充分应用监管科技、合规科技,将《个人信息保护法》真正实施好,切实提升广大人民群众个人信息权益保护的获得感、幸福感、安全感。

平行还是交叉*

——个人信息保护与隐私权的关系

个人信息保护与隐私权是两个既有联系又不完全相同的范畴,相互关系本就复杂。加上《个人信息保护法》与《民法典》的规定不完全一致,《个人信息保护法》实施之后,如何认识两者的关系,究竟是平行适用还是交叉适用,是适用《个人信息保护法》还是适用《民法典》,都将是实践中无法回避的疑难问题。有必要从理论与实践结合的视角进行梳理,为法律实践提供指引。

一、平行适用的实践

随着信息化的迅猛推进,个人信息保护成为各国普遍面临的问题。目前,国际上已经有100多个国家或者国际组织制定了个人信息保护相关法律,突出体现个人信息权的基本权利属性和信息主体控制自己信息的积极权利面向,权项由法律明确列举,由统一的公法执法机制予以保护,立足于系统性风险预防等特点,①并建立了相应的执法与国际合作机制。② 与之相反,隐私权是非常开放、抽象、不确定的法律概念,③横跨公法、私法不同法律部门,依不同场景有不同的理解。④就像一个万花筒,转动到不同的国家、不同的法律部门,会看到不同的图案,由此

---

* 周汉华:《平行还是交叉——个人信息保护与隐私权的关系》,载《中外法学》2021年第5期。

① 对于欧盟个人信息基本权利属性核心话语体系及其全球性影响的分析,参见 Paul M. Schwartz, *Global Data Privacy: The EU Way*, New York University Law Review, Vol. 94, No. 4, 2019, p. 771 – 818。对于欧盟《一般数据保护条例》可能成为全球个人信息保护"金标准"基础的论述,参见 Michael L. Rustad and Thomas H. Koenig, *Towards a Global Data Privacy Standard*, *Florida Law Review*, Vol. 71, No. 2 (2019)。

② 例如,2020年新冠疫情暴发之前,著名的"数据保护与隐私专员国际研讨会"自1979年开始,每年举办一次,连续召开了41次,全球122个国家或地区的数据保护管理机构参加,有效推进了国际交流与合作,参见 ICDPPC website(August 21,2021),https://privacy conference 2019. info/。

③ 对于隐私概念的唯一共识是:隐私概念的定义没有共识。参见丁晓东:《个人信息保护原理与实践》,法律出版社2021年版,第13页。

④ 对于隐私权上位概念人格权制度在各国差异的描述,参见[日]五十岚清:《人格权法》,[日]铃木贤、葛敏译,北京大学出版社2009年版,第1~6页。

导致各国隐私权法律大不相同。[①] 即使在一个国家内也可能经历很大变化,[②]很难进行一一对应或比较。例如,有的国家将个人信息保护作为隐私权的一部分,有的将两者分离,有的甚至至今仍然不承认隐私权。[③] 因此,讨论个人信息保护与隐私权的关系,不能脱离具体国家的场景,更不可能有"一刀切"式的结论。

不过,作为参照对象,在对我国的情况进行分析之前,可以指出的是,经过二十多年的探索,欧盟2016年通过的《一般数据保护条例》一改1995年通过的《关于涉及个人数据处理的个人保护以及此类数据自由流动的指令》将隐私权与个人信息保护相互交织在一起的做法,建立起两者之间的平行适用关系,代表着国际社会对这个问题的最新认识。[④] 平行适用的基本特征是个人信息保护与隐私权两项制度各自独立运行,相互不交织,依据各自内在逻辑独立进行判断。这样处理的好处是法律关系清晰,分别适用各自的法律,避免了将两个制度交织在一起导致的区分困难。如果某一行为既侵犯隐私又侵犯个人信息,不会影响分别追究相应的法律责任。

因为罪刑法定原则的要求,我国《刑法》中两者的关系一直非常清晰。2009年《刑法修正案(七)》增设侵犯公民个人信息罪,其客体非常明确,是个人信息,而不是隐私,不存在两者的交叉或交织。另外,诸如窃取、收买、非法提供信用卡信息罪,非法获取计算机信息系统数据、非法控制计算机信息系统罪,拒不履行信息网络安全管理义务罪,泄露不应公开的案件信息罪,披露、报道不应公开的案件信息罪等,也都是指向信息系统或者(个人)信息,均与隐私无关。我国《刑法》至今仍然没有规定"隐私"的概念,侵犯隐私在我国并不单独构成犯罪。如果犯罪行为牵连侵犯公民隐私的,可适用相应的罪名,如侮辱罪,诽谤罪,侵害英雄烈士名誉、荣誉罪等。

与《刑法》相反,我国《治安管理处罚法》明确规定对于"偷窥、偷拍、窃听、散布他人隐私的",可以进行治安管理处罚,而没有将侵犯个人信息行为纳入法律规

---

① 参见张新宝:《隐私权的法律保护》(第二版),群众出版社2004年版,第28~44页。

② 对于我国隐私权的发展过程介绍,参见陈甦、谢鸿飞主编:《民法典评注:人格权编》,中国法制出版社2020年版,第331页。

③ 王泽鉴先生对美国、英国、德国的不同情况作了介绍,参见王泽鉴:《人格权的具体化及其保护范围·隐私权篇》(上),载《比较法研究》2008年第6期。

④ 参见周汉华:《个人信息保护的法律定位》,载《法商研究》2020年第3期。

定中。[①] 由此形成《刑法》制裁侵犯公民个人信息行为，治安管理处罚措施制裁侵犯隐私行为的平行适用体系，法律适用规则非常清晰。并且，对侵犯个人信息的行为以《刑法》制裁，对侵犯隐私的行为最高只以《治安管理处罚法》处罚，体现梯度保护的立法精神，对个人信息明显给予更高程度的保护。从我国长期将隐私权作为名誉权加以保护的司法实践，以及从刑法修正案近几年来几次将侵犯个人信息相关行为纳入刑罚制裁可以推论，立法机关认为，侵犯隐私权只是普通的民事法律争议，刑法可不予介入；而侵犯个人信息的危害性更大，远远超出民事法律关系，涉及公共安全与公共秩序，必须通过刑法加以制裁。

在行政法与行政管理领域，不少立法一直不是非常严格地界定隐私与个人信息两个概念的使用场景，有时候单用，有时候并用，有时候互换使用。例如，《行政处罚法》《政府信息公开条例》等属于第一类，将个人隐私、商业秘密并列，不专门列举个人信息；《国家情报法》《消费者权益保护法》等属于第二类，将个人信息、商业秘密并列，不专门列举个人隐私。《数据安全法》《电子商务法》等属于第三类，将个人信息、个人隐私、商业秘密一并予以列举。实际上，这三种不同的列举方式要实现的立法目的是一样的，以不同的方式列举表明立法者对于隐私与个人信息两个概念的内涵以及使用场景缺乏统一的标准。

由于行政管理行为均属于管理机关的要式行为，建立在对可识别特定个人信息“处理”的基础之上，即使涉及个人隐私也是以“处理”个人信息的方式进行（隐私被个人信息包含），并且，行政执法机关既无法也没有必要在每个行政决定中去判断是否构成对特定个人隐私权的侵犯，因此，单独列举个人信息就完全可以实现立法与行政管理的目的，实现对个人权利的保护。在这一点上，不同于民事生活中个人偷窥、披露、散布、宣扬他人隐私等不需要处理个人信息的非要式行为。可见，上述第一类列举范围不够宽，只用隐私概念不能涵盖全部个人信息；第三类列举有重复和交叉，人为增加法律适用中辨析两个概念的难度；只有第二类列举方式比较合适，既避免两个不同概念的交叉，也有效地界定概念的适用范围。

2013 年 4 月，全国人大常委会向社会公布的《消费者权益保护法修正案（草案）》，曾多处同时使用隐私权与个人信息两个概念。消费者的个人信息受保护权是当时修法的重点问题之一，引发各方广泛关注与讨论。[②] 最终通过的《消费者权

---

① 我国中央立法最先采用“个人信息”概念的是 2003 年的《居民身份证法》和 2006 年的《护照法》，公安部在法律起草中发挥重要的作用。《治安管理处罚法》制定于 2005 年，使用隐私而没有使用个人信息概念，显然是一种有意识的选择。

② 参见《地方人大、中央有关部门和单位对消费者权益保护法修正案草案的意见》，第十二届全国人民代表大会常务委员会 2013 年 8 月发布。

益保护法》只使用个人信息概念，通篇没有使用隐私概念，可以说对隐私权与个人信息保护的关系进行了一次有益的梳理，是值得借鉴的立法范例。

尽管行政管理领域的法律文本存在上述问题，但是，如果从行政执法实践来看，不论是四部委对于 App 的集中整治，①还是公安部近几年来的个人信息保护执法专项行动等，②整治的均是侵犯个人信息的各种违法行为，最严厉的制裁均是追究与侵犯个人信息相关的各种刑事责任，直接与《刑法》对接。也就是说，尽管法律文本存在一定的模糊与交叉，但行政执法实践的指向是明确、一致的，聚焦于个人信息保护。

《民法总则》制定之前，民法领域一直没有规定个人信息保护的内容，《民法总则（草案初次审议稿）》也没有任何个人信息保护的规定，因此不存在隐私权与个人信息交叉的问题。隐私权保护作为民事法律问题主要由民法调整，也可以追究治安管理法律责任；个人信息保护作为公法问题由相关行政管理法律调整，构成犯罪的，依法追究刑事责任。当然，侵犯个人信息给权利人造成损害的，可以根据原《侵权责任法》追究侵权责任，不会因为民法没有规定个人信息保护无法追究侵权赔偿责任，实践中这样的案例并不少。

可见，原《民法总则》制定之前，刑法、行政法、民法等不同法律部门，对于个人信息保护与隐私权的关系，体现出较为明晰的两个特点：一是平行适用，互不交叉；二是梯度递进，给予个人信息更高程度的保护。这种格局是众多主体在实践中反复互动形成的，体现出实践的创造力，实践明显走在理论的前面。③ 这种格局之下，隐私权作为一项具体人格权，是消极防御权利，权项不用列明，通过侵权机

---

① 参见《中央网信办、工业和信息化部、公安部、市场监管总局关于开展 App 违法违规收集使用个人信息专项治理的公告》，中央网信办、工业和信息化部、公安部、市场监管总局 2019 年 1 月 23 日发布；《工业和信息化部关于开展纵深推进 App 侵害用户权益专项整治行动的通知》，工业和信息化部 2020 年 7 月 22 日发布。

② 对近几年“净网”专项行动的具体数据，参见《中国防伪报道》编辑部：《公安部、中央网信办牵头建立跨部委打击危害公民个人信息和数据安全违法犯罪长效机制　联合打击整治侵犯公民个人信息违法犯罪活动》，载《中国防伪报道》2020 年第 6 期。

③ 2005 年公布的民法典学者建议稿中，不但“隐私权”节下出现了指向完全相同的“私人信息”与“个人资料”两个概念，导致概念不一，而且，诸如第 363 条、第 369 条等多处明显将个人信息与隐私权交织在一起（收集、储存、披露或超出收集目的而使用涉及自然人隐私的个人资料，须征得其本人的同意），使两个范畴交叉混同，出现明显漏洞。参见王利明主编：《中国民法典学者建议稿及立法理由：人格权编、婚姻家庭编、继承编》，法律出版社 2005 年版，第 151 ~ 158 页。

制进行保护，致力于个案损害填平等特点。[①] 隐私权与国际社会个人信息保护立法的特点正好区隔，平行适用，相互补充。

原《民法总则》对于个人信息保护只有第 111 条的规定，属于宣示性条款，与隐私权规定并未形成实质交叉。《民法典》中人格权独立成编，不但沿袭原《民法总则》的规定，还将《网络安全法》的内容基本上复制到人格权编中，[②]隐私权与个人信息保护作为其中的一章并列在一起，出现结构交叉。第 1032 条对于私密信息的规定使私密信息既是隐私又是个人信息，第 1033 条将处理他人的私密信息作为侵犯隐私权的一种形式明确予以列举，多处出现内容交叉。第 1034 条第 2 款"个人信息中的私密信息，适用有关隐私权的规定；没有规定的，适用有关个人信息保护的规定"，确立了优先适用隐私权法律的原则，出现适用规则交叉。[③] 与《民法典》制定相适应，2020 年最高人民法院印发修改后的《民事案件案由规定》，将原先的第三级案由"隐私权纠纷"改为"隐私权、个人信息保护纠纷"，实现案由的交叉。《民法典》实施后，对于原告而言，由于不好判断隐私权与个人信息权益的关系，合理的诉讼策略肯定是同时提起侵犯隐私权与个人信息保护之诉（实践也确实如此），由人民法院进行判断。即使原告不同时提起两个请求，在所有因侵害个人信息引发的侵权纠纷中，也都会涉及判断相关个人信息是否属于私密信息的前置问题。如果属于私密信息，则属于隐私权保护的对象，适用有关隐私权的规定；不构成侵害隐私权的，才考虑是否侵害个人信息权益。简言之，《民法典》适用必须首先区分隐私权与个人信息保护的关系，从交织的链条中辨析究竟侵犯隐私权还是个人信息权益，可称之为交叉适用。交叉适用的基本特征是将个人信息保护与隐私权两个概念以及两项制度交织在一起，在两者的互动中通过辨析相互关系进行选择与判断。

---

① 梁慧星教授将人格权的特点归纳为防御性、先在性、不可定义性，王利明教授将人格权的特点归纳为固有性、专属性、对世性、支配性、防御性、开放性。参见梁慧星：《民法典编纂中的重大争论——兼评全国人大常委会法工委两个民法典人格权编草案》，载《甘肃政法学院学报》2018 年第 3 期；王利明：《人格权法研究》，中国人民大学出版社 2005 年版，第 32 页。关键的问题在于，个人信息保护被纳入人格权编之后，用人格权的这些特点分析个人信息权益就不再合适。

② "从具体内容上看，上述立法内容基本上是对《网络信息安全法》和国家标准《信息安全技术个人信息安全规范》相关规范的杂糅。"参见姚辉：《当理想照进现实：从立法论迈向解释论》，载《清华法学》2020 年第 3 期。

③ 民法学者对该原则的认识与比较法经验正好相反，法条竞合模式未能厘清二者的本质及功能差异的批评，以及通过法律适用弥补立法漏洞的设想，参见石佳友：《隐私权与个人信息关系的再思考——兼论私密信息的法律适用》，载《上海政法学院学报（法治论丛）》，2021 年 7 月 23 日网络首发，第 17 页。

二、交叉适用的背景与引发的问题

从时间维度上看，我国公法对于个人信息保护的立法回应远远早于民法。在2017年《民法总则》纳入个人信息保护以前，从2009年《刑法修正案（七）》开始，包括《全国人民代表大会常务委员会关于加强网络信息保护的决定》《消费者权益保护法》《网络安全法》等在内，几乎所有与信息化相关的重要文件、标准、立法、机构设置等都会涉及个人信息保护相关内容，各种专项行动一个接一个，投入的政策与法律资源之多其他领域难以企及。

然而，一方面，我国公法执法面临的共性问题在个人信息保护领域同样存在，如主要依靠自上而下的政治推动、法治化程度低、政策缺乏连贯性、重建设轻应用等，影响投入的实际效果，甚至投入与产出成反比，投入资源越多效果越差。① 另一方面，个人信息保护还存在几个特有的问题。一是职能划分不明确，市场监管、网信、工信、公安等各部门的“三定方案”均没有明确涉及个人信息保护的职责。机构改革之后，原工商总局消保局被撤销，市场监管部门没有专门维护消费者权益的内设机构。公安机关面临维护社会治安与公共安全的大量职责，不可能履行一般市场秩序维护职责。网信部门承担互联网信息内容管理、信息化推进与网络安全维护三大职能，个人信息保护只是网络安全维护中的一个部分，既不是核心职能，也远远不到“三分天下有其一”的地步。工信部门传统上只监管电信企业等特定主体，通信管理局（电信监管局）垂直设立到省级，不具备对一般市场主体进行监管的能力与手段。在这种格局下，各部门推诿扯皮现象难以避免，个人遇到违法行为投诉无门，违法行为蔓延现象难以得到扭转。二是《消费者权益保护法》《网络安全法》等对于执法责任的规定都比较原则与模糊，直接影响法律的实施。例如，《消费者权益保护法》虽然明确规定了个人信息保护的内容，但并未明确履行保护职责的行政主体，并且，第56条实际上进一步固化分散的执法体制，使个人信息保护职责陷入不明确状态，影响法律有效实施。② 三是在职能划分不明确的情况下采取的多部门联合整治方式，临时性特点突出，规范性不足，也难以形成长效机制。四是在互联网快速发展的大背景下，行政管理部门与管理对象之间出现明显的信息不对称现象，监管能力滞后，获取证据难、固定证据难、处罚难、胜诉难，影响执法效果。

正是因为上述种种原因，个人信息保护公法执法成效不彰，一些行政执法部

---

① 参见周汉华：《构筑多元动力机制　加快建设法治政府》，载《法学研究》2014年第6期。

② 参见唐慧俊：《论消费者个人信息权的法律保护——兼评我国新修订〈消费者权益保护法〉之相关规定》，载《消费经济》2013年第6期。

门在不作为与运动式执法两个极端之间来回摇摆，缺乏确定性与可预期性，各界都不满意。在全国人大常委会分别进行的《消费者权益保护法》执法检查、[①]《网络安全法》执法检查中，[②]个人信息保护均是重点，从中能清楚地看到问题的症结所在。

在公法执法久攻不下、侵犯个人信息成为顽疾的大背景下，《民法典》的介入，既有现实性，也有正当性，是立法者与决策者的必然选择。《民法典》将个人信息保护纳入人格权编，与隐私权一并加以保护，既是人格权独立成编的重要体现，显然也是对个人信息保护执法不力的积极回应，其初衷与价值应该得到充分肯定。并且，民法的介入，依靠的是自下而上的法治推动机制，充分体现私法领域法治化程度高的优势，针对的都是公法执法的"软肋"。公法执法的短板，几乎都是私法执法的长项。如果两者结合成功，既可以发挥私法机制的优势，又可以激活并推动公法法治化进程迈上新台阶，开创个人信息保护的新天地。当然，机制越多，就越需要相互协调与整体制度设计，处理不好，可能导致不同机制之间的冲突或相互抵消。正是在这个意义上，人格权编引入交叉适用，提供了一个很好的个案，对其他领域的法治建设也有很强的借鉴意义。

交叉适用引发的问题主要表现在以下三个方面：一是隐私权与个人信息保护的关系被重新界定；二是隐私权保护逻辑被适用于个人信息保护；三是人格权编的影响外溢至《个人信息保护法》。

（一）隐私权与个人信息保护的关系被重新界定

交叉适用就需要辨析关系，分清主次。为此，《民法典》从位阶上将隐私权放到主要位置，个人信息保护相对降格，翻转我国法律之前对于隐私权与个人信息保护的梯度递进原则，给予隐私权更高程度的保护，[③]等于完全重构隐私权与个人

---

① "消保法规定的经营者收集、使用消费者个人信息的制度过于原则，执法主体不明确，法律责任不到位，消费者个人信息被违法收集使用的势头还在蔓延。"参见《全国人民代表大会常务委员会执法检查组关于检查〈中华人民共和国消费者权益保护法〉实施情况的报告》，2015 年 11 月 2 日第十二届全国人民代表大会常务委员会第十七次会议发布。

② "网络安全监管'九龙治水'现象仍然存在，权责不清、各自为战、执法推诿、效率低下等问题尚未有效解决"；"在发生信息泄露、滥用用户个人信息等信息安全事件后，用户又经常遇到投诉无门、部门之间推诿扯皮的问题"。参见《全国人民代表大会常务委员会执法检查组关于检查〈中华人民共和国网络安全法〉〈全国人民代表大会常务委员会关于加强网络信息保护的决定〉实施情况的报告》，2017 年 12 月 24 日第十二届全国人民代表大会常务委员会第三十一次会议发布。

③ 参见黄薇主编：《中华人民共和国民法典释义》（下），法律出版社 2020 年版，第 1034 页。

信息保护的关系。[①] 具体表现在以下几个方面：

首先，《民法典》第 990 条明确将隐私权作为人格权予以列举，将个人信息作为其他人格权益加以规定，权利高于权益，从性质上对两者进行区分，奠定给予隐私权更高程度保护的基础，整个规范与制度设计也建立在这一区分之上。

其次，作为人格权独立成编的重要理由，《民法典》人格权编第一章规定人格权独立请求权制度，包括第 997 条规定的人格权禁令制度，以及第 995 条规定的停止侵害、排除妨碍、消除危险、消除影响、恢复名誉、赔礼道歉请求权不适用诉讼时效的规定等。作为具体人格权，隐私权受到侵害的，当然可以行使这些权利。至于个人信息权益，从字面含义解释，既然不在规定的范围内，应该不能适用这些规定。[②]

再次，深度参与《民法典》制定的学者明确指出，我国《民法典》和其他法律在权益的保护上没有明确的限制，但是在涉及隐私和个人信息保护时，《民法典》是有区别的，将隐私权放到更高的受保护位置。例如，《民法典》第 1033 条在规定侵害隐私权的免责事由时，要求必须经过“权利人明确同意”；但第 1038 条关于个人信息的处理免责事由里，须经自然人或者其监护人“同意”，没有“明确”两个字。这不是立法疏漏，而是经过反复讨论的结果。说明对个人信息的收集，不一定必须取得权利人同意，也不一定必须是明示的同意，默示的也可以。但是对隐私信息的收集必须是明示的，不能采用默示同意的方法。[③]

最后，《民法典》第 1034 条“个人信息中的私密信息，适用有关隐私权的规定；没有规定的，适用有关个人信息保护的规定”，等于将隐私权法律规定整体构架于个人信息保护法律规定之上并优先适用，集中体现对个人信息保护弱于对隐私权保护的立法目的。[④]

《民法典》对于隐私权与个人信息保护关系的重构，基础在于我国民法理论，即根据个人信息权益的属性，确立位阶等级以及构筑相关的规范。在我国民法理论范畴内，这种权利位阶构造也许有一定的道理。但是，这种理论判断既没有放

---

① “因为个人信息并非完整的权利，而只属于一项利益，因此隐私的保护程度相较于个人信息而言更为完整和全面。”参见王利明：《民法典人格权编的亮点与创新》，载《中国法学》2020 年第 4 期。

② 参见程啸：《民法典编纂视野下的个人信息保护》，载《中国法学》2019 年第 4 期。也有法官认为人格权请求权可以适用于人格权益，参见丁宇翔：《民法典保护个人信息的三种请求权进路》，载《人民法院报》2020 年 9 月 25 日，第 005 版。

③ 参见王利明：《〈民法典〉人格权编的立法亮点、特色与适用》，载《法律适用》2020 年第 17 期。

④ “对权利的保护程度应该高于权益。”参见王利明：《〈民法典〉人格权编的立法亮点、特色与适用》，载《法律适用》2020 年第 17 期。

在我国法律体系的整体结构中进行分析，因而与刑法、行政法等其他法律部门构筑的体系出现明显偏离，影响法律体系的一致性，也不符合国际社会的普遍认知与制度演进趋势。信息时代，个人信息既关涉个人人身权、财产权、人格权的方方面面，也间接关系国家安全、经济安全，成为国家竞争力的重要组成部分。作为具体人格权的隐私权受到侵害，主要是精神损害，根本无法与侵害个人信息可能造成的综合损害相提并论。从更宏观的层面来看，给予隐私权更高程度的保护，显然缺乏充分的理论与实践支持。

（二）隐私权保护逻辑被适用于个人信息保护

如前所述，由于个人信息保护法律制度的基本特点与人格权保护法律制度的特点正好相反，国际上通行做法以及我国网络安全法构筑的个人信息保护法律制度的核心是公法与政府监管制度。《民法典》人格权编尽管可以糅合《网络安全法》的相关规定，但无法整体移植公法运行制度。这样，移植到《民法总则》《民法典》中的相关公法规定最终只能依靠民法制度运行。加之从事民事审判人员知识结构、思维方式的传统路径依赖，徒法不足以自行，必然使个人信息保护规定被嵌入民事（隐私权保护）制度运行轨道中，实际上会降低对个人信息的保护，出现与立法初衷相悖的结果。同时，要求交叉适用之后，会改变过去的判断标准，增加法律的不确定性。

有法官对北京地区 1383 份裁判文书进行分析后发现，“北京地区个人信息司法救济主要以隐私权为主。该救济模式将‘个人信息’限缩至隐私权范畴进行保护，排除未明显侵害隐私权但侵害个人信息自决权的侵权行为。单纯依靠隐私权进行个人信息的司法救济在侵权行为及侵权责任认定等方面存在实务困境，无法实现对个人信息的充分救济”。[①] 理论与实务部门较为普遍地承认，“《民法典》没有明确区分个人信息保护与隐私权、名誉权等具体人格权项下适用的细微关系，出现个人信息保护相关司法实践较多援引肖像权、名誉权和隐私权等相关规定进行裁决的窘境”。[②]

有作者抽取 2017～2019 年全国适用二审程序裁判的公民隐私权（个人信息）侵权案件数量共计 243 件进行分析，在抽取的判决中有 187 份对隐私权概念进行定义，约占 76.95%。主要观点体现在以下两个方面：一是认为隐私权是自然人私

---

① 参见陈晨、李思頔：《个人信息的司法救济——以 1383 份“App 越界索权”裁判文书为分析样本》，载《财经法学》2018 年第 6 期。

② 参见蔡一博：《〈民法典〉实施下个人信息的条款理解与司法应对》，载《法律适用》2021 年第 3 期。

生活安宁和私人信息受保护，不被他人侵扰、知悉、收集、利用、公开的权利；二是认为隐私权属于自然人享有的对其个人的、与公共利益无关的个人信息、私人活动和私有领域进行支配、不受他人非法干预的权利。[①] 非常明显，上述两种定义都体现了很强的以隐私来界定个人信息保护的倾向。

不论是三要件说还是四要件说，在民法制度之下，构成侵权责任，都需要满足法定的要件。[②] 首先，需要有损害事实要件。"不愿为他人知晓"的特点决定了侵犯隐私权导致的损害相对容易判断，偷窥、公开、披露他人的隐私往往会带来受害人社会评价降低、名誉受到影响等具体损害后果，可以特定到具体受害人个人，甚至会导致严重的精神损害。相反，海量处理"可识别"特定个人的个人信息，带来的未必都是损害，有可能没有具体的损害，也有可能是正面利益（如捐助、见义勇为行为带来的社会正面评价）。即使带来损害，通常情况下一般认为也只是个人信息被处理后带来的某种焦虑与不安，既不是特定的损害，也不是只针对特定的个人，更难以达到严重精神损害的程度。这样，用民事隐私权逻辑来套用个人信息保护，在大量的案件中往往很难认定具体的损害存在，因此也就难以追究侵权责任，遑论精神损害赔偿。[③] 在个别案件中，受害人即使最终能够胜诉，往往因为缺乏损害事实而使胜诉判决没有实际意义。[④] 其次，需要有过错与因果关系要件。隐私权侵权通常是个人行为，受害人特定，责任主体相对明确，整个侵权链条相对清晰，因此，过错与因果关系两个要件都较容易证明。相反，海量处理个人信息的行为涉及对象广泛，信息处理者内部结构复杂，还可能涉及多个信息处理者，依靠单个受害人力量很难获取与固定证据，无法辨析具体侵害主体与侵权环节，无法证明信息处理者存在过错，也无法证明信息处理者行为与损害之间的因果关系。这也就是大量的侵犯个人信息民事案件，原告胜诉罕见的原因。再次，由于隐私权侵权相对容易证明过错与因果关系，违法性要件可以被过错吸收，可以不将违

---

① 参见史永升、范玮娜：《侵犯公民隐私权民事判决实证研究——以 2017～2019 年 243 份生效判决为样本》，载《上海法学研究》2020 年第 20 卷。

② 参见张新宝：《侵权责任构成要件研究》，法律出版社 2007 年版，第 1～6 页。

③ 根据《最高人民法院关于确定民事侵权精神损害赔偿责任若干问题的解释》第 8 条的规定，因侵权致人精神损害，但未造成严重后果，受害人请求赔偿精神损害的，一般不予支持，人民法院可以根据情形判令侵权人停止侵害、恢复名誉、消除影响、赔礼道歉。

④ 比如，在"孙伟国诉联合网络通信有限公司上海市分公司侵犯隐私权纠纷案"中，法院认定，被告未经原告许可将其所知悉的原告的私人信息提供给他人的事实成立，不过，被告的行为虽侵犯原告的隐私，致使原告在生活上受到一定的困扰，但是并未造成原告生活上严重的不安宁，因此对原告主张的精神损害抚慰金不予支持。最后，判决被告向原告书面赔礼道歉。参见上海市浦东新区人民法院民事判决书，(2009)浦民一(民)初字第 9737 号。

法性单独作为侵权责任构成要件。相反，由于侵犯个人信息案件中原告难以证明信息处理者存在过错，公法上的个人信息保护义务与违法性要件就具有特别重要的意义，实际上需要通过查证信息处理者的违法性（违反公法义务）来证明其过错的存在以及因果关系（可参见下文对我国台湾地区相关法律的分析）。如果说一般情况下因为定义违法性比较困难可以不考虑违法性要件，[①]《个人信息保护法》则需要通过设定信息处理者的公法义务为判断合法性提供明确的标准。套用民事隐私权法律推理逻辑，尤其是简单适用三要件说进行推理，不考虑违法性要件，等于放弃个人信息保护最为重要的法律武器，会极大增加个人信息保护的难度。最后，可识别特定个人信息的范围远远大于“不愿为他人知晓”的信息范围，将隐私权套用到个人信息保护，必然会限缩保护的范围。正是这些原因，实践中民法对于个人信息的私法保护规定一直难以落地。[②] 民法纳入个人信息保护内容，本意是要加强对个人信息的保护，肯定没有想到会降低对个人信息的保护水平，出现与立法意图相悖的结果。

另外，判断隐私权是否受到侵犯，在以往的民事司法实践中，核心的判断标准为是否会导致受害人的社会评价降低，其标准是明确的，也是一致的。至于是否属于违法处理个人信息，也逐步聚焦到可识别特定个人的信息上。因此，两个判断标准都是明确的，也都是单维标准，彼此边界清晰，便于掌握。人格权编确立交叉适用之后，出现两个变量，法官有可能必须从隐私视角判断个人信息的性质或者分类，以厘清两者的关系，等于是引入另一个全新的二维标准对个人信息进行定性，与以往的实践发生较大的偏离。[③] 以“微信读书案”为例，[④]法官最后将个人信息划分为符合社会一般合理认知下的私密隐私、不具备私密性的一般信息和兼具防御性期待和积极利用期待的个人信息三类。对于第三类信息，需要结合信息内容、是否涉及人格尊严等因素判断是否侵害隐私权。如果尚未达到对用户人格刻画的程度，不涉及人格尊严的维护问题，则尚未构成私密隐私，不能成为隐私权的保护对象。不论本案的法律推理是否成立，这种以隐私来界定个人信息性质的

---

① 对我国民法三要件说立场的分析，参见王利明：《侵权行为法归责原则研究》（修订二版），中国政法大学出版社 2004 年版，第 560 页。

② 参见杨立新：《私法保护个人信息存在的问题及对策》，载《社会科学战线》2021 年第 1 期。

③ 对于《民法典》规定的个人私密信息引发问题的相关讨论及司法实践中的不一致裁判，参见彭诚信、杨思益：《论数据、信息与隐私的权利层次与体系建构》，载《西北工业大学学报（社会科学版）》2020 年第 2 期；许可、孙铭溪：《个人私密信息的再厘清——从隐私和个人信息的关系切入》，载《中国应用法学》2021 年第 1 期。

④ 参见北京互联网法院民事判决书，（2019）京 0491 民初 16142 号。

推理方法明显与以往的标准不同，并导致前后两个标准并存的局面。法官在不同案件中究竟会采用单维标准还是二维标准，以及法官如何阐释新标准，都会面临很大的不确定性。

可见，网络时代个人信息面临重大挑战，根源在于公法制度缺位。因应之道，应该是补齐短板，健全相应的公法制度，形成公法私法互补的执法结构。简单地将公法规范与制度纳入传统民事救济机制，必然进一步加剧一条腿长、一条腿短的失衡格局，出现与立法目的相悖的结果。

（三）人格权编的影响外溢至《个人信息保护法》

《个人信息保护法》在基本框架、立法目的、适用范围、核心概念、基本原则、监管制度、法律责任等方面，充分借鉴国际经验，构造以"告知—同意"为核心的个人信息处理一系列规则，首次在我国确立了一整套系统的个人信息保护法律制度，弥补以前立法的缺陷。《个人信息保护法》既没有出现民法中的"隐私"，也没有使用"私密信息"等，平行适用特点鲜明，较为充分地勾勒出个人信息保护法律制度的基本制度禀赋。但是，在《民法典》制定强势话语权背景之下，[①]人格权编对《个人信息保护法》起草的影响也显而易见，使《个人信息保护法》多处呈现较明显的两面性特点，存在不同的理解与解释，既给制度设计带来各种直接影响，也不能完全排除交叉适用的可能性。

人格权编对于《个人信息保护法》的影响，集中体现在以下几个方面：一是在《个人信息保护法（草案）》起草说明中，两次明确强调《个人信息保护法》需要与《民法典》相衔接，[②]既未完全明确两部法律是一般法与特别法的关系，又在某种程度上呼应《个人信息保护法》为民法特别法的观点，为两部法律的交叉适用留出可能性。二是在个人信息保护的定性上，《个人信息保护法》对"个人信息权益"的定位与人格权编将个人信息保护定位为"其他人格权益"几乎一脉相承，"自然人的个人信息受法律保护"则一字不差照录人格权编的表述，使两部法律的基本定位既似曾相识，又不完全相同，为交叉适用留出余地。三是在义务主体的界定上，《个人信息保护法》第2条对于义务主体"组织、个人"概念的强调，没有从一开始就突出个人信息处理者的地位，体现抓大放小、源头治理的原则，与人格权编对于"组织、个人"与"个人信息处理者"两个概念的使用保持高度的一致，容易引发

---

① 不少民法学者认为，个人信息保护法是民法的特别法。参见石佳友：《个人信息保护法与民法典如何衔接协调》，载《人民论坛》2021年第2期。

② "与民法典等有关法律规定相衔接，细化、充实个人信息保护制度规则"；"与民法典的有关规定相衔接，明确在个人信息处理活动中个人的各项权利"。参见《关于〈中华人民共和国个人信息保护法〉（草案）的说明》，2020年10月13日第十三届全国人民代表大会常务委员会第二十二次会议发布。

两部法律之间相关性的联想。[①] 四是《个人信息保护法》第13条第5项对于新闻报道、舆论监督等行为在合理的范围内可作为处理个人信息依据的规定，与人格权编第999条的规定几乎完全一致，明显都同样体现赋予舆论监督更高价值的共同考虑，为解释两部法律的内在关系留出接口。

《个人信息保护法》与《民法典》关系的两面性，在《个人信息保护法（草案）（二次审议稿）》（以下简称为二审稿）中得到明显的体现。二审稿主要增加4项《个人信息保护法（草案）》没有规定的内容，引发不少争论。除守门人条款（第57条）外，其他三项内容有意无意地都是在与人格权编衔接：一是死者的个人信息权，二审稿第49条，明显受到《民法典》第994条的影响；二是已公开个人信息的处理规则，新增的二审稿第13条第5项，明显受到《民法典》第1036条第2项的影响；三是过错推定原则的引入，二审稿第68条新确立的过错推定原则，典型地沿用民法用调整民事责任归责原则达到治理目标的思维方式。[②]

如前所述，由于个人信息权益不同于隐私权，在《个人信息保护法》中直接搬用民法规范与制度必然会导致制度错配的结果。

例如，对于死者的个人信息权问题，必须认识到的是，人格权是消极权，人死亡之后人格权仍然受到保护。死者人格权受到侵犯的，其近亲属有权请求侵权人承担民事责任，以维护死者的人格尊严与利益，也间接保护近亲属的人格权益。[③] 相反，个人信息权益本质上是对个人信息的积极控制权，知情同意是其基本特点，人死亡之后无法再行使这种积极权利，也不可能由近亲属代为行使这种权利，否则有可能在网络世界产生死者复活的假象。尤其个人信息往往涉及第三方关系与他人权益，如果由近亲属行使，还可能会对他人权益产生不可预期的影响，对社会关系的稳定性带来破坏。两种权利属性的差别，表明《个人信息保护法》不能简单搬用民法死者权利保护制度。对于数字化生活方式带来的诸如死者财产查询、虚拟财产转移、社交信息分享等问题，通过现行的死者财产继承、名誉权保护等法律制度基本都可以解决，不需要引入会引发各种连锁问题的死者个人信息权制度。

同样，对于已公开个人信息的处理，需要看到隐私权与个人信息权益的根本

---

① 相关问题分析参见周汉华：《个人信息保护的法律定位》，载《法商研究》2020年第3期。

② 《个人信息保护法（草案）》第65条本来确立的是过错责任原则，但最后一句话“个人信息处理者能够证明自己没有过错的，可以减轻或者免除责任”，与过错责任原则不符，易引发歧义，改为“不承担责任”即可保持过错责任原则的一致性。

③ 对于死者人格利益民法保护的讨论，参见杨立新主编：《中国人格权法立法报告》，知识产权出版社2005年版，第192～210页。

差别。隐私是自然人的私人生活安宁和不愿为他人知晓的私密空间、私密活动、私密信息。“隐私权旨在保护非公知的私事”。[①] 在人格权法中，已经公开的事项，就不再是隐私，至少可以成为免责的事由。相反，个人信息以“可识别性”为核心考量，凡能够识别特定个人的信息处理活动原则上均需要受到法律保护，不以公开与否作为是否受保护的标准，更不是所有公开的个人信息都不受保护。隐私权要解决的核心问题是私密性与公开性的关系，而个人信息权益要解决的核心问题是个人信息的保护与社会利用的关系，不是一个问题。网络自媒体时代，互联网上的绝大部分信息均是公开信息，多由个人自行公开。并且，网络信息公开通常是一种事实行为，并无特定用途可言。如果以公开作为判断标准，二审稿第 28 条所规定的“合理范围”“被公开时的用途”等限制条件实际上都会因为无法确定而被虚置，[②]势必使绝大部分个人信息处理活动都游离于法律之外，无法实现保护个人信息的目的。对比一下可以发现，《征信业管理条例》第 13 条第 1 款规定：“采集个人信息应当经信息主体本人同意，未经本人同意不得采集。但是，依照法律、行政法规规定公开的信息除外。”这里的除外条款隐含有一个国外法律常用的“公共档案”(public records)制度，以合理地界定个人信息保护与社会利用的关系，不是所有已经被合法公开的信息都不需要同意。“新浪微博诉脉脉不正当竞争纠纷案”(大数据不正当竞争第一案)、“美国脸书公司剑桥分析案”等争议的均是对已公开的社交媒体信息的爬取或分析活动，背后涉及的都是已公开个人信息处理的合法性问题。[③] 二审稿对于已公开个人信息不作边界限定，将民法隐私权保护逻辑直接套用到个人信息保护，并从民法免责事由上升为个人信息处理的法定依据，实施中必然引发各种争议。应参照《征信业管理条例》的规定，将“已公开个人信息”的边界界定为“法律、行政法规规定公开的信息”，并以“公共信息”(法律、行政法规规定公开的个人信息)概念代替“已公开个人信息”概念，避免误解。

另外，隐私权作为绝对性和对世性的抵御权利，法律提供保护也就意味着对他人知情权、表达自由的限制，而一个社会的正常运转必须为舆论监督、新闻报道提供保障。因此，隐私权与知情权和言论自由的利益冲突，是隐私权保护必须处

---

① 王泽鉴：《人格权的具体化及其保护范围·隐私权篇》(下)，载《比较法研究》2009 年第 2 期。

② 二审稿第 28 条第 2 款规定：“个人信息处理者处理已公开的个人信息，应当符合该个人信息被公开时的用途。超出与该用途相关的合理范围的，应当依照本法规定取得个人同意。”

③ “新浪微博诉脉脉案”中二审法院提出，在 Open API 开发合作模式中，第三方通过 Open API 获取用户信息时应坚持“用户授权”+“平台授权”+“用户授权”的三重授权原则。参见北京知识产权法院民事判决书，(2016)京 73 民终 588 号。

理的最核心问题。① 人格权法必须对于为公共利益实施新闻报道、舆论监督的行为留出空间，以实现不同价值之间的平衡。相较于传统隐私权保护，个人信息权益所涉及的主要问题是个人信息保护与利用之间的关系，所涉利益主体和利益内容更加多元化，②不仅仅只是隐私权与知情权之间的关系。个人信息保护不应该成为大数据发展的障碍，不应该妨碍正常的学术研究或者艺术表达，应该为国家数据治理能力的提高赋能增效。《个人信息保护法》参照人格权编规定，仅仅明确列举新闻报道、舆论监督行为的合理使用制度，明显范围过窄，没有充分考虑个人信息保护与社会利用制度的特点，无法充分实现促进信息流动与利用的目的。③应该将新闻报道、学术研究、档案管理、统计分析、艺术表达或者文学创作等目的一并加以列举，才能充分体现个人信息保护与利用不同价值之间的平衡。

由于个人信息权益不同于隐私权，沿用民法思路来保护个人信息，也必然会产生各种水土不服现象，最为典型的当属《个人信息保护法》引入的过错推定原则。

《个人信息保护法》对于过错推定原则的规定，存在以下几个明显的问题：(1)《民法典》适用过错推定责任的领域，如建筑物、构筑物或者其他设施及其搁置物、悬挂物发生脱落、坠落造成他人损害，堆放物倒塌、滚落或者滑落造成他人损害，因林木折断、倾倒或者果实坠落等造成他人损害等，其范围都是有限、特定的。即使在争议最大的医疗领域，《民法典》第 1218 条规定，“患者在诊疗活动中受到损害，医疗机构或者其医务人员有过错的，由医疗机构承担赔偿责任”，坚持过错责任原则。第 1222 条规定，“患者在诊疗活动中受到损害，有下列情形之一的，推定医疗机构有过错：(一)违反法律、行政法规、规章以及其他有关诊疗规范的规定；(二)隐匿或者拒绝提供与纠纷有关的病历资料；(三)遗失、伪造、篡改或者违法销毁病历资料。”可见，《民法典》对于包括医疗损害在内的侵权损害，并未

---

① “侵权行为上的隐私，肇源于美国，发展出各种类型，隐私权虽受广泛的保护，但仍受相当限制，其主要原因系法院及一般人认为隐私权的重要性不如言论自由，此乃美国法的特色”。参见王泽鉴：《人格权的具体化及其保护范围 · 隐私权篇》(上)，载《比较法研究》2008 年第 6 期。

② 参见张新宝：《从隐私到个人信息：利益再衡量的理论与制度安排》，载《中国法学》2015 年第 3 期。

③ 在对二审稿的讨论中，人大常委会委员、企业及部分外国机构均明确提出增加以下可以处理个人信息的情形：为历史统计或科学研究、处理雇员信息、防止欺诈或防范网络攻击、维护处理者及第三方的正当利益等在合理范围内处理个人信息。参见全国人大常委会法工委经济法室：《个人信息保护法草案二次审议稿各方面意见(分解材料)》，2021 年 6 月，第 4 页。

一般性地规定过错推定原则，而是严格限定过错推定原则的适用范围。[①] 在网络时代，不论是数字产业化还是产业数字化，个人信息处理无处不在，深度融入个人信息处理者生产、交易、流通全流程、全环节、全周期，与每个网络用户的生活息息相关。个人受到的任何损害，几乎都可能与个人信息处理活动相关。因此，对个人信息处理活动严格适用过错推定原则，其范围有可能无限大，几乎可以颠覆以过错责任为基础的归责原则体系，这是其他领域从未有过的场景。(2)网络时代，数据成为基本的生产要素，而核心是个人信息。正是因为掌握海量的个人信息，平台企业才可以实现供需的最佳匹配，为每一位互联网用户提供体验良好的个性化服务。平台企业的价值，就在于其掌握的个人信息以及对个人信息的分析与处理能力。每个互联网用户在享受互联网带来的便利的同时(通常是免费服务)，通过将自己的信息提供给平台，等于在不断创造平台的价值，但并没有参与到最终的剩余价值分配中。过错推定原则将个人信息处理者通过信息处理活动所获得的利益也作为个人的损失，势必引发对平台价值分享公平性的终极追问，处理不当会引发无穷无尽的深层次争议。(3)由于个人信息处理泛在性的特征，牵涉不同平台、不同信息处理者、不同业务流程，平台即使可以证明自己合规也无法证明自己没有过错，就如同个人很难证明自己无罪一样。面对各种争议，平台最终可能只能花钱了事或者采取其他变通措施，并进而刺激更多纠纷产生(包括职业维权活动)，制约平台经济的发展。与此同时，过错推定原则不断自我强化之下的民事诉讼机制，必然进一步抑制有效公法执法机制的生成，放大政府监管缺位以及监管能力不足的现实困境，不断加剧“一条腿短、一条腿长”的失衡格局，与形成有效的数据治理格局越来越远，不符合世界各国制度设计与发展的大趋势。(4)就民事诉讼而言，由于隐私权侵权采取过错责任原则，一旦个人信息保护采用过错推定原则，就要在“隐私权纠纷、个人信息保护纠纷”同一个案件、同一个案由之下，分别适用两个不同的归责原则，导致司法裁判内在逻辑的混乱，极大地增加司法过程的难度和不确定性。

个人信息保护案件中，原告举证难、胜诉难是客观事实。要从制度上解决这个问题，不能就民事诉讼论民事诉讼，更不能只盯着归责原则调整。放眼全球，普遍经验都是基于系统治理原则，更多发挥政府执法与监管的作用，通过公法执法机制弥补私法执法的不足，并从合规与风险预防角度设计制度，从根源上预防风

---

① 有学者指出，侵权责任法制定之前，“确定医疗侵权责任实行完全的医疗过失推定，其不当之处亦显而易见”。参见杨立新：《论医疗损害责任的归责原则及体系》，载《中国政法大学学报》2009 年第 2 期。

险发生。当然,在个案中,也可以根据具体案情,通过举证责任的分配,让被告承担更多的举证责任,降低原告的胜诉成本。① 民事损害赔偿机制只有放在整体结构中设计,才能有效发挥其作用,并形成制度合力。如果只是在民事救济机制尤其是归责原则上找出路,无非是从一个极端走向另一个极端,本质上是一种零和博弈,不可能实现双赢。并且,简单地在侵权责任法框架内找答案,可能还会存在基础不牢、理解不准确等方面的问题。②

二审稿突然引入过错推定原则,很大程度上应该与对域外立法经验的误读与误解有关,尤其是对我国台湾地区相关规定的不正确借鉴有关,③因此有必要进行专门的辨析。

我国台湾地区1995年制定"电脑处理个人资料保护法",2010年修改为"个人资料保护法"。④ "电脑处理个人资料保护法"第27条规定,"公务机关违反本法规定,致当事人权益受损害者,应负损害赔偿责任";第28条规定,"非公务机关违反本法规定,致当事人权益受损害者,应负损害赔偿责任。但能证明其无故意或过失者,不在此限"。上述两个条文,经"个人资料保护法"修正后,第28条规定,"公务机关违反本法规定,致个人资料遭不法搜集、处理、利用或其他侵害当事人权利者,负损害赔偿责任";第29条规定,"非公务机关违反本法规定,致个人资料遭不法搜集、处理、利用或其他侵害当事人权利者,负损害赔偿责任。但能证明其无故意或过失者,不在此限"。我国台湾地区"法务部"正式公布的"个人资料保护法"第28条的条目为"公务机关违法之损害赔偿",第29条的条目为"非公务机关违法之损害赔偿",官方立场确立的都是违法归责原则,既不是无过错责任,也不是过错推定责任。

---

① 在"庞理鹏与北京趣拿信息技术有限公司等隐私权纠纷案"中,二审法院在举证标准上实现突破,认定被告存在泄露原告个人隐私信息的高度可能。参见北京市第一中级人民法院民事判决书,(2017)京01民终509号。

② 对引入过错推定原则的建议,参见刘丹:《个人信息网络侵权的认定及其司法救济》,载《学习与实践》2020年第1期;徐明:《大数据时代的隐私危机及其侵权法应对》,载《中国法学》2017年第1期。

③ 在2021年6月24~25日全国人大常委会法工委经济法室召开的"《个人信息保护法(草案)(二次审议稿)》座谈会"中,当笔者提出二审稿确立的过错推定原则不合适后,几位专家与立法部门的工作人员均提出我国台湾地区确立的是过错推定原则。这种认识的一个直接原因,应该是直接搬用我国台湾地区学者王泽鉴先生一个未经任何详细论证的结论。王泽鉴先生认为,"'电脑处理个人资料保护法'在公务机关采无过失责任(但得因不可抗力而免责),在非公务机关采推定过失"。参见王泽鉴:《人格权的具体化及其保护范围·隐私权篇》(下),载《比较法研究》2009年第2期。

④ 我国台湾地区"个人信息保护法"的修订情况,参见熊爱卿:《台湾"个人资料保护法"要述》,载《山东科技大学学报(社会科学版)》2011年第2期。

我国台湾地区“法务部”整理的立法说明专门解释，将现行条文“致当事人权益受损害者”等文字修正为“致个人资料遭不法搜集、处理、利用或其他侵害当事人权利者”，是为了使其与“国家赔偿法”第2条第2项及“民法”第184条第1项规定用语一致。[①] 我国台湾地区“国家赔偿法”第2条第2项明确规定“公务员于执行职务行使公权力时，因故意或过失不法侵害人民自由或权利者，国家应负损害赔偿责任”，显然是过错责任。我国台湾地区“民法”第184条第1项规定，“因故意或过失，不法侵害他人之权利者，负损害赔偿责任”，确立的也是过错责任。

由于我国台湾地区侵权赔偿责任采取“四要件”说，[②]“个人资料保护法”上述两条规定均有“违法性”要求，因此，违法情况下的过错（推定）实际上是“从违法行为推定存在过错”，[③]即认为违法通常就意味着有过错。[④] 我国民法学通说认为我国侵权责任法采用“三要件”说，《个人信息保护法》第69条也没有规定“违法性”要件，因此，“三要件”框架中的过错推定实际上是“从损害结果推定存在过错”，两者大不相同，我国大陆的过错推定要远远严于我国台湾地区的过错推定。[⑤] 类似地，欧盟《一般数据保护条例》第82条同样规定的是违法（吸收过错）责任，[⑥] 既没有直接出现过错概念，更没有类似我国《民法典》规定的过错推定原则。可

---

① 参见我国台湾地区“法务部”编印：《个人资料保护法规及参考资料汇编》，第54页。

② 对于我国台湾地区侵权赔偿责任构成“四要件”与法国法“三要件”的区别，以及我国侵权责任法只规定“三要件”的观点，参见王利明：《我国〈侵权责任法〉采纳了违法性要件吗？》，载《中外法学》2012年第1期。有学者指出，全国人大常委会法制工作委员会组织编写的《中华人民共和国侵权责任法释义》在解释第6条的“过错责任”时，采用了四要件说，但没有使用“不法行为”或“行为的违法性”概念，而使用了“行为”概念，但内容则是义务之违反。参见柳经纬、周宇：《侵权责任构成中违法性和过错的再认识》，载《甘肃社会科学》2021年第2期。

③ 具体案例分析及论述参见王泽鉴：《人格权的具体化及其保护范围 · 隐私权篇》（下），载《比较法研究》2009年第2期。

④ 类似地，在对我国《民法典》第1222条的定性方面，有学者认为，“对于本条规定的‘推定’过错，学术界一般不认为是《侵权责任法》第6条第2款或者《民法典》第1165条第2款所规定的过错推定，而较倾向于认为属于判断（认定）过错的法定事项或标准”。参见张新宝：《中华人民共和国民法典侵权责任编理解与适用》，中国法制出版社2020年版，第233页。

⑤ “过错推定近似于无过错责任原则。”参见黄薇主编：《中华人民共和国民法典释义》（下），法律出版社2020年版，第2238页。

⑥ Article 82：(2) Any controller involved in processing shall be liable for the damage caused by processing which infringes this Regulation. A processor shall be liable for the damage caused by processing only where it has not complied with obligations of this Regulation specifically directed to processors or where it has acted outside or contrary to lawful instructions of the controller. (3) A controller or processor shall be exempt from liability under paragraph 2 if it proves that it is not in any way responsible for the event giving rise to the damage.

见，我们在对域外立法例的理解与借鉴方面，还有不准确的地方。本来应该在《个人信息保护法》第69条中增加“违反本法规定”或者“没有履行本法规定的义务”之类的表述，以突出违法性要件的地位。[①] 既然无法修改，那就只能在法律适用中通过对“处理者证明自己没有过错”的解释，突出合规与违法性要件的意义，只要处理者符合《个人信息保护法》的规定，满足合规要求，就能证明没有过错，由此弥补立法漏洞。

三、坚持平行适用，构筑有效治理结构

可以看到，只有坚持平行适用，才可以避免交叉适用带来的法律关系交织与冲突，降低执法与守法成本，增强法律实施的可预期性。同样重要的是，坚持平行适用，确立《个人信息保护法》的独立法律地位，使不同法律分别发挥各自的作用，有利于形成公法、私法合力，事前机制、事中机制与事后机制结合，以预防为主，辅之以有效的执法威慑，法律手段与其他手段互补，多主体参与的多元治理结构。个人信息保护与隐私权的关系以及《个人信息保护法》与民法的关系，只有在这个大视野下，才能明确定位，找准方向。

面对网络时代的新问题、新挑战，往往很难在传统的工具箱中直接找到答案，必须在实践的基础上推动理论创新、知识更新，并探索形成综合解决方案。然而，可以观察到的现象是，不论是路径依赖还是思维惯性，学术界与实务界很容易依靠过去的经验，“旧瓶装新酒”，希望以老办法解决新问题。尤其在部门法思维的长期影响下，自觉或不自觉地相信可以依靠自己的部门法“包打天下”“一揽子解决”，不去关注不同法律部门之间如何形成合力，不同机制如何相互协调。在个人信息保护领域，这种现象同样明显。主张《个人信息保护法》是民法的特别法，实质上是民法大一统观念的典型体现，将公私法合作治理关系变成为主从关系，将公法变成为私法的一部分，并期望由民法来“一揽子”解决个人信息保护问题。稍作比较可以发现，这种“毕其功于一役”的思路并不是民法的首创，刑法也自觉不自觉采用同样的立场。按照《最高人民法院、最高人民检察院关于办理侵犯公民个人信息刑事案件适用法律若干问题的解释》确立的标准，大部分侵犯个人信息的行为，都符合侵犯公民个人信息罪的入罪标准，可以直接入刑，根本不需要行政

---

① 我国《行政处罚法》原来没有规定过错要件，适用的是违法归责原则。经过2021年修订后，第33条增加“当事人有证据足以证明没有主观过错的，不予行政处罚”的规定，提供了处理违法性要件与过错关系的立法范例。

法、民法介入,[①]典型的刑法先行,以刑代民、以刑代行。[②] 类似设想如果严格执行,并层层类推,公法私法合作治理格局不可能形成,整个法治手段都可能因为程序与效能方面的考虑而被废弃。[③] 其实,这种制度之间缺乏配合与协调,各种制度叠床架屋但效果甚微的现象在我们的制度设计中并不罕见,并因此成为改革必须着力解决的顶层制度设计问题。[④] 在各主体都认为可以"包打天下"的背景下,坚持平行适用,立足于整体制度设计与多元治理,打破部门法壁垒,推动学科融合,尤其具有重要的现实意义。

坚持平行适用,需要澄清《个人信息保护法》是民法特别法的模糊认识,更明确体现《个人信息保护法》作为个人信息保护基本法律的重要地位。[⑤] 笔者在立法机关召开的几次专家座谈会上均建议在《个人信息保护法》第1条中增加规定"根据宪法,制定本法"。这样,既体现个人信息权益源自《宪法》对于人格尊严与自由的规定,而不是民法上的其他人格权益,又权威、鲜明地表明《个人信息保护法》的立法依据。《个人信息保护法》与《民法典》是公法与私法的关系,一个规定公法权利与制度,一个规定民事权利与制度,共同构筑个人信息保护的规则体系。《宪法》依据的确立,也为《民法典》与《个人信息保护法》的平行适用奠定基础,在处理疑难问题时,提供终极的适用指南。

与此同时,为厘清《个人信息保护法》与《民法典》的关系,还需要对《个人信息保护法》第1条的核心概念"个人信息权益"进行必要的处理。最好的处理方案当然是择一明确宣示公法上的"个人信息权""个人信息控制权"或者"个人信息受保护权"等概念,以鲜明地区别于人格权编的"其他人格权益"概念。当然,考虑到《个人信息保护法》的立法进程与相关条件,退而求其次,至少需要对"个人信息

---

① 2017年1月,公安部向社会公开征求对《中华人民共和国治安管理处罚法(修订公开征求意见稿)》的意见,将"非法获取、持有、使用、出售、提供、传播公民个人信息"纳入治安管理处罚的范畴。但是,如果目前的司法解释不作调整,治安管理处罚很难有充分的作用空间。

② 对于"刑法先行""重打击、轻管理"等现象的分析,参见喻海松编著:《最高人民法院、最高人民检察院侵犯公民个人信息罪司法解释理解与适用》,中国法制出版社2018年版,第15页。对于"刑法被作为个人信息保护的廉价工具,刑法的功能定位也被模糊化"的具体分析,参见田诗媛:《大数据时代个人信息保护的刑法边界——以侵犯公民个人信息罪为例》,载《江西警察学院学报》2017年第2期。

③ 对于《刑法修正案(七)》增设该罪之后判刑情况的介绍,参见周加海、邹涛、喻海松:《〈关于办理侵犯公民个人信息刑事案件适用法律若干问题的解释〉的理解与适用》,载《人民司法》2017年第19期。

④ "发展中不平衡、不协调、不可持续问题依然突出";"中央成立全面深化改革领导小组,负责改革总体设计、统筹协调、整体推进、督促落实"。参见习近平:《关于〈中共中央关于全面深化改革若干重大问题的决定〉的说明》,中共十八届三中全会2013年11月9日发布。

⑤ 参见王锡锌、彭錞:《个人信息保护法律体系的宪法基础》,载《清华法学》2021年第3期。

权益"作统一权威的公法解释,即公法上的权利加利益,而不是《民法典》框架下低于权利的"其他人格权益"。

坚持平行适用,需要"两条腿走路",使公法、私法有机协调,形成合力。当务之急是要提升公法法治化水平,解决规定无法落地的现象。如何规定履行个人信息保护职责的部门,并配置以相关的手段,一直是《个人信息保护法》起草过程中的重要问题,也是难点问题,事实上存在主体缺位现象,并对制度与规范设计产生影响。《个人信息保护法》通过后,如何划分履行个人信息保护职责不同部门的职能,如何使其真正聚焦于个人信息保护,如何丰富其履职手段,提高其履职能力,防止懒政、怠政或者武断作为,如何协调行政权与司法权的关系等,都将会是长期挑战,不可能一蹴而就。相比之下,私法制度与机制更为成熟,能力更强,队伍更大。在这种格局之下,各方都应保持谦抑,保持耐心,兼顾短期目标与长远目标的关系,既解决眼前问题,又致力于多元治理结构的培育。缺位不能成为错位与越位的理由,错位与越位也无法从根本上解决缺位带来的问题。

坚持平行适用,必须处理好《个人信息保护法》与《民法典》尤其是与《民法典》人格权编的关系,将事前事中的行政执法优势与事后的司法救济优势充分结合,既立足于风险预防,又有效制裁违法行为。为此,应坚持司法是社会公正的最后一道防线的基本原则,使司法权与民事诉讼机制既不越位、错位,也不缺位。鉴于《民法典》人格权编对于个人信息保护的内容大多源自《网络安全法》,而《个人信息保护法》既是个人信息保护的基本法,毫无疑问也是网络安全法个人信息保护相关规定的升级版(新法)。因此,如果《民法典》人格权编(交叉适用)的规定与《个人信息保护法》(平行适用)的规定不一致,则实体规定应以《个人信息保护法》为准,然后衔接《民法典》侵权责任编,并在《个人信息保护法》中为个人信息保护量身定做专门的赔偿标准,解决侵权责任适用于个人信息保护威慑力度不足问题,[①]构筑有效的法律闭环(可称之为"淡化人格权编、强化侵权责任编")。这样,既能明确法律适用基本原则,也间接解决了人格权编对于个人信息保护定位所存在的各种问题。为此,要准确理解并适用《民法典》在人格权编与侵权责任编中对于个人信息权益的不同定位,尽量弥补立法漏洞。

《民法典》第 990 条分两款分别规定人格权与其他人格权益,严格区分权利与

---

① 起草部门其实已经认识到,需要对严重侵害个人信息权益的行为增加惩罚性赔偿或者精神损害赔偿规定。参见全国人大常委会法工委经济法室:《个人信息保护法草案二次审议稿各方面意见(分解材料)》,2021 年 6 月,第 28 页。

权益,并明确人格权请求权只适用于人格权。[①] 与之相反,从《侵权责任法》开始到《民法典》侵权责任编,一直不区分权利与权益,将两者融合在一起。《侵权责任法》第 2 条规定,侵害民事权益,应当依照本法承担侵权责任。《民法典》第 120 条规定:"民事权益受到侵害的,被侵权人有权请求侵权人承担侵权责任。"第 1164 条规定:"本编调整因侵害民事权益产生的民事关系。"可见,《民法典》人格权编与侵权责任编在权利与权益的关系上是有明确区分的,是有法律意义的。然而,不少权威观点认为,《民法典》人格权编第 1 章关于人格权的一般规定既适用于人格权,也适用于其他人格权益,[②]等于不区分权利与权益。《最高人民法院关于审理使用人脸识别技术处理个人信息相关民事案件适用法律若干问题的规定》第 9 条规定,"自然人有证据证明信息处理者使用人脸识别技术正在实施或者即将实施侵害其隐私权或者其他人格权益的行为,不及时制止将使其合法权益受到难以弥补的损害,向人民法院申请采取责令信息处理者停止有关行为的措施的,人民法院可以根据案件具体情况依法作出人格权侵害禁令",等于将人格权与其他人格权益给予同等的保护。

由于人格权请求权门槛相对较低,[③]将人格权请求权直接适用于个人信息保护,不但不符合《民法典》的规定,还会使司法权前移、司法行政化,与《个人信息保护法》及其行政执法机制重叠甚至冲突,人为造成各种矛盾。同时,对于信息处理者而言,必然会面临大量的权利请求以及分散的行政与司法管辖机关,陷入难以应付的境地。已经有学者从民法理论角度对给予隐私权与个人信息同等程度的保护所存在的问题进行分析,提出自然人并不能基于个人信息而一般性地享有全部的人格权请求权。[④] 有必要从构筑有效的多元治理结构出发,严格按照《民法典》规定界定各种机制的作用范围。

个人信息保护与隐私权的关系看起来是一个立法技术与法律操作问题,背后折射的是我国法治现代化面临的种种深层次挑战。只有从战略层面把握,充分发挥公法、私法等不同治理机制的作用,标本兼治,才能形成合力,提升法治的可执行性与可预期性,实现法治中国的目标,切实维护人民权益。

---

① 例如,第 997 条规定:"民事主体有证据证明行为人正在实施或者即将实施侵害其人格权的违法行为,不及时制止将使其合法权益受到难以弥补的损害的,有权依法向人民法院申请采取责令行为人停止有关行为的措施。"

② 参见黄薇主编:《中华人民共和国民法典人格权编释义》,法律出版社 2020 年版,第 17 页。

③ 人格权请求权既不需要过错要件,也不需要证明实际造成损害,适用并不需要行为人的行为已经构成侵权,只要可能侵害人格权,影响人格权的实现,权利人即可提出人格权请求权。参见王利明:《论人格权请求权与侵权损害赔偿请求权的分离》,载《中国法学》2019 年第 1 期。

④ 参见程啸:《民法典编纂视野下的个人信息保护》,载《中国法学》2019 年第 4 期。

PART

2

第二部分

条文精解与适用指引

第一章　总　　则

作为《个人信息保护法》的总则篇章,本章对个人信息保护制度的基本内容与基本原则进行了明确规定,为我国的个人信息保护工作奠定了总基调,指明了大方向。具体而言,包括以下四个方面:第一,本章明确了《个人信息保护法》的立法目的,将保护个人信息权益、规范处理活动以及促进合理利用作为我国今后个人信息保护工作的三个基本出发点与落脚点;第二,本章明确了《个人信息保护法》的适用范围和基本概念,划定了对境内外个人信息处理活动的规制边界,对个人信息和个人信息处理进行了清晰界定,回应了理论界与实务界一直以来对上述概念的不同主张;第三,本章确立了个人信息保护领域的基本原则,主要包括合法、正当、必要和诚信原则,最小范围原则,公开透明原则,质量原则,责任与安全原则;第四,本章提出了关于个人信息保护的禁止性规定与宣示性规定,包括自然人个人信息受法律保护、不得侵害自然人个人信息权益、国家建立个人信息保护制度、推动形成多主体参与保护环境、积极参与个人信息保护国际规则制定等。

总体来看,《个人信息保护法》既从我国实际出发,坚持问题导向,将实践中行之有效的做法和措施上升为法律规范;又充分借鉴有关国际组织和国家、地区的有益做法,体现立法的前瞻性和完整性,构造以告知—同意为核心的个人信息处理一系列规则,首次在我国确立一整套系统的个人信息保护法律制度,弥补以前立法的缺陷。需要注意的是,明确了《个人信息保护法》的立法依据为宪法,确立了个人信息权益的基本权利定位,也为处理《个人信息保护法》与其他法律的关系奠定了基础,具有重大的理论和现实意义。出台《个人信息保护法》,完善个人信息保护规则,是坚持以人民为中心,切实维护广大人民群众切身利益的应时之举,为人民群众撑起一把数字世界的“保护伞”。①

第一条　为了保护个人信息权益,规范个人信息处理活动,促进个人信息合理利用,根据宪法,制定本法。

---

① 参见周汉华:《个人信息保护法的时代意义》,载《民主与法制》2021年第32期。

【条文主旨】

本条是关于《个人信息保护法》立法目的与立法依据的规定。

本条阐明立法目的是,“为了保护个人信息权益,规范个人信息处理活动,促进个人信息合理利用”。其中,“保护个人信息权益”居于《个人信息保护法》立法目的的首要地位,强调个人信息保护立法应坚定人民立场,体现人民利益,反映人民意愿,维护人民权益。“规范个人信息处理活动”是个人信息保护落实的具体路径,在后续条款设计中也居于核心位置。“促进个人信息合理利用”是发展数字经济所赋予的时代任务,是个人信息保护工作需要切实解决的问题。本条体现《个人信息保护法》立法目的的多元化,“权益保护”“规范处理”“促进利用”三者相辅相成,不可偏废。

本条明确立法依据为宪法。《宪法》规定,国家尊重和保障人权;公民的人格尊严不受侵犯;公民的通信自由和通信秘密受法律保护。制定实施《个人信息保护法》对《宪法》上关于保障公民的人格尊严和其他权益的要求具有重要意义。

【演进过程】

一审稿	二审稿	最终稿
第一条　为了保护个人信息权益,规范个人信息处理活动,~~保障个人信息依法有序自由流动,~~促进个人信息合理利用,制定本法。	第一条　为了保护个人信息权益,规范个人信息处理活动,促进个人信息合理利用,制定本法。	
	第一条　为了保护个人信息权益,规范个人信息处理活动,促进个人信息合理利用,制定本法。	第一条　为了保护个人信息权益,规范个人信息处理活动,促进个人信息合理利用,根据宪法,制定本法。

【条文释义】

(一)立法目的

在信息化时代,个人信息保护已成为广大人民群众最关心、最直接、最现实的问题之一。为适应我国信息化的发展需要,作为一部个人信息保护方面的专门法律,《个人信息保护法》第1条明确了立法目的与立法依据,明确个人信息保护立法应解决三个方面的主要问题——保护个人信息权益、规范个人信息处理活动、促进个人信息合理利用,强调个人信息保护应该围绕“权益保护”“规范处理”“促进利用”三个目标展开。

“权益保护”在立法目的中处于首位,彰显了《个人信息保护法》的人民立场。

根据2021年8月27日第48次《中国互联网络发展状况统计报告》的数据，截至2021年6月，我国网民规模已达10.11亿人，较2020年年底增长2175万人，互联网普及率达71.6%。当前中国已经形成了全球最为庞大、生机勃勃的数字社会，而在互联网飞速发展过程中伴生的网络安全、个人信息保护、网络内容管理等问题越来越凸显。人们在体验互联网所带来各种便利的同时，面临的信息过度采集、非法买卖、擅自公开、盗取泄露的风险越发显著。习近平总书记强调："网信事业要发展，必须贯彻以人民为中心的发展思想。"[①]保护个人信息主体的合法权益是《个人信息保护法》的重中之重，将"权益保护"置于立法目的的首位切实回应了广大人民的期望以及党中央所提出的维护人民群众利益的明确要求。《个人信息保护法》围绕这一目标规定和发展了个人信息权益内容，进一步确认个人信息主体在个人信息处理活动中所享有的知情权、决定权、查阅权、复制权、更正权、补充权，丰富了删除权的场景和创设了个人信息的可携带权。强调与个人权益密切相关的敏感个人信息要"严格保护"。对社会反映强烈的胁迫用户同意处理个人信息、"大数据杀熟"和非法买卖、提供或者公开他人个人信息等违法行为明确了法律责任。

"规范处理"在个人信息保护立法规范中处于重要地位，"权益保护"和"有效利用"只有在个人信息处理活动中才具有实际意义。在信息化应用广泛覆盖的现代社会中，个人信息不仅是反映特定自然人身份或者特定自然人活动情况的各种信息，还是一种除了土地、劳动力、资本以外的新型战略资源和竞争优势，是数字经济活动的基本生产要素。通过处理个人信息，可以提供更多元的信息服务，提高数字经济发展的质量与效率。但是，随着信息技术的发展，个人信息的处理方法更多样，处理流程越发复杂，处理主体日渐增多，利益相关方更加多元，由个人信息处理活动可能产生的隐私泄露、信息滥用等负面性逐步凸显，个人信息处理活动不规范的情况普遍存在，这就导致传统的基于人格权保护、侵权责任规范的个人信息保护路径难以应对当前个人信息处理所存在的问题。因而，对个人信息处理活动不规范的规制需要新型的体系化的制度设计。《个人信息保护法》从个人信息处理的全流程出发，拓展了包括同意规则在内的合法性基础场景。对自动化决策、公共场所等特殊场景下的信息处理活动，进一步规范了严格的管理要求。规定利用个人信息进行自动化决策时，应当保证决策的透明度和结果的公平、公正，不得对个人在交易价格等交易条件上实行不合理的差别待遇。在公共场所安装图像采集、个人身份识别设备，应当为维护公共安全所必需，遵守国家有关规定，并设置显著的提示标识。同时，全面规范个人信息活动既调整了一般民事主

---

① 习近平：《在网络安全和信息化工作座谈会上的讲话》，载《人民日报》2016年4月26日，第2版。

体的个人信息处理活动,又对国家机关处理个人信息作出特别规定。

“促进利用”与“权益保护”一体两面,是“规范处理”的直接目标。个人信息是信息技术应用所需的基础资源,过度限制个人信息处理活动既不现实,也不符合现代社会的发展目标。《个人信息保护法》既是一部“保护法”,同时是一部“促进法”。在推动数字经济健康发展过程中,需要不断发掘和释放各类信息资源的价值潜力,激活海量数据要素的生产潜能,这些离不开对个人信息的有效合理利用。个人信息保护立法不能成为阻断个人信息合理使用的障碍,而是在保护的前提下根据具体情况促进个人信息的有效利用。《个人信息保护法》第 13 条确定了除“同意以外”个人信息处理的多种合法性基础,切实回应了诸如疫情防控等具体场景下个人信息处理的特别需要。第 18 条规定个人信息处理者处理个人信息,处于法律、行政法规规定应当保密或者不需要告知的情形下,则不负担告知义务。第 35 条规定,国家机关作为个人信息处理者,为保障其履行法定职责的情形,同样不负担告知义务。个人信息的有效合理利用是建设数字中国、网络强国与智能社会的题中应有之义,是制定《个人信息保护法》必要性的体现,是立法回应网络信息技术发展的必然要求。

本条关于立法目的的表述经过了部分修改,二审稿中删去关于“保障个人信息依法有序自由流动”的表述,这主要是考虑个人信息权益的内在属性较为复杂,作为一种同时附着人格权属性和财产权属性的新型权益类别,关于个人信息的有序流转仍处于探索阶段,对于如何解决个人信息流转和个人主体尊严的保障并未有较为成熟的解决办法。需要注意的是,关于“自由流动”可见于欧盟颁布的《通用数据保护条例》(General Data Protection Regulation,GDPR)第 1 条中关于立法目的的表述。《通用数据保护条例》提出要促进个人“自由流动”,欧盟内部数据“自由流动”,主要目标在于推动欧洲一体化进程。但是在信息化时代,个人信息作为一种重要的战略性资源,代表着国家利益,会影响一国的国家安全,各国往往对个人信息的跨境流动采取严格管制的措施。由此而言,关于“自由流动”仍存在诸多冲突难以协调,而且,该内容可被“促进个人信息合理利用”的要求全面覆盖,无须突出表达。综上,二审稿删除了关于“保障个人信息依法有序自由流动”的内容,正式通过的《个人信息保护法》也肯定了这一修改。

(二)立法依据

在立法依据方面,相较于一审稿与二审稿,正式通过的《个人信息保护法》增加了关于“根据宪法”的表述,明确了宪法是《个人信息保护法》的立法依据,体现个人信息权益源自《宪法》有关保障人格尊严与自由的规定。此前,关于个人信息保护的概念基础一直存有争议。本条关于“根据宪法”的表述明确了个人信息保护的规定来自对《宪法》第33条“国家尊重和保障人权”、第38条“中华人民共和国公民的人格尊严不受侵犯”、第40条“中华人民共和国公民的通信自由和通信秘密受法律的保护”等要求的落实。习近平总书记强调指出:“宪法是国家的根本法,是治国安邦的总章程,是党和人民意志的集中体现,具有最高的法律地位、法律权威、法律效力。”①以《宪法》作为立法依据,体现出《个人信息保护法》区别于《网络安全法》《电子商务法》等网络信息立法的鲜明特点,表明《个人信息保护法》是个人信息保护领域的基本法律。

【适用指引】

(一)对“个人信息权益”的理解

一方面,在《个人信息保护法》中,“个人信息权益”是最为核心也是最为基础的概念,但在《个人信息保护法》通过之前,关于个人信息保护的本质究竟是权利还是权益引发了诸多争议。《个人信息保护法》最终采用“个人信息权益”的表述,也是考虑到从个人信息权益的属性来看,其承载了个人的人格尊严、人身安全与财产安全;从民事法律关系的角度出发,对其权利属性难以界定,个人信息作为现代社会中人与人相互交流不可缺少的内容,并不排除他人的正常使用。“信息具有‘公共品’的核心特征,即非竞争性和排他性,法律不应在个人信息上建构一项由个人享有的绝对性权利。”②

另一方面,虽然没有采用“个人信息权”的概念表述,《个人信息保护法》第4章以专章的形式列举了个人在个人信息处理活动中的权利,包括删除权、可携带权等。这些权利必须要在个人信息处理活动中方可体现,并且与个人信息处理者的法律义务紧密相连,可以理解为“完全独立的一项新型公法权利”。“作为公法权利,并不以信息主体的实际损害作为认定违法与否的必要条件,也不需要信息主体承担举证责任。只要数据控制者违反法定义务,不论是否造成信息主体实际损害,都可以认定为违法,个人信息保护执法机构就可以通过公法执法发现并制裁违法,维护法律秩序。”③由此可见,即便未采用“个人信息权”的表述,在《个人信息保护法》通过对个人在个人信息处理活动中的每个具体权项进行分解,明确了个人处理者应遵循的相应义务,减轻个人举证困难的问题,有效地保障了个人信息权益。就于个人信息处理者而言,其需要在合规工作中保留其切实履行《个

---

① 《习近平在首个国家宪法日之际作出重要指示——强调切实增强宪法意识 推动全面贯彻实施宪法》,载《人民日报》2014年12月4日,第1版。

② 张新宝:《论个人信息权益的构造》,载《中外法学》2021年第5期。

③ 周汉华:《个人信息保护的法律定位》,载《社会科学文摘》2020年第8期。

人信息保护法》所要求各项义务的证据,以证明自己在处理个人信息活动中未出现过错。

(二)《个人信息保护法》与《民法典》的适用问题

在《个人信息保护法》通过之前,《民法典》人格权编第6章"隐私权与个人信息保护"中第1035~1039条分别对个人信息的概念、个人信息处理的原则和条件、处理个人信息的免责事由、个人信息主体的权利、信息处理者的信息安全保障义务、国家机关和承担行政职能的法定机构及其工作人员的保密义务作出一系列规定。由于在《个人信息保护法》与《民法典》中关于个人信息保护的规定存在一定程度的交叉,因而成为相关法律适用实践中的疑难问题。

本条明确了我国《宪法》是《个人信息保护法》的立法依据。《个人信息保护法》提出对个人信息权益的保护来自《宪法》中关于国家尊重和保障人权、公民的人格尊严不受侵犯、公民的通信自由和通信秘密受法律保护等规定,并非来自《民法典》中关于人格权的规定。由此可见,《个人信息保护法》并非《民法典》的特别法,而是具有独立的法律地位,二者处于同等的法律位阶。对于二者的适用问题,应当采取"如果人格权编(交叉适用)规定与《个人信息保护法》(平行适用)规定不一致,实体规定应以《个人信息保护法》为准,然后衔接侵权责任编,并在《个人信息保护法》中为个人信息保护量身定做专门的赔偿标准,解决侵权责任适用于个人信息保护威慑力度不足问题,构筑有效的法律闭环(可称之为'淡化人格权编、强化侵权责任编')"的办法,[①]建立起两者之间的平行适用关系。

个人信息保护是信息时代背景下实现法治目标所需要应对的新型挑战,《个人信息保护法》与《民法典》应当分别从公法与私法的路径共同构建关于个人信息保护体系,实现"权益保护""规范处理""促进利用"多元目标。

【案例链接】

徐某玉遭电信诈骗身亡案[②]

1.案情简介

2016年8月19日,山东省临沂市罗庄区18岁的高考录取新生徐某玉收到了大学录取通知书,随后遭遇电信诈骗被骗走9900元。案发后,徐某玉与父亲到公安机关报案,回家途中徐某玉心脏骤停,送医院抢救无效死亡。徐某玉的死引起了巨大的社会反响,最高检、公安部联合对该案挂牌督办,后陈某辉、郑某锋、黄某

① 周汉华:《平行还是交叉——个人信息保护与隐私权的关系》,载《中外法学》2021年第5期。

② 山东省高级人民法院刑事判决书,(2017)鲁刑终281号。

春等7人被抓获归案，山东省临沂市人民检察院指控被告人陈某辉犯诈骗罪、侵犯公民个人信息罪，被告人郑某锋犯诈骗罪，向临沂市中级人民法院提起公诉。

2. 案例要点与解析

临沂市中级人民法院经审理查明：2015年11月至2016年8月，被告人陈某辉、郑某锋等人交叉结伙，通过网络购买学生信息和公民购房信息，分别在江西省九江市和新余市、广西壮族自治区钦州市、海南省海口市等地租赁房屋作为诈骗场所，分别冒充教育局、财政局、房产局的工作人员，以高考学生为主要诈骗对象，以发放贫困学生助学金、购房补贴为名，拨打诈骗电话2.3万余次，骗取他人钱款共计56万余元，并造成被害人徐某玉死亡。其中，陈某辉在江西省九江市、新余市纠集人员实施诈骗犯罪，拨打诈骗电话1.3万余次，诈骗金额共计31万余元；郑某锋在广西壮族自治区钦州市、海南省海口市纠集人员实施诈骗犯罪，并为陈某辉等人在九江市、新余市实施诈骗时转移赃款，拨打诈骗电话2.3万余次，诈骗金额共计54万余元。2016年6月至8月，被告人陈某辉为实施电信诈骗犯罪，通过腾讯QQ、支付宝等工具从杜某某处购买非法获取的山东省高考学生信息10万余条。2017年7月19日，临沂市中级人民法院作出(2017)鲁13刑初26号刑事判决，认定被告人陈某辉犯诈骗罪，判处无期徒刑，剥夺政治权利终身，并处没收个人全部财产；犯侵犯公民个人信息罪，判处有期徒刑5年，并处罚金人民币3万元；决定执行无期徒刑，剥夺政治权利终身，并处没收个人全部财产；被告人郑某锋犯诈骗罪，判处有期徒刑15年，并处罚金人民币60万元。

宣判后，被告人陈某辉提出上诉：被害人徐某玉的死亡与被诈骗不存在刑法上的因果关系，具有偶然性；其主动投案，具有自首情节；侵犯公民个人信息罪量刑过重。山东省高级人民法院经审理，认为一审判决认定事实清楚，证据确实、充分，定罪准确，量刑适当，审判程序合法，于2017年9月12日作出(2017)鲁刑终281号刑事裁定，驳回上诉，维持原判。

从犯罪行为的具体实施来看，徐某玉个人招考信息的泄露是诈骗实施的关键，当大量个人信息由陈某辉获取，其冒充财政局工作人员以发放助学金为名拨打电话，才导致徐某玉接到诈骗电话后深信不疑，酿成悲剧。“徐某玉案”“清华大学被骗1700万元案”等案件让人们认识到公民个人信息的泄露与滥用已经成为网络犯罪的“百罪之源”，个人信息保护获得了社会各界的关注，“徐某玉案”也成为推动个人信息保护立法进程中的典型案例。

域外案例

立法目的条款在司法实践中也经常被援引，尤其是在涉及法律价值判断的情形下，法官会将立法目的条款作为重要的裁判理由。早在欧盟《数据保护指令》(Data Protection Directive，DPD)被《通用数据保护条例》取代前，欧盟法院便曾援引其中的立法目的条款。在 Commission v. Germany 案中，欧盟法院(the Court of Justice of the European Union，CJEU)指出，独立监管机构的作用包括“在保护私人生活权和个人信息自由流动之间建立一个公平的平衡”。① Breyer 案的裁决进一步解释，成员国享有的自由裁量权“只能根据该指令所追求的目标来使用，即在数据的自由流动和保护私人生活之间保持平衡”。② 也就是说，法院一般认为数据保护法应在数据的自由流动和保护私人生活这两个价值之间权衡。

值得注意的是，欧盟法院在裁判之中对立法目的的侧重发生了从个人信息自由流动到保护个人权利的嬗变。在早期，个人信息在内部市场上自由流动的目的似乎在法院判例法中占主导地位。在 Österreichischer Rundfunk and Others 案中，欧盟法院强调 DPD“旨在通过协调有关个人信息处理的国家保护条款，确保个人信息在成员国之间自由流动”。而后来，尤其是里斯本条约生效后，欧盟法院开始将重点转向保护个人基本权利的有效性。在《里斯本条约》生效后，在 Digital Rights Ireland 案、Schrems 案和 Tele2 案等案件中，欧盟法院均根据欧盟《基本权利宪章》第 7 条和第 8 条关于个人隐私和个人信息受保护的基本权利来解释 DPD。③ 数据的自由流动这一立法目的尽管发挥的作用在减弱，但仍偶尔被欧盟法院提及。④ 当然，立法目的条款一般在案件中并不是争点问题，只是法院用来论证说理的理由，这里便不对案情进行详细介绍。

【相关规定】

《宪法》第 33 条、第 38 条、第 40 条、第 58 条；《网络安全法》；《电子商务法》；《民法典》第 1034 ~ 1039 条；《最高人民法院关于适用〈中华人民共和国民法典〉总则编若干问题的解释》第 3 条

【域外比较】

世界各地关于个人信息保护的法律多有相似之处，域外比较因此成为常用的解释和填补方法。本书专设“域外比较”模块，也有相应考虑。在进入具体条款前，考察《个人信息保护法》与域外对应立法的立法目的，有助于准确比较，而不至

---

① Case C – 518/07, Commission v. Germany.

② Case C – 582/14, Breyer.

③ Joined Cases C – 293/12 and C – 594/12, Digital Rights Ireland; Case C – 362/14, Schrems; Joined Cases C – 203/15 and C – 698/15, Tele2.

④ Case C – 362/14, Schrems.

于生搬硬套。我国立法兼重保护个人权益、规范处理活动、促进合理利用三方面，可谓体现了“三头平衡”的思路。相比之下，欧盟颁布的《通用数据保护条例》第1条“主体与[立法]目的”列举了两方面立法目的，“保护自然人的基本权利和自由，尤其是[自然人]数据受保护的权利”，以及“[欧盟内部]个人数据的自由流动”。我国立法的规范面向和对合理利用的强调，在比较时宜予注意。同时，相比美国而言，我国更加强化对个人信息权益的保护。此述比较，也可以解释上述三个国家或地区关于个人信息保护的以下差异：中国、欧盟对个人信息处理均采取“默认”违法的态度，无合法性基础则不得收集、处理；美国则无此取向。①

第二条　自然人的个人信息受法律保护，任何组织、个人不得侵害自然人的个人信息权益。

【条文主旨】

本条明确了个人信息受法律保护以及界定个人信息主体的范围。

本条是关于个人信息受法律保护的宣示性规定，是个人信息保护立法的逻辑起点以及基本主题，所有的条款内容设计需要围绕这一点进行展开，任何主体都不得随意侵害个人信息权益。本条还确定《个人信息保护法》所保护的对象是“自然人”的个人信息，不包括法人或者非法人组织所属的信息。

【演进过程】

一审稿	二审稿	最终稿
第二条　自然人的个人信息受法律保护，任何组织、个人不得侵害自然人的个人信息权益。	第二条　自然人的个人信息受法律保护，任何组织、个人不得侵害自然人的个人信息权益。	
	第二条　自然人的个人信息受法律保护，任何组织、个人不得侵害自然人的个人信息权益。	第二条　自然人的个人信息受法律保护，任何组织、个人不得侵害自然人的个人信息权益。

【条文释义】

本条是关于个人信息保护的宣示性规定，开宗明义地规定个人信息受法律保

① 对美欧“默认”取向的讨论，例如，可参见 Determann，Lothar，*California Privacy Law* Practical Guide and Commentary US Federal and California Law(2020)。

护，为个人信息保护提供有力的法律保障。

本条前半句指出个人信息受“法律”保护，主要是为了宣告在习近平法治思想指引下，作为专门立法，《个人信息保护法》的出台表现出国家对公民个人信息保护的重视。由于社会观念滞后、信息产业发展不平衡以及立法力量不足等多方面的原因，很长一段时间以来，我国并未认识到保护个人信息的重要性。随着社会信息化水平不断提高，万网互联，处处留痕，个人信息的使用价值日益凸显的同时，个人信息泄露与滥用等各类问题频发，引发了社会各界对个人信息保护问题的关注。世界各国对个人信息保护的重视程度不断加深，主要国家和地区如欧盟、日本、韩国先后颁行了个人信息保护法律规范，随着世界各国对个人信息保护的重视程度不断加深，2012 年，《全国人民代表大会常务委员会关于加强网络信息保护的决定》明确，“国家保护能够识别公民个人身份和涉及公民个人隐私的电子信息”。此后，《消费者权益保护法》《网络安全法》《民法典》均对个人信息保护作出相应规定。《个人信息保护法》坚持和贯彻以人民为中心的法治理念，牢牢把握保护人民群众个人信息权益的立法定位，聚焦个人信息保护领域的突出问题和人民群众的重大关切，在相关法律的基础上，为个人信息保护提供了更具系统性、针对性和可操作性的法律遵循，切实提高了我国个人信息保护的水平。

此外，本条前半句沿用了《民法典》第 1034 条第 1 款的规定，使用“自然人”这一概念，以明确个人信息保护的具体指向。这一做法与当前其他国家和地区关于个人信息保护法的适用要求基本一致，与《个人信息保护法》第 4 条中关于个人信息的定义相关联，即个人信息是“自然人有关的各种信息”。结合《宪法》第 33 条、第 38 条、第 40 条以及《个人信息保护法》第 28 条的规定，个人信息保护是为了维护个人的人格尊严、通信自由和通信秘密以及人身安全，这不仅是作为自然人应有的权益，同时也是自然人区别于其他主体的本质性特征。其他主体如法人或者非法人组织在其经营活动中虽然也会产生相应的信息记录，但是可以通过商业秘密保护或者知识产权保护等路径进行保护，《个人信息保护法》并不对此类信息的保护规范进行调整。

本条后半句指出“任何组织、个人不得侵害自然人的个人信息权益”，主要是从规范个人信息处理者处理行为的角度提出原则性要求。在个人信息保护处理的实践中，个人信息处理者的主体多元，除平台企业等民事主体外，还包括国家机构等公权力机关，而相对于个人信息主体“自然人”来说，无论是互联网平台企业或者国家机构往往处于优势地位。个人信息处理者与个人信息主体之间呈现出信息不对称、地位不平等的状态，个人信息权益受损风险大、维权成本高、救济渠道不畅。为了保护个人信息权益，本条强调“任何组织、个人”即申明无论个人信息处理者是公权力机关还是民事主体,都应该遵守《个人信息保护法》的规定,禁止侵犯个人信息权益。

【适用指引】

从《个人信息保护法》的立法结构来看,本条是"原则中的原则",属于最具抽象性与统领性的条款,表明了个人信息权益作为一种独立的权益形式在法律层面上得到确定,任何主体都不可侵犯,其后的条文都可以认为是本条的具体展开或者延伸。本条的作用在于强化各主体对个人信息保护的认识,并形成相应的约束作用,在个人信息保护规则不够完备的情况下,为《个人信息保护法》的适用提供基础性的参考。

随着全社会对个人信息保护认知的不断加深,在个人信息处理合规工作中,个人信息处理者应转变思想,摆脱在处理个人信息时的随意性,将个人信息合规与实现自身的持续发展、公信力以及责任感的塑造结合起来,提高合规的能动性。就个人的角度而言,应该培育个人对个人信息使用的重视,让其对个人信息的处理活动保持一定的警惕,明晰个人信息泄露之后可能的风险与后果,提高自我保护意识。从个人信息处理者的角度,无论个人信息处理者是公主体和私主体,其都不应利用自身的优势地位,侵犯个人信息主体的合法权益。

【案例链接】

黄某诉腾讯科技(深圳)有限公司等隐私权、个人信息权益网络侵权责任纠纷案①

1. 案情简介

原告在使用微信读书时发现,由于微信将微信好友关系的数据交予微信读书,在原告并未进行自愿授权的情况下,在微信读书的"关注"栏目下出现了使用该软件的原告微信好友名单。微信读书未经原告自愿授权,默认向"关注我的"好友公开原告的读书想法等阅读信息,非好友也能够相互查看对方的书架、正在阅读的读物、读书想法等。原告主张被告利用其所控制的程序微信读书 3.3.0 版(以下简称微信读书,需强调版本时称微信读书 3.3.0)进行上述行为,侵犯了原告的个人信息权益及隐私权。该案不仅涉及一般的个人信息保护,还涉及了个人信息与隐私的区分。

2. 案例要点与解析

在该案审理过程中,法院认为,案件的裁判要点之一即微信好友关系、读书关

① 北京互联网法院民事判决书,(2019)京 0491 民初 16142 号。

系是否属于个人信息和隐私,以及对上述两信息的获取和使用是否构成对个人信息权益或隐私权的侵害。从案件当时的法律法规来看,个人信息的核心特点为可识别性,要么是根据信息识别出特定自然人身份,或者识别出某一主体的自然或社会痕迹,确定其人格形象;要么是确定特定自然人后,该自然人在活动中产生的信息即为个人信息。与此相比,隐私权则保护私密的、不愿为他人所知的信息,此类信息泄露后可能导致个人人格利益遭到损害。故此,个人信息和隐私之间存在交叉,一部分信息可以明显划分为隐私信息或者一般个人信息,而本案中所称的微信好友列表或读书信息则可能依特定主体的喜好和判断而有所不同,不宜笼统认定。

综合案情,法院认为,微信读书获取微信好友列表的行为单独属于收集用户个人信息的行为,仅就其单一行为而言并未构成对原告隐私权的侵害;但向微信好友公开原告读书的行为非微信读书软件的必要功能,亦未充分告知并取得原告的知情和同意,侵害了原告的个人信息权益,但读书信息的公开并不能达到损害其人格利益或生活安宁的程度,读书信息也不属于一般而言的私密信息。最终,法院判定微信读书未侵犯原告的隐私权。这一裁判区分了对个人信息权益和隐私权的保护,彰显了个人信息权益是一项独立于传统隐私权的新型人身权益,符合《民法典》以及如今的《个人信息保护法》等法律对个人信息的界定和处理。

【关联条文】

《个人信息保护法》第 1 条、第 4 条第 1 款、第 10 条;《最高人民法院关于适用〈中华人民共和国民法典〉总则编若干问题的解释》第 3 条

【相关规定】

《宪法》第 33 条、第 38 条、第 40 条;《全国人民代表大会常务委员会关于加强网络信息保护的决定》;《民法典》第 111 条、第 1034 条第 1 款;《网络安全法》第 40 条

【域外比较】

本条将个人信息主体限于自然人,这是国际通行的惯例。欧盟颁布的《通用数据保护条例》第 1 条“主体与[立法]目的”即将主体限定为自然人。美国法学会《数据隐私法原则》第 2 条第 b 项也将作为保护客体的“个人数据”定义为“已识别或可识别至特定存活个体的数据”,改为将数据主体限于自然人。国外学术界长期存在主张“公司隐私”或“组织隐私”的概念,但并非通行的主流观点。

第三条 在中华人民共和国境内处理自然人个人信息的活动,适用本法。

在中华人民共和国境外处理中华人民共和国境内自然人个人信息的活动,有下列情形之一的,也适用本法:

(一)以向境内自然人提供产品或者服务为目的;

(二)分析、评估境内自然人的行为;

(三)法律、行政法规规定的其他情形。

【条文主旨】

本条是有关《个人信息保护法》适用范围的具体规定。第1款规定《个人信息保护法》的地域管辖原则,即要求任何组织、个人在中华人民共和国境内处理自然人个人信息的活动,适用《个人信息保护法》。需要注意的是,本条规定的是与处理自然人(而非公民)相关的个人信息。同时,在正式稿中,第1款删除了主语"组织、个人",使适用《个人信息保护法》的主体范围进一步扩大,囊括所有类型的主体。

第2款规定具有创新性,系属人管辖权和保护性管辖权的体现。其规定特殊情况下境外活动处理我国境内个人信息时,应适用《个人信息保护法》。对特殊境外活动的管辖权源于国际法上的属人管辖和保护性管辖权理论。基于域外行为对我国公民的影响行使保护性管辖权,从而实现我国法律的域外效力。为避免与其他国家的管辖权产生严重冲突,我国对境外活动的管辖权限定在以下三个方面:(1)境外活动以向境内自然人提供产品或者服务为目的;(2)境外活动为分析、评估境内自然人的行为;(3)法律、行政法规规定的其他情形。上述情形均对我国境内可能产生较大影响。

【演进过程】

一审稿	二审稿	最终稿
第三条 组织、个人在中华人民共和国境内处理自然人个人信息的活动,适用本法。 在中华人民共和国境外处理中华人民共和国境内自然人个人信息的活动,有下列情形之一的,也适用本法: (一)以向境内自然人提供产品或者服务为目的; (二)为分析、评估境内自然人的行为;	第三条 组织、个人在中华人民共和国境内处理自然人个人信息的活动,适用本法。 在中华人民共和国境外处理中华人民共和国境内自然人个人信息的活动,有下列情形之一的,也适用本法: (一)以向境内自然人提供产品或者服务为目的; (二)分析、评估境内自然人的行为;	

续表

一审稿	二审稿	最终稿
（三）法律、行政法规规定的其他情形。	（三）法律、行政法规规定的其他情形。	
	第三条　~~组织、个人~~在中华人民共和国境内处理自然人个人信息的活动，适用本法。 在中华人民共和国境外处理中华人民共和国境内自然人个人信息的活动，有下列情形之一的，也适用本法： （一）以向境内自然人提供产品或者服务为目的； （二）分析、评估境内自然人的行为； （三）法律、行政法规规定的其他情形。	第三条　在中华人民共和国境内处理自然人个人信息的活动，适用本法。 在中华人民共和国境外处理中华人民共和国境内自然人个人信息的活动，有下列情形之一的，也适用本法： （一）以向境内自然人提供产品或者服务为目的； （二）分析、评估境内自然人的行为； （三）法律、行政法规规定的其他情形。

【条文释义】

（一）属地管辖原则是个人信息保护立法的基础性原则

根据国家主权原则，一国的法律在该国国家主权管辖范围内的全部领域发生效力。对于管辖权的分配，现行国际法确认了属地原则、属人原则、保护原则和普遍管辖原则的合法性。尽管互联网的发展对传统管辖权规则提出了新的挑战，但法律的属地原则仍然是有关一国法律地域范围的最基础原则。我国绝大多数法律规定“中华人民共和国境内”是其适用范围。例如，《民法典》规定，本法在中国境内适用。

总体上看，《个人信息保护法》在地域范围上采取了信息处理活动发生地标准和目标指向标准。作为对比，我国规定的信息处理活动发生地标准与《通用数据保护条例》的机构设立地标准存在一定的差异。有观点认为，我国在个人信息保护域外适用方面，体现出更大的谦抑性。①

（二）特殊情况下境外处理我国个人信息的活动应适用我国法律

2020 年 10 月 21 日，全国人大常委会法制工作委员会发布的《关于〈中华人民共和国个人信息保护法（草案）〉的说明》中明确指出，“借鉴有关国家和地区的做法，赋予本法必要的域外适用效力，以充分保护我国境内个人的权益”。在二审稿

---

① 参见腾讯研究院：《29 个维度对比中美欧个人信息保护法》，载观察者网 2021 年 8 月 23 日，https://user.guancha.cn/main/content? id = 577958。

分组审议中,杨志今委员建议完善个人信息保护法草案的域外效力。他认为,《个人信息保护法》对适用的地域效力进行了规定,但在实践中个人信息处理活动的地域范围远超本国领域。欧盟颁布的《通用数据保护条例》规定,无论处理欧盟个人信息的公司是否在欧盟成员国境内,只要处理的是涉及欧盟成员国永久居民的信息,就适用《通用数据保护条例》。这种“强地域保护”的处理方式能够更好地保护个人信息,增强数据主权的效力。①

网络空间的特性使用户或数据尽管位于其他国家领土上,但仍与本国的国家安全、集体利益及公民的个人信息保护密切相关。在网络空间,“人类活动和地理位置之间的关联”这一重要的逻辑关联已经发生了改变,人与人之间的活动已凌越他们的身体所在的地理位置。② 实际上,个人信息保护法律的域外效力探索肇始于欧盟和美国,其凭借政治经济地位逐步确立了法律的域外效力。为切实保护我国自然人的合法权益,在属地管辖权外,《个人信息保护法》增加对境外活动的属人管辖权和保护性管辖权。

【适用指引】

本条的规定是国家主权原则的体现。国家主权通过行使国家治权而体现,是及于一国领域内的人、物及其国内事务的管辖权。在具体适用中,在中国境内,互联网受中国主权管辖,应尊重和保护中国的互联网主权。③

《个人信息保护法》第 3 条第 2 款列明了三种域外管辖适用条件。从实质内容和表述上看,该项规定部分借鉴与《通用数据保护条例》的做法。第一种情形直接采取了目的决定论。执法和司法机关可以通过网站接入、语言和货币支付的使用、数据处理内容等因素来综合判断特定处理行为的意图。第二种情形采取行为主义立场。一定程度上,其和《通用数据保护条例》中的“监控”表述相似,包括对用户的追踪、画像、分析和预测。④ 第三种情形为,若满足“法律和行政法规规定的其他情形”也可以触发《个人信息保护法》的域外适用效力。这一“其他情形”的兜底条款为中国未来的个人信息保护立法预留了空间。当然,《个人信息保护法》并未规定类似《通用数据保护条例》的偶然性处理的排除规定。实践中,诸如一些

---

① 参见孙梦爽:《个人信息保护法草案二审:筑牢个人信息保护法治堤坝》,载《全国人大》2021 年第 5 期。

② 参见齐爱民:《大数据时代个人信息保护法国际比较研究》,法律出版社 2015 年版,第 47 页。

③ 参见国务院新闻办公室:《〈中国互联网状况〉白皮书(全文)》,载中华人民共和国国务院新闻办公室网 2010 年 6 月 8 日,http://www.scio.gov.cn/tt/Document/1011194/1011194_1.htm。

④ 参见张哲、齐爱民:《论我国个人信息保护法域外效力制度的构建》,载《重庆大学学报(社会科学版)》2021 年第 2 期。

在苹果应用商城中上线的外国软件，若其服务器设置在境外，但满足向我国用户提供服务等情况，其将受到《个人信息保护法》的域外管辖。

【案例链接】

对于法律适用的地域效力这一问题，欧盟法院产生了很多判例。例如，Weltimmo、Google Spain、Verein für Konsumenteninformation 和 Wirtschaftsakademie Schleswig - Holstein 等案件均为如何判定地域效力确定了一定的标准，这里本书着重对具有代表性和影响力的 Google Spain 案和 Weltimmo 案进行介绍。[①] Google 西班牙公司是 Google 美国总部在西班牙设立的商业代表，帮助 Google 推广和销售在线广告位置以获取商业利润，Google 搜索引擎由 Google 美国总部运营和管理，Google 西班牙公司不参与相关数据处理活动（将第三方网站上的信息或数据编入索引或对直接关联活动进行存储的数据处理活动）。欧盟法院查明事实：Google 西班牙公司符合“通过稳定的安排开展真实而有效的活动”，系 DPD 中所指的“经营场所”，数据处理行为是在 Google 美国总部发生的（在欧盟境外），Google 西班牙公司不参与相关数据处理活动。Google 公司抗辩称，争议的个人信息处理行为并未发生在数据控制者经营场所开展活动的场景中，两项业务是相互独立的。[②]

欧盟法院认为：不应当仅对 DPD 鉴于条款第 18 ~ 20 条以及正式条文第 4 条进行限制性解释，应当从该法的制定目的加以理解，欧盟立法机构希望通过设定一个较为宽泛的地域范围以防止指令的立法目的无法实现，同时杜绝出现规避法律的行为。欧盟法院进一步指出，Google 美国总部在欧盟设立经营场所是为了在欧盟成员国境内推广和销售使搜索引擎产生营利的广告位，搜索引擎业务是在经营场所开展活动（帮助 Google 推广和销售在线广告位置）的场景下进行的，二者存在“无法割裂的联系”（inextricable link）。由于搜索引擎服务和广告位出现在同一个页面内，故可以认定符合 DPD 有关“数据处理行为发生在数据控制者经营场所开展活动的场景中”的要求。[③]

该案判决结果一经公布，引发了全球广泛关注。第 29 条工作组于 2015 年 12 月 16 日发布了意见性文件，对 DPD 第 4 条第 1 款第 a 项中的“开展活动的场景

---

① 参见范为：《由 Google Spain 案论“被遗忘权”的法律适用——以欧盟数据保护指令（95/46/EC）为中心》，载《网络法律评论》2015 年第 1 期；张建文、张哲：《个人信息保护法域外效力研究——以欧盟〈一般数据保护条例〉为视角》，载《重庆邮电大学学报（社会科学版）》2017 年第 2 期。

② Case C - 131/12, Google Spain.

③ 参见俞胜杰：《〈通用数据保护条例〉第 3 条（地域范围）评注——以域外管辖为中心》，载《时代法学》2020 年第 2 期。

下"进行了详细解释,并对 Google Spain 案中提出的有关经营场所与数据处理行为之间"无法割裂的联系"的认定标准问题予以明确。第 29 条工作组进一步认为:只要"免费网络服务 + 广告"的商业模式促成了财务增长便可以认定为满足了"无法割裂的联系"的认定标准,此外,非欧盟企业以换取会员费、订阅数量或利用并开发用户数据营利为目的,甚至是以捐赠为目的,在欧盟境内提供免费网络服务,也可以认为存在"无法割裂的联系"。在 2018 年审理的 Wirtschaftsakademie Schleswig – Holstein 案中,欧盟法院继续沿用了这一思路,指出由于 Facebook 等社交软件的主要收入来源是广告,且 Facebook 在德国的经营场所的主要任务是促进广告位销售,因此,Facebook 的德国经营场所与该案中 Facebook 处理用户个人信息的行为之间存在"无法割裂的联系"。①

在 Weltimmo 案中,欧盟法院继续阐释了"经营场所"这个概念。欧盟法院认为,根据 DPD 立法理由第 19 点以及欧盟法院在 Google Spain 案中的判决,"经营场所"的存在仅需满足两个前提:(1)通过一个固定的机构。(2)从事有效和实际的活动。至于经营场所的法律形式是分支机构还是其他形式,均不重要。并且,DPD 下的有效和实际的活动可以是"微小的"。因此,要判断一个数据控制者是否在一个欧盟成员国内拥有"经营场所",需要结合涉案具体活动和服务,判断数据控制者在该成员国内的机构的稳定性和活动的有效性。具体到 Weltimmo 案中,注册于斯洛伐克的 Weltimmo 公司经营着若干个推广匈牙利地产的中介网站。房产提供者可以在 1 个月内免费使用网站的推广服务,但在 1 个月后需要支付费用。法院认为,首先,Weltimmo 公司通过经营匈牙利语网站,推广位于匈牙利境内的房地产,并向房产提供者收取费用,构成在匈牙利境内开展有效和实际的活动。其次,Weltimmo 公司在匈牙利境内还有一个代表人,该代表人拥有一个匈牙利地址,并曾试图在匈牙利与债务人之间就未偿付债务进行谈判。Weltimmo 公司还在匈牙利开设了一个银行账户用来收款,以及拥有一个信箱用于商务通信。法院认为,Weltimmo 公司在匈牙利的上述人员和设备,已经构成固定的机构。综上,法院认定 Weltimmo 公司在匈牙利境内拥有"经营场所"。② 而在 Verein für Konsumenteninformation 案中,欧盟法院则反向否定了仅存在某一成员国境内可以访问的网站,尚不足以构成在该成员国内的"经营场所"。③

---

① Case C – 210/16, Wirtschaftsakademie Schleswig – Holstein.

② Case C – 230/14, Weltimmo.

③ Case C – 191/15, Verein für Konsumenteninformation.

【相关规定】

《民法典》第 12 条;《电子商务法》第 2 条;《电信和互联网用户个人信息保护规定》第 2 条;《网络交易监督管理办法》第 2 条

【域外比较】

本条境内适用部分在各国有关法律中普遍存在。与《通用数据保护条例》和《加利福尼亚州消费者隐私法》(California Consumer Privacy Act,CCPA)等在世界范围内有影响力的域外法律相比,本条境外适用部分与《通用数据保护条例》较为相似,而没有采取 CCPA 的“长臂式”宽泛规定。

《通用数据保护条例》第 3 条第 2 款规定:“在处理活动与以下[两种情形]相关时,本法[《通用数据保护条例》]适用于在欧盟内没有营业地的个人数据控制者或处理者对欧盟内数据主体的个人信息的处理:(a)向欧盟内的数据主体提供货品或服务,无论是否要求数据主体支付;(b)监测数据主体的活动,只要数据主体的活动发生在欧盟以内。”《通用数据保护条例》第 3 条第 3 款规定:“本法(《通用数据保护条例》)适用于在欧盟内没有营业地的个人数据控制者在根据国际公法而适用于成员国法的地方对个人数据的处理。”从文义层面来看,本条境外适用部分第 1 ~ 2 项两项与《通用数据保护条例》第 3 条第 2 款第 a 项、第 b 项两项有一定重合之处,但范围上更为限缩。《通用数据保护条例》所用表述系“与提供货品或服务相关”“与监测活动相关”,本条则突出了个人信息处理者的动机,采取了“以提供产品或者服务为目的”和“为分析、评估行为”的表述。

在具体适用层面,就《通用数据保护条例》第 3 条而言,欧盟数据保护委员会发布了不具有拘束力但有很强参考价值的指南。对如何判断《通用数据保护条例》第 3 条中的“与提供货物或服务相关”,前述指南主张综合考虑以下九项因素中的一个或多个:是否在提及商品或服务时指明欧盟或欧盟成员方的名字;是否参与针对欧盟受众的搜索引擎推广,或针对欧盟受众开展营销或广告活动;活动是否具有国际性质;是否提及可以在欧盟内触达的、细致的地址或电话号码;是否采取营业地以外且属于欧盟的顶级域名;是否为自欧盟成员出发前往提供服务的地点提供旅行信息;是否提及拥有来自世界各地的消费者群体,其中包括来自欧盟成员方的消费者;是否使用在交易商所在地不通用但在欧盟成员方使用的语言或货币;是否在欧盟内提供送货服务。① 对如何判断“与监测活动相关”,前述指南采取了更加开放的态度,认为“基于行为的广告、基于具体地点的活动、通过网

---

① European Data Protection Board, Guidelines 3/2018 on the Territorial Scope of the《通用数据保护条例》(Article 3), 19 July 2021.

络追踪器(cookies)监测、在线定制膳食或分析健康状况、采用闭路电视监测、基于个人画像施行调查问卷或其他行为研究、监测或定期报告个体健康状况”等均有可能构成“与监测有关”的活动①。

2021 年,在涉及新闻媒体与社交媒体发布争议性信息的 Soriano v. Forensic News LLC & Ors 案中,英格兰和威尔士高等法院裁定:就第 3 条第 2 款第 a 项而言,对没有任何来自英国的购买记录的被告而言,仅仅是“粗略的检视”就足以断定适用《通用数据保护条例》“十分遥远”;就相对开放的第 2 款第 b 项而言,法院则承认使用 cookies 可能构成与监测相关的活动。②

综上,对《个人信息保护法》境外适用部分第 1 项,如果涉及证明个人信息保护处理者的处理目的,可以在一定程度上参考欧盟数据保护委员会的探索;对第 2 项,仍需进一步明确何为“为分析、评估活动”的处理行为。之后,本条境外适用部分第 3 项是引致性规定,涵盖了《通用数据保护条例》第 3 条第 3 项的规定,且范围更广。最后,相比《通用数据保护条例》,CCPA 的域外适用部分缺乏有意义的界限。根据载有 CCPA 的《加利福尼亚州民法典》第 1789 条第 140 款和第 145 款,除非“收集、销售或共享个人信息的每一侧面都完全发生在加利福尼亚州以外”(第 145 款),CCPA 适用于一切满足特定经营额阈值的、“在加利福尼亚州从事商业”的商业实体(第 140 款)。本条没有采用这一宽泛且较为模糊的表述。

第四条　个人信息是以电子或者其他方式记录的与已识别或者可识别的自然人有关的各种信息,不包括匿名化处理后的信息。

个人信息的处理包括个人信息的收集、存储、使用、加工、传输、提供、公开、删除等。

【条文主旨】

第 4 条规定《个人信息保护法》的保护客体。《民法典》规定,个人信息中的私密信息,适用有关隐私权的规定;没有规定的,适用有关个人信息保护的规定。《个人信息保护法》第 4 条规定的“个人信息”不完全等同于隐私信息,其强调的是,搭载在个人信息上的个人信息权益,特别是数据控制者以自动方式处理的个人信息。

① European Data Protection Board, Guidelines 3/2018 on the Territorial Scope of the《通用数据保护条例》(Article 3), 19 July 2021.

② Soriano v. Forensic News LLC & Ors [2021] EWHC 56 (QB).

《个人信息保护法》所要实现的目标是使能够识别特定个人的信息不被随意收集、传播或作其他处理，侵犯个人的权利。为此，第4条相应地明确了个人信息的处理，包括收集、存储、使用、加工、传输、提供、公开、删除等方式。

【演进过程】

一审稿	二审稿	最终稿
第四条　个人信息是以电子或者其他方式记录的与已识别或者可识别的自然人有关的各种信息，不包括匿名化处理后的信息。 　　个人信息的处理包括个人信息的收集、存储、使用、加工、传输、提供、公开等活动。	第四条　个人信息是以电子或者其他方式记录的与已识别或者可识别的自然人有关的各种信息，不包括匿名化处理后的信息。 　　个人信息的处理包括个人信息的收集、存储、使用、加工、传输、提供、公开等。	
	第四条　个人信息是以电子或者其他方式记录的与已识别或者可识别的自然人有关的各种信息，不包括匿名化处理后的信息。 　　个人信息的处理包括个人信息的收集、存储、使用、加工、传输、提供、公开等。	第四条　个人信息是以电子或者其他方式记录的与已识别或者可识别的自然人有关的各种信息，不包括匿名化处理后的信息。 　　个人信息的处理包括个人信息的收集、存储、使用、加工、传输、提供、公开、**删除**等。

【条文释义】

（一）对“个人信息”的界定以“可识别性”为主要特征

目前，越来越多的学者认识到个人信息与隐私之间存在的区别，对个人信息与隐私分别予以法律保护也日益成为学界的主流观点。将个人信息划分为个人敏感信息与一般个人信息已经成为个人信息保护立法的方向。虽然理论界和实务界频繁使用“个人信息”这一表述，也都认同其“可识别性”这一核心内涵，但是对于其具体的类型、范围等未形成广泛的共识。①

《个人信息保护法》中的“个人信息”应与《民法典》中的“个人信息”相区分。《民法典》第1034条规定，“个人信息是以电子或者其他方式记录的能够单独或者与其他信息结合识别特定自然人的各种信息，包括自然人的姓名、出生日期、身份证件号码、生物识别信息、住址、电话号码、电子邮箱、健康信息、行踪信息等”。该

---

① 参见张新宝：《〈民法总则〉个人信息保护条文研究》，载《中外法学》2019年第1期。

条进一步指出,“个人信息中的私密信息,适用有关隐私权的规定;没有规定的,适用有关个人信息保护的规定”。实际上,《个人信息保护法》中的“个人信息”不完全等同于隐私信息。个人信息中的私密信息,可由人格权机制进行保护和规制,其所侧重的是个人的人格利益,尤其是人格尊严和人格自由方面的利益。

《个人信息保护法》中的“个人信息”强调的是,搭载在个人信息上的个人信息权益。个人信息保护的客体是个人信息,而个人信息的范围非常广,通常包括任何已识别或者可识别特定个人的信息,范围远远大于个人不愿为人所知,披露后会导致社会评价降低的私密信息(隐私)。实践中,《个人信息保护法》保护的客体并不是所有的个人信息,而主要是数据控制者以自动方式处理的个人信息。界定保护客体有两个重要条件:一是数据控制者;二是处理活动,保护的是数据控制者在数据处理活动中涉及的个人信息。①

除上述规定外,《网络安全法》第 76 条第 5 项还规定,“个人信息,是指以电子或者其他方式记录的能够单独或者与其他信息结合识别自然人个人身份的各种信息,包括但不限于自然人的姓名、出生日期、身份证件号码、个人生物识别信息、住址、电话号码等”。

与《民法典》《网络安全法》不同,《个人信息保护法》中的“个人信息”突出可识别性,并排除了“匿名化处理后的信息”。实际上,此处的“个人信息”具有相对性。就信息控制者而言,其可结合掌握的其他信息能够识别信息主体,为此,此条规定为“关联性”特点,即与已识别或可识别的自然人有关的信息。

(二)匿名化的信息不是个人信息

“个人信息”这一概念中的“可识别性”已基本形成了通说。个人信息是指可识别具体个人(仅指自然人)的信息。凡是能够识别特定个人的信息,无论是直接识别还是间接识别到特定个人的信息,均为个人信息。“识别”指的是,根据与特定人有关的外部信息来认识、辨识或指认该特定个人,所依赖的信息通常是个人特有的或描述个人属性、特征的信息。识别的结果就是认出特定个体,使某个人与其他人区分开来。作为识别的手段,个人信息是个人标识自己的工具,也是他人识别特定个人的工具。

在网络环境中有许多身份标识符,典型的如用户名,甚至 IP 地址、硬件识别号(如手机 IMEI 号)均可以视为一个个体。在一些商业应用中,即使不知道用户的姓名,也可以达到认识该用户甚至与他(她)联系的目的。因此,在网络社会中,“识别”的基本含义就是通过分析关联数据以识别某个用户的个性特征。至于能

---

① 参见周汉华:《个人信息保护的法律定位》,载《法商研究》2020 年第 3 期。

否识别用户的身份,则取决于所掌握的数据是否匹配到某个人。①

由于加密等技术的发展,关于可识别信息和不可识别信息之间的界限越发模糊。如果一个数据库包含大量的信息,那么信息汇总将能够追踪到特定个人的客观存在。因此,网络匿名信息并不都具有可识别性。换言之,不能仅仅因为信息在披露和使用过程中是匿名的,就认定从个人处获得的信息就不是个人信息。信息的可识别性与具体场景密不可分,同时,对个人信息收集和使用也需要尊重"场景"。个人的不可识别性并不等同于互联网企业的无法识别,对于信息的可识别性分析还应进行个案分析。②

实际上该条款有着隐含的内容——"匿名化处理后的信息",如果可以完全实现,那它应当是"经过处理无法识别特定自然人且不能复原",不能"单独或者与其他信息结合识别自然人个人身份"。这一理想场景,既能给个人信息的处理者以合理流转和利用个人信息的机会,又能防范不法分子利用可识别身份的个人信息侵犯公民的隐私和其他个人信息权益。③

由此,依据《个人信息保护法》第 73 条,匿名化的结果应达到处理后的信息不能被复原的程度。经过匿名化处理的信息,不再被认为是《个人信息保护法》项下的个人信息。

(三)"删除"是个人信息处理的重要事项

法律所要实现的目标是使能够识别特定个人的信息不被随意收集、传播或作其他处理,侵犯个人的权利。在某种程度上,法律规制的重点与其说是个人信息,不如说是"个人信息处理活动"。④

"处理"是指政府机关或其他个人信息处理者根据一定的编排标准或检索方式,以自动或非自动方法对个人信息的收集、存储、使用、交换、公开、修改、删除、销毁等行为。⑤实际上,在二审稿分组审议中,对于草案规定"个人信息的处理包括个人信息的收集、存储、使用、加工、传输、提供、公开等",郭雷委员建议增加"复制、删除、销毁和评估",李飞跃委员建议进一步完善个人撤回同意的有关内容,明

---

① 参见高富平:《个人信息保护:从个人控制到社会控制》,载《法学研究》2018 年第 3 期。

② 参见孙南翔:《论网络个人信息的商业化利用及其治理机制》,载《河北法学》2020 年第 7 期。

③ 参见沈伟伟:《个人信息匿名化的迷思——以〈个人信息保护法(草案)〉匿名化除外条款为例》,载《上海政法学院学报(法治论丛)》2021 年第 5 期。

④ 参见周汉华:《中华人民共和国个人信息保护法(专家建议稿)及立法研究报告》,法律出版社 2006 年版,第 29 页。

⑤ 参见周汉华:《中华人民共和国个人信息保护法(专家建议稿)及立法研究报告》,法律出版社 2006 年版,第 3 页。

确撤回的方式、撤回时间的认定等。[①]

在正式稿中,本条明确增加“删除”。无疑,《个人信息保护法》所规制的“处理”之行为类型可包括“增量”行为,也包括诸如删除等“减量”行为。实际上,通过解释方法,有可能将“减量”行为拓展至修改、销毁等活动中。

【适用指引】

本条第1部分是对“个人信息”的定义。如何对个人信息进行界定,这在理论界和实务界存在不同的认识。但理论界和实务界多认同将“可识别性”作为个人信息界定的核心内涵。在具体适用中,第1部分将“匿名化信息”排除在“个人信息”之外。本条应结合《个人信息保护法》第73条进行理解。第73条规定,“去标识化”是指个人信息经过处理,使其在不借助额外信息的情况下无法识别特定自然人的过程;“匿名化”是指个人信息经过处理无法识别特定自然人 且不能复原的过程。

第2部分规定个人信息中“处理”的定义。其仅明确将“处理”界定为“收集、存储、使用、加工、传输、提供、公开、删除”等行为,但上述处理行为仅为枚举方式。在解释中,“处理”行为也可包括修改、销毁等行为。

当然,需要明确的是,实际上,采取区块链等备份的数据难以删除。个人信息处理者的权限在于注销用户及相关用户数据。然而,个人信息处理者无法拓展到其他处理者所控制的领域。

【案例链接】

凌某某诉北京微播视界科技有限公司隐私权、个人信息权益网络侵权责任纠纷案[②]

1. 案情简介

原告在使用抖音App时发现,手机通讯录除本人外没有其他联系人的情况下,使用涉案手机号码注册登录抖音App,在推荐好友列表中大部分为其微信好友,但原告并未使用微信进行关联抖音App的行为。原告认为,其姓名、手机号码、社交关系、地理位置、手机通讯录均具有强烈的人身属性,与原告形成对应关系,属于原告的个人信息,因此原告对此享有合法权益。

---

① 参见孙梦爽:《个人信息保护法草案二审:筑牢个人信息保护法治堤坝》,载《全国人大》2021年第9期。

② 北京互联网法院民事判决书,(2019)京0491民初6694号。

2. 案例要点与解析

法院认为，个人信息应当满足两个要件：一是具有可识别性，即通过该信息可以识别特定自然人；二是要有一定的载体，应以电子或者其他方式记录。“可识别性”既包括对个体身份的识别，也包括对个体特征的识别。同时，在考量是否具有可识别性时，不应机械、割裂地对每一个单独的信息进行判断，而应结合具体场景，以信息处理者处理的相关信息组合进行判断。网络运营者处理个人信息要遵循合法、正当、必要的原则，处理行为通常需要征得被收集者同意，否则可能构成对个人信息权益的侵害。但是，具体应用场景中考察是否构成个人信息合理使用的情形需要平衡个人利益和行业发展利益。

结合案情，法院认为，自然人的姓名与其使用的手机号码无论单独抑或组合均具有可识别性，属于个人信息。手机通讯录是存储记录联系人姓名和手机号码等联系方式的信息集合能够在一定程度上整体反映该手机用户的社交关系，属于个人信息。位置信息与手机号码信息组合，能够识别特定人，因此属于个人信息。社交关系通常以手机通讯录、社交软件中的好友列表等载体体现，因此属于个人信息。综上所述，原告的姓名、手机号码、社交关系、地理位置属于原告的个人信息，被告未征得同意处理上述个人信息的行为构成对原告个人信息权益的侵害。

域外案例

个人信息的界定是欧盟法中一个颇具争议的问题，对此欧盟法院产生了很多判例。正是通过不断地判例积累，欧盟形成了现如今个人信息的概念。例如，在 Lindqvist 案中，法院指出：个人姓名、电话号码及其工作条件或爱好等信息构成个人信息。提及某人脚部受伤并休病假这一事实构成了有关健康的个人信息，因为必须对该概念进行广泛的解释，以涵盖个人健康的所有方面，包括身体和精神方面。[①] 在 Bank Austria 案中，欧盟法院指出：法人的数据不受欧盟数据保护法的保护。[②] 在 Nikolaou 案中，欧盟法院指出：新闻稿中发布的信息是个人信息，因为在这种情况下，数据主体很容易识别。申请人未被命名的事实并不能保护其匿名性。[③] 在 Promusicae 案中，欧盟法院指出：互联网服务的某些用户的姓名和物理地址，其 IP 地址、链接日期和时间是已知的，是个人信息，即与已识别或可识别的自

① Case C – 101/01, Lindqvist.

② Case T – 198/03, Bank Austria Creditanstalt AG v. Commission of the European Communities.

③ Case T – 259/03, Kalliopi Nikolaou.

然人有关的信息。[①] 在 Satakunnan & Satamedia 案中，欧盟法院指出：某些收入超过一定门槛的自然人的姓氏和名字，以及他们的劳动所得和非劳动所得的金额，构成个人信息。尽管该信息是由政府机构公开提供的，并且已经以未更改的形式在媒体上发布，但是这一事实并不能将其排除在数据保护法的范围之外。[②]

在这些关于个人信息界定的案件之中，其中较为典型的为 Nowak 案。2017 年 12 月，欧盟法院作出了一项裁决，该裁决广泛适用于欧盟各地学校和大学的考试上诉。Nowak 先生于 2006 年 6 月被普华永道聘用，并与该公司签订了一份无固定期限的雇佣合同，在商业咨询服务部担任实习会计师。在受雇期间，他成功完成了成为爱尔兰特许会计师公会会员所需的三项考试。在通过了其中两门考试后，Nowak 先生未能通过战略财务和管理会计考试，这是一项开卷考试。他反复参加了四次该门考试，但每一次尝试都失败了。Nowak 先生试图对结果质疑，但被爱尔兰特许会计师公会拒绝了。

2010 年 5 月，Nowak 先生根据 1988 年和 2003 年爱尔兰《数据保护法》第 4 条提交了数据访问请求，要求公会提供所持有的他的所有个人信息。公会拒绝了他的请求，理由是这些成绩单不构成 1988 年《数据保护法》（经修订）意义上的个人信息。他向数据保护专员办公室（现为数据保护委员会）投诉，但请求没有得到支持。之后，他先后向国内各级法院起诉和上诉，均被驳回，案件最终到达欧盟法院。欧盟法院支持了他的请求，认为考生在专业考试中提交的书面答案以及考官对这些答案的任何评论构成《通用数据保护条例》第 2 条下的个人信息。在判决中，欧盟法院指出，《通用数据保护条例》在个人信息概念的定义中使用“任何信息”一词，反映了欧盟立法机构为该概念分配广泛范围的目的。该范围不限于敏感的或私人的个人信息，而是可能包含各种信息；不仅可能是客观的，而且可能是主观的，例如，以意见和评估的形式存在，前提是它与数据主体相关。[③]

除了个人信息概念本身之外，个人信息的处理形式也是欧盟法院关注的问题。尽管《通用数据保护条例》第 4 条第 2 款列举了处理的形式，但欧盟法院在列举形式之外也发展出了其他类型。正如欧盟法院总法律顾问 Sharpston 在 YS 案中指出的那样，DPD 第 2 条第 b 款中“例如”（such as）的表述表明，列举的形式并不是穷尽的。[④] 欧盟法院在判例之中明确如下行为也属于个人信息的处理：网页

---

① Case C－275/06, Promusicae.

② Case C－73/07, Tietosuojavaltuutettu v. Satakunnan Markkinapörssi Oy and Satamedia Oy.

③ Case C－434/16, Nowak.

④ Joined Cases C－141/12 and C－372/12, YS.

上个人信息的载入;[1]公共档案中个人信息的收集,个人信息以复印件的形式公开,通过 CD 传达个人信息,发送包含个人信息的短信,捕捉、传输、记录、存储或传输声音和图像信息;[2]获取和存储指纹;[3]人的视频录像;[4]将个人信息从欧盟成员方传输到第三方国家;[5]起草一份个人名单;[6]将包含个人信息的视频录像发布到一个用户能够上传、观看和共享的视频网站上;[7]等等。与此同时,欧盟法院还将一些活动排除在个人信息处理之外,例如,在 YS 案中,欧盟法院认为法律分析并不构成个人信息的处理。[8]

【关联条文】

《个人信息保护法》第 73 条

【相关规定】

《民法典》第 1034 条;《网络安全法》第 76 条;《最高人民法院关于审理使用人脸识别技术处理个人信息相关民事案件适用法律若干问题的规定》第 1 条;《最高人民法院、最高人民检察院关于办理侵犯公民个人信息刑事案件适用法律若干问题的解释》第 1 条;《电信和互联网用户个人信息保护规定》第 4 条

【域外比较】

本条包含对个人信息与个人信息处理两项关键概念的定义。此处对个人信息的定义为各国所使用。例如,《通用数据保护条例》第 4 条第 1 款定义:"'个人数据'意指任何与已识别或可识别的自然人('数据主体')相关的信息;可识别自然人,是指可以被直接或间接识别的自然人,特别是通过借助诸如名字、识别号、位置数据、在线识别符或一项或多项为相应自然人的物理、生理、基因、精神、经济、文化或社会身份所特有的因素识别的自然人。"载有 CCPA 的《加利福尼亚州民法典》规定:"个人信息是……任何与特定消费者或家庭有关的个人信息。"值得注意的是,有关个人信息的例外情形,《通用数据保护条例》的观点与《个人信息保护法》一致,仅排除了匿名化后的信息;与此相比,美国加利福尼亚州法律的排除范围更大,不仅包括商业实体依据特定法律要求使用时、无法合理地识别到个人

---

① Case C – 101/01, Lindqvist; Case C – 131/12, Google Spain; Case C – 230/14, Weltimmo.

② Case C – 73/07, Satamedia.

③ Joined Cases C – 293/12 and C – 594/12, Digital Rights Ireland.

④ Case C – 212/13, Ryneš; Case C – 345/17, Buivids.

⑤ Case C – 362/14, Schrems.

⑥ Case C – 73/16, Puškár.

⑦ Case C – 345/17, Buivid.

⑧ Joined Cases C – 141/12 and C – 372/12, YS.

的“去识别化信息”,还包括“加总信息”和“公开可得的信息”。[①] 总的来说,尽管我国、欧洲和美国法律都倾向于广泛地定义个人信息,而美国法下对个人信息的定义稍窄,例外情形较多。

此处对个人信息处理的定义亦为各国所使用。例如,《通用数据保护条例》第4条第2款规定:“‘处理’意指任意单个或集合的、在个人数据或个人数据集合上施行的行为,包括收集、记录、组织、结构化、存储、适应或变换、取回、咨询、使用、通过传输披露、扩散或以其他方式使其可用、对准或组合、限制、擦除或销毁,无论是否采取自动化的方式。”美国《统一数据保护法》(UPDPA)则相应表述为:“‘处理’包括个人数据的收集、传输、使用、披露、分析、预测和修改,无论是否通过自动化方式进行……”总的来说,和个人信息定义类似,中国、欧洲、美国以及其他国家或地区都倾向于宽泛地定义个人信息处理,纳入的处理行为则普遍包括收集、使用、传输、公开和分析等。值得注意的是,“使用”一词可能具有一定的“兜底项”性质,常常可以作相当宽泛的解释。

第五条　处理个人信息应当遵循合法、正当、必要和诚信原则,不得通过误导、欺诈、胁迫等方式处理个人信息。

【条文主旨】

本条是关于个人信息处理的基本原则的阐释。

该条作为规范个人信息处理活动的首条规定,阐明个人信息处理应当遵循的四项最为重要的原则,分别为合法、正当、必要和诚信,并且要求不得通过误导、欺诈、胁迫等方式处理个人信息。

【演进过程】

一审稿	二审稿	最终稿
第五条　处理个人信息应当采用合法、正当的方式,遵循诚信原则,不得通过欺诈、误导等方式处理个人信息。	第五条　处理个人信息应当采用合法、正当的方式,遵循诚信原则,不得通过误导、欺诈、胁迫等方式处理个人信息。	

① Lothar Determcann, *California Privacy Law: Practical Guide and Commentary US Federal and California Law*, 2020, p. 77.

续表

一审稿	二审稿	最终稿
	第五条　处理个人信息应当采用合法、正当的方式，遵循诚信原则，不得通过误导、欺诈、胁迫等方式处理个人信息。	第五条　处理个人信息应当遵循合法、正当、必要和诚信原则，不得通过误导、欺诈、胁迫等方式处理个人信息。

【条文释义】

本条是阐明个人信息处理基本原则的条文。较之一审稿与二审稿的内容，本条在表述上进行了相应的调整，在个人信息处理的基本原则中增加了“必要”这一原则，最终确定了合法、正当、必要、诚信为个人信息处理的基本原则。

（一）合法原则

合法原则，即处理个人信息符合“法”的规范要求，处理个人信息的活动不得非法进行，需要有相应的合法性基础，在个人信息处理的各个环节应符合相应的规范要求，如履行告知义务，采取安全保障措施，对敏感个人信息应当严格保护，保障个人在个人信息处理活动中的权利等。

这里的“法”应作宽泛性的解读，即除了《个人信息保护法》之外，还应包括其他关于个人信息保护规定的法律、行政法规、地方性法规、规章、规范性文件、司法解释以及强制性国家标准等以国家强制力保证实施的、具有普遍约束力的行为规范。《个人信息保护法》限于篇幅，无法穷尽关于个人信息保护的规范要求，需要其他法律法规及相关规范性文件的补充，如第 18 条第 1 款规定：“个人信息处理者处理个人信息，有法律、行政法规规定应当保密或者不需要告知的情形的，可以不向个人告知前条第一款规定的事项。”如第 32 条规定：“法律、行政法规对处理敏感个人信息规定应当取得相关行政许可或者作出其他限制的，从其规定。”如授权“网信部门的规定”对个人信息跨境、个人信息主体转移权的实现、定义一定数量的个人信息处理者等事项进行规范。

（二）正当原则

正当原则与合法原则紧密相连。在法哲学中，合法性与正当性是互补的概念，“离开正当性的合法性就可能成为单纯的统治工具；而离开合法性的正当性也是空中楼阁”。[①] 由于个人信息处理活动日新月异，我国的个人信息保护立法起步较晚，相关法律法规往往是滞后的、局限的，《个人信息保护法》也难以穷尽个人信

① 刘杨：《正当性与合法性概念辨析》，载《法制与社会发展》2008 年第 3 期。

息保护工作的规范。正当原则强调个人信息处理者处理个人信息时,除了要遵守相关法律法规的要求外,也应综合各项因素,保证其处理的目的与措施的正当性,在处理个人信息时应以人为本、公平正义、科学合理,尊重公序良俗,符合社会主义法治理念,保障个人信息主体可以充分实现相应的权利。

(三)必要原则

从个人信息处理的实践来看,必要原则也可以理解为是行政法"比例原则"在个人信息保护领域的体现。在个人信息处理活动中,个人信息处理者处于更加主动的地位,其往往可以出于自身利益的考虑去损害个人信息主体的权益,而个人维权则较为困难,因此要通过必要原则对个人信息处理者的处理行为加以限制,避免对个人信息权益过度侵害,加强安全保障措施。另外,必要原则也强调规范与发展的均衡。要处理好"保护个人信息权益,规范个人信息处理活动,促进个人信息合理利用"等立法目标的均衡,在发生利益冲突时应进行利益衡量,避免对个人信息处理活动的过度干预,同时,在特殊情形下可以减少个人信息处理的限制,如在疫情防控期间,为应对突发公共卫生事件,可以在合理范围内不经个人信息主体同意进行个人信息处理活动。

(四)诚信原则

诚信原则即要求处理个人信息应秉持诚实,恪守承诺。《网络安全法》第 41 条以及《民法典》第 1035 条关于个人信息处理原则的规定皆为"合法、正当、必要",本次个人信息保护立法在一审稿中就已将诚信原则独立列出。作为民商法律体系中的"帝王条款",诚信原则与合法、正当、必要等原则紧密联系,诚信既是法律的基本要求,也是个人信息处理者应具有的道德规范。诚信原则单独列出对个人信息处理者处理个人信息提出了更高标准,对《个人信息保护法》的适用进行了补充。

总体而言,四项原则相互联系又各有侧重,构成了处理个人信息的抽象性规范框架,对个人信息处理规则的设置都需要符合这四项原则的基本内涵,是四项原则基础上的细化延伸。

本条后半句为禁止性规范,要求处理个人信息不得以误导、欺诈、胁迫等方式进行。"误导、欺诈、胁迫"是常见的违反个人信息处理规范要求的行为,不符合个人信息处理四项原则的价值取向,如平台以发放现金、优惠券的形式诱导个人提供个人信息,或者处理者在个人信息处理中采用了与用户协定隐私政策文本内容不一致的处理方式,又或者以停止提供服务的方式胁迫获取个人信息主体的同意授权。这些在工业和信息化部定期发布的关于侵害用户权益行为的 App 通报中皆有所体现,成为个人信息处理规范中存在的顽疾,是个人信息保护需要重点规范的对象。

【适用指引】

本条是个人信息处理的首要原则,《个人信息保护法》的适用应以此为基础不断完善。就个人信息处理者而言,应将四项原则作为个人信息保护合规工作的基点,同时应展开相应的学习培训,强化对四项原则的认识。从原则的内涵出发,明确各项个人信息处理规范要求的意义,将个人信息保护的规范要点统一结合起来,以基本原则为基础,展开对个人信息合规的制度设计,并且以此为指导促进对个人信息保护工作的不断修改和更新。同时,要注意的是,在个人信息保护等法律法规适用出现空白与漏洞或者冲突与矛盾时,作为个人信息处理的首要原则,合法、正当、必要与诚信原则可以优先适用,对空白与漏洞进行补充,对冲突与矛盾进行弥合。

【案例链接】

移动互联网应用程序治理工作

对个人信息处理的监管实践早于《个人信息保护法》的公布。2019 年 1 月,发布的《中央网信办、工信部、公安部、市场监管总局关于开展 App 违法违规收集使用个人信息专项治理的公告》中第 1 条即承接《网络安全法》第 41 条,明确 App 运营者在收集、使用个人信息时应当遵循合法、正当、必要的原则。

现有的监管实践中,违反合法原则的情形一般体现为未经用户同意获取个人信息,违反正当原则一般指通过欺骗等手段或在用户不知情的情况下获取和处理其个人信息。《App 违法违规收集使用个人信息行为认定方法》中则对违反必要原则作出了规定,将收集的个人信息或收集信息权限与现有业务无关、因用户拒绝收集非必要个人信息就拒绝提供业务功能等六种情形厘定为违反必要原则。

2021 年 5 月,《常见类型移动互联网应用程序必要个人信息范围规定》公布后,网信办连续三批通报了共计 200 余款违规收集、使用个人信息的 App 名单,[①] 其中不乏输入法、浏览器、短视频和即时通信软件等用户数量巨大的应用。在被

---

① 三批名单的公示分别可参见:《关于输入法等 33 款 App 违法违规收集使用个人信息情况的通报》,载中国网信网 2021 年 5 月 1 日,http://www.cac.gov.cn/2021-04/30/c_1621370239178608.htm;《关于腾讯手机管家等 84 款 App 违法违规收集使用个人信息情况的通报》,载中国网信网 2021 年 5 月 10 日,http://www.cac.gov.cn/2021-05/10/c_1622225924090817.htm;《关于抖音等 105 款 App 违法违规收集使用个人信息情况的通报》,载中国网信网 2021 年 5 月 21 日,http://www.cac.gov.cn/2021-05/20/c_1623091083320667.htm。

通报的 App 中,有超过一半的被通报案例存在“违反必要原则,收集与其服务无关的个人信息”这一情形,同时有相当一部分被通报案例在未经用户同意的情况下违规收集个人信息,违反了合法、正当原则。

【关联条文】

《个人信息保护法》第 18 条、第 19 条、第 26 条、第 32 条、第 34 条、第 56 条

【相关规定】

《全国人民代表大会常务委员会关于加强网络信息保护的决定》;《民法典》第 7 条、第 1035 条;《网络安全法》第 41 条、第 44 条;《数据安全法》第 32 条;《消费者权益保护法》第 29 条;《未成年人保护法》第 72 条;《最高人民法院关于审理使用人脸识别技术处理个人信息相关民事案件适用法律若干问题的规定》第 2 条;《网络交易监督管理办法》第 13 条;《信息安全技术 个人信息安全规范》(GB/T 35273 – 2020)(以下简称《个人信息安全规范》)第 4 条;《网络数据安全管理条例(征求意见稿)》第 19 条

【域外比较】

本条规定了个人信息处理的合法、正当、必要和诚信原则。《通用数据保护条例》第 5 条第 1 款第 a 项规定:“对涉及数据主体的个人数据,应当以合法的、合理的和透明的方式来进行处理。”这体现了类似的要求。美国信息隐私领域法律中多散见类似的原则性要求。此外,在欧盟法和美国法下,分别有两点值得注意:首先,违反《通用数据保护条例》的原则性条款(包括第 5 条),则将触发其中最严厉的处罚——罚款 20,000,000 欧元或上一年全球营业额的 4%,二者取其高。其次,美国《联邦贸易委员会法》第 5 条禁止贸易中的“不公平或欺诈性行为”。这一条款初看是原则性的,不过,美国联邦贸易委员会通常将与隐私政策或企业其他公开陈述不一致的个人信息处理行为解释为违反这一条款,并依据相应法律予以处罚。有观点认为,第 5 条以及嗣后联邦贸易委员会的一系列处罚,构成了美国数据隐私领域的“新普通法”。[①] 总的来看,《个人信息保护法》此条原则性条款综采了欧盟和美国相关规定的表述,其具体解释与实施,有待后续观察。

---

① Solove, Daniel J. and Woodrow Hartzog, *The FTC and the New Common Law of Privacy*, Colum. L. Rev, 114 (2014): 583.

第六条　处理个人信息应当具有明确、合理的目的，并应当与处理目的直接相关，采取对个人权益影响最小的方式。

收集个人信息，应当限于实现处理目的的最小范围，不得过度收集个人信息。

【条文主旨】

本条明确了个人信息处理中的目的原则，是必要原则的展开和延伸。

本条第1款要求个人信息处理者在处理个人信息时应有明确、合理的目的，处理行为应与这一目的直接相关，并需要减轻对个人权益的不利影响。

本条第2款要求个人信息处理者在收集个人信息时，应当以其所提供的产品和服务的目的为依据，在实现产品和服务所指向的目标的前提下，划定所需收集的个人信息的最小范围。个人信息的最小化原则强调个人信息收集范围不应过广，所收集的个人信息应与其所提供的产品和服务有着直接的或者容易理解的联系，禁止个人信息处理者过度收集个人信息，否则会导致个人信息处理者攫取不合理的利润，增加个人信息处理不必要的成本以及泄露的风险。

【演进过程】

一审稿	二审稿	最终稿
第六条　处理个人信息应当具有明确、合理的目的，并应当限于实现处理目的的最小范围，不得进行与处理目的无关的个人信息处理。	第六条　处理个人信息应当具有明确、合理的目的，并应当限于实现处理目的的所必要的最小范围、采取对个人权益影响最小的方式，不得进行与处理目的无关的个人信息处理。	
	第六条　处理个人信息应当具有明确、合理的目的，并应当~~限于实现~~处理目的的~~所必要的最小范围、~~采取对个人权益影响最小的方式~~，不得进行与~~处理目的的~~无关的~~个人信息~~处理~~。	第六条　处理个人信息应当具有明确、合理的目的，并应当与处理目的直接相关，采取对个人权益影响最小的方式。 收集个人信息，应当限于实现处理目的的最小范围，不得过度收集个人信息。

【条文释义】

本条的规定是个人信息处理必要原则的延伸与展开，对个人信息处理活动提出了较为具体的要求。

第 1 款提出处理个人信息应遵守目的原则,也被称为目的明确原则,或者目的限制原则,包含以下三项基本要求:第一,处理个人信息应当具有明确、合理的目的。进入数字时代,个人信息处理通过数字技术往往具有隐蔽性,让信息主体难以感知。为保障个人信息主体应有的知情权,在个人信息处理环节开始前,个人信息处理者应设定清晰明确、科学合理的处理目的,避免处理行为的随意性和模糊性。第二,个人信息处理的各个环节应当切实有助于处理目的的实现,在收集、存储、使用、加工、传输、提供、公开、删除等各个环节中应围绕处理目的展开,与处理目的具有直接相关性,避免处理的扩大化给个人信息权益带来不必要的风险。第三,在处理个人信息的全流程中,应采取对个人权益影响最小的方式。由于个人信息处理活动中不能完全避免对个人信息合法权益的损害,个人信息处理者应充分考量其在处理活动的各个环节对个人权益可能造成的侵害,应采取切实有效的处理手段与处理方式,在收集、访问、使用等各个环节将对个人造成的损害限制在最小范围之内。

第 2 款提出目的原则要从个人信息处理的源头,即收集环节加以实现。个人信息收集环节作为处理个人信息的首要环节,对个人信息保护具有十分重要的影响。在个人信息处理的有关实践中,由于个人信息处理的收集成本和存储成本不断下降,信息处理者或者为了从个体身上攫取更多利益或者存储起来以备不时之需,往往过度收集个人信息,这也成为个人信息保护的重灾区。第 2 款回应社会关切,强调个人信息的收集应限制于处理目的,应与实现产品功能或服务的功能直接关联,从处理的最初环节降低个人信息权益受损的风险。第 2 款的规定与第 1 款的内容相互关联,可视为对第 1 款内容的明确或者补充,以解决个人信息处理收集环节存在的突出问题为基本导向,加以禁止性规范。

【适用指引】

目的原则为个人信息处理提出了明确指向,是必要原则的直接体现。因本条提出了"影响最小""范围最小"两个"最小"的要求,也被称为"最小化"原则或者"最小必要"原则,即通过"最小"一词明确个人信息处理行为所应把握的尺度,突出对个人信息权益的保护倾向。虽然"最小"明确了个人信息处理者应当尽量减少对个人信息权益的影响,限定个人信息收集的范围,但仍属于抽象性的原则,需要具体的规则加以指引适用。

由于个人信息过度收集以及处理行为的随意性成为个人信息保护常见的问题,相关文件也对"最小必要"原则提出了针对性的要求。如《个人信息保护法》第 19 条提出,除法律、行政法规另有规定外,个人信息的保存期限应当为实现处理目的所必要的最短时间,即为个人信息"存储期限最短"的要求。《个人信息安全规范》根据收集个人信息的“最小必要”原则，要求个人信息处理者应做到以下三点：第一，收集的个人信息的类型应与实现产品或服务的业务功能有直接关联。直接关联指如果没有要收集的个人信息，产品或服务的功能将无法实现。第二，自动采集个人信息的频率应是实现产品或服务的业务功能所必需的最低频率。第三，间接获取个人信息的数量应是实现产品或服务的业务功能所必需的最少数量。要求个人信息处理者应当采集与业务“直接关联”的信息，采集个人信息要保持“最低频率”，间接获取个人信息不能避免时，应保持“最低数量”。中央网信办、工信部、公安部、市场监管总局发布的关于印发《App 违法违规收集使用个人信息行为认定方法》中指出六种行为可以被认为是“违反必要原则，收集与其提供的服务无关的个人信息”：第一，收集的个人信息类型或打开的可收集个人信息权限与现有业务功能无关。第二，因用户不同意收集非必要个人信息或打开非必要权限，拒绝提供业务功能。第三，App 新增业务功能申请收集的个人信息超出用户原有同意范围，若用户不同意，则拒绝提供原有业务功能，新增业务功能取代原有业务功能的除外。第四，收集个人信息的频度等超出业务功能实际需要。第五，仅以改善服务质量，提升用户体验，定向推送信息，研发新产品等为由，强制要求用户同意收集个人信息。第六，要求用户一次性同意打开多个可收集个人信息的权限，用户不同意则无法使用。在“直接关联”“最低频率”“最低数量”的要求之外，还提出个人信息处理者不得以强制用户同意的方式要求个人提供不必要的授权。

总体而言，个人信息目的原则适用个人信息处理的全过程，从个人信息处理前、处理技术框架搭建以及相关用户协议的制定等事前流程中就应该贯彻最小化的要求，做到收集范围最小、收集数量最少、处理行为频率最低、存储期限数量最少等。由于个人信息在当下往往成为互联网企业竞争的核心基础资源，过度收集个人信息成为普遍现象，目的原则的出现为处理个人信息保护提供了一条切实的道路，也留下了许多弹性的空间可供解释与说明。需要明确的是，目的原则并非要限制个人信息处理活动，其所限制的是处理环节对个人信息主体所造成的不利影响，如果个人信息处理者为了保护信息主体的利益而展开个人信息处理活动，目的原则的适用便缺乏前提条件。另外，目的原则对实现个人信息处理活动的有序发展具有重要意义，如储存最小的个人信息将会减轻数据存储压力，做到最小化收集和保存个人信息以及及时删除信息，有助于减少万一发生信息泄露事件将招致的后果和损失。个人信息处于最小化状态，可以方便个人信息处理者更高效地管理。而且，考虑到未来个人信息主体相关权利将会日益明确并得到切实保障，在个人信息主体依据《个人信息保护法》的规定，要求行使复制权、转移权、删除权等具体权利时,最小化状态的数据集能够使个人信息相关的权利诉求得到快捷的答复。

【案例链接】

郭某诉杭州野生动物世界有限公司服务合同纠纷案[①]

1. 案情简介

杭州野生动物世界推出了一款年卡,用户可以在办理该年卡的1年有效期内不限次数畅游。原告郭某在被告处办理该年卡时,被告以指纹识别技术手段入园为由,强制收集原告的指纹信息。尽管年卡中心通过告示的方式对“年卡办理流程”和“使用说明”进行相关公告,但未对收集使用可能具有信息安全风险的指纹信息进行相关提示或说明。后年卡中心以技术升级为理由,要求用户将指纹识别入园改为人脸识别入园,在规定期限内未经人脸识别核验将无法入园。

2. 案例要点与解析

法院认为,经营者收集、使用消费者个人信息,应当遵循合法、正当、必要的原则,明示收集、使用信息的目的、方式和范围,并经消费者同意。

结合案情,法院认为,野生动物世界为实现相关用户在有效期内无限进入园区的目的,使用指纹识别、人脸识别的技术手段,用以甄别相关用户,提高入园效率,该行为符合收集信息时“合法、正当、必要”三原则要求。原告郭某在办理该年卡时,被告方年卡中心已使用醒目的文字告知购卡人需要提供包括指纹信息在内的相关个人信息,原告郭某仍然决定办理年卡。故法院判定郭某办理年卡时提供个人信息出于自愿。

法院要求郭某及其妻子提供人脸识别信息,以便升级后采用人脸识别方式入园。法院认为该行为超过了必要原则的要求,具有不正当性。“年卡办理流程”中办理者同意拍照的行为仅限于办理时收集信息的范围,故法院判定支持郭某要求被告删除收集其个人人脸识别信息的请求。

域 外 案 例

处理个人信息应当采取对个人权益影响最小的方式以及限于实现处理目的的最小、必要范围,禁止过度收集,是比例原则在《个人信息保护法》中的具体表现之一。[②] 欧盟法院重点在 Schecke、Digital Rights Ireland、Tele2 和 TK 这四个案例

---

① 浙江省富阳市人民法院民事判决书,(2019)浙0111民初6971号。

② 参见刘权:《论个人信息处理的合法、正当、必要原则》,载《法学家》2021年第5期。

中对此进行了阐释。

在 Schecke 案中,欧盟法院认定欧盟的一项关于要求披露欧盟农业基金受益人的规定无效,因为该规定概括性地要求披露所有受益人的个人信息,而没有根据获得补贴的时间、频率、方式、范围等进行区分。欧盟法院认为,农业基金受益人获得的补贴是其相当大一部分收入来源,将披露受益人的姓名和所获得补贴的准确金额发布在互联网上,是一种对《欧盟人权公约》第 7 条所规定的私人生活领域的侵犯,同时也是一种处理个人信息的行为,且对个人信息的处理没有获取受益人的同意。这种侵犯没有足够的依据。虽然纳税人有权知晓税收资金的去向,但受益人同时也拥有个人信息保护和私人生活领域不受侵犯的权利。在该项披露规定发布之前,相关机构应当对各方利益进行衡量,考虑不加区别地披露所有受益人的个人信息是否超出了该规定所追求的正当目的所必要的范围。税款去向的透明性要求不应直接凌驾于个人信息保护的权利之上。由于相关机构没有证明在出台该项披露规定之前已经进行了利益衡量,因此,欧盟法院认为,欧盟出台的该项披露规定没有将对个人信息获得保护权利的限制控制在绝对必要的限度之内,没有采用对自然人影响更小却能达到相同效果的方式,从而违反了比例原则。

在 Digital Rights Ireland 案中,欧盟法院继续认定欧盟另一项要求通信服务提供商留存通信和位置数据以供预防、调查犯罪以及保护国家安全的指令(2006/24 指令),违反了比例原则,构成对个人信息保护基本权利的不当侵犯。法院首先认可了通信和位置数据在预防和调查重大犯罪中的重要作用,因此,留存数据供主管机关在需要时调取,原则上满足维护公共利益的正当目标。但是,根据欧盟法院的判例,对个人信息保护的干预和限制必须限定在绝对必要的范围之内。具体就 2006/24 指令而言,它涵盖了所有的电子通信方式,适用范围极其广泛,并且无一例外地适用于所有注册用户,没有规定任何区别、限制或例外,甚至也适用于某些具有保密义务的职业,也没有对保留期限、地域或特殊的人群或犯罪进行任何区分。此外,在主管机关获取数据方面,2006/24 指令也没有确定任何客观标准来对数据获取进行限制,更没有规定任何实质和程序上的必要条件以及对后续使用的限制。总之,2006/24 指令要求的留存和主管机关获取数据的范围超出了实现该指令所追求的预防、调查犯罪和保护公共安全所必要的范围,构成对比例原则的违反。[①] 这一观点在 Tele2 案中得到了延续。在 Tele2 案中,欧盟法院继续认定成员国法律中要求一般地、不加区分地留存通信和位置数据,以及不仅限于预防

① Case T – 670/16, Digital Rights Ireland.

和调查重要犯罪,且主管机关获取数据的权利不受法庭或其他独立行政机构审查的规定违反欧盟指令和判例。①

在TK案中,欧盟法院对安装摄像头的目的正当性、手段必要性以及数据处理者和数据主体之间的利益平衡进行了分析。法院首先认可了在频发损害财物、盗窃等事件的住宅大楼内安装摄像头具有保护住户财产、健康和生命安全的正当、合理目的。但法院同时指出,仅存在正当目的还不够,还应当存在其他对个人基本权利限制更少的方式来实现这一目的,且收集的数据应当满足最小化要求。具体在TK案中,由于安装摄像头的业主委员会已经证明在安装摄像头之前采取了其他措施,如使用芯片门禁系统,但该等措施没有起到明显效果,因此,至少业主委员会已经对此进行了考量。此外,法院还提到需要考虑摄像时间,如是否只需要夜间摄像就可以达到上述目的,从而减少对个人权益的影响。②

【关联条文】

《个人信息保护法》第19条、第26条、第34条、第56条

【相关规定】

《全国人民代表大会常务委员会关于加强网络信息保护的决定》;《民法典》第1035条;《网络安全法》第41条;《数据安全法》第32条;《电信和互联网用户个人信息保护规定》第9条;《规范互联网信息服务市场秩序若干规定》第16条;《网络交易监督管理办法》第13条;《个人信息安全规范》第5.2款;《网络数据安全管理条例(征求意见稿)》第19条

第七条　处理个人信息应当遵循公开、透明原则,公开个人信息处理规则,明示处理的目的、方式和范围。

【条文主旨】

本条规定了个人信息保护领域的基本原则之一——公开透明原则。根据公开透明原则,个人信息处理者在处理个人信息时应当提前公开个人信息处理规则,明示处理的目的、方式与范围,使个人信息主体充分了解其个人信息处理活动,保障其知情权和决定权。

---

① Joined Cases C－203/15 and C－698/15, Tele2.

② Case C－708/18, TK.

【演进过程】

一审稿	二审稿	最终稿
第七条　处理个人信息应当遵循公开、透明的原则，明示个人信息处理规则。	第七条　处理个人信息应当遵循公开、透明的原则，公开个人信息处理规则，明示处理的目的、方式和范围。	
	第七条　处理个人信息应当遵循公开、透明的原则，公开个人信息处理规则，明示处理的目的、方式和范围。	第七条　处理个人信息应当遵循公开、透明原则，公开个人信息处理规则，明示处理的目的、方式和范围。

【条文释义】

公开透明原则是保障个人信息主体知情权的前提，只有公开个人信息的处理规则和明示处理的目的、方式与范围，个人信息主体才能够充分了解自身个人信息将面临何种处理活动，并基于这种充分认识而作出是否接受的真实意思表示，从而保障个人信息主体对自身个人信息的有效控制，给予其人格性权益以充分的尊重，如《个人信息保护法》第 14 条第 1 款规定，处理个人信息的同意，应当由个人在充分知情的前提下，自愿、明确作出意思表示。

从历史由来中可以看出，本条在一审稿中将公开透明原则概括为"明示个人信息处理规则"，未说明需要公开明示的具体内容，因而显得宣示性有余而可操作性不足。在个人信息处理场景日益丰富甚至繁杂的当下，不同的个人信息处理者所采取的处理规则不尽相同，合规体系并不必然统一。如果不明确需公开明示哪些内容，必将出现五花八门的规则公开形式，极易给违法违规的个人信息处理者带来可乘之机，使其避重就轻，不能重点保障个人信息主体的知情权，从而导致本规则被架空。在二审稿和最终稿中，立法者将这一概括性表述进一步详细化、准确化。明确个人信息处理者公开的个人信息处理规则必须且至少包括个人信息处理的目的、方式和范围，将直接影响和决定个人信息处理行为后果的因素作为法定公开内容，为个人信息处理者的规则公开明示划定了下限，个人信息处理者可以在目的、方式和范围的基础上进一步公开其他规则，从而达到更好的合规效果。

公开透明原则是个人信息保护领域的重要原则，已被我国的相关法律法规所接受和进一步确立。如《全国人民代表大会常务委员会关于加强网络信息保护的决定》第 2 条规定，网络服务提供者和其他企业、事业单位在业务活动中收集、使用公民个人电子信息，应当明示收集、使用信息的目的、方式和范围；《网络安全法》第 41 条第 1 款规定,网络运营者收集、使用个人信息,应当公开收集、使用规则,明示收集、使用信息的目的、方式和范围,并经被收集者同意;《民法典》第 1035 条第 1 款规定,处理自然人的个人信息时,必须公开处理信息的规则并明示处理信息的目的、方式和范围。

【适用指引】

若要落实公开透明原则,个人信息处理者除至少明示处理目的、方式和原则等内容外,还应注意与《个人信息保护法》所规定的告知条款之间的衔接,完善公开明示的方式、效果以及配合个人信息主体相关权利的行使。

第一,根据《个人信息保护法》第 17 条,公开明示的内容应当采用显著方式、清晰易懂的语言,并且便于查阅和保存,在内容上还应当包括:(1)个人信息处理者的身份和联系方式;(2)个人信息的处理目的、处理方式,处理的个人信息种类、保存期限;(3)个人行使《个人信息保护法》规定权利的方式和程序;(4)法律、行政法规规定应当告知的其他事项。

第二,根据《个人信息保护法》第 24 条,利用个人信息进行自动化决策,应当保证决策的透明度和处理结果的公平合理,个人认为自动化决策对其权益造成重大影响的,有权要求个人信息处理者予以说明,并有权拒绝个人信息处理者仅通过自动化决策的方式作出决定。

第三,根据《个人信息保护法》第 26 条,在公共场所安装图像采集、个人身份识别设备,应当为维护公共安全所必需,遵守国家有关规定,并设置显著的提示标识。

第四,根据《个人信息保护法》第 48 条,个人有权要求个人信息处理者对其个人信息处理规则进行解释说明。

从实践情况来看,当前各类信息处理者普遍通过弹窗隐私政策或将隐私政策置于页面底端的方式来落实公开透明原则,采用概括同意结合特定例外的形式,明示个人信息处理规则。但是,隐私政策式的公开透明机制目前存在较大困境,问题突出,主要表现在以下几个方面:(1)隐私政策内容普遍较多,根据笔者对我国《个人信息保护法》生效前的主流 App 隐私政策文本的统计测评,多数 App 的隐私政策字数为 18,000 字左右,完整阅读(阅读全部文字并初步理解)时间通常为 40 分钟左右,且专业性极强,用户普遍无法迅速阅读和理解,存在较多的模糊规定,如文字过小过密、颜色过淡、模糊不清,或未提供简体中文版策等情形。(2)未明示处理规则,公开内容较为笼统概括,对收集、使用个人信息的目的、方式、范围、保存期限及地点等没有详细说明;收集使用个人信息的目的、方式、范围发生变化时,未以适当方式通知用户;申请收集用户身份证号、银行账号、行踪轨迹等个人敏感信息时,未同步告知用户其目的。(3)违反必要原则,超范围收集,过度索权,收集的个人信息类型或打开的可收集个人信息权限与现有业务功能无关,超出业务功能实际需要。

为避免以上漏洞与不足,更好地落实公开透明原则,个人信息处理者应当积极主动采取措施,探索合规路径:(1)建立动态通知模式。根据个人信息处理的环节,通过较为简单快捷、准确清晰且通俗化的语言分阶段、即时同步地向个人信息主体明确告知与个人信息处理最密切相关的信息,如跳转链接、生动形象的图标或图画的方式。(2)优化隐私政策文本。通过积极的步骤和清晰显著的方式将隐私政策有效地提供给个人信息主体,公开明示的时间应在首次使用、安装软件或移动应用程序、注册账号前,通过提示条、提示音等方式提醒隐私政策的全文或重要内容摘要。

【案例链接】

黄某诉腾讯科技(深圳)有限公司等隐私权、个人信息权益网络侵权责任纠纷案①

1. 案情简介

微信读书软件(版本号:v3.3.0,以下简称微信读书)系一款手机阅读应用,用户可以在该款软件上阅读书籍、分享书评等。微信软件系一款手机社交应用,用户可以在该款软件上进行添加好友、即时通信等操作。原告在使用微信读书时发现,由于微信将微信好友关系的数据交予微信读书,在原告并未进行自愿授权的情况下,在微信读书的"关注"栏目下出现了使用该软件的原告微信好友名单。微信读书未经原告自愿授权,默认向"关注我的"好友公开原告的读书想法等阅读信息,非好友也能够相互查看对方的书架、正在阅读的读物、读书想法等。

2. 案例要点与解析

法院认为,网络运营者收集、使用个人信息应当遵循合法、正当、必要的原则,其处理个人信息需要同时满足让用户知情、获得用户同意的条件。该知情及同意不仅包括对信息内容的知情及同意,还包括对收集、使用的目的、方式和范围的知情及同意。知情同意的质量,可以从信息处理者告知信息主体的"透明度"来衡量,即一般理性用户在具体场景下,对信息处理主体处理特定信息的目的、方式和范围知晓的清晰程度,以及作出意愿表示的自主、具体、明确程度。

结合案情,法院认为,在用户合理认知微信与微信读书为独立软件的情形下,

① 北京互联网法院民事判决书,(2019)京0491民初16142号。

微信读书获取微信好友列表的行为，属于收集用户个人信息的行为，而非使用个人信息的行为。《微信读书软件许可及服务协议》确实载明微信好友可以相互查看读书信息。但是，进入微信读书的产品设计这一场景中，综合考量微信读书与微信的关系、微信读书信息的特点及处理方式、获得知情同意的方式等，判定微信读书并未获得有效的用户知情同意。

【关联条文】

《个人信息保护法》第 14 条、第 17 条、第 24 条、第 26 条、第 48 条

【相关规定】

《全国人民代表大会常务委员会关于加强网络信息保护的决定》第 2 条；《网络安全法》第 41 条第 1 款；《民法典》第 1035 条第 1 款；《最高人民法院关于审理使用人脸识别技术处理个人信息相关民事案件适用法律若干问题的规定》第 2 条；《电信和互联网用户个人信息保护规定》第 8 条

【域外比较】

本条规定了个人信息的透明性原则。《通用数据保护条例》第 5 条第 a 项同样规定："对涉及数据主体的个人数据，应当以合法的、合理的和透明的方式进行处理。"《通用数据保护条例》第 12 条、第 13 条则对透明性的具体范围作出了更加细致的规定。透明性要求同样散见于美国各法中。总的来说，美国联邦政府卫生、住房和福利部在 1973 年报告提出的"公平信息原则"中有关透明性的部分，包括"不秘密处理数据"和"公开个人信息处理规则"，已经成为全球范围内的共识。

第八条　处理个人信息应当保证个人信息的质量，避免因个人信息不准确、不完整对个人权益造成不利影响。

【条文主旨】

本条确立了个人信息的质量原则，规定了个人信息处理者的个人信息质量保证义务。

【演进过程】

一审稿	二审稿	最终稿
第八条　~~为实现处理目的，所处理~~的个人信息应当准确，~~并及时更新~~。	第八条　处理个人信息应当保证个人信息的质量，避免因个人信息不准确、不完整对个人权益造成不利影响。	

续表

一审稿	二审稿	最终稿
	第八条　处理个人信息应当保证个人信息的质量，避免因个人信息不准确、不完整对个人权益造成不利影响。	第八条　处理个人信息应当保证个人信息的质量，避免因个人信息不准确、不完整对个人权益造成不利影响。

【条文释义】

个人信息处理活动与个人权益有着千丝万缕的关系，个人信息质量的好坏在许多场合决定个人权益是否产生不利影响，甚至受到损害。个人信息可以重建自然人某种状态或者特性，而该种状态或者特性在一些场合会进一步产生相应的法律后果，[①]错误、不完整的个人信息可能就会产生不利于个人的法律后果。例如，金融机构向个人发放贷款前，一般会从征信机构获得个人的相关信息，如果征信机构所处理的个人信息是不准确或者不完整的，那么就有可能出现金融机构错误地拒绝贷款的情况，从而给个人造成不利影响。再如，许多网络平台会给用户打分、评级并给予用户相应的利益，如果网络平台基于错误的个人信息给用户打分、评级，则极有可能给用户带来不利影响。

本条规定了信息质量原则，规定了个人信息处理者有保证个人信息质量的义务。然而，在实践中，个人信息具有多种类型，个人信息质量标准并非完全一致，个人信息质量与个人权益受到损害之间的因果关系也比较复杂。《个人信息保护法》第 8 条规定了信息质量原则的基本内涵以及判断个人信息质量的基本准则。

从法条的规范结构来看，第 8 条由“两句话”构成：第一，个人信息处理者在处理个人信息时，应当保证个人信息的质量；第二，个人信息处理者在处理个人信息时，应当避免因个人信息不准确、不完整对个人权益造成不利影响。前者从正面描述信息质量义务，后者从反面描述信息质量义务。两者的规范内涵应当是一致的，后者其实是前者的判断标准，具体包含客观标准与主观标准。

信息质量的客观标准是“准确性”和“完整性”。个人信息的不同瑕疵可能会造成个人权益的不同损害，只有当个人信息的不准确、不完整成为损害发生的原因，才说明个人信息质量存在缺陷。准确性，是指个人信息处理者所处理的个人信息与信息主体的相关事实相符。完整性，并不是指个人信息处理者掌握了信息主体的所有信息，而是指为了达到合理、合法的个人信息处理目的，个人信息处理者掌握了充分的个人信息，而不存在遗漏的情况。

---

① 参见程啸：《个人信息保护法理解与适用》，中国法制出版社 2021 年版，第 97 页。

信息质量的主观标准是“没有对个人权益造成不利影响”。个人信息随着信息主体的生产生活等行为而不断产生、变化，因此许多个人信息的准确性、完整性往往是相对的、暂时的，信息质量也是一个相对的概念，我们不能追求绝对的信息质量，也不能让个人信息处理者承担过高的信息质量保证义务。另外，在某些场合，信息主体基于某种目的而故意或过失造成信息不准确、不完整，这种情况下就不能片面地要求个人信息处理者保证信息的质量。基于上述原因，第 8 条规定了信息质量的“主观标准”，根据信息主体的权益是否受到不利影响而判断是否存在信息质量缺陷。即使个人信息在客观上不准确、不完整，但并没有造成不利影响，或者由于信息主体故意或过失造成的，则不属于本条的规制范围。

【适用指引】

个人信息处理者在处理个人信息前，应当积极采用各种管理措施、技术措施等保证个人信息的准确性、完整性。发现被处理的个人信息不准确或者不完整，应当及时更新、修改。对有明显错误、过时或者超过法律规定、双方约定的信息有效期限的信息，应当停止处理相关个人信息或者依法向个人重新收集相关信息。例如，《征信业管理条例》第 16 条规定，“征信机构对个人不良信息的保存期限，自不良行为或者事件终止之日起为 5 年；超过 5 年的，应当予以删除”。因此，对超过 5 年的个人不良信息，征信机构除了进行与删除有关的处理活动之外，不得从事其他个人信息处理活动。

与本条规定相呼应，《个人信息保护法》第 46 条规定了个人的更正、补充权，即“个人发现其个人信息不准确或者不完整的，有权请求个人信息处理者更正、补充。个人请求更正、补充其个人信息的，个人信息处理者应当对其个人信息予以核实，并及时更正、补充”。

【案例链接】

周某某诉中国银行股份有限公司上海市分行名誉权纠纷案①

1. 案情简介

2009 年，中国银行股份有限公司上海市分行（以下简称中国银行上海分行）依据一份申请人署名为周某某的信用卡开卡申请表签发了一张以周某某姓名办理的信用卡，但周某某称其未办理过该涉案信用卡。该卡后来透支且逾期未还款，相关不良信用记录直至 2011 年 3 月才消除。在周某某和中国银行上海分行处理该纠纷的过程中，关于涉案信用卡的不良信用记录被其他多家银行信用卡中

① 上海市第一中级人民法院民事判决书，(2011) 沪一中民一(民)终字第 2988 号。

心查询。

2. 案例要点与解析

本案中与《个人信息保护法》第 8 条有关的情形主要是后续中国银行上海分行上传征信记录部分。法院认为,商业银行有义务按照个人信用数据库标准及其有关要求准确、完整、及时地报送个人信用信息。如果在报送时基于真实的信用卡用户记录,不存在捏造、虚构事实或者侮辱的行为,即不构成侵害当事人名誉权的行为。其他金融机构或本人、相关政府部门因法定事由查询征信系统内的记录,这些记录如未在不特定的人群中传播,不能认定会导致当事人名誉受损。

综合案情,法院认为,虽然中国银行上海分行在审批签发信用卡时确有过错,但银行审核信用卡材料的行为并非侵犯名誉权。中国银行上海分行报送相关信息时源于周某某名下的信用卡记录,这些欠款记录本身是真实的,不存在捏造,因此将相关信息上传征信记录不构成虚构事实或侮辱的行为。同时法院认为,上述征信记录未被错误使用,未对周某某名誉造成影响,故综合判定中国银行上海分行处理周某某征信记录的行为并无过错。

以本案案情对照本条规定来看,中国银行上海分行虽然没有侵犯周某某的名誉权,但其处理的周某某欠款记录属于不准确的个人信息且可能对周某某造成不利影响,因此中国银行上海分行需依法对相关信息进行更正并承担相应的法律后果。

【关联条文】

《个人信息保护法》第 46 条

【相关规定】

《民法典》第 1037 条;《征信业管理条例》第 16 条、第 23 条;《个人信用信息基础数据库管理暂行办法》第 6 条;《银行业金融机构数据治理指引》第 29 ~ 37 条

【域外比较】

信息质量原则在 20 世纪 70 年代已获广泛认可,亦不妨称为全球共识。例如,《通用数据保护条例》第 5 条第 1 款第 d 项与第 f 项分别规定,“个人数据应当是准确的,如有必要,必须及时更新;以个人数据处理目的为限必须采取合理措施确保不准确的个人数据,及时得到删除或更正”,“处理过程中应确保个人数据的安全,采取合理的技术手段、组织措施,避免数据未经授权即被处理或遭到非法处理,避免数据发生意外毁损或灭失”,同样要求个人信息的准确、完整和安全。值得注意的是,违反《通用数据保护条例》的原则性条款(包括第 5 条),有可能触发其中最严厉的处罚——罚款 20,000,000 欧元或上一年全球营业额的 4%,二者取其高。《个人信息保护法》的后续执法是否将对信息质量原则持有相近的重视程度,值得观察。

第九条 个人信息处理者应当对其个人信息处理活动负责,并采取必要措施保障所处理的个人信息的安全。

【条文主旨】

本条规定了个人信息处理活动的责任与安全原则。根据该原则,个人信息处理者是其个人信息处理活动的第一责任人,应当通过积极的方式来保障个人信息处理活动的合规。例如,根据个人信息的处理目的、处理方式、个人信息的种类以及对个人权益的影响、可能存在的安全风险等因素制定完善的处理规则、内部管理制度、数据分类分级、安全教育培训、指定个人信息保护负责人等。同时,还要采取必要措施保障所处理的个人信息的安全,防止出现个人信息被泄露、窃取、篡改、删除、丢失等危及个人信息安全的事件,并在发生事件时作及时止损处理,防止相关主体个人信息权益损失的进一步扩大并承担相应的责任,包括民事责任、行政责任以及刑事责任。

【演进过程】

一审稿	二审稿	最终稿
第九条 个人信息处理者应当对其个人信息处理活动负责,并采取必要措施保障所处理的个人信息的安全。	第九条 个人信息处理者应当对其个人信息处理活动负责,并采取必要措施保障所处理的个人信息的安全。	
	第九条 个人信息处理者应当对其个人信息处理活动负责,并采取必要措施保障所处理的个人信息的安全。	第九条 个人信息处理者应当对其个人信息处理活动负责,并采取必要措施保障所处理的个人信息的安全。

【条文释义】

本条所规定的责任与安全原则是个人信息保护制度中最重要的原则之一,也是落实个人信息处理规则,履行个人信息处理者义务,行使个人信息主体权利的前提与基础,更是相关法律责任得以承担的法律依据之一。

《个人信息保护法》第 1 条开宗明义地指出,《个人信息保护法》的制定目的是保护个人信息权益,规范个人信息处理活动以及促进个人信息合理利用,这一目的的实现需要个人信息处理者作为第一责任人来保障和执行,否则个人信息保护将无从谈起。按照“谁处理,谁负责”的精神,“如果一项法律允许一个人——或者是为了经济上的需要,或者是为了他自己的利益——使用物件、雇佣职员或者开办企业等具有潜在危险的情形,他不仅应当享有由此带来的利益,而且也应当承担由此危险对他人造成任何损害的赔偿责任:获得利益者承担损失”。[①] 个人信息处理者处理个人信息无论是为了自身利益的实现还是法定职责的履行,都会通过该处理行为获得“收益”,并对个人信息主体的权益产生影响,一般而言,这种影响将会使个人信息主体的权益陷入减损的风险,而由于该处理行为是由个人信息处理者所进行的,其对处理行为必定具有相应的控制能力,因此个人信息处理者应当对个人信息处理活动负责,且有义务采取必要措施保障个人信息安全,避免上述风险的实际发生。

习近平总书记指出:“网信事业发展必须贯彻以人民为中心的发展思想,把增进人民福祉作为信息化发展的出发点和落脚点,让人民群众在信息化发展中有更多获得感、幸福感、安全感;要坚持网络安全为人民、网络安全靠人民,保障个人信息安全,维护公民在网络空间的合法权益。”[②]责任与安全原则除在本条中予以规定外,在此前出台的相关法律法规中也已经得到了广泛体现。例如,《全国人民代表大会常务委员会关于加强网络信息保护的决定》第 4 条规定:“网络服务提供者和其他企业事业单位应当采取技术措施和其他必要措施,确保信息安全,防止在业务活动中收集的公民个人电子信息泄露、毁损、丢失。在发生或者可能发生信息泄露、毁损、丢失的情况时,应当立即采取补救措施。”《网络安全法》第 10 条规定,“建设、运营网络或者通过网络提供服务,应当依照法律、行政法规的规定和国家标准的强制性要求,采取技术措施和其他必要措施,保障网络安全、稳定运行,有效应对网络安全事件,防范网络违法犯罪活动,维护网络数据的完整性、保密性和可用性”;第 42 条第 2 款规定,“网络运营者应当采取技术措施和其他必要措施,确保其收集的个人信息安全,防止信息泄露、毁损、丢失。在发生或者可能发生个人信息泄露、毁损、丢失的情况时,应当立即采取补救措施,按照规定及时告知用户并向有关主管部门报告”。《民法典》第 1038 条第 2 款规定:“信息处理者应当采取技术措施和其他必要措施,确保其收集、存储的个人信息安全,防止信息泄露、篡改、丢失;发生或者可能发生个人信息泄露、篡改、丢失的,应当及时采取补救措施,按照规定告知自然人并向有关主管部门报告。”《电子商务法》第 30 条第 1 款规定:“电子商务平台经营者应当采取技术措施和其他必要措施保证其网络安全、稳定运行,防范网络违法犯罪活动,有效应对网络安全事件,保障电子商务交易安全。”《消费者权益保护法》第 29 条第 2 款规定:“经营者及其工作人员

---

① [德]克雷斯蒂安·冯·巴尔:《欧洲比较侵权行为法》(上卷),张新宝译,法律出版社 2004 年版,第 10 页。

② 习近平总书记 2018 年 4 月 20 日至 21 日在全国网络安全和信息化工作会议上的讲话。

对收集的消费者个人信息必须严格保密,不得泄露、出售或者非法向他人提供。经营者应当采取技术措施和其他必要措施,确保信息安全,防止消费者个人信息泄露、丢失。在发生或者可能发生信息泄露、丢失的情况时,应当立即采取补救措施。”在国家网信办于 2021 年 11 月 14 日发布的《网络数据安全管理条例(征求意见稿)》中,重点对“保安全”提出了更高的要求,严格规范网络数据处理活动,保障数据安全,保护个人、组织在网络空间的合法权益。此外,《电信和互联网用户个人信息保护规定》《个人信息安全规范》等也规定了责任与安全原则。

【适用指引】

(一)如何负责

“个人信息处理者应当对其个人信息处理活动负责”要求个人信息处理者应当积极主动地落实《个人信息保护法》所建立的个人信息保护制度,按照个人信息处理规则开展个人信息处理活动,履行法定义务。除《个人信息保护法》外,《民法典》《网络安全法》《数据安全法》等法律以及其他行政法规、部门规章、规范性文件、政策中所规定的个人信息保护要求也需要个人信息处理者积极落实,主动合规。总而言之,个人信息处理者应当根据个人信息的处理目的、处理方式、个人信息的种类以及对个人权益的影响、可能存在的安全风险等,采取相应措施确保个人信息处理活动符合法律法规的规定,其落脚点在于积极保护个人信息权益,规范个人信息处理活动,促进个人信息合理利用,而非仅消极地符合某一法律规定。具体到《个人信息保护法》的规定,个人信息处理者应当通过以下方式落实责任与安全义务:

1. 处理个人信息应遵循合法、正当、必要和诚信原则、目的原则、公开透明原则、质量原则;

2. 按照规定收集、存储、提供、删除、跨境传输一般个人信息与敏感个人信息等;

3. 达到相关标准的个人信息处理者应指定个人信息保护负责人,成立主要由外部成员组成的独立机构对个人信息保护情况进行监督;

4. 定期对其处理个人信息遵守法律、行政法规的情况进行合规审计;

5. 符合相关标准的个人信息处理者应进行个人信息保护影响评估;

6. 发生个人信息事件时及时采取应急预案,防止损害进一步扩大并通知报告。

以上列举仅为部分要求,个人信息处理者应完整、全面地落实《个人信息保护法》的要求。此外,个人信息处理者对其已完整履行法律法规要求的情况应承担举证责任，如《个人信息保护法》第69条第1款规定："处理个人信息侵害个人信息权益造成损害，个人信息处理者不能证明自己没有过错的，应当承担损害赔偿等侵权责任。"由个人信息处理者承担举证责任与其因技术、资金、控制力等因素而拥有的相对于个人的优势地位相匹配，也能够督促个人信息处理者积极履责。

（二）必要措施

"必要措施"主要是指个人信息处理者为保障个人信息安全所采取的措施，在其必要性的判断上应遵循比例原则，考量成本收益分析框架。如果某项安全保障措施有效性很强但成本太大，对个人信息处理者造成的成本同对个人信息安全保障产生的收益不成比例，就不应当被采取；如果该项措施有效性很强，相对于成本而言成比例，个人信息处理者就有义务采取该项措施。[①] 按照《个人信息保护法》第51条的规定，必要措施可以包括如下内容：(1)制定内部管理制度和操作规程；(2)对个人信息实行分类管理；(3)采取相应的加密、去标识化等安全技术措施；(4)合理确定个人信息处理的操作权限，并定期对从业人员进行安全教育和培训；(5)制定并组织实施个人信息安全事件应急预案；(6)法律、行政法规规定的其他措施。

此外，还应注意的是，必要措施的范围应当具有动态性，应与时代的发展、技术的进步、商业模式的变化等因素相适应，既不能赋予个人信息处理者以超前于当下技术能力和商业成本的义务，也要防止个人信息处理者以技术和成本为由逃避义务和监管。

（三）个人信息安全

对于何为个人信息安全，目前还没有法律上的明确界定。《网络安全法》第76条第2款对"网络安全"进行了界定，即"指通过采取必要措施，防范对网络的攻击、侵入、干扰、破坏和非法使用以及意外事故，使网络处于稳定可靠运行的状态，以及保障网络数据的完整性、保密性、可用性的能力"。《数据安全法》第3条第3款也对"数据安全"进行了界定，即"指通过采取必要措施，确保数据处于有效保护和合法利用的状态，以及具备保障持续安全状态的能力"。

参考《网络安全法》、《数据安全法》以及《个人信息保护法》的相关规定，个人信息安全应当指个人信息具备完整性、保密性、可用性的特点，处于有效保护、合法利用以及持续安全的状态，避免未经授权访问、非法使用、泄露、篡改、丢失，以及相关设施遭受攻击、侵入、干扰、破坏、意外事故等。从类别上看，个人信息安全

---

① 参见刘权：《论个人信息处理的合法、正当、必要原则》，载《法学家》2021年第5期。

既包括"硬件"安全,如防止遭受攻击、侵入、干扰、破坏等,也包括"软件"安全,如防止被非法处理、泄露、篡改等。这就意味着在个人信息的收集、存储、使用、加工、传输、提供、公开、删除等环节都须确保安全,个人信息处理者具有确保所收集的个人信息为其所控制、不为外人访问和获取、采取信息泄露事件防范措施等安全保障义务。①

(四)法律责任

1. 民事责任。《个人信息保护法》第69条规定,处理个人信息侵害个人信息权益造成损害,个人信息处理者不能证明自己没有过错的,应当承担损害赔偿等侵权责任。前款规定的损害赔偿责任按照个人因此受到的损失或者个人信息处理者因此获得的利益确定;个人因此受到的损失和个人信息处理者因此获得的利益难以确定的,根据实际情况确定赔偿数额。

2. 行政责任。《个人信息保护法》第66条规定,违反《个人信息保护法》的规定处理个人信息,或者处理个人信息未履行《个人信息保护法》规定的个人信息保护义务的,由履行个人信息保护职责的部门责令改正,给予警告,没收违法所得,对违法处理个人信息的应用程序,责令暂停或者终止提供服务;拒不改正的,并处100万元以下罚款;对直接负责的主管人员和其他直接责任人员处1万元以上10万元以下罚款。有前款规定的违法行为,情节严重的,由省级以上履行个人信息保护职责的部门责令改正,没收违法所得,并处5000万元以下或者上一年度营业额5%以下罚款,并可以责令暂停相关业务或者停业整顿、通报有关主管部门吊销相关业务许可或者吊销营业执照;对直接负责的主管人员和其他直接责任人员处10万元以上100万元以下罚款,并可以决定禁止其在一定期限内担任相关企业的董事、监事、高级管理人员和个人信息保护负责人。

3. 刑事责任。《个人信息保护法》第71条规定,违反《个人信息保护法》的规定,构成违反治安管理行为的,依法给予治安管理处罚;构成犯罪的,依法追究刑事责任。

【案例链接】

林某平与四川航空股份有限公司侵权责任纠纷上诉案②

1. 案情简介

原告林某平,通过其公司的工作人员向被告四川航空股份有限公司购买了一

---

① 参见高富平:《个人信息保护立法研究》,光明日报出版社2020年版,第153页。

② 四川省成都市中级人民法院民事判决书,(2015)成民终字第1634号。

张由成都至昆明的飞机票。在支付后收到了航班因故障停飞的信息,要求其拨打另一电话进行退票改签手续,因而原告订购了另外一张机票。后经证实,原航班未被取消,林某平以四川航空股份有限公司泄露自己的信息为由向一审法院提起诉讼,要求四川航空股份有限公司赔偿其购买机票的损失,并对泄露个人信息的行为公开道歉。一审法院经审理后认定原告林某平提供的证据不足,且未尽到消费者的注意义务,驳回了林某平的起诉。林某平不服,提起上诉。

2. 案例要点与解析

二审法院认为,经营者应当采取技术措施和其他必要措施,确保信息安全,防止消费者个人信息泄露、丢失,在发生或可能发生信息泄露、丢失的情况时,应当立即采取补救措施。"没有泄露"作为消极事实难以证明,但被告方可以向法院证明已经采取了相应的技术措施和其他必要措施,说明对林某平个人数据的泄露非因被告方的过错所导致。

结合案情,法院认为,林某平遭受"航班取消"的短信诈骗,可能是在订票环节出现了数据泄露问题。四川航空股份有限公司作为服务提供者,有义务采取必要的措施在自己系统或第三方订票平台上确保用户的信息安全不被泄露。此外,林某平在信息遭到泄露后将有关情况告诉了四川航空股份有限公司,四川航空股份有限公司并未及时采取有效措施补救,且未向公安机关报案,说明其并未履行经营者在个人信息遭到泄露后的采取补救措施的义务。故法院判定原审判决错误,予以纠正。

【关联条文】

《个人信息保护法》第 1 条、第 19 条、第 51 条、第 66 条、第 69 条、第 71 条

【相关规定】

《全国人民代表大会常务委员会关于加强网络信息保护的决定》第 4 条;《网络安全法》第 10 条、第 42 条第 2 款、第 76 条第 2 款;《民法典》第 1038 条第 2 款;《电子商务法》第 30 条第 1 款;《消费者权益保护法》第 29 条、第 50 条;《数据安全法》第 3 条第 3 款;《电信和互联网用户个人信息保护规定》;《个人信息安全规范》

【域外比较】

本条结合了个人信息处理的责任原则和安全原则,这些原则也是域外法律公认的个人信息处理规则。例如,《通用数据保护条例》第 5 条第 2 款即规定:"控制者应负责并能够证明遵守第 1 款(问责制)"。不过,仅就责任原则而言,此处仍有一处值得注意的差异:《通用数据保护条例》要求相应控制者(注意区分《通用数据保护条例》与我国个人信息保护语境下的控制者概念)对履行各原则的有关义务提供证明,这既可以视为对有关举证义务在原则层面的分配,又可以视为对控

制者日常合规实践的指导性原则。由此，设法对信息处理和合规工作全程“留痕”，是《通用数据保护条例》合规实践中相当重要的一步。与此同时，《通用数据保护条例》第 5 条第 1 款第 f 项亦规定：为确保个人数据能以适当且安全的方式被处理，包括使用适当的技术或组织措施防止个人数据未经授权或非法处理以及意外丢失、破坏或损坏。这是安全原则的直接体现。

第十条　任何组织、个人不得非法收集、使用、加工、传输他人个人信息，不得非法买卖、提供或者公开他人个人信息；不得从事危害国家安全、公共利益的个人信息处理活动。

【条文主旨】

本条从总体层面上规定了三类禁止开展的非法处理个人信息的活动：非法收集、使用、加工、传输他人个人信息；非法买卖、提供或者公开他人个人信息；危害国家安全、公共利益的个人信息处理活动。

【演进过程】

一审稿	二审稿	最终稿
第十条　任何组织、个人不得违反法律、行政法规的规定处理个人信息，不得从事危害国家安全、公共利益的个人信息处理活动。	第十条　任何组织、个人不得违反法律、行政法规的规定处理个人信息，不得从事危害国家安全、公共利益的个人信息处理活动。	
	第十条　任何组织、个人不得~~违反法律、行政法规的规定处理~~个人信息，不得从事危害国家安全、公共利益的个人信息处理活动。	第十条　任何组织、个人不得非法收集、使用、加工、传输他人个人信息，不得非法买卖、提供或者公开他人个人信息；不得从事危害国家安全、公共利益的个人信息处理活动。

【条文释义】

本条的规定与《国家安全法》《刑法》《民法典》《网络安全法》《消费者权益保护法》《电子商务法》《数据安全法》等法律相衔接，对当前较为突出的三类非法处理个人信息活动进行了禁止性规定，并将国家安全和公共利益作为兜底，划定了个人信息处理活动的底线与红线。

作为与本条相衔接并共同构成禁止性个人信息处理活动体系的相关法规，

《国家安全法》第13条第2款规定:"任何个人和组织违反本法和有关法律,不履行维护国家安全义务或者从事危害国家安全活动的,依法追究法律责任。"《刑法》第253条规定:"违反国家有关规定,向他人出售或者提供公民个人信息,情节严重的,处三年以下有期徒刑或拘役,并处或者单处罚金;情节特别严重的,处三年以上七年以下有期徒刑,并处罚金;将在履行职责或者提供服务过程中获得的公民个人信息,出售或者提供给他人的,依照前款规定从重处罚。窃取或者以其他方法非法获取公民个人信息的,依照第一款的规定处罚。"《民法典》第111条规定:"不得非法收集、使用、加工、传输他人个人信息,不得非法买卖、提供或者公开他人个人信息。"《消费者权益保护法》第29条规定:"经营者收集、使用消费者个人信息,应当公开其收集、使用规则,不得违反法律、法规的规定和双方的约定收集、使用信息;经营者及其工作人员对收集的消费者个人信息必须严格保密,不得泄露、出售或者非法向他人提供。"《电子商务法》第25条规定:"有关主管部门应当采取必要措施保护电子商务经营者提供的数据信息的安全,并对其中的个人信息、隐私和商业秘密严格保密,不得泄露、出售或者非法向他人提供。"《数据安全法》第38条规定:"国家机关……对在履行职责中知悉的个人隐私、个人信息、商业秘密、保密商务信息等数据应当依法予以保密,不得泄露或者非法向他人提供。"《网络安全法》也通过第四章"网络信息安全"对非法收集、使用、窃取、买卖、提供他人个人信息的行为进行了禁止性规定。

从《个人信息保护法》的后续规定来看,本条是具有统领性、概括性的原则条款,通过反向列举的禁止性方式,与知情同意、公开透明、最小范围、数据本地化等其他条款相互协调、补充,建立了个人信息处理的基本制度。

【适用指引】

(一)厘清"非法"的范围

"非法"中的"法"应当包括法律、行政法规、部门规章等规范性文件,而非仅仅指法律与行政法规。近年来,我国的个人信息保护立法一直处于分散立法、"九龙治水"的状态,除《刑法》《网络安全法》《民法典》等法律外,其他法规多是行业性立法,其中尤以作为主管部门之一的中央网信办、工信部和市场监管总局较为突出,先后出台了《汽车数据安全管理若干规定(试行)》《网络安全审查办法》《网络信息内容生态治理规定》《儿童个人信息网络保护规定》《网络交易监督管理办法》等部门规章。

中央网信办、工信部、公安部、市场监管总局等部门在个人信息保护领域建立了一套较为成熟且全面的规范体系,赋予了个人信息处理者责任和义务,为个人信息处理活动划定了合规范围。除部门规章外,还出台了《中央网信办、工信部、公安部、市场监管总局关于开展 App 违法违规收集使用个人信息专项治理的公告》《App 违法违规收集使用个人信息自评估指南》《市场监管总局、中央网信办关于开展 App 安全认证工作的公告》《App 违法违规收集使用个人信息行为认定方法》《信息安全技术 移动互联网应用程序(App)收集个人信息基本规范》《常见类型移动互联网应用程序必要个人信息范围规定》等,并不断开展相关执法活动,如中央网信办、工信部、公安部、市场监管总局“App 违法违规收集使用个人信息专项治理”;工信部“纵深推进 App 侵害用户权益专项整治行动”;工信部“关于侵害用户权益行为的 App 的通报”;中央网信办“App 违法违规收集使用个人信息情况的通报”;市场监管总局“‘守护消费’暨打击侵害消费者个人信息违法行为专项执法行动的通知”等。

此外,2017 年 5 月 8 日发布了《最高人民法院、最高人民检察院关于办理侵犯公民个人信息刑事案件适用法律若干问题的解释》,该解释第 2 条对《刑法》第 253 条之一规定的“违反国家有关规定”中“有关规定”的范围进行了解释,即“违反法律、行政法规、部门规章有关公民个人信息保护的规定的,应当认定为刑法第二百五十三条之一规定的‘违反国家有关规定’”。

因此,从合规的角度出发,本条的“法”应当作广义理解,包括部门规章等规范性文件。

(二)法律责任

1. 行政责任

(1)根据《个人信息保护法》第 66 条,违反《个人信息保护法》规定处理个人信息,或者处理个人信息未履行本法规定的个人信息保护义务的,由履行个人信息保护职责的部门责令改正,给予警告,没收违法所得,对违法处理个人信息的应用程序,责令暂停或者终止提供服务;拒不改正的,并处 100 万元以下罚款;对直接负责的主管人员和其他直接责任人员处 1 万元以上 10 万元以下罚款。

情节严重的,由省级以上履行个人信息保护职责的部门责令改正,没收违法所得,并处 5000 万元以下或者上一年度营业额 5% 以下罚款,并可以责令暂停相关业务或者停业整顿、通报有关主管部门吊销相关业务许可或者吊销营业执照;对直接负责的主管人员和其他直接责任人员处 10 万元以上 100 万元以下罚款,并可以决定禁止其在一定期限内担任相关企业的董事、监事、高级管理人员和个人信息保护负责人。

(2)根据《个人信息保护法》第 67 条,有个人信息处理违法行为的,依照有关法律、行政法规的规定记入信用档案,并予以公示。

(3)根据《个人信息保护法》第 68 条,“国家机关不履行本法规定的个人信息保护义务的，由其上级机关或者履行个人信息保护职责的部门责令改正；对直接负责的主管人员和其他直接责任人员依法给予处分。履行个人信息保护职责的部门的工作人员玩忽职守、滥用职权、徇私舞弊，尚不构成犯罪的，依法给予处分”。

(4)根据《个人信息保护法》第71条，“违反本法规定，构成违反治安管理行为的，依法给予治安管理处罚……”

(5)根据《网络安全法》第64条，网络运营者、网络产品或者服务的提供者违反《网络安全法》规定，非法收集、使用、加工、传输他人个人信息，侵害个人信息依法得到保护的权利的，由有关主管部门责令改正，可以根据情节单处或者并处警告、没收违法所得、处违法所得1倍以上10倍以下罚款，没有违法所得的，处100万元以下罚款，对直接负责的主管人员和其他直接责任人员处1万元以上10万元以下罚款；情节严重的，并可以责令暂停相关业务、停业整顿、关闭网站、吊销相关业务许可证或者吊销营业执照。

违反《网络安全法》第44条的规定，窃取或者以其他非法方式获取、非法出售或者非法向他人提供个人信息，尚不构成犯罪的，由公安机关没收违法所得，并处违法所得1倍以上10倍以下罚款，没有违法所得的，处100万元以下罚款。

(6)根据《数据安全法》第44条，有关主管部门在履行数据安全监管职责中，发现数据处理活动存在较大安全风险的，可以按照规定的权限和程序对有关组织、个人进行约谈，并要求有关组织、个人采取措施进行整改，消除隐患。

2. 民事责任

(1)根据《个人信息保护法》第69条，处理个人信息侵害个人信息权益造成损害，个人信息处理者不能证明自己没有过错的，应当承担损害赔偿等侵权责任。

损害赔偿责任按照个人因此受到的损失或者个人信息处理者因此获得的利益确定；个人因此受到的损失和个人信息处理者因此获得的利益难以确定的，根据实际情况确定赔偿数额。

(2)根据《民法典》第1182条，侵害他人人身权益造成财产损失的，按照被侵权人因此受到的损失或者侵权人因此获得的利益赔偿；被侵权人因此受到的损失以及侵权人因此获得的利益难以确定，被侵权人和侵权人就赔偿数额协商不一致，向人民法院提起诉讼的，由人民法院根据实际情况确定赔偿数额。

(3)根据《民法典》第1183条，侵害自然人人身权益造成严重精神损害的，被侵权人有权请求精神损害赔偿。因故意或者重大过失侵害自然人具有人身意义的特定物造成严重精神损害的，被侵权人有权请求精神损害赔偿。

3. 刑事责任

（1）根据《刑法》第 253 条之一，“违反国家有关规定，向他人出售或者提供公民个人信息，情节严重的，处三年以下有期徒刑或者拘役，并处或者单处罚金；情节特别严重的，处三年以上七年以下有期徒刑，并处罚金。

违反国家有关规定，将在履行职责或者提供服务过程中获得的公民个人信息，出售或者提供给他人的，依照前款的规定从重处罚。

窃取或者以其他方法非法获取公民个人信息的，依照第一款的规定处罚。

单位犯前三款罪的，对单位判处罚金，并对其直接负责的主管人员和其他直接责任人员，依照各该款的规定处罚”。

（2）根据《最高人民法院、最高人民检察院关于办理侵犯公民个人信息刑事案件适用法律若干问题的解释》第 5 条第 1 款，“非法获取、出售或者提供公民个人信息，具有下列情形之一的，应当认定为刑法第二百五十三条之一规定的‘情节严重’：

（一）出售或者提供行踪轨迹信息，被他人用于犯罪的；

（二）知道或者应当知道他人利用公民个人信息实施犯罪，向其出售或者提供的；

（三）非法获取、出售或者提供行踪轨迹信息、通信内容、征信信息、财产信息五十条以上的；

（四）非法获取、出售或者提供住宿信息、通信记录、健康生理信息、交易信息等其他可能影响人身、财产安全的公民个人信息五百条以上的；

（五）非法获取、出售或者提供第三项、第四项规定以外的公民个人信息五千条以上的；

（六）数量未达到第三项至第五项规定标准，但是按相应比例合计达到有关数量标准的；

（七）违法所得五千元以上的；

（八）将在履行职责或者提供服务过程中获得的公民个人信息出售或者提供给他人，数量或者数额达到第三项至第七项规定标准一半以上的；

（九）曾因侵犯公民个人信息受过刑事处罚或者二年内受过行政处罚，又非法获取、出售或者提供公民个人信息的；

（十）其他情节严重的情形”。

（3）根据《最高人民法院、最高人民检察院关于办理侵犯公民个人信息刑事案件适用法律若干问题的解释》第 6 条，“为合法经营活动而非法购买、收受本解释第五条第一款第三项、第四项规定以外的公民个人信息，具有下列情形之一的，应当认定为刑法第二百五十三条之一规定的‘情节严重’：

（一）利用非法购买、收受的公民个人信息获利五万元以上的；

（二）曾因侵犯公民个人信息受过刑事处罚或者二年内受过行政处罚，又非法购买、收受公民个人信息的；

（三）其他情节严重的情形。

实施前款规定的行为，将购买、收受的公民个人信息非法出售或者提供的，定罪量刑标准适用本解释第五条的规定”。

（4）根据《最高人民法院、最高人民检察院关于办理侵犯公民个人信息刑事案件适用法律若干问题的解释》第5条第2款，“实施前款规定的行为，具有下列情形之一的，应当认定为刑法第二百五十三条之一规定的‘情节特别严重’：

（一）造成被害人死亡、重伤、精神失常或者被绑架等严重后果的；

（二）造成重大经济损失或者恶劣社会影响的；

（三）数量或者数额达到前款第三项至第八项规定标准十倍以上的；

（四）其他情节特别严重的情形”。

【案例链接】

谢某等出售、非法提供公民个人信息、非法获取公民个人信息案[①]

1. 案情简介

被告人谢某等人为中国移动通信集团北京有限公司授权公司工作人员，违反国家规定，将本单位在履行职责或者提供服务过程中获得的公民个人信息非法提供、出售给他人，包括通话清单、机主信息、手机定位信息、户籍信息、暂住人口信息等，非法获利人民币若干。

2. 案例要点与解析

北京市第二中级人民法院经审理认为，被告人作为电信单位工作人员，违反国家规定，将本单位在履行职责或者提供服务过程中获得的公民个人信息出售给他人，情节严重，其行为已构成出售公民个人信息罪、非法提供公民个人信息罪、非法获取公民个人信息罪。判处被告人有期徒刑10个月到2年2个月不等的刑罚，并处人民币1万元到3万元不等的罚金。

一审判决以后，被告人不服，提出上诉。北京市高级人民法院经审理认为，上诉人作为电信单位工作人员，违反国家规定，将本单位在履行职责或者提供服务的过程中获得的公民个人信息出售给他人，情节严重，已构成出售公民个人信息

---

① 北京市高级人民法院刑事裁定书，（2011）高刑终字第487号。

罪、非法获取公民个人信息罪。原审法院根据犯罪的事实、性质、情节及对社会的危害程度所作的判决，定罪正确，量刑及追缴处理适当，审判程序合法，应予维持，故裁定驳回上诉，维持原判。

【关联条文】

《个人信息保护法》第66～69条、第71条

【相关规定】

《宪法》第5条；《国家安全法》第13条；《刑法》第253条；《民法典》第111条、第1182条、第1183条；《网络安全法》第4章、第64条；《消费者权益保护法》第29条；《电子商务法》第25条；《数据安全法》第8条、第38条、第44条；《最高人民法院、最高人民检察院关于办理侵犯公民个人信息刑事案件适用法律若干问题的解释》第2条、第5条、第6条；《汽车数据安全管理若干规定（试行）》；《网络安全审查办法》；《网络信息内容生态治理规定》；《儿童个人信息网络保护规定》；《网络交易监督管理办法》；《中央网信办、工信部、公安部、市场监管总局关于开展App违法违规收集使用个人信息专项治理的公告》；《App违法违规收集使用个人信息自评估指南》；《市场监管总局、中央网信办关于开展App安全认证工作的公告》；《App违法违规收集使用个人信息行为认定方法》；《信息安全技术 移动互联网应用程序（App）收集个人信息基本规范》；《常见类型移动互联网应用程序必要个人信息范围规定》

【域外比较】

这一原则性的条款可以分为两部分。第一部分是对合法性原则的强调。由于收集、使用、加工、传输、买卖、提供乃至公开均可视为“处理”，此处可相应视为对不得非法处理个人信息的强调。《通用数据保护条例》第5条第1款第a项规定：个人数据应：（a）以与数据主体相关的合法、公平和透明的方式处理合法、公平和透明；仔细比较之下，《通用数据保护条例》的涵盖范围更宽，因一般意义上的处理在内涵层面通常宽于多种列明的处理行为。不过，这可能更多只是表述方式的差异。第二部分同样体现了“两头强化”的观点，体现了我国利益平衡取向上的特殊性。

第十一条　国家建立健全个人信息保护制度，预防和惩治侵害个人信息权益的行为，加强个人信息保护宣传教育，推动形成政府、企业、相关社会组织、公众共同参与个人信息保护的良好环境。

【条文主旨】

本条表明了国家保护个人信息的原则与基本方向。

在原则上,国家积极预防和坚决惩治侵害个人信息权益的行为,充分保障公民的个人信息权益,为个人信息的处理行为划定红线与底线。

在方向上,国家谋划布局,统筹立法、执法、司法,结合政策、标准等软法,建立全面、完善的个人信息保护制度,从国家、企业、行业组织以及公民个人等方面着手,形成多元共治的个人信息保护格局。

【演进过程】

一审稿	二审稿	最终稿
第十一条　国家建立健全个人信息保护制度,预防和惩治侵害个人信息权益的行为,加强个人信息保护宣传教育,推动形成政府、企业、相关行业组织、社会公众共同参与个人信息保护的良好环境。	第十一条　国家建立健全个人信息保护制度,预防和惩治侵害个人信息权益的行为,加强个人信息保护宣传教育,推动形成政府、企业、相关行业组织、社会公众共同参与个人信息保护的良好环境。	
	第十一条　国家建立健全个人信息保护制度,预防和惩治侵害个人信息权益的行为,加强个人信息保护宣传教育,推动形成政府、企业、相关~~行业~~组织、~~社会~~公众共同参与个人信息保护的良好环境。	第十一条　国家建立健全个人信息保护制度,预防和惩治侵害个人信息权益的行为,加强个人信息保护宣传教育,推动形成政府、企业、相关社会组织、公众共同参与个人信息保护的良好环境。

【条文释义】

虽然中国的个人信息保护立法立规早已开始,并且已经颇具规模,[①]但一直没有建立完整且系统的个人信息保护制度,在《个人信息保护法》出台前也没有专门且统一的立法,关于个人信息保护的规定散见于众多法律法规中。此外,在保护客体上,我国经历了从"阴私"、"隐私"到"个人信息"的理念演变之路,个人信息保护作为一项独立的制度直到近年来才被基本确认。[②]《个人信息保护法》的出台,首次从法律层面明确规定了我国要建立健全个人信息保护制度,未来将通过

---

① 参见薛军:《一部建构个人信息保护制度体系的专门立法》,载《光明日报》2020 年 10 月 17 日,第 7 版。

② 参见周汉华:《个人信息保护的法律定位》,载《社会科学文摘》2020 年第 8 期。

《个人信息保护法》并统筹结合其他法律法规及政策、标准的相关规定,逐步构建完整的个人信息保护与国家安全法律体系。

在立法上,我国过去主要关注隐私权、通信自由与通信秘密等。《宪法》第 40 条规定,“中华人民共和国公民的通信自由和通信秘密受法律的保护”,此前的民商事法律、《刑法》以及《计算机信息网络国际联网安全保护管理办法》等一系列法律、行政法规和部门规章也对公民个人电子信息安全保护作出相应规定。但总体而言,在保护客体和保护范围上都还比较薄弱和滞后,针对性不强,惩戒力度不够。

2012 年 12 月 28 日,第十一届全国人大常委会第三十次会议审议通过了《全国人民代表大会常务委员会关于加强网络信息保护的决定》,该决定明确“网络服务提供者和其他企业事业单位”是网络信息保护的初始责任主体,其法定义务包括:一是对在业务活动中收集的公民个人电子信息必须严格保密,不得泄露、篡改、毁损,不得出售或者非法向他人提供;二是应当采取技术措施和其他必要措施,确保信息安全;三是应当加强对其用户发布的信息的管理,发现法律、法规禁止发布或者传输的信息的,应当立即停止传输该信息,采取消除等处置措施,保存有关记录,并向有关主管部门报告;四是未经电子信息接收者同意或者请求,或者电子信息接收者明确表示拒绝的,不得向其固定电话、移动电话或者个人电子邮箱发送商业性电子信息;五是有关主管部门应当在各自职权范围内依法履行职责,采取技术措施和其他必要措施,防范、制止和查处窃取或者以其他非法方式获取、出售,或者非法向他人提供公民个人电子信息的违法犯罪行为,以及其他网络信息违法犯罪行为。此外,该决定还为公民维权提供了法律保障,明确了违法者应承担的法律责任,赋予政府主管部门必要的监管手段,第一次从法律上界定了个人信息的内涵和范围,也是我国法律第一次对个人信息保护实体内容进行较为系统的规定,对进一步促进我国互联网健康有序发展具有重要意义。

此后,我国立法相继设立个人信息保护条款。2013 年修正的《消费者权益保护法》,明确将个人信息得到保护的权利列为消费者的一项基本权利,全面突出强调了消费者个人信息保护方面的内容;2009 年十一届全国人大常委会第七次会议通过的《刑法修正案(七)》在《刑法》中新增第 253 条之一,首次将窃取或以其他方式非法获取公民个人信息、出售或非法提供公民个人信息的情节严重的行为规定为犯罪,从而将其纳入刑事打击的范围;2015 年发布的《刑法修正案(九)》对《刑法修正案(七)》的规定予以进一步完善,将两个罪名合并为侵犯公民个人信息罪,还增设了拒不履行信息网络安全管理义务罪;2016 年制定的《网络安全法》是迄今为止对个人信息保护规定最为全面的立法,它明确要求网络运营者建立健全用户信息保护制度;2017 年发布的《民法总则》第 111 条规定,自然人的个人信息受法律保护;2019 年施行的《电子商务法》第 23 ~25 条对电子商务经营者收集、使用其用户的个人信息作出了规定,并赋予了消费者查询、更正、删除个人信息的权利;2020 年修订的《未成年人保护法》专门就未成年人的个人信息保护问题作出了规定;2021 年施行的《数据安全法》也规定了任何组织、个人收集数据,应当采取合法、正当的方式,不得窃取或者以其他非法方式获取数据,法律、行政法规对收集、使用数据的目的、范围有规定的,应当在法律、行政法规规定的目的和范围内收集、使用数据。

然而,这些法律对个人信息保护的规定都依然较为分散,未成体系。我国真正在立法上初步系统地确立个人信息保护制度并明确自然人个人信息权益的是《民法典》。我国《民法典》不仅在总则编的"民事权利"章对个人信息保护作出了规定(第 111 条),更重要的是在独立成编的"人格权编"中专章就个人信息保护作出了具体又详细的规定。①

除上述法规之外,还有许多法律、行政法规、部门规章规定了对个人信息处理者的保密义务,如《出口管制法》《档案法》《医疗保障基金使用监督管理条例》等。此外,国家标准文件——《个人信息安全规范》对企业在个人信息保护合规方面也具有重要指导意义。中央网信办、工信部、市场监管总局针对 App 违法违规收集个人信息的现象也已出台多部规定和标准,包括《中央网信办、工信部、公安部、市场监管总局关于开展 App 违法违规收集使用个人信息专项治理的公告》《App 违法违规收集使用个人信息自评估指南》《市场监管总局、中央网信办关于开展 App 安全认证工作的公告》《App 违法违规收集使用个人信息行为认定方法》《信息安全技术　移动互联网应用程序(App)收集个人信息基本规范》《常见类型移动互联网应用程序必要个人信息范围规定》等,对 App 违规收集个人信息行为认定、展开 App 个人信息收集的治理活动、明确不同类型 App 必要个人信息范围作出了规定。

在司法上,2014 年 10 月,《关于审理利用信息网络侵害人身权益民事纠纷案件适用法律若干问题的规定》的出台,规范了网络信息侵权保护模式,为构建和完善我国的个人信息保护制度提供了有益的借鉴;2017 年 5 月 8 日公布的《最高人民法院、最高人民检察院关于办理侵犯公民个人信息刑事案件适用法律若干问题的解释》中,对《刑法》第 253 条进行详细说明,进一步明确了侵犯个人信息罪的量刑标准;2021 年 7 月 27 日,出台《最高人民法院关于审理使用人脸识别技术处理

① 参见程啸:《我国〈民法典〉个人信息保护制度的创新与发展》,载《财经法学》2020 年第 4 期。

个人信息相关民事案件适用法律若干问题的规定》,从侵权责任、合同规则以及诉讼程序等方面,对使用人脸识别技术中涉嫌侵犯信息主体人格权的情形以及相应的民事权益救济进行了全面的规定。

在执法上,近年来国家各部门纷纷按照职责在各自领域内开展执法活动,有力地打击了侵犯个人信息的行为,有效地保障了公民合法权益,如中央网信办、工信部、公安部和市场监管总局联合决定在全国范围组织开展的“App 违法违规收集使用个人信息专项治理行动”、公安部部署组织全国公安机关开展的“净网”专项行动、工信部网安局“电信和互联网行业提升网络数据安全保护能力”、工信部信管局“信息通信领域 App 侵害用户权益”等专项执法行动,对侵犯公民个人信息、黑客攻击破坏等网络违法犯罪活动给予了严厉打击。

《个人信息保护法》从适用范围、适用主体、保护客体、处理规则、敏感个人信息、个人信息跨境、各方主体权利义务以及法律责任等方面,将此前分散的个人信息保护制度统筹融合,予以吸收,并与其他法律法规以及执法与司法相衔接,确立个人信息保护的理论框架,为司法执法活动提供完善的依据,构建系统的个人信息保护制度。

【适用指引】

本条作为《个人信息保护法》的原则性条款,高度概括了国家在个人信息保护制度上的方向与决心,具有提纲挈领和宣示性作用。

本条明确提出要建立健全个人信息保护制度,而这一制度的建立、完善以及能否真正发挥作用都离不开政府、企业、相关社会组织以及公众的共同参与,只有积极构建并持续形成良好的多元共治环境,个人信息保护制度才能真正落地实施,切实保障国家利益、公民权益,并促进和实现互联网产业的健康持续发展。《网络数据安全管理条例(征求意见稿)》即在承接本条规定的基础上,提出了各方主体共建数据安全的要求,其第 4 条规定:“国家支持数据开发利用与安全保护相关的技术、产品、服务创新和人才培养。国家鼓励国家机关、行业组织、企业、教育和科研机构、有关专业机构等开展数据开发利用和安全保护合作,开展数据安全宣传教育和培训。”

就国家而言,应当完善立法,加强监管,探索司法新路径。在立法领域,合理配置硬性与柔性规范,在《个人信息保护法》的基础上完善制度理论基础,并打实打牢;在执法领域,构建多部门监管参与的协同监管格局,明确各级政府责任,建立分层管理模式,地方各级政府应根据地区特点,分级部署个人信息保护的具体监督管理工作,统一部署,既要尽可能地将权力集中化,又要保证权力不只集中到单一部门上，有效运用社会协同治理的方式来达到目的，[①]同时还要在实际监管执法中紧跟时代与技术的发展态势，综合运用政策手段补充立法的滞后性，加强事前预防，有效地保障各方主体个人信息权益；在司法领域，积极探索新型有效的救济路径，研究完善个人信息保护领域公益诉讼实践等方式，多措并举，守好最后一道防线。

就企业而言，一方面，要积极跟进最新监管要求，根据《个人信息保护法》以及《网络安全法》和《数据安全法》及时调整服务协议、隐私政策，全面评估，逐条落实。另一方面，企业还应关注并落实网信办、工信部等部门发布的政策性文件、详细解释与指引，健全个人信息保护制度措施，提高合规意识，制定并完善针对个人信息保护的专门性制度文件或标准，[②]实现个人信息处理的全流程、全链条覆盖。同时，还要根据《个人信息保护法》第51条之规定，定期对企业内部相关人员进行培训和教育，提高个人信息保护意识与能力，从事前防范风险，防止内部人员的违法犯罪。

就相关行业组织而言，要主动承担起相关责任，积极推动本行业内企业的自律机制建设，促进企业自查自纠，支持、协助企业提高个人信息保护水平，促进行业健康发展，[③]完善个人信息保护制度，完整、有效地履行法律法规明确的义务与责任。

就公民而言，要加强个人信息保护意识：一方面，要知法用法，积极运用法律手段维护自身的个人信息权益；另一方面，则要尊重和维护他人的个人信息权益，提升个人素养，规范自身行为。

【案例链接】

浙江省诸暨市房地产、装修行业侵犯消费者个人信息公益诉讼案[④]

1. 案情简介

2017年9月至12月，浙江省诸暨市10万余条业主个人信息遭到非法出售、转让，当地多家房地产企业和装修装饰企业均有涉及。案发后，相关责任人因侵

---

① 参见刘野：《个人信息保护要果断按下“法治键”》，载《人民论坛》2018年第20期。

② 参见艾利艾智库：《个人信息保护立法在即 企业如何应对合规挑战》，载微信公众号“艾利艾智库”2021年4月，https://mp.weixin.qq.com/s/XpXqrgWW4xgCF_XSI71H_g。

③ 参见张新宝、葛鑫：《个人信息保护法（专家建议稿）及立法理由书》，中国人民大学出版社2021年版，第18页。

④ 参见《检察公益诉讼全面实施两周年典型案例》，载最高人民检察院网2019年10月10日，https://www.spp.gov.cn/spp/xwfbh/wsfbh/201910/t20191010_434047.shtml。

犯公民个人信息罪被追究刑事责任，但房地产公司及装修装饰公司未及时受到相应处罚和整治，仍在利用和转让、提供消费者个人信息，并利用这些信息进行频繁电话推销，影响消费者和房产业主的正常生产生活，严重损害了社会的公共利益。

2. 案例要点与解析

此案中诸暨市人民检察院等部门协调处理房地产行业和装修装饰行业侵犯消费者个人信息的做法与本条较为关联。诸暨市人民检察院在办理陈某某等人侵犯公民个人信息案中发现本案线索，经过走访和调查后认为，涉案企业违反了《消费者权益保护法》中关于经营者收集、使用个人信息的相关规定，涉嫌泄露、出售或者非法提供个人信息，侵犯了消费者的合法权益。诸暨市人民检察院认为其应当主动调查并督促负有保护消费者权益责任的政府部门处理此事，还应当推动相关行业协会加强对行业内部的规范整治，并应同步开展个人保护宣传，增强公众个人信息保护意识，形成多主体共同参与个人信息保护的良好环境。

诸暨市人民检察院经报浙江省人民检察院批准，分别向诸暨市市场监督管理局发出督促履职的检察建议，向诸暨市建设局及装修装饰行业协会发出督促整治的工作函。上述部门和行业协会对该案高度重视，分别开展了对涉事企业的查处工作和对行业内部的规范整治工作。其中涉案企业分别被处以行政处罚；行业内部组织商家签订个人信息保护承诺，并利用多种形式开展消费者个人信息保护宣传教育工作。上述有关消费者个人信息保护的工作和活动在诸暨市"3·15"消费者权益保护日活动中得到重点宣传，诸暨市人民检察院跟进并协调参与了上述工作。

【关联条文】

《个人信息保护法》第51条

【相关规定】

《宪法》第40条；《刑法》第253条；《民法典》第111条、第999条、第1030条、第1034～1039条；《消费者权益保护法》；《网络安全法》；《电子商务法》第23～25条；《未成年人保护法》；《数据安全法》；《出口管制法》；《档案法》；《计算机信息网络国际联网安全保护管理办法》；《全国人民代表大会常务委员会关于加强网络信息保护的决定》；《最高人民法院关于审理利用信息网络侵害人身权益民事纠纷案件适用法律若干问题的规定》；《最高人民法院、最高人民检察院关于办理侵犯公民个人信息刑事案件适用法律若干问题的解释》；《最高人民法院关于审理使用人脸识别技术处理个人信息相关民事案件适用法律若干问题的规定》；《医疗保障基金使用监督管理条例》；《个人信息安全规范》；《中央网信办、工信部、公安部、市场监管总局关于开展App违法违规收集使用个人信息专项治理的公告》；《App违法违规收集使用个人信息自评估指南》;《市场监管总局、中央网信办关于开展App安全认证工作的公告》;《App违法违规收集使用个人信息行为认定方法》;《信息安全技术 移动互联网应用程序(App)收集个人信息基本规范》;《常见类型移动互联网应用程序必要个人信息范围规定》

第十二条　国家积极参与个人信息保护国际规则的制定,促进个人信息保护方面的国际交流与合作,推动与其他国家、地区、国际组织之间的个人信息保护规则、标准等互认。

【条文主旨】

本条是授权性条款、赋权型条款,明确了国家积极参与、推动个人信息保护的国际交流与合作。互联网具有全球属性,个人信息保护治理离不开国际交流与合作。本条表明,作为互联网大国,我国将积极参与网络空间国际治理,提升网络空间国际话语权和影响力。

【演进过程】

一审稿	二审稿	最终稿
第十二条　国家积极参与个人信息保护国际规则的制定,促进个人信息保护方面的国际交流与合作,推动与其他国家、地区、国际组织之间的个人信息保护规则、标准等的互认。	第十二条　国家积极参与个人信息保护国际规则的制定,促进个人信息保护方面的国际交流与合作,推动与其他国家、地区、国际组织之间的个人信息保护规则、标准等的互认。	
	第十二条　国家积极参与个人信息保护国际规则的制定,促进个人信息保护方面的国际交流与合作,推动与其他国家、地区、国际组织之间的个人信息保护规则、标准等的互认。	第十二条　国家积极参与个人信息保护国际规则的制定,促进个人信息保护方面的国际交流与合作,推动与其他国家、地区、国际组织之间的个人信息保护规则、标准等互认。

【条文释义】

(一)积极参与个人信息保护国际规则的制定

个人信息保护立法是信息全球化时代制度竞争的重要领域。信息全球化是全球化继商品全球化、资本全球化后的最新阶段。随着数字经济跨境发展和平台经济跨境运营,个人信息的全球流动给变局下的全球化带来新的机遇和挑战。在信息数据资源利用国际竞争日益加剧的背景下，信息产业的优势国家与信息市场的优势国家，对个人信息的跨境规则有着明显分歧，个人信息保护的存在成为新型贸易壁垒的态势。①

传统上，国家主权被理解为“国家所持有权利的集合”，其不仅包括在国家领土内的最高控制权，还包括在国际舞台上的平等参与权。就国际社会而言，开展合作维护共同安全和利益既是国家权利也是国家义务。主权合作是国家主权行使的重要途径。网络经济主权的对外权利体现在独立性与参与决策权之上。各国均应充分尊重他国网络主权，同时，各国都有参与和决策国际事务的权利。参与合作权系平等的、理性的参与和决策权，是合作共谋发展的必然要求。

互联网具有全球属性，个人信息保护治理离不开国际交流与合作。当前，欧美等国家和地区在世贸组织等多边、区域和双边层面推进电子商务、数字规则谈判。②联合国国际贸易法委员会第四工作组电子商务工作组也正在进行数字经济探索项目。作为互联网大国，我国应当积极参与网络空间国际治理，提升网络空间国际话语权和影响力。

（二）积极推动各国规则与标准的互认

《个人信息保护法》充分考虑中国国情和主权安全利益，秉持人类命运共同体理念，借鉴国际成功经验，提出中国方案。《个人信息保护法》把保护范围延及境外处理中国境内自然人个人信息的活动，高举发展、合作、共赢旗帜，积极营造良好外部环境，参与国际个人信息保护体系改革，宣示国家积极参与个人信息保护国际规则的制定，促进个人信息保护方面的国际交流与合作，推动与其他国家、地区、国际组织之间的个人信息保护规则、标准等互认。③

除国际机制的合作外，与其他国家的互认机制成为新的合作方向。例如，欧盟以“充分性”为标准，禁止成员方将公民个人信息传输至其认为不具有相应个人信息保护水平的国家。为此，我国要推动与其他国家在个人信息保护规则与标准上的互认机制。

以跨境数据流动机制为例。当前，全球性的跨境数据传输统一规则尚未形成，1980 年经济合作与发展组织（OECD）发布的《关于隐私保护和个人跨境数据

---

① 参见周辉：《〈个人信息保护法〉开始实施，有何深意？》，载财经网 2021 年 11 月 1 日，http://m.caijing.com.cn/api/show? contentid = 4814061。

② 参见钟英通：《论 WTO 电子商务规则制定的路径选择与中国因应》，载《网络信息法学研究》2019 年第 2 期。

③ 参见周辉：《〈个人信息保护法〉开始实施，有何深意？》，载财经网 2021 年 11 月 1 日，http://m.caijing.com.cn/api/show? contentid = 4814061。

流动指南》(Guidelines on the Protection of Privacy and Transbordor Flows of Personac Data),确定了数据保护的最低标准,第3部分规定在数据跨境传输问题上,成员方应当避免以隐私保护和个人自由为名出台立法或政策限制数据的自由流动,但在成员方认为其他成员方未对数据采取同等保护的特殊情况下除外。因此,通过对目的方数据保护水平进行评估,即“充分性”(adequacy)测试后,实行数据跨境传输的“白名单”制度(White List),正在逐渐成为各国协商双边数据跨境传输的基础。①

【适用指引】

网络空间的无疆界特征要求各国通力合作解决个人信息保护的问题。本条为国家参与个人信息保护国际交流与合作提供法律授权。在具体适用中,相关部门、科研机构、社团组织等可相应参与个人信息保护规则的交流、磋商、谈判与合作,以此推动国际间、区域内、国家间的个人信息保护规则发展。

实际上,我国是全球个人信息规则制定和保护的重要贡献者。例如,2020年9月8日,我国国务委员兼外长王毅在全球数字治理研讨会上表示,中国建设性参与联合国、二十国集团、金砖国家、东盟地区论坛等多边平台的数据安全讨论,致力于为加强全球数字治理贡献中国智慧。为应对新问题新挑战,中国愿发起《全球数据安全倡议》,欢迎各方积极参与。②

《全球数据安全倡议》在数据安全和流动领域具有引领性和示范性。其主要内容包括:一是客观理性看待数据安全,致力于维护全球供应链开放、安全和稳定。二是反对利用信息技术破坏他国关键基础设施或窃取重要数据。三是采取措施防范和制止侵害个人信息的行为,不得滥用信息技术对他国进行大规模监控,或非法采集他国公民个人信息。四是要求企业尊重当地法律,不得强制要求本国企业将境外产生、获取的数据存储在本国境内。五是尊重他国主权、司法管辖权和对数据的管理权,不得直接向企业或个人调取位于他国的数据。六是应通过司法协助等渠道解决执法跨境数据调取需求。七是信息技术产品和服务供应企业不应在产品和服务中设置后门,非法获取用户数据。八是信息技术企业不得利用用户对产品依赖,谋取不正当利益。

依据《个人信息保护法》第12条的授权,未来我国在个人信息保护、数据安全、数据流动等领域的贡献更值得期待。

---

① 参见沈红雨:《大数据流动背景下个人信息保护法律制度的挑战与对策——基于比较法的视角》,载《中国应用法学》2021年第2期。

② 参见王毅:《中国愿发起〈全球数据安全倡议〉》,载外交部网2020年9月8日,https://www.fmprc.gov.cn/wjbzhd/202009/t20200908_361478.shtml。

【案例链接】

中国申请加入 CPTPP,跨国数据政策备受关注[①]

1. 案情简介

2021 年 9 月,我国正式申请加入《全面与进步跨太平洋伙伴关系协定》(CPTPP)。本次"入群"的关键点在于,我国能否接受 CPTPP 中的数据跨境条款。

数字经济发展趋势要求数据在世界范围内跨国界、区域共享,这对我国维护国家安全、保护个人信息方面提出了挑战。同时,也为我国数字产业发展提供了新的机遇。

2. 案例要点与解析

与侧重于传统的货物贸易关税的《区域全面经济伙伴关系协定》(RCEP)不同,CPTPP 涵盖了诸如服务贸易、数据流动等更多领域内容,且采用更高标准。目前,我国形成了数据跨境传输的"三驾马车"——《网络安全法》《数据安全法》《个人信息保护法》。其中,《个人信息保护法》第 12 条规定,"国家积极参与个人信息保护国际规则的制定,促进个人信息保护方面的国际交流与合作,推动与其他国家、地区、国际组织之间的个人信息保护规则、标准等互认"。这就为我国加入国际组织时承认数据跨境条款提供了法律依据。

【相关规定】

《网络安全法》;《数据安全法》;《关于隐私保护和个人跨境数据流动指南》;《全球数据安全倡议》

【域外比较】

本条可与《通用数据保护条例》赋予欧盟数据保护委员会(European Data Protection Board,EDPB,前身为"第 29 条工作组")的权利和责任形成对照。具体而言,《通用数据保护条例》第 70 条规定 EDPB 有以下任务:"对欧盟个人数据保护的所有有关事项,包括修改条例,向欧盟委员会提供建议;发布多类关于个人数据保护的指南、推荐和最佳实践;鼓励起草行为准则;设立符合条件的数据保护认证机制、数据保护印章和戳记;向欧盟委员会提供对第三国或国际组织个人数据保护程度的评估,包括评估第三国、第三国内特定地区或特定行业或国际组织是否提供了充分程度的保护,或者其保护程度是否已不复充分。为实现这一目的,欧盟委员会应当向欧盟数据保护委员会提供所有必需的文件,包括与第三国政府进

---

① 参见小贝说安全:《中国申请加入 CPTPP,数据跨境政策迎来国际大考》,载安全内参网 2021 年 9 月 18 日,https://www.secrss.com/articles/34461。

行的，有关第三国、第三国内特定地区或特定行业的通信，以及与国际组织的通信；促进监管机关间的合作，以及促进监管机关间有效的、就信息和最佳实践的双边或多边交换；促进共同培训项目，协助监管机关间的人事交流，以及如果适用，促进与第三国监管机关或国际组织间的人事交流；以及，促进与世界范围内的数据保护监管机关之间有关数据保护立法与实践的知识与文件的交流，等等。"

为了实现这一目的，欧盟委员会应当向欧盟数据保护委员会提供所有必要的记录，包括和该第三国政府进行的涉及第三国、某个地区、第三国的一个或多个特定部门或国际组织的通信；促进监管机构之间的合作，有效的双边或多边信息交换以及最佳实践；促进共同培训项目，协助监管机构之间以及（如果适用）监管机构与第三国监管机构或国际组织之间的人员交换；促进与全球数据保护监管机构的知识交流、数据保护立法的记录与实践等。实践中，EDPB 所发布的大量"指导方针、建议和最佳"，[①]常常构成合规主体，甚至是各国立法、司法者理解个人数据（信息）保护相关概念的入门，从而成为国际交流、合作与互认方面有用的制度资源。[②]

① European Data Protection Board（EDPB），*Guidelines*，https://edpb. europa. eu/our - work - tools/our - documents/publication - type/guidelines_en.

② *Nubian Rights Forum &2 others v Attorney General &6 others*; *Child Welfare Society &9 others*（*Interested Parties*）［2020］eKLR，Petition 56，58 &59 of 2019.

第二章　个人信息处理规则

个人信息是重要的数字资产。加强个人信息保护，规范个人信息的获取及使用，不仅事关个人权益的维护，也关系数字经济的健康发展。本章的内容为个人信息处理规则，通过对个人信息处理的一般规则、敏感个人信息的处理规则、国家机关处理个人信息的特别规定三个方面，对个人信息处理者处理个人信息提出了系统性的要求。

本章中，《个人信息保护法》对个人信息的收集、存储、使用、加工、传输、提供、公开、删除等处理活动进行了全流程规范，明确要求处理个人信息应当在事先充分告知的前提下取得个人同意。考虑到个人信息处理场景的不同特点，还规定除取得个人同意之外其他可以合法处理个人信息的情形，如为订立、履行个人作为一方当事人的合同所必需等。这些制度的建立，为个人信息处理活动提供了明确指引，增强了市场对法律政策的明确预期，能够促进数据要素合理利用，有利于更好地激发数字经济发展的活力。①

第一节　一 般 规 定

第十三条　符合下列情形之一的，个人信息处理者方可处理个人信息：

（一）取得个人的同意；

（二）为订立、履行个人作为一方当事人的合同所必需，或者按照依法制定的劳动规章制度和依法签订的集体合同实施人力资源管理所必需；

（三）为履行法定职责或者法定义务所必需；

（四）为应对突发公共卫生事件，或者紧急情况下为保护自然人的生命健康和财产安全所必需；

---

① 参见周辉：《统筹数字经济发展和数据安全 依法切实保护个人信息权益》，载《人民日报》2021年11月11日，第9版。

（五）为公共利益实施新闻报道、舆论监督等行为，在合理的范围内处理个人信息；

（六）依照本法规定在合理的范围内处理个人自行公开或者其他已经合法公开的个人信息；

（七）法律、行政法规规定的其他情形。

依照本法其他有关规定，处理个人信息应当取得个人同意，但是有前款第二项至第七项规定情形的，不需取得个人同意。

【条文主旨】

本条采用“列举＋兜底”的方式规定了处理个人信息的合法性基础，包括“同意”情形与“非同意”情形。其中，“同意”情形是指本条第1款第1项所规定的“取得个人的同意”，“非同意”情形主要有六种，是指本条第1款第2～7项所规定的情形，在此六种场景下处理个人信息皆不必取得个人信息主体的同意。

【演进过程】

一审稿	二审稿	最终稿
第十三条　符合下列情形之一的，个人信息处理者方可处理个人信息： （一）取得个人的同意； （二）为订立或者履行个人作为一方当事人的合同所必需； （三）为履行法定职责或者法定义务所必需； （四）为应对突发公共卫生事件，或者紧急情况下为保护自然人的生命健康和财产安全所必需； （五）为公共利益实施新闻报道、舆论监督等行为在合理的范围内处理个人信息； （六）法律、行政法规规定的其他情形。	第十三条　符合下列情形之一的，个人信息处理者方可处理个人信息： （一）取得个人的同意； （二）为订立或者履行个人作为一方当事人的合同所必需； （三）为履行法定职责或者法定义务所必需； （四）为应对突发公共卫生事件，或者紧急情况下为保护自然人的生命健康和财产安全所必需； （五）依照本法规定在合理的范围内处理已公开的个人信息； （六）为公共利益实施新闻报道、舆论监督等行为，在合理的范围内处理个人信息； （七）法律、行政法规规定的其他情形。	

续表

一审稿	二审稿	最终稿
	本法其他有关条款规定，处理个人信息应当取得个人同意，但有前款第二项至第七项规定情形的，不需取得个人同意。	
	第十三条　符合下列情形之一的，个人信息处理者方可处理个人信息： （一）取得个人的同意； （二）为订立或者履行个人作为一方当事人的合同所必需； （三）为履行法定职责或者法定义务所必需； （四）为应对突发公共卫生事件，或者紧急情况下为保护自然人的生命健康和财产安全所必需； （五）依照本法规定在合理的范围内处理已公开的个人信息； （六）为公共利益实施新闻报道、舆论监督等行为，在合理的范围内处理个人信息； （七）法律、行政法规规定的其他情形。 本法其他有关条款规定，处理个人信息应当取得个人同意，但有前款第二项至第七项规定情形的，不需取得个人同意。	第十三条　符合下列情形之一的，个人信息处理者方可处理个人信息： （一）取得个人的同意； （二）为订立、履行个人作为一方当事人的合同所必需，或者按照依法制定的劳动规章制度和依法签订的集体合同实施人力资源管理所必需； （三）为履行法定职责或者法定义务所必需； （四）为应对突发公共卫生事件，或者紧急情况下为保护自然人的生命健康和财产安全所必需； （五）为公共利益实施新闻报道、舆论监督等行为，在合理的范围内处理个人信息； （六）依照本法规定在合理的范围内处理个人自行公开或者其他已经合法公开的个人信息； （七）法律、行政法规规定的其他情形。 依照本法其他有关规定，处理个人信息应当取得个人同意，但是有前款第二项至第七项规定情形的，不需取得个人同意。

【条文释义】

“知情同意”历来是个人信息保护制度中的重要原则之一，作为个人信息处理行为合法性来源的根本地位已经得到了世界各国理论界与实务界的普遍认可，此前很多立法将其作为个人信息处理行为合法性的唯一来源，堪称个人信息处理合规领域的“帝王条款”。

在我国，“知情同意”已经成为个人信息处理合法性基础的基本原则之一，被多项政策、法律法规、规范性文件以及标准、指南所普遍采用和确立。例如，2012年12月28日发布的《全国人民代表大会常务委员会关于加强网络信息保护的决定》第2项指出：“网络服务提供者和其他企业事业单位在业务活动中收集、使用公民个人电子信息，应当遵循合法、正当、必要的原则，明示收集、使用信息的目的、方式和范围，并经被收集者同意，不得违反法律、法规的规定和双方的约定收集、使用信息。”工信部于2013年发布了《信息安全技术公共及商用服务信息系统个人信息保护指南》，该指南针对个人数据的处理规定了目的明确、个人同意、公开告知、最少够用、安全保障、质量保证、诚信履行和责任明确八项原则。2016年，我国网络治理领域的里程碑式立法《网络安全法》正式通过，该法在法律上确立了“知情同意”原则并将其作为唯一合法性基础，其第22条第3款规定，“网络产品、服务具有收集用户信息功能的，其提供者应当向用户明示并取得同意；涉及用户个人信息的，还应当遵守本法和有关法律、行政法规关于个人信息保护的规定”；第41条第1款规定，“网络运营者收集、使用个人信息，应当遵循合法、正当、必要的原则，公开收集、使用规则，明示收集、使用信息的目的、方式和范围，并经被收集者同意”；第42条第1款规定，“网络运营者不得泄露、篡改、毁损其收集的个人信息；未经被收集者同意，不得向他人提供个人信息。但是，经过处理无法识别特定个人且不能复原的除外”。2020年3月发布的国家标准《个人信息安全规范》也规定了目的明确原则、权责一致原则、选择同意原则、公开透明原则、最少够用原则、确保安全原则、主体参与原则七项原则。2020年5月，《民法典》颁布，设专章对隐私权和个人信息进行保护，其第1035条、第1036条确立了以“知情同意”为一般，以“不经同意”为例外的个人信息处理合法性基础制度。“知情同意”是个人数据流通利用过程中最重要的原则之一，任何一项权利的行使和维权都离不开主体的参与，作为个人数据的产生者，数据主体参与个人数据的处理是理所当然的，它是产业链条得以合理、合法运行的逻辑起点，是对个人数据进行处理的正当性基础。

随着公众对个人数据保护意识的提高以及相关法规的完善，无论是企业还是其他主体，在收集、处理个人信息的法律基础上几乎全盘采用“知情同意”这一合法性基础，普遍建立了个人数据收集使用的事前征询机制，用户在使用某项服务时可以选择是否接受平台对其个人数据的收集处理。但是，随着技术的进步与我国互联网产业商业模式的不断变革，个人信息处理所适用和衍生的场景日益丰富,参与主体也日趋复杂,“知情同意”原则作为个人信息处理行为唯一合法性基础的弊端就显现了出来,无法有效适应和规制丰富多元的个人信息处理场景,也在一定程度上阻碍了公共利益的实现。例如,新冠疫情期间的人脸识别、健康码、行程信息报备、确诊患者以及密切接触者的流行病调查信息公示等场景,就无法完全有效地征得个人同意。

出于促进产业发展、保障公共利益与公民权益的考量,《个人信息保护法》第13条第1款第2项至第7项对此作出了回应与设计,设置了无须个人同意的条款,这一立法逻辑思路与我国《民法典》相衔接,《民法典》第1035条第1款第1项规定,处理个人信息的,应当征得该自然人或者其监护人同意,但是法律、行政法规另有规定的除外。这里的“除外情形”包括以下三种:《民法典》第999条规定的“为公共利益实施新闻报道、舆论监督等行为的,可以合理使用民事主体的姓名、名称、肖像、个人信息等”;《民法典》第1036条第2款规定的“合理处理该自然人自行公开的或者其他已经合法公开的信息”;《民法典》第1036条第3款规定的“为维护公共利益或者该自然人合法权益,合理实施的其他行为”。在《民法典》的基础上,本条将订立或履行合同所必需、保护自然人的重大利益以及公共利益纳入个人信息处理的合法基础的范围,结合疫情防控的现状,突出了突发公共卫生事件的规定,即“为应对突发公共卫生事件,或者紧急情况下为保护自然人的生命健康和财产安全所必需”和“为公共利益实施新闻报道、舆论监督等行为,在合理的范围内处理个人信息”就无须征得个人同意。

此外,相比之前《个人信息安全规范》中采用的“告知同意——告知同意的例外”作为合法处理个人信息的适用框架,本条采用了与《通用数据保护条例》一致的立法逻辑,直接将“告知同意”作为处理个人信息的合法理由之一,从制度层面确立了合法事由。

《个人信息保护法》的起草说明中提出:“制定个人信息保护法是促进数字经济健康发展的重要举措。当前,以数据为新生产要素的数字经济蓬勃发展,数据的竞争已成为国际竞争的重要领域,而个人信息数据是大数据的核心和基础。党的十九大报告提出了建设网络强国、数字中国、智慧社会的任务要求。按照这一要求,应当统筹个人信息保护与利用,通过立法建立权责明确、保护有效、利用规范的制度规则,在保障个人信息权益的基础上,促进信息数据依法合理有效利用,推动数字经济持续健康发展。”①简言之,平衡个人信息保护与数字经济创新发展

---

① 《关于〈中华人民共和国个人信息保护法(草案)〉的说明》,载中国人大网2021年8月20日,http://www.npc.gov.cn/npc/c30834/202108/fbc9ba044c2449c9bc6b6317b94694be.shtml。

应当是《个人信息保护法》立法考虑的重要因素之一。

【适用指引】

(一)“知情同意”

虽然本项将其他不需个人主体同意的情景纳入了合法性基础范围内,但是从实践情况中来看,“知情同意”仍然是产业界及其他主体处理个人信息时最为首要的遵循和广泛适用的原则,在个人信息处理规则的构建中发挥了重要的作用。因此,个人信息处理者在处理个人信息时,应审慎评估,明确是否会落入知情同意原则的适用范围内,避免边界不清所带来的法律风险。

(二)为订立或履行个人作为一方当事人的合同所必需

在合同的订立和履行过程中,必然会涉及处理合同当事人的相关个人信息,例如,为了订立合同而使用合同双方的姓名、身份证号、电话号码以及地址等信息,为了履行合同具体内容而处理当事人的银行账号等。在这种情况下,除因欺诈、胁迫等无效原因而设立的合同外,合法有效的合同的订立与履行皆应出自当事人的真实意思表示,其中必然包括对处理当事人自身个人信息的充分知情,既然一方当事人同意订立和履行合同,则必然表明当事人对处理其个人信息的允诺和同意,且此“同意”是在一方当事人被充分告知的情况下而作出的真实意思表示,符合《个人信息保护法》规定的合法、正当、公开、透明、保密等义务。否则,个人信息处理者将要承担相应的民事责任。

本项在适用范围上主要是指当个人作为一方当事人与作为另一方当事人的处理者正在订立的民事合同或者履行已经成立的民事合同,而行政协议中是否存在订立或履行该协议所必需的个人信息的情形,需要具体判断。①

(三)按照依法制定的劳动规章制度和依法签订的集体合同实施人力资源管理所必需

本处的规定是在《个人信息保护法(草案)》的最后一次审议中所增加并被确立在《个人信息保护法》的最终稿中,在审议过程中,有的常委委员和企业、专家提出,现实中有关企业、单位在人力资源管理工作中需要处理个人信息,建议在草案中将此类情况作为允许收集和处理个人信息的情形。宪法和法律委员会经研究,建议采纳上述意见,在草案二次审议稿第 13 条中增加相应规定。② 相较于二审

---

① 参见程啸、王苑:《论个人信息处理中无需取得个人同意的情形》,载《人民司法》2021 年第 22 期。

② 参见《全国人民代表大会宪法和法律委员会关于〈中华人民共和国个人信息保护法(草案)〉审议结果的报告》,载中国人大网 2021 年 8 月 20 日,http://www.npc.gov.cn/npc/c30834/202108/a528d76d41c44f33980eaffe0e329ffe.shtml。

稿,《个人信息保护法》第13条增加"按照依法制定的劳动规章制度和依法签订的集体合同实施人力资源管理所必需"作为一种新的个人信息处理合法性基础,但并未单独成项,即增加于第13条第1款第2项中,为订立、履行个人作为一方当事人的合同所必需,或者按照依法制定的劳动规章制度和依法签订的集体合同实施人力资源管理所必需。

从实际情况来看,雇用双方在日常的人力资源管理过程中,为了雇用关系的存续、工作的完成、双方权利义务的履行以及管理效率的提高等各类场景的需要,不可避免地要涉及处理个人信息的活动,涉及的个人信息范围也十分广泛,包括姓名、身份证号、电话号码、通信地址等。如果在处理实施人力资源管理所必需的个人信息时必须征得每一位主体的同意,则会大大地降低管理效率,增加时间成本和沟通成本,不利于人力资源管理活动的开展,也不符合社会惯例,因此本项规定实施人力资源管理所必需时处理个人信息无须获得个人信息主体同意。

但是,在促进人力资源管理活动正常进行的同时,还需要做好个人信息保护的平衡。由于人力资源管理涉及员工日常工作的方方面面,如果过度扩张"人力资源管理所必需"的适用场景,个人信息处理者可能利用此条,并凭借雇主优势地位肆意收集、使用员工个人信息,出于对信任雇主、维系雇佣关系以及获取薪酬等利益的需要,雇员通常会积极主动地配合雇主对其个人信息的处理,所提供的个人信息也更加完整、真实和全面。除上述一般个人信息外,还包括婚姻状况、健康状况、银行账号、宗教信仰、人脸、指纹等敏感个人信息,一旦泄露或被非法利用,将侵害员工合法权益,给个人信息主体带来极大的风险,实践中越来越多的企业员工个人信息被泄露事件也证明了这一风险的现实存在性。为了保护雇员个人信息权益,《个人信息保护法》仅将人力资源管理所必需的场景限缩于"按照依法制定的劳动规章制度和依法签订的集体合同实施人力资源管理"这两大场景之下,为无须个人同意而处理个人信息的活动划定了三个关键词——依法制定的劳动规章制度、依法签订的集体合同、人力资源管理所必需。例如,个人信息处理者收集员工的银行卡信息,以履行劳动合同中关于薪酬支付的约定。

"依法制定的劳动规章制度"应当是根据《劳动法》和《劳动合同法》所制定的劳动规章制度,包括两个面向的内涵,即内容合法与程序合法。在内容合法方面,根据《劳动法》第4条的规定,用人单位应当依法建立和完善规章制度,保障劳动者享有劳动权利和履行劳动义务,而一旦违反规定,根据《劳动法》第89条,由劳动行政部门给予警告,责令改正;对劳动者造成损害的,应当承担赔偿责任。在程序合法方面,我国《全民所有制工业企业法》《乡镇企业法》《公司法》《城镇集体所有制企业条例》等有关企业的法律、法规,都对企业规章制度的制定程序作出了相应规定。根据《劳动合同法》第 4 条的规定:"用人单位在制定、修改或者决定有关劳动报酬、工作时间、休息休假、劳动安全卫生、保险福利、职工培训、劳动纪律以及劳动定额管理等直接涉及劳动者切身利益的规章制度或者重大事项时,应当经职工代表大会或者全体职工讨论,提出方案和意见,与工会或者职工代表平等协商确定。在规章制度和重大事项决定实施过程中,工会或者职工认为不适当的,有权向用人单位提出,通过协商予以修改完善。用人单位应当将直接涉及劳动者切身利益的规章制度和重大事项决定公示,或者告知劳动者。"

"依法签订的集体合同"主要是指根据《劳动合同法》第 5 章第 1 节所特别规定的集体合同,企业职工一方与用人单位通过平等协商,可以就劳动报酬、工作时间、休息休假、劳动安全卫生、保险福利等事项订立集体合同,集体合同草案应当提交职工代表大会或者全体职工讨论通过。集体合同由工会代表企业职工一方与用人单位订立;尚未建立工会的用人单位,由上级工会指导劳动者推举的代表与用人单位订立。

"人力资源管理所必需"应当由作为个人信息处理者的雇主来承担证明责任,从而最大限度地避免个人信息过度处理行为。

(四)为履行法定职责或者法定义务所必需

法定职责主要针对的是国家机关及其工作人员以及法律、法规授权的具有管理公共事务职能的组织,当此类个人信息处理者在为履行法律规定的职责而处理个人信息时,可以不必经过个人信息主体的同意。履行法定义务的主体则要更加广泛,只要根据法律法规规定应当履行义务的主体,都必然在此范围内,如公民个体、企业组织。

作出此项工作规定的目的显然是国家公共事务的有效进行,从而能够保障更高层面的国家利益以及公共利益的实现,这也表明了公民对个人信息所享有的是一种权益,而权益是可以经过平衡和比较而进行保护的,因此当面对国家利益以及社会公共利益时,个人信息权益可以适当地限缩以获得平衡。在此背景下,此处的职责或者义务均需要建立在"法定"的基础之上,因此适用本项作为合法性基础来处理个人信息,必须具备明确的法律依据,而从实现国家利益以及社会公共利益最大化的角度出发,地方性法规、部门规章和地方政府规章等规范性法律文件往往调整着最广泛的行政社会关系,覆盖至社会各个领域,因此也应当成为"法定"的渊源范围之一。

但是,这种个人信息权益的让渡并不是无限制地减损,而应在必要的范围内进行,此处可与《个人信息保护法》第 33 ~ 37 条相衔接,即国家机关为履行法定职责处理个人信息,应当依照法律、行政法规规定的权限、程序进行,不得超出履行法定职责所必需的范围和限度。此外，虽然在本项的场景中个人信息处理者处理个人信息无须经过主体同意，但是“告知”“保密”等义务仍然需要完整履行，例如，《个人信息保护法》第35条规定：“国家机关为履行法定职责处理个人信息，应当依照本法规定履行告知义务；有本法第十八条第一款规定的情形，或者告知将妨碍国家机关履行法定职责的除外。”《数据安全法》第38条规定：“国家机关为履行法定职责的需要收集、使用数据，应当在其履行法定职责的范围内依照法律、行政法规规定的条件和程序进行；对在履行职责中知悉的个人隐私、个人信息、商业秘密、保密商务信息等数据应当依法予以保密，不得泄露或者非法向他人提供。”

（五）为应对突发公共卫生事件，或者紧急情况下为保护自然人的生命健康和财产安全所必需

1. 为应对突发公共卫生事件

根据《突发公共卫生事件应急条例》第2条，突发公共卫生事件是指突然发生，造成或者可能造成社会公众健康严重损害的重大传染病疫情、群体性不明原因疾病、重大食物和职业中毒以及其他严重影响公众健康的事件。由中国疾控中心出具的解释中，突发性公共卫生事件的分类方法有多种，从发生原因上来分，通常可分为：生物病原体所致疾病、食物中毒事件、有毒有害因素污染造成的群体中毒、出现中毒死亡或危害、自然灾害，其中，自然灾害是指如地震、火山爆发、泥石流、台风、洪涝等的突然袭击、意外事故引起的死亡、不明原因引起的群体发病或死亡。

依据我国《传染病防治法》《突发事件应对法》《突发公共卫生事件应急条例》等规定，在发生突发公共卫生事件时，政府应依法采取应急处置措施，保护人民生命财产安全。在新冠疫情防控期间，健康码、行程码、人脸信息、姓名、身份证号、电话、住址等敏感个人信息被广泛收集以用于抑制疫情扩散，发挥了巨大作用，本款的增加显然是在新冠疫情大背景下所作出的回应与改进。但应当注意的是，虽然处理个人信息不需个人同意，但处理者仍然要履行其他的保护义务，否则将要承担相应责任。

2. 紧急情况下为保护自然人的生命健康和财产安全

这里的自然人应包括两类：一类是个人信息主体；另一类是指非个人信息主体的其他自然人。为保护作为个人信息主体的自然人的生命健康和财产安全而不经同意处理个人信息的设置，源于《民法典》第1036条第1款第3项规定，保护其他自然人的设置虽未在《民法典》中明确规定，但其法理基础源于“紧急避险”。

但是，何为“紧急情况”尚没有明确且统一的解释与判断标准，需要在实践中进一步明确，因而这一情景的适用应保持谦抑性，避免无序扩张。

（六）为公共利益实施新闻报道、舆论监督等行为

本项与《民法典》第999条相衔接，《民法典》第999条规定了“为公共利益实施新闻报道、舆论监督等行为的，可以合理使用民事主体的姓名、名称、肖像、个人信息等；使用不合理侵害民事主体人格权的，应当依法承担民事责任”。在利益的位阶上，公共利益的实现应当高于个人利益，在为公共利益而实施新闻报道和舆论监督时，将不可避免地使用相关主体的个人信息，如姓名、职务、地址、身份等信息，且新闻报道与舆论监督等活动在一般情况下十分注重时效性，如果在开展新闻报道与舆论监督时需要逐一经过个人的同意，则将极大地增加成本。更为重要的是，如果相关主体不同意将自身的个人信息用于新闻报道和舆论监督，则公共利益将无法实现，从而造成巨大的损失。

结合《互联网新闻信息服务管理规定》第2条之规定，“新闻报道”应当是指对新闻信息的呈现，包括有关政治、经济、军事、外交等社会公共事务的报道、评论，以及有关社会突发事件的报道、评论；“舆论监督”的正当性源于《宪法》第27条、第41条，其监督的对象是“任何国家机关和国家工作人员”，主要是指媒体通过运用舆论的独特力量，帮助公众了解政府事务、社会事务和一切涉及公共利益的事务，并促使其沿着法制和社会生活公共准则的方向运作的一种社会行为的权利。

虽然为了公共利益的实现可以在新闻报道和舆论监督中未经主体同意使用个人信息，但这种使用应当是合理使用，应当遵循《个人信息保护法》其他条款所规定的原则与规则，如合法、正当、必要等，否则根据《民法典》第999条之规定，“使用不合理侵害民事主体人格权的，应当依法承担民事责任”。

（七）依照本法规定在合理的范围内处理已公开的个人信息

本项规定与《民法典》第1036条第2项以及《个人信息保护法》第27条相衔接，《民法典》第1036条第2项规定，合理处理该自然人自行公开的或者其他已经合法公开的信息的，行为人不承担民事责任，除非该自然人明确拒绝或者处理该信息侵害其重大利益；《个人信息保护法》第27条规定：“个人信息处理者可以在合理的范围内处理个人自行公开或者其他已经合法公开的个人信息；个人明确拒绝的除外。个人信息处理者处理已公开的个人信息，对个人权益有重大影响的，应当依照本法规定取得个人同意。”根据上述规定，“合理的范围”应当划定为“该自然人明确拒绝或者对个人权益有重大影响或者处理该信息侵害其重大利益”之外的个人信息处理活动。

我们认为，“已公开”主要包括自我主动公开和被迫公开或者在不知情的情况下被他人公开等情形。显然，自我主动公开应当具有天然的正当性与合理性基础,而被迫公开或者被突然非法披露或公开的个人信息不属于已公开的个人信息的场景下,不应成为不需取得同意的合法性基础。

然而,虽然法律已就该问题作出了明确规定,但社会实践应用场景极其复杂,对于法律的适用仍然巨大影响,因而在实践中还需要把握公开的场景问题,如公开的目的和用途、公开的介质等,如个人信息主体在公司微信群中为填报信息而公开的本人姓名、身份证号、电话号码等不应属于向不特定的大多数人所公开,当微信群中的第三方主体将上述个人信息向与微信群外其他完全无关人员提供时,显然应当征得个人信息主体的同意。

【案例链接】

柯某未经同意传播房源信息构成侵犯公民个人信息罪案①

1. 案情简介

2016 年 1 月至 2017 年 10 月,被告人柯某创建及经营管理房某某网站,主要通过从房产中介人员处有偿获取上海市二手房出租、出售房源信息,或者安排公司员工从微信群、其他网站等获取部分房源信息,对信息的准确性进行核实后,将房源信息以会员套餐方式提供给房某网站会员付费查询使用,被告人柯某以此获利。其间,房产中介人员向房某某网站上传房源信息时未事先取得信息权利人即房东的同意及授权,被告人柯某在获取房源信息时也未对信息的合法性进行审查,并在安排公司员工通过电话向房东核实信息过程中,存在冒充其他中介(包括知名中介)名义进行核实的情况,未如实告知房某某网站的真实身份及使用信息的方式、目的等并取得房东的同意、授权。至案发,被告人柯某共获取房源信息 30 余万条,并通过收取会员套餐费方式获利 150 余万元。

2. 案例要点与解析

结合案情,法院认为,涉案房源信息不属于信息权利人主动、自愿公开的信息,属于限制公开的信息,被告人获取房源信息、核实房源信息及出售房源信息过程中均未取得信息权利人同意,且在核实房源信息过程中存在一定欺骗行为,被告人获取、出售房源信息是为了经营获利,并非为了信息权利人交易房产,且可能导致信息权利人对于其发布的房源信息失去控制,存在信息泄露风险,被告人的行为违反国家有关规定,侵犯信息权利人利益,构成侵犯公民个人信息罪。

《个人信息保护法》第 13 条第 1 款第 1 项规定,“符合下列情形之一的,个人信息处理者方可处理个人信息:(一)取得个人的同意……”本案中,被告人柯某创

---

① 上海市金山区人民法院刑事判决书,(2018)沪 0116 刑初 839 号。

建及经营管理房某网站时所获得的信息为他人的房屋信息，但在收集过程中，网站未与房东订立合作合同，亦不属于履行法定职责或法定义务，更与公共利益的实现、应对突发卫生事件等合法性基础无关，因而该网站在收集房东房屋信息前应当取得房东的授权与同意。

王某诉广东华兴银行股份有限公司个人信息保护纠纷案①

1. 案情简介

王某通过平安普惠 App 申请了 45 万元信用贷款，贷款发放人为华兴银行。申请中，王某按照流程提供了个人信息，签署了若干份涉及信息收集、征信业务的授权书，并进行人脸核验、视频面谈等步骤。贷款发放后经多次催收，王某仍逾期还款，华兴银行将该逾期记录上传至征信系统。王某诉称，华兴银行未经王某同意，单方面查询上传王某征信记录，收集王某的人脸和声音，侵犯王某的公民身份信息，要求华兴银行立即删除其征信，立即停止查询王某征信，并赔偿精神损失和财产损失。

2. 案例要点与解析

被告华兴银行辩称，其具有采集使用原告王某个人信息的合法资格，被告采集使用原告个人信息是为进行贷款资格审查、签订贷款合同等必要程序，符合法律规定。原告因贷款逾期造成的不良征信记录，应自行承担责任。法院认为：查询、上传征信信息包含不良信息的行为应纳入个人信息权益保护的范畴，被告收集、查询原告个人信息的行为符合合法性、正当性、最小必要性原则。被告上传原告不良征信的行为符合《征信业管理条例》规定，不应承担民事责任，故而驳回原告诉讼请求。

域 外 案 例

本条揭示了个人信息处理的基本原则，亦即“原则禁止，例外允许”的模式，仅有在满足所列举的 6 项事由之一才能进行个人信息处理，对应于《通用数据保护条例》第 6 条。其中包含个人的同意。关于同意的进行方式，欧盟法院在 Planet 49 案中详细说明了储存在用户本地终端上的数据（Cookies）的同意应当如何进行，指出网页访问者原则应有对 Cookies 的使用，有以积极方式自愿且表达清楚同意的机会，网络管理者对 Cookies 数据的进一步处理必须在该同意的基础上才能

---

① 杭州互联网法院民事判决书，（2021）浙 0192 民初 5426 号。

进行,但是出于营运之必要则不在此限。① 另第 f 项规定了为实现控制者或者第三方所追求的合法利益所必需的个人信息处理。就此可能涉及网络服务的提供,欧盟法院在 Breyer v. Deutschland 案中指出,网络平台为维持自身基本营运能力所为的数据处理,应被允许,此包含 IP 地址的处理。② 此外,第 e 项允许基于公共利益所为的数据处理,就此欧盟法院于 Asnef 案与 Huber 案中皆指出,对各国关于公共利益的解释应尽量趋于一致,以避免过度宽松的解释。此外,所有基于重要公共利益的数据处理都必须符合必要性原则,就此欧盟法院于 Schecke 及 Satakunnan Markkinapörssi und Satamedia 案中指出,至少需要考虑政府信息公开与个人信息保护两类利益,且对个人基本权的限制仅限于绝对必要的情况。

欧盟法院关于知情同意原则的判例并不多见,其中最具有代表性的便是 Planet 49 公司案和 Orange Romania 案。2013 年 9 月 24 日,Planet 49 公司在 www. dein – macbook. de 网站上开展了一项彩票抽奖活动,在需要输入用户姓名和地址的区域下方出现了两段带有复选框的解释性提示。其中第二个提示已被预先勾选,预示参与者将同意 Planet 49 为其设备设置用于投放针对性广告的 Cookies。2013 年,德国消费者组织联合会向德国法院就 Cookies 设置的合法性向德国法院提起诉讼。2017 年,德国最高法院请求欧盟法院就本案中欧盟有关保护电子通信隐私的法律进行解释。

基于相关法律规定,德国联邦法院向欧盟法院提交的问题主要包括:(1)该网站通过预先选中的复选框(用户必须取消选择以拒绝其同意)的方式为用户设置 Cookies,从而存储或获取已存储在用户终端设备中的信息,这是否构成欧盟相关法律中的有效同意;(2)本案中储存或访问的信息是否可以定义为个人信息;(3)网站就 Cookies 利用情况需要向用户说明的信息范围,是否包括 Cookies 操作的持续时间以及第三方是否可以访问 Cookies 这两个方面。

针对第一个问题,欧盟法院认为,只有数据主体采取积极行为给予同意才能满足这一要求。网站通过预先勾选的复选框,促使用户点击按钮选择参与公司营销活动的事实,不能支持用户已经就网站设置 Cookies 给予同意的结论,即 Planet 49 公司设置 Cookies 的行为不具合法性。③ 值得注意的是,欧盟法院的上述见解经德国联邦最高法院 2020 年 5 月 28 日作出的判决(BGH, Urteil vom 28. Mai 2020 – I ZR 7/16 – Cookie – Einwilligung Ⅱ)予以承认。

---

① Case C – 673/17, Planet 49.

② Case C – 582/14, Breyer.

③ Case C – 673/17, Planet 49.

2020年11月,欧盟法院就Orange Romania案公布了裁决。在该案中,欧盟法院认为,表现为合同中的预先勾选形式的同意是无效的。该案发生在罗马尼亚一家通信服务公司Orange Romania和罗马尼亚国家数据保护监管局(Romania's National Supervisory Authority for Personal Data, ANSPDCP)。2018年3月,ANSPDCP对Orange Romania进行了罚款,理由是其在未经用户明确同意的情况下搜集和存储用户的身份数据。根据ANSPDCP的说法,Orange Romania与其客户签订的合同包含一项条款,规定客户已被告知并同意收集和存储其身份证件信息。与这些规定有关的方框已由Orange Romania公司预先打钩。罗马尼亚地区法院已就此类情况下数据主体同意的有效性征求欧盟法院的意见。

在该案中,欧盟法院采取了在Planet 49公司案中的路线:预先勾选的复选框本身并不构成对数据主体意愿的积极和明确指示。欧盟法院强调了数据控制者证明其数据主体存在有效同意的能力的重要性,这是处理合法性和问责制原则的一部分。在这方面,欧盟法院认为预先勾选的方框是建立有效同意证据的不充分方法。欧盟法院的结论是,如果书面合同涉及各种事项,那么为了确保数据主体的选择自由,必须使用清晰明了的语言以易懂且易于访问的形式提交有关个人数据处理的声明。此外,即使数据主体拒绝处理,合同条款也不得在他们订立合同的可能性方面误导数据主体。①

通过这两个案件不难发现,欧盟法院对同意的解释采取了严格主义的立场。这一立场建立在欧盟数据保护法的信息自决理念之上。正如欧盟法院总法律顾问Szpunar在Orange Romania案中指出的那样:欧盟数据保护法的指导原则是让一个有能力作出选择的人自主决定使用和处理他或她的数据。

【关联条文】

《个人信息保护法》第18条、第19条、第24条、第28条、第35条

【相关规定】

《民法典》第999条、第1025~1026条、第1035条、第1036条;《网络安全法》第22条第3款、第41条第1款、第42条第1款;《劳动法》第4条;《劳动合同法》第4条、第5章第1节;《传染病防治法》;《突发事件应对法》;《全国人民代表大会常务委员会关于加强网络信息保护的决定》第2项;《最高人民法院关于审理利用信息网络侵害人身权益民事纠纷案件适用法律若干问题的规定》第12条第1款;《突发公共卫生事件应急条例》第2条;《信息安全技术 公共及商用服务信息系统个人信息保护指南》;《个人信息安全规范》

---

① Case C-61/19, Orange Romania.

【域外比较】

本条具体规定了个人信息处理的合法性基础，且具体类型与《通用数据保护条例》大体一致。按照《通用数据保护条例》第6条规定，“处理只有在以下至少一项适用的情况下才是合法的：(a)数据主体已同意出于一个或多个特定目的处理其个人数据；(b)为履行数据主体作为一方的合同或在订立合同之前应数据主体的要求采取措施所必需的处理；(c)处理是为了履行数据控制者所承担的法律义务所必需的；(d)为保护数据主体或其他自然人的切身利益而有必要进行处理；(e)处理是为了公共利益或行使数据控制者的法定职责所必需的；(f)该处理对于数据控制者或第三方追求的合法利益而言是必要的，除非此类利益与数据主体的基本利益或基本权利和自由相冲突，尤其当数据主体是儿童时。第1款的(f)项不适用于公共当局在执行任务时进行的处理。”二者间唯有一项关键差异：《通用数据保护条例》允许“对于控制者所第三方所追求的正当利益是必要的”处理行为，这一合法性基础又常称为“正当利益”。一般认为，《通用数据保护条例》对个人数据处理的限制固然严格，但也通过正当利益条款留下了足够广阔的空间。在这一意义上，我国的保护更加严格。另外，值得注意的是，部分国家并不将合法公开或自行公开作为合法性基础，而是设有一定限制。例如，俄罗斯即已修订个人数据保护法律，禁止与初始处理目的不一致的、对数据主体已自行公开的个人数据的处理。[①] 总之，对我国和域外法律在正当利益和公开两种合法性基础上的差异，值得特别注意。

第十四条　基于个人同意处理个人信息的，该同意应当由个人在充分知情的前提下自愿、明确作出。法律、行政法规规定处理个人信息应当取得个人单独同意或者书面同意的，从其规定。

个人信息的处理目的、处理方式和处理的个人信息种类发生变更的，应当重新取得个人同意。

【条文主旨】

本条是关于个人信息同意规则的具体规定，明确了同意的有效要件、同意的特殊形式以及同意的重新取得。《个人信息保护法》旨在保护个人信息权益，规范

① *Look but don't Touch — Russia to Restrict Processing of Public Data*, IAPP (Feb 23, 2021), https://iapp.org/news/a/look-but-dont-touch-russia-restricted-processing-of-public-data/.

个人信息处理活动,促进个人信息合理利用。基于保护法的定位,《个人信息保护法》通过第 14 条对同意规则的具体规定,提高了个人信息处理活动的透明度,保障了信息主体对自身个人信息的知情权、决定权和控制权。可以说,同意规则是个人信息保护立法的基础性规则,也是个人信息处理活动最为重要的合法性基础。

第 1 款规定了处理同意规则的有效要件和特殊形式。信息主体在信息处理者面前并非完全被动的,信息主体有权利"根据信息处理者的业务范围、收集目的等方面"决定是否提供个人信息。① 与个人信息权益相对的是个人信息处理者对信息交流与共享的需求。因此,个人信息不可能完全依照信息主体的意愿得到绝对的保护和实现,而是在个人信息权益保障和信息流通利用之间寻求一种平衡。对个人同意的特殊形式进行区分规定,亦是这种均衡思想的制度表现。根据本条规定,基于个人同意处理个人信息的,该同意应当由个人在充分知情的前提下自愿、明确作出。除了依据《个人信息保护法》第 13 条第 1 款中第 2 项至第 7 项所规定的无须个人同意即可处理个人信息的法定情形之外,信息主体均可依据本条拒绝个人信息的处理活动。与此同时,法律、行政法规规定处理个人信息应当取得个人单独同意或者书面同意的,从其规定,通过对法定情形中同意特殊形式的要求,保障信息主体的权益免受侵害。

第 2 款规定了应当重新取得个人同意的具体场景。根据本款规定,个人信息的处理目的、处理方式和处理的个人信息种类发生变更的,应当重新取得个人同意。本款规定的原因在于,个人信息的处理目的、处理方式和种类与个人信息权益密切相关,当处理活动的目的、方式和种类与初始授权发生变化时,往往会构成新的处理活动,需要重新履行告知义务并取得同意。

(一)坚持同意规则在个人信息保护中的基础性地位

围绕同意规则的有效性和必要性,学界一直存在多种观点。有观点认为,同意机制本身存在局限性,由于个人有限理性、技术壁垒以及信息不对称等因素,知情同意机制事实上已经失效,法律规制工具应当从信息收集需要个人许可开始向信息管理者的义务承担转向,甚至可以越过知情同意这一失效的中间机制,重视公民对个人信息利用环节的控制。

事实上,对同意规则的思辨应从两个角度展开分析:一方面,承认同意规则在个人信息处理活动中存在的局限性;另一方面,同意规则作为最基础的人权保护

① 参见周汉华:《中华人民共和国个人信息保护法(专家建议稿)及立法研究报告》,法律出版社 2006 年版,第 85 页。

制度的重要呈现，应当通过寻求新的阐释以使其适应新的经济社会条件，而非一味地否定。对知情同意原则的认知没有必要在完全知情且自由与完全不知情且不自由两个极端之间进行二元抉择。实际情况往往是人们并不能泾渭分明地界定完全知情、完全自由的情形，而是游走在两个极端之间的中间地带，法律所能做的是促进趋向或无限趋近知情和自由的端点。

另外，否定同意规则将会带来无法预期的严重后果。公民在个人信息保护中的核心地位是不能否认的。如果个人完全失去对自身个人信息处理活动的控制，会加剧个人信息遭受侵害的失控状态。洛克认为，同意是政治权力合法性的一个核心因素，具象为自我决定、自我意识、自我支配的能力和权利，即同意是人之权利的证明和彰显。[①] 在传统隐私法的观念中，人应当是自身隐私领域绝对的权威（authority），可以自由决定是否允许他人进入这一领域、如何进入、何时进入以及进入的范围。[②] 即使进入互联网时代，同意也不仅是一种形式意义上的程序，而且还是实质意义上的权利。只要个人信息保护的逻辑起点仍然构建于尊重人权基础之上，那么同意规则就必然要扮演重要的角色。

因此，在同意规则饱受学界和实务界争议的背景下，《个人信息保护法》不但肯定了同意规则的重要地位，还确立了单独同意和书面同意作为同意的特殊形式，充分彰显了《个人信息保护法》保障个人信息权益、培育个人信息保护意识的立法导向。

（二）补强当事人意思表示的有效性和真实性

信息社会的突出特点之一，即为个人信息处理者与信息主体之间信息不对称程度的加深。个人信息处理者对信息主体的告知义务通常以格式化的隐私协议或用户协议进行履行，通过用户点击"已阅读且同意"来完成法律所要求的"知情同意"程序。而信息主体即便竭力谨慎地详细阅读，也不具备彻底掌握、了解进而自主选择的能力，同意这一意思表示不能真正实现真实性和有效性。因此，现有学说对"知情同意"的批判，也多集中于当下缺乏能够保障同意有效性和真实性的客观条件和主观能力的现实。但是，"知情同意"规则并非绝对意义上的无法实现。同意有效性和真实性的瑕疵可以通过制度规则的设置予以强化和补正。法律并不苛求每一个公民都对个人信息活动拥有足够的专业知识和议价能力，本条

---

① 参见［英］约翰·洛克：《政府论》（下篇），叶启芳等译，商务印书馆 1964 年版，第 59 页、第 88 页、第 117 页。

② Steven L. Willborn, *Consenting Employees: Workplace Privacy and the Role of Consent*, Louisiana Law Review (2006).

意在达到这样的一种效果，通过不断强化和完善自然人的理性条件而达致跨越技术壁垒和信息不对称条件的程度。对于这种法律补强的理解，不能将其视为法律对信息主体提高理性条件的要求，而是以个人信息处理者为实现的切入口。具言之，本条对个人“充分知情”的前提要求，事实上并非对信息主体主观条件的权利赋予，而是对个人信息处理者义务履行的客观要求。法律关注到用户在个人信息处理环节中意思表示的有限性，因而通过同意规则对信息条件和技术条件都处于优势地位的个人信息处理者课以更高的告知义务。

【演进过程】

一审稿	二审稿	最终稿
第十四条　处理个人信息的同意，应当由个人在充分知情的前提下，自愿、明确作出意思表示。法律、行政法规规定处理个人信息应当取得个人单独同意或者书面同意的，从其规定。 　　个人信息的处理目的、处理方式和处理的个人信息种类发生变更的，应当重新取得个人同意。	第十四条　处理个人信息的同意，应当由个人在充分知情的前提下自愿、明确作出。法律、行政法规规定处理个人信息应当取得个人单独同意或者书面同意的，从其规定。 　　个人信息的处理目的、处理方式和处理的个人信息种类发生变更的，应当重新取得个人同意。	
	第十四条　处理个人信息的同意，应当由个人在充分知情的前提下自愿、明确作出。法律、行政法规规定处理个人信息应当取得个人单独同意或者书面同意的，从其规定。 　　个人信息的处理目的、处理方式和处理的个人信息种类发生变更的，应当重新取得个人同意。	第十四条　基于个人同意处理个人信息的，该同意应当由个人在充分知情的前提下自愿、明确作出。法律、行政法规规定处理个人信息应当取得个人单独同意或者书面同意的，从其规定。 　　个人信息的处理目的、处理方式和处理的个人信息种类发生变更的，应当重新取得个人同意。

【条文释义】

（一）个人信息处理活动的同意是一种明示同意

《个人信息保护法》第 14 条明确规定，“基于个人同意处理个人信息的，该同意应当由个人在充分知情的前提下自愿、明确作出。法律、行政法规规定处理个人信息应当取得个人单独同意或者书面同意的，从其规定”。据此，在个人信息处理活动以同意为合法性基础的情形中，仅有明示同意一种方式，排除了默示同意的解释空间。这种明示是信息主体在特定场景中积极的行为，可以是口头的、书面的或是电子的，但是不包括单纯的默示或不作为。对此，个人信息处理者需要承担已获得信息主体明示同意的证明责任。

对个人信息同意规则应为明示同意的规定在金融信息保护中已有体现。例如，2020 年《中国人民银行金融消费者权益保护实施办法》（以下简称《金消保办法》）第 29 条规定，处理消费者金融信息，应当经金融消费者或者其监护人明示同意，但是法律、行政法规另有规定的除外。《个人信息安全规范》第 3.6 款对“明示同意”进行了具体规定，是指“个人信息主体通过书面、口头等方式主动作出纸质或电子形式的声明，或者自主作出肯定性动作，对其个人信息进行特定处理作出明确授权的行为”。其中，肯定性动作包括个人信息主体主动勾选、主动点击“同意”、“注册”、“发送”、“拨打”、主动填写或提供等。

（二）一般同意的有效要件

一般同意的有效要件是指属于根据《个人信息保护法》第 13 条第 1 款“（一）取得个人的同意”该类情形，即需要取得个人的同意才能处理个人信息。个人应当在充分知情的前提下自愿、明确作出同意的意思表示，这就要求个人信息处理者应当依据《个人信息保护法》第 7 条的规定，遵循公开、透明原则，公开个人信息处理规则，明示处理的目的、方式和范围，以此保障个人对自身个人信息处理活动的充分知情，继而在充分知情的基础上作出明确的意思表示。

基于一般法理，同意的一般有效要件包括以下方面：

1. 具有同意的能力

《民法典》对民事行为能力进行了详细的规定，但同意的能力并不能完全等同于行为能力，更不能直接按照行为能力的标准直接划定同意有效的界限。信息主体是否具有同意个人信息处理者处理其个人信息的能力，应当结合个人对行为的识别和判断能力，即当信息主体有能力对处理行为的性质、程度、后果以及相应的风险充分理解、识别和判断时，应当认为其具有同意的能力。结合《个人信息保护法》和《未成年人保护法》的相关规定，14 周岁以下的未成年人在个人信息处理中不具有同意的能力；14 周岁以上的未成年人和不能完全辨认自己行为的成年人，应当根据个人信息处理活动的具体场景和要素进行综合判定，考量因素包括但不限于处理的目的、方式、种类、数量、后果、风险等方面。

2. 充分知情

个人信息处理者与个人之间存在信息不对称，因此，个人信息处理者应当履行告知义务以确保个人对处理活动充分知情。告知程度的判断标准以法定义务的履行为边界，相关的法律依据包括《民法典》第 1035 条、《网络安全法》第 41 条第 1 款以及《个人信息保护法》第 17 条等规定，个人信息处理者在处理个人信息之前，应当根据法律、法规的规定充分履行告知义务，向信息主体告知法定事项，使相关信息处于可知的状态。

3. 自愿、明确作出

个人信息处理者在技术、信息、资源等方面都具有优势地位，因此《个人信息保护法》要求信息主体同意的作出应当是自愿、明确的，通过对权利主体清晰、直接地作出同意的要求，充分保障权利主体的知情权和决定权。如果个人信息处理者通过欺诈、胁迫、误导等方式获取个人同意，该同意为无效同意。与之相关，《最高人民法院关于审理使用人脸识别技术处理个人信息相关民事案件适用法律若干问题的规定》第 4 条规定，信息处理者要求自然人同意处理其人脸信息才提供产品或者服务的，但是处理人脸信息属于提供产品或者服务所必需的除外；信息处理者以与其他授权捆绑等方式要求自然人同意处理其人脸信息的，都属于强迫或者变相强迫自然人同意处理其人脸信息的情形，信息处理者以已征得自然人或者其监护人同意为由抗辩的，人民法院不予支持。《App 违法违规收集使用个人信息行为认定方法》第 3 条第 4 款规定，以默认选择同意隐私政策等非明示方式征求用户同意的行为，属于“未经用户同意收集使用个人信息”。

（三）同意的特殊形式

同意的特殊形式是指在一般同意的基础上还需要满足一定的形式要件，包括单独同意和书面同意，其依据源于法律、行政法规的特别规定。

1. 单独同意

从《个人信息保护法》的范围来看，需要取得个人单独同意的个人信息处理活动主要包括以下五种情形：(1)第 23 条所规定的向其他个人信息处理者提供个人信息；(2)第 25 条所规定的个人信息处理者公开个人信息；(3)第 26 条所规定的将在公共场所安装图像采集、个人身份识别设备所收集的个人图像、身份识别信息用于维护公共安全之外的其他目的；(4)第 29 条所规定的处理敏感个人信息；(5)第39 条所规定的向境外提供个人信息。可以发现，单独同意作为特殊的同意形式，其立法意旨在于对个人信息的保护程度进行区分，突出特殊类型个人信息或特定个人信息处理活动可能会对个人权益产生的重大影响。对此，需要通过法律的强制性规定，要求个人信息处理者在获取同意时履行特定的程序要求，以此警示个人该类场景可能存在的风险和后果。

就这一层面而言，单独同意包含了形式和实质两个层面的具体要求：第一，就形式上而言，该类个人信息或个人信息处理活动，不能与其他信息或处理活动进行混同或是概括性呈现，而是应当专门地取得个人同意；第二，就实质上而言，应当达到“单独”的充分程度。从《个人信息保护法》颁布之后的业界反馈来看,企业普遍存在的担心包括两个方面:一方面是合规成本的增加,另一方面是用户体验的降低。因此,对单独同意的理解不能机械地将其视为“单条”同意(静态),而是应当以个人信息的处理活动(动态)为规制基础,要求个人信息处理者在应当获取单独同意的法定场景中,充分实现告知的突出性和鲜明性,使其与其他个人信息或处理活动的告知程度存在明显区别,使普通人在该类场景中能够意识到该种同意是有针对性的。因此,单独同意应当包含两个维度:一是同意是针对具体的个人信息处理活动;二是同意是针对特定类别的个人信息。

2. 书面同意

根据《个人信息保护法》第 14 条第 1 款第 2 句话的规定,法律、行政法规规定处理个人信息应当取得个人单独同意或者书面同意的,从其规定。与单独同意的要求相同,书面同意旨在发挥警示作用,使个人更加谨慎地决定是否提供或允许个人信息处理者对其个人信息的处理行为。

第一,对书面同意中“书面”之理解。《民法典》第 469 条规定,“当事人订立合同,可以采用书面形式、口头形式或者其他形式。书面形式是合同书、信件、电报、电传、传真等可以有形地表现所载内容的形式。以电子数据交换、电子邮件等方式能够有形地表现所载内容,并可以随时调取查用的数据电文,视为书面形式”。但是,需要区别同意的“书面形式”与“书面同意”。《个人信息保护法》第 14 条所规定的法律、行政法规规定处理个人信息应当取得个人书面同意的,不能完全依循《民法典》对“书面”的界定。在处理个人信息的一般同意中,处理者为规避风险可以根据《民法典》关于书面形式的规定,自由选择合同书、信件、电报、电传、传真等可以有形地表现所载内容的形式,获取个人的同意。这种同意可以是“一揽子”的、概括性的,因此,一般同意场景下的书面形式主要是起到证明个人信息处理者已履行告知义务的作用。而在同意的特殊形式中,为了使书面同意与一般同意书面形式形成区分,此处法律、行政法规所规定的书面同意,在实践中可限定为合同书形式。

第二,法律、行政法规规定应当取得书面同意的情形。诸如,《人类遗传资源管理条例》第 12 条第 1 款规定,“采集我国人类遗传资源,应当事先告知人类遗传资源提供者采集目的、采集用途、对健康可能产生的影响、个人隐私保护措施及其享有的自愿参与和随时无条件退出的权利,征得人类遗传资源提供者书面同意”。《征信业管理条例》也在多处规定了取得信息主体书面同意的义务,例如,第 14 条第 2 款规定,“征信机构不得采集个人的收入、存款、有价证券、商业保险、不动产的信息和纳税数额信息。但是,征信机构明确告知信息主体提供该信息可能产生的不利后果,并取得其书面同意的除外"。第 18 条第 1 款规定了"向征信机构查询个人信息的,应当取得信息主体本人的书面同意并约定用途。但是,法律规定可以不经同意查询的除外"。第 29 条第 2 款规定了"从事信贷业务的机构向金融信用信息基础数据库或者其他主体提供信贷信息,应当事先取得信息主体的书面同意,并适用本条例关于信息提供者的规定"。另外,针对人脸信息的处理活动,《个人信息保护法》第 29 条规定,"处理敏感个人信息应当取得个人的单独同意;法律、行政法规规定处理敏感个人信息应当取得书面同意的,从其规定"。而《最高人民法院关于审理使用人脸识别技术处理个人信息相关民事案件适用法律若干问题的规定》第 2 条第 3 项规定,"基于个人同意处理人脸信息的,未征得自然人或者其监护人的单独同意,或者未按照法律、行政法规的规定征得自然人或者其监护人的书面同意",此属于侵害自然人人格权益的行为。

3. 单独同意与书面同意之间的关系

根据《个人信息保护法》第 14 条第 1 款第 2 句话,单独同意和书面同意应当比一般同意对处理者的要求更高。而根据《个人信息保护法》第 29 条的规定,"处理敏感个人信息应当取得个人的单独同意;法律、行政法规规定处理敏感个人信息应当取得书面同意的,从其规定"。故书面同意的适用以法律、行政法规的规定为依据,并且在逻辑上与单独同意呈现递进的关系,对个人信息处理者的要求应当更加严格。

(四)同意的重新取得

根据第 14 条第 2 款的规定,个人信息的处理目的、处理方式和处理的个人信息种类发生变更的,应当重新取得个人同意。可以发现,立法者将处理目的、处理方式和所处理个人信息的种类视为个人信息保护中对个人权益影响最大的三个要素。此处关于处理目的、处理方式、处理的个人信息种类,应当遵循《个人信息保护法》基本原则和一般规定中关于告知同意的相关规则;其他情形的个人信息处理活动变更,根据《个人信息保护法》第 17 条的规定,对法定应当告知的事项发生变更的,个人信息处理者应当将变更部分告知个人,但此处的告知不需要重新取得同意。

【适用指引】

(一)如何理解"充分知情"要求的客观性和主观性?

告知是个人信息处理者法定义务的客观要求,而"充分知情"是从信息主体的角度对告知结果的主观描述,两者在现实中并不一定能保持一致。第 14 条所规定的基于个人同意处理个人信息的,该同意应当由个人在"充分知情"的前提下自愿、明确作出,此处的"充分知情"要求包含客观性和主观性两个维度。一方面,就个人信息处理者的角度而言，其所指向的是《个人信息保护法》第 17 条所规定的个人信息处理者透明度义务，即个人信息处理者在处理个人信息前，应当以显著方式、清晰易懂的语言真实、准确、完整地向个人告知下列事项：(1)个人信息处理者的名称或者姓名和联系方式；(2)个人信息的处理目的、处理方式，处理的个人信息种类、保存期限；(3)个人行使本法规定权利的方式和程序；(4)法律、行政法规规定应当告知的其他事项。通过将这些法定事项告知信息主体，确保信息主体能够有充分、便捷的途径和方式主张权利，是保障信息主体选择权和决定权的前提。另一方面，就信息主体的角度而言，本条规定所追求的是，这种同意是一种实质意义上的同意，意即信息主体应当对是否同意能够表达真正意义上的自主选择，而捆绑在格式合同之中，或是基于不平等的经济、社会、信息等条件下所作出的同意，都不属于真正的同意。

(二)单独同意应当如何实践?

单独同意是我国《个人信息保护法》较具特色的表述和规定。从国外立法来看，德国、韩国、加拿大等国家的个人信息和数据保护立法中，也有相似的规定要求针对特定的个人信息或数据处理活动应当与其他服务进行区分，以提高告知的警示效果。对"单独同意"的规定，另外可见于《个人信息安全规范》中关于个人信息控制者收集生物识别信息场景，要求"收集个人生物识别信息前，应单独向个人信息主体告知收集、使用个人生物识别信息的目的、方式和范围，以及存储时间等规则，并征得个人信息主体的明示同意"，以及"个人生物识别信息原则上不应共享、转让。因业务需要，确需共享、转让的，应单独向个人信息主体告知目的、涉及的个人生物识别信息类型、数据接收方的具体身份和数据安全能力等，并征得个人信息主体的明示同意"，这些均可以为个人信息处理者如何实践单独同意提供参考和借鉴。

那么，能否对涉及单独同意的特殊个人信息处理活动进行合并，再一并取得同意？单独同意的实践需要考虑可行性的问题，在个人信息保护、用户体验、企业效率三者之间进行平衡。单独同意的立法意旨在于对信息主体起到充分告知甚至是警示的作用，因此合并后一同获取的同意是否还符合"单独同意"的要求，需要以警示程度为判断依据。《个人信息保护法》第 14 条在立法文本中表述为"单独同意"而非"单条同意"或"单项同意"，[①]没有将同意的形式限定为需要对每条

---

① 2021 年 11 月中央网信办发布的《网络数据安全管理条例(征求意见稿)》中提出，单独同意，是指数据处理者在开展具体数据处理活动时，对每项个人信息取得个人同意，不包括一次性针对多项个人信息、多种处理活动的同意，这在一定程度上代表了监管部门对"单独同意"的理解和态度。

或每项个人信息均进行区分并取得同意，这就为个人信息处理者变通实现单独同意预留了空间。从企业实践来看，对每项个人信息都进行单独同意缺乏必要性和可行性，反而可能会给信息主体和个人信息处理者都带来很大的负担。无论是将个人信息以单条还是单项为标准进行区分，其根本性的意义仍然在于个人信息所要面临的处理行为是什么样的。因此，单独同意的基础应当以个人信息处理活动和信息类别为区分标准，将其与其他个人信息处理活动和信息类别所区别，充分提醒信息主体此项同意可能带来的风险和后果，即单独同意应当是指在具体的个人信息处理活动中对单类个人信息取得个人同意。

与此同时，在具体适用中也需要考虑比例原则，以个人信息权益保护为基本的判断标准。例如，根据《个人信息保护法》第 25 条的规定，个人信息处理者不得公开其处理的个人信息，取得个人单独同意的除外。若个人信息处理者是缩小个人信息的公开范围，降低或减少个人信息的公开程度，根据《个人信息保护法》第 14 条第 2 款的规定，个人信息的处理目的、处理方式和处理的个人信息种类发生变更的，应当重新取得个人同意。在这种情况下，虽然溯源至初始授权应为单独同意的形式，但是从有利于信息主体权益保护的大方向出发，个人信息处理者可以无须重新履行单独同意的形式要件，通过一般同意的规则获得告知。

未来，对个人信息处理的单独同意还需要立法者和监管部门结合具体场景，出台相应的细化规则。一方面，确保《个人信息保护法》的基本目标，保护个人信息权益，规范个人信息处理活动，使个人信息在流通利用中“脱控而不失控”；另一方面，也要促进个人信息合理利用，充分考虑数据流通、用户体验、企业合规成本等要素，将单独同意的企业实践与具体应用场景及其风险评估相结合，缓解个人信息保护与利用之间的冲突关系。

（三）如何理解个人信息处理者已获得同意的证明责任？

实践中可能会面临一个问题，即根据《个人信息保护法》对同意的要求，个人信息处理者可能需要对所有的个人信息都采取书面形式，这样才能够证明同意是个人在充分知情的基础上自愿、明确作出的，但如此可能会导致事实上冲淡了书面同意可能带来的警示和区分的效果。因此，实践中对一般同意的证明可以参考《民法典》关于合同书面形式的规定，但是在书面同意的特殊场景中，可以考虑限定为合同书形式以证明个人信息处理者尽到了充分的告知和警示义务。

（四）如何理解重新取得同意情形的有效要件？

就《个人信息保护法》第 14 条第 2 款重新取得同意的情形而言，一般情况下，同意的重新获取形式应当根据原始同意时的具体类型进行区分，即个人信息处理者在处理目的、处理方式和处理的个人信息种类发生变更的情形中，其重新取得个人同意的形式应当与原始取得个人同意的形式相对应：当原始同意为一般同意的，则需取得个人的一般同意；当原始同意为特殊同意时，需获得个人的特殊同意。当变更的处理活动有利于个人信息权益保护的，例如，减少个人信息的收集范围、降低个人信息的流通等情形，同意的重新获取形式可依据举重以明轻，在原始同意为特殊同意时，亦可在重新获取时为一般同意。

（五）同意是否存在有效期限？

首先，无限期限制的或不可撤销的同意是无效的。《个人信息保护法》第 15 条第 1 款规定了信息主体的同意撤回权，“基于个人同意处理个人信息的，个人有权撤回其同意。个人信息处理者应当提供便捷的撤回同意的方式”。另外，根据《最高人民法院关于审理使用人脸识别技术处理个人信息相关民事案件适用法律若干问题的规定》第 11 条的规定，“信息处理者采用格式条款与自然人订立合同，要求自然人授予其无期限限制、不可撤销、可任意转授权等处理人脸信息的权利，该自然人依据民法典第四百九十七条请求确认格式条款无效的，人民法院依法予以支持”。同样对无期限限制，不可撤销的同意有所限制。

其次，个人信息处理者有及时处置个人信息的义务。《个人信息保护法》对个人信息的处置已有明确的规定。根据《个人信息保护法》第 19 条的规定，“除法律、行政法规另有规定外，个人信息的保存期限应当为实现处理目的所必要的最短时间”。

最后，域外立法同样没有赋予同意无限期的效力。参考域外立法，EDPB《对第 2016/679 号条例（GDPR）下同意的解释指南》中提出，同意持续的时间取决于同意的背景、最初同意的范围以及数据主体的预期。因此，在适当的时间间隔更新同意，通过再次向数据主体提供所有信息，将有助于确保数据主体充分知晓数据的使用方式和权利行使。

由此可以发现，《个人信息保护法》没有对同意的有效期限进行明确规定或设定标准，而是从对个人信息处理者课以及时处置个人信息，以及赋予个人同意撤回权等方式，达到保障个人信息权益的目标。因此，个人信息处理者在获取同意时通过格式条款约定该同意为无限期或不可撤销的，应属于无效条款。

【案例链接】

林某诉好购公司网络侵权责任纠纷案①

1. 案情简介

林某在使用好购公司运营的“好购”App时发现，该App在未经林某允许的情况下可以自行从剪贴板获取存储在其中的信息，认为该App具有监控手机剪贴板的功能，但其隐私政策中无相关说明，也未履行告知和征得同意义务，故以此行为侵犯个人信息权益及隐私权为由诉至广州互联网法院。

2. 案例要点与解析

对于本案，广州互联网法院认为，好购App在其隐私政策中未包含用户剪贴板信息，在成功安装App后，手机页面显示的App权限内容也未包含读取剪贴板信息。好购公司违反诚信原则，虽然形式上就收集和使用个人信息进行了告知并征得用户同意，但是实际收集的个人信息范围与隐私政策声明不一致，并在未经用户同意的情况下擅自收集手机剪贴板信息。好购公司亦未能举证证明其收集剪贴板信息是正当且必要的，故认为好购公司没有履行保证个人充分知情的义务，也没有征得充分同意。法院最终认定好购App以技术手段侵入林某手机虚拟私密空间，侵扰了其私人生活安宁，构成对林某隐私权的侵犯。

根据《个人信息保护法》第14条规定，基于个人同意处理个人信息的，该同意应当由个人在充分知情的前提下自愿、明确作出。法律、行政法规规定处理个人信息应当取得个人单独同意或者书面同意的，从其规定。本案中，好购App读取用户剪贴板信息可能涉及个人信息（包含敏感个人信息）的收集行为，应当根据《个人保护法》第14条的规定，履行告知义务并取得个人同意；如果涉及法定情形，还需要根据法律、行政法规的规定取得单独同意或者书面同意。

【关联条文】

《个人信息保护法》第7条、第13条、第15条第1款、第17条、第19条、第23条、第25条、第26条、第29条、第39条

【相关规定】

《民法典》第469条、第497条、第1035条；《网络安全法》第41条第1款；《人类遗传资质管理条例》第12条；《征信管理条例》第14条第2款、第18条第1款、第29条第2款；《最高人民法院关于审理使用人脸识别技术处理个人信息相关民

---

① 广州互联网法院：《购物App未经许可监测读取手机剪贴板信息？判了！》，载微信公众号“广州互联网法院”2021年11月25日，https://mp.weixin.qq.com/s/FcPDgdbOZsSP3TdAF5qp2A。

事案件适用法律若干问题的规定》第 2 条第 3 项、第 4 条、第 11 条;《未成年人保护法》;《中国人民银行金融消费者权益保护实施办法》第 29 条;《个人信息安全规范》第 3.6 款;《App 违法违规收集使用个人信息行为认定方法》第 3 条第 4 款

【域外比较】

本条是对作为合法性基础的同意及其有效要件的具体规定。

欧盟《通用数据保护条例》第 7 条对"同意的条件"有以下规定:"(1)处理系基于同意时,控制者应当能够阐明数据主体已同意处理他或她的个人数据。(2)如果数据主体在书面声称的场景下作出同意,且书面声称还包含其他事项,对同意的请求应以可与其他事项清晰分辨、形式可理解且易于访问、语言清晰且平实的方式展现。(3)数据主体有权在任何时点撤回他或她的同意。撤回不影响撤回之前基于同意的处理的合法性。应当在数据主体给出同意前告知撤回权(的相关信息)。撤回同意应与给出同意一样简易。(4)在评估同意是否自愿作出时,需要考虑各个因素,其中对于是否将非合同履行所必要的个人数据作为履行合同(包括提供服务)的条件这一因素,应当作最大限度的考量。"此外,2020 年 EDPB《对第 2016/679 号条例(GDPR)下同意的解释指南》中,就《通用数据保护条例》语境中"有效同意"的四个具体要件,包括自由作出(freely given)、具体(specific)、知情(informed)、明确(unambiguous)的意思表示,给出了许多示例。这是当前域外立法对"同意"概念最为详尽的探讨之一。特别地,其中对"具体"的要求作出了三项解释:具体化使用目的,防止功能擅改;细化同意请求的颗粒度;明确区分获取数据处理活动同意的相关信息与其他事项的信息,这些要求可以视为探讨"单独同意"这一疑难概念时,值得学界和实务界共同关注的思考方向。

第十五条　基于个人同意处理个人信息的,个人有权撤回其同意。个人信息处理者应当提供便捷的撤回同意的方式。

个人撤回同意,不影响撤回前基于个人同意已进行的个人信息处理活动的效力。

【条文主旨】

本条规定了个人享有同意撤回权及该同意撤回权不具有溯及力。

第 1 款确立了在个人信息处理活动中,个人享有同意撤回权,个人信息处理者对此有积极配合的义务。该条赋予个人同意撤回权,一方面其意旨在于保障信息主体更好地在信息处理活动中实现自身利益,确保信息主体对个人信息的决定权,赋

予个人可以随时撤回同意的权利,因此本条的适用范围限于“基于个人同意处理个人信息”的情形。另一方面个人信息处理者与个人之间往往因为资本、技术、人力等原因处于信息不对等的状态,为了最大限度地实现公平性与合理性,该条规定了个人信息处理者负有积极配合的义务,即应当向个人提供便捷的同意撤回方式。该条款充分体现了“以人民为中心”的理念,以及充分保障公民个人信息权益的立法主旨。

第 2 款从效力的角度对同意撤回权进行规定,明确撤回前基于个人同意的已进行的个人信息处理活动仍具有法律效力。本款在一定程度上对同意撤回权进行了约束。个人享有同意撤回权,但该“同意”并不具有溯及力,其效力不及于全部的信息处理活动。原因在于,《个人信息保护法》为保障信息主体的决定权,赋予其随时撤回其同意的权利,因此个人的同意撤回权具有很强的自主性,明确其不具有溯及力,有助于保障信息处理或交易活动的稳定性。但是,个人信息处理者应当立即停止处理活动,并及时处置个人信息。如果其他法律、行政法规有关于保存期限的法定义务,比如,《网络安全法》规定的网络日志或者《电子商务法》规定的商品与交易信息,《证券法》《证券投资基金法》要求客户保存期限等,个人信息处理者可以继续保存,但只能采取技术安全保障措施,而不能采取其他处理行为。

本条第 1 款和第 2 款的规定,意在平衡个人信息权益保护和个人信息处理者利益之间的关系,既规定了企业积极响应和保障个人实现撤回同意权利的义务,又规定了个人信息撤回同意不具备溯及力,以维护企业的商业利益和稳定预期。

【演进过程】

一审稿	二审稿	最终稿
第十六条　基于个人同意而进行的个人信息处理活动,个人有权撤回其同意。	第十六条　基于个人同意而进行的个人信息处理活动,个人有权撤回其同意。个人信息处理者应当提供便捷的撤回同意的方式。 个人撤回同意,不影响撤回前基于个人同意已进行的个人信息处理活动的效力。	
	第十六条　基于个人同意而进行的个人信息处理活动,个人有权撤回其同意。个人信息处理者应当提供便捷的撤回同意的方式。 个人撤回同意,不影响撤回前基于个人同意已进行的个人信息处理活动的效力。	第十五条　基于个人同意处理个人信息的,个人有权撤回其同意。个人信息处理者应当提供便捷的撤回同意的方式。 个人撤回同意,不影响撤回前基于个人同意已进行的个人信息处理活动的效力。

【条文释义】

大数据时代，个人在初始授权时由于有限理性与认知局限，往往并不能对处理活动在未来可能发生的风险和影响有明确的认知。实践中，个人信息处理者可能会出于自身利益最大化的考虑，展开违背个人意愿的处理行为，出现包括过度获取信息、频繁推送精准营销、大数据杀熟，甚至侵犯个人隐私权等行为。此时，即使信息主体对初始授权因后悔主张撤回，也往往无法获得个人信息处理者的配合。同时，由于信息和技术壁垒的存在，信息主体在客观上也无法确知个人信息处理者是否及时、合规地处置了已收集信息。这无疑使个人在信息服务市场处于弱势地位，违背了公平性与合理性。

本条第1款设立了个人的同意撤回权。对同意撤回的性质，学界存在多种观点。有观点认为，同意为一种意思表示，适用《民法典》总则编关于意思表示的相关规定。① 有观点认为，同意是对个人信息权益的处分，同意的撤回是对取消同意个人信息处理者处理其个人信息这一授权的意思表示。但因其系在意思表示到达相对人生效之后作出取消的意思表示，因此该同意撤回权虽名为撤回，实质含义为意思表示的撤销，②是对个人已作出的意思表示进行撤销的权利，也是撤销权在大数据发展下新的影射。亦有观点认为，同意是违法阻却事由，原因在于《个人信息保护法》放弃了一审稿中所采用的“处理个人信息的同意，应当由个人在充分知情的前提下，自愿、明确作出意思表示”这一表述，说明立法机关已经否定了意思表示说的性质方案。因此，同意在性质上应当属于违法阻却事由“免责事由”。同意为个人信息处理活动提供了合法性依据，其法律效果在于，个人信息处理者的处理行为客观上会对自然人的个人信息权益产生影响，而信息主体的同意可以排除由此所产生的暂定的非法性，使其具备法律上的正当性。如果将同意视为意思表示，适用《民法典》关于意思表示撤回和撤销的相关规则，则会因交易相对人的保护而产生个人撤回同意后需要向处理者承担损害赔偿责任的问题。③

信息主体行使同意权有两个方面的要点：其一，同意权的主张无须得到个人信息处理者的回应或接受，仅凭单方行为就可以发生法律关系的变动。当用户个人撤回同意时，并不需要个人信息处理者任何形式的认可。其二，同意撤回权并不因个人的行使而灭失，信息主体可以重复行使。当个人再次授权后，还可以再次行使同意撤回权。

---

① 参见陈甦、谢鸿飞主编：《民法典评注·人格权编》，中国法制出版社2020年版，第379页。

② 参见万方：《个人信息处理中的“同意”与“同意撤回”》，载《中国法学》2021年第1期。

③ 参见程啸：《个人信息保护法理解与适用》，中国法制出版社2021年版，第165～166页。

当信息主体行使同意撤回权时,个人信息处理者负有积极配合义务,这一义务履行最为重要的表现方式即为提供便捷的撤回同意的方式。个人撤回同意的方式不得烦琐复杂,而应当是易于操作的,使信息主体能够便捷地实现对自身信息的决定权。信息处理者的积极配合义务的设定,也为信息处理活动中双方平等地位的实现作出前瞻性的规定。而对本条款中何为"便捷"的解释,可以根据比例原则展开解读,即个人撤回同意的便捷程度应当与个人信息处理者获取个人同意的便捷程度相当。通过对个人同意撤回权以及个人信息处理者积极配合义务的规定,可以尽可能地保障信息主体的决定权,实现对个人弱势地位的倾斜性保护。

本条第 2 款规定个人的同意撤回权不具有溯及力,对同意撤回权进行了适度限制。撤回前已进行的信息处理活动的效力,不因个人同意撤回权的行使发生变更。同意撤回权的行使具有自决性和任意性,如个人滥用同意撤回权则必然会增加个人信息处理者的成本。如果此时同意撤回权具有溯及力,那么将极大地损害信息交易处理活动的稳定性,进而损害双方的合法权益。该条赋予个人同意撤回权,使信息处理的效力受个人意思自治的影响,这是对个人的倾斜性保护。但如果任由个人同意撤回权发挥溯及既往的效力,则会损害个人信息处理者的合法权益。因此对个人同意撤回权进行限制,既是交易稳定的要求,也是公平价值的体现。通过第 1 款确立撤回同意的权利、第 2 款约束撤回同意的溯及力,更好地平衡个人信息权益与企业合理、合规利用个人信息之间的关系。

【适用指引】

第一,同意撤回权不等于撤销权。本条规定是以法律的形式对《个人信息安全规范》第 8.4 款"个人信息主体撤回授权同意"的认可,"对个人信息控制者的要求包括:(a)应向个人信息主体提供撤回收集、使用其个人信息的授权同意的方法。撤回授权同意后,个人信息控制者后续不应再处理相应的个人信息;(b)应保障个人信息主体拒绝接收基于其个人信息推送商业广告的权利。对外共享、转让、公开披露个人信息,应向个人信息主体提供撤回授权同意的方法。注:撤回授权同意不影响撤回前基于授权同意的个人信息处理"。但需要说明的是,同意撤回权不能简单等同于民法中的撤销权。根据《民法典》第 155 条的规定,"无效的或者被撤销的民事法律行为自始没有法律约束力",民法中的撤销权行使后意思表示的效力为自始无效,是具有溯及力的。因此,同意撤回权自身存在一定的特殊性,不具有溯及既往的效力。本条虽然正式设立了个人的同意撤回权,但该项权利的落实需要个人信息处理者的技术配合,仅以抽象的形式规定了个人信息处理者的配合义务有待具体实践效果的后续观察。

第二,个人信息处理者实践中应当如何履行积极配合的义务。就个人信息主体而言,同意撤回权具有一定抽象性,因此需要个人信息处理者为个人提供同意撤回的便捷方式,并以直接简明的形式呈现给个人。所谓便捷方式,是指作出同意和撤回同意时,个人信息主体所付出的努力应当大致是相当的。例如,如果是采用打钩的方式获取信息主体的同意,则应该以同样简单的方式为个人提供撤回其同意的渠道,而不能把撤回同意的选项埋藏在层层嵌套的隐私政策里面。实践中,个人信息处理者可以为信息主体设立"一站式撤回"的选项与关闭授权,①方便用户进行操作。就个人信息处理者而言,较为重要的是如何从技术上实现个人同意撤回权,这就要求个人信息处理者对个人授予同意、撤回同意以及可能带来的法律后果给予充分的技术准备,即通过对个人信息处理活动每个关键节点提供精准的技术支持,便捷、流畅地实现"信息主体同意—撤回同意—响应(如涉及个人信息的委托处理、共同处理、向他人提供等情形)—及时处置"等一系列的配套动作和技术框架。值得注意的是,本条所适用的范围为"基于个人同意而进行的个人信息处理活动",即《个人信息保护法》第 13 条第 1 款中"(一)取得个人的同意"这一情形,而基于《个人信息保护法》第 13 条第 1 款中的其他情形处理个人信息的,无法适用撤回同意条款。

第三,区分同意的撤回与删除。我国《个人信息安全规范》第 3. 10 款规定,"删除"是指"在实现日常业务功能所涉及的系统中去除个人信息的行为,使其保持不可被检索、访问的状态"。同意的撤回是向未来发生效力,要求个人信息处理者不可以再处理已收集的个人信息,采取相应的处置措施,而并非删除所有已经收集的个人信息。个人行使同意撤回权之后,有可能再次授权信息处置者以获得优质的服务或产品。本条从信息服务主体与个人二者的权益平衡的角度出发,确立了同意撤回权并对其进行了一定程度的约束,能更加有效地促进个人信息的保护与合理利用。

【案例链接】

肖某亮与廊坊京东吉特贸易有限公司、北京京东叁佰陆拾度电子商务有限公司网络侵权责任纠纷案②

1. 案情简介

原告肖某亮从电商平台上购买了吉特公司销售的日化品,由于在注册时无法

---

① 参见万方:《隐私政策中的告知同意原则及其异化》,载《法律科学(西北政法大学学报)》2019 年第 2 期。

② 北京市互联网法院民事判决书,(2019)京 0491 民初 313 号。

理解被告关于个人信息分享的晦涩条款，因而直接点击了同意。嗣后，原告发现商品包装存在虚假宣传，向被告平台进行投诉。被告安排供应商与原告联系。原告认为被告未经其允许就将个人信息提供给供应商，侵犯了自身的合法权益，对自己造成了困扰，请求法院判定被告方停止侵害、恢复名誉、消除影响、赔礼道歉并赔偿损失。

2. 案例要点与解析

法院认为，电子商务平台在进行正常的商务活动和提供相应的服务时，必将涉及大量信息的采集、保存、管理和调用。结合案情，本案法院认定电子商务平台经营者有义务协助解决纠纷，包括居中调解、披露必要信息等内容。故被告吉特贸易有限公司在此案中的行为并无不妥，并且被告方在处理相关的个人信息时，遵循了《京东隐私政策》的相应内容，故而对原告的请求判定予以驳回。

本案发生于《个人信息保护法》出台之前，法院对原告意图主张同意撤回权的行为在判决中没有直接予以回应，而是通过对平台协助解决纠纷义务和利益均衡的考虑，认为平台的行为并未侵害原告的个人信息权益。对于本案，《个人信息保护法》第 15 条赋予了个人撤回同意的权利，仅就原告因平台在个人信息分享相关规则过于晦涩而直接点击同意的授权，是有权利主张撤回的，但该项撤回的效力并不及于之前的信息处理活动。当然，就该案中平台是否履行了《个人信息保护法》规定的告知义务的问题，需要结合具体案情另行分析。

【关联条文】

《个人信息保护法》第 13 条第 1 款

【相关规定】

《民法典》第 155 条、第 1037 条第 2 款；《网络安全法》第 43 条；《电子商务法》；《证券法》；《证券投资基金法》；《个人信息安全规范》第 3.10 款、第 8.4 款

【域外比较】

本条对撤回同意的规定与 GDPR 第 7 条第 3 款有一定相似性，“数据文体有权随时撤回同意，撤回前基于同意的处理活动的合法性不受影响。这一点应当在数据文体表达同意之前向其告知。撤回同意应当和表达同意一样简单”。二者均明确规定撤回同意不影响相应时点之前已经进行的处理行为。不过，GDPR 将此表述为“撤回同意应当和表达同意一样简单”，我国《个人信息保护法》仅规定“应当提供便捷的撤回同意的方式”，对此可以有所参考。

第十六条　个人信息处理者不得以个人不同意处理其个人信息或者撤回同意为由，拒绝提供产品或者服务；处理个人信息属于提供产品或者服务所必需的除外。

【条文主旨】

本条是关于个人信息处理者不得因不同意或撤回同意为由拒绝提供产品或服务的义务性规定。

本条新设定了一项个人信息处理者的禁止性规定，即不得以不同意处理其个人信息或者撤回同意为由，拒绝提供产品或者服务。在信息处理活动中，个人信息处理者利用自身的优势地位过度收集或超过范围利用个人信息，将非必需的个人信息处理活动与提供服务进行强制性捆绑。这种行为无疑违背了自愿与平等原则，侵害了个人对自身信息的决定权。为了规制此种行为，本条以禁止性规定的形式要求个人信息处理者不得利用自身优势地位排除个人获得服务的权利。例外的情况为处理个人信息是提供产品或服务的必需条件，否则当个人表达出提供个人信息或撤回个人信息时，个人信息处理者应当继续向个人提供其可以提供的产品或服务。

【演进过程】

一审稿	二审稿	最终稿
第十七条　个人信息处理者不得以个人不同意处理其个人信息或者撤回其对个人信息处理的同意为由，拒绝提供产品或者服务；处理个人信息属于提供产品或者服务所必需的除外。	第十七条　个人信息处理者不得以个人不同意处理其个人信息或者撤回其对个人信息处理的同意为由，拒绝提供产品或者服务；处理个人信息属于提供产品或者服务所必需的除外。	
	第~~十七~~条　个人信息处理者不得以个人不同意处理其个人信息或者撤回~~其对个人信息处理的~~同意为由，拒绝提供产品或者服务；处理个人信息属于提供产品或者服务所必需的除外。	第十六条　个人信息处理者不得以个人不同意处理其个人信息或者撤回同意为由，拒绝提供产品或者服务；处理个人信息属于提供产品或者服务所必需的除外。

【条文释义】

互联网经济蓬勃发展，各种数据产品层出不穷，市场竞争日益激烈。为了占据更加有利的市场地位，个人信息处理者（尤其是互联网服务平台）对个人信息的需求也日益高涨,只有基于海量个人信息展开数据的利用和挖掘,才能更加了解个人的行为习惯、资产状况和兴趣偏好等要素,有针对性地进行精准营销,提高企业效率。在这一背景下,个人信息处理者在产品使用规则或用户协议、隐私声明中往往采取“霸王条款”的方式规定不同意授权获取个人信息便无法使用本产品。目前此种“霸王条款”的产品适用规则已然成为行业惯例,如果个人不提供个人信息或同意后撤回,则无法使用该行业的产品,这无疑使个人处在绝对劣势的地位。以拒绝提供产品或服务为威胁的信息获取机制是一项极不公平的商业行为,不仅严重损害了个人的隐私权与信息自决权,也破坏了公平自愿的经济秩序,应当受到法律的规制。

本条以立法形式明确,个人信息处理者在个人表示不愿提供个人信息或撤回同意处理时,仍应当向个人提供产品或服务的义务。本条关于个人信息处理者义务性的规定是《个人信息保护法》总则第 6 条目的限制和最小范围原则在第 2 章个人信息处理一般规则的具体呈现。根据《个人信息保护法》第 6 条的规定,“处理个人信息应当具有明确、合理的目的,并应当与处理目的直接相关,采取对个人权益影响最小的方式。收集个人信息,应当限于实现处理目的的最小范围,不得过度收集个人信息”。一方面,本条规定保护个人在不同意或撤回同意的情况下,仍然享有使用产品或接受服务的权利;另一方面,本条规定也允许个人信息处理者因未能获得必需的个人信息授权而无法提供产品或服务,由此享有拒绝提供产品或服务的权利作为平衡。本条规定以是否“必需”为标准,均衡信息主体与个人信息处理者之间的利益关系,最大限度地保护双方当事人的合法权益。

个人信息处理者在设计产品时,需要对所必需的个人信息进行合理的限定。个人信息处理者处理信息必须为实现处理目的所必需,即如果个人不同意处理或撤回同意,个人信息处理者因缺乏所涉个人信息而无法提供产品或服务。例如,高德地图在使用导航服务时需要个人的定位信息,否则无法提供导航服务,仅限此类必需信息可以不受本条的强制性规定的约束。如果个人不同意处理或撤回同意的信息不属于处理目的所必需的信息,那么个人信息处理者仍应提供一般性或普遍性的产品或服务。例如,聊天软件的运行无须获得个人的地理位置;在不涉及转账、理财等情况下,也无须绑定银行卡等身份信息。鉴别是否为处理目的所必需的信息,应依据《个人信息保护法》总则第 6 条目的限制和最小范围原则,采用实现处理目的所必要的最小范围。

【适用指引】

(一)本条在适用中的核心问题是如何理解“必需”

第一,属于业务活动所必需。2021 年 3 月 9 日,国家互联网信息办公室、工信部、公安部、市场监管总局四部门联合公开发布《常见类型移动互联网应用程序必要个人信息范围规定》，明确规定“不得因用户不同意收集非必要个人信息，而拒绝用户使用 App 基本功能服务”，这意味着 App 为实现其基本功能服务收集的必要信息范围之外的信息以及非基本功能服务收集的个人信息，均为非必要个人信息。根据《常见类型移动互联网应用程序必要个人信息范围规定》第 3 条的定义，“本规定所称必要个人信息，是指保障 App 基本功能服务正常运行所必需的个人信息，缺少该信息 App 即无法实现基本功能服务。具体是指消费侧用户个人信息，不包括服务供给侧用户个人信息”。与此同时，该规定还针对 39 类常见 App 进行了列举式规定，可以成为本条适用的重要参考：“常见类型 App 的必要个人信息范围：（一）地图导航类，基本功能服务为‘定位和导航’，必要个人信息为：位置信息、出发地、到达地。（二）网络约车类，基本功能服务为‘网络预约出租汽车服务、巡游出租汽车电召服务’，必要个人信息包括：1. 注册用户移动电话号码；2. 乘车人出发地、到达地、位置信息、行踪轨迹；3. 支付时间、支付金额、支付渠道等支付信息（网络预约出租汽车服务）。（三）即时通信类，基本功能服务为‘提供文字、图片、语音、视频等网络即时通信服务’，必要个人信息包括：1. 注册用户移动电话号码；2. 账号信息：账号、即时通信联系人账号列表。（四）网络社区类，基本功能服务为‘博客、论坛、社区等话题讨论、信息分享和关注互动’，必要个人信息为：注册用户移动电话号码。（五）网络支付类，基本功能服务为‘网络支付、提现、转账等功能’，必要个人信息包括：1. 注册用户移动电话号码；2. 注册用户姓名、证件类型和号码、证件有效期限、银行卡号码。（六）网上购物类，基本功能服务为‘购买商品’，必要个人信息包括：1. 注册用户移动电话号码；2. 收货人姓名（名称）、地址、联系电话；3. 支付时间、支付金额、支付渠道等支付信息。（七）餐饮外卖类，基本功能服务为‘餐饮购买及外送’，必要个人信息包括：1. 注册用户移动电话号码；2. 收货人姓名（名称）、地址、联系电话；3. 支付时间、支付金额、支付渠道等支付信息。（八）邮件快件寄递类，基本功能服务为‘信件、包裹、印刷品等物品寄递服务’，必要个人信息包括：1. 寄件人姓名、证件类型和号码等身份信息；2. 寄件人地址、联系电话；3. 收件人姓名（名称）、地址、联系电话；4. 寄递物品的名称、性质、数量。（九）交通票务类，基本功能服务为‘交通相关的票务服务及行程管理（如票务购买、改签、退票、行程管理等）’，必要个人信息包括：1. 注册用户移动电话号码；2. 旅客姓名、证件类型和号码、旅客类型。旅客类型通常包括儿童、成人、学生等；3. 旅客出发地、目的地、出发时间、车次/船次/航班号、席别/舱位等级、座位号（如有）、车牌号及车牌颜色（ETC 服务）；4. 支付时间、支付金额、支付渠道等支付信息。（十）婚恋相亲类，基本功能服务为‘婚恋相亲’，必要个人信息包括：

1. 注册用户移动电话号码;2. 婚恋相亲人的性别、年龄、婚姻状况。(十一)求职招聘类,基本功能服务为'求职招聘信息交换',必要个人信息包括:1. 注册用户移动电话号码;2. 求职者提供的简历。(十二)网络借贷类,基本功能服务为'通过互联网平台实现的用于消费、日常生产经营周转等的个人申贷服务',必要个人信息包括:1. 注册用户移动电话号码;2. 借款人姓名、证件类型和号码、证件有效期限、银行卡号码。(十三)房屋租售类,基本功能服务为'个人房源信息发布、房屋出租或买卖',必要个人信息包括:1. 注册用户移动电话号码;2. 房源基本信息:房屋地址、面积/户型、期望售价或租金。(十四)二手车交易类,基本功能服务为'二手车买卖信息交换',必要个人信息包括:1. 注册用户移动电话号码;2. 购买方姓名、证件类型和号码;3. 出售方姓名、证件类型和号码、车辆行驶证号、车辆识别号码。(十五)问诊挂号类,基本功能服务为'在线咨询问诊、预约挂号',必要个人信息包括:1. 注册用户移动电话号码;2. 挂号时需提供患者姓名、证件类型和号码、预约挂号的医院和科室;3. 问诊时需提供病情描述。(十六)旅游服务类,基本功能服务为'旅游服务产品信息的发布与订购',必要个人信息包括:1. 注册用户移动电话号码;2. 出行人旅游目的地、旅游时间;3. 出行人姓名、证件类型和号码、联系方式。(十七)酒店服务类,基本功能服务为'酒店预订',必要个人信息包括:1. 注册用户移动电话号码;2. 住宿人姓名和联系方式、入住和退房时间、入住酒店名称。(十八)网络游戏类,基本功能服务为'提供网络游戏产品和服务',必要个人信息为:注册用户移动电话号码。(十九)学习教育类,基本功能服务为'在线辅导、网络课堂等',必要个人信息为:注册用户移动电话号码。(二十)本地生活类,基本功能服务为'家政维修、家居装修、二手闲置物品交易等日常生活服务',必要个人信息为:注册用户移动电话号码。(二十一)女性健康类,基本功能服务为'女性经期管理、备孕育儿、美容美体等健康管理服务',无须个人信息,即可使用基本功能服务。(二十二)用车服务类,基本功能服务为'共享单车、共享汽车、租赁汽车等服务',必要个人信息包括:1. 注册用户移动电话号码;2. 使用共享汽车、租赁汽车服务用户的证件类型和号码,驾驶证件信息;3. 支付时间、支付金额、支付渠道等支付信息;4. 使用共享单车、分时租赁汽车服务用户的位置信息。(二十三)投资理财类,基本功能服务为'股票、期货、基金、债券等相关投资理财服务',必要个人信息包括:1. 注册用户移动电话号码;2. 投资理财用户姓名、证件类型和号码、证件有效期限、证件影印件;3. 投资理财用户资金账户、银行卡号码或支付账号。(二十四)手机银行类,基本功能服务为'通过手机等移动智能终端设备进行银行账户管理、信息查询、转账汇款等服务',必要个人信息包括:1. 注册用户移动电话号码;2. 用户姓名、证件类型和号码、证件有效期限、证件影印件、银行卡号码、银行预留移动电话号码;3. 转账时需提供收款人姓名、银行卡号码、开户银行信息。(二十五)邮箱云盘类,基本功能服务为'邮箱、云盘等',必要个人信息为:注册用户移动电话号码。(二十六)远程会议类,基本功能服务为'通过网络提供音频或视频会议',必要个人信息为:注册用户移动电话号码。(二十七)网络直播类,基本功能服务为'向公众持续提供实时视频、音频、图文等形式信息浏览服务',无须个人信息,即可使用基本功能服务。(二十八)在线影音类,基本功能服务为'影视、音乐搜索和播放',无须个人信息,即可使用基本功能服务。(二十九)短视频类,基本功能服务为'不超过一定时长的视频搜索、播放',无须个人信息,即可使用基本功能服务。(三十)新闻资讯类,基本功能服务为'新闻资讯的浏览、搜索',无须个人信息,即可使用基本功能服务。(三十一)运动健身类,基本功能服务为'运动健身训练',无须个人信息,即可使用基本功能服务。(三十二)浏览器类,基本功能服务为'浏览互联网信息资源',无须个人信息,即可使用基本功能服务。(三十三)输入法类,基本功能服务为'文字、符号等输入',无须个人信息,即可使用基本功能服务。(三十四)安全管理类,基本功能服务为'查杀病毒、清理恶意插件、修复漏洞等',无须个人信息,即可使用基本功能服务。(三十五)电子图书类,基本功能服务为'电子图书搜索、阅读',无须个人信息,即可使用基本功能服务。(三十六)拍摄美化类,基本功能服务为'拍摄、美颜、滤镜等',无须个人信息,即可使用基本功能服务。(三十七)应用商店类,基本功能服务为'App 搜索、下载',无须个人信息,即可使用基本功能服务。(三十八)实用工具类,基本功能服务为'日历、天气、词典翻译、计算器、遥控器、手电筒、指南针、时钟闹钟、文件传输、文件管理、壁纸铃声、截图录屏、录音、文档处理、智能家居助手、星座性格测试等',无须个人信息,即可使用基本功能服务。(三十九)演出票务类,基本功能服务为'演出购票',必要个人信息包括:1. 注册用户移动电话号码;2. 观演场次、座位号(如有);3. 支付时间、支付金额、支付渠道等支付信息。"

第二,属于法定必需事项。例如,《中国人民银行金融消费者权益保护实施办法》第 29 条规定,"银行、支付机构处理消费者金融信息,应当遵循合法、正当、必要原则,经金融消费者或者其监护人明示同意,但是法律、行政法规另有规定的除外。银行、支付机构不得收集与业务无关的消费者金融信息,不得采取不正当方式收集消费者金融信息,不得变相强制收集消费者金融信息。银行、支付机构不得以金融消费者不同意处理其金融信息为由拒绝提供金融产品或者服务,但处理其金融信息属于提供金融产品或者服务所必需的除外。金融消费者不能或者拒绝提供必要信息,致使银行、支付机构无法履行反洗钱义务的,银行、支付机构可以根据《中华人民共和国反洗钱法》的相关规定对其金融活动采取限制性措施;确有必要时,银行、支付机构可以依法拒绝提供金融产品或者服务”。

(二)是否可以通过约定排除适用本条规定?

个人信息处理者在对个人提供产品或服务时,不得通过用户协议或隐私声明对非必需个人信息作出“若不能提供以上信息,将无法使用该服务”等类似的提示来排除本条的适用。本条为法律的强制性规定,不可通过个人信息处理者的格式条款予以排除。在个人不提供非必需的个人信息时,个人信息处理者不得拒绝提供产品或服务。已经同意授权获取信息的个人在撤回同意后,个人信息处理者仍不得拒绝提供产品或服务。例如,《最高人民法院关于审理使用人脸识别技术处理个人信息相关民事案件适用法律若干问题的规定》第4条规定,“有下列情形之一,信息处理者以已征得自然人或者其监护人同意为由抗辩的,人民法院不予支持:(一)信息处理者要求自然人同意处理其人脸信息才提供产品或者服务的,但是处理人脸信息属于提供产品或者服务所必需的除外;(二)信息处理者以与其他授权捆绑等方式要求自然人同意处理其人脸信息的;(三)强迫或者变相强迫自然人同意处理其人脸信息的其他情形”。因此,如果过度开展非必需的人脸识别,属于信息处理者对人脸信息的不当采集,不能据此认为其已征得相应同意。

与此同时,《个人信息安全规范》第5.3款对个人信息处理者违背个人信息主体自主意愿,强迫其同意的情形进行了具体规定,“(a)不应通过捆绑产品或服务各项业务功能的方式,要求个人信息主体一次性接受并授权同意其未申请或使用的业务功能收集个人信息的请求;(b)应把个人信息主体自主作出的肯定性动作,如主动点击、勾选、填写等,作为产品或服务的特定业务功能的开启条件,个人信息控制者应仅在个人信息主体开启该业务功能后,开始收集个人信息;(c)关闭或退出业务功能的途径或方式应与个人信息主体选择使用业务功能的途径或方式同样方便。个人信息主体选择关闭或退出特定业务功能后,个人信息控制者应停止该业务功能的个人信息收集活动;(d)个人信息主体不授权同意使用、关闭或退出特定业务功能的,不应频繁征求个人信息主体的授权同意;(e)个人信息主体不授权同意使用、关闭或退出特定业务功能的,不应暂停个人信息主体自主选择使用的其他业务功能,或降低其他业务功能的服务质量;(f)不得仅以改善服务质量、提升使用体验、研发新产品、增强安全性等为由,强制要求个人信息主体同意收集个人信息”。

【案例链接】

郭某诉杭州野生动物世界有限公司服务合同纠纷案[①]

1. 案情简介

2019年4月，郭某支付1360元购买野生动物世界“畅游365天”双人年卡，确定指纹识别入园方式。郭某与其妻子留存了姓名、身份证号码、电话号码等，并录入指纹、拍照。后野生动物世界将年卡客户入园方式从指纹识别调整为人脸识别，并更换了店堂告示。2019年7月、10月，野生动物世界两次向郭某发送短信，通知年卡入园识别系统更换事宜，要求激活人脸识别系统，否则将无法正常入园。此后，双方就入园方式、退卡等相关事宜协商未果，郭某遂提起诉讼，要求确认野生动物世界店堂告示、短信通知中相关内容无效，并以野生动物世界违约且存在欺诈行为为由要求赔偿年卡卡费、交通费，删除个人信息等。

2. 案例要点与解析

对于本案，法院经审理认为，双方在办理年卡时，约定采用的是以指纹识别方式入园，野生动物世界采集郭某及其妻子的照片信息，超出了法律意义上的必要原则要求，故不具有正当性。

根据《个人信息保护法》第16条的规定，“个人信息处理者不得以个人不同意处理其个人信息或者撤回同意为由，拒绝提供产品或者服务；处理个人信息属于提供产品或者服务所必需的除外”。该案中杭州野生动物世界对游客入园进行核验存在诸如人工核验、身份证核验等方式，人脸识别并非仅存的唯一核验方式，并未达到必需的程度，不应当以个人不同意为由拒绝当事人入园。

【关联条文】

《个人信息保护法》第6条

【相关规定】

《民法典》第1035条；《网络安全法》第41条；《反洗钱法》；《常见类型移动互联网应用程序必要个人信息范围规定》；《中国人民银行金融消费者权益保护实施办法》第29条；《最高人民法院关于审理使用人脸识别技术处理个人信息相关民事案件适用法律若干问题的规定》第4条；《个人信息安全规范》第5.3款

【域外比较】

本条同样可与EDPB《对第2016/679号条例(GDPR)下同意的解释指南》中对“同意”中“自愿”条件的分析相比照。依此处分析，将同意与接受特定条件或

---

① 浙江省杭州市富阳区人民法院民事判决书，(2019)浙0111民初6971号。

特定条款进行捆绑，或者是在个人信息并非为合同或服务所必需时，将是否提供相应合同或服务与是否同意处理相应信息捆绑在一起，二者都是不可取的，且应当推定为同意并非自愿作出。因此，在这两类情况下，二者都应当推定为并非有效的同意。相应分析进一步明确，同意处理并非必要的个人数据，不能被视为就履行合约或提供服务作出交换的强制性对价。因此，从文本层面出发，我国《个人信息保护法》的规定与欧盟立法是一致的。

第十七条　个人信息处理者在处理个人信息前，应当以显著方式、清晰易懂的语言真实、准确、完整地向个人告知下列事项：

（一）个人信息处理者的名称或者姓名和联系方式；

（二）个人信息的处理目的、处理方式，处理的个人信息种类、保存期限；

（三）个人行使本法规定权利的方式和程序；

（四）法律、行政法规规定应当告知的其他事项。

前款规定事项发生变更的，应当将变更部分告知个人。

个人信息处理者通过制定个人信息处理规则的方式告知第一款规定事项的，处理规则应当公开，并且便于查阅和保存。

【条文主旨】

本条是关于个人信息处理者告知义务的规定，明确了个人信息处理者在处理个人信息前应当向权利人告知的具体事项，保障信息主体对其个人信息处理活动相关事项所享有的知情权。

本条第1款规定的告知义务是个人知情权的具体体现。个人对其信息享有知情权，个人信息处理者对法定事项承担强制性的告知义务。数据处理具有一定的专业性，就个人而言，很难真正理解大量数据处理的专业术语。相对于单独的个人，个人信息处理者在资金、技术、信息等方面具有绝对优势，有能力过度或过限地获得个人信息。个人信息处理者作为理性经济人，在追求自身利益最大化的过程中往往会选择性地忽视个人的权益，甚至为了实现利益侵害个人的权益，故有必要对其课以强制性义务进行约束。为了切实保障个人的知情权，本条要求个人信息处理者以显著方式、清晰易懂的语言真实、准确、完整地向个人告知法定事项。其中，本条第1款第1项、第2项是关于个人信息处理者自身信息的披露以及信息处理基本信息的告知，第3项为权利救济的告知。

本条第1款规定是《个人信息保护法》第7条公开透明原则的具体呈现。根据《个人信息保护法》第7条的规定,“处理个人信息应当遵循公开、透明原则,公开个人信息处理规则,明示处理的目的、方式和范围”。通过要求个人信息处理者向个人告知其名称或者姓名和联系方式,个人信息的处理目的、处理方式,处理的个人信息种类、保存期限,以及个人行使《个人信息保护法》规定权利的方式和程序,帮助个人知悉自己所拥有的权利,降低个人与个人信息处理者之间的信息不对称程度,使权利人能够便捷、准确地找到侵权人,降低个人维权的成本,督促个人信息处理者加强自我管理和社会监督。

本条第2款是对事项变更的具体规定。本条款规定了对本条第1款所规定的事项发生变更时,个人信息处理者应当履行的告知义务,以此充分保障个人对于信息处理活动的知情权。

本条第3款是对法定告知事项公开方式的具体规定。本条款规定了个人信息处理者应当公开处理规则,与此同时,该处理规则应当便于查阅和保存,即当个人信息处理者采用制定个人信息处理规则的方式告知法定事项的,应当将包含个人信息处理者名称或者姓名和联系方式,处理目的、处理方式,处理的个人信息种类、保存期限,以及权利行使的方式和程序等方面所共同构成处理规则予以公示,而且针对其历史版本和现在版本都要为个人提供便捷的查阅途径,保障个人的查阅权。

【演进过程】

一审稿	二审稿	最终稿
第十八条 个人信息处理者在处理个人信息前,应当以显著方式、清晰易懂的语言向个人告知下列事项: (一)个人信息处理者的身份和联系方式; (二)个人信息的处理目的、处理方式,处理的个人信息种类、保存期限; (三)个人行使本法规定权利的方式和程序; (四)法律、行政法规规定应当告知的其他事项。 前款规定事项发生变更的,应当将变更部分告知个人。 个人信息处理者通过制定个人信息处理规则的方式	第十八条 个人信息处理者在处理个人信息前,应当以显著方式、清晰易懂的语言向个人告知下列事项: (一)个人信息处理者的身份和联系方式; (二)个人信息的处理目的、处理方式,处理的个人信息种类、保存期限; (三)个人行使本法规定权利的方式和程序; (四)法律、行政法规规定应当告知的其他事项。 前款规定事项发生变更的,应当将变更部分告知个人。 个人信息处理者通过制定个人信息处理规则的方式	

续表

一审稿	二审稿	最终稿
告知第一款规定事项的，处理规则应当公开，并且便于查阅和保存。	告知第一款规定事项的，处理规则应当公开，并且便于查阅和保存。	
	第十六条　个人信息处理者在处理个人信息前，应当以显著方式、清晰易懂的语言向个人告知下列事项： （一）个人信息处理者的身份和联系方式； （二）个人信息的处理目的、处理方式，处理的个人信息种类、保存期限； （三）个人行使本法规定权利的方式和程序； （四）法律、行政法规规定应当告知的其他事项。 前款规定事项发生变更的，应当将变更部分告知个人。 个人信息处理者通过制定个人信息处理规则的方式告知第一款规定事项的，处理规则应当公开，并且便于查阅和保存。	第十七条　个人信息处理者在处理个人信息前，应当以显著方式、清晰易懂的语言真实、准确、完整地向个人告知下列事项： （一）个人信息处理者的名称或者姓名和联系方式； （二）个人信息的处理目的、处理方式，处理的个人信息种类、保存期限； （三）个人行使本法规定权利的方式和程序； （四）法律、行政法规规定应当告知的其他事项。 前款规定事项发生变更的，应当将变更部分告知个人。 个人信息处理者通过制定个人信息处理规则的方式告知第一款规定事项的，处理规则应当公开，并且便于查阅和保存。

【条文释义】

法律尊重并保障个人信息之上的个人权益，其前提性要件即信息主体对个人信息处理活动中与其利益密切相关事项应当充分知情，只有基于充分知情之上的意思表示才是真实、理性、有效的。在数字经济飞速发展的背景下，信息交易与服务的辐射面变得越来越广，信息不对称所引发的经济问题、社会问题变得越来越突出。个人信息处理者占据信息优势，容易诱导或迫使个人作出对个人信息处理者有利的选择。本条通过明确具体的操作规范，要求个人信息处理者履行其应尽的告知义务，尽可能地确保个人知情权的实现，将抽象的知情权以法条的形式赋予其存在的意义。[①] 个人信息处理者在某一合理时间内向信息主体就法定事项进

① 参见杨铁军：《论一般告知义务——以实现信息均衡为目的》，载《河北法学》2013 年第 8 期。

行告知,亦是信息主体行使个人信息控制权的前提。①

首先,本条第 1 款以分项列举的形式明确了个人信息处理者强制性的告知义务。根据收益与风险相一致的原则,个人信息处理者处于利益获取一方,并且更易于防范风险,因此宜由其承担法定的告知义务。个人信息处理者要在信息处理之前尽到告知义务,在服务界面上以显著的方式对处理规则进行公开,并且披露的语言必须是一般人能够理解的通俗易懂的语言,以此达到真实、准确、完整地向个人告知的程度。

具言之,本条第 1 款第 1 项是个人信息处理者身份信息的告知,包括个人信息处理者的名称或者姓名和联系方式。如果个人认为信息处理的过程或结果侵害其个人信息权益时,可以有效、便捷地联系到具体的个人信息处理者,减少维权过程中不必要的时间成本与经济成本。本条第 1 款第 2 项是与个人信息处理活动相关的告知,包括信息处理的目的、方式,处理的个人信息种类与保存期限。本项所列举的内容均为与个人信息处理活动密切相关的要素,对个人信息权益产生直接影响。本条第 1 款第 3 项是关于权利行使和救济的告知,包括个人信息处理者必须在处理个人信息前,明确告知个人根据《个人信息保护法》所享有的权利的行使方式,既包括可行使的权利,也包括当个人认为自身权益被侵害时所需的救济途径。目前一些新发行的移动端游戏在首次使用时,会把个人信息的相关权利与救济途径以用户权益告知书的形式提供给用户,履行其告知义务。本条第 1 款第 4 项是兜底条款,以法律和行政法规作为其他告知事项的依据,将强制性告知义务的内容范围限定在法律和行政法规层面上。

其次,本条第 2 款是对变更事项告知义务的规定,保障个人的知情权得到实现。个人信息处理者履行告知义务时,还需要遵守《个人信息保护法》基本原则的相关规定,遵循合法、正当、必要和诚信原则,遵循公开、透明原则,不得采取误导、欺诈、胁迫等方式。

最后,本条第 3 款是针对强制性告知义务的现实操作规范的补充,规定以制定规则的形式进行信息披露时应当公开进行且便于查阅和保存。实践中,个人信息提供者往往会以隐私协议、服务协议、用户协议、网站规则等方式,通过规则形式进行告知,或是将其悬挂在网站首页栏或页尾处,供用户查阅和了解。但值得注意的是,个人信息处理者以规则方式进行公开时,还需要对相关规则的历史版本进行公开,方便用户查阅规则制定时至今日的所有版本及其变化。

---

① 参见周汉华:《中华人民共和国个人信息保护法(专家建议稿)及立法研究报告》,法律出版社 2006 年版,第 85 页。

【适用指引】

第一，信息主体对个人信息处理活动的知情权包含积极和消极两个层面。积极层面的知情权，是指信息主体有权要求个人信息处理者提供与信息处理活动相关的具体事项；消极层面的知情权，是指即使信息主体未主张知情权，个人信息处理者亦有履行处理活动相关事项的披露和告知的法定义务。本条第1款第1项至第2项规定的都是一般告知事项，是个人知情权的基本内容。根据《个人信息保护法》第14条的规定，"基于个人同意处理个人信息的，该同意应当由个人在充分知情的前提下自愿、明确作出"。个人信息处理者需要在信息处理前将一般告知事项以邮件、提示框、确认栏等形式告知个人，让个人充分了解一般事项后，再决定是否授权个人信息处理者展开处理活动。需要注意的是，本条对个人信息处理者告知义务的履行有特殊的时间要求，即必须在处理个人信息前履行告知义务。"知情"是同意规则的第一步，也是"同意"的前提，防止个人在授权同意个人信息处理者收集信息后才知悉其个人信息的处理目的、处理方式，真正保障个人信息权益的实现。与此同时，告知和披露义务的履行，并不妨碍个人根据《个人信息保护法》第15条主张同意撤回权，但为保护个人信息处理者的稳定预期，该同意撤回权只能面向未来发生效力，不具有确认已进行的个人信息处理活动无效的效力。

第二，个人信息处理者应当为个人提供便捷的权利主张和救济渠道。本条第1款第3项的规定属于权利告知事项。个人信息处理者需要将个人信息保护权利的方式和程序以显著方式、清晰易懂的语言告知个人。但是，本项在实践中可能会出现个人信息处理者通过限定权利救济途径的方式，达到限制个人权利实现的目的，例如，在用户协议中可以规定通过仲裁的方式解决纠纷等。这种排除其他救济途径的方式可能会损害个人权利的实现。

第三，本条规定具有证据法上的意义。个人信息处理者与个人之间信息不对称，个人处在信息劣势的地位，其合法权益仅依靠市场的资源配置很难得到有效的维护。因此，本条规定亦是出于"父爱主义"下知情权立法扩张的需要，①是修正市场失灵的必要手段。本条要求个人信息处理者履行的信息披露和告知行为不仅是保护弱势的个人，也是一种证据留痕的行为。个人信息处理者通过事先完善的信息披露和告知，可以有效避免后期因同意是否合法有效等问题引发纠纷。当个人认为个人信息处理者的处理行为存在过度、过限或其他违法事由时，个人

① 参见徐俊：《智能时代消费者知情权的困境与选择》，载《中南大学学报（社会科学版）》2021年第3期。

可以以已公开披露的信息作为证据进行主张，个人信息处理者同样可以以尽到充分告知义务为由寻求免除责任或减轻责任。

第四，本条在实践中的应用。在实务中，个人信息处理者的告知义务往往通过《隐私政策》《用户须知》等公告，或发布个人信息处理规则的形式进行履行。个人信息处理者在履行告知义务时，亦需要遵守《个人信息保护法》总则部分关于个人信息处理活动基本原则的要求。与此同时，本条在第3款还规定了个人信息处理者所制定的用于告知的个人信息处理规则，应当公开并便于查阅和保存。通常而言，企业可以将其个人信息处理规则在首页显著位置予以公示，并且提供其历史修订版本的查阅方式，以此提高个人信息处理规则的公开性和透明性，降低个人信息处理者与信息主体之间的信息不对称程度。

具言之，《个人信息安全规范》第5.5款对个人信息保护政策的相关规定可以作为重要参考："对个人信息控制者的要求包括：a）应制定个人信息保护政策，内容应包括但不限于：1）个人信息控制者的基本情况，包括主体身份、联系方式；2）收集、使用个人信息的业务功能，以及各业务功能分别收集的个人信息类型。涉及个人敏感信息的，需明确标识或突出显示；3）个人信息收集方式、存储期限、涉及数据出境情况等个人信息处理规则；4）对外共享、转让、公开披露个人信息的目的、涉及的个人信息类型、接收个人信息的第三方类型，以及各自的安全和法律责任；5）个人信息主体的权利和实现机制，如查询方法、更正方法、删除方法、注销账户的方法、撤回授权同意的方法、获取个人信息副本的方法、对信息系统自动决策结果进行投诉的方法等；6）提供个人信息后可能存在的安全风险，及不提供个人信息可能产生的影响；7）遵循的个人信息安全基本原则，具备的数据安全能力，以及采取的个人信息安全保护措施，必要时可公开数据安全和个人信息保护相关的合规证明；8）处理个人信息主体询问、投诉的渠道和机制，以及外部纠纷解决机构及联络方式。b）个人信息保护政策所告知的信息应真实、准确、完整；c）个人信息保护政策的内容应清晰易懂，符合通用的语言习惯，使用标准化的数字、图示等，避免使用有歧义的语言；d）个人信息保护政策应公开发布且易于访问，例如，在网站主页、移动互联网应用程序安装页、附录C中的交互界面或设计等显著位置设置链接；e）个人信息保护政策应逐一送达个人信息主体。当成本过高或有显著困难时，可以公告的形式发布；f）在第a项所载事项发生变化时，应及时更新个人信息保护政策并重新告知个人信息主体。"

【案例链接】

北京联惠旺商网络科技有限公司行政处罚案①

1. 案情简介

北京联惠旺商网络科技有限公司设立于 2017 年 12 月 8 日。在 2019 年 9 月 26 日执法人员对该公司住所及电子商务平台的检查中,发现其作为电子商务平台经营者未在首页显著位置持续公示平台服务协议、交易规则信息或者上述信息的链接标识。

2. 案例要点与解析

根据《电子商务法》第 33 条的规定,"电子商务平台经营者应当在其首页显著位置持续公示平台服务协议和交易规则信息或者上述信息的链接标识,并保证经营者和消费者能够便利、完整地阅览和下载"。依据《电子商务法》第 81 条的规定,北京市丰台区市场监督管理局对北京联惠旺商网络科技有限公司作出了 20,000 元的行政处罚。

在本案中,北京联惠旺商网络科技有限公司作为电子商务平台经营者,必然会涉及用户个人信息的处理。个人信息处理规则是其平台服务协议和交易规则的重要组成部分,北京联惠旺商网络科技有限公司未在首页显著位置持续公示平台服务协议、交易规则信息或者上述信息的链接标识,同样违反了《个人信息保护法》第 17 条的规定,属于个人信息处理者未尽到法定告知义务的典型示例。

域 外 案 例

信息披露和告知义务在域外同样受到规制。2018 年 6 月 5 日,欧洲法院在"Facebook 粉丝页面案"中作出判决。案情经过是德国学术机构 Wirtschaftsakademie Schleswig – Holstein GmbH 在 Facebook 上运营一个粉丝页面,并通过 Facebook Insights 功能利用浏览器缓存收集访问用户的 Cookies 数据,然后 Facebook 根据收集到的 Cookies 信息进行用户行为统计并反馈给粉丝页面管理员,供其用于投放目标广告,但这一切活动并未告知被获取信息的粉丝。最终法院认定,虽然有关用户行为的统计数据,包括年龄、性别、社交关系网、职业、生活方式以及地理位置等信息,是由 Facebook 收集并提供的,但是根据这些数据,粉丝页面管理员可以针对合适的受众提供特别优惠或组织活动。故而,该德国学术机构应与 Facebook 一同被视为联合数据控制者,根据各自的责任程度共同承担责任。

① 北京市丰台区市场监督管理局行政处罚决定书,京丰市监工罚(2019)740 号。

【关联条文】

《个人信息保护法》第 7 条、第 15 条

【相关规定】

《全国人民代表大会常务委员会关于加强网络信息保护的决定》;《电子商务法》第 33 条、第 81 条;《网络安全法》第 22 条、第 41 条;《儿童个人信息网络保护规定》第 10 条;《电信和互联网用户个人信息保护规定》第 9 条第 2 款;《个人信息安全规范》第 5.5 款

【域外比较】

对个人信息处理者披露义务的要求同样是域外个人信息保护立法的重要组成部分。例如,日本《个人信息保护法》(2020 年修正案)第 18 条第 1 款规定,"个人信息处理业者取得同意时,除事先已向社会公开其使用目的之外,应及时向信息文体告知或公开使用目的"。第 27 条第 1 款规定,"个人信息处理业者对其特有的个人信息,应保证以下事项处于信息主体易于知悉的状态(包括应本人请求及时方以答复):(1)该个人信息处理业者的姓名或名称以及地址,若是法人,还包括其个人信息处理者的代表姓名;(2)所持有个人信息的使用目的(除第 18 条第 4 款第 1 项至第 3 项的情况之外);(3)根据特定条款提出请求的程序;(4)除前 3 项外根据政令为确保妥善处理个人信息所必需的事项"。

从欧盟立法来看,本条可从两个方面作出解读:既明确了个人信息处理者的告知义务,又涉及信息主体知情权的范围。目前而言,欧盟相关规定最为详尽列举如下。《通用数据保护条例》第 13 条第 1 款规定:"如关于数据主体的个人数据系收集自数据主体,控制者应在获得个人数据时,向数据主体提供以下所有信息:(a)控制者的身份和联系方式,以及如果适用,控制者代表的身份和联系方式;(b)如果适用,数据保护官的身份和联系方式;(c)意图处理个人数据的目的和处理的合法性基础;(d)如果合法利益是处理的合法性基础,控制者或第三方的合法利益是什么;(e)如果适用,个人数据接收者或个人数据接收者的类别;(f)如果适用,控制者意图将个人数据传输至第三国或国际组织的事实,欧盟委员会充分性决定的存在与否,以及在基于数种特定理由开展传输时,引用相应的、适当的保障(文件),并提供如何获得相应文件的副本,或者可以在何处浏览相应文件。"第 2 款则进一步规定:"在第 1 款所提及信息的基础上,控制者应在获得个人数据时,向数据主体提供下列为确保公开而透明的处理所必需的信息:(a)预计个人数据将存储的期限,或者,如果不可能(预计期限),用于确定存储期限的准则;(b)数据主体有向控制者要求更正或擦除数据的权利,有要求限制处理自身数据的权利,有反对相应处理的权利,有可携带权;(c)如果同意是处理的合法性基础,数据

主体有权在任何时点撤回同意,撤回不影响撤回之前基于同意的处理的合法性;(d)数据主体有权向监管机关投诉;(e)处理是否基于法律或合同要求,处理是否为订立合同所必需,以及数据主体是否有提供数据的义务和未能提供相应数据的可能后果;(f)是否存在包括画像在内的自动化决策,以及至少在存在时,提供有意义的、关于决策逻辑的信息,包括相应处理对于数据主体的重要性和预计后果。”

实践中,欧盟执法机构首先厘清个人信息控制者(处理者)的实际处理行为,在总计12个项目中确定适用的项目,再逐项检查控制者(处理者)是否确实提供了相应项目的信息,检查的重点通常是告知能否为数据主体行使权利提供有意义的信息。整体而言,《个人信息保护法》与《通用数据保护条例》关于告知义务的规定基本一致,但较为简略,后续可能依然需要依托于更加细致的法规,以充分保障个人的知情权,贯彻个人信息处理的透明性原则。

第十八条　个人信息处理者处理个人信息,有法律、行政法规规定应当保密或者不需要告知的情形的,可以不向个人告知前条第一款规定的事项。

紧急情况下为保护自然人的生命健康和财产安全无法及时向个人告知的,个人信息处理者应当在紧急情况消除后及时告知。

【条文主旨】

本条规定了个人信息处理者告知义务的例外情形。

第1款明确了个人信息处理者免除告知义务的两种情形。一是法律、行政法规规定应当保密的情形,二是法律、行政法规规定不需要告知的情形。该款意在平衡个人信息保护与公共利益、效率等不同价值之间的关系,通过衔接现有法律、行政法规的方式,提高《个人信息保护法》在适用中的灵活性。免于告知义务的规定可以达到提高个人信息利用效率,加速个人信息合法流转,实现多次利用,维护公共利益等目标。此外,将免除告知义务情形限定于法定情形,旨在防止个人信息处理者滥用该款规定损害个人合法权益。

第2款是对告知义务履行时间作出的例外规定。通常情况下,个人信息处理者必须在处理个人信息前对相关个人进行告知。本款规定了特殊情形,即存在紧急情况下为保护自然人的生命健康和财产安全无法及时向个人告知的,可以对个人信息先行处理,情况消除后再履行告知义务。此处的紧急情况应为个人信息处理者不可预见或难以预见而必须立即采取行动的突发情形,不仅包括对个人人身权或财产权造成紧迫性、实质性威胁的情况,也包括使公共利益居于危险之下的突发事件,如突发公共卫生事件、自然灾害等。但值得注意的是,本条款所规定的仅是告知义务履行时间的例外情形,并非规定紧急情况下个人信息处理者可以当然地不履行告知义务,而是应当在紧急情况消除后及时告知。

【演进过程】

一审稿	二审稿	最终稿
第十九条　个人信息处理者处理个人信息,有法律、行政法规规定应当保密或者不需要告知的情形的,可以不向个人告知前条规定的事项。 　　紧急情况下为保护自然人的生命健康和财产安全无法及时向个人告知的,个人信息处理者应当在紧急情况消除后予以告知。	第十九条　个人信息处理者处理个人信息,有法律、行政法规规定应当保密或者不需要告知的情形的,可以不向个人告知前条规定的事项。 　　紧急情况下为保护自然人的生命健康和财产安全无法及时向个人告知的,个人信息处理者应当在紧急情况消除后及时告知。	
	第十九条　个人信息处理者处理个人信息,有法律、行政法规规定应当保密或者不需要告知的情形的,可以不向个人告知前条规定的事项。 　　紧急情况下为保护自然人的生命健康和财产安全无法及时向个人告知的,个人信息处理者应当在紧急情况消除后及时告知。	第十八条　个人信息处理者处理个人信息,有法律、行政法规规定应当保密或者不需要告知的情形的,可以不向个人告知前条第一款规定的事项。 　　紧急情况下为保护自然人的生命健康和财产安全无法及时向个人告知的,个人信息处理者应当在紧急情况消除后及时告知。

【条文释义】

知情是同意的基础,而告知是知情的前提。随着信息化时代的迅猛发展,个人信息处理被广泛应用。《个人信息保护法》对信息主体权益的保护并非赋予个人绝对的控制权,而是寻求个人信息权益保护、个人信息利用效率、社会公共利益等不同利益之间的均衡,达到"脱控但不失控"的效果。

本条第1款是对个人信息处理者告知义务的例外规定。通常而言,国家利益、社会公共利益会成为例外情形的基本场景,这在本条规定中表现为法律、行政法规对告知义务的例外规定。

第一种情形是法律、行政法规规定应当保密的情形。结合《保守国家秘密法》第9条的规定可知,为维护公共安全、国家安全等国家、社会公共利益的需要,个人信息处理者因负有保密义务而排除对被处理个人履行告知义务。其他规定亦可见于《反恐怖主义法》第 45 条、《国家情报法》第 15 条、《反间谍法》第 12 条等。

第二种情形是法律、行政法规规定不需要告知的情形。此时个人信息处理者不负担告知义务，并对是否告知当事人相关事项拥有选择权。结合《个人信息保护法》基本原则及其他条款，不需要告知的情形至少包括两种：一是作为信息主体的个人已明确知悉待告知的内容，[①]该类场景通常见于《个人信息保护法》关于告知义务的分配承担中，例如，《个人信息保护法》第 23 条规定在个人信息处理者向其他个人信息处理者提供其处理的个人信息的，应当向个人告知接收方的名称或者姓名、联系方式、处理目的、处理方式和个人信息的种类，并取得个人的单独同意。因此，作为提供方的个人信息处理者已履行告知义务，则作为接收方的个人信息处理者无须再就相关事项履行告知义务。二是无须取得个人同意亦在客观上无法履行告知义务的情形，该类场景需要结合《个人信息保护法》第 13 条第 1 款的规定进行展开。例如，国家机关为履行法定职责必须进行保密，否则无法正常履行诸如检查、扣缴等职责的，可以不履行告知义务；又如，处理已合法公开的个人信息，《个人信息保护法》第 27 条规定，个人信息处理者可以在合理的范围内处理个人自行公开或者其他已经合法公开的个人信息，如果此时要求个人信息处理者履行逐一告知的义务，会大大降低数据流通的效率。

本条第 2 款规定了紧急情况下告知时间的例外。与本条款相关的《个人信息保护法》条文有二：其一为第 13 条第 1 款第 4 项的规定，即为应对突发公共卫生事件，或者紧急情况下为保护自然人的生命健康和财产安全所必需，个人信息处理者不需取得个人同意。事实上，第 13 条第 1 款第 4 项与第 18 条第 2 款的规定并不必然具有同一性，即紧急情况下无须取得自然人同意并不意味着处理者可以不履行告知义务。其二为第 17 条对告知义务履行时间的要求限定为“在处理个人信息前”，紧急情况下不及时采取行动极有可能损害个人生命健康或财产权利，本款对采取措施前无法及时、全面告知相关当事人的例外情形提供特殊保护，这一场景的要求在于紧急事件应当具有时间上的紧迫性，从而使在处理前告知在客观上存在履行障碍。

【适用指引】

第一，告知义务的例外情形仅限于法律、行政法规层面的规定。个人对自身被处理的个人信息享有知情权，该权利最为核心的实现途径，即为通过个人信息处理者积极主动履行告知义务。在个人信息处理过程中，处理者与个人实际上的

① 参见程啸：《论个人信息处理者的告知义务》，载《上海政法学院学报（法治论丛）》2021 年第 5 期。

地位不完全对等，以国家机关、大型互联网企业为主的个人信息处理者在信息、技术、经济等方面的实力远超自然人。因此，排除个人信息处理者告知义务的规定必须作出严格限定，从而保障自然人的知情权等合法权利，防止双方信息控制实力过于悬殊。本条第1款中免除告知义务的情形必须法定，即以法律、行政法规为依据。个人信息处理者不得通过与个人协议约定的方式排除告知义务，也不能以预先拟定格式条款的方式免除自身告知义务。以国家机关为主体的行政机关免于告知义务，合法限制自然人知情权时，必须严格遵循比例原则，满足目的的正当性和程序的合法性要求。对本条中“不需要告知的情形”“紧急情况”“及时告知”等内容，可以在后续规定中进行细化和完善。①

第二，对“紧急情况”应当作广义理解。本条第2款对因紧急情况无法事先履行告知义务的处理者，要求其必须在情况消除后及时向个人履行告知义务。紧急情况的范围应作广义解释，既包括涉及个人财产权或生命权的私法行为，如紧急救治行为，也包括涉及公共利益的公法行为，如突发公共卫生事件。原因在于：一方面，避免因个人信息权益过于严苛的保护要求，而对紧急情况的及时处置产生负面效应；另一方面，事后的及时告知义务同样可以起到保障信息主体权益的作用。

第三，无须取得个人同意并不一定免除告知义务。《个人信息保护法》第13条第1款第2～7项规定了不需取得个人同意即可处理个人信息的情形，但是，即使属于该类场景，也并不必然指向个人信息处理者不承担告知义务。例如，在《个人信息保护法》第13条第1款第2项的场景中，“为订立、履行个人作为一方当事人的合同所必需，或者按照依法制定的劳动规章制度和依法签订的集体合同实施人力资源管理必需”处理个人信息的，虽然个人信息处理者无须个人同意，但是仍然应当根据第17条的规定履行告知义务。告知义务和同意原则不具有同一性的原因在于，同意原则和告知义务两者的法理依据存在区别。同意原则的理据在于应当保护个人的决定权，而告知义务的理据在于处理活动应当遵循公开透明原则，这同时关涉个人权利的救济。《个人信息保护法》是保护法，旨在保障个人的信息权益不受侵害，因此赋予个人对自身信息享有决定权。这种决定权最为重要的体现即为同意规则，通过个人有权利同意或拒绝个人信息处理者的处理行为，达到个人对自身个人信息的控制。而告知义务是从个人信息处理者角度对处理活动公开透明原则的具体要求，其虽然通过保障个人充分知情来影射和作用于同意规则，但还存在权利救济的意蕴。个人不仅需要知晓处理活动的具体事项，还

---

① 参见王轶、关淑芳：《认真对待民法总则中的公共利益》，载《中国高校社会科学》2017年第4期。

需要知悉如何主张权利、向谁主张权利。因此,虽然出于平衡个人信息保护与社会公共利益、经济效率等多重价值,由法律、行政法规规定不需取得个人同意,但是这并不必然会豁免个人信息处理者在告知和披露方面的要求。

【关联条文】

《个人信息保护法》第 13 条第 1 款、第 17 条、第 23 条、第 27 条

【相关规定】

《数据安全法》第 38 条;《保守国家秘密法》第 9 条;《反恐怖主义法》第 45 条;《国家情报法》第 15 条;《反间谍法》第 12 条;《最高人民法院关于审理使用人脸识别技术处理个人信息相关民事案件适用法律若干问题的规定》第 5 条

【域外比较】

日本《个人信息保护法修正案》第 18 条规定了收集个人信息时对使用目的等事项的告知义务……其中第 4 款规定了 4 种例外情形,包括告知或公开使用目的可能损害信息文体或他人的生命,身体、财产或其他权益,或可能损害个人信息处理业者合法权利或正当利益,或可能妨碍中央机关或地方政府执行法定事项之需,或就收集情况即可明确使用目的的情形。

从欧盟立法来看,本条可与《通用数据保护条例》第 15 条第 5 款第 d 项比较:当个人数据"必须保密"时,要求告知各类事项的条款不适用。欧盟第 29 条工作组《对第 2016/679 号条例(GDPR)透明度指南》进一步指出:这一例外事项应当作限缩的解释,与此同时,希望援引这一例外的控制者,必须明确所依赖的、欧盟或成员国层面的相应法律。相比较之下,欧盟对告知的态度更加鲜明,对设立告知的例外也更为谨慎。《通用数据保护条例》第 15 条第 5 款第 b 项和欧盟第 29 条工作组《对第 2016/679 号条例(GDPR)透明度指南》亦明确:在维护数据主体的(基本)权利和自由时,如果利益平衡分析显示告知实属"不可能"或"不成比例",则可以免于告知。

第十九条　除法律、行政法规另有规定外,个人信息的保存期限应当为实现处理目的所必要的最短时间。

【条文主旨】

本条是关于个人信息保存期限的具体规定。

本条对个人信息的保存期限作出一般规定,将个人信息保存时间限定在个人信息处理者目的实现的最短期间内,旨在贯彻《个人信息保护法》第 6 条目的限制

和最小范围原则的要求。个人信息不能无限期地保存，个人信息的处置与个人信息权益保护息息相关，是个人信息处理的“退出”机制，对个人信息的安全风险和超限利用有直接的关联。如果超过实现处理目的所必要的最短时间，原则上应当删除该个人信息。

与此同时，考虑到不同行业、场景下对个人信息处理者保存个人信息具有不同要求和限制，本条作为保障个人信息安全的重要环节，以法律、行政法规另有规定的例外情形，充分衔接其他关于信息保存的规则要求，均衡信息主体权益保护与个人信息流通利用。

【演进过程】

一审稿	二审稿	最终稿
第二十条　个人信息的保存期限应当为实现处理目的所必要的最短时间。法律、行政法规对个人信息的保存期限另有规定的，从其规定。	第二十条　个人信息的保存期限应当为实现处理目的所必要的最短时间。法律、行政法规对个人信息的保存期限另有规定的，从其规定。	
	第~~二十~~条　个人信息的保存期限应当为实现处理目的所必要的最短时间。~~法律、行政法规对个人信息的保存期限另有规定的，从其规定。~~	第十九条　除法律、行政法规另有规定外，个人信息的保存期限应当为实现处理目的所必要的最短时间。

【条文释义】

随着大数据时代的蓬勃发展，个人信息的存储、利用、共享等行为类型越来越多，个人信息处理者在社会生活高度数字化的背景下，实现了对海量个人信息高效、广泛的收集和储存。技术、使用方法的不断创新使个人信息创造无限的可能和价值，这导致个人信息处理者在不断获取更多个人信息的同时，倾向于长期地保存个人信息，给个人信息安全和隐私带来风险。[1] 针对这一现象，本条对个人信息处理者保存个人信息的时间作出合理化限制，防止个人信息处理无限期地保存个人信息，信息主体的权益带来难以预测的风险，进而导致个人对自身信息丧失控制权的情形出现。

第一，本条规定的是个人信息保存期限的上限。本条将个人信息保存期限定为实现处理目的所必要的最短时间，是指个人信息处理者应当基于合法、正当、必要、诚信、公开、透明等《个人信息保护法》所规定的原则，结合特定业务场景下收

---

① 参见程啸：《论我国个人信息保护法中的个人信息处理规则》，载《清华法学》2021 年第 3 期。

集、存储个人信息的必要性及其处理目的、方式、范围等要素,确定处理活动所需的最短保存期限。本条并没有对个人信息的保存期限直接设定固定期限,而是根据必要性原则将这一期限交由个人信息处理者掌握。保存期限并非简单地对个人信息作出有用或无用的二元化选择,而是要求个人信息处理者对信息的保存应当是一种非永久性的机制,要求在实现信息处理目的后的最短时间内处置个人信息。[①] 个人信息处理者根据处理活动的需要对个人信息的价值、生命周期等方面作出判断,对已实现处理目的或失去利用价值的个人信息及时进行删除或作匿名化处理。因此,本条规定的是个人信息保存期限的上限要求。

第二,本条设置准用性规范优先适用各领域法律、行政法规的特殊规定,以此作为特殊场景下个人信息保存期限的下限要求。在现代信息社会中,个人信息承载着多元化价值和利益。为维护国家安全、公共安全、网络安全、保护消费者权益等需要,其他法律、行政法规可以对个人信息处理者保存个人信息的期限提出更高的要求,或是对特定信息规定最短保存期限。因此,相比较而言,其他法律、行政法规所规定的个人信息保存期限,其性质应为下限要求,与本条规定在立法意旨上存在根本区别。例如,法律层面的《网络安全法》《电子商务法》《反洗钱法》等,行政法规层面的《互联网信息服务管理办法》《征信业管理条例》等,均对个人信息数据保存期限作出特殊规定。

【适用指引】

互联网数据对个人信息的大量、长期存储能够形成永久记忆,必然会伴生个人隐私泄露和信息控制权丧失等风险。个人在互联网留下的个人信息很有可能在未来对自己的人格尊严造成不可估量的伤害,如负面新闻后的人肉搜索行为往往会对当事人身心产生重大伤害。我国部分互联网企业在隐私政策(如微博《个人信息保护政策》、淘宝《隐私权政策》、微信《隐私保护指引》等)或用户协议中对保存期限表述为实现目的所必需的最短期限和法律、行政法规及监管规定的保留时限;超出保留期限或产品停止服务后将删除用户个人信息或匿名化处理。实践中对实现目的所需的最短期限难以界定,因此需要予以进一步明确。

第一,本条规定要求个人信息处理者及时处置个人信息。个人信息处理者在收集和保存海量个人信息的同时,应当保证个人信息的动态调整和及时处置,将已经实现处理目的或丧失利用价值的个人信息及时删除或作匿名化处理,以此保证个人信息的及时更新,杜绝形成仅增加个人信息而不删除的个人信息"死水

---

① 参见[英]迈尔-舍恩伯格:《删除:大数据取舍之道》,袁杰译,浙江人民出版社2013年版,第204页。

潭”。同时,本条规定也对具有搜索引擎功能的处理者提出了更高的要求,以Cookies数据为代表的用户搜索信息保存期限需尽量缩短,保护大数据时代下公民个人的隐私权和人格尊严,避免因互联网记忆的永久性产生“寒蝉现象”。个人信息处理者应当根据本条规定,就个人信息的保存期限和处置规范制定内部合规机制,明确自身在个人信息存储和删除等方面的具体要求。

第二,法律行政法规另有规定的常见情形。较为常见的情形如下:依据《个人信息保护法》第56条的规定,风险评估报告和处理情况记录应当至少保存3年;依据《反洗钱法》第19条第3款的规定,客户身份资料在业务关系结束后、客户交易信息在交易结束后,应当至少保存5年;依据《电子商务法》第31条的规定,电子商务平台经营者应当记录、保存平台上发布的商品和服务信息、交易信息,并确保信息的完整性、保密性、可用性。商品和服务信息、交易信息保存时间自交易完成之日起不少于3年;依据《证券法》第137条的规定,证券公司应当妥善保管客户开户资料、委托流、交易记录和内部管理、业务经营有关的各项信息,保存期限不得少于20年;依据《电子签名法》第24条的规定,电子认证服务提供者应当妥善保存与认证相关的信息,信息保存期限至少为电子签名认证证书失效后5年;根据《精神卫生法》第47条的规定,病历资料保存期限不得少于30年;《征信业管理条例》第16条第1款规定,征信机构对个人不良信息的保存期限,自不良行为或者事件终止之日起为5年;《不动产登记暂行条例》第13条第1款规定,不动产登记簿由不动产登记机构永久保存;等等。

第三,个人信息处理者应当如何处置个人信息。对此,可以结合《个人信息安全规范》的相关规定进行适用。《个人信息安全规范》第6.1款明确本条要求个人信息处理者在保存期限届满后应及时对个人信息进行删除或作匿名化处理,这一要求也符合当前绝大多数互联网企业等个人信息处理者的实践经验。在实现处理目的、用户停止使用产品服务或产品自身停止服务后,个人信息处理者应当自觉履行删除或匿名化处理个人信息的义务,而非拖延至用户发现侵权行为并提起诉讼后才履行自身应尽义务,避免变相将个人信息处理者义务转移至个人承担。该条可以及时实现对个人隐私权的保护,并且减少当事人通过司法途径行使删除权的数量,减轻司法负担。

第四,本条关于个人信息保存期限的限制属于强制性规定,不能通过约定进行排除。个人信息处理者不得通过合同约定或者公示个人信息处理规则的方式,变更《个人信息保护法》关于个人信息保存期限的限制性规定。诸如关于个人信息无限期保存等格式条款均为无效条款。

【案例链接】

目前,保存期限是我国个人信息存储的重要遗忘机制。中国裁判文书网公布的一则个人征信案例显示,原告李某、邢某免除保证责任至今已近10年之久,而被告齐河农商银行并未履行消除原告不良征信记录的义务,已超出《征信业管理条例》规定的5年保存期限。①

美国、欧盟在保存期限方面通常结合被遗忘权,要求个人信息处理者对已丧失价值的个人信息进行删除。搜索引擎公司、互联网公司等个人信息处理者也逐渐认识到个人信息的结合及存储对个人和社会存在巨大的影响力,开始设置保存期限来保护个人隐私。如Google将用户搜索记录的保存期限设定为9个月,此后将记入匿名化存储。

关于保存期限,较有代表性的案例是"Taxa 4x35违反数据存储限制案"。② Taxa 4x35公司依照丹麦《市场营销法》第10条的规定,自用户同意的2年有效期后,应当删除客户相关电话号码,并匿名化处理或删除客户订购和结算税款的资料。但Datatilsynet对Taxa 4x35公司行使监督权时发现该公司仍保留用户电话号码以及约8,873,333次乘车记录数据仅删除用户姓名,且仍可依据特定税款信息与电话号码识别到特定个人,即未作匿名化处理。此外,Taxa 4x35公司拟定的隐私政策规定用户电话号码在5年后才能予以删除,直接与丹麦对数据留存期限的具体规定相悖。据此,Datatilsynet依据欧盟《一般数据条例》对Taxa 4x35公司处以16万欧元行政处罚。

此外,法国巴黎银行个人理财公司也曾因违反数据存储限制原则而受到处罚。法国巴黎银行与零售商和服务提供商都签署了数据处理协议。采用电子形式签署协议时,法国巴黎银行在履行法定义务及获得用户明示同意的基础上,收集用户的生物特征签名数据。在合同履行完毕后,法国巴黎公司继续存储与客户的通话录音长达10年。法国巴黎银行处理与经常账户申请有关的个人数据的处理时间超过了处理目的所需的期限,且超过了销毁数据所指定的期限。针对该事件,捷克数据保护监管部门于2019年3月21日对该公司作出9704欧元的处罚决定。③

---

① 山东省德州市中级人民法院民事判决书,(2021)鲁14民终1398号。

② 参见中兴通讯数据保护合规部、数据法盟:《〈通用数据保护条例〉执法案例精选白皮书》,载ZTE中兴网2019年10月19日,www. zte. com. cn/mediares/zte/Files/PDF/white_book/202004070858. pdf? la = zh – CN。

③ 参见中兴通讯数据保护合规部、数据法盟:《〈通用数据保护条例〉执法案例精选白皮书》,载ZTE中兴网2019年10月19日,www. zte. com. cn/mediares/zte/Files/PDF/white_book/202004070858. pdf? la = zh – CN。

【关联条文】

《个人信息保护法》第 6 条、第 55 条

【相关规定】

《网络安全法》;《电子商务法》第 31 条;《反洗钱法》第 19 条第 3 款;《证券法》第 137 条、第 162 条;《反恐怖主义法》第 32 条;《电子签名法》第 24 条;《精神卫生法》第 47 条;《互联网信息服务管理办法》;《征信业管理条例》第 16 条第 1 款;《不动产登记暂行条例》第 13 条第 1 款;《统计法实施条例》第 22 条;《金融机构客户身份识别和客户身份资料及交易记录保存管理办法》第 29 条;《医疗机构管理条例实施细则》第 53 条;《网络预约出租汽车经营服务管理暂行办法》第 27 条;《网络食品安全违法行为查处办法》第 13 条;《个人信息安全规范》第 6.1 款

【域外比较】

本条可以视为最小化原则在时间维度上的具体体现。英国数据专员办公室(ICO,英国的数据主管当局)对遵从英国《数据保护法》的类似条款有相当明确的阐述:首先,(数据控制者)需要定期检查处理行为,删除任何不再需要的数据;其次,类似于"未来可能有用"这样的根据,不足以使控制者对个人数据的保存正当化。然而,即使控制者所期待的事件实际从未发生,只要控制者能提出理据,同样可以合法保存。总之,任何保存行为都需要有明确的处理目的以及相应的根据。①

第二十条　两个以上的个人信息处理者共同决定个人信息的处理目的和处理方式的,应当约定各自的权利和义务。但是,该约定不影响个人向其中任何一个个人信息处理者要求行使本法规定的权利。

个人信息处理者共同处理个人信息,侵害个人信息权益造成损害的,应当依法承担连带责任。

【条文主旨】

本条规定了两个以上的个人信息处理者共同处理个人信息的具体规则。

随着信息智能化发展,个人信息的价值不再通过孤立收集、使用来实现。个人信息处理者打通信息数据收集挖掘的通道,共同对海量沉淀的个人信息进行二

① Information Commissioner's Office, *Principle (c): Data Minimisation*, Ico. (Mar. 24, 2020), https://ico.org.uk/for-organisations/guide-to-data-protection/guide-to-the-general-data-protection-regulation-《通用数据保护条例》/principles/data-minimisation/。

次甚至多次分析使用，深度开发个人信息背后的商业价值和公共价值。本条所针对的情形即为两个以上的个人信息处理者共同决定个人信息的处理目的和处理方式，旨在规制个人信息的共同处理行为，保障个人信息流转利用过程中信息主体的决定权，以及遭受侵害时可以获得充分的权利救济。

第1款明确了个人信息处理者内部的权利义务划分和个人的权利主张方式，目的在于切实保障个人信息权益不受侵害。两个以上个人信息处理者可基于业务关系约定个人信息处理权利的共享，并共同承担安全保障义务。双方通过内部约定的方式确定各自的权利和义务，可以最大限度地实现个人信息处理者经营自主和契约自由。

与此同时，根据合同的相对性原则，共同处理个人信息的处理者之间关于权利义务的约定并不影响信息主体向其中任何一个主张权利。个人能够对任何一个个人信息处理者主张知情权、撤回权等权利，不但有利于保障信息主体对自身个人信息的决定权，也可以最大化地便利实现信息主体的权利救济。

第2款对共同处理个人信息的处理者的责任形式进行了更加严格的规定。根据本条款的规定，个人信息处理者共同处理个人信息，侵害个人信息权益造成损害的，应当依法承担连带责任，目的在于加重行政机关、互联网企业等个人信息处理者的责任承担，倾斜性地保护信息主体，为受侵害个人实现权利救济、获得赔偿提供充分保障。本条款旨在避免因共同侵权中个人信息处理者侵权行为损害程度的难以确定，或一个或数个个人信息处理者缺乏赔偿能力，而使个人无法得到有效救济。本条与《民法典》共同侵权规则有效衔接，通过明确共同处理情形中个人信息处理者的责任形态，保障信息主体求偿权的实现，促使共同处理者之间就个人信息的安全保护互相监督。可以说，在个人信息快速传播的大数据时代，连带责任承担方式具有最大限度保护个人信息权益的实践价值。

【演进过程】

一审稿	二审稿	最终稿
第二十一条　两个或者两个以上的个人信息处理者共同决定个人信息的处理目的和处理方式的，应当约定各自的权利和义务。但是，该约定不影响个人向其中任何一个个人信息处理者要求行使本法规定的权利。	第二十一条　两个以上的个人信息处理者共同决定个人信息的处理目的和处理方式的，应当约定各自的权利和义务。但是，该约定不影响个人向其中任何一个个人信息处理者要求行使本法规定的权利。	

续表

一审稿	二审稿	最终稿
个人信息处理者共同处理个人信息，侵害个人信息权益的，依法承担连带责任。	个人信息处理者共同处理个人信息，侵害个人信息权益的，应当承担连带责任。	
	第三十一条　两个以上的个人信息处理者共同决定个人信息的处理目的和处理方式的，应当约定各自的权利和义务。但是，该约定不影响个人向其中任何一个个人信息处理者要求行使本法规定的权利。 个人信息处理者共同处理个人信息，侵害个人信息权益的，应当承担连带责任。	第二十条　两个以上的个人信息处理者共同决定个人信息的处理目的和处理方式的，应当约定各自的权利和义务。但是，该约定不影响个人向其中任何一个个人信息处理者要求行使本法规定的权利。 个人信息处理者共同处理个人信息，侵害个人信息权益造成损害的，应当依法承担连带责任。

【条文释义】

个人信息一旦被授权处理，因其可复制性、非竞争性等特点，极易出现失控状态，在多个个人信息共同处理者之间流转，产生滥用个人信息甚至违法出售、泄露个人信息等情形。但是，由于信息、技术等不对称条件的存在，个人对于实际侵权人或侵权行为往往难以全部知晓，无法及时溯及具体的侵权主体。本条为共同处理个人信息情形下信息主体的权益保护设立了具体的规则。

本条第 1 款规定的关键在于如何理解共同处理。本条所规定的共同处理的关系，是指两个以上的个人信息处理者共同决定个人信息的处理目的和处理方式。共同处理的核心要义包含以下两个方面：一是主体为两个以上的个人信息处理者，根据《个人信息保护法》第 73 条对"个人信息处理者"的界定，是指"在个人信息处理活动中自主决定处理目的、处理方式的组织、个人"，因而此处对于共同处理个人信息的处理者之间的关系并没有限定条件，只需满足《个人信息保护法》对于个人信息处理者的定义即可；二是个人信息处理者之间存在意思联络或协同，共同决定处理目的和处理方式，否则该主体无法构成"共同决定处理目的、处理方式"，相关情形应根据《个人信息保护法》的规定，因循委托处理等规则进行规制。如果两个以上个人信息处理者是共同决定处理目的和处理方式的，个人信息处理者之间存在深度的意思联络对于信息主体而言，共同处理的个人信息处理者可被视为一个整体性的处理主体，那么相应地，这些个人信息处理者应当对侵害行为依法承担连带责任。

第2款对个人信息处理者共同侵权连带责任承担作出一般规定。本条款的具体阐释和适用规范以《民法典》侵权责任编为重要参考。两个以上个人信息处理者实施共同侵权行为或共同危险行为以后,应当首先确认个人信息处理者的整体责任。两个以上个人信息处理者对权利和义务的约定为其内部约定,对个人不发生效力。个人有权向一个、数个或全体个人信息处理者请求承担全部侵权损害赔偿。所有个人信息处理者对外承担连带责任,对内按约定或法律规定确定各处理者责任份额,并存在共同侵权连带责任的追偿关系。①

【适用指引】

第一,个人信息的共同处理中,个人信息处理者均对信息主体的权利主张负有协助义务。个人信息处理者基于同意规则获取用户授权处理个人信息后,有权通过合同等形式与一个甚至数个个人信息处理者共同处理个人信息。此处,获得初始授权的个人信息处理者应当在事前告知信息主体共同处理的方式以及可能的后果,确保个人在充分知情的情况下,对是否允许与其他个人信息处理者共同处理自身信息作出明示同意。个人信息共同处理过程中,个人有权针对任何一个或多个个人信息处理者行使《个人信息保护法》赋予的知情权、撤回权等合法权利。对此,个人信息处理者均负有协助义务,不得以与个人不具有直接授权关系或合同具有相对性为由,妨碍或拒绝个人行使权利。

第二,个人信息处理者应当对共同处理个人信息的合作方进行审慎挑选。本条第2款对共同处理个人信息的处理者提出了严格的责任承担要求。《个人信息保护法》将共同侵权的民事责任单一限定为连带责任,直接增加了个人信息处理者的责任。不论是占据主导地位的个人信息处理者选择共同处理个人信息的其他处理者,还是作为第三方的个人信息处理者加入对个人信息的共同处理关系,获得个人同意的个人信息处理者都应当对共同个人信息处理者进行必要、详细的核查,充分了解其个人信息安全保障能力、制度规范与实施情况及风险应对措施,考察其是否因侵犯个人信息承担过民事责任、行政责任或刑事责任等,尽到合理审慎的义务。

第三,如何确定共同处理个人信息处理者之间的责任份额。对此,可以参考《个人信息安全规范》第9.6款的规定,该条不仅规定了连带责任承担方式,还明确了按份责任承担情形:"(a)当个人信息控制者与第三方为共同个人信息控制者时,个人信息控制者应通过合同等形式与第三方共同确定应满足的个人信息安全

---

① 参见杨立新:《中国侵权责任法研究》,中国人民大学出版社2018年版,第365页。

要求，以及在个人信息安全方面自身和第三方应分别承担的责任和义务，并向个人信息主体明确告知；(b)如未向个人信息主体明确告知第三方身份，以及在个人信息安全方面自身和第三方应分别承担的责任和义务，个人信息控制者应承担因第三方引起的个人信息安全责任。”同时，《民法典》侵权责任编也为本条适用提供了一般规定作为补充。

【案例链接】

庞某某诉中国东方航空股份有限公司、北京趣拿信息技术有限公司隐私权纠纷案[①]

1. 案情简介

庞某某委托其助理鲁某通过北京趣拿信息技术有限公司(以下简称趣拿公司)运营的去哪儿网购买中国东方航空股份有限公司(以下简称东航公司)机票，随后收到诈骗短信，短信内容中显示有庞某某航班的起飞时间、降落时间、机场名称、航班号等信息。庞某某认为自己的个人信息被上述二公司泄露，于是向法院提起诉讼。二被告公司均辩称没有主动泄露庞某某的个人信息，不存在侵犯隐私权的行为，并辩称中国民航信息网络股份有限公司(以下简称中航信)也有可能泄露庞某某的个人信息。

2. 案例要点与解析

法院认为，多个处理者共同处理个人信息造成个人信息泄露时，被侵权人无须同时向所有可能侵权者同时主张权利，可以选择起诉侵权人；即使多个信息处理者之间约定了各自在处理过程中的权利义务，在对外关系上仍要承担连带责任，即可以由被选择的侵权人首先承担责任。结合案情，法院认为，综合庞某某所提出的证据和案件发生时的背景因素，东航公司和趣拿公司存在泄露个人信息的高度可能。两公司无法举证证明本案中信息泄露的确是归因于他人，亦未证明其在被媒体多次报道涉嫌泄露乘客隐私后采取了有效措施加强信息安全保护，因此判定趣拿公司和东航公司具有过错；庞某某有权选择起诉侵权人并实际行使了选择权，即使中航信也有可能泄露其个人信息，法院仍判定东航公司和趣拿公司连带承担相应侵权责任。

本案可适用《个人信息保护法》第20条的规定。在本案中，趣拿公司收集用户的个人信息，为用户提供预订酒店、购买机票、购买旅游产品等服务。趣拿公司将所收集的个人信息与东航公司、中航信共同使用。三家个人信息处理者对于使

---

① 北京市海淀区人民法院民事判决书，(2017)京01民终509号。

用用户个人信息存在意思联络，构成共同处理行为。对于在此期间因个人信息泄露所产生的损害，应当由个人信息处理者依法承担连带责任。

域外案例

欧盟在共同处理个人信息方面，对个人信息处理者各自及共同的权利义务作了详尽规定，司法实践与执法监管对个人信息处理者共同侵权行为处罚较重，具有一定的威慑力。

关于共同处理个人信息的判定，欧盟法院较为具有代表性的案例有 Wirtschaftsakademie Schleswig - Holstein 案。在本案中，Wirtschaftsakademie Schleswig - Holstein（石荷州经济学院，以下简称经济学院）通过脸书①上的粉丝主页提供教育方面的服务。粉丝主页是个人或者公司在脸书上申请的用户账号。要获得粉丝主页，用户必须首先在脸书上注册，随后即可通过该粉丝主页将自身介绍给脸书的其他用户，并且可以发布信息来拓展业务。粉丝主页管理人可以通过脸书洞察这一工具从脸书免费获得粉丝主页访问者的匿名统计信息。该信息通过浏览记录收集，每一浏览记录均含有一个独特的用户码。经济学院和脸书爱尔兰公司并未告知粉丝主页的访问者，脸书通过浏览记录收集了他们的个人信息，并对这些个人信息进行了处理。

为此，2011 年 11 月 3 日，德国石荷州独立数据保护中心（以下简称数据保护中心）要求经济学院停止使用其粉丝主页，理由是经济学院和脸书爱尔兰公司都没有告知粉丝主页访问者他们的个人信息被处理的事实。经济学院对这一决定不服，向数据保护中心申请复议。2011 年 12 月 16 日，数据保护中心驳回了经济学院的复议申请。数据保护中心认为，经济学院通过创建粉丝主页，对脸书搜集个人信息的行为提供了积极主动的协助。不仅如此，经济学院还从这一个人信息处理活动中获益。

经济学院对复议决定不服，向德国行政法院提起诉讼。2013 年 10 月 9 日，德国行政法院作出判决，撤销数据保护中心的决定。德国行政法院认为，粉丝主页的管理人并非德国法律规定的责任主体，经济学院不能成为根据德国法律规定的采取措施的相对人。

数据保护中心不服德国行政法院的判决，继续向德国高等行政法院提起上诉。德国高等行政法院支持一审法院的做法，驳回了数据保护中心的上诉，主要理由在于，经济学院并非德国《联邦数据保护法》所规定的责任主体。此外，脸书

---

① 2021 年 10 月 28 日已更名为“Meta”，下同。

爱尔兰公司决定了个人信息处理的目的和方式，经济学院仅收到了匿名的统计信息而已。

数据保护中心继续向德国联邦行政法院提起上诉。虽然德国联邦行政法院维持了一审和二审法院的判决，但考虑到欧盟法院在近年来的案件中反映出对数据控制者的宽泛界定倾向，还是决定中止诉讼，请求欧盟法院对相关问题先予裁决。其中的关键问题便在于，对于选择运营商进行个人信息处理，但其本身对个人信息处理并没有控制权的实体是否也要被追究责任。

欧盟法院对本案作出了裁判。欧盟法院认为，经济学院即粉丝主页的管理人，构成了 DPD 所规定的数据控制者，应共同为个人信息处理活动负责。尽管管理人并没有接触个人信息，但是 DPD 并未要求每一个控制者均能够接触到数据。欧盟法院认为，经济学院作为粉丝主页的管理人促成了这里的个人信息处理，因而有必要被认定为数据控制者。具体来说，粉丝主页的管理人通过创建粉丝主页，给予了脸书将浏览记录设置于访问该粉丝主页的人的计算机或其他设备之中的机会，无论此人是否拥有脸书账户。

【关联条文】

《个人信息保护法》第 73 条

【相关规定】

《民法典》第 111 条、第 995 条；《最高人民法院关于审理使用人脸识别技术处理个人信息相关民事案件适用法律若干问题的规定》第 7 条；《个人信息安全规范》第 9.6 款

【域外比较】

本条是对共同处理者的规定。尽管欧盟立法（特别是 GDPR）中“控制者”的概念与我国法律中“处理者”的概念未必完全一致，就信息主体权利请求对象与责任承担方式而言，GDPR 所规定的共同控制者能够为共同处理者提供丰富的域外借鉴。欧盟《通用数据保护条例》第 26 条规定：“两个或更多共同决定处理目的和方式的控制者应当构成共同控制者。除非适用于共同控制者的欧盟法或成员国法另有规定，共同控制者应以透明的方式约定各自履行《通用数据保护条例》下义务的责任，特别是关于数据主体行使权利和向数据主体提供特定信息的责任。共同控制者间的上述约定应按规定反映各控制者相对于数据主体的性质和关系。无论约定条款内容为何，数据主体均可向任一控制者主张《通用数据保护条例》下他或她的权利。”欧盟《通用数据保护条例》第 82 条第 4 款规定：“如果多个控制者参与同一处理，且各自均对处理造成的损害负有责任，为确保有效补偿数据主体，每一控制者均应对全额的损害赔偿负有责任。”

第二十一条　个人信息处理者委托处理个人信息的，应当与受托人约定委托处理的目的、期限、处理方式、个人信息的种类、保护措施以及双方的权利和义务等，并对受托人的个人信息处理活动进行监督。

受托人应当按照约定处理个人信息，不得超出约定的处理目的、处理方式等处理个人信息；委托合同不生效、无效、被撤销或者终止的，受托人应当将个人信息返还个人信息处理者或者予以删除，不得保留。

未经个人信息处理者同意，受托人不得转委托他人处理个人信息。

【条文主旨】

本条规定了个人信息委托处理的具体规则，包括个人信息委托人和受托人在个人信息委托处理过程中各自应当遵守的义务。

个人信息的委托处理是较为常见的处理行为，较为典型的诸如云计算、健康码等技术服务。当个人信息处理者因在技术能力、人力资源、基础设施等方面存在局限性，或出于企业经营成本效益等因素时，不能或不愿意仅依靠自己完成个人信息的处理活动，可以将自己所控制的个人信息交给第三方主体进行处理。与此同时，为了确保个人信息的安全，保护信息主体的合法权益，《个人信息保护法》对委托合同的意思自治予以限制，防止个人信息处理者通过委托合同规避在个人信息保护方面应当承担的法定义务。

本条第 1 款规定了个人信息委托处理中委托方的义务。个人信息处理者委托处理个人信息的，应当与受托人约定委托处理的目的、期限、处理方式、个人信息的种类、保护措施以及双方的权利和义务等，并对受托人的个人信息处理活动进行监督。个人信息处理者委托处理个人信息的场景中，由作出委托的个人信息处理者承担《个人信息保护法》所规定的一般要求和义务，对受托人的处理进行约束和监督。

本条第 2 款规定了个人信息委托处理中受托方的义务。受托人应当按照约定处理个人信息，不得超出约定的处理目的、处理方式等处理个人信息；委托合同不生效、无效、被撤销或者终止的，受托人应当将个人信息返还个人信息处理者或者予以删除，不得保留。这表明，在委托处理个人信息的场景中，受托人并非不承担任何义务。合规的个人信息委托处理关系应当以委托人和受托人之间的约定为边界，不得超出约定的处理目的、处理方式等处理个人信息。如果受托人超出约定的范围处理个人信息，就属于非法处理个人信息，应当根据《个人信息保护法》的相关规定取得同意或存在其他合法性基础。

本条第 3 款规定了转委托的限制规定。未经个人信息处理者同意，受托人不得转委托他人处理个人信息。本条款规定与《民法典》中关于委托合同转委托的禁止性规定保持一致，旨在确保个人信息在委托处理活动中受到信息主体初始授权的约束，使个人信息“脱控但不失控”。

【演进过程】

一审稿	二审稿	最终稿
第二十二条　个人信息处理者委托处理个人信息的，应当与受托方约定委托处理的目的、处理方式、个人信息的种类、保护措施以及双方的权利和义务等，并对受托方的个人信息处理活动进行监督。 受托方应当按照约定处理个人信息，不得超出约定的处理目的、处理方式等处理个人信息，并应当在合同履行完毕或者委托关系解除后，将个人信息返还个人信息处理者或者予以删除。 未经个人信息处理者同意，受托方不得转委托他人处理个人信息。	第二十二条　个人信息处理者委托处理个人信息的，应当与受托方约定委托处理的目的、期限、处理方式、个人信息的种类、保护措施以及双方的权利和义务等，并对受托方的个人信息处理活动进行监督。 受托方应当按照约定处理个人信息，不得超出约定的处理目的、处理方式等处理个人信息；委托合同不生效、无效、被撤销或者终止的，受托方应当将个人信息返还个人信息处理者或者予以删除，不得保留。 未经个人信息处理者同意，受托方不得转委托他人处理个人信息。	
	第二十三条　个人信息处理者委托处理个人信息的，应当与受托方约定委托处理的目的、期限、处理方式、个人信息的种类、保护措施以及双方的权利和义务等，并对受托方的个人信息处理活动进行监督。 受托方应当按照约定处理个人信息，不得超出约定的处理目的、处理方式等处理个人信息；委托合同不生效、无效、被撤销或者终止的，受托方应当将个人信息返还个人信息处理者或者予以删除，不得保留。 未经个人信息处理者同意，受托方不得转委托他人处理个人信息。	第二十一条　个人信息处理者委托处理个人信息的，应当与受托人约定委托处理的目的、期限、处理方式、个人信息的种类、保护措施以及双方的权利和义务等，并对受托人的个人信息处理活动进行监督。 受托人应当按照约定处理个人信息，不得超出约定的处理目的、处理方式等处理个人信息；委托合同不生效、无效、被撤销或者终止的，受托人应当将个人信息返还个人信息处理者或者予以删除，不得保留。 未经个人信息处理者同意，受托人不得转委托他人处理个人信息。

【条文释义】

个人信息处理者有权利为完成业务所需将个人信息委托给他人进行处理,其性质属于委托合同的具体应用。但是,个人信息的委托处理不仅涉及个人信息处理者的经营自由权,同时关乎信息主体的权益保护问题。因此,个人信息处理者仅可在信息主体初始授权的范围内,委托具备个人信息安全保障和管理能力的受托人进行个人信息处理活动,并且应当对后者的行为进行监督。

(一)个人信息委托处理中委托人应当履行的义务

根据本条规定,委托人应当与受托人约定委托处理的目的、期限、处理方式、个人信息的种类、保护措施以及双方的权利和义务等,并对受托人的个人信息处理活动进行监督。这种监督是对受托人个人信息处理全过程的动态监督,并且采取相应的可行措施约束受托人的行为。对此,可以参考《个人信息安全规范》的相关规定,其中第9.1款规定了个人信息处理者可以采取的监督方式:"……b)个人信息控制者应对委托行为进行个人信息安全影响评估,确保受委托者达到11.5的数据安全能力要求[①]……d)个人信息控制者应对受委托者进行监督,方式包括但不限于:1)通过合同等方式规定受委托者的责任和义务;2)对受委托者进行审计……"

(二)个人信息委托处理中受托人应当履行的义务

第一,在委托的范围内处理个人信息的义务。首先,个人信息处理受托人最为核心的义务,就是按照委托人的要求在约定的范围内展开个人信息的处理活动。因此,受托人应当按照约定处理个人信息,不得超出约定的处理目的、处理方式等处理个人信息。《民法典》第922条规定:"受托人应当按照委托人的指示处理委托事务。需要变更委托人指示的,应当经委托人同意;因情况紧急,难以和委托人取得联系的,受托人应当妥善处理委托事务,但是事后应当将该情况及时报告委托人。"相同的规定还见于《数据安全法》第40条:"国家机关委托他人建设、维护电子政务系统,存储、加工政务数据,应当经过严格的批准程序,并应当监督受托方履行相应的数据安全保护义务。受托方应当依照法律、法规的规定和合同约定履行数据安全保护义务,不得擅自留存、使用、泄露或者向他人提供政务数据。"其理据在于:一方面,在个人信息委托处理关系中,委托人和受托人所承担的义务标准和责任程度是存在区别的,个人信息处理者的权限与其义务范围相对

---

① 《个人信息安全规范》第11.5款规定:"数据安全能力　个人信息控制者应根据有关国家标准的要求,建立适当的数据安全能力,落实必要的管理和技术措施,防止个人信息的泄漏、损毁、丢失、篡改。"

应。另一方面,受托人在初始授权的范围内开展处理活动符合信息主体对于初始授权的合理期待。如果受托人超出约定的处理目的、处理方式等处理个人信息,那么这种处理活动就缺乏合法性依据。根据《个人信息保护法》第 14 条第 2 款的规定,“个人信息的处理目的、处理方式和处理的个人信息种类发生变更的,应当重新取得个人同意”。因此,受托人应当在约定的范围内展开处理活动,以维持信息主体初始授权的有效性。其次,个人信息处理受托方应当就处理活动及时与委托方进行沟通,以便委托方对受托方的个人信息处理活动进行监督。若由于业务需要、情势变化等原因,促使受托人为了委托方和信息主体的利益而变更处理活动相关事项时,应当经委托人的同意方可进行。

第二,不得擅自转委托的义务。未经个人信息处理者同意,受托方不得转委托他人处理个人信息。根据《民法典》第 923 条的规定:“受托人应当亲自处理委托事务。经委托人同意,受托人可以转委托。转委托经同意或者追认的,委托人可以就委托事务直接指示转委托的第三人,受托人仅就第三人的选任及其对第三人的指示承担责任。转委托未经同意或者追认的,受托人应当对转委托的第三人的行为承担责任;但是,在紧急情况下受托人为了维护委托人的利益需要转委托第三人的除外。”个人信息处理者与受托方之间的委托合同是基于双方之间的信任关系,而本条第 1 款同样规定了个人信息处理者需要对受托方履行持续监督的义务。无论是《民法典》还是《个人信息保护法》均在原则上禁止转委托,其理由在于,未经委托人同意的转委托违背了委托人的意愿,同时增加个人信息被非法处理和被泄露的风险,损害信息主体的合法权益。因此,个人信息处理者应当对受托方在个人信息处理专业技术能力、安全保障能力以及管理能力等方面有充分、全面的了解和信任,未经个人信息处理者同意,受托方不得转委托他人处理个人信息,使个人信息处于失控状态。

第三,及时返还或予以删除的义务。根据本条的规定,委托合同不生效、无效、被撤销或者终止的,受托方应当将个人信息返还个人信息处理者或者予以删除,不得保留。本条在制定过程中有所修改,《个人信息保护法》一审稿中规定,受托方“应当在合同履行完毕或者委托关系解除后,将个人信息返还个人信息处理者或者予以删除”。此处的修改主要是为了与《民法典》的相关规定保持一致:《民法典》第 507 条规定,“合同不生效、无效、被撤销或者终止的,不影响合同中有关解决争议方法的条款的效力”;针对委托合同情形,《民法典》第 157 条规定,“民事法律行为无效、被撤销或者确定不发生效力后,行为人因该行为取得的财产,应当予以返还;不能返还或者没有必要返还的,应当折价补偿。有过错的一方应当赔偿对方由此所受到的损失;各方都有过错的,应当各自承担相应的责任。法律另有规定的，依照其规定”。因此，本条在二审稿时将个人信息受托方返还或删除所委托处理的个人信息的具体场景，规定为合同不生效、无效、被撤销或者终止。值得注意的是，此处法条仅规定了返还或者予以删除，并未明确哪种处置方式为优先方案，对此的理解是以不得保留为底线，而具体采用何种方式，需要委托人和受托人根据个人信息的种类、处理方式、范围等因素，以最有利于保护个人信息权益为原则在委托合同中须先约定明确。如果受托人违反约定处理个人信息，侵害个人权益造成损害的，应当依法承担《个人信息保护法》所规定的民事责任，还需要向委托人承担违约责任。

【适用指引】

（一）个人信息委托处理与《民法典》关于委托合同相关规定之间的关系？

首先，个人信息的委托处理同样适用《民法典》关于委托合同的相关规定。《民法典》合同编第 23 章对委托合同进行了具体规定，明确了委托合同中委托人和受托人的主要权利义务，包括委托人应当支付费用、支付报酬、赔偿受托人损失，受托人应当依照委托人的指示处理委托事务、亲自处理委托事务、报告义务、财产转交义务等。区别在于，受托人在委托合同之外，还需履行《个人信息保护法》所规定的个人信息保护的公法义务。

其次，委托处理个人信息应当签订委托合同。根据本条第 1 款规定，个人信息处理者委托处理个人信息的，应当与受托人约定委托处理的目的、期限、处理方式、个人信息的种类、保护措施以及双方的权利和义务等。因此，在个人信息处理者委托处理个人信息的场景中，本款规定事实上将签订委托合同作为一项强制性条款，委托合同不但需要满足《民法典》第 470 条关于合同一般条款的规定，还必须包含本条款所规定的特定条款。另外，有观点认为，本条第 1 款用“以及”将“委托处理的目的、期限、处理方式、个人信息的种类、保护措施”与“双方的权利和义务”进行区隔，意在表明前者为委托事项的具体内容，属于法律规定的义务，而后者为意思自治的范围，属于约定内容。①

（二）个人信息的委托处理是否需要征得信息主体的同意？

虽然《个人信息保护法》第 21 条在表述中没有将个人信息处理者在委托前需要征得个人信息主体同意作为强制性规定予以明确，但是除因法定不需取得个人同意的情形之外，个人信息的委托处理需要征得信息主体的同意。理由有二：一是委托处理本身就是个人信息处理活动的方式之一，根据《个人信息保护法》第 4 条第 2 款的规定，“个人信息的处理包括个人信息的收集、存储、使用、加工、传输、

① 参见程啸：《个人信息保护法理解与适用》，中国法制出版社 2021 年版，第 205 页。

提供、公开、删除等”。委托处理虽然没有作为典型的处理活动被纳入列举式立法的范畴,但是个人信息的委托处理同时涉及个人信息的收集、存储、使用、传输等方面,是多类型处理活动的复合呈现。二是委托处理应当属于对信息主体有重大影响的事项,从体系解释的角度来看,《个人信息保护法》第55条规定,“有下列情形之一的,个人信息处理者应当事前进行个人信息保护影响评估,并对处理情况进行记录:(一)处理敏感个人信息;(二)利用个人信息进行自动化决策;(三)委托处理个人信息、向其他个人信息处理者提供个人信息、公开个人信息;(四)向境外提供个人信息;(五)其他对个人权益有重大影响的个人信息处理活动”。从该条的表述可以看出,《个人信息保护法》是将委托处理与向其他个人信息处理者提供个人信息、公开个人信息进行并列规定,从侧面表现出立法者认为三者在风险等级上是具有相当性的。《个人信息保护法》第23条规定,个人信息处理者向其他个人信息处理者提供其处理的个人信息的,需要取得个人的单独同意;《个人信息保护法》第25条规定,个人信息处理者不得公开其处理的个人信息,取得个人单独同意的除外。因此,从风险防范和安全保障的比例来看,委托处理个人信息取得信息主体的同意,应当是基本的底线。

(三)个人信息的委托处理是特别委托还是概括委托?

就委托合同角度而言,是特别委托还是概括委托由委托人和受托人自由约定。根据《民法典》第920条的规定,“委托人可以特别委托受托人处理一项或者数项事务,也可以概括委托受托人处理一切事务”。但是,在个人信息的委托处理中,委托处理活动还涉及信息主体的权益保护问题。因此,在《民法典》赋予和肯定双方意思自治的同时,个人信息的委托处理活动还需要接受《个人信息保护法》的约束。对此,需要结合两个方面进行判断:一是该委托条款是否涉及《个人信息保护法》第21条关于委托人和受托人应当约定委托处理的目的、期限、处理方式、个人信息的种类、保护措施以及双方的权利和义务等特定条款;二是该委托条款是否涉及信息主体的特殊同意,即法律、行政法规规定处理个人信息应当取得个人单独同意或者书面同意的情形。如果涉及法定特定条款或同意的特殊形式,则不应通过概括委托进行约定。

(四)紧急情况下是否允许未经个人信息处理者同意进行转委托?

《民法典》第923条第1款规定,转委托未经同意或者追认的,受托人应当对转委托的第三人的行为承担责任;但是,在紧急情况下受托人为了维护委托人的利益需要转委托第三人的除外。对此,有观点认为,对于存在紧急情况的,受托人只要不损害个人的权益,可以允许受托人为了委托人的利益转委托给第三人。[①]对此,可以从两个方面展开分析:一是转委托是否属于《个人信息保护法》第13条第1款第2~7项的情形。如果属于,那么受托人转委托的行为可以视为独立的个人信息处理行为,基于法律、行政法规规定的情形无须取得个人的同意。二是如果转委托不属于法定不需取得个人同意的情形,那么在属于个人同意作为合法性基础的个人信息处理活动中,如因紧急情况进行转委托,应当以维护委托人和信息主体的利益为判断标准。

(五)信息主体撤回同意将会对委托处理关系产生什么影响?

如果在个人信息委托处理合同履行的过程中,发生信息主体撤回同意导致委托合同解除的情形,对此就需要注意两个方面的要点:一是因信息主体撤回同意而解除委托合同的,不影响撤回前基于个人同意已进行的个人信息处理活动的效力。《个人信息保护法》第15条规定了信息主体的同意撤回权,但是个人撤回同意并不具有溯及力。二是个人信息处理者(委托人)应当尽到告知义务,及时向受托人告知信息主体已撤回同意,解除委托合同,并且要求受托人按照合同约定处置个人信息。这对个人信息处理者(委托人)提出了较高的合规要求和响应机制,委托人和受托人应在委托合同中充分考虑同意撤回场景对合同履行的影响,明确委托人和受托人在响应机制中的具体权利和义务,以及核验受托人是否履行处置义务的具体措施。

(六)个人信息的处置是否有期限限制?

根据本条第2款规定,委托合同不生效、无效、被撤销或者终止的,受托人应当将个人信息返还个人信息处理者或者予以删除,不得保留。另据《个人信息保护法》第19条的规定,"除法律、行政法规另有规定外,个人信息的保存期限应当为实现处理目的所必要的最短时间"。在个人信息委托处理中,个人信息处理者(委托人和受托人)应当及时处置个人信息。除法律、行政法规另有规定,例如,关于个人信息保存期限法定义务等要求以外,个人信息处理者(委托人和受托人)留存个人信息的具体期限同样受到第19条的约束,即个人信息的保存期限应当为实现处理目的所必要的最短时间。

【关联条文】

《个人信息保护法》第4条第2款、第13条第1款第2~7项、第14条第2款、第15条、第19条、第23条、第25条、第55条

---

① 参见程啸:《个人信息保护法理解与适用》,中国法制出版社2021年版,第207~208页。

【相关规定】

《民法典》第157条、第470条、第507条、合同编第23章;《数据安全法》第40条;《个人信息安全规范》第9.1款

【域外比较】

《个人信息保护法》第21条是用委托关系来涵盖《通用数据保护条例》中关于"控制者—处理者"的主体分类。根据《通用数据保护条例》第28条的规定:"在代表控制者开展处理时,控制者应只选用为实施适当的组织和技术措施提供了充分保证,使数据处理遵从《通用数据保护条例》、确保维护数据主体权益的处理者。除非控制者事先有一般或特别书面许可,处理者不应纳入另一处理者。处理者的数据处理应受合同或其他欧盟法或成员国法管辖,对处理者及相应控制者有约束力,相应合同或法律应列明处理主体、处理的持续期限、处理的性质和目的、个人数据的种类、数据主体的类型以及控制者的义务和权利。"就前述特定类别的合同,《通用数据保护条例》第28条进一步规定:"上述合同或法律应特别规定处理者的下列义务:(a)仅遵照处理者的书面指令处理个人数据,包括将数据传输至第三国或国际组织,除非适用于处理者的欧盟法或成员国法要求特定的处理行为,在除外情形下,除非法律出于重要的公共利益目的而禁止提供相应信息,处理者应在处理之前告知控制者相应的法律要求;(b)确保获得授权处理个人数据的个体承诺遵守保密义务,或者适用适当的法定保密义务;(c)采取特定的技术和组织措施保护个人数据;(d)在纳入另一处理者时,遵照处理者事先的书面许可,确保被纳入的处理者遵照上述合同或法律,并就被纳入处理者未能履行合同或法律义务的情形,向控制者全额承担相应责任;(e)考虑到处理的性质,在可能的限度内,通过适当的技术和组织措施,协助控制者履行响应数据主体行使特定主体权利请求的义务;(f)考虑到处理的性质和处理者可得的信息,协助控制者履行多种特定合规义务;(g)在处理相关的服务期限结束后,根据控制者的选择,删除所有个人数据,或将所有个人数据交还控制者,并且,除非欧盟法或成员国法要求存储相应数据,删除既有的数据副本;(h)向处理者提供所有为阐明遵从《通用数据保护条例》规定义务所必需的信息,并且允许和协助由控制者或由控制者委任的另一审计者所进行的包括现场检查在内的审计。"由此可以发现,《个人信息保护法》在第21条对个人信息委托处理相关规则的设计中,将《通用数据保护条例》中数据控制者与数据处理者两种角色合一规定。但值得注意的是,《通用数据保护条例》对两种主体分项规定的基础在于,《通用数据保护条例》认为数据控制者和数据处理者在处理活动的自主决定和控制能力等方面是存在区别的,不同的决定能力对应不同的责任条件。因此,在本条款的实务适用中,可以借鉴《通用

数据保护条例》的分类，对于个人信息委托处理的委托人和受托人进行细分，课以不同的责任要求。

第二十二条　个人信息处理者因合并、分立、解散、被宣告破产等原因需要转移个人信息的，应当向个人告知接收方的名称或者姓名和联系方式。接收方应当继续履行个人信息处理者的义务。接收方变更原先的处理目的、处理方式的，应当依照本法规定重新取得个人同意。

【条文主旨】

本条规定了个人信息承继情形中个人信息处理的具体规范。

在现代市场经济中，法人或非法人组织出现合并、分立、解散、被宣告破产等情形较为常见，但是如何在个人信息承继的情形中保障信息主体的基本权益，尚需要法律进一步的明确。本条主要针对的就是这一情形。因个人信息处理者合并、分立、解散、被宣告破产等原因转移个人信息的，个人信息处理者并不需要取得个人同意，而是应当履行法定的告知义务。在该种场景中，个人信息处理者并非出于自身意愿，而是由于主体的客观变化从而转移个人信息。就逻辑而言，这一变化并不会改变个人信息处理活动的目的、方式等基本要素，而仅是具体的个人信息处理者身份（法律主体地位）出现变化。因此，只要向个人告知接收方的名称或者姓名和联系方式，便于个人行使自身权利，就能够达到保障信息主体权益的程度。

【演进过程】

一审稿	二审稿	最终稿
第二十三条　个人信息处理者因合并、分立等原因需要转移个人信息的，应当向个人告知接收方的身份、联系方式。接收方应当继续履行个人信息处理者的义务。接收方变更原先的处理目的、处理方式的，应当依照本法规定重新~~向个人告知并~~取得其同意。	第二十三条　个人信息处理者因合并、分立等原因需要转移个人信息的，应当向个人告知接收方的身份、联系方式。接收方应当继续履行个人信息处理者的义务。接收方变更原先的处理目的、处理方式，应当依照本法规定重新取得个人同意。	
	第~~二十三~~条　个人信息处理者因合并、分立等原因需要转移个人信息的，应当向个人告知接收方的~~身份、~~联系	第二十二条　个人信息处理者因合并、分立、解散、被宣告破产等原因需要转移个人信息的，应当向个人告知接

续表

一审稿	二审稿	最终稿
	方式。接收方应当继续履行个人信息处理者的义务。接收方变更原先的处理目的、处理方式,应当依照本法规定重新取得个人同意。	收方的名称或者姓名和联系方式。接收方应当继续履行个人信息处理者的义务。接收方变更原先的处理目的、处理方式的,应当依照本法规定重新取得个人同意。

【条文释义】

公司之间的兼并、收购、分立、解散是常见的市场活动,本条主要适用于该种场景下因个人信息处理者合并、分立、解散、被宣告破产等原因所产生的个人信息的转移。

第一,本条规定的是非因个人信息处理者自主决定的个人信息转移的情形。本条有别于《个人信息保护法》所规定的因共同处理、委托处理或向其他个人信息处理者提供其处理的个人信息的场景,而是针对个人信息处理者的主体发生承继的情形。当个人信息处理者出现因合并、分立、解散、被宣告破产等原因需要转移个人信息时,作为接收方的个人信息处理者无须就个人信息的转移承继重新获得个人的同意,只需要履行告知义务,包括接收方的名称或者姓名和联系方式。

具言之,本条所规定的情形包括:一是合并,根据《公司法》第172条的规定,公司合并分为吸收合并和新设合并。而无论是何种方式的合并,根据《民法典》第67条第1款和第108条的规定,法人或非法人组织合并的,其权利义务由合并后的主体享有和承担,其中也包括个人信息保护的义务。二是分立,根据《公司法》第176条的规定,公司分立前的债务由分立后的公司承担连带责任,又根据《民法典》第67条第2款的规定,法人分立的,其权利和义务由分立后的法人享有连带债权,承担连带债务,但是债权人和债务人另有约定的除外。三是解散、被宣告破产,《民法典》第69条规定了解散的具体情形,包括:"(一)法人章程规定的存续期间届满或者法人章程规定的其他解散事由出现;(二)法人的权力机构决议解散;(三)因法人合并或者分立需要解散;(四)法人依法被吊销营业执照、登记证书,被责令关闭或者被撤销;(五)法律规定的其他情形。"《公司法》第187条第1款规定了破产的具体规则,"清算组在清理公司财产、编制资产负债表和财产清单后,发现公司财产不足清偿债务的,应当依法向人民法院申请宣告破产"。本条所规定的情况,同样适用于破产重整所产生的个人信息处理者主体的承继。

第二,个人信息的承继接收方应当在原个人信息处理者的范围内严格履行个人信息处理者的义务。这一义务既包括不能超过原有范围处理个人信息,也包括不能减损当事人的个人信息权益。需要注意的是,个人信息处理者在发生主体承继时,应当对自身处理的个人信息尽到谨慎处置的义务。个人信息处置包括删除和转移两种情形,个人信息处理者应当根据具体情况选择处置方式(见图1):个人信息承继转移中,如何处置个人信息需要遵循最有利于信息主体权益保护的原则,具体而言应同时考虑有无具体的承继主体、承继主体是否为合格的个人信息处理者以及有无法定保存义务等要件。

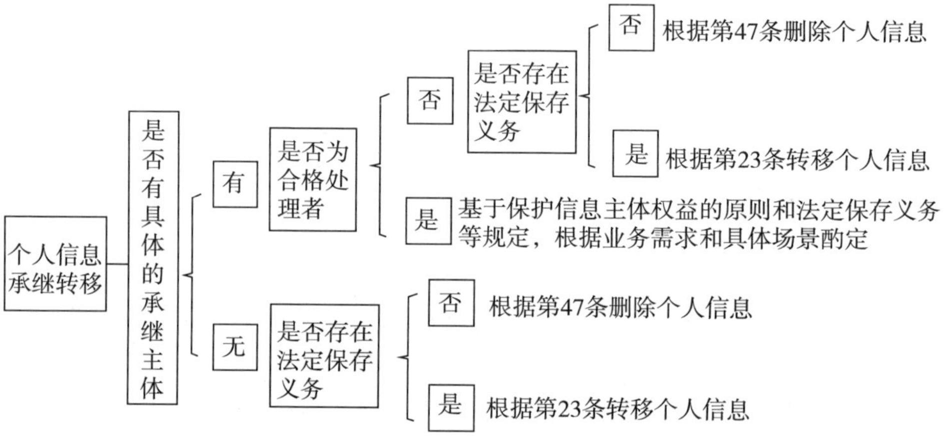

图1　个人信息的承继转移

当个人信息处理者被宣告破产或解散而无具体的承继主体时,因个人信息处理者的正常运行已经停滞,无法履行个人信息保护义务,个人信息的处置就面临两种可能:一是当存在法律、行政法规规定在一定期限内保存个人信息的法定义务时,因缺乏具体的承继主体,需要由个人信息处理者以外的适格第三人个人信息处理者承担保存义务,该种场景应根据《个人信息保护法》第 23 条的规定遵守个人信息转移的相关规则,并且向个人告知接收方的名称或姓名、联系方式、处理目的、处理方式和个人信息的种类,并取得个人的单独同意。二是当不存在法定的个人信息保存义务时,个人信息处理者应根据《个人信息保护法》第 47 条的规定,主动删除个人信息;个人信息处理者未删除的,个人有权请求删除。

当个人信息处理者在承继转移存在具体的承继主体时,首先需要判断其是否为合格的个人信息处理者:如果不是合格的个人信息处理者,那么个人信息的承继转移将会损害信息主体的合法权益,此时需要根据有无法定保存义务进行判断,具体思路同上;如果是合格的个人信息处理者,那么个人信息的承继转移是可行的,可以综合考虑是否存在法定保存义务以及信息主体权益保护的基本原则,根据业务需求和具体场景酌定选择，或是根据《个人信息保护法》第22条进行承继转移，或是根据《个人信息保护法》第27条向其他更有利于保护信息主体权益的个人信息处理者进行转移并履行告知义务、取得个人的单独同意，或是当不存在法定保存义务时亦可根据《个人信息保护法》第47条的规定主动删除。

第三，接收方有义务就个人信息处理活动的变更重新取得个人的同意。根据本条的规定，当接收方变更原先的处理目的、处理方式时，应当依照《个人信息保护法》规定重新取得个人同意。对于该条文的理解，需要结合《个人信息保护法》第17条第2款“前款规定事项发生变更的，应当将变更部分告知个人”，这些需要告知的变更事项包括第17条第1款中的四种情形：其中，处理方式和处理目的的变更，不但要告知个人，还需要重新取得同意；其他的变更事项，包括处理的种类、保存期限、个人行使权利的方式和程序以及法律、行政法规规定应当告知的其他事项，则与接收方的名称或者姓名和联系方式一样，仅需要向个人告知变更事项。

【适用指引】

（一）本条规定该如何履行告知义务

数字时代，个人信息海量涌现，个人信息处理者在出现合并、分立、解散、被宣告破产等原因需要转移个人信息时，如何履行告知义务需要从个人信息权益的保护、实践的可行性和个人信息的重要性等方面进行综合考虑。对于法律、行政法规未规定应当采取单独同意或书面同意的，可以通过公告、公示、邮件、短信等方式履行告知义务，使个人信息接收方的名称或者姓名和联系方式处于可获得的状态。

（二）如何理解本条在一审稿的基础上删除了关于“向个人告知”的表述

本条在一审稿中第2句表述为“接收方变更原先的处理目的、处理方式的，应当依照本法规定重新向个人告知并取得其同意”，而在二审稿阶段修改为“接收方应当继续履行个人信息处理者的义务。接收方变更原先的处理目的、处理方式，应当依照本法规定重新取得个人同意”。本条的修改意在强调同意是接收方变更处理目的、处理方式的关键，并且更好地与《个人信息保护法》关于告知义务的规定及其例外情形相衔接。《个人信息保护法》第18条规定，“个人信息处理者处理个人信息，有法律、行政法规规定应当保密或者不需要告知的情形的，可以不向个人告知前条第一款规定的事项。紧急情况下为保护自然人的生命健康和财产安全无法及时向个人告知的，个人信息处理者应当在紧急情况消除后及时告知”，其明确了个人信息处理者履行告知义务的例外情形。本条在表述上删去了关于告知的规定，将重点集中于取得同意，既能够精简烦琐的文字语言，又能够更好地与其他条文相互衔接。因此，虽然本条删除了关于告知环节的表述，但并非对个人信息处理者可以不履行告知义务的默许。对于个人信息处理者的告知义务除了援引《个人信息保护法》第 18 条的规定之外,还需要根据《个人信息保护法》第 17 条的规定,以显著方式、清晰易懂的语言真实、准确、完整地向个人告知法定事项。

【案例链接】

人人网“卖身”

2018 年 11 月 14 日,人人公司宣布将人人网社交平台业务相关资产,以 2000 万美元的现金对价出售给北京多牛传媒。[①] 针对用户数据处理的问题,北京多牛传媒回应:随着并购的完成,北京多牛传媒将承担起人人网的运营责任,将会一如既往地高度重视和妥善处理人人网用户数据的保密和信息安全管理工作。

《个人信息保护法》第 22 条规定:“个人信息处理者因合并、分立、解散、被宣告破产等原因需要转移个人信息的,应当向个人告知接收方的名称或者姓名和联系方式。接收方应当继续履行个人信息处理者的义务。接收方变更原先的处理目的、处理方式的,应当依照本法规定重新取得个人同意。”在个人信息处理者被并购时同样需要根据该条规定履行法定义务。

域 外 案 例

Toysmart 是一家网上玩具零售商店,在公司倒闭后,其将资料库中的客户信息资料进行公开拍卖,但是之前公司的隐私政策明确保证不会向第三方泄露顾客个人信息。[②] 美国联邦贸易委员会以欺诈为由对其提起诉讼,在案件的后续谈判中,联邦贸易委员会附条件同意 Toysmart 公司转让其收集的用户个人信息:第一,个人信息应与债务人的其他资产打包出售,而不得单独地作为资产转让;第二,受让方应当是具有适格性,与债务人在行业、经营范围等方面相近的主体;第三,受让方不能改变债务人隐私政策中约定的使用个人信息的方式;第四,受让人改变使用目的,应重新取得信息主体的同意。

【关联条文】

《个人信息保护法》第 17 条、第 18 条、第 23 条、第 47 条

【相关规定】

《民法典》第 67 条、第 69 条、第 108 条;《公司法》第 172 条、第 176 条、第 187 条

---

① 参见《人人网被卖,我的青春数据去哪了? 收购方多牛传媒:将妥善保管》,载南方周末网 2018 年 11 月 4 日,https://www.infzm.com/contents/141824。

② Fed. Trade Comm'n v. Toysmart. Com, Inc., No. 00 – 11341 (D. Mass. July 23, 2004).

【域外比较】

本条在一定程度上可以称作我国基于实践而创新的规定，域外法律中少有就合并、分立、解散、被宣告破产场景中的个人信息保护问题进行单独规定。尽管如此，在《通用数据保护条例》意义下，因合并、分立、解释或被宣告破产而得以接收、处理个人信息的组织，通常足以构成单独的控制者，或与先前的控制者构成共同控制者（假使先前的控制者依然存续）。因此，《通用数据保护条例》下赋予控制者和/或共同控制者的义务依然适用，与“继续履行个人信息处理者的义务”完全一致。同时，根据《通用数据保护条例》，接收方处理信息还需要具备同意或者其他合法性基础。在这个意义上，我国《个人信息保护法》与《通用数据保护条例》存在微妙区别。一方面，对于《个人信息保护法》第22条所规定的场景，除非变更处理目的或处理方式，其并未当然地要求接收方获取同意或具备其他合法性基础，从这一角度审视，二者存在区别。另一方面，由于《通用数据保护条例》中正当利益合法性基础的存在，又由于第6条第4款的目的相容原则：“在处理并非基于同意，或者处理并非基于在民主社会中为保障特定目标的、构成必需且成比例措施的欧盟法或成员国法时，如果个人数据处理的目的与收集相应数据的目的不同，为确保相应目的是否与最初收集个人数据的目的相容，控制者应考虑下列因素：(a)个人数据收集目的与进一步处理意图间的联系；(b)个人数据收集的场景，特别是数据主体和控制者间的关系；(c)个人数据的性质，特别是是否处理敏感个人数据，或者是是否处理与犯罪指控或违法行为相关的个人数据；(d)进一步处理的意图对数据主体可能造成的影响；(e)是否存在适当的安全保障，可能包括加密和假名化。”因此，此类数据转移、接收和后续处理既有可能具备正当利益的合法性基础，又有可能符合《通用数据保护条例》所规定的目的相容原则，这与我国《个人信息保护法》本条关于合法性基础的规定存在一定区别。

第二十三条　个人信息处理者向其他个人信息处理者提供其处理的个人信息的，应当向个人告知接收方的名称或者姓名、联系方式、处理目的、处理方式和个人信息的种类，并取得个人的单独同意。接收方应当在上述处理目的、处理方式和个人信息的种类等范围内处理个人信息。接收方变更原先的处理目的、处理方式的，应当依照本法规定重新取得个人同意。

【条文主旨】

本条规定了个人信息处理者向其他个人信息处理者提供个人信息时应当履

行的义务。

大数据时代,数字经济飞速发展,数据成为改变市场资源配置、市场主体组织机构,甚至政府与私营部门、公民之间关系的重要因素。一方面,作为投入(input)的数据成为产品生产和服务提供的生产要素,数据经营者通过聚集、加工、挖掘等技术手段充分利用海量数据,创造巨大的经济价值。另一方面,作为产出(output)的数据通过交易活动被市场赋予巨大的交换价值,数据的应用效应大大提升,数据不断发展为新型资产。在互联网场景中,数据不再是一座孤岛,数据开始借助云计算、物联网、人工智能等技术集群进行流动,成为新经济形态的驱动力量。个人信息处理者向其他个人信息处理者提供个人信息,是数字时代数据流通的重要途径,对信息技术创新和数字市场产业发展都具有基础性的意义。因此,在拥抱数字经济的同时,也需要最大限度地保护关于隐私、公平、公正的价值基础。

第一,本条明确了作为提供方的个人信息处理者应当遵守的义务。个人信息处理者向他人提供个人信息应当具备合法性基础,即个人信息处理者就法定事项履行告知义务并取得个人的单独同意。通过单独同意这一特殊同意形式的设置,达到保障信息主体个人信息权益的目的。

第二,本条明确了作为接收方的个人信息处理者应当遵守的义务。作为接收方的个人信息处理者同样也需要受到《个人信息保护法》的约束,在个人单独同意的范围内处理个人信息,如需变更原先的处理目的、处理方式的,应当重新取得个人同意。通过对提供方和接收方处理个人信息活动的规范,保障个人信息"脱控但不失控",在个人充分知情的基础上,遵循个人授权的范围有效利用个人信息。

安全与发展并重是本条理解与适用的基本理念。本条是《个人信息保护法》规范个人信息处理者向其他个人信息处理者提供个人信息的具体规定,意在平衡个人信息保护与数据流通之间的关系。个人信息处理者向其他个人信息处理者提供其处理的个人信息与其内部对个人信息展开处理活动的区别在于,个人信息的对外提供会增加个人信息处理的环节和主体范围,使个人信息面临着更大的安全风险。一方面,数据具有可复制性、非竞争性等特点,可以由不同个人信息处理者同时使用、挖掘个人信息。信息主体一旦授权个人信息处理者处理其个人信息,就在客观上丧失了对个人信息的控制能力,个人信息处理者可以在信息主体毫不知情的情况下随意转移个人信息,信息主体事实上无法确保其对处理活动的知情权和决定权。另一方面,个人信息处理者主体的变更,也会使处理者(提供方)对信息安全、信息质量、数据管理等方面的控制力被削弱,更易出现背离个人信息初始授权时信息主体真实意愿的情形。因此，本条规定旨在针对个人信息处理者向其他处理者提供个人信息的行为，确保个人信息在信息主体初始授权之后仍然能在其同意的范围内进行处理。

【演进过程】

一审稿	二审稿	最终稿
第二十四条　个人信息处理者向~~第三方~~提供其处理的个人信息的，应当向个人告知~~第三方~~的身份、联系方式、处理目的、处理方式和个人信息的种类，并取得个人的单独同意。接收~~个人信息的第三方~~应当在上述处理目的、处理方式和个人信息的种类等范围内处理个人信息。~~第三方~~变更原先的处理目的、处理方式的，应当依照本法规定重新~~向个人告知并~~取得其同意。 ~~个人信息处理者向第三方提供匿名化信息的，第三方不得利用技术等手段重新识别个人身份。~~	第二十四条　个人信息处理者向他人提供其处理的个人信息的，应当向个人告知接收方的身份、联系方式、处理目的、处理方式和个人信息的种类，并取得个人的单独同意。接收方应当在上述处理目的、处理方式和个人信息的种类等范围内处理个人信息。接收方变更原先的处理目的、处理方式的，应当依照本法规定重新取得个人同意。	
	第~~二十四~~条　个人信息处理者向~~他人~~提供其处理的个人信息的，应当向个人告知接收方的~~身份~~、联系方式、处理目的、处理方式和个人信息的种类，并取得个人的单独同意。接收方应当在上述处理目的、处理方式和个人信息的种类等范围内处理个人信息。接收方变更原先的处理目的、处理方式的，应当依照本法规定重新取得个人同意。	第二十三条　个人信息处理者向其他个人信息处理者提供其处理的个人信息的，应当向个人告知接收方的名称或者姓名、联系方式、处理目的、处理方式和个人信息的种类，并取得个人的单独同意。接收方应当在上述处理目的、处理方式和个人信息的种类等范围内处理个人信息。接收方变更原先的处理目的、处理方式的，应当依照本法规定重新取得个人同意。

【条文释义】

《个人信息保护法》第23条将获取同意的责任课以个人信息处理者（提供方），而使作为接收方的个人信息处理者的义务限定为在范围内处理个人信息，以及在处理目的、处理方式变更时重新取得同意，这大大降低了个人信息接收方的义务和责任，有利于数据市场和数据产业的创新发展。

（一）作为提供方的个人信息处理者应当履行的义务

第一，作为提供方的个人信息处理者应当履行告知义务。根据本条第 1 句的规定，个人信息的提供者应当向个人告知接收方的名称或者姓名、联系方式、处理目的、处理方式和个人信息的种类。个人信息接收方的名称或者姓名、联系方式应当明确、清晰，使信息主体充分知悉个人信息的转移情况，以便信息主体可以及时、便捷地主张权利。处理目的、处理方式是指个人信息接收方拟展开的个人信息处理行为，旨在保障信息主体的知情权和决定权。个人信息的种类是指提供方向接收方所转移的所有个人信息类型和范围，该条作为《个人信息保护法》第 17 条个人信息处理者（提供方本身就是个人信息处理者）告知义务的特别规定。即作为提供方的个人信息处理者首先要履行本条规定的告知义务，向信息主体充分告知本条所规定的事项，在此基础上，还要履行《个人信息保护法》第 17 条所规定的告知义务，在向其他个人信息处理者提供个人信息前，应当以显著方式、清晰易懂的语言真实、准确、完整地向个人告知第 17 条所规定的法定事项。

第二，作为提供方的个人信息处理者应当取得个人的单独同意。《个人信息保护法》对于个人信息处理者向其他个人信息处理者提供其处理的个人信息的情形，规定了单独同意的特殊形式，其原因在于：一方面，向其他个人信息处理者提供个人信息，本身就是一项新的、独立的个人信息处理行为，应当根据《个人信息保护法》第 13 条的规定取得合法性基础；另一方面，向其他个人信息处理者提供个人信息，使基于特定个人信息的处理者主体发生变化，形成了新的个人信息处理活动法律关系，对信息主体的合法权益产生根本性的影响，需要通过单独同意的特殊形式保障个人信息权益不受侵害，并警示信息主体审慎决定是否进行授权。

（二）作为接收方的个人信息处理者应当履行的义务

第一，在单独同意的范围内处理个人信息。根据本条规定，接收方应当在提供方取得单独同意的处理目的、处理方式和个人信息的种类等范围内处理个人信息，这是同意规则适用的应有之义。

第二，就法定变更事项重新取得同意。根据本条的规定，接收方变更原先的处理目的、处理方式的，应当依照《个人信息保护法》的规定重新取得个人同意。个人信息的接收方是个人信息处理活动变更时需重新完成同意规则的履行主体，由其履行重新告知同意的法定义务。关于接收方变更原先的处理目的、处理方式的，应当重新获取个人同意的规定，是否还需要履行告知义务，其分析逻辑和结论与《个人信息保护法》第 22 条相同,可详见第 22 条的论证和分析。

【适用指引】

(一)如何区分个人信息的转让与共享

《个人信息安全规范》对个人信息的共享和转让进行了区分:第 3. 12 款将转让界定为“将个人信息控制权由一个控制者向另一个控制者转移的过程”;第3. 13 款将共享界定为“个人信息控制者向其他控制者提供个人信息,且双方分别对个人信息拥有独立控制权的过程”。但事实上,这种区分对于实践的指导意义并不大。一方面,数据流通过程中数据处理活动非常复杂,将两种行为进行区分和提纯,从权利义务层面并没有独特的规制意义和必要,对此可以依照《个人信息保护法》第 20 ~ 23 条所列举的类型化场景分别进行规范。另一方面,个人信息日益作为重要的数据资源,实践中单纯地转让个人信息的情形较为少见,此种个人信息转移中相应的权利义务主要通过双方的合同进行约定,而没有必要在《个人信息保护法》层面进行区分规制,因此《个人信息保护法》并没有在条文中对个人信息的转让和共享进行单独区分。

(二)如何区分本条与个人信息的共同处理、委托处理

本条针对的是个人信息处理者之间发生的个人信息转移,与共同处理个人信息、委托处理个人信息存在区别。共同处理个人信息强调的是两个以上个人信息处理者共同决定处理目的和处理方式,两者均非自主决定个人信息处理活动。委托处理个人信息强调的是受托人不能自主决定个人信息的处理目的和处理方式,因此不将其视为独立的个人信息处理者。值得注意的是,《个人信息保护法》二审稿中曾将本条规定为“个人信息处理者向他人提供”,在文义上存在混淆非个人信息处理者的委托人与其他个人信息处理者的情形,因此在正式文本中将接收个人信息一方主体明确为个人信息处理者,以此作为区分。本条所规定的向其他个人信息处理者提供个人信息的场景,发生在两个以上个人信息处理者之间,并且不同个人信息处理者之间就处理目的、处理方式均为自主决定,而不存在意思联络。

(三)提供方和接收方之间对于个人信息处理活动的合规边界应当如何判断

本条在适用中需要平衡个人信息权益保护与数据流通利用之间的关系。为了促进个人信息的有效利用,降低数据流动过程中不必要的合规成本,对于本条的适用可以理解为,在个人信息处理者向其他个人信息处理者提供其所处理的个人信息时,作为前手的个人信息处理者(提供方)需要向个人履行《个人信息保护法》所规定的告知义务和取得单独同意的义务。在这种情况下,作为后手的个人信息处理者(接收方)不需要直接面向个人进行告知并取得单独同意,以此降低接收方在个人信息流通利用中的成本。个人信息处理者将自己处理的个人信息提供给其他个人信息处理者时，应当确保所提供信息为合法处理的个人信息。相应地，作为接收方的个人信息处理者应当出于审慎注意，核验提供方的合规水平和安全保障能力，对所接收的个人信息尽到形式审查的义务，确认个人信息的提供方已经获得合法性基础。如果作为提供方的个人信息处理者存在非法收集、非法买卖、超过范围使用等非法处理情形，应当由作为提供方的个人信息处理者对信息主体承担责任①，并且对个人信息在合法性上的瑕疵和缺陷承担相应责任。

由此，个人信息处理者在向其他个人信息处理者转移个人信息时，需要注意以下三个方面的合规要点：一是需要向信息主体尽到告知义务，向个人告知接收方的名称或者姓名、联系方式、处理目的、处理方式和个人信息的种类，并且，该项内容的告知同意是一种单独同意，不能通过一揽子协议或格式合同等形式获取同意；二是作为提供方的个人信息处理者应当与接收方通过协议等形式，明确信息采集的原则以及各自在获得信息主体同意、信息采集、加工处理、信息更正、异议处理、信息安全等方面的权利义务和责任，特别是应当要求接收方遵守处理限度的义务，即应当在提供方向个人告知并获取单独同意的处理目的、处理方式和个人信息的种类等范围内处理个人信息；三是完善信息来源、信息质量、信息安全、信息主体授权等合规机制，接受监管部门的必要审查。

（四）可否通过合同等方式约定分配告知义务的具体履行主体

根据《个人信息保护法》的规定，个人信息的提供方是初始环节告知义务的履行主体，由其承担取得初始授权的法定义务；个人信息的接收方是变更环节告知义务的履行主体，由其承担重新取得同意的法定义务。但是考虑到个人信息处理场景的复杂性和多样性，应当允许个人信息的提供方和接收方在充分保障信息主体个人信息权益的基础上，通过合同约定分配告知义务的具体履行主体。

参考《个人信息安全规范》第5.4款关于收集个人信息时的授权同意的规定，其规定了个人信息控制者间接获取个人信息时："(1)应要求个人信息提供方说明个人信息来源，并对其个人信息来源的合法性进行确认；(2)应了解个人信息提供方已获得的个人信息处理的授权同意范围，包括使用目的，个人信息主体是否授权同意转让、共享、公开披露、删除等；(3)如开展业务所需进行的个人信息处理活

---

① 根据《民法典》第178条第3款的规定，"连带责任，由法律规定或者当事人约定"。《个人信息保护法》中仅有第20条第2款规定了个人信息处理者共同处理个人信息，侵害个人信息权益造成损害的，应当依法承担连带责任。

动超出已获得的授权同意范围的,应在获取个人信息后的合理期限内或处理个人信息前,征得个人信息主体的明示同意,或通过个人信息提供方征得个人信息主体的明示同意。"结合个人信息处理者向其他个人信息处理者提供个人信息的场景,一方面,个人信息提供方在收集个人信息时如未告知或未完全告知法定事项,使初始的同意规则未履行完毕或存在瑕疵。对此,个人信息的接收方可以通过获取当事人的同意,以达到合规的要求。另一方面,在变更处理环节,个人信息的提供方无法完全掌控接收方作为下游环节可能展开的处理活动,因而无法就第三方的处理行为获得当事人充分的同意。对此,当个人信息的接收方与当事人之间有更为便捷的沟通渠道时,同样可以由接收方就个人信息处理活动的变更获取当事人的重新同意。

综合而言,个人信息的提供方和接收方可以根据业务或场景的实际情况,结合最有利于保障信息主体个人信息权益的原则,通过约定分配告知义务的具体履行方式,允许告知同意义务由对方辅助完成的情形,并且确保遵循《个人信息保护法》第 17 条关于告知的相关规定。

(五)如何理解本条删除了一审稿草案中关于"个人信息处理者向第三方提供匿名化信息的,第三方不得利用技术等手段重新识别个人身份"的规定

本条在一审稿和二审稿中存在较大的区别,一审稿中有第 2 款的规定,即"个人信息处理者向第三方提供匿名化信息的,第三方不得利用技术等手段重新识别个人信息"。而二审稿将一审稿中的第 2 款不得重新识别匿名化信息的规定删除。修改后的条文表述对匿名化信息进行重新识别并不必然导致否定性的法律评价,也不认为个人信息的识别属于法律必须严格禁止的个人信息处理活动,而是认为对于重新识别个人信息的行为,应当通过将其纳入《个人信息保护法》的规制框架进行区分处理。一方面,匿名化的信息不属于个人信息,不需要履行同意规则。根据《个人信息保护法》第 4 条第 1 款的规定,"个人信息是以电子或者其他方式记录的与已识别或者可识别的自然人有关的各种信息,不包括匿名化处理后的信息"。另据《网络安全法》第 42 条第 1 款的规定,"网络运营者不得泄露、篡改、毁损其收集的个人信息;未经被收集者同意,不得向他人提供个人信息。但是,经过处理无法识别特定个人且不能复原的除外"。因此,删除一审稿中的第 2 款可以与《网络安全法》的规定更好地衔接。另一方面,匿名化的信息如果被重新识别,则属于个人信息的范畴,应当统一纳入《个人信息保护法》所调整的范畴之中。一审稿在第 2 款中单独规定禁止重新识别的技术,既缺乏必要性,也不存在实际的意义。

【案例链接】

吴某诉上海寻梦信息技术有限公司、中国民生银行股份有限公司、上海付费通信息服务有限公司个人信息保护纠纷案①

1. 案情简介

被告上海寻梦信息技术有限公司(以下简称寻梦公司)是拼多多电商平台经营者,被告上海付费通信息服务有限公司(以下简称付费通公司)是该电商平台内置支付软件的运营者。原告吴某是该电商平台的注册用户,其在使用电商平台输入姓名和身份证号注册支付账户时,发现被告向银行泄露原告信息,且电商平台与内置支付软件的运营主体不一致。原告诉称,寻梦公司未经其同意擅自将其真实身份信息传输给付费通公司的行为侵害原告个人信息权益。被告寻梦公司辩称,本案所涉个人信息处理行为,"征得同意"并非必要条件。相关协议、界面等对被告收集信息的行为、目的、用途有明确约定。被告付费通公司辩称,获取原告身份信息是实名认证、开通第三方支付账户、履行法定义务所必需,同时取得了原告授权。向银行共享原告身份信息系原告选择服务所必需,且经原告事先明确同意。最终,杭州互联网法院判决被告删除原告个人信息,以书面道歉信方式向原告赔礼道歉,并赔偿原告合理维权损失2000元。

2. 案例要点与解析

法院在此案审理中认为,寻梦公司未明确或单独告知原告并取得其同意便向付费通公司提供原告个人信息,付费通公司未告知且未取得原告同意便收集原告个人信息,两行为违反个人信息处理的知情同意原则,侵害原告个人信息权益。两被告在开发、设计产品之初,应知其产品存在违法处理用户个人信息的问题,为追求商业利益等,仍上线经营,主观过错明显。原告的敏感个人信息被违法处理,足以使原告在信任危机之下,产生相关信息可能被进一步泄露或不法使用的风险焦虑。本案是违反《个人信息保护法》第23条个人信息处理者非法向其他个人信息处理者提供其处理的个人信息的典型案例。根据《个人信息保护法》第23条的规定,被告寻梦公司向被告付费通公司提供其处理的个人信息的,应当向原告吴某告知被告付费通公司的名称、联系方式、处理目的、处理方式和个人信息的种类,并取得原告吴某的单独同意。被告付费通公司作为接收方应当在上述处理目的、处理方式和个人信息的种类等范围内处理个人信息。

---

① 杭州互联网法院民事判决书,(2021)浙0192民初2929号。

北京淘友天下技术有限公司等与北京微梦创科网络技术有限公司不正当竞争纠纷案①

1. 案情简介

一审原告北京微梦创科网络技术有限公司(以下简称微梦公司)经营新浪微博,通过 Open API 模式向第三方软件提供开放接口,进行包括用户部分信息共享在内的合作。一审二被告北京淘友天下技术有限公司、北京淘友天下科技发展有限公司经营的脉脉软件曾和新浪微博进行了合作,但微梦公司后来发现,脉脉软件不仅超出合作条款获取了不应获取的新浪微博用户信息,且在双方结束合作后仍未删除这些信息。微梦公司遂向法院起诉二被告。

2. 案例要点与解析

法院在此案例的审理中认为,互联网中第三方应用通过开放平台如 Open API 模式获取用户信息时,应坚持"用户授权" + "平台授权" + "用户授权"的三重授权原则。这一授权原则,即(1)用户同意个人信息处理者收集并处理其个人信息;(2)个人信息处理者同意向第三方即其他个人信息处理者提供其处理的信息;(3)用户同意将信息提供给个人信息接收方。

本案属于较为典型的向其他个人信息处理者提供个人信息的情形。根据《个人信息保护法》第 23 条的规定:"个人信息处理者向其他个人信息处理者提供其处理的个人信息的,应当向个人告知接收方的名称或者姓名、联系方式、处理目的、处理方式和个人信息的种类,并取得个人的单独同意。接收方应当在上述处理目的、处理方式和个人信息的种类等范围内处理个人信息。接收方变更原先的处理目的、处理方式的,应当依照本法规定重新取得个人同意。"除因《个人信息保护法》第 13 条第 1 款所列举的第 2 ~ 7 项无须个人同意即可处理个人信息的情形之外,个人信息处理者均应当尽到法定的告知义务,并取得个人的单独同意。

【关联条文】

《个人信息保护法》第 4 条第 1 款、第 13 条第 1 款第 2 ~ 7 项、第 13 条、第 17 条、第 20 ~ 22 条

【相关规定】

《网络安全法》第 42 条第 1 款;《个人信息安全规范》第 3.12 款、第 3.13 款、第 5.4 款

---

① 北京市知识产权法院民事判决书,(2016)京 73 民终 588 号。

【域外比较】

在欧盟立法中，根据《通用数据保护条例》第 13 条的规定，在对外提供个人数据时，控制者应当告知数据主体“个人数据的接收者或者接收者的类型”。

在美国立法中，譬如美国《2020 年加州隐私权法》(The California Privacy Rights Act of 2020，CPRA）第 1798. 115 款亦规定：消费者有权要求企业披露所收集、共享或出售的个人信息的类别，亦有权要求披露作为共享和出售对象的第三方的类别。

通过对域外立法的比较和分析，值得注意的要点有二：首先，通过要求单独同意，我国法律就对外提供施加了更高的限制；其次，通过要求“在处理目的、处理方式和处理个人信息处理等范围”内处理，我国法律在一定意义上引入了《通用数据保护条例》的目的相容原则。因此，就何为“范围内处理”，可以援引欧盟《通用数据保护条例》第 6 条第 4 款作为参考和借鉴：“在处理并非基于同意，或者处理并非基于在民主社会中为保障特定目标的、构成必需且成比例措施的欧盟法或成员国法时，如果个人数据（进一步）处理的目的与收集相应数据的目的不同，为确保相应目的是否与最初收集个人数据的目的相容，控制者应考虑下列因素：(a)个人数据收集目的与进一步处理意图间的任何联系；(b)个人数据收集的场景，特别是数据主体和控制者间的关系；(c)个人数据的性质，特别是是否处理敏感个人数据，或者是是否处理与犯罪指控或违法行为相关的个人数据；(d)进一步处理的意图对数据主体可能造成的影响；(e)是否存在适当的安全保障，可能包括加密和假名化。”

第二十四条　个人信息处理者利用个人信息进行自动化决策，应当保证决策的透明度和结果公平、公正，不得对个人在交易价格等交易条件上实行不合理的差别待遇。

通过自动化决策方式向个人进行信息推送、商业营销，应当同时提供不针对其个人特征的选项，或者向个人提供便捷的拒绝方式。

通过自动化决策方式作出对个人权益有重大影响的决定，个人有权要求个人信息处理者予以说明，并有权拒绝个人信息处理者仅通过自动化决策的方式作出决定。

【条文主旨】

本条是关于利用个人信息进行自动化决策的原则规范和实际操作规范。

第1款是对个人信息处理者的要求,其确立了自动化决策的透明度和公平合理要求,同时间接引入了算法解释的要求。透明度的概念来自康德的伦理学理念,对自动化决策透明度的要求,是要求个人信息处理者应保障自动化决策的稳定性和可预见性,并按照相关要求披露相关决策程序或算法;对结果公平公正且不能对个人在交易条件上实施不合理的差别待遇的要求,是要求自动化决策的成果不能出现过大偏差以及不合理的差别待遇,需要具有公平性和合理性。

第2款和第3款分别从使用自动化决策的个人信息处理者和用户的权利义务角度对自动化决策提出针对性要求。第2款指出通过自动化决策方式进行信息推送和商业营销时,应符合"同时提供不针对个人特征的选项"的要求,或者"向个人提供便捷的拒绝方式"。该款规定旨在让使用自动化决策的个人信息处理者不能完全依照符合个人特征的方式推送。这里的个人特征是指与公民个人直接相关,能够反映公民的局部或整体特点,如出生日期和指纹,或是一经取得、使用即具有专属性的特征,如身份证号码、家庭住址。在通过自动化决策方式作出对个人权益有重大影响的决定时,第3款赋予个人要求个人信息处理者予以说明的权利,同时可以拒绝个人信息处理者仅通过自动化决策方式作出决定。

第2款明确了以同意为核心的个人信息处理规则,契合了个人信息保护立法中的核心制度点。该款的实践指导意义较高,设定了实践中可能出现的多种情形,是我国个人信息保护立法上的重大进步。

【演进过程】

一审稿	二审稿	最终稿
第二十五条　利用个人信息进行自动化决策,应当保证决策的透明度和处理结果的公平合理。个人认为自动化决策~~对其权益造成~~重大影响的,有权要求个人信息处理者予以说明,并有权拒绝个人信息处理者仅通过自动化决策的方式作出决定。 通过自动化决策方式进行商业营销、信息推送,应当同时提供不针对其个人特征的选项。	第二十五条　利用个人信息进行自动化决策,应当保证决策的透明度和结果公平合理。 通过自动化决策方式进行商业营销、信息推送,应当同时提供不针对其个人特征的选项,或者向个人提供拒绝的方式。 通过自动化决策方式作出对个人权益有重大影响的决定,个人有权要求个人信息处理者予以说明,并有权拒绝个人信息处理者仅通过自动化决策的方式作出决定。	

续表

一审稿	二审稿	最终稿
	第二十五条　利用个人信息进行自动化决策，应当保证决策的透明度和结果公平合理。 通过自动化决策方式进行商业营销、信息推送，应当同时提供不针对其个人特征的选项，或者向个人提供拒绝的方式。 通过自动化决策方式作出对个人权益有重大影响的决定，个人有权要求个人信息处理者予以说明，并有权拒绝个人信息处理者仅通过自动化决策的方式作出决定。	第二十四条　个人信息处理者利用个人信息进行自动化决策，应当保证决策的透明度和结果公平、公正，不得对个人在交易价格等交易条件上实行不合理的差别待遇。 通过自动化决策方式向个人进行信息推送、商业营销，应当同时提供不针对其个人特征的选项，或者向个人提供便捷的拒绝方式。 通过自动化决策方式作出对个人权益有重大影响的决定，个人有权要求个人信息处理者予以说明，并有权拒绝个人信息处理者仅通过自动化决策的方式作出决定。

【条文释义】

随着智能化不断发展，自动化决策早已体现在生活中的方方面面。自动化决策是建立在自动化基础上的决策，这一算法应用的场景包括定制信息的推送、智能投顾、机器人医生、自动化驾驶汽车、搜索引擎服务等，为人们带来巨大便利的同时，还容易引发偏见和歧视、侵犯个人信息隐私、大数据杀熟等多个法律问题。自动化决策算法造成的风险主要是滥用数据挖掘和深度学习技术，不当收集、分析用户数据，并利用用户画像对用户进行定制化服务，甚至对用户进行歧视性定价或进行差别化对待。该条针对这一现象，对自动化决策的原则、使用自动化决策的个人信息处理者应满足的要求以及用户对自动化决策的权利作出了具体化的规定。例如，当自动化决策用于广告时，很多用户曾经反映存在个性化广告关不掉的情况，但是想要找到拒绝追踪的操作入口又很困难。本条明确了两种用户拒绝自动化广告追踪的方式，让用户维权更有法律保障。这一规定也是《民法典》的有益补充。

首先，本条明确了透明度原则和公平合理原则。透明度原则即通过以完整、开放、可理解、易于访问和免费的格式发布有关项目的信息，使操作、过程和数据易于检查。这一条也引入了算法解释权，只不过本条将证明对个人权益造成重大影响的举证负担施加给了自然人。因此，该解释权在实践中如何行使，有待观察。

其次，本条第2款针对自动化决策方式进行商业营销、信息推送的情况，规定了个人有权拒绝，且个人信息处理者应为其提供便利的方式。该款规定实际是统一制度和匿名化制度规范的综合体。目前，许多国家已经将同意作为个人数据处理的合法要件之一，同时，匿名化处理是个人信息控制者在进一步利用个人信息时应当采取的安全技术手段，是去除数据中心个人标识符的过程，[①]目的是切断数据与个人间的联系，使之具有不可识别的特性，保证个人数据无法关联到特定的用户，防止个人信息被进一步处理，从而侵犯用户权利。[②]

最后，第3款针对的是通过自动化决策方式作出对个人权益有重大影响的决定的情况。自动化决策算法解释权是救济用户的私权利，它由用户个人向自动化决策的使用者请求发起。[③] 自动化决策的算法解释权能够为用户个人提供决策相关的信息，其生产信任的功能既指向过去，也指向未来：一方面能够解释过去的决策回报用户基于用户协议投入的信任；另一方面提供解释增强未来用户个体对自动化决策的信任。就自动化决策算法解释可回报用户过去投入的信任而言，用户意思自治下的"同意"必然包含着用户有理由期望在发生危害和错误时，平台将以公正和负责任的态度作出回应，否则将无从基于信赖利益接受用户协议。这种合理要求并不因服务协议中没有提及或排除而消失。就算法解释可以作为未来的信任生产机制而言，自动化决策算法的不透明性使民众对于自动化决策本身就缺乏信任，相继发生的算法歧视、算法共谋、大数据杀熟等事件更使自动化决策的公正性广受社会的质疑。本款规定的意义是平台通过提供具有可验证性的解释来解除社会公众对于算法黑箱的质疑，从而提高自动化决策的透明度，促进决策公正。

不过，本条没有规定例外条款，这可能使算法提供者失去了在对方提出异议时，根据必要性原则和明示同意进行抗辩的可能性。

【适用指引】

本条是针对利用个人信息进行自动化决策的商业主体的规范性指引，个人信息处理者在进行信息推送和商业营销时，应当给用户以拒绝有个人特征的营销和推送的选项，并给予用户可以拒绝自动化决策的便捷方式。个人信息处理者应当

---

① 参见张晨原：《数据匿名化处理的法律规制》，载《重庆邮电大学学报（社会科学版）》2017年第6期。

② 参见张建文、李锦华：《欧盟个人数据保护法上的反自动化决策权研究》，载《重庆邮电大学学报（社会科学版）》2019年第2期。

③ 参加张凌寒：《商业自动化决策算法解释权的功能定位与实现路径》，载《苏州大学学报（哲学社会科学版）》2020年第2期。

认识到,自动化决策的风险包含很多,例如,有偏见的、过时的数据集,有缺陷的假设和偏见逻辑,错误的解释,开发和测试中的技术缺陷、使用缺陷、安全漏洞。因此,如果在商业服务中使用自动化决策,应当首先进行测试,避免任何意外的结果或后果,尽可能地为用户和公民提供公平的服务,明确责任主体,安全处理数据并保护公民的利益,帮助用户了解相关技术等。

第2款、第3款实际上是要求自动化决策使用者平台先行处理的规则。自动化决策的用户一般数量巨大,自动化决策使用者出于避免出现大规模集体诉讼与自动化决策效率优化的需要,有动机进行自动化决策算法的纠错与调试。自动化决策使用者与算法开发者对算法的规则、设计更为了解,也能更快地为用户提供解释与数据更新。同时,自动化决策算法解释权的启动不要求用户举证自动化决策结果错误,否则用户或需提供自我的正确数据,或需收集大量自动化决策进行统计,这对于信息主体而言要求过高。

因此,该条要求,个人信息处理者应当对个人信息处理的可能操作和计划目的进行系统性描述,形成文字的系统性描述以个人信息控制者所追求的正当利益为主要内容。[①] 同时,个人信息处理者必须对数据的收集和处理的必要性与相称性进行阐述,未经数据主体同意不得牺牲其权利。

【案例链接】

胡女士诉上海携程商务有限公司侵权纠纷案[②]

1. 案情简介

胡女士为携程平台享受8.5折优惠价的钻石贵宾客户。2020年7月,胡女士通过携程App订购了一间客房,支付价款2889元。后发现酒店的实际挂牌价仅为1377.63元。胡女士以上海携程商务有限公司(被告)采集其个人非必要信息,进行"大数据杀熟"等为由诉至柯桥区人民法院,要求退一赔三并要求携程App为其增加不同意"服务协议"和"隐私政策"时仍可继续使用的选项,以避免被告采集其个人信息,掌握原告数据。

2. 案例要点与解析

柯桥区人民法院审理后认为,携程App的"隐私政策"还要求用户授权被告自动收集用户的个人信息,包括日志信息、设备信息、软件信息、位置信息,要求用

---

① 参见唐林垚:《"脱离算法自动化决策权"的虚幻承诺》,载《东方法学》2020年第6期。

② 参见《大数据杀熟,携程被判退一赔三!》,载微信公众号"人民法院报"2021年7月13日,https://mp.weixin.qq.com/s/rvvIo3HSRcH9Cdt9xndYdw。

户许可其使用用户信息进行营销活动、形成个性化推荐，同时要求用户同意被告将用户的订单数据进行分析，从而形成用户画像，以便被告能够了解用户偏好。上述信息超越了形成订单必需的要素信息，属于非必要信息的采集和使用，其中用户信息分享给被告可随意界定的关联公司、业务合作伙伴进行进一步商业利用更是既无必要性，又无限加重用户个人信息使用风险。

对于本案，酒店预订平台应当确保决策的透明度和结果公平、公正，不得对个人在交易价格等交易条件上实行不合理的差别待遇。与此同时，价格是“对个人权益有重大影响的决定”最为直接的表现，在交易上实施“大数据杀熟”违反了《个人信息保护法》第24条的规定。

域外案例

目前，自动化决策已经应用在如下方面：在警务中，可以利用自动化工具将内部数据库与本地权限数据库连接起来。利用AI预测模型产生个人风险评估和智能配置文件，以协助官员作出决策，并根据官员认为的风险水平来处理犯罪者。预测模型每季度定期进行验证，以确保质量和准确性。在金融服务中，许多金融科技公司都使用AI来增强服务，例如，预测人们是否能够偿还个人贷款，从而作出决定。许多保险公司在理赔流程中使用机器学习和预测模型，评估信息以作出影响客户的判断。在边境安全方面，加拿大在其移民和难民系统中引入了自动决策功能，预测性分析系统可自动执行以前由移民官员进行的活动，并支持对某些移民和访客申请的评估。这样可提供更有效的服务，但会改变生活。比较法上，加拿大政府已采取一系列缓解措施来降低风险，如算法影响评估和偏差测试。

关于自动化决策，较为典型的案例有二：

一是卢米斯案。[①] 2013年，威斯康星州以五项罪名指控埃里克·卢米斯(Eric Loomis)与拉克罗斯(La Crosse)驾车射击案有关。卢米斯案的量刑前调查报告应用了COMPAS风险评估工具。卢米斯认为法院在裁判中依赖于COMPAS，侵犯了他的正当程序权利，理由在于：其一，COMPAS所计算的主体群体有限，不能提供精确的信息；其二，法院并没有提供个性化判决；其三，法院判决对于性别因素的考量构成违宪。

---

① 该案的具体案情可参见江溯：《自动化决策、刑事司法与算法规制——由卢米斯案引发的思考》，载《东方法学》2020年第3期。

二是林奇案。[①] 该案中,被告人威利·林奇(Willie Lynch)被诉8年监禁,证据是一张从倾斜角度拍摄的较为模糊的犯罪嫌疑人照片。由于无人能够辨认该名黑人男子,警方通过面部识别算法"人脸分析比较测试系统"(FACES)进行识别,并在匹配结果中选定被告人。在2019年Lynch v. State一案中,警方运用FACES辨认犯罪嫌疑人,通过处理和分析被匹图像,将其与数据库中图像进行比对,并将识别出的图像根据匹配度的高低进行排序。法庭认为FACES所应用的算法并非完全中立、可靠和准确,法庭所援引的研究报告甚至指出,相比白人、老人和男人,面部识别算法更容易误认黑人、年轻人和妇女。

【关联条文】

《个人信息保护法》第55条、第72条

【相关规定】

《电子商务法》第18条;《反垄断法》第17条;《国务院反垄断委员会关于平台经济领域的反垄断指南》第6条、第7条

【域外比较】

自动化决策的算法解释权最早出现在DPD(95/46/EC)第15条中,该条规定,"数据主体享有免受基于用户侧写的完全自动化决策的权利"。该权利的行使以两个必要条件为前提:(1)自动化决策必须对数据主体造成具有法律后果的重大影响;(2)用户侧写完全由自动化处理实现。这一条仅仅针对规定特定类型的算法。之后,欧盟《通用数据保护条例》在多个条款中均规定了自动化决策算法的问题,包括第13条、第14条、第15条、第22条。第13条、第14条以及第15条均就自动化决策规定了相应情况下就算法逻辑、数据处理重要性和后果的告知义务,是一种未产生不公平后果的一般性的、未保护知情权的说明义务。第22条规定了自动化决策的适用、限制条件、数据主体权益保护的适当措施以及数据主体的拒绝权等方面。根据第22条第1款的规定,数据主体有权反对完全依靠自动化处理(包括用户画像)作出对其具有法律影响或相似严重影响的决策。第22条第2款对数据主体的反对权进行了限制,具体情形包括:"数据控制者与数据主体签订或履行合同所必需;或数据控制者为自动化决策的主体,该自动化决策由欧盟法或成员国法律所授权,并且采取了适当措施保障数据主体的权益;或数据主体已明确同意。"与此同时,就数据主体反对自动化决策的例外情形,《通用数据保护条例》同样要求数据控制者应当保障数据主体进行人工干涉以便表达观点或异

① 该案的具体案情可参见徐玖玖:《人工智能的道德性何以实现?——基于原则导向治理的法治进路》,载《现代法学》2021年第3期。

议的权利。此外,用户画像与自动化决策虽有重叠,但仍有不同之处:用户画像是对自然人特定条件的评估,不一定必须经过自动化决策程序;而自动化决策可以基于任何形式的数据,并非必须形成用户画像。①

但是,由于算法本身的复杂与不透明以及单独的自动化个人决策可能产生的"法律或类似重大影响"之含义不明,《通用数据保护条例》相关条款在适用上仍存在问题,实践中也对自动化个人决策的可解释性设置了比较高的门槛。欧盟委员会数据保护专员在处理金融信贷公司 Svea Ekonomi 投诉时,遵循这样的审查逻辑,即首先指出应将公司的在线信用决策服务视为《通用数据保护条例》第 22 条中规定的自动化个人决策,而后在数据处理阶段,公司必须向投诉者提供有关自动化个人决策所采用的算法逻辑、其在评估决策中的作用以及对信用评估申请人可能产生的后果,并且以充分的通知确保信贷申请人可以理解作出决策的理由。德国人口普查案中也论证了信息自决的原理,即自然人有权决定其信息能否被公开或使用。②

第二十五条　个人信息处理者不得公开其处理的个人信息,取得个人单独同意的除外。

【条文主旨】

本条规定了个人信息处理者公开个人信息的具体规则和例外情形。

个人信息的公开必然会对个人的尊严、隐私权、名誉权等基本权利和利益产生直接的影响,增加个人信息权益受到侵害、个人信息安全保障缺失的风险。本条的主旨在于尊重和保障信息主体的人格尊严,防止因个人信息的公开对信息主体造成不利影响。根据本条规定,个人信息处理者对于其处理的个人信息,以不公开为原则,以公开为例外。个人信息处理者负有不得公开其处理的个人信息的义务,除非取得个人的单独同意。如果个人信息属于《个人信息保护法》第 13 条第 1 款所规定的第 2 项至第 7 项情形的,不需取得个人同意,即可以进行公开。

---

① 参见李海英、徐小露:《人工智能时代中国个人信息保护法的选择》,载《北京航空航天大学学报(社会科学版)》2020 年第 3 期。

② 参见杨芳:《个人信息自决权理论及其检讨——兼论个人信息保护法之保护客体》,载《比较法研究》2015 年第 6 期。

【演进过程】

一审稿	二审稿	最终稿
第二十六条　个人信息处理者不得公开其处理的个人信息;取得个人单独同意或者法律、行政法规另有规定的除外。	第二十六条　个人信息处理者不得公开其处理的个人信息,取得个人单独同意的除外。	
	第二十六条　个人信息处理者不得公开其处理的个人信息,取得个人单独同意的除外。	第二十五条　个人信息处理者不得公开其处理的个人信息,取得个人单独同意的除外。

【条文释义】

第一,个人信息处理者公开其所处理个人信息的合法性基础。本条在一审稿中的规定为“个人信息处理者不得公开其处理的个人信息;取得个人单独同意或者法律、行政法规另有规定的除外”,而在正式文稿中删除了“法律、行政法规另有规定”的表述,是否意味着个人信息处理者若要公开其所处理的个人信息,只存在个人单独同意这一种合法性基础?事实上,此处的修改这并不意味着个人信息处理者在公开其处理的个人信息时,只能依据取得个人单独同意作为合法性基础;之所以这样规定是为了将本条的表述与《个人信息保护法》第 13 条关于个人信息处理活动合法性基础的规定保持一致。因此,个人信息处理者在公开其处理的个人信息时,可以援引《个人信息保护法》第 13 条第 1 款所有情形作为合法性基础,取得个人单独同意是作为其中“(一)取得个人的同意”的特别形式。另外,《个人信息安全规范》第 9.5 款也对除事先征得授权同意外,公开披露个人信息的合法性基础进行了列举,包括:“a)与个人信息控制者履行法律法规规定的义务相关的;b)与国家安全、国防安全直接相关的;c)与公共安全、公共卫生、重大公共利益直接相关的;d)与刑事侦查、起诉、审判和判决执行等直接相关的;e)出于维护个人信息主体或其他个人的生命、财产等重大合法权益但又很难得到本人授权同意的;f)个人信息主体自行向社会公众公开的个人信息;g)从合法公开披露的信息中收集个人信息的,如合法的新闻报道、政府信息公开等渠道。”

第二,本条所要求的“同意”为单独同意。公开个人信息应当取得个人的单独同意,根据本条的要求,是指个人信息处理者在处理个人信息时,应当就公开这一处理行为单独取得个人的同意,而不能通过概括性或一揽子的方式取得同意。此处取得单独同意的具体要求和履行方式,可见本书第 14 条和第 17 条的分析阐释。另外,对于敏感个人信息等特殊个人信息的公开,还需要遵守法律法规关于特定个人信息公开的相关规定。

第三，本条所规定的“公开”面向的是不特定主体。个人信息的公开和提供存在区别。根据《个人信息保护法》第 4 条第 2 款的规定，个人信息的处理包括个人信息的收集、存储、使用、加工、传输、提供、公开、删除等。因此，公开和提供都属于典型的个人信息处理行为，并且两者在文本表述中被相互独立。同样的区分立法模式也见于《民法典》第 111 条，其规定不得非法买卖、提供或者公开他人个人信息。由此可见，个人信息的提供和公开的区别在于，个人信息的提供是个人信息处理者向特定主体转移个人信息，而个人信息的公开是个人信息处理者向不特定主体公开，使个人信息处于被不特定主体可获取的状态。

【适用指引】

对于个人信息公开的实践可以参考《个人信息安全规范》第 9.4 款关于个人信息公开披露的相关规定：“个人信息原则上不应公开披露。个人信息控制者经法律授权或具备合理事由确需公开披露时，应符合以下要求：a）事先开展个人信息安全影响评估，并依评估结果采取有效的保护个人信息主体的措施；b）向个人信息主体告知公开披露个人信息的目的、类型，并事先征得个人信息主体明示同意；c）公开披露个人敏感信息前，除 b）中告知的内容外，还应向个人信息主体告知涉及的个人敏感信息的内容；d）准确记录和存储个人信息的公开披露的情况，包括公开披露的日期、规模、目的、公开范围等；e）承担因公开披露个人信息对个人信息主体合法权益造成损害的相应责任；f）不应公开披露个人生物识别信息；g）不应公开披露我国公民的种族、民族、政治观点、宗教信仰等个人敏感数据的分析结果。”

本条对个人信息的公开进行规范，在适用中还需要结合《个人信息保护法》第 27 条的规定。根据本条规定，个人信息处理者不得公开其处理的个人信息，取得个人单独同意的除外。而对于已公开个人信息的处理活动，应当依据《个人信息保护法》第 27 条的规定，“个人信息处理者可以在合理的范围内处理个人自行公开或者其他已经合法公开的个人信息；个人明确拒绝的除外。个人信息处理者处理已公开的个人信息，对个人权益有重大影响的，应当依照本法规定取得个人同意”。

非法公开个人信息的个人信息处理者需要承担相应的法律责任。个人信息处理者没有取得个人单独同意就公开其个人信息的，属于非法公开行为，如果对信息主体的名誉权、隐私权或其他民事权益产生损害，应当承担侵权责任或违约责任。与此同时，《个人信息保护法》第 66 条第 1 款规定，违反本法规定处理个人信息，或者处理个人信息未履行本法规定的个人信息保护义务的，由履行个人信息保护职责的部门责令改正,给予警告,没收违法所得,对违法处理个人信息的应用程序,责令暂停或者终止提供服务;拒不改正的,并处100万元以下罚款;对直接负责的主管人员和其他直接责任人员处1万元以上10万元以下罚款。如果构成侵犯公民个人信息罪的,根据《刑法》第253条之一承担刑事责任。

【关联条文】

《个人信息保护法》第4条第2款、第13条第1款、第27条、第66条

【相关规定】

《民法典》第111条;《刑法》第253条之一;《个人信息安全规范》第9.4款、第9.5款

【域外比较】

本条对处理者公开个人信息作出了特别规定,即以"单独同意"作为前提条件。这一规定体现了中国政府对个人信息保护的决心和力度,这在域外个人信息保护实践中相对罕见。尽管如此,有两处法律可以相互参照。首先,新加坡《2012年个人数据保护法》第13条以及相应的附件一、附件二对公开披露个人信息作出了详尽的限定,但并未要求单独同意。其次,按美国《侵权法》的规定,公开披露私密信息有可能引起侵权责任。尽管如此,这一点或许和民法对私密信息的保护更加接近。总之,要求单独同意可以说是国内原创性的规定,因此在未来对于公开个人信息需要单独同意的实践中,还需要结合个人信息的具体类型。

第二十六条　在公共场所安装图像采集、个人身份识别设备,应当为维护公共安全所必需,遵守国家有关规定,并设置显著的提示标识。所收集的个人图像、身份识别信息只能用于维护公共安全的目的,不得用于其他目的;取得个人单独同意的除外。

【条文主旨】

本条是针对在公共场所收集个人信息的特别规定,明确了在公共场所安装图像采集、个人身份识别设备需要遵守的个人信息保护义务,以及相关个人信息的处理规则。

【演进过程】

一审稿	二审稿	最终稿
第二十七条 在公共场所安装图像采集、个人身份识别设备，应当为维护公共安全所必需，遵守国家有关规定，并设置显著的提示标识。所收集的个人图像、个人身份特征信息只能用于维护公共安全的目的，不得公开或者向他人提供；取得个人单独同意~~或者法律、行政法规另有规定~~的除外。	第二十七条 在公共场所安装图像采集、个人身份识别设备，应当为维护公共安全所必需，遵守国家有关规定，并设置显著的提示标识。所收集的个人图像、个人身份特征信息只能用于维护公共安全的目的，不得公开或者向他人提供，取得个人单独同意的除外。	
	第~~二十~~七条 在公共场所安装图像采集、个人身份识别设备，应当为维护公共安全所必需，遵守国家有关规定，并设置显著的提示标识。所收集的个人图像、个人身份特征信息只能用于维护公共安全的目的，不得~~公开或者向他人提供~~，取得个人单独同意的除外。	第二十六条 在公共场所安装图像采集、个人身份识别设备，应当为维护公共安全所必需，遵守国家有关规定，并设置显著的提示标识。所收集的个人图像、身份识别信息只能用于维护公共安全的目的，不得用于其他目的；取得个人单独同意的除外。

【条文释义】

（一）在公共场所安装图像采集、个人身份识别设备

本条规制的第一个对象是在公共场所安装图像采集、个人身份识别设备的行为。在公共场所安装图像采集、个人身份识别设备的主要目的，在于收集个人信息，因此本条实质上是规范在公共场所的个人信息收集行为，其规制的重点是在公共场所被大量使用的人脸识别技术。

"公共场所"是法律中常见的一个概念，但没有明确的法律定义。例如，《刑法》第291条使用了"车站、码头、民用航空站、商场、公园、影剧院、展览会、运动场或者其他公共场所"的表述，即以列举的方式规定了常见的"公共场所"。《公共场所卫生管理条例》中的公共场所包括：(1)宾馆、饭馆、旅店、招待所、车马店、咖啡馆、酒吧、茶座；(2)公共浴室、理发店、美容店；(3)影剧院、录像厅(室)、游艺厅(室)、舞厅、音乐厅；(4)体育场(馆)、游泳场(馆)、公园；(5)展览馆、博物馆、美术馆、图书馆；(6)商场(店)、书店；(7)候诊室、候车(机、船)室、公共交通工具。

图像采集设备，是指能够收集图像数据的设备，图像数据包括场所、物品的数据,也包括经过采集区域的个人的信息,包括面部信息、行踪信息等。个人身份识别设备,是指能够自动识别个人身份的设备,目前主要指人脸识别设备。

本条规定了在公共场所安装图像采集、个人身份识别设备的三个要求:

第一,应当为维护公共安全所必需。客观上需要安装相关设备以维护公共安全,或者有法律法规的明文要求。如果没有法律法规的明文要求,也不是维护公共安全的必要条件,那么相关场所就不能安装图像采集、个人身份识别设备。

第二,遵守国家有关规定。"国家有关规定"的具体范围,《个人信息保护法》并没有明确规定。但根据《最高人民法院、最高人民检察院关于办理侵犯公民个人信息刑事案件适用法律若干问题的解释》第 2 条的规定,国家有关规定是指法律、行政法规、部门规章的有关规定。国家有关规定的内容包括:应当、可以或者禁止安装相关设备的公共场所,安装相关设备需要履行的法律程序,安装相关设备的技术标准或技术要求等。例如,《反恐怖主义法》第 27 条第 2 款规定:"地方各级人民政府应当根据需要,组织、督促有关建设单位在主要道路、交通枢纽、城市公共区域的重点部位,配备、安装公共安全视频图像信息系统等防范恐怖袭击的技防、物防设备、设施。"该条款为地方各级人民政府在"重点部位"安装图像采集、个人身份识别设备等提供了法律依据。

第三,设置显著的提示标识。为了维护公共安全,依照国家有关规定安装图像采集、个人身份识别设备的,并不需要个人的同意,但个人拥有知情权。相关个人信息的收集者有义务设置显著的提示标识,提醒相关信息主体其个人信息正在被收集。所谓"显著",即有关标识是清晰醒目的,社会中一般人进入设备采集区域之前就能够容易地看到或者以其他方式知晓有关标识。所谓"提示",一方面要求有关标识是通俗易懂的,另一方面要让信息主体知晓该设备具有采集相关个人信息的功能。

(二)处理所收集的个人图像、身份识别信息

本条规制的第二个对象是对所收集的个人图像、身份识别信息的处理行为。

公共场所的管理者等主体在利用图像采集、个人身份识别设备收集个人的面部、身份、行踪等信息后,不能随意利用相关信息。本条对相关个人信息的利用规定了两个规则:

第一,处理相关个人信息原则上只能出于维护公共安全的目的。例如,只有在公共场所发生了盗窃、抢劫、绑架等违法犯罪活动,才能利用相关信息来抓获犯罪嫌疑人。商场如果利用收集到的个人信息进行有针对性的广告促销,则不属于公共安全范畴。

第二,出于维护公共安全以外的其他目的而处理个人信息的,必须事先获得信息主体的单独同意。绝对地禁止个人信息处理者处理相关个人信息,可能会造成个人信息资源的浪费，因此本条也规定了，在获得信息主体单独同意的前提下，个人信息处理者可以出于非公共安全的目的而处理相关个人信息。

【适用指引】

由于“公共场所”类型多样、管理主体多样，因此在公共场所安装图像采集、个人身份识别设备的主体，也就具有多样化的特征：既可能是政府机关，也可能是商业机构，还可能是个人。不同主体在安装相关设备、处理相关个人信息时，都要严格遵守本条及相关法律法规的规定，既不能滥用公权力，也不能滥用技术能力。

就政府机关而言，在道路、交通枢纽、城市公共区域等公共场所安排图像采集、个人身份识别设备，应当有国家有关规定的明确授权，不得超出授权范围安装设备，各地方也不得在没有上位法依据的情况下“自我授权”。就商业机构而言，要充分尊重消费者的隐私权、知情权和选择权，不能单纯地为了提高商业利润而使用相关设备。就公园、物业等机构而言，要充分尊重消费者、业主的选择权，不能单纯地为了降低运营成本而将图像采集、个人身份识别设备作为识别身份的唯一工具。

此外，虽然是为了公共安全目的而收集个人信息，但这并没有减轻个人信息处理者在维护个人信息安全方面的法律义务。特别是，图像采集、个人身份识别设备所收集的大都属于敏感信息，个人信息处理者因此承担了相对更重的法律义务。换言之，在安装图像采集、个人身份识别设备之前，个人信息处理者必须具备了相应的保护敏感个人信息安全的能力，缺乏这种能力的个人信息处理者不应当安装图像采集或者个人身份识别设备。

【案例链接】

傅某与盐城市宇晔酒店管理有限公司隐私权纠纷案[①]

1. 案情简介

一审原告傅某曾于某日与他人共同进入被告盐城市宇晔酒店管理有限公司（以下简称宇晔公司）经营的某酒店。后傅某的丈夫发现傅某与他人关系暧昧后，前往该酒店获取了傅某出入时的监控视频，并以此作为证据之一向法院提起离婚诉讼。傅某认为其丈夫从酒店获取了自己的开房监控视频侵犯了自己的隐私权，遂将宇晔公司诉至法院。

2. 案例要点与解析

此案例中，在酒店安装的监控摄像头应当属于在公共场所安装的图像采集设备。法院经审理认为，虽无直接证据证明傅某的丈夫确是从酒店取得了监控，但

① 江苏省盐城市中级人民法院，(2016)苏09民终1159号。

该视频非翻拍取得，判定宇晔公司存在过错。二审法院维持了这一认定。最终，一审、二审法院均判令宇晔公司向傅某书面道歉。

以本案案情对照本条规定来看，作为起诉离婚的证据显然不属于本条规定的“维护公共安全目的”，且酒店等公共场所设置的图像采集设备所收集的个人信息在被用于其他目的时也没有获得原告傅某的单独同意。

【关联条文】

《个人信息保护法》第5条、第6条

【相关规定】

《民法典》第1020条、第1035条、第1036条；《刑法》第291条；《反恐怖主义法》第27条第2款；《最高人民法院、最高人民检察院关于办理侵犯公民个人信息刑事案件适用法律若干问题的解释》；《公共场所卫生管理条例》

【域外比较】

本条是对在公共场所安装图像采集设备的特别规定，要求以“为维护公共安全所必需……只能用于维护公共安全的目的”或“单独同意”为前提条件。域外各国家或地区同样对公共场所图像采集和人脸识别多有忧虑。欧盟暂时未对人脸识别作出如此严格的特别规定，不过，EDPB已发布《关于通过视频设备处理个人数据的指南》，强调《通用数据保护条例》适用于公共场所的图像采集和人脸识别。美国联邦贸易委员会（FTC）亦曾发布不具约束力的指南，推荐“（对采用人脸识别技术的超市）宜在用户进入技术运行范围之前，即提供清晰的告知，说明相应技术正在运行。”①整体而言，我国《个人信息保护法》的相关规定不仅借鉴了域外的探索经验，还提出了更加严格的保护措施。

第二十七条　个人信息处理者可以在合理的范围内处理个人自行公开或者其他已经合法公开的个人信息；个人明确拒绝的除外。个人信息处理者处理已公开的个人信息，对个人权益有重大影响的，应当依照本法规定取得个人同意。

【条文主旨】

本条规定了处理已合法公开个人信息的具体规则。

① Federal Trade Commission, *Best Practices for Common Uses of Facial Recognition Technologies* (*Staff Report*), 2012.

信息社会时代，社交媒体迅速发展，大量个人信息处于已公开或半公开状态。一方面，已公开个人信息的利用也引发了“爬虫”采集、“人肉搜索”等现象。另一方面，数据要素流通是数字经济的重要基础，已公开个人信息的收集、挖掘、利用、流通是大数据时代重要的数据资源，并且形成了诸如“××查”等处理已公开个人信息的商业模式。数字经济时代，人不仅仅是物理意义上的存在，还是一种数据意义上的存在。前者是指人以生物体的形式得到展现，后者是指人还能够以数据为基础被加以描述，被称为人的“数据画像”。足够的数据会描述出关于具体个人的“数据人格”，成为社会人格在数据上所体现出来的另一种公共形象，[①]是有关个人不同信息的集合。因此，已公开个人信息的利用与其人格权益的保护息息相关，需要法律对此进行明确的规范。

本条规定了已公开个人信息处理活动的具体规则。根据本条规定，对于已经合法公开的个人信息，只要处理行为在合理范围内并且个人没有明确拒绝的，处理行为原则上不需要告知信息主体，也不需要取得其同意，即可以展开处理活动。但是，个人信息处理者处理已公开的个人信息，对个人权益有重大影响的，应当取得个人同意。因此，已公开个人信息同样受到法律的保护，公开并非意味着个人信息权益的全盘放弃，对于已公开个人信息的处理同样需要受到法律法规的限制和约束。

【演进过程】

一审稿	二审稿	最终稿
第二十八条　个人信息处理者处理已公开的个人信息，应当符合该个人信息被公开时的用途；超出与该用途相关的合理范围的，应当依照本法规定向个人~~告知并取得~~其同意。 个人信息被公开时的用途不明确的，个人信息处理者应当合理、谨慎地处理已公开的个人信息；利用已公开的个人信息从事对个人有重大影响的活动，应当依照本法规定向个人~~告知并取得~~其同意。	第二十八条　个人信息处理者处理已公开的个人信息，应当符合该个人信息被公开时的用途。超出与该用途相关的合理范围的，应当依照本法规定取得个人同意。 个人信息被公开时的用途不明确的，个人信息处理者应当合理、谨慎地处理已公开的个人信息。利用已公开的个人信息从事对个人有重大影响的活动，应当依照本法规定取得个人同意。	

① 参见[美]阿丽塔·L. 艾伦、理查德·C. 托克音顿：《美国隐私法——学说、判例与立法》，冯建妹等编译，中国民主法制出版社2004年版，第206～208页。

续表

一审稿	二审稿	最终稿
	第三十六条　个人信息处理者处理已公开的个人信息，应当符合该个人信息被公开时的用途。超出与该用途相关的合理范围的，应当依照本法规定取得个人同意。 个人信息被公开时的用途不明确的，个人信息处理者应当合理、谨慎地处理已公开的个人信息。利用已公开的个人信息从事对个人有重大影响的活动，应当依照本法规定取得个人同意。	第二十七条　个人信息处理者可以在合理的范围内处理个人自行公开或者其他已经合法公开的个人信息；个人明确拒绝的除外。个人信息处理者处理已公开的个人信息，对个人权益有重大影响的，应当依照本法规定取得个人同意。

【条文释义】

第一，该个人信息应已合法公开。根据《民法典》第 1036 条第 2 项和本条的表述，公开的个人信息包括自然人自行公开的个人信息和其他已经合法公开的信息。如果该个人信息存在非法泄露、非法买卖或非法公开等情形，即使个人信息在事实上处于已经公开的状态，也不能适用本条规定直接进行处理。

第二，公开的个人信息包括自行公开和其他已经合法公开的个人信息。自然人自行公开的个人信息，可以不遵循告知同意规则进行直接处理，其法理依据在于，当自然人根据自己的意志选择公开自身个人信息，那么应当将其视为对于公开后个人信息可能面临的风险有所预知并接受。其他已经合法公开的个人信息包括依据行政机关的行政行为强制公开的个人信息，依据司法行为公开的个人信息，以及个人单独同意后所公开的个人信息。①

第三，公开个人信息的处理活动应当限制在合理范围内。《个人信息保护法》中所言"合理范围"在根本上是一种比例性的要求，处理已合法公开的个人信息应当符合个人对于信息被公开时（可能的）用途的预期。《通用数据保护条例》将此描述为，数据控制者需要特别考虑个人数据主体能否基于与数据控制者之间的关系，对数据控制者以该等目的处理其个人数据存在合理期待（taking into consideration the reasonable expectations of data subjects based on their relationship with the controller）。

① 参见程啸：《个人信息保护法理解与适用》，中国法制出版社 2021 年版，第 251～252 页。

值得注意的是,《个人信息保护法》二审稿曾在第 28 条中规定,“个人信息处理者处理已公开的个人信息,应当符合该个人信息被公开时的用途。超出与该用途相关的合理范围的,应当依照本法规定取得个人同意。个人信息被公开时的用途不明确的,个人信息处理者应当合理、谨慎地处理已公开的个人信息。利用已公开的个人信息从事对个人有重大影响的活动,应当依照本法规定取得个人同意”。而在最终稿中,《个人信息保护法》采取了和《民法典》相同的表述方式,以保持立法的统一。但是,这并不否认二审稿在该条规定上所作出的努力和尝试。恰恰相反,二审稿在处理已公开个人信息规则的探索,是解读《个人信息保护法》第 27 条的重要参考。

第四,如果处理行为对个人权益有重大影响的,应当取得个人同意。有观点认为,对于个人权益有重大影响的处理行为,无论是否在合理范围内都应当取得个人同意。[①] 本条在实务中需要注意,在网络空间个人信息普遍存在半公开、已公开的情形下,对此进行过于严苛的要求可能会对相关产业产生“动辄得咎”的风险。对于处理已公开个人信息的,如果对个人权益有重大影响的,可以结合是否用途明确、是否属于合理范围、是否尽到合理审慎义务等因素进行综合判断。

第五,个人对于已公开个人信息的处理活动有拒绝的权利。个人有权拒绝对已公开个人信息进行处理的基础在于,该个人信息并不属于根据《个人信息保护法》第 13 条第 1 款第 2 ~ 7 项所规定的无须取得个人同意的情形。处理已公开个

---

① 参见程啸:《个人信息保护法理解与适用》,中国法制出版社 2021 年版,第 251 ~ 252 页。也有观点认为,对此需结合《个人信息保护法》的相关规定进行逻辑梳理。虽然正式文本中采用了《民法典》的表述,但是从二审稿的规定来看,已公开个人信息的处理活动以被公开用途为标准分为两类:一是用途明确,个人信息的处理活动应当符合该用途,超出合理范围的取得个人同意;二是用途不明确的,个人信息的处理活动应当合理审慎,对个人有重大影响的应取得个人同意。重大影响的情形规定在原二审稿第 28 条第 2 款,从该句所处的位置推演逻辑可以发现,其应当属于用途不明确情形下的二次判断:当用途明确时仅需要判断是否属于合理范围;而当用途不明确时,再要求其以合理范围的标准进行判断已缺乏可行性,此时要求个人信息处理者尽到合理审慎的主观义务,并且规定了是否对个人有重大影响的客观标准。这一结论的理据有二:一方面,《个人信息保护法》的其他规定已经对可能涉及个人重大利益的处理活动进行了特殊要求,如同意特殊形式的要求、法定事项变更的告知义务、自动化决策方式的说明义务、事前进行个人信息保护影响评估义务等,对于涉及个人重大利益的处理活动提出了更加严格的要求。另一方面,如果是对个人权益有重大影响的处理行为,无论是否在合理范围内都应当取得个人同意,可能导致在适用中产生疑义。以本法第 24 条第 3 款为例,该条款规定“通过自动化决策方式作出对个人权益有重大影响的决定,个人有权要求个人信息处理者予以说明,并有权拒绝个人信息处理者仅通过自动化决策的方式作出决定”。如果个人信息处理者利用已公开个人信息进行自动化决策,当对个人权益有重大影响时,是否还需要取得个人同意就存在疑义。因此,对于已公开个人信息进行利用的具体边界,还有待实践的回应。

人信息,个人信息处理者虽然不需要履行告知同意规则的要求,但是《个人信息保护法》赋予信息主体拒绝的权利,以保障个人信息基本权益不受损害。这种拒绝应当是明确的,即个人应当向个人信息处理者明确表达不允许或拒绝处理自身已公开个人信息的行为。个人根据《个人信息保护法》第 15 条规定主张同意撤回权,也属于明确拒绝的表达方式之一。

【适用指引】

本条规定与《民法典》第 1036 条第 2 项相关,即处理个人信息时,可以“合理处理该自然人自行公开的或者其他已经合法公开的信息,但是该自然人明确拒绝或者处理该信息侵害其重大利益的除外”。本条是对《民法典》第 1036 条合理范围内使用公开个人信息作为个人信息处理的免责事由这一规定,在专门法中的具体展开,是在法律层面对已公开个人信息的利用规则予以明确。

(一)如何实践或判定已合法公开个人信息的处理行为属于“合理的范围”?

首先,处理已公开个人信息的合法性基础存在一定的特殊性。已公开个人信息有别于一般的个人信息,其在一定范围内具有相当程度的公开性甚至公共性,因此对这类信息的保护应区别于一般的、具有私密性质的个人信息。对已公开个人信息处理活动的正当性基础和行为边界的判定,关键在于用途限定和合理谨慎两个方面。

其次,处理已公开个人信息应当符合该个人信息被公开时的用途。“公开”并非意味着可以无约束、无限制地处理个人信息。对此,存在两种可能:一是个人信息公开时有明确的用途,处理已公开个人信息不能超越该用途,否则应当重新取得个人同意。二是个人信息公开时没有明确的用途,处理已公开个人信息应当遵守合理、谨慎的原则。合理、谨慎的判定需要结合《个人信息保护法》第 5 ~ 7 条关于个人信息处理活动的基本原则,即遵循合法、正当、必要和诚信原则;具有明确、合理的目的,并应当与处理目的直接相关,采取对个人权益影响最小的方式;收集个人信息,应当限于实现处理目的的最小范围;遵循公开、透明原则,公开个人信息处理规则,明示处理的目的、方式和范围。与此同时,对用途是否明确的判断,应当结合具体的情况,再如,该个人信息公开时的具体场景、公开栏目、相关表述等情况。再如,自然人将个人信息公布在求职网站,应当认为该个人信息仅限于求职招聘的相关用途。

(二)如何理解“对个人权益有重大影响”?

从内容上看,对个人权益有重大影响往往是指涉及公民人身权利、民主权利、财产权利等。《通用数据保护条例》将此描述为“未侵犯个人数据主体的基本权利与自主权”。而从行为上看,可以结合《个人信息保护法》第 55 条的规定进行理解。根据该条规定,“有下列情形之一的,个人信息处理者应当事前进行个人信息保护影响评估,并对处理情况进行记录:(一)处理敏感个人信息;(二)利用个人信息进行自动化决策;(三)委托处理个人信息、向其他个人信息处理者提供个人信息、公开个人信息;(四)向境外提供个人信息;(五)其他对个人权益有重大影响的个人信息处理活动。”如果对已公开个人信息的处理活动涉及以上类型,则需要关注是否会对个人权益产生重大影响。

(三)如何衔接《民法典》与《个人信息保护法》之间在具体规则上的差别?

根据《民法典》第1036条第2项的规定,“合理处理该自然人自行公开的或者其他已经合法公开的信息,但是该自然人明确拒绝或者处理该信息侵害其重大利益的除外”。而本条规定,“个人信息处理者可以在合理的范围内处理个人自行公开或者其他已经合法公开的个人信息;个人明确拒绝的除外。个人信息处理者处理已公开的个人信息,对个人权益有重大影响的,应当依照本法规定取得个人同意”。由此可以发现,两者在具体规定中存在一定的区别,根据《民法典》的逻辑,自然人明确拒绝或者处理该信息侵害其重大利益的,不得处理已公开的个人信息;而根据《个人信息保护法》的逻辑,对个人权益有重大影响的,取得个人同意的仍然可以进行处理。事实上,两者之间的规定并不存在矛盾或冲突。

【案例链接】

赵某军等侵犯公民个人信息案①

1.案情简介

有联公司是一家以房地产信息咨询服务、贷款抵押代办服务为主要业务的公司。其总经理赵某军为提高公司业绩,购买、收售各类公民信息14万余条。法院认定,赵某军违反国家规定,非法获取公民个人信息,情节特别严重,以侵犯公民个人信息罪判处赵某军有期徒刑2年6个月。

2.案例要点与解析

关于已被网络公开的工商企业中的个人信息是否属于公民个人信息范畴?否定观点认为,在网络上公布的工商企业登记信息,因可被任何人查询而丧失私密性,而非公民个人信息。肯定观点认为,私密性并非判断是否为个人信息的标准,凡公开的信息能够识别到特定的自然人,如姓名、手机号码、住址等内容,足以对公民正常生活安宁构成威胁,则属于个人信息范畴。根据《个人信息保护法》第27条的规定:个人信息处理者可以在合理的范围内处理个人自行公开或者其他已经合法公开的个人信息;个人明确拒绝的除外。个人信息处理者处理已公开的个

① 重庆市开州区人民法院刑事判决书,(2017)渝0154刑初342号。

人信息,对个人权益有重大影响的,应当依照《个人信息保护法》规定取得个人同意。在本案中,赵某军所收集的个人信息属于已公开个人信息,但是可能会"对个人权益有重大影响",属于非法处理个人信息的行为。

【关联条文】

《个人信息保护法》第5~7条、第13条、第55条

【相关规定】

《民法典》第1036条第2项

【域外比较】

本条是对处理自行公开或其他已经合法公开的个人信息的规定。从域外立法来看,在欧盟立法中,《通用数据保护条例》并未给予处理公开数据特别的"宽容",处理公开数据依然需要具备合法性基础。[①] 在俄罗斯立法中,禁止与初始处理目的不一致的、对数据主体已自行公开的个人数据的处理活动[②]。2021年美国统一法律委员会(ULC)起草的《统一个人数据保护法》(UPDPA)第7条对此规定得较为宽松[③],采取类似目的相容原则的立场,通过综合考虑"主体与控制者关系""收集个人数据的交易类型""个人数据的类型和本质""处理数据可能带来的风险""防止未经授权的数据处理的措施的有效性""数据处理促进数据主体利益的程度"来判断这一问题。美国司法裁判对于处理已公开个人信息也经历了由严至松的过程,这与其推行opt-out模式息息相关。HiQ Labs诉LinkedIn(领英)封杀案是围绕已公开个人信息利用行为的经典案例。领英认为HiQ未经其授权爬取用户的公开资料侵犯了用户的隐私。2019年位于旧金山的美国联邦第九巡回上诉法院禁止领英封杀HiQ,裁定不得阻止HiQ访问其用户的已公开信息,被视为有利于数据利用的判决。[④] 同时,这是一个有利于数据开放的判决。通过比较可以发现,我国《个人信息保护法》第27条规定排除"个人明确拒绝"和"对个人权益有重大影响的"两类情形的规定,体现出宽严适中的立法色彩。

---

① 值得一提的是,《通用数据保护条例》第9条允许处理个体已经"明确公开"的敏感个人数据。举重以明轻,在这个意义上,或可推断《通用数据保护条例》一般允许处理个体已经明确公开的个人数据。循此,则《通用数据保护条例》在这一点上可以称为宽松的立法。

② Stanislav Rumyantsev, *Look But Don't Touch — Russia to Restrict Processing of Public Data*, IAPP News(Feb. 23, 2021), https://iapp.org/news/a/look-but-dont-touch-russia-restricted-processing-of-public-data/.

③ 美国统一法律委员会于2021年7月投票通过《统一个人数据保护法》,是一项州隐私立法和示范法文本。

④ 此案近期又出现新的发展,2021年6月美国最高法院将此案发回位于旧金山的美国联邦第九巡回法院重审,并驳回了此前禁止令的裁定。该案的最终发展还有待观察。

第二节　敏感个人信息的处理规则

第二十八条　敏感个人信息是一旦泄露或者非法使用，容易导致自然人的人格尊严受到侵害或者人身、财产安全受到危害的个人信息，包括生物识别、宗教信仰、特定身份、医疗健康、金融账户、行踪轨迹等信息，以及不满十四周岁未成年人的个人信息。

只有在具有特定的目的和充分的必要性，并采取严格保护措施的情形下，个人信息处理者方可处理敏感个人信息。

【条文主旨】

本条明确了敏感个人信息概念以及处理敏感个人信息的基本原则。

本条第1款提出了敏感个人信息定义且列出了敏感个人信息的基本类别。在对敏感个人信息定义中，本条主要说明了敏感个人信息与个人信息之间是包含与被包含的关系，"敏感个人信息"是个人信息的一个子集，指出相对于一般个人信息，敏感个人信息对于自然人人格尊严、人身安全、财产安全更为重要，敏感个人信息泄露或非法使用"容易"导致个人信息主体权益受到损害，应对敏感个人信息给予特殊保护。随后通过直接列举的方式，指出生物识别、宗教信仰、特定身份、医疗健康、金融账户、行踪轨迹是敏感个人信息的典型类别，并特别强调了不满14周岁未成年人的个人信息也属于敏感个人信息。

本条第2款针对敏感个人信息处理要求，在一般个人信息处理标准上进行了提高，明确只有在满足"特定"目的、具有"充分"必要性以及采取"严格"保护措施的前提下，个人信息处理者方可处理敏感个人信息。

【演进过程】

一审稿	二审稿	最终稿
第二十九条　个人信息处理者具有特定的目的和充分的必要性，方可处理敏感个人信息。 敏感个人信息是一旦泄露或者非法使用，可能导致个人受到歧视或者人身、财产安全受到严重危害的个人	第二十九条　个人信息处理者具有特定的目的和充分的必要性，方可处理敏感个人信息。 敏感个人信息是一旦泄露或者非法使用，可能导致个人受到歧视或者人身、财产安全受到严重危害的个人	

续表

一审稿	二审稿	最终稿
信息，包括种族、民族、宗教信仰、个人生物特征、医疗健康、金融账户、个人行踪等信息。	信息，包括种族、民族、宗教信仰、个人生物特征、医疗健康、金融账户、个人行踪等信息。	
	第三十九条　个人信息处理者具有特定的目的和充分的必要性，方可处理敏感个人信息。 敏感个人信息是一旦泄露或者非法使用，可能导致个人受到歧视或者人身、财产安全受到严重危害的个人信息，包括种族、民族、宗教信仰、个人生物特征、医疗健康、金融账户、个人行踪等信息。	第二十八条　敏感个人信息是一旦泄露或者非法使用，容易导致自然人的人格尊严受到侵害或者人身、财产安全受到危害的个人信息，包括生物识别、宗教信仰、特定身份、医疗健康、金融账户、行踪轨迹等信息，以及不满十四周岁未成年人的个人信息。 只有在具有特定的目的和充分的必要性，并采取严格保护措施的情形下，个人信息处理者方可处理敏感个人信息。

【条文释义】

（一）对敏感个人信息的定义

本条第1款从风险预警的视角对敏感个人信息进行了定义，指出了敏感个人信息风险的发生原因在于泄露或者非法使用，敏感个人信息与人格尊严、人身安全、财产安全之间存在紧密联系，使用了“容易”一词强调敏感个人信息不当使用产生风险的可能性较高，从危害后果的产生原因、危害后果的具体指向、危害后果的发生的高概率对敏感个人信息进行了界定。

1. 危害后果的产生原因

从风险的产生原因来看，主要是两种类别：一种是敏感个人信息内容遭到泄露，导致原有的处理者无法控制信息，违背原有的处理目的以及脱离既定的处理方式，如个人病史等医疗健康信息泄露导致受到就业歧视等不公正的待遇，个人金融账户等信息泄露则可能导致信用卡盗刷、他人冒名办卡等严重后果；另一种则是敏感个人信息被滥用，个人信息处理者未经个人授权或者在个人授权的范围之外滥用敏感个人信息，如一些小区引入人脸识别系统，强制用“刷脸”代替“刷卡”，将人脸识别作为出入小区的唯一验证方式等。

2. 危害后果的具体指向

从风险的具体指向来看，敏感个人信息与人格尊严、人身安全、财产安全之间存在紧密联系。

关于人格尊严。《宪法》第 38 条规定："中华人民共和国公民的人格尊严不受侵犯。禁止用任何方法对公民进行侮辱、诽谤和诬告陷害。"《民法典》第 109 条规定："自然人的人身自由、人格尊严受法律保护。" 人格尊严是人在人类社会生活中所应有的最起码的社会地位以及基本礼遇，是人的主观自尊感受与他人对待行为的统一，敏感个人信息泄露容易使人格尊严受到侵害，如个人病史、个人家庭信息的泄露很有可能带来他人的歧视或者恶意诽谤，严重影响个人的社会活动。需要注意的是，在一审稿与二审稿中使用的是"个人受到歧视"的表述，最终稿改为"人格尊严受到侵害"，相较于"个人受到歧视"，"人格尊严受到侵害"的概念更具有包容性、范围更广，更易于说明敏感个人信息需要"严格保护"的原因。

关于人身安全，人身安全是人的第一需求，是人实现自我价值的基础，《宪法》第 33 条第 3 款规定："国家尊重和保障人权。"《民法典》第 110 条第 1 款规定："自然人享有生命权、身体权、健康权、姓名权、肖像权、名誉权、荣誉权、隐私权、婚姻自主权等权利。"在敏感个人信息中，如行踪信息的泄露可能成为不法分子进行敲诈勒索、盗窃抢劫等违法行为的便利条件；如正在研制的基因武器，以一个民族特殊的基因序列信息为基础研发要件①。由于敏感个人信息的泄露或者非法使用可能导致个人的生命安全受到侵害，敏感个人信息的处理应当在充分保护个人生命安全的前提下进行。

关于财产安全，《宪法》第 13 条第 1 款、第 2 款规定："公民的合法的私有财产不受侵犯。国家依照法律规定保护公民的私有财产权和继承权。"《民法典》第 113 条规定："民事主体的财产权利受法律平等保护。" 自然人财产安全是保障个人生活、各类社会活动顺利进行的基本要求，敏感个人信息泄露或者不当使用往往会直接导致财产损失，如个人身份证信息泄露导致银行卡被盗刷等，如何切实防止个人信息泄露或者不当使用对自身的财产安全带来的危害应是个人信息保护法迫切需要解决的问题。

（二）敏感个人信息的类型

《个人信息保护法》第 28 条第 1 款采用了直接列举的方式给出了敏感个人信息的基本类别，用了"等"的表述明确敏感个人信息的范围还有待扩充，未来随着

---

① 参见《基因战？美在俄收集人体生物样本 普京公开质问》，载央视网，http://news.cctv.com/2017/11/03/ARTIwwkclthtrWSVvyQ8Dmm6171103.shtml。

个人信息保护实践以及相关法律法规的发展会进一步完善。

1. 生物识别

生物识别信息是基于特别技术处理自然人的相关身体、生理或行为特征而得出的个人信息,包括个人基因、指纹、声纹、掌纹、耳郭、虹膜、面部识别特征等。由于其具有不可更改性和直接识别性等特性,生物识别信息往往可以直接定位到个人且这一信息一旦为他人所非法获取就再无补救措施。2019 年,换脸应用程序 ZAO 因其协议中存在存储个人面部生物识别特征信息而被叫停整改。生物识别信息正面临多样化的风险,关于人脸、指纹等地下非法交易层出不穷;人种生化特征可被用来研发基因武器,产生具有特定族群针对性的致病菌。生物识别作为本条第一个被列出的敏感个人信息类型,对其严格保护已经得到社会大众的普遍认同。

2. 宗教信仰

宗教信仰往往代表着一个人独特且鲜明的人生态度与价值观念。我国宪法规定公民有信教的自由,也有不信教的自由。在信息时代,个人宗教信仰信息的泄露容易导致该人遭受歧视等人格尊严受损的风险。而部分特殊宗教习俗也可能成为违法分子利用其进行违法犯罪的手段。

3. 特定身份

特定身份信息是个人在社会活动中所获得的身份信息,如民族、种族、特定工作等。这类信息往往在泄露之后容易引发他人的歧视或者受到犯罪分子的利用,造成个人相关权益的损害,如具有犯罪经历的信息被公开宣扬而遭受歧视,或者应届大学生的身份暴露引来虚假招聘诈骗等。

4. 医疗健康

医疗健康信息是指能够识别出个人身份的所有健康医疗相关信息,包括各级各类医疗卫生计生服务机构产生的人口健康信息,可穿戴设备、智能健康电子产品、健康医疗移动应用、网络在线平台等产生的个人健康医疗相关的信息。随着医疗信息化和互联网技术的不断发展,电子结构化的健康医疗信息数据量迅速增长,许多医疗机构建立相应数据信息系统,个人健康信息应用价值不断提升。这也导致其被黑客技术攻破的风险不断增大,犯罪分子可用其进行违法交易。

5. 金融账户

金融账户及金融账户相关信息,包括但不限于支付账号、银行卡磁道数据(或芯片等有效信息)、证券账户、基金账户、保险账户、其他财富账户、公积金账户、公积金联名账号、账户开立时间、开户机构、账户余额以及基于上述信息产生的支付标记信息等,其泄露往往会给个人信息主体带来经济上的损失。

6. 行踪轨迹

行踪轨迹信息一般是指能够反映个人所在位置、移动方向及之前行踪等资讯所组合而成的动态信息。生活中常见的个人行踪轨迹信息包括：手机 GPS 定位信息、车辆轨迹信息、车辆卡口信息、航班车票信息以及特定住宿信息等。个人行踪信息泄露将导致个人处于被他人“监控”的状态，私人生活空间可能遭受侵扰，甚至被“人肉”“网暴”或者遭受不法侵害。

7. 不满 14 周岁未成年人的个人信息

参考《儿童个人信息网络保护规定》的规定，不满 14 周岁未成年人的个人信息可以理解为儿童个人信息。由于信息主体的特殊性，其涵盖的范畴较广，包括儿童的姓名、年龄等一切个人信息。儿童是国家发展的未来和希望，其认知能力、危险识别能力和自我保护能力相对薄弱，在网络空间内容繁杂、违法违规收集使用个人信息问题层出不穷的形势下，更需要加强对儿童个人信息安全的保护。

（三）处理敏感个人信息的前置性规定

本条第 2 款规定处理敏感个人信息需要具有“特定的目的”和“充分的必要性”，且要采取“严格保护措施”，在必要原则、目的原则、责任原则等相应原则适用的基础上加码。

“特定的目的”要求处理目的不仅与敏感个人信息要有“直接关联”，还需要要求有专门指定的联系，是个人信息处理者履行其职责的必然要求。如金融机构只有为了提供金融产品和服务才能处理金融账户信息，医疗健康机构只有为了治疗患者疾病才能采取医疗健康信息等。

“充分的必要性”强调个人信息处理活动对于该处理目的的实现是不可缺少的，缺少这一信息，相关活动无法展开，不能实现对个人权益、公共利益的保护，如疫情期间要求上报个人行踪，汇报个人信息医疗健康状态，是展开疫情防控所必需的，缺少这些敏感个人信息防控无从开展。

“严格保护措施”则意味着个人信息处理者在处理敏感个人信息行为开始前，就应有计划地采取有效的措施减少对个人合法权益的减损，如采用匿名化和去标识化的技术对采集的敏感个人信息进行处理，降低对个人信息权益造成损害的可能性。

【适用指引】

《个人信息保护法》对敏感个人信息保护提出了较高的要求，这就意味着个人信息处理者应当明确其所处理的个人信息的类型。个人信息类型的准确识别是个人信息有效处理的前提。属于一般个人信息的，需要满足一般处理规则的要求；而属于敏感个人信息的，需达到“严格保护”的标准。个人信息处理者应对可能涉及敏感个人信息的业务流程进行重点梳理。由于《个人信息保护法》虽然对"敏感个人信息"作了定义并且进行了列举,但是并不全面,在未来的个人信息处理实践中还会继续完善。就个人信息处理者而言,其需要明确的是敏感个人信息规则的设立,是为了妥善解决敏感个人信息的处理问题,平衡"权益保护""信息处理""信息利用"三者之间的矛盾,防止严重后果的发生。对于实际操作中存在较大处理风险的个人信息类型,即便不符合本条所列举的范围,也应保持相应的审慎态度,采取积极举措。当然,业务场景的转变以及技术应用的发展也可能会导致敏感个人信息的界定发生一定变化,个人信息处理者应对敏感个人信息的识别方法、告知内容、保护手段保持实时跟踪、及时更新。

【案例链接】

郭某诉杭州野生动物世界服务合同纠纷案①

1. 案情简介

2019 年 4 月 27 日,郭某向杭州野生动物世界有限公司(以下简称野生动物世界)购买以指纹识别方式入园的双人年卡并支付卡费 1360 元。野生动物世界以店堂告示形式公示指纹识别年卡的办理和使用说明,郭某与其妻子留存了姓名、身份证号码、电话号码等个人信息,并录入指纹和拍摄照片。在双方服务合同履行过程中,野生动物世界将入园方式从指纹识别调整为人脸识别,并于 2019 年 10 月 7 日停用指纹识别闸机。野生动物世界先后于 2019 年 7 月 12 日和 10 月 17 日向包括郭某在内的年卡消费者发送两条短信,告知年卡系统已升级,若不激活人脸识别系统,将无法正常入园。2019 年 10 月 26 日,郭某至野生动物世界交涉,园方表示:原指纹识别方式已无法入园,未注册人脸识别系统将无法入园。郭某不同意接受人脸识别,要求野生动物世界退卡,双方协商未果。郭某遂提起诉讼,请求判令:(1)确认野生动物世界店堂告示和短信通知中涉及指纹识别和人脸识别的内容无效;(2)野生动物世界赔偿年卡卡费及为解决纠纷支出的交通费等费用;(3)野生动物世界删除郭某提交的全部个人信息等。

2. 案例要点与解析

浙江省杭州市富阳区人民法院一审判决:(1)野生动物世界赔偿郭某合同利益损失及交通费共计 1038 元;(2)野生动物世界删除郭某办理指纹年卡时提交的包括照片在内的面部特征信息;(3)驳回郭某的其他诉讼请求。郭某与野生动物

① 参见《人民法院服务和保障长三角一体化发展典型案例发布》,载最高人民法院网 2021 年 11 月 2 日,http://www.court.gov.cn/zixun－xiangqing－329801.html。

世界均提起上诉。

浙江省杭州市中级人民法院认为，生物识别信息作为敏感的个人信息，深度体现自然人的生理和行为特征，具备较强的人格属性，一旦被泄露或者非法使用，可能导致个人受到歧视或者人身、财产安全受到危害，故更应谨慎处理和严格保护。经营者只有在消费者知情同意的前提下方能收集和使用生物识别信息，且须遵循合法、正当、必要原则。经营者违反双方约定处理信息或者因违约而停止提供某项产品或服务，消费者有权要求经营者删除与其违约情形相对应的个人信息。野生动物世界单方变更入园方式构成违约，应当赔偿郭某合同利益损失；野生动物世界要求郭某激活人脸识别，超出事前收集目的，且存在侵害郭某面部特征信息之人格利益的可能与危险，故其应当删除郭某办卡时提交的包括照片在内的面部特征信息。同时，因原约定的指纹识别入园服务方式无法实现，野生动物世界还应当删除指纹识别信息。该院二审判决：(1)维持一审判决第一项、第二项；(2)撤销一审判决第三项；(3)野生动物世界删除郭某办理指纹年卡时提交的指纹识别信息；(4)驳回郭某的其他诉讼请求。

野生动物世界将为办理年卡而收集的郭某的照片用于入园人脸识别，这一使用行为超过了之前收集的目的，违反了《个人信息保护法》第 6 条所规定的目的限制与最小化原则。此外，人脸信息、指纹识别信息作为生物识别信息，是敏感个人信息的一种，应该符合更高的必要性要求以及使用更为严格的保护措施，需要更加谨慎处理和严格保护，野生动物世界在不符合"特定"目的、不满足"充分"必要性以及未采取"严格"保护措施的情况下上线人脸识别系统，将人脸识别作为入园的唯一途径，不仅是一种违约行为，也不符合本条关于处理敏感个人信息需要满足的必要性要求。

【关联条文】

《个人信息保护法》第 29 ~ 32 条、第 55 条

【相关规定】

《宪法》第 36 条、第 38 条；《民法典》第 109 条、第 1034 条、第 1035 条；《网络安全法》第 41 条；《数据安全法》第 32 条；《最高人民法院、最高人民检察院关于办理侵犯公民个人信息刑事案件适用法律若干问题的解释》第 5 条；《网络交易监督管理办法》第 13 条；《儿童个人信息网络保护规定》第 2 条；《网络数据安全管理条例(征求意见稿)》第 21 条、第 25 条

【域外比较】

本条大体与欧盟《通用数据保护条例》就敏感数据之定义与处理合法性基础的规定一致。根据《通用数据保护条例》第 9 条的规定，敏感个人数据系指"揭示

种族或民族、政治观点、宗教、哲学信念或工会身份的数据……基因数据、用于识别唯一自然人的生物数据、关于健康的数据和有关自然人性生活或性取向的数据。”第9条进一步明确了处理敏感个人数据的合法性基础,包括:“(a)数据主体出于一个或多个特定目的而明确同意处理相应个人数据,除非欧盟法或成员国法规定数据主体明确同意不能作为处理相应个人数据的合法性基础;(b)在劳动、社会保障或社会保护法领域,处理为数据控制者或数据主体履行义务或行使权利这一目的所必需,且为欧盟法、成员国法所认可或根据成员国法达成且为数据主体基本权益提供足够保障的集体合同所允许;(c)在数据主体因生理或法律原因无法给出同意的情况下,为保护数据主体或另一自然人的重大利益所必需;(d)在有适当安全保障的前提下,有政治、哲学、宗教或工会目的的机构、协会或非营利主体在其合法活动的过程中展开处理,且有下列条件,处理仅关乎相应机构、协会或非营利主体的成员、前成员或出于前述目的与相应机构、协会或非营利主体有定期接触的个体,且未经数据主体同意,相应个人数据不得披露至相应机构、协会或非营利主体之外;(e)处理数据主体明确公开的个人数据;(f)处理为证明、执行或抗辩法律诉请所必要,或为法庭在司法职权范围内履职所必需;(g)基于与其所追求目标成比例、尊重数据受保护权的实质且为保障数据主体基本权益提供合适并确切的措施的欧盟法或成员国法,处理为重要公共利益所必需;(h)在尊重职业保密义务的基础上,根据欧盟法、成员国法或与健康医疗职业人员间的合同,为预防性或职业性医疗、评估雇员工作能力、医学诊断、提供健康或社会照料或治疗、管理健康或社会照料系统或服务所必需;(i)基于为保障数据主体基本权益、特别是与职业保密相关的基本权益提供合适并确切的措施的欧盟法或成员国法,为公共卫生领域的公共利益所必需,如抵御严重的跨境医疗健康威胁或保障医疗照料、医药产品或医疗设备的质量或安全的高标准;(j)基于与其所追求目标成比例、尊重数据受保护权的实质且为保障数据主体基本权益提供合适并确切的措施的欧盟法或成员国法,处理为出于公共利益的档案目的、科学或历史研究目的或统计目的所必需。”在具体适用这一条款时,欧盟的详尽规定可以提供足够的、比较法意义上的参考。我国将“不满14周岁未成年人的个人信息”一律规定为敏感信息,这一点与埃及立法相同。根据埃及《个人数据保护法》第1条和第13条的规定,不满18周岁的儿童的个人数据都是敏感个人数据,受到相应的保护。

第二十九条　处理敏感个人信息应当取得个人的单独同意;法律、行政法规规定处理敏感个人信息应当取得书面同意的,从其规定。

【条文主旨】

本条是关于处理敏感个人信息的单独同意规则。

本条明确处理敏感个人信息需要在原有同意的基础上适用单独同意规则，对个人信息处理者处理敏感个人信息提出了更高的合规标准。此外，该条指出法律、行政法规规定处理敏感个人信息应当取得书面同意的，从其规定，强调在法定的例外情形中，合法处理敏感个人信息需具有更高的门槛，取得“书面同意”后方可进行敏感个人信息的处理活动。本条从处理敏感个人信息的合法性基础出发，体现了对敏感个人信息需“严格保护”的特殊要求。

【演进过程】

一审稿	二审稿	最终稿
第三十条　基于个人同意处理敏感个人信息的，个人信息处理者应当取得个人的单独同意。法律、行政法规规定处理敏感个人信息应当取得书面同意的，从其规定。	第三十条　基于个人同意处理敏感个人信息的，个人信息处理者应当取得个人的单独同意。法律、行政法规规定处理敏感个人信息应当取得书面同意的，从其规定。	
	第~~三十~~条　~~基于个人同意~~处理敏感个人信息的~~，个人信息处理者~~应当取得个人的单独同意。法律、行政法规规定处理敏感个人信息应当取得书面同意的，从其规定。	第二十九条　处理敏感个人信息应当取得个人的单独同意；法律、行政法规规定处理敏感个人信息应当取得书面同意的，从其规定。

【条文释义】

“同意规则”在个人信息处理规则中居于核心地位，明确了在理想状态下，个人信息主体应对其所属的个人信息实现“绝对控制”，体现了“信息自决”的基本理念。① 除了例外情形，“同意”已经成为个人信息处理活动中最为主要的合法性基础。为了落实《个人信息保护法》第28条关于敏感个人信息需要“严格保护”的要求，同时也为了在处理个人踪迹、个人医疗健康信息等特定情形中的需要，本条在《个人信息保护法》第14条第1款关于“同意”的基础上加码，要求经过个人的单独同意后方可处理敏感个人信息。除本条外，《个人信息保护法》也在积极探索平衡个人信息主体权益保护与促进个人信息流通的有效路径。第14条、第23条、第25条、第26条、第39条规定在个人信息处理事项发生变更、向第三方提供

① 参见杨芳：《个人信息自决权理论及其检讨——兼论个人信息保护法之保护客体》，载《比较法研究》2015年第6期。

个人信息、公开个人信息、公共场所安全设备收集个人信息、跨境提供个人信息等场景下,个人信息的处理需要以“单独同意”为基础。在这些情形中,个人信息处理需要考虑广泛公共利益以及风险增高的情况,“同意”也被提高为“单独同意”。“单独同意”表现了立法者对特定场景下为实现“保护”个人信息的目标,对个人信息处理者适用的更高标准。

从法条表述顺序上,“单独同意”“书面同意”之间存在递进关系,“书面同意”是“单独同意”的提高与升级。在特殊的规范情形下,处理敏感个人信息需要以“书面同意”为前提。本条衔接现有的法律、行政法规关于敏感个人信息“书面同意”的规定。如《人类遗传资源管理条例》对于我国人类遗传资源信息的采集、保藏、利用、对外提供活动作出了严格规范,包括事前审批制度、对外资的限制、符合伦理原则等,其中,第 12 条明确要求,“采集我国人类遗传资源,应当事先告知人类遗传资源提供者采集目的、采集用途、对健康可能产生的影响、个人隐私保护措施及其享有的自愿参与和随时无条件退出的权利,征得人类遗传资源提供者书面同意。在告知人类遗传资源提供者前款规定的信息时,必须全面、完整、真实、准确,不得隐瞒、误导、欺骗”。作为生物识别信息,处理人类遗传资源需要符合处理敏感个人信息的规定,尤其是考虑到随着生物医药的快速发展,我国地域辽阔、民族众多,具备天然的人类遗传资源优势,人类遗传资源已经上升为国家战略资源,因此,对于采集人类遗传资源的信息需要书面同意并符合对人类遗传资源信息保护和合理利用的内在要求。又如,《征信业管理条例》第 14 条规定:“禁止征信机构采集个人的宗教信仰、基因、指纹、血型、疾病和病史信息以及法律、行政法规规定禁止采集的其他个人信息。征信机构不得采集个人的收入、存款、有价证券、商业保险、不动产的信息和纳税数额信息。但是,征信机构明确告知信息主体提供该信息可能产生的不利后果,并取得其书面同意的除外。”个人的收入、存款、有价证券、商业保险、不动产的信息属于征信机构限制采集的信息。此外,由于现有的法律与行政法规中,明确指出个人信息处理需要“书面同意”的规定较少,这也为未来各类敏感个人信息处理规则的完善做了铺垫。

【适用指引】

(一)“单独同意”的适用

本条对个人信息处理者在处理敏感个人信息时提出了需符合“单独同意”的形式要件。作为“同意规则”的特殊规定,“单独同意”的实现意味个人信息处理者需要付出更多的合规成本。

对于“单独同意”的实现路径。由于当前用户协议为了充分满足合规要求,往往内容特别冗长以及晦涩难懂,从《个人信息保护法》第28条对敏感个人信息保护的要求来看,敏感个人信息处理如果不进行特别标识,将会给个人带来巨大的风险敞口,不可避免地侵害信息主体的合法权益。为了落实处理敏感个人信息需要实现"严格保护"的要求,"单独同意"应是"同意"的一个强化执行方案。第一,需要显著标识,应通过加粗、标亮或者以单独界面的方式明确相关告知的内容,简洁明了说明告知事项并引起个人注意,保证个人可以在充分知情的情况下作出准确而且自愿的决定。第二,根据《网络数据安全管理条例(征求意见稿)》第73条的规定:"……单独同意是指数据处理者在开展具体数据处理活动时,对每项个人信息取得个人同意,不包括一次性针对多项个人信息、多种处理活动的同意……"第21条第1款第1项规定:"按照服务类型分别向个人申请处理个人信息的同意,不得使用概括性条款取得同意。"该条例强调单独同意应该针对所需要处理个人信息的类型进行说明,且只能针对个人信息的一项内容和一个服务类型的具体场景取得同意,不得进行概括同意或者批量同意。第三,"单独同意"的实现形式,如果严格按照"单独同意"的含义,设计单独的同意界面应确保独立性,有单独页面或者使用特殊的字体、颜色与其他内容加以区分。关于"单独同意"的选项,在个人首次授权前,同意的选项不能采取默认勾选的方式,而是需要通过个人信息主体的主动勾选、手动确认等方式授权后方可认为满足"单独同意"的要求。第四,设置专门的拒绝选项,该拒绝选项应该明确,不能将"同意"选项设置得过于明显而导致拒绝选项难以被发现。

此外,需要注意的是,作为"同意规则"的特殊规定,在处理敏感个人信息时,如果处理活动是基于同意之外的合法性基础,则不必再取得单独同意。如根据《个人信息保护法》第13条第1款第4项的规定,在疫情防控工作中,为应对突发公共卫生事件,根据防控疫情的需要处理个人行踪等敏感个人信息,则不需要取得个人信息主体的同意,自然也不适用本条关于敏感个人信息处理需要取得"单独同意"的规则。

(二)"书面同意"的适用

根据该条的表述方式,"书面同意"显然是比单独同意的要求更加严格,需要在"单独同意"的基础上继续加码,从现有法律规定来看,无论是人类遗传资源信息还是征信信息,都属于与个人生活息息相关且泄露之后会产生严重后果的敏感个人信息,对其处理必须慎之又慎。当然,在信息化时代,"书面"并不代表其必须要有单独的纸质文本来征求个人的同意。根据《民法典》第469条第3款的规定:"以电子数据交换、电子邮件等方式能够有形地表现所载内容,并可以随时调取查用的数据电文,视为书面形式。"可见,满足"书面"的形式需要两个条件:一是能够有形地表现所载内容;二是可以随时调取查用。在原有的“单独同意”的形式要件上,个人信息处理者在落实“书面同意”时,应该考虑“随时调取查用”的要求,将需要“书面同意”的电子文本妥善储存,以方便个人、监管机构以及个人信息处理者自身进行监督、审查或者取用。考虑到在个人信息的处理实践中,“告知同意”普遍符合《民法典》关于“书面”的形式要求,为了使本条中的“书面同意”与一般同意的书面形式区分,“书面同意”可限定为合同书形式。另外,可以通过进行电子签名以表示个人信息主体的授权意愿,从而就“单独同意”的形式要求进行提高,以达到“书面同意”所应有的高标准。

【案例链接】

小李诉某物业公司隐私权纠纷案[①]

1. 案情简介

小李系某小区业主,2021 年 6 月底,物业公司告示业主,小区门禁系统已改为人脸识别,限期要求业主至物业办理人脸和身份信息录入,否则将无法出入小区。小李认为存在隐私风险,不同意人脸识别验证方式,每次只能跟随其他业主通行,日常生活受到影响。小李与物业公司协商未果,诉至法院,要求物业公司为其通行提供其他非生物信息验证方式。

2. 案例要点与解析

法院审理过程中对物业公司进行了释法析理,指出物业公司在使用人脸识别门禁系统录入人脸信息时,应当征得业主同意,对于不同意的业主,物业公司应当提供替代性验证方式。物业公司认识到了自身存在的问题,立即在人脸识别系统上增设了刷卡功能。双方握手言和,小李也当场撤诉。法院依法裁定准许撤诉。物业管理工作在拥抱新科技的同时,也要充分尊重业主权益。只有取得业主的同意,规范技术应用、保障信息安全,才能让业主真正享受科技红利。

【关联条文】

《个人信息保护法》第 13 条、第 14 条、第 23 条、第 25 条、第 39 条

【相关规定】

《民法典》第 469 条第 3 款;《人类遗传资源管理条例》第 12 条;《征信业管理条例》第 14 条、第 28 ~ 29 条;《最高人民法院关于审理使用人脸识别技术处理个人信息相关民事案件适用法律若干问题的规定》第 2 条;《个人信息安全规范》第 5.4 款;《网络数据安全管理条例(征求意见稿)》第 21 条第 1 款

---

① 参见《弘扬中华优秀传统文化典型案例》,载江苏法院网,http://www.jsfy.gov.cn/art/2021/09/26/66_105386.html。

【域外比较】

本条与欧盟《通用数据保护条例》相应规定有相似性,但亦有区别。根据《通用数据保护条例》第 9 条的规定,敏感个人数据可经数据主体“明确同意”而处理。尽管“明确同意”与“单独同意”文义或有重叠交叉,二者的关系有待厘清,但都应属于一般“同意”要求上的提高。此外,对于敏感数据中至为敏感的“基因数据、生物性识别数据或健康相关数据”,第 9 条明确“成员国可以维持原有规定,或者作出新的规定,包括对处理基因数据、生物性识别数据或健康相关数据进行限定”。在这个意义上,《通用数据保护条例》相关规定与我国规定有相似性:二者都补强了对同意的要求,也都为进一步限制处理的立法留下了空间。差别在于:一方面,明确同意和单独同意未必是同一概念;另一方面,《通用数据保护条例》对敏感数据各类处理行为进行了立法,而我国留下的空间依然是对同意的补强。

第三十条　个人信息处理者处理敏感个人信息的,除本法第十七条第一款规定的事项外,还应当向个人告知处理敏感个人信息的必要性以及对个人权益的影响;依照本法规定可以不向个人告知的除外。

【条文主旨】

本条是关于处理敏感个人信息告知事项的规定。

本条明确在个人信息处理者处理敏感个人信息时,除了需要向个人信息主体告知关于处理个人信息的一般性内容,还需要告知关于处理敏感个人信息的必要性说明与释明可能的不利影响,切实保障个人信息主体在敏感个人信息处理活动中所应有的知情权、决定权。此外,本条衔接《个人信息保护法》第 18 条,指出了关于处理敏感个人信息的告知也应遵守告知义务的豁免性要求,在法定情形下个人信息处理者处理敏感个人信息时可以不向个人履行告知义务或者延迟告知。

【演进过程】

一审稿	二审稿	最终稿
第三十一条　个人信息处理者处理敏感个人信息的,除本法第十八条规定的事项外,还应当向个人告知处理敏感个人信息的必要性以及对个人的影响。	第三十一条　个人信息处理者处理敏感个人信息的,除本法第十八条第一款规定的事项外,还应当向个人告知处理敏感个人信息的必要性以及对个人的影响。	

续表

一审稿	二审稿	最终稿
	第三十一条　个人信息处理者处理敏感个人信息的，除本法第十八条第一款规定的事项外，还应当向个人告知处理敏感个人信息的必要性以及对个人的影响。	第三十条　个人信息处理者处理敏感个人信息的，除本法第十七条第一款规定的事项外，还应当向个人告知处理敏感个人信息的必要性以及对个人权益的影响；依照本法规定可以不向个人告知的除外。

【条文释义】

本条是关于个人信息处理者在处理敏感个人信息时所需要提供的额外告知内容。“告知—同意”是个人信息保护中的核心规则，告知也是个人信息处理的前提，是《个人信息保护法》第7条公开透明规则的表现。《个人信息保护法》对个人信息处理者告知义务的规定基本采用了“一般规定＋特殊规定”的立法设计，即在第17条确定了一般性的告知规则，在本条及第35条分别针对处理敏感个人信息和国家机关依职责处理个人信息的告知规则作出了特殊规定。为了强调敏感个人信息处于“严格保护”的地位以及尽量减少敏感个人信息受侵害的风险，在敏感个人信息的处理规则中对告知义务作出特殊规定是题中应有之义。根据《个人信息保护法》第17条第1款的规定，个人信息处理者在处理个人信息时需要向个人告知处理者的名称和联系方式，处理的目的、方式、种类和保存期限以及个人权利的实现路径；根据本条的规定，在处理敏感个人信息时还需额外告知个人信息主体两个方面的内容：一是处理敏感个人信息的必要性，二是对个人权益的影响。

关于处理敏感个人信息的必要性，是《个人信息保护法》第5条与第6条关于个人信息处理必要原则和目的原则在敏感个人信息处理上的体现，应理解为个人信息处理者需要向个人信息主体解释处理敏感个人信息与实现产品或服务的业务功能之间存在的直接关联，明确处理敏感个人信息的直接目的，保障个人信息主体可以理解其所拥有的敏感个人信息确有处理的必要。

关于对个人权益的影响，与处理敏感个人信息的必要性紧密相连，《个人信息保护法》第6条要求处理个人信息应采取对个人权益影响最小的方式。本条要求个人信息处理者处理敏感个人信息时，应告知处理敏感个人信息对个人权益的具体影响尤其是不利影响，做好风险提示工作。

相较于《个人信息保护法》一审稿与二审稿的内容，本条增加了关于敏感个人信息告知的豁免性规定。此规定衔接《个人信息保护法》第18条关于告知义务的豁免规定，即在法律或者行政法规规定的情形下，个人信息处理者对个人信息主体不负有告知义务，这一规定的意义在于强调敏感个人信息虽然是一种特殊的个人信息，但仍属于个人信息的范畴，应当适用个人信息处理的基本规则，在法定情形下可以不履行告知义务或者延迟告知。

【适用指引】

个人信息处理者在处理敏感个人信息时，应该在原有告知事项的基础上加上两个方面的内容：一是处理敏感个人信息的必要性，二是对个人权益的影响；并且需要对告知内容进行明确标识或突出显示，以符合对敏感个人信息的严格保护要求，让个人信息主体做到及时注意与充分了解。

为了切实保障个人信息主体的知情权与决定权，个人信息处理者告知的具体内容应该是场景化的，根据具体业务展开，在释明处理敏感个人信息的必要性时，需要让个人信息主体对其所经营的产品或者提供的服务有充分认知，以保障个人信息主体的判断能力得以充分实现。关于"个人权益"这一词汇的理解，考虑到其作为一种抽象概念，涵盖面甚为广泛，为防止告知内容过于冗长导致个人信息主体知情权被完全架空的风险，个人信息处理者可以依据《个人信息保护法》第28条关于敏感个人信息的定义，从人格尊严、人身安全、财产安全三个角度阐释处理敏感个人信息可能带来的不利后果。

特殊情形下，如依照《反恐怖主义法》《反间谍法》《国家情报法》《刑事诉讼法》等法律的规定，个人信息处理应当依法配合有关部门的工作，依据相应的授权及程序为公安机关、国家安全机关依法开展防范、调查违法犯罪活动提供相应技术支持，包括调取敏感个人信息。为了维护公共利益，防止告知行为对公共利益造成重大损害，此时个人信息处理者应依据相关主体明确的授权，不对个人信息主体就敏感个人信息处理活动进行告知。此外，如在紧急情况下为保护自然人的生命健康和财产安全无法及时向个人告知的，个人信息处理者应当在紧急情况消除后及时告知。

【案例链接】

淘宝软件公司诉安徽美景信息科技有限公司不正当竞争纠纷案①

1. 案情简介

原告淘宝软件公司（以下简称淘宝公司）开发了一款数据产品，并投入市场运营，淘宝公司称该产品系其合法取得的劳动成果，该产品取得的原始数据与衍生

①　浙江省杭州市中级人民法院民事判决书，(2018)浙01民终7312号。

数据都为该公司的资产，故原告拥有上述资产的所有权。被告安徽美景信息科技有限公司(以下简称美景公司)未经允许，获取淘宝公司通过上述产品取得的数据，并招揽、组织、帮助他人获得上述涉案数据。

被告美景公司认为涉案数据系淘宝公司擅自抓取的，侵犯了网络用户的个人隐私以及商户的经营秘密，具有违法性；信息涉及网络用户自愿提供的内容，故财产性权利也应当属于相关用户，原告无权主张。

2. 案例要点与解析

法院认为，个人信息处理者处理敏感个人信息，除应当告知被处理人处理者的名称或者姓名和联系方式外，还应当向个人告知处理敏感个人信息的必要性以及对个人权益的影响。对收集使用网络用户信息的行为正当性，要结合该行为是否在“合法、正当、必要”的限度内考量。

结合案情，法院认为，原告的数据产品能够收集用户浏览、搜索、交易等信息，这些信息并不具备单独或与其他信息结合即可识别自然人身份的可能性；然而，相关记录痕迹或涉及用户喜好或商家秘密信息，会暴露个人隐私或经营秘密。法院考虑到用户在注册淘宝账户时，《淘宝隐私条款》已将数据收集情况告知给用户，故认定淘宝收集数据的行为具有正当性，判定被告美景公司的主张不成立。

【关联条文】

《个人信息保护法》第7条、第17条、第18条、第28条

【相关规定】

《征信业管理条例》第14条、第15条、第21条；《儿童个人信息网络保护规定》第9条、第10条；《电信和互联网用户个人信息保护规定》第9条；《中国人民银行金融消费者权益保护实施办法》第34条；《个人信息安全规范》第5.4款

【域外比较】

本条对敏感个人信息处理的告知作出了更高的要求。就当下立法格局而言，足以称为最高水平的保护(之一)。仍以对处理敏感个人数据相当重视的《通用数据保护条例》为例，相应告知义务集中于数据保护影响评估(Data Protection Impact Assessment，DPIA)部分。根据《通用数据保护条例》第35条第1款的规定：“当数据处理活动尤其利用新技术进行的可能会对自然人的权利与自由带来高风险时，在考虑了处理的性质、范围、语境与目的后，控制者应当在处理之前评估计划的处理进程对个人数据保护的影响……”第35条第2款进一步明确，如果大规模处理敏感个人数据，则DPIA是必须的。之后，该条第7款提出如下建议，“在合适的情形下，如果其不影响保护商业或公共利益或处理操作的安全性，控制者应当咨询数据主体或数据主体代表对于其预期处理的观点”。总体而言，相比仅在特

定情况下适用且仅需向数据主体咨询的规定，强制要求告知体现了更高的保护水平。

第三十一条　个人信息处理者处理不满十四周岁未成年人个人信息的，应当取得未成年人的父母或者其他监护人的同意。

个人信息处理者处理不满十四周岁未成年人个人信息的，应当制定专门的个人信息处理规则。

【条文主旨】

本条是关于不满14周岁未成年人个人信息处理的基本要求。

本条第1款明确在个人信息处理者处理不满14周岁未成年人个人信息时，应以未成年人的父母或者其他监护人的同意作为处理的合法性基础，并且是唯一的合法性基础。

本条第2款强调个人信息处理者需要针对不满14周岁未成年人个人信息的处理制定专门的个人信息处理规则，通过要求个人信息处理者制定专门的个人信息处理规则来提高不满14周岁未成年人个人信息的保护水平。

【演进过程】

一审稿	二审稿	最终稿
第十五条　个人信息处理者~~知道或者应当知道~~其处理的~~个人信息为~~不满十四周岁未成年人个人信息的，应当取得其监护人的同意。	第十五条　个人信息处理者处理不满十四周岁未成年人个人信息的，应当取得未成年人的父母或者其他监护人的同意。	
	第~~十五~~条　个人信息处理者处理不满十四周岁未成年人个人信息的，应当取得未成年人的父母或者其他监护人的同意。	第三十一条　个人信息处理者处理不满十四周岁未成年人个人信息的，应当取得未成年人的父母或者其他监护人的同意。 个人信息处理者处理不满十四周岁未成年人个人信息的，应当制定专门的个人信息处理规则。

【条文释义】

2021年8月27日第48次《中国互联网络发展状况统计报告》的数据显示，截至2021年6月，我国网民规模已达10.11亿，其中6～19岁网民规模达1.58亿，占网民整体的15.7%，网民低龄化程度较高。不良信息泛滥、网络中各类违法行为的增多导致未成年人个人信息保护问题越发突出。其中，不满14周岁以下的未成年人群体由于缺乏足够的认知能力、危险识别能力，自我保护能力也相对薄弱，往往缺乏对违法侵权行为的防范意识，不能理解和应对个人信息处理活动对他人及自身在人格尊严、人身安全方面所带来的潜在威胁。儿童个人信息的泄露与滥用容易导致其身心严重创伤。例如，13岁的佳佳（化名）因为和同学发生误会，被辱骂、污蔑"交往多名男友"的不实信息出现在多个微信公众号上并迅速传播。为了删除文章，佳佳被迫支付了2000元删帖费，最终变得厌学并患上抑郁症。① 又如，200万条学龄儿童信息被泄露，内容包括姓名、年龄、性别、家长信息，祝某等4人通过在网上购买和交换公民个人信息，打电话给学生家长，帮助教育机构招揽生源。②

在网络空间内容繁杂、违法违规处理未成年人个人信息问题层出不穷的形势下，2019年10月1日开始施行的《儿童个人信息网络保护规定》成为我国首部规定儿童个人信息网络保护的专门立法，其中，关于"儿童"的年龄范围参考了《刑法》中"刑事责任年龄"的划分标准，将无刑事责任的14周岁以下未成年人归于儿童群体的范围，明确了儿童个人信息网络保护的基本原则。2020年10月修订的《未成年人保护法》以专章的方式强调对未成年人的网络保护，并且在第72条第1款规定："信息处理者通过网络处理未成年人个人信息的，应当遵循合法、正当和必要的原则。处理不满十四周岁未成年人个人信息的，应当征得未成年人的父母或者其他监护人同意，但法律、行政法规另有规定的除外。"《个人信息保护法》沿用了《未成年人保护法》《儿童个人信息网络保护规定》的规定，要求个人信息处理者处理不满14周岁未成年人个人信息的，应当取得未成年人的父母或者其他监护人的同意。另外，需要注意的是，本条在草案一审稿、二审稿中被列在一般个人信息处理规则内，而在正式通过的《个人信息保护法》中将其列入了敏感个人信息处理规则的范围内，同时也未采用《未成年人保护法》的但书规定，确定了不满14周岁未成年人个人信息属于敏感个人信息的一种，明确地将处理不满14周岁未成年人个人信息列入属于需要"严格保护"的范围内，说明在立法层面对于儿童

---

① 参见张璁：《对网络欺凌坚决说不》，载《人民日报》2021年8月16日，第11版。

② 参见《[案件追踪]涉及公民信息200余万条！徐州打掉一贩卖公民个人信息黑产链》，载徐州市公安局网，http://gaj.xz.gov.cn/xwzx/001001/20210304/5d2293b3-37ca-433a-a6ca-65e0d28448a7.html。

个人信息合法权益的重视程度在提高。

【适用指引】

(一)取得父母或者其他监护人同意的实践路径

考虑到未满14周岁的未成年人缺少充分理解处理个人信息行为的认知能力,只有在取得父母或者其他监护人同意的情况下方可处理个人信息,这是处理儿童个人信息的合法基础。个人信息处理者应对代表儿童主体的父母或者其他监护人进行有效的验证,参考欧盟第29条工作组关于同意的指引,在低风险的情况下,通过儿童填写的电子邮件确认监护人身份即可,而在高风险的情况下,就可能需要通过在线支付系统由父母对支付认证进行同意。根据美国《儿童在线隐私保护法》(Children's Online Privacy Protection Act,COPPA)第3条的规定,共有五项基本要求:"(1)在网站或在线服务上告知从儿童处收集何种信息、如何使用相应信息以及披露相应信息的实践;(2)在从儿童处收集、使用和披露个人信息前,获得可验证的父母同意;(3)为父母提供合理的方式,用以复核从儿童处收集的信息,并用以拒绝进一步的使用或留存;(4)除非为参与相应活动所必需,不得以披露更多个人信息为儿童参与游戏、获得奖励或参与另一活动的条件;(5)建立和维护合理的程序,以保护自儿童处收集的个人信息的保密性、安全性和完整性。"其提出了处理儿童个人信息时五种确保授予同意的人是儿童监护人的做法:第一,监护人签署同意书并通过传真、邮件或电子扫描发回给网络运营者;第二,监护人通过在线支付交易验证;第三,让家长与培训的人员进行语音电话;第四,让家长与培训的人员进行视频通信;第五,通过政府颁发的身份证件复印件用于验证。取得父母或者其他监护人同意应根据具体适用场景的变化、风险的高低不同而选择适当的实践路径。

(二)对"专门"的理解

综合《个人信息保护法》《未成年人保护法》对于制定专门的个人信息处理规则并无明确且具体的要求,从其基本指向来看,即是在现有用户协议基础上,个人信息处理者需要额外设置儿童用户协议。如果做宽松理解,即在原有用户协议页面专门增设关于儿童个人信息保护的内容、加以落实即基本满足现有的合规要求。"专门"也可以作严格理解,个人信息处理者在制定儿童个人信息规则时,不仅应针对儿童个人信息保护有专门的规则设计,还应在对儿童群体提供产品或者服务的过程具有独立的规范文本或者页面提示。站在合规实践的角度,当法律条文没有对"专门"作出明确说明时,不宜对法律进行太过宽泛的解释,尤其是对部分与儿童上网行为息息相关的互联网企业而言更是如此。《2020年全国未成年人互联网使用情况研究报告》的数据显示,未成年网民在过去半年中经常利用互联网进行学习的比例达到 89.9%。上网听音乐和玩游戏仍是未成年人主要的网上休闲娱乐活动,占比分别为 64.8% 和 62.5%。上网聊天作为未成年人主要的网上沟通社交活动,占比为55.1%。短视频作为蓬勃发展的休闲娱乐类应用,比例达到49.3%,较 2019 年(46.2%)进一步提升。[①] 综合《个人信息保护法》的立法要求以及儿童个人信息保护的实践需要来看,诸如新东方网络学习教育平台、网易云等网络音乐平台、腾讯游戏等网络游戏平台以及诸如抖音、哔哩哔哩、快手等视频平台等儿童上网常使用的互联网应用,为了符合"严格保护"的要求,相关企业应该提高对儿童个人信息保护的水平,对儿童个人信息保护制定专门的个人信息处理规则,需要有独立的规范文本或者页面提示,并且应该在参考《儿童个人信息网络保护规定》的基础上,对儿童个人信息的收集方式、处理目的、管理措施、安全保障、存储地点期限以及例外条款进行简明额外的说明,让监护人充分理解并作出准确判断,在得到相应授权后,应严格遵守约定,对儿童个人信息处理保持"严格"的标准。

【案例链接】

浙江省杭州市余杭区检察院诉某短视频公司侵犯儿童个人信息民事公益诉讼案[②]

1. 案情简介

某公司在开发运营该公司 App 的过程中,未以显著、清晰的方式告知并征得儿童监护人有效明示同意允许注册儿童账户,并收集、存储儿童个人信息。在未再次征得儿童监护人有效明示同意的情况下,向具有相关浏览喜好的用户直接推送含有儿童个人信息的短视频,同时也没有采取技术手段对儿童进行专门保护。

2. 案例要点与解析

在检察机关积极推动下,该公司对所运营 App 中儿童用户注册环节,儿童个人信息收集环节,儿童个人信息储存、使用和共享环节以及儿童网络安全主动性保护领域四大方面进行细化,并完善了相关技术规则,包括制定单独的《儿童个人信息保护规则》和《用户协议》、开发儿童用户实名认证流程、增加 14 周岁以下用户实名认证一致性校验环节、对平台内高疑似度未成年用户实施主动保护、建立

---

① 参见王姗姗:《〈2020 年全国未成年人互联网使用情况研究报告〉发布未成年网民 1.83 亿 互联网普及率达 94.9%》,载中国青年网,https://qnzz.youth.cn/qckc/202107/t20210721_13113921.htm。

② 参见范跃红、胡涛:《全国首例未成年人网络保护民事公益诉讼案办结》,载正义网,http://news.jcrb.com/jsxw/2021/202103/t20210318_2262338.html。

专门的儿童信息保护池、创建涉未成年人内容推送的独立算法等。

综上而言，儿童个人信息保护的推动落实需要处理者积极作为，为儿童个人信息保护设定专门规则，从儿童个人信息处理的全流程出发，进行技术革新，推动合规落地，落实对儿童个人信息从严保护的要求。

【关联条文】

《个人信息保护法》第28条

【相关规定】

《民法典》第26～29条；《未成年人保护法》第19条、第72条；《儿童个人信息网络保护规定》第2条、第8条；《个人信息安全规范》第5.4款；《网络数据安全管理条例》（征求意见稿）第21条；《最高人民法院关于适用〈中华人民共和国民法典〉总则编若干问题的解释》第4～10条

【域外比较】

本条是域外较为通行的规定。域外可供比较的法律中最具代表性，且与此处规定最为相似者，当推美国《儿童在线隐私保护法》。可见，《个人信息保护法》与《儿童在线隐私保护法》除就儿童年龄阈值（《儿童在线隐私保护法》对应阈值为13岁）上有所区别外，其他规定均高度相似。

第三十二条　法律、行政法规对处理敏感个人信息规定应当取得相关行政许可或者作出其他限制的，从其规定。

【条文主旨】

本条是关于处理敏感个人信息需要取得行政许可或者法定限制的衔接性规定，主要用于指向法律与行政法规中的相关内容。处理大量的敏感个人信息不仅会给个人信息主体权益带来风险，同时也会威胁公共领域安全，对于因业务需要处理大量敏感个人信息的个人信息处理者需要加以限制。

本条旨在强调关于处理敏感个人信息的行政许可以及其他限制规定应该参照适用相关法律、行政法规的有关规定。

【演进过程】

一审稿	二审稿	最终稿
第三十二条　法律、行政法规规定处理敏感个人信息应当取得相关行政许可或者作出更严格限制的，从其规定。	第三十二条　法律、行政法规对处理敏感个人信息规定应当取得相关行政许可或者作出其他限制的，从其规定。	
	第三十二条　法律、行政法规对处理敏感个人信息规定应当取得相关行政许可或者作出其他限制的，从其规定。	第三十二条　法律、行政法规对处理敏感个人信息规定应当取得相关行政许可或者作出其他限制的，从其规定。

【条文释义】

由于敏感个人信息种类繁多，而法律规定篇幅有限，因此本条就关于处理敏感个人信息需要取得行政许可或者法定限制作出了衔接性的规定，旨在促进完善敏感个人信息处理规则的体系化，协调《个人信息保护法》与现有的其他法律、行政法规在敏感个人信息处理上的法律适用关系，形成有效的制度链接。考虑在有关敏感个人信息处理实践中，可能有部分信息处理者需要经年累月地处理大量敏感个人信息，或者本身就处于与敏感个人信息紧密相关的行业，如医药业、金融业等，为遵循互联网经济和信息时代社会发展的规律，促进经济、社会和生态环境协调发展，对于关系人格尊严、人身健康、财产安全的敏感个人信息处理活动和处理主体应有具体的行政许可设定或者限制规定。

不过，需要强调的是，本条关于敏感个人信息的限制规定仅指向法律与行政法规中的相关内容，而不包括其他位阶的规范性文件。如《人类遗传资源管理条例》第5条规定："国家加强对我国人类遗传资源的保护，开展人类遗传资源调查，对重要遗传家系和特定地区人类遗传资源实行申报登记制度。国务院科学技术行政部门负责组织我国人类遗传资源调查，制定重要遗传家系和特定地区人类遗传资源申报登记具体办法。"第11条规定："采集我国重要遗传家系、特定地区人类遗传资源或者采集国务院科学技术行政部门规定种类、数量的人类遗传资源的，应当符合下列条件，并经国务院科学技术行政部门批准：（一）具有法人资格；（二）采集目的明确、合法；（三）采集方案合理；（四）通过伦理审查；（五）具有负责人类遗传资源管理的部门和管理制度；（六）具有与采集活动相适应的场所、设施、设备和人员。"该条例规定了国务院科学技术行政部门是进行关于处理人类遗传资源信息的行政许可的实施机关，并明确申请成为采集人类遗传资源的法人需要符合的条件。《征信业管理条例》第6条规定："设立经营个人征信业务的征信机构,应当符合《中华人民共和国公司法》规定的公司设立条件和下列条件,并经国务院征信业监督管理部门批准:(一)主要股东信誉良好,最近3年无重大违法违规记录;(二)注册资本不少于人民币5000万元;(三)有符合国务院征信业监督管理部门规定的保障信息安全的设施、设备和制度、措施;(四)拟任董事、监事和高级管理人员符合本条例第八条规定的任职条件;(五)国务院征信业监督管理部门规定的其他审慎性条件。"该条例规定了对个人的信用信息进行处理的征信机构应经过国务院征信业监督管理部门批准,并符合相应的条件。《人类遗传资源管理条例》与《征信业管理条例》除了对敏感个人信息需要取得相关行政许可进行规定外,还针对具体实践对敏感个人信息处理作出了诸多限制性规定。

此外,考虑到在信息化时代背景下,个人信息保护的相关实践日新月异,目前关于敏感个人信息的处理规范设计仍处于起步阶段,本条作为敏感个人信息处理规则中的最后一条规定,需要为敏感个人信息保护规则的进一步完善进行铺垫。

【适用指引】

在敏感个人信息规则体系尚未完善的情况下,除了法律、行政法规之外,还有地方性法规、部门规章等对敏感个人信息的处理作出相应的要求。就个人信息处理者而言,法律、行政法规中关于敏感个人信息的规范对合规工作的指导作用是有限的,行政许可也并非只有法律、行政法规方可设立,敏感个人信息的处理者应根据自身业务开展有关敏感个人信息的合规工作,对其他规范要求尤其是本行业内相关规范要求具有充分认识,跟踪后续实施细则的出台,符合相应的合规标准。

【关联条文】

《个人信息保护法》第28条

【相关规定】

《立法法》第7条、第65条、第74条;《生物安全法》第56条;《人类遗传资源管理条例》第5条、第11条;《征信业管理条例》第6条

【域外比较】

此条可与欧盟《通用数据保护条例》之外的、对作为敏感个人信息的位置信息提出更高保护的《电子隐私指令》(E – Privacy Directive)和《电子隐私监管条例》(E – Privacy Regulation)相比较。简言之,后二者均对自通信服务提供商处获取的位置信息(通常系指基站信号所定位的位置信息)提出了更高程度的保护要求:除非为维护国家安全或预防打击严重犯罪等,否则不得处理。循此,对处理敏感个人信息作出特别规定,在域外已有成熟先例。

第三节　国家机关处理个人信息的特别规定

第三十三条　国家机关处理个人信息的活动，适用本法；本节有特别规定的，适用本节规定。

【条文主旨】

本条明确了国家机关在处理个人信息时同样要受到《个人信息保护法》的规制与调整，体现了规则平等原则下对国家机关和市场主体的同等对待，划定了国家机关处理个人信息时的基本规则框架，使国家机关这一特殊主体在个人信息保护领域内的权利、义务与责任更具系统性、整体性和明确性，改变了以往法律法规中对国家机关个人信息保护义务的宣示性规定，赋予了其实际可操作性。

【演进过程】

一审稿	二审稿	最终稿
第三十三条　国家机关处理个人信息的活动，适用本法；本节有特别规定的，适用本节规定。	第三十三条　国家机关处理个人信息的活动，适用本法；本节有特别规定的，适用本节规定。	
	第三十三条　国家机关处理个人信息的活动，适用本法；本节有特别规定的，适用本节规定。	第三十三条　国家机关处理个人信息的活动，适用本法；本节有特别规定的，适用本节规定。

【条文释义】

随着互联网与人工智能技术的快速发展与普遍应用，一方面国家机关需要履行维护国家安全、维护社会治安、规范和引导各类社会经济活动以及为公民提供相关服务等职责，另一方面国家机关自身机构的建设与活动的开展中也需要借助新技术赋能。在上述各类场景中，国家机关不可避免地会涉及大量的个人信息处理活动，由于国家机关地位的特殊性，其所进行的个人信息处理活动天然地带有公权力和以实现公共利益为目的，这使国家机关的个人信息处理活动具有权威性和不可违背性，个人多处于弱势地位并完全地予以配合。在这种背景下，国家机关也逐渐成长为最大的数据处理“平台”，是最重要的个人信息处理者，具有法定职权性、公共性、广泛性、持续性、垄断性、强制性等特点。[①] 但是,有些国家机关在个人信息处理方面的管理制度尚不完善甚至出现严重缺陷,相关工作人员存在个人信息保护意识不强、责任不深、能力不足等问题,大量案例表明,国家机关公务人员利用职务之便贩卖公民个人信息以牟利的事件时有发生,由于国家机关所掌握的个人信息更加全面和真实,一旦泄露、毁损以及发生其他安全事故,将给公民的个人信息权益以及生命财产安全带来更大的影响。此外,在个人信息的流动问题上,国家机关各部门之间、国家机关与平台企业之间的信息共享与流动同样存在较多不规范之处,导致不规范存储、随意共享等问题时有发生,例如,有些国家机关以主管部门行使监督职责为由随意要求平台提供其所存储的个人信息等数据,却未有效履行自身应负有的保密义务和安全保障义务,给公民的个人信息安全、产业发展以及法律秩序造成了不利影响。

在对国家机关和其他个人信息处理者的规定方面,我国目前不同的法规采用了不同的表述与规制方法,《民法典》采用了"一元"规制方式,对国家机关与其他主体采用了相同的规制要求,其第 111 条规定:"自然人的个人信息受法律保护。任何组织或者个人需要获取他人个人信息的,应当依法取得并确保信息安全,不得非法收集、使用、加工、传输他人个人信息,不得非法买卖、提供或者公开他人个人信息。"《刑法修正案(七)》曾采用"二元"规制路径,将国家机关与其他主体区分开来,即"国家机关或者金融、电信、交通、教育、医疗等单位的工作人员,违反国家规定,将本单位在履行职责或者提供服务过程中获得的公民个人信息,出售或者非法提供给他人,情节严重的,处三年以下有期徒刑或者拘役,并处或者单处罚金"。但是,在 2015 年发布的《刑法修正案(九)》中又重新采用了"一元"的规制路径,不再单独区分国家机关与其他主体。正是由于有上述的特殊问题与背景,《个人信息保护法》设专节对国家机关的个人信息处理活动予以规制,通过综合《民法典》《网络安全法》以及其他法律法规中对国家机关保护公民个人信息权益的精神或要求,如《民法典》第 1039 条规定"国家机关、承担行政职能的法定机构及其工作人员对于履行职责过程中知悉的自然人的隐私和个人信息,应当予以保密,不得泄露或者向他人非法提供",来统筹协调国家机关在处理个人信息的过程中所涉及的行政法律关系以及民事法律关系。在立法规制结构上,《个人信息保护法》借鉴了《通用数据保护条例》第 2 条第 3 款的"一元主体"设计架构与新加坡等国家的"二元主体"架构,即将国家机关统一纳入《个

① 参见朱宁宁等:《个人信息仍需特殊立法手段提供特别保护》,载《法制日报》2021 年 4 月 6 日,第 6 版。

人信息保护法》第 3 条所规定的适用范围中,不将其与其他非国家机关个人信息处理者相区分,又在本节中对其进行了更进一步的详细规定,约束和限制了国家公权力对个人信息的无序处理,消解了当前人脸识别泛滥和防疫信息超范围收集背景下公民对自身个人信息保护的忧虑,回应了限制公权力机构过度处理个人信息的呼声。

【适用指引】

本条所述的"国家机关"的范围是什么？根据宪法,国家机关是指从事国家管理和行使国家权力的机关,包括国家元首、立法机关、行政机关、监察机关、审判机关、检察机关和军事机关。在更加详细的层面上,根据最高人民法院编纂的《中华人民共和国民法典总则编理解与适用》所述,国家机关包括:(1)县级以上各级中国共产党委员会及其所属各工作部门;(2)县级以上各级人民代表大会机关;(3)县级以上各人民政府及其所属工作各部门;(4)县级以上各政治协商会议机关;(5)县级以上各级监察机关;(6)县级以上各级人民法院、人民检察院机关;(7)县级以上各民主党派机关;(8)乡、镇中国共产党委员会和人民政府以及街道办事处。

此外,根据《个人信息保护法》第 37 条的规定,法律、法规授权的具有管理公共事务职能的组织为履行法定职责处理个人信息,适用本法关于国家机关处理个人信息的规定。因此,社会团体、事业组织和企业组织等是否在第 37 条规定的范围内,还需要根据实际情况来具体判断,我们将在对第 37 条的解读中进行讨论。

【关联条文】

《个人信息保护法》第 3 条、第 37 条

【相关规定】

《宪法》第 38 条、第 57 ~ 140 条;《民法典》第 111 条、第 1039 条;《网络安全法》第 72 条

【域外比较】

本条特别明确《个人信息保护法》适用于国家机关的处理活动。总体而言,世界范围内的立法现有至少三种立场:《通用数据保护条例》并未设有此类的专门条款,但《通用数据保护条例》无疑适用于欧盟及各成员国政府,且行文间时有针对性规定;巴西《通用数据保护法》为国家机关处理个人数据设有专节,并明确国家机关需要遵守巴西《通用数据保护法》;美国是通过联邦宪法和一系列专门立法(特别是 1974 年《隐私法案》)来规范国家机关的数据处理行为。总体而言,我国立法与巴西立法较为相似,体现了世界范围个人数据/信息保护的新进展。

第三十四条　国家机关为履行法定职责处理个人信息，应当依照法律、行政法规规定的权限、程序进行，不得超出履行法定职责所必需的范围和限度。

【条文主旨】

本条承接《个人信息保护法》第33条的规定，在其基础上进一步对国家机关在履行法定职责时处理个人信息的活动提出了限制和要求，即职权法定、正当程序以及最小范围三项原则，从程序到实体，尽可能地避免公权力的扩张而侵入公民的个人信息正当权益范围。

【演进过程】

一审稿	二审稿	最终稿
第三十四条　国家机关为履行法定职责处理个人信息，应当依照法律、行政法规规定的权限、程序进行，不得超出履行法定职责所必需的范围和限度。	第三十四条　国家机关为履行法定职责处理个人信息，应当依照法律、行政法规规定的权限、程序进行，不得超出履行法定职责所必需的范围和限度。	
	第三十四条　国家机关为履行法定职责处理个人信息，应当依照法律、行政法规规定的权限、程序进行，不得超出履行法定职责所必需的范围和限度。	第三十四条　国家机关为履行法定职责处理个人信息，应当依照法律、行政法规规定的权限、程序进行，不得超出履行法定职责所必需的范围和限度。

【条文释义】

在当前的个人信息处理活动中，国家机关为履行法定职责而处理个人信息时往往具有行使公权力和代表公共利益实现的优势，因而将对自然人和企业造成难以抗拒的压力，在个人信息处理活动中具有强大的控制力，极少面临来自其他个人信息主体的阻力，这势必会导致国家机关权力的扩张和其他主体个人信息权益的减损，所以应采取措施对国家机关因履行职责而处理个人信息的活动进行严格限制。

（一）履行法定职责

在我国，职权法定是行政法中的一项基本原则，它要求行政机关必须按照宪法、法律、法规以及规章（规章应符合宪法、法律的规定）的规定行使权力，所有的行政管理活动都应有法律依据，任何行政权的来源与行使都必须具有明确的法律依据，越权无效。从整个国家机关的范围和层面上看，其他国家机关履行职责同样应遵循职权法定原则，其职责的取得和存在必须有法律依据，由法律直接设定或依法授予。因此，本条将国家机关处理个人信息的活动限定在"为履行法定职责处理个人信息，应当依照法律、行政法规规定的权限"的框架之中，只有在这种前提下，才能最大限度地保障其他主体的个人信息权益，规范个人信息处理活动。

（二）依照法定程序

正当程序原则也是我国行政法体系中最重要的基本原则之一，目前已经被广泛应用到执法、司法等领域，成为得到普遍认同的现代法治的基石性原则之一。未经正当的法定程序，任何公民的合法权益都不受剥夺与侵害，正当程序能够防止公权力的滥用和无序扩张，使相对人享有和行使程序性权利，从而保障人权的有效实现，防止国家权力可能造成的不法侵害。本条中规定国家机关在为履行职责而处理个人信息时，应当依照法律、行政法规规定的权限、程序进行，这与《个人信息保护法》第 7 条相衔接，《个人信息保护法》第 7 条规定"处理个人信息应当遵循公开、透明原则，公开个人信息处理规则，明示处理的目的、方式和范围"，即为正当程序的体现。此外，目前已有部分规章涉及国家机关处理个人信息时应当遵循的程序，如《互联网信息内容管理行政执法程序规定》第 18 条规定了主管部门在调查取证互联网信息服务提供者发布的信息、用户发布的信息、日志信息等信息时应当遵循的程序，即"互联网信息内容管理部门进行案件调查取证时，执法人员不得少于两人，并应当出示执法证。必要时，也可以聘请专业人员进行协助。首次向案件当事人收集、调取证据的，应当告知其有申请办案人员回避的权利。向有关单位、个人收集、调取证据时，应当告知其有如实提供证据的义务。被调查对象或者有关人员应当如实回答询问并协助、配合调查，及时提供依法应当保存的互联网信息服务提供者发布的信息、用户发布的信息、日志信息等相关材料，不得阻挠、干扰案件的调查。执法人员对在办案过程中知悉的国家秘密、商业秘密、个人隐私、个人信息应当依法保密"。

正当程序原则在《个人信息保护法》中的适用将充分保障各主体的个人信息权益，也能够保障《个人信息保护法》所提出的各类个人信息处理规则的有效实施，如《个人信息保护法》第 13 条规定的个人信息处理者处理个人信息前应当取得个人的同意、《个人信息保护法》第 29 条规定的处理敏感个人信息应当取得个人的单独同意等。

（三）最小范围

国家机关行使职责时应当遵循比例原则，兼顾目标的实现与保护相对人的权益,如果目标的实现将会给相对人的权益造成损害或产生使其受到损害的风险,那么应该将这种损害和风险控制在最小的范围和限度内,即必要性、适当性以及最小损害性。国家机关对公民个人信息的处理活动虽然并不必然地给公民造成损害,但在如今个人信息泄露和不当利用现象泛滥的风险社会时代,任何个人信息处理活动都会给公民的合法权益带来难以预知的风险,因而国家机关处理个人信息时不得超出履行法定职责所必需的范围和限度,与此相呼应,《个人信息保护法》第 6 条也体现了最小范围收集的原则,即"处理个人信息应当具有明确、合理的目的,并应当与处理目的直接相关,采取对个人权益影响最小的方式。收集个人信息,应当限于实现处理目的的最小范围,不得过度收集个人信息"。

【适用指引】

第一,本条所规定内容在国家机关"为履行法定职责"而处理个人信息的前提下方可适用,当国家机关及其工作人员在未履行法定职责时,其与一般主体无异,应当适用本节之外的其他规定。

第二,"应当依照法律、行政法规规定的权限、程序进行"中的法律和行政法规应当作狭义理解,位阶在行政法规以下的相关规定不在授权范围内,如部门规章、规范性文件以及地方性法规。将授权法规限定在行政法规及以上,能够有效防止某些部门或地方政府为处理个人信息而擅自扩张权限范围,从而侵犯公民的个人信息权益。

第三,"履行法定职责所必需的范围和限度"中所规定的"必需"与《个人信息保护法》第 13 条第 1 款第 3 项相衔接,虽在"法定"的范围上不同,但在"必需"的范围上应当作相同理解,即最小化原则,只有在不处理相关个人信息将妨碍国家机关履行法定职责时,才属于履行法定职责所必需的,否则,将超出合理的范围和限度。

【案例链接】

江西省乐安县人民检察院督促规范政府信息公开行政公益诉讼案[①]

1. 案情简介

2020 年 5 月,江西省乐安县农业农村局在乐安县人民政府官方网站"政府信

---

① 参见《最高人民检察院发布 11 件检察机关个人信息保护公益诉讼典型案例之五:江西省乐安县人民检察院督促规范政府信息公开行政公益诉讼案》,载最高人民检察院,https://www.spp.gov.cn/spp/xwfbh/wsfbt/202104/t20210422_516357.shtml#2。

息公开"栏目公布了4份内容为该县2017～2019年农机购置补贴情况的政府信息,公开信息未对其中的公民个人信息内容进行去标识化处理,信息内容不仅包括购机农户姓名、购机型号、购机数量、补贴金额等基本情况,还含有未经去标识化处理的农户个人信息,包括相关农户的身份证号码、家庭住址、银行账户、手机号码等个人信息被完整公开,涉及农户(含部分单位)1044人(次),侵害了公民个人信息安全。

2. 案例要点与解析

根据《居民身份证法》、《政府信息公开条例》以及农业农村部办公厅发布的《涉农补贴领域基层政务公开标准指引》等相关法律法规和文件的规定,涉及居民身份证号码、银行账号等个人信息的政府信息属于依法不予公开的内容。乐安县农业农村局作为农机购置补贴政府信息的制发单位,在进行政府信息公开时没有依照法律、行政法规规定的权限、程序进行,未依法履行对拟公开的政府信息进行审查的责任,超出了履行法定职责所必需的范围和限度,致使大量公民个人信息处于泄露状态,侵害了社会公共利益。

2020年7月22日,乐安县人民检察院向乐安县农业农村局发出诉前检察建议,建议其加强政府信息公开内容的审查,及时撤回泄露公民个人信息内容的政府信息。为尽快消除个人信息泄露风险,防止损害继续扩大,乐安县人民检察院要求该局在15日内依法办理并书面回复。收到检察建议后,乐安县农业农村局及时将相关信息从政府网站上撤回,对涉及个人信息的内容进行去标识化处理后重新公开,并于2020年7月24日向乐安县人民检察院作出书面回复,表示今后将依法依规进行政府信息公开,确保公民个人信息安全。

根据《个人信息保护法》第34条的规定,国家机关为履行法定职责处理个人信息,应当依照法律、行政法规规定的权限、程序进行,不得超出履行法定职责所必需的范围和限度。该案例中,乐安县农业农村局为履行政府信息公共职责,将相关农户的信息在网站上予以公开,但根据《居民身份证法》《政府信息公开条例》《涉农补贴领域基层政务公开标准指引》等相关规定,该政府信息公开并没有必要将相关农户的身份证号码、家庭住址、银行账户、手机号码等个人信息予以公开,不公开此类信息并不会阻碍农业农村局职责的履行,因而此行为超出了履行法定职责所必需的范围和限度。

【关联条文】

《个人信息保护法》第6条、第7条、第13条、第29条、第33条、第37条

【相关规定】

《宪法》第三章;《互联网信息内容管理行政执法程序规定》第18条

【域外比较】

本条明确了国家机关为履行法定职责而实施的个人信息处理活动不得超出所必需的范围和限度。总体而言，本条与巴西《通用数据保护法》第 23 条的表述相近：“（国家机关对个人数据的处理）应为实现公共目的及公共利益，为遵照法律规定或执行公务……”相比于巴西《通用数据保护法》对处理活动与处理目的间关联强度的写法，通过使用“所必需”这一表述，我国对国家机关处理个人信息作出了强度更大的限定。

第三十五条　国家机关为履行法定职责处理个人信息，应当依照本法规定履行告知义务；有本法第十八条第一款规定的情形，或者告知将妨碍国家机关履行法定职责的除外。

【条文主旨】

本条规定了国家机关为履行法定职责处理个人信息时的告知义务，包括一般情况下的应当告知情形和特殊情况下的除外情形。特殊情况下的除外情形主要包括两类：一是满足《个人信息保护法》第 18 条第 1 款的规定时，即“个人信息处理者处理个人信息，有法律、行政法规规定应当保密或者不需要告知的情形的，可以不向个人告知前条第一款规定的事项”；二是告知将妨碍国家机关履行法定职责时，为了完整、全面、顺利地履行法定职责，个人信息主体的知情权则应当让步于国家机关法定职责和公共利益的实现。

【演进过程】

一审稿	二审稿	最终稿
第三十五条　国家机关为履行法定职责处理个人信息，应当依照本法规定向个人告知并取得其同意；法律、行政法规规定应当保密，或者告知、取得同意将妨碍国家机关履行法定职责的除外。	第三十五条　国家机关为履行法定职责处理个人信息，应当依照本法规定向个人告知并取得其同意；法律、行政法规规定应当保密，或者告知、取得同意将妨碍国家机关履行法定职责的除外。	
	第三十五条　国家机关为履行法定职责处理个人信息，应当依照本法规定~~向个人~~告知~~并取得其同意；法律、行政法规~~规定~~应当保密~~，或者告知~~、取得同意~~将妨碍国家机关履行法定职责的除外。	第三十五条　国家机关为履行法定职责处理个人信息，应当依照本法规定履行告知义务；有本法第十八条第一款规定的情形，或者告知将妨碍国家机关履行法定职责的除外。

【条文释义】

本条可以看作对《个人信息保护法》第 34 条的补充和细化。《个人信息保护法》第 34 条规定了国家机关为履行法定职责而处理个人信息时应当依照法律、行政法规规定的权限、程序进行，但对于法定的程序具体包括哪些内容却没有明确规定，其仅是宣示性的原则条款；本条则在一定程度上对第 34 条规定的法定程序作出了进一步的补充和解释，即除在特殊情况外，国家机关为履行法定职责而处理个人信息前应当依照《个人信息保护法》规定履行告知义务，充分保障个人信息相关主体的知情权。

与一审稿和二审稿相比，本条在最终正式出台时经过了较大幅度的实质性修改，主要包括以下两个方面：

（一）将“告知同意”的个人信息处理前程序改为仅“告知”，不再需要经过相关主体的同意

本处的修改不同于其他，对于国家机关为履行法定职责而处理个人信息时是否可以突破个人信息主体“同意”这一“帝王原则”引发了较大争议，不同学者有不同的看法：有学者认为虽然目前理论界和实务界普遍诟病作为个人信息处理正当性基础的“同意”的真实性几乎难以获得保障，但是个人信息主体的同意代表了个人信息主体对其个人信息的控制力，表明其在一定程度上享有对其个人信息的处理同意与否的决定权，以实践中信息主体的同意往往欠缺有效性便否认信息主体同意的作用，属于因噎废食；①有学者认为《个人信息保护法》第 13 条第 1 款第 3 项已经规定了“为履行法定职责或者法定义务所必需”时不需获得个人信息主体的同意，使国家机关为履行法定职责时处理个人信息而无须获得主体同意有了合法性基础，在第 35 条中再次规定需要获得个人信息主体同意的做法将使第 13 条第 1 款第 3 项失去独立价值；②有学者则从宪法基本权利的角度切入，认为“同意”对于个人信息主体权益的保障作用在私主体和公主体之间具有不同的效果，对私主体来说，“同意”是基本原则，但对公权信息处理者来说，其个人信息处理活动是以法律授权而非信息主体的知情——同意为基本原则，即使信息主体同意，若无法律授权，公权力主体也不能处理个人信息，要求获得个人信息主体同意的规定只是在法定的基础上额外增加同意的要求，使对公权力主体处理个人信息课

---

① 参见张新宝、葛鑫：《个人信息保护法（专家建议稿）及立法理由书》，中国人民大学出版社 2021 年版，第 190 页。

② 参见程啸：《论我国个人信息保护法中的个人信息处理规则》，载《清华法学》2021 年第 3 期。

以高于私人处理者的标准;[①]有学者则更进一步地提出,国家机关是公民在让渡个人权利的前提下形成的共同意志的代表,作为公意而非众意的代表,国家机关在进行公共治理的同时势必会牺牲部分个人利益,如完全遵循信息主体的意志,则公共治理便会难以为继。[②]

从最终发布的条文来看,立法者应当是考虑了与《个人信息保护法》第 13 条第 1 款第 3 项之间的衔接与协调关系。国家机关履行法定职责多是为了国家利益、社会公共利益的实现,而国家利益、社会公共利益历来就要优位于个人利益,在我国的传统文化和道德基因中具有天然的充分性,因此个人信息主体的"知情同意"不应具有绝对的排他性,而应与国家利益和社会公共利益的实现相协调和相平衡。此外,从另一个角度考量,即使本条规定了应当获得个人信息主体的"同意",但在实践中个人信息主体的"同意"是否会落入本条除外情形中所规定的"或者告知将妨碍国家机关履行法定职责的除外"范围之中,由于《个人信息保护法》没有对"妨碍国家机关履行法定职责"的场景和条件进行解释和列举,因而这一规定的解释权将极有可能落入实际行使法定职权的国家机关手中,而国家机关为了便于履行职责,将会不断地扩张解释以扩大除外情形的适用范围,这也就会导致"同意"原则被架空。

(二)将除外情形适用标准中的"法律、行政法规规定应当保密"修改为"有本法第十八条第一款规定的情形"

本法第 18 条第 1 款规定:"个人信息处理者处理个人信息,有法律、行政法规规定应当保密或者不需要告知的情形的,可以不向个人告知前条第一款规定的事项。"与修改前相比,修改后的条款增加了"不需要告知的情形",此处规定的不需要告知的情形应当是与前述应当保密情形的来源一致,即都是由法律、行政法规明确规定的。

对于法定应当保密的情形,根据《保守国家秘密法》的规定,主要是指涉及国家安全和利益且泄露后可能损害国家在政治、经济、国防、外交等领域安全和利益

---

① 参见王锡锌、彭錞:《个人信息保护法律体系的宪法基础》,载《清华法学》2021 年第 3 期。

② 参见王爽:《二元责任主体架构下国家机关处理个人信息的规则建构》,载《内蒙古社会科学》2021 年第 4 期。

的事项，[1]如国家秘密、商业秘密、技术秘密等。除《保守国家秘密法》外，《反恐怖主义法》《国家情报法》《反间谍法》《刑事诉讼法》《关键信息基础设施安全保护条例》等法律和行政法规也对保密事项作出了详细规定，对于此类应当保密的事项，任何国家机关或工作人员都应当负有且严格遵守保密义务，一旦泄露将承担相应的法律责任。

对于法定的“不需要告知的情形”，目前尚未有专门的规定，未来还需要通过相关立法予以明确规定，避免因各部门扩张自身权力和职责范围而损害个人信息主体的合法权益。例如，对公开信息的处理，《个人信息保护法》第 27 条规定：“个人信息处理者可以在合理的范围内处理个人自行公开或者其他已经合法公开的个人信息；个人明确拒绝的除外。个人信息处理者处理已公开的个人信息，对个人权益有重大影响的，应当依照本法规定取得个人同意。”《民法典》第 1036 条规定：“处理个人信息，有下列情形之一的，行为人不承担民事责任：……（二）合理处理该自然人自行公开的或者其他已经合法公开的信息，但是该自然人明确拒绝或者处理该信息侵害其重大利益的除外……”对以上两条内容可作如下理解：在没有个人信息主体明确拒绝或对其个人权益有重大影响的情况下，个人信息处理者在合理范围内可以处理用户公开的个人信息，不再需要个人信息主体的授权。

【适用指引】

相较于一审稿和二审稿，虽然本条删去了征得个人信息主体“同意”的要求，但是“告知”义务仍然是在一般情形下需要履行的义务。“告知”义务的履行是个人信息主体知情权的重要体现，也是查阅权、复制权、更正权、删除权、数据可携带权等权利得以行使的前提与起点。此外，由“告知”所产生的知情权对于监督国家机关的个人信息处理活动具有重要意义，能够提升国家机关处理个人信息活动的透明度与合法性，增强个人信息主体的信任感，促进个人信息主体积极配合，有利于国家机关法定职责的顺利履行。对于本条规定的告知义务，应当从告知内容、

---

① 《保守国家秘密法》第 9 条规定：“下列涉及国家安全和利益的事项，泄露后可能损害国家在政治、经济、国防、外交等领域的安全和利益的，应当确定为国家秘密：

（一）国家事务重大决策中的秘密事项；

（二）国防建设和武装力量活动中的秘密事项；

（三）外交和外事活动中的秘密事项以及对外承担保密义务的秘密事项；

（四）国民经济和社会发展中的秘密事项；

（五）科学技术中的秘密事项；

（六）维护国家安全活动和追查刑事犯罪中的秘密事项；

（七）经国家保密行政管理部门确定的其他秘密事项。

政党的秘密事项中符合前款规定的，属于国家秘密。”

告知方式等方面来完整履行：

（一）告知内容

（1）个人信息处理者的名称或者姓名和联系方式；（2）个人信息的处理目的、处理方式，处理的个人信息种类、保存期限；（3）个人行使《个人信息保护法》规定权利的方式和程序；（4）法律、行政法规规定应当告知的其他事项；（5）个人信息处理者因合并、分立、解散、被宣告破产等原因需要转移个人信息的，应当向个人告知接收方的名称或者姓名和联系方式，接收方变更原先的处理目的、处理方式的，应当依照《个人信息保护法》规定重新取得个人同意；（6）个人信息处理者向其他个人信息处理者提供其处理的个人信息的，应当向个人告知接收方的名称或者姓名、联系方式、处理目的、处理方式和个人信息的种类，并取得个人的单独同意；（7）个人信息处理者处理敏感个人信息的，除第 1 ~4 项规定的事项外，还应当向个人告知处理敏感个人信息的必要性以及对个人权益的影响，依照《个人信息保护法》规定可以不向个人告知的除外；（8）个人信息处理者向中华人民共和国境外提供个人信息的，应当向个人告知境外接收方的名称或者姓名、联系方式、处理目的、处理方式、个人信息的种类以及个人向境外接收方行使《个人信息保护法》规定权利的方式和程序等事项，并取得个人的单独同意。

（二）告知方式

（1）显著方式，清晰易懂的语言真实、准确、完整地向个人告知；（2）在紧急情况下为保护自然人的生命健康和财产安全无法及时向个人告知的，个人信息处理者应当在紧急情况消除后及时告知；（3）以上告知内容发生变更时，应当重新告知个人并根据相关法规要求而决定是否需要重新征得同意。

【案例链接】

北京通博友缘机电设备有限公司与北京市工商行政管理局大兴分局工商行政管理信息公开上诉案[①]

1. 案情简介

北京通博友缘机电设备有限公司（以下简称通博友缘公司）因民事纠纷拟对东方星河公司的股东个人提起诉讼，向北京市工商行政管理局大兴分局（以下简称大兴工商局）申请公开记载东方星河公司股东个人身份信息的材料。大兴工商局经向东方星河公司股东征求意见未获得信息公开许可，故答复通博友缘公司，决定不予公开相关材料。

---

① 北京市第二中级人民法院行政判决书，（2014）二中行终字第 1444 号。

2. 案例要点与解析

《个人信息保护法》第35条规定,国家机关为履行法定职责处理个人信息,应当依照本法规定履行告知义务;有本法第18条第1款规定的情形,或者告知将妨碍国家机关履行法定职责的除外。本案中"依申请公开记载有股东个人身份信息的材料"符合《个人信息保护法》中关于国家机关为履行法定职责处理个人信息的情形。依据《个人信息保护法》第35条的规定,是否应当获得当事人同意不是履行告知义务的前置条件,在需要获得同意或者不需要获得同意的情形下都应当在处理个人信息时履行告知义务。本案中大兴工商局在判定公开相关信息需要征询第三方当事人意见后,向第三方发出征求意见书,履行了告知义务。法院最终判定大兴工商局作出不予公开相关材料的决定不违反现行法律规定且程序合法。

关于本案中大兴工商局经向东方星河公司股东的告知行为是否符合《个人信息保护法》第18条第1款之规定以及是否会妨碍履行信息公开的法定职责,答案应当是否定的。根据《政府信息公开条例》(2007年)第14条第4款与第23条的规定,行政机关认为申请公开的政府信息涉及商业秘密、个人隐私,公开后可能损害第三方合法权益的,应当书面征求第三方的意见,第三方不同意公开的不得公开。但是,行政机关认为不公开可能对公共利益造成重大影响的,应当予以公开,并将决定公开的政府信息内容和理由书面通知第三方。因此,本案中的告知行为符合法律规定,并不属于《个人信息保护法》第18条第1款之规定,亦不会妨碍大兴工商局履行信息公开的法定职责。

【关联条文】

《个人信息保护法》第13条第1款第3项、第18条第1款、第27条、第34条

【相关规定】

《民法典》第1036条第1款;《保守国家秘密法》;《反恐怖主义法》;《国家情报法》;《反间谍法》;《刑事诉讼法》;《关键信息基础设施安全保护条例》;《政府信息公开条例》(2007年)第14条、第22条、第23条

【域外比较】

本条可以类比《通用数据保护条例》第23条对数据主体知情权(以及其他各项权利)的限制。根据第23条的规定:"数据控制者或处理者所属的联盟或成员国法律可以通过立法措施限制第12条至第22条和第34条以及第5条中与第12条至第22条规定的权利和义务相对应的部分,但是这种限制应当是为了尊重基本权利和自由,并且是与民主社会中保障以下内容相必要和相称的措施:(a)国家安全;(b)防卫;(c)公共安全;(d)预防、调查、侦查或起诉刑事犯罪或执行刑事处

罚，包括防范和防止对公共安全的威胁；(e)本联盟或成员国一般公共利益的其他重要目标，特别是本联盟或成员国的重要经济或金融利益，包括货币、预算和税收、公共卫生和社会保障；(f)保护司法独立和司法程序；(g)预防、调查、侦查和起诉违反受管制职业道德的行为；(h)第(a)点至第(e)点和第(g)点所述情况下，监测、检查或管理职能与行使官方权力有关，有时也与行使官方权力有关；(i)保护数据主体或他人的权利和自由；(j)民法上的主张。"

第三十六条　国家机关处理的个人信息应当在中华人民共和国境内存储；确需向境外提供的，应当进行安全评估。安全评估可以要求有关部门提供支持与协助。

【条文主旨】

本条规定了国家机关处理个人信息时的数据本地化义务，即原则上国家机关处理的个人信息应当存储在中华人民共和国境内，在出现特殊情况，确需向境外提供时，应当对数据安全风险进行自评估。

【演进过程】

一审稿	二审稿	最终稿
第三十六条　国家机关~~不得公开或者向他人提供其~~处理的个人信息~~，法律、行政法规另有规定或者取得个人同意的除外。~~ ~~第三十七条　国家机关处理的个人信息~~应当在中华人民共和国境内存储；确需向境外提供的，应当进行风险评估。风险评估可以要求有关部门提供支持与协助。	第三十六条　国家机关处理的个人信息应当在中华人民共和国境内存储；确需向境外提供的，应当进行风险评估。风险评估可以要求有关部门提供支持与协助。	
	第三十六条　国家机关处理的个人信息应当在中华人民共和国境内存储；确需向境外提供的，应当进行~~风险~~评估。~~风险~~评估可以要求有关部门提供支持与协助。	第三十六条　国家机关处理的个人信息应当在中华人民共和国境内存储；确需向境外提供的，应当进行安全评估。安全评估可以要求有关部门提供支持与协助。

【条文释义】

本条的规定是数据本地化在国家机关处理个人信息领域的集中体现。随着国际竞争的不断增强、全球数据安全局势的不断严峻以及诸如“棱镜门”的霸权政治事件的发生，由数据跨境流动所带来的数据本地化、数据安全审查评估等问题越来越受到各主权国家和企业的重视。数据的跨境流动与本地化关乎国家主权和核心利益，尤其是其中含有的个人信息往往包括了较多的敏感信息，蕴藏巨大的价值，对其进行挖掘、分析和处理后，就能成为影响国家安全、政治安全、经济安全以及公民生命财产安全的重要数据。因此，除美国这类能够凭借先进的技术和发达的互联网产业从数据跨境流动中获得巨大利益和优势的国家外，其他世界各国普遍在不同程度上强调数据本地化的要求，坚持重要数据非必要不出境的原则，即使出境也要经过严格和繁多的审查手续，如欧盟《通用数据保护条例》即采用了“原则禁止、例外允许”的数据跨境流动治理模式，境内数据自由流动，对外适当制造壁垒。而俄罗斯、印度等国家则采取了更加严格的数据本地化策略，如俄罗斯的《个人信息保护法》、2019 年印度的《个人数据保护法草案》都设置了较为详细且复杂的数据出境限制手段。

我国相较于美国、欧盟、俄罗斯、印度等国家或地区来说，在数据跨境和数据本地化方面采取较为折中的态度：一方面，为促进我国互联网产业的发展和全球数字经济影响力的建立，我国逐步推动数据的自由流动，如习近平总书记 2020 年 11 月 20 日在亚太经合组织第二十七次领导人非正式会议上表示，中国将积极考虑加入《全面与进步跨太平洋伙伴关系协定》，为跨境数据流动贸易规制提供国际合作的基本制度框架，确认跨境数据自由流动的共同发展方向；另一方面，为应对当前其他国家对我国经济和企业的封锁与打压，我国近年来也开始重视数据出境所带来的安全风险问题，通过法规、政策、标准指南等方式来控制和指导数据出境，加强审批和评估力度，保障数据安全。①

在法律方面，《网络安全法》对关键信息基础设施的数据跨境传输提出了要求，其第 37 条规定：“关键信息基础设施的运营者在中华人民共和国境内运营中收集和产生的个人信息和重要数据应当在境内存储。因业务需要，确需向境外提供的，应当按照国家网信部门会同国务院有关部门制定的办法进行安全评估；法律、行政法规另有规定的，依照其规定。”《数据安全法》在数据出境的问题上规定得更加全面，场景划分得更加详细具体，包括促进数据安全自由流动（第 11 条）、国家安全审查（第 24 条）、数据出口管制（第 25 条）、对等反制（第 26 条）、重要数据的出境安全管理（第 31 条）、向外国司法或者执法机构提供数据（第 36 条）、政

① 《习近平在亚太经合组织第二十七次领导人非正式会议上的讲话》，载新华网，https://mxinhuahet.com/2020-11/20/c_1126767392.htm。

务数据安全(第39条)等,对《网络安全法》的规制范围进行了细化和补充;在行政法规方面,国家网信办于2021年11月14日发布了《网络数据安全管理条例(征求意见稿)》,该条例以《网络安全法》《数据安全法》《个人信息保护法》为上位法,对数据跨境的具体规则进行了明确,包括数据跨境传输的合法性基础、个人信息主体告知同意的相关要求、数据出境安全评估的具体场景、数据处理者向境外提供数据的义务要求、年度数据出境安全评估报告、数据跨境安全网关管控等,并作出了加大监管力度的规定。在部门规章方面,《网络安全审查办法》除将掌握超过100万用户个人信息的运营者赴国外上市列为必须申报网络安全审查的情形外,还专门强调核心数据、重要数据等的出境风险管控;国家网办于2017年4月发布的《个人信息和重要数据出境安全评估办法(征求意见稿)》,构建了适用于所有网络运营者的个人信息和重要数据出境安全评估制度;2019年6月,国家互联网信息办公室发布的《个人信息出境安全评估办法(征求意见稿)》,将个人信息出境与重要数据出境要求加以区分,更加重视个体权益的保障。除此之外,《网络预约出租汽车经营服务管理暂行办法》《电子银行业务管理办法》《征信业管理条例》《地图管理条例》《人口健康信息管理办法(试行)》等也从行业监管的角度出发,对数据跨境流动作出了规定。

在政策方面,商务部、科技部于2020年8月28日修订了《中国禁止出口限制出口技术目录》,将包括人工智能交互界面技术以及语音合成技术等多项信息处理技术纳入限制出口部分,对经济活动中的技术出口行为进行限制;2021年7月20日,商务部、中央网信办、工业和信息化部联合印发《数字经济对外投资合作工作指引》要求做好数字经济走出去风险防范,鼓励数字经济企业完善内部合规制度,严格落实我国法律法规有关数据出境安全管理的规定,健全数据安全管理制度,采取必要技术措施,保护数据安全和个人信息;2011年1月21日,中国人民银行发布《关于银行业金融机构做好个人金融信息保护工作的通知》,规定在中国境内收集的个人金融信息的储存、处理和分析应当在中国境内进行,除法律法规及中国人民银行另有规定外,银行业金融机构不得向境外提供境内个人金融信息。

在标准指南方面,最为突出的是全国信息安全标准化技术委员会于2017年5月27日发布的《信息安全技术 数据出境安全评估指南(草案)(征求意见稿)》,规定了数据出境安全评估流程、评估要点等,不仅适用于网络运营者开展的个人信息和重要数据出境安全自评估,也适用于网信部门、行业主管或监管部门依职权开展的个人信息和重要数据出境安全评估。

本条与上述法规对数据跨境流动和数据本地化的规定一脉相承,以数据本地化存储原则为中心为数据跨境流动确立了方向和依据,兼顾安全前提下的数据自由流动。尤其是对于国家机关处理的个人信息,相较于普通个体或者企业所处理的个人信息,其具有数量更多、覆盖范围更广、颗粒度更小、真实性更高、结构化程度更深、内容更全面等特点,一旦被攻击或泄露,给国家安全带来的风险将会更高、损失更大,因而应当以本地化存储为基本原则,以确需向境外提供并需要经过审慎评估为例外,从而最大限度地保障国家数字主权和利益。

【适用指引】

对本条的适用可以从以下五个方面展开:

(一)国家机关处理的个人信息

本条规定了适用范围为“国家机关处理的个人信息”,应当注意的是该表述与第 34 条、第 35 条不同,此处使用的是“处理”而非“为履行法定职责处理”,这就使本条规定的数据本地化存储在适用范围上更加广泛,无论是否为履行法定职责,只要是国家机关对个人信息的处理活动都应遵守本条的规定和要求。

(二)在中华人民共和国境内存储

“境内”分为“关境内”和“国境内”两类,“国境内”是指一个国家行使主权的领土范围,包括我国香港特别行政区和澳门特别行政区;“关境内”则指适用同一海关法或实行同一关税制度的区域,相对于内地,我国香港特别行政区和澳门特别行政区则属于“境外”。从实践情况来看,本条规定的境内存储应当是指国境内,包括我国香港特别行政区和澳门特别行政区。但是,在国家网信办发布的《网络数据安全管理条例(征求意见稿)》中却表现出了不同的监管趋势,该条例第 13 条第 1 款第 3 项明确了“数据处理者赴香港上市,影响或者可能影响国家安全的”情况下应当按照国家有关规定申报网络安全审查,表明了国家对数据安全的愈加重视,在数据跨境和数据本地化上也更加以“保安全”为主。因此,未来在实际监管中是否将向香港特别行政区提供的数据处理活动纳入安全评估的范围,还需进一步观察。

(三)确需向境外提供

对于何为“确需向境外提供”,本条没有明确界定,尚需后续立法予以进一步明确,但从当前其他条款和相关法律法规的规定,我们可以初步总结以下两个适用场景:

第一,根据《个人信息保护法》第 38 条的规定,个人信息处理者可以“因业务等需要”而在满足该条所规定的四项条件之一时向境外提供个人信息。对于企业来说,正常的跨境业务往来或者健全的数据交易管理制度下进行的跨境数据交易等场景应当属于业务需要,而国家机关的“业务需要”是否为履行法定职责还需要进一步明确。

第二,《个人信息保护法》第 41 条和《数据安全法》第 36 条都规定了向境外执法或司法机构提供数据的规定,《个人信息保护法》第 41 条规定:"中华人民共和国主管机关根据有关法律和中华人民共和国缔结或者参加的国际条约、协定,或者按照平等互惠原则,处理外国司法或者执法机构关于提供存储于境内个人信息的请求。非经中华人民共和国主管机关批准,个人信息处理者不得向外国司法或者执法机构提供存储于中华人民共和国境内的个人信息。"《数据安全法》第 36 条规定:"中华人民共和国主管机关根据有关法律和中华人民共和国缔结或者参加的国际条约、协定,或者按照平等互惠原则,处理外国司法或者执法机构关于提供数据的请求。非经中华人民共和国主管机关批准,境内的组织、个人不得向外国司法或者执法机构提供存储于中华人民共和国境内的数据。"在根据有关法律和中华人民共和国缔结或者参加的国际条约、协定或者按照平等互惠原则的情形下,当外国司法或者执法机构请求提供存储于境内个人信息时,国家机关可以在履行规定程序后向境外提供。

(四)安全评估

根据本条规定,确需向境外提供其所处理的个人信息的国家机关应进行安全评估,安全评估可以要求有关部门提供支持与协助。从"可以要求有关部门提供支持与协助"可以看出,这里的安全评估应当为自评估,即该国家机关自行组织安全评估,无须在网信部门或者其他行业主管部门的统筹监督下进行。在进行自评估时,可以参考全国信息安全标准化技术委员会制定的《信息安全技术 数据出境安全评估指南(草案)(征求意见稿)》,从合法、正当、风险可控等方面进行评估。

(五)与其他条款或法规相衔接

本条虽然仅仅规定了确需向境外提供个人信息时的安全评估义务,但国家机关在实际操作时还应注意与其他条款或者法规的衔接,完整地履行义务,如以下规定:

1.《个人信息保护法》第 39 条规定的告知义务和单独同意制度:"个人信息处理者向中华人民共和国境外提供个人信息的,应当向个人告知境外接收方的名称或者姓名、联系方式、处理目的、处理方式、个人信息的种类以及个人向境外接收方行使本法规定权利的方式和程序等事项,并取得个人的单独同意。"

2.《个人信息保护法》第 4 章规定的个人在个人信息处理活动中的权利,包括知情权、决定权、查阅权、复制权、删除权、更正权等,个人限制或者拒绝国家机关将其个人信息向境外提供的,应当从其决定。

3.《个人信息保护法》第55条、第56条规定的向境外提供个人信息前应当进行的个人信息保护影响评估制度：个人信息处理者应当事前进行个人信息保护影响评估，并对处理情况进行记录，个人信息保护影响评估报告和处理情况记录应当至少保存3年。

4.《数据安全法》第24条规定的数据安全审查制度："国家建立数据安全审查制度，对影响或者可能影响国家安全的数据处理活动进行国家安全审查。依法作出的安全审查决定为最终决定。"

5.《数据安全法》第25条规定的数据出口管制制度："国家对与维护国家安全和利益、履行国际义务相关的属于管制物项的数据依法实施出口管制。"如果国家机关向境外提供的数据属于出口管制范围内，则还应按照《出口管制法》的相关规定进行。

6.《数据安全法》第36条对外国司法或者执法机构请求提供数据的场景进行了规定，即"中华人民共和国主管机关根据有关法律和中华人民共和国缔结或者参加的国际条约、协定，或者按照平等互惠原则，处理外国司法或者执法机构关于提供数据的请求。非经中华人民共和国主管机关批准，境内的组织、个人不得向外国司法或者执法机构提供存储于中华人民共和国境内的数据"。在这种情况下，国家机关根据有关法律和中华人民共和国缔结或者参加的国际条约、协定，或者按照平等互惠原则而向境外提供数据时，是否应经主管机关批准、是否存在相应的主管机关等问题尚需进一步协调。

【相关规定】

《网络安全法》第37条；《数据安全法》第11条、第24~26条、第31条、第36条、第39条；《网络安全审查办法（修订草案征求意见稿）》；《个人信息和重要数据出境安全评估办法（征求意见稿）》；《个人信息出境安全评估办法（征求意见稿）》；《网络预约出租汽车经营服务管理暂行办法》；《电子银行业务管理办法》；《征信业管理条例》；《地图管理条例》；《人口健康信息管理办法（试行）》；《中国禁止出口限制出口技术目录》；《数字经济对外投资合作工作指引》；《中国人民银行关于银行业金融机构做好个人金融信息保护工作的通知》；《信息安全技术　数据出境安全评估指南（草案）（征求意见稿）》

【域外比较】

本条是针对国家机关处理个人信息的本地化规定。可资类比之域外法律中，俄罗斯的数据本地化法案当属典型。按俄罗斯第242-FZ号联邦法："在个人数据收集期间，包括通过因特网，运营人应确保使用位于俄罗斯联邦境内的数据库以记录、系统化、积累、存储、澄清（更新或修改）和取回俄罗斯联邦公民的个人数据,(相应实体)都必须在俄罗斯境内的服务器上存储和处理俄罗斯公民的个人数据。”①这一法律适用的实体包括“俄罗斯实体”,因而也包括俄罗斯国家机关。在适用范围的意义上,俄罗斯的相关规定稍显宽泛。

第三十七条　法律、法规授权的具有管理公共事务职能的组织为履行法定职责处理个人信息,适用本法关于国家机关处理个人信息的规定。

【条文主旨】

本条规定了法律法规授权的具有管理公共事务职能的组织处理个人信息时应遵循的规则,即法律、法规授权的具有管理公共事务职能的组织为履行法定职责处理个人信息时,应当与国家机关属于同一主体类别,适用《个人信息保护法》的相关规定,当《个人信息保护法》第 2 章第 3 节有特别规定的,适用《个人信息保护法》第 2 章第 3 节的规定。本条的规定充分考虑了国家行政管理部门设置的现状,使《个人信息保护法》的规制范围更加广泛,对个人信息主体的权益保护更加完善。

【演进过程】

一审稿	二审稿	最终稿
	第三十七条　法律、法规授权的具有管理公共事务职能的组织为履行法定职责处理个人信息,适用本法关于国家机关处理个人信息的规定。	
	第三十七条　法律、法规授权的具有管理公共事务职能的组织为履行法定职责处理个人信息,适用本法关于国家机关处理个人信息的规定。	第三十七条　法律、法规授权的具有管理公共事务职能的组织为履行法定职责处理个人信息,适用本法关于国家机关处理个人信息的规定。

【条文释义】

随着经济的不断发展和技术的快速进步,新事物、新现象及其所带来的新问

① 参见洪延青:《俄罗斯数据本地化和跨境流动条款解析》,载安全内参网 2018 年 10 月 19 日,https://www.secrss.com/artidos/5801。

题与新管理需求也不断出现,社会分工越发精细化和专业化,需要国家调配相应的人力、物力资源对其进行妥善管理,这就需要通过法律、法规授权具有管理公共事务职能的组织来管理,这种设置具有现实必要性和可行性:首先,上述管理职责一般需要专门的国家行政机关来承担,但行政机关受机构设置稳定性的要求和限制,机构的设立、人员的配置、职责的划分等都需要经过严格的程序来确定,不能因某一立法增加了某项行政管理权限而任意改变自身职责,①因此通过授权具有管理公共事务职能的组织来承担立法增加的管理职责将更具灵活性;其次,在社会事务的专业化程度越发增强的情况下,许多管理职责的履行也相应地需要较高的专业要求,如教育、医疗、文化、科技等,通过法律、法规将这一领域的管理职责授权给专业的组织将更加有利于工作的开展;最后,随着当前世界各国限制公权力趋势的不断形成,防止公权力无限扩张是现代化行政的必然要求,而授权非国家机关组织承担一定管理职责将有利于降低公权力扩张的可能性,促进服务型政府的形成。

在上述背景下,根据《行政许可法》《行政处罚法》《行政强制法》《反垄断法》《政府信息公开条例》《征信业管理条例》等法律法规,越来越多的具有管理公共事务职能的组织参与到当前的社会管理中,在行使被授权的职能时,具有与行政机关基本相同的地位,可以依授权发布行政命令,采取行政措施,实施行政行为,对违法不履行其义务或违反行政管理秩序的相对人依法采取行政强制措施或实施行政处罚,并由其本身对外承担法律责任。②

在当前的互联网时代,具有管理公共事务职能的组织履行法定职责时将不可避免地涉及个人信息或其他数据的处理活动,且由于其具有与行政机关相同的法律地位,因而这种个人信息处理活动也与国家机关的个人信息处理活动一样,带有公共利益属性和强制性,此时的个人信息主体处于相对弱势的不平等地位,存在个人信息权益被侵犯和损害的风险,因而需要对这种场景下的个人信息处理活动予以规制,以保障相关主体的合法权益,例如,《数据安全法》第 43 条规定:“法律、法规授权的具有管理公共事务职能的组织为履行法定职责开展数据处理活动,适用本章规定。”《民法典》第 1039 条规定:“国家机关、承担行政职能的法定机构及其工作人员对于履行职责过程中知悉的自然人的隐私和个人信息,应当予以

① 参见许安标、武增等:《〈中华人民共和国行政许可法〉释义及实用指南》,中国民主法制出版社 2013 年版,第 104 页。

② 参见姜明安主编:《行政法与行政诉讼法》(第 7 版),北京大学出版社 2019 年版,第 112 ~ 113 页。

保密，不得泄露或者向他人非法提供。”

【适用指引】

在具体适用上，可以从以下几个方面来展开：

（一）法律、法规授权的具有管理公共事务职能的组织

1. 法律、法规授权。此处的“法律”是指全国人大及其常委会制定的规范性文件，法规包括行政法规和地方性法规，行政法规是国务院制定的规范性文件，地方性法规包括省、自治区、直辖市以及《立法法》规定的较大市的人大及其常委会制定的规范性文件和经济特区法规。①

2. 具有管理公共事务职能的组织。此处所述的组织是指除国家机关外的组织，不包括个人，根据组织成立的目的不同，可以分为社会团体、事业组织和企业组织。社会团体是指政党、工会、共青团、妇联、各种学会等组织；事业组织是指从事某项社会职能，不以营利为目的的组织，如学校、医院、各种科学研究机构等；企业组织是以营利为目的的组织。

3. 目前，法律、法规授权的具有管理公共事务职能的组织可分为以下五类：（1）基层群众性自治组织，包括城市和农村按照居民居住的地区设立的居民委员会和村民委员会，根据《城市居民委员会组织法》和《村民委员会组织法》承担本居住地区的公共事务；（2）行业组织，如《注册会计师法》授权的注册会计师协会、《律师法》授权的律协等；（3）工青妇等社会团体，如《工会法》授权的工会、《妇女权益保障法》授权的妇联等；（4）行政机关的内设机构与派出机构，如派出所以及《税收征收管理法》规定的税务所等；②（5）事业与企业组织，如《教育法》授权的公立学校及其他公立教育机构、《烟草专卖法》授权的烟草公司等，目前我国对事业组织授权较多，对企业组织授权较少，如实施行政许可的证券监督管理委员会、保险监督管理委员会、银行业监督管理委员会等事业组织。

（二）为履行法定职责

法律、法规授权具有管理公共事务职能组织的目的是由其承担相应的职责，只有在行使法定职责时，具有管理公共事务职能的组织才具有与国家机关相同的法律地位，因此只有在此种场景下才能将其处理个人信息的活动适用《个人信息保护法》关于国家机关处理个人信息的规定，在其行使非法定职责时，应当按照其他个人信息处理者的要求进行规制。

---

① 参见许安标、武增等：《〈中华人民共和国行政许可法〉释义及实用指南》，中国民主法制出版社2013年版，第104页。

② 参见姜明安：《行政法与行政诉讼法》（第7版），北京大学出版社2019年版，第110～112页。

【案例链接】

殷某强诉中国传媒大学履行信息给付法定义务案[①]

1. 案情简介

2015年4月14日，中国传媒大学（被告）以殷某强（原告）在大学英语四级考试过程中找人替考属于考试作弊为由，对原告作出开除学籍的处分决定。原告认为该处分决定没有充分的证据支持，遂于2015年4月20日向被告申请公开与此次违纪事件相关的三项重要信息，其中包括2005～2014年被告关于全国英语四、六级考试的考生违纪人员处分决定文件的复印件，该信息能够明确历年来被告对参加全国英语四、六级的违纪考生是否均处以开除学籍这一最严重的处分决定。被告于2015年4月27日作出《中国传媒大学信息公开告知书》，称该事项涉及他人隐私，不予公开。

2. 案例要点与解析

《个人信息保护法》第37条规定，法律、法规授权的具有管理公共事务职能的组织为履行法定职责处理个人信息，适用本法关于国家机关处理个人信息的规定。在本案中，高校能否适用对国家机关的规定是主要焦点之一，法院认为本案中高校信息公开以及对被申请公开信息中个人信息的处理应当适用《政府信息公开条例》，理由如下：

《政府信息公开条例》（2007年）第2条规定，本条例所称政府信息，是指行政机关在履行职责过程中制作或者获取的，以一定形式记录、保存的信息；第36条规定，法律、法规授权的具有管理公共事务职能的组织公开政府信息的活动，适用本条例。根据《教育法》的相关规定，学校及其他教育机构行使对受教育者进行学籍管理，实施奖励或者处分的权利。根据上述规定，高等学校在对受教育者进行处分的过程中，所制作或获取的信息属于《政府信息公开条例》中所称的政府信息，其公开活动应受该条例的规范。

《政府信息公开条例》（2007年）第22条规定，申请公开的政府信息中含有不应当公开的内容，但是能够作区分处理的，行政机关应当向申请人提供可以公开的信息内容；第14条第4款规定，行政机关不得公开涉及国家秘密、商业秘密、个人隐私的政府信息。但是，经权利人同意公开或者行政机关认为不公开可能对公共利益造成重大影响的涉及商业秘密、个人隐私的政府信息，可以予以公开；第23条规定，行政机关认为申请公开的政府信息涉及商业秘密、个人隐私，公开后可能

---

① 北京市第三中级人民法院行政判决书，（2015）三中行终字第1056号。

损害第三方合法权益的，应当书面征求第三方的意见；第三方不同意公开的，不得公开。但是，行政机关认为不公开可能对公共利益造成重大影响的，应当予以公开，并将决定公开的政府信息内容和理由书面通知第三方。

根据上述法规并参照上述规章，行政主体接到申请人信息公开申请后，在判断涉案信息是否应当向申请人公开的过程中，应当先对涉案信息能否进行区分作出判断，如果该信息能够被区分，则行政主体应当提供可以公开的信息内容。

【相关规定】

《数据安全法》第43条；《民法典》第1039条；《立法法》；《城市居民委员会组织法》；《村民委员会组织法》；《注册会计师法》；《律师法》；《工会法》；《妇女权益保障法》；《行政许可法》；《行政处罚法》；《行政强制法》；《反垄断法》；《教育法》；《烟草专卖法》；《政府信息公开条例》；《征信业管理条例》；《税收征收管理法》；《高等学校信息公开办法》第2条、第9条、第18条第4项

【域外比较】

本条明确国家机关处理个人信息的相关规定亦适用于具有管理公共事务职能且为履行相应职责处理个人信息的组织。本条与巴西《通知数据保护法》第23条、第24条规定一致：无论是代表政府行使服务的机构，还是执行公共政策的公司，都在相应的范围内适用国家机关处理个人数据的规定。值得一提的是，尽管以美国法为代表的部分国家并无相关成文规定，然而，通过解释宪法中的“公权行为”概念并令相应概念适用于类似的公共管理组织，适用国家机关的数据处理规定，也将因此“传导”至相应公共管理组织。

第三章　个人信息跨境提供的规则

个人信息的流动关涉个人隐私保护，谷歌、脸书等大型互联网公司在提供数字服务的过程中侵犯用户个人隐私的事件时有发生。① 大规模的个人信息出境还可能对数据出境国的国家安全、公共安全产生一定影响。因此，个人信息跨境流动需要法律规制，个人信息跨境提供需满足一定的条件。

个人信息跨境提供通常意味着对跨越国界的个人信息进行读取、存储和处理，包括信息的出境和入境两个方面。在《个人信息保护法》语境下的"个人信息跨境提供"仅限于信息的出境。根据全国信息安全标准化技术委员会发布的《信息安全技术 数据出境安全评估指南(征求意见稿)》第 3 条第 7 款的规定，数据出境是指"网络运营者通过网络等方式，将其在中华人民共和国境内运营中收集和产生的个人信息和重要数据，通过直接提供或开展业务、提供服务、产品等方式提供给境外的机构、组织或个人的一次性活动或连续性活动"。该指南第 3 条第 7 款还特别注明，以下情形属于数据出境："(a)向本国境内，但不属于本国司法管辖或未在境内注册的主体提供个人信息和重要数据；(b)数据未转移存储至本国以外的地方，但被境外的机构、组织、个人访问查看的(公开信息、网页访问除外)；(c)网络运营者集团内部数据由境内转移至境外，涉及其在境内运营中收集和产生的个人信息和重要数据的。"

借鉴《通用数据保护条例》等规定，我国《个人信息保护法》形成了个人信息多元化跨境提供的合法路径，确保实现同等保护水平，并规定了个人信息有关主权和国家安全的特殊保护机制。《个人信息保护法》第 38 条、第 39 条规定了个人信息跨境提供需要满足的基本要求。同时，由于向境外提供个人信息属于个人信息处理活动的一种类型，因此个人信息跨境提供应当遵循《个人信息保护法》的一般规定，例如，第 55 条规定的"事前进行个人信息保护影响评估，并对处理情况进行记录"，第 19 条规定的"个人信息的保存期限应当为实现处理目的所必要的最短时间"。此外，如果向境外提供的个人信息属于特殊的个人信息，则还应当符合

---

① 参见戴龙：《论数字贸易背景下的个人隐私权保护》，载《当代法学》2020 年第 1 期。

《个人信息保护法》的特别规定。例如,如果跨境提供的信息属于敏感个人信息,还应当符合《个人信息保护法》第 2 章第 2 节的特别规定;如果跨境提供的信息是国家机关处理的个人信息,则还应当符合《个人信息保护法》第 2 章第 3 节的特别规定。

个人信息跨境提供可能涉及国家安全、网络安全、数据主权等多方面的问题,《个人信息保护法》对涉及其他国家或地区的个人信息保护特殊情形作出了规定,具体体现在第 41 ~43 条中。

第三十八条　个人信息处理者因业务等需要,确需向中华人民共和国境外提供个人信息的,应当具备下列条件之一:

(一)依照本法第四十条的规定通过国家网信部门组织的安全评估;

(二)按照国家网信部门的规定经专业机构进行个人信息保护认证;

(三)按照国家网信部门制定的标准合同与境外接收方订立合同,约定双方的权利和义务;

(四)法律、行政法规或者国家网信部门规定的其他条件。

中华人民共和国缔结或者参加的国际条约、协定对向中华人民共和国境外提供个人信息的条件等有规定的,可以按照其规定执行。

个人信息处理者应当采取必要措施,保障境外接收方处理个人信息的活动达到本法规定的个人信息保护标准。

【条文主旨】

本条规定了个人信息处理者向境外提供个人信息应具备的条件。相较于《个人信息和重要数据出境安全评估办法(征求意见稿)》和《个人信息出境安全评估办法(征求意见稿)》,《个人信息保护法》未规定个人信息出境的所有情形均应进行安全评估,对个人信息出境的要求有所放宽,不过对个人信息出境的前提有所限定,即限于"因业务等需要"。在跨境电子商务中,信息的跨境流动是电子商务交易得以进行的前提,同时电子商务交易中产生的个人信息出境对用户权益的影响很小,因此,这种情形通常符合"因业务等需要"的要求。如今,对于在一个以上的国家中拥有业务、供应商或客户的公司来说,可能没有一家公司不依赖于信息的跨境提供，无论是为了获得竞争优势还是作为正常业务运营的一部分。① 当然，在境内用户与境内企业的电子商务交易中，个人信息的出境对于业务活动可能就不是很有必要，可能不符合"因业务等需要"的要求。

根据《网络安全法》第37条的规定，关键信息基础设施的运营者在中国境内运营中收集和产生的个人信息向境外提供的，仅限于"因业务需要"的情形，即不适用于非因业务需要导致的跨境提供。相较而言，《个人信息保护法》第38条的措辞在"业务"后面加了一个"等"，这意味着《个人信息保护法》适用于因业务需要以外的其他原因触发的跨境提供需求，例如，第41条规定的因国际司法协助或行政执法协助导致的个人信息跨境提供。

【演进过程】

一审稿	二审稿	最终稿
第三十八条　个人信息处理者因业务等需要，确需向中华人民共和国境外提供个人信息的，应当至少具备下列一项条件： （一）依照本法第四十条的规定通过国家网信部门组织的安全评估； （二）按照国家网信部门的规定经专业机构进行个人信息保护认证； （三）与境外接收方订立合同，约定双方的权利和义务，并监督其个人信息处理活动达到本法规定的个人信息保护标准； （四）法律、行政法规或者国家网信部门规定的其他条件。	第三十八条　个人信息处理者因业务等需要，确需向中华人民共和国境外提供个人信息的，应当至少具备下列一项条件： （一）依照本法第四十条的规定通过国家网信部门组织的安全评估； （二）按照国家网信部门的规定经专业机构进行个人信息保护认证； （三）按照国家网信部门制定的标准合同与境外接收方订立合同，约定双方的权利和义务，并监督其个人信息处理活动达到本法规定的个人信息保护标准； （四）法律、行政法规或者国家网信部门规定的其他条件。	

① Daniel Castro & Alan Mcquinn, *Cross - Border Data Flows Enable Growth in All Industries*, The Information Technology and Innovation Foundation, p. 1 - 2(2005).

续表

一审稿	二审稿	最终稿
	第三十八条　个人信息处理者因业务等需要，确需向中华人民共和国境外提供个人信息的，应当~~至少~~具备下列~~一项~~条件： （一）依照本法第四十条的规定通过国家网信部门组织的安全评估； （二）按照国家网信部门的规定经专业机构进行个人信息保护认证； （三）按照国家网信部门制定的标准合同与境外接收方订立合同，约定双方的权利和义务，~~并监督其个人信息处理活动达到本法规定的个人信息保护标准；~~ （四）法律、行政法规或者国家网信部门规定的其他条件。	第三十八条　个人信息处理者因业务等需要，确需向中华人民共和国境外提供个人信息的，应当具备下列条件之一： （一）依照本法第四十条的规定通过国家网信部门组织的安全评估； （二）按照国家网信部门的规定经专业机构进行个人信息保护认证； （三）按照国家网信部门制定的标准合同与境外接收方订立合同，约定双方的权利和义务； （四）法律、行政法规或者国家网信部门规定的其他条件。 中华人民共和国缔结或者参加的国际条约、协定对向中华人民共和国境外提供个人信息的条件等有规定的，可以按照其规定执行。 个人信息处理者应当采取必要措施，保障境外接收方处理个人信息的活动达到本法规定的个人信息保护标准。

【条文释义】

根据《个人信息保护法》第38条的规定，个人信息处理者因业务等需要，确需向境外提供个人信息的，应当具备下列条件之一：

第1项为"依据本法第40条的规定通过国家网信部门组织的安全评估"。第40条规定，关键信息基础设施运营者和处理个人信息达到国家网信部门规定数量的个人信息处理者，原则上应当将在中国境内收集和产生的个人信息存储在境内，只有经过国家网信部门的安全评估才可向境外提供。关键信息基础设施运营者收集的个人信息和达到一定规模的个人信息出境面临的风险更高，因此需要经过国家网信部门的安全评估。

第2项为"按照国家网信部门的规定经专业机构进行个人信息保护认证"。

哪类机构可以进行认证？怎样确定该专业机构的专业资质和可信性？国家网信部门暂时还没有出台个人信息保护认证的相关规定，这有待后续立法加以明确。从字面上看，应该不存在官方指定的专业机构。《认证认可条例》所称认证，是指“由认证机构证明产品、服务、管理体系符合相关技术规范、相关技术规范的强制性要求或者标准的合格评定活动”。该条例未明确提及个人信息保护方面的认证，不过这一条例将为国家网信部门后续出台相关立法提供依据和指导。

第3项为“按照国家网信部门制定的标准合同与境外接收方订立合同，约定双方的权利和义务”。此类合同范本通过规定数据输出方和数据接收方基于合同的数据保护责任，来间接提供对个人的保护机制，强化对个人信息出境后的事后持续保障，这一要件借鉴了欧盟的数据跨境转移政策。① 参考《通用数据保护条例》下的标准合同条款（Standard Contractual Clauses，SCCs）、东盟（ASEAN）发布的合同示范条款（Model Contractual Clauses，MCCs）等跨境传输条款，标准合同至少应当包括对传输范围、方式、频率等事实的明确以及不同数据处理关系下双方权利义务的约定等内容。②《个人信息和重要数据出境安全评估办法（征求意见稿）》未涉及境内个人信息处理者与境外数据接收方之间的合同规范。《个人信息出境安全评估办法（征求意见稿）》则强调对此合同的规范，其第13～16条分别规定了合同基本事项、网络运营者的责任和义务、接收者的责任和义务、接收者不得将接收到的个人信息传输给第三方等内容，表明了国家网信部门对合同路径规范的重视。③《个人信息保护法》尚未规定个人信息跨境提供的标准合同内容，国家网信部门正在制定这方面的标准合同。

第4项为“法律、行政法规或者国家网信部门规定的其他条件”。法律、行政法规或其他规范性文件可能对某些特定类型的个人信息出境作出特别规定，个人信息处理者一旦满足了这些要求，也就视为达到了向境外提供个人信息的上述条件。例如，对于基因信息的出境，《人类遗传资源管理暂行办法》第14条第3款规定，“因其他特殊情况，确需临时对外提供人类遗传资源材料的，须填写申报表，经地方主管部门或国务院有关部门审查同意后，报中国人类遗传资源管理办公室，

---

① 参见王融：《数据跨境流动政策认知与建议——从美欧政策比较及反思视角》，载《信息安全与通信保密》2018年第3期。

② 参见陈际红、蔡鹏等：《全景解构〈个人信息保护法〉，助力企业进入中国个人信息保护新纪元》，载微信公众号“中伦视界”2021年8月21日，https://mp.weixin.qq.com/s/QPdhCCWm－WD65EpyFrRgXA。

③ 参见张新宝、葛鑫：《个人信息保护法（专家建议稿）及立法理由书》，中国人民大学出版社2021年版，第200～201页。

经批准后核发出口、出境证明”。

个人信息跨境提供的前述三种机制都还在制度设计阶段。《个人信息保护法》对个人信息跨境提供需要满足的条件进行了整合，个人信息处理者向境外提供个人信息除了应满足上述四项条件之一以外，还应满足以下条件：

第一，采取必要措施，保障境外接收方处理个人信息的活动达到《个人信息保护法》规定的个人信息保护标准。根据《个人信息保护法》第 62 条的规定，个人信息保护标准将由国家网信部门统筹协调有关部门依据《个人信息保护法》进行制定。个人信息出境后，个人信息处理者要对信息进行直接监管存在较大难度，可以通过与境外接收方签订合同、声明适用的准据法、合规审计、事故后审计等方式来保障境外接收方处理个人信息的活动达到《个人信息保护法》规定的个人信息保护标准。这一要求通过将《个人信息保护法》下跨境提供的实质义务施加到境内的个人信息处理者，间接实现了个人信息跨境提供活动中《个人信息保护法》的域外效力。

第二，根据《个人信息保护法》第 39 条的规定，向个人告知向境外提供个人信息的相关情况并取得个人的单独同意。

第三，事前进行个人信息保护影响评估，并对处理情况进行记录。《个人信息保护法》第 55 条规定的个人信息处理者应当事前进行个人信息保护影响评估的情形就包括了“向境外提供个人信息”，第 56 条规定了个人信息保护影响评估应当包括的内容。《信息安全技术　个人信息安全影响评估指南》规定的个人信息安全影响评估的基本原理、实施机制亦可为《个人信息保护法》第 55 条规定的个人信息保护影响评估提供有效支撑。《个人信息保护法》语境中的个人信息保护影响评估和个人信息出境安全评估的内涵存在一定重合，但又存在显著差别。个人信息保护影响评估是内部的自我评估，侧重对个体权益影响的评估；而安全评估通常由网信部门组织。

第四，根据《个人信息保护法》第 19 条的规定，跨境提供个人信息前后，“个人信息的保存期限应当为实现处理目的所必要的最短时间”。

鉴于个人信息跨境提供具有涉外性，并且已经成为国际条约、协定谈判中的重要议题，《个人信息保护法》第 38 条第 2 款规定，“中华人民共和国缔结或者参加的国际条约、协定对向中华人民共和国境外提供个人信息的条件等有规定的，可以按照其规定执行”。中国于 2020 年 11 月签署的《区域全面经济伙伴关系协定》（RCEP）中的电子商务章（第 12 章）相较于之前签署的自由贸易协定新增了两个关键条款，分别是第 12 条第 15 款和第 12 条第 14 款。RCEP 第 12 条第 15 款规定了跨境数据流动规则，原则上要求跨境数据自由流动，同时规定了跨境数据流动的例外情形;RCEP 第 12 条第 14 款明确禁止缔约方采取计算设施本地化措施,在义务设置上也包括了"原则 + 例外"。我国在个人信息跨境提供方面的政策和措施不得与 RCEP 的上述条款相违背。《全面与进步跨太平洋伙伴关系协定》(CPTPP)规定了比 RCEP 更高标准(更加自由)的跨境数据流动条款,中国也于 2021 年 9 月正式提出申请加入 CPTPP,可见我国在个人信息跨境提供方面将承担更多的国际义务。《个人信息保护法》第 38 条的前述规定可在一定程度上解决不同司法辖区在个人信息跨境提供程序上的冲突问题。

【适用指引】

总体来看,《个人信息保护法》对数据本地化采取了较为克制的立场,为个人信息出境创造了较为宽松的法律环境,并没有出现很多企业担心的所有个人信息出境都需要政府审批或政府评估的情况。

数据跨境流动企业在制定合规和数据治理规定时,对于风险的控制不应仅限于事后补救,更需实现事先控制。例如,企业需确认自身储存个人数据的内容、地点、方式、来源、流向,储存这些数据的原因以及获取数据的方式,尤其针对存在数据跨境、产品/服务跨境、业务主体跨境等情况的业务场景,了解数据的访问设置、服务器的调用等所涉及的数据是否跨境。对于具体操作过程中涉及的软件设计,应根据数据在不同法域的风险,设计不同的模块或版本,以及运用各种必要的技术措施管理数据访问权限,实现数据的分离和对数据访问的控制。对合作的第三方进行管理时,对供应商、分包商或其他商业合作伙伴,均应在合同关系建立前进行调查和数据风险评估。①

不同类型的个人信息出境需要满足的条件不一样,某些特殊的个人信息出境除了要满足个人信息跨境提供的一般要求外,还要符合《个人信息保护法》的特别规定。同时,除了《个人信息保护法》的一般要求及特殊要求以外,企业还需关注所在的行业领域是否有其他特别的要求。以汽车行业为例,汽车数据(涉及个人信息)的出境还应当符合《汽车数据安全管理若干规定(试行)》的规定。因此,企业在准备向境外提供个人信息时,应首先对个人信息的类别进行定性,以确定符合的条件,从而做好信息出境的准备工作,设计符合自身情况的跨境传输路径。此外,由于个人信息出境安全评估、个人信息保护认证、个人信息出境标准合同、个人信息保护影响评估等相关具体规则还需要配套法规、国家标准进一步澄清,因此,企业应密切关注国家的立法动态。

---

① 参见南方财经全媒体集团合规科技研究院:《个人信息保护法企业合规启示报告(下篇)企业合规风险研判》。

【相关案例】

数据是一个国家的新型基础性资源，跨境数据流动是一类涉及国家数据安全的、规模最大的、范围最广的数据流动行为，任何主体对数据的非法干预都可能构成对国家核心利益的侵害。随着经济全球化进程的不断加速，“互联网＋”、云计算等业务的高速发展，由此产生的数据出境显著增加，在促进国家信息技术创新和数字经济产业发展的同时，也伴随着国家安全、产业安全以及个人隐私权益等问题。近年来，“斯诺登事件”“棱镜门事件”“Google 爱尔兰案”等网络与数据安全事件频繁发生。[①] 中国企业应未雨绸缪做好数据出境的安全风险防范，例如，互联网企业在境外上市将不可避免地涉及数据出境问题，面临潜在风险。

【关联条文】

《个人信息保护法》第 19 条、第 39～41 条、第 55 条、第 56 条、第 62 条

【相关规定】

《网络安全法》第 37 条；《数据安全法》第 31 条、第 36 条；《汽车数据安全管理若干规定（试行）》；《个人信息和重要数据出境安全评估办法（征求意见稿）》；《个人信息出境安全评估办法（征求意见稿）》；《认证认可条例》；《人类遗传资源管理暂行办法》第 14 条；《信息安全技术　个人信息安全影响评估指南》

【域外比较】

《个人信息保护法》第 38 条规定了向境外提供个人信息的四种方式，包括安全评估、保护认证、标准合同和其他，并明确了已经为世界各地数据隐私法律所通行的充分性原则。以《通用数据保护条例》为比较对象，该条例第 44 条首先明确规定了充分性原则，与《个人信息保护法》第 38 条的相应规定一致：如果个人数据传输到第三国或国际组织后正在经历处理，或预计将（经历）处理，在遵从《条例》其他规定的前提下，相应数据仅可在控制者和处理者均遵从（《通用数据保护条例》第 5 章的）规定的情况下传输（至第三国或国际组织），这也适用于从第三国或国际组织进一步传输至另一第三国或另一国际组织。适用《通用数据保护条例》第 5 章的规定的宗旨，是确保《通用数据保护条例》所保证的个人数据保护水平不受减损。之后，《通用数据保护条例》明确了可以跨境传输个人数据的七种情况，包括针对国家或地区层面的充分性认定，以及六种足以遵从充分性原则的保障措施。

根据《通用数据保护条例》第 45 条第 2 款的规定，充分性认定应考虑的因素包括：（a）法治状况，对人权和基本自由的尊重，一般层面和部门层面的，与公共安

---

① 参见张新宝、洪延青：《“滴滴”事件背后：数据出境存在重大风险！》，载腾讯网，https://new.qq.com/rain/a/20210710A03F5C00。

全、国防、国家安全、刑法和公共机关访问个人数据有关的相关立法，以及包括（第三国或国际组织）对在当地汇集的个人数据进一步向另一第三国或另一国际组织传输的规定在内的此类立法、数据保护规则、职业规则和安全措施的实施；判例法以及对个人数据正在被传输的数据主体而言，有效的、可执行的数据主体权利和有效的行政和司法救济。（b）第三国内一个或多个独立监管机关的存在和有效运作，或者管辖国际组织的一个或多个独立监管机关的存在和有效运作，相应独立监管机关对确保和执行数据保护规则合规负有责任，有足够的执行权力，以协助和建议数据主体行使他们的权利，并与成员国监管机关合作。（c）所虑第三国或国际组织已承担的国际义务，或者其他由有法律约束力的公约或文件所发生的，或由（第三国或国际组织）参与多边或区域性组织，特别是与个人数据保护有关的组织所发生的义务。

根据《通用数据保护条例》第 46 条第 2 款的规定，六种保障措施包括：（a）公共机构或机关间有法律约束力的、可执行的法律文件；（b）遵照《通用数据保护条例》第 47 条的约束性公司规则；（c）遵照《通用数据保护条例》第 93 条第 2 款且为欧盟委员会所采纳的标准数据保护条款；（d）根据《条例》第 93 条第 2 款提及的检查程序的，由监管机关采纳或由欧盟委员会批准的标准数据保护条款；（e）根据《通用数据保护条例》第 40 条批准的行为准则，加以由第三国控制者或处理者作出的、有约束力且可执行的、采取恰当保障的承诺，包括与数据主体权利有关（的保障）；（f）根据《通用数据保护条例》第 42 条批准的认证机制，加以由第三国控制者或处理者作出的、有约束力且可执行的、采取恰当保障的承诺，包括与数据主体权利有关（的保障）。

综上所述，我国《个人信息保护法》的规定与《通用数据保护条例》既有显著的相似性，又有相当的差异。相似之处在于，都以充分性原则为核心并采取标准合同等保障工具；差异在于，我国对向境外提供个人信息的规定（以及相应的保护水平）在法律文本层面更加严格，可用的保障措施更少。

第三十九条　个人信息处理者向中华人民共和国境外提供个人信息的，应当向个人告知境外接收方的名称或者姓名、联系方式、处理目的、处理方式、个人信息的种类以及个人向境外接收方行使本法规定权利的方式和程序等事项，并取得个人的单独同意。

【条文主旨】

本条规定了个人信息处理者在向境外提供个人信息时，应当向个人履行充分告知义务，并取得个人的单独同意。

【演进过程】

一审稿	二审稿	最终稿
第三十九条　个人信息处理者向中华人民共和国境外提供个人信息的，应当向个人告知境外接收方的身份、联系方式、处理目的、处理方式、个人信息的种类以及个人向境外接收方行使本法规定权利的方式等事项，并取得个人的单独同意。	第三十九条　个人信息处理者向中华人民共和国境外提供个人信息的，应当向个人告知境外接收方的身份、联系方式、处理目的、处理方式、个人信息的种类以及个人向境外接收方行使本法规定权利的方式等事项，并取得个人的单独同意。	
	第三十九条　个人信息处理者向中华人民共和国境外提供个人信息的，应当向个人告知境外接收方的~~身份~~、联系方式、处理目的、处理方式、个人信息的种类以及个人向境外接收方行使本法规定权利的方式等事项，并取得个人的单独同意。	第三十九条　个人信息处理者向中华人民共和国境外提供个人信息的，应当向个人告知境外接收方的名称或者姓名、联系方式、处理目的、处理方式、个人信息的种类以及个人向境外接收方行使本法规定权利的方式和程序等事项，并取得个人的单独同意。

【条文释义】

第 39 条规定的告知事项采取了“列举 + 兜底”的方式，包括“境外接收方的名称或者姓名、联系方式、处理目的、处理方式、个人信息的种类以及个人向境外接收方行使本法规定权利的方式和程序等事项”。第 39 条列举的告知事项并未穷尽，鉴于近年来境外网络安全事件频发，境外接收方的网络安全记录、数据安全能力或互联网监管条件都可能成为告知事项中的一项，因为这些因素可能直接影响个人是否同意将其个人信息向境外提供。①

向境外提供个人信息还应取得个人的单独同意。《个人信息保护法》第 14 条规定：“基于个人同意处理个人信息的，该同意应当由个人在充分知情的前提下自愿、明确作出……”但《个人信息保护法》未明确规定什么是单独同意。与单独同

---

① 参见刘新宇、宋海新、吴豪雳：《〈个人信息保护法（草案）〉全文逐条解读》，载搜狐网 2020 年 10 月 23 日，https://www.sohu.com/a/426660536_270543。

意相反的一个概念是概括同意、“一揽子”同意或捆绑同意，即向境外提供个人信息的行为应附有单独的同意机制，而不能与其他个人信息处理行为混合在一起征得个人信息主体同意。单独同意的实现方式应当有明确的标记。单独同意机制有助于保证个人信息主体对信息处理行为的充分知情权，并使其提供自愿和明确的同意。

需要注意的是，根据《个人信息保护法》上下文理解，单独同意并不完全等于书面同意，书面同意只是实现单独同意的方式之一。如个人信息处理者能够充分保证个人信息主体对跨境提供个人信息行为的知情权和选择权，在某些特定场景下，个人信息主体的主动行为也可推定为实现了单独同意。[①]

【适用指引】

第 39 条对跨境提供个人信息的“告知—同意”作出了更严格的要求。涉及跨境提供的个人信息处理者可在网站和 App 通过隐私声明，以及弹窗形式通知，或者通过邮件、电话形式通知，取得个人的单独同意。[②] 该要求对企业影响较大，例如，App 可能需要设置多个用户同意界面或在同一用户同意界面设置多个勾选项，由用户逐一勾选同意。由于每一用户的选择不同，如何管理多个乃至海量用户的同意范围并据此精细化管理收集的用户个人信息，对企业也是较大的挑战。[③]

【关联条文】

《个人信息保护法》第 14 条

【域外比较】

《个人信息保护法》第 39 条是有关向境外提供个人信息的告知事项和同意的规定。根据《通用数据保护条例》第 13 条的规定，除其他需要告知的信息外，如果涉及个人数据跨境传输，个人数据控制者还需要告知“控制者意图及将个人数据传输至第三国或国际组织的事实，欧盟委员会充分性决定的存在与否，以及在基于数种特定理由开展传输时，引用相应的、适当的保障（文件），并提供如何获得相应文件的副本，或者可以在何处浏览相应文件”。总体而言，《通用数据保护条例》有关告知事项的部分与我国法律规定一致。不过，《通用数据保护条例》与其他国

① 参见杨洪泉等：《〈个人信息保护法〉全解析系列文章（一）〈个保法〉颁布、中国个人信息保护进入新时代》，载微信公众号“威科先行法律信息库”2021 年 8 月 21 日，https://mp. weixin. qq. com/s/_9fIdh_hb9iPi0iOPZ4aTw。

② 参见众成清泰律师事务所：《〈个人信息保护法〉亮点解读及企业合规指引》，载搜狐网 2021 年 8 月 27 日，https://www. sohu. com/a/485998418_121181007。

③ 杨洪泉等：《〈个人信息保护法〉全解析系列文章（一）〈个保法〉颁布、中国个人信息保护进入新时代》，载微信公众号“威科先行法律信息库”2021 年 8 月 21 日，https://mp. weixin. qq. com/s/_9fIdh_hb9iPi0iOPZ4aTw。

家或地区的立法未规定“取得单独同意”的要求，这体现了我国个人信息保护措施更加严格的特点。

第四十条　关键信息基础设施运营者和处理个人信息达到国家网信部门规定数量的个人信息处理者，应当将在中华人民共和国境内收集和产生的个人信息存储在境内。确需向境外提供的，应当通过国家网信部门组织的安全评估；法律、行政法规和国家网信部门规定可以不进行安全评估的，从其规定。

【条文主旨】

本条规定了关键信息基础设施运营者和处理个人信息达到国家网信部门规定数量的个人信息处理者向境外提供个人信息时还应当满足的专门要求。这两类主体向境外提供个人信息直接关涉国家安全、公共安全，因此，国家对这两类主体实施的个人信息出境具有高度敏感性且积极适用本地化原则。

【演进过程】

一审稿	二审稿	最终稿
第四十条　关键信息基础设施运营者和处理个人信息达到国家网信部门规定数量的个人信息处理者，应当将在中华人民共和国境内收集和产生的个人信息存储在境内。确需向境外提供的，应当通过国家网信部门组织的安全评估；法律、行政法规和国家网信部门规定可以不进行安全评估的，从其规定。	第四十条　关键信息基础设施运营者和处理个人信息达到国家网信部门规定数量的个人信息处理者，应当将在中华人民共和国境内收集和产生的个人信息存储在境内。确需向境外提供的，应当通过国家网信部门组织的安全评估；法律、行政法规和国家网信部门规定可以不进行安全评估的，从其规定。	
	第四十条　关键信息基础设施运营者和处理个人信息达到国家网信部门规定数量的个人信息处理者，应当将在中华人民共和国境内收集和产生的个人信息存储在境内。确需向境外提供的，应当通过国家网信部门组织的安全评估；法律、行政法规和国家网信部门规定可以不进行安全评估的，从其规定。	第四十条　关键信息基础设施运营者和处理个人信息达到国家网信部门规定数量的个人信息处理者，应当将在中华人民共和国境内收集和产生的个人信息存储在境内。确需向境外提供的，应当通过国家网信部门组织的安全评估；法律、行政法规和国家网信部门规定可以不进行安全评估的，从其规定。

【条文释义】

从主体上看,第 40 条规制的个人信息处理者包括关键信息基础设施运营者和处理个人信息达到国家网信部门规定数量的个人信息处理者。《关键信息基础设施安全保护条例》第 2 条规定,该条例所称关键信息基础设施,是指“公共通信和信息服务、能源、交通、水利、金融、公共服务、电子政务、国防科技工业等重要行业和领域的,以及其他一旦遭到破坏、丧失功能或者数据泄露,可能严重危害国家安全、国计民生、公共利益的重要网络设施、信息系统等”。该条对关键信息基础设施的定义为概括性规定,即重要行业和领域的主管部门、监督管理部门负责认定本行业、本领域的关键信息基础设施。

“处理个人信息达到国家网信部门规定数量的个人信息处理者”中的“数量标准”如何认定?根据《个人信息和重要数据出境安全评估办法(征求意见稿)》第 9 条的规定,出境数据“含有或累计含有 50 万人以上的个人信息”或“数据量超过 1000GB”时,网络运营者应报请行业主管或监管部门组织安全评估(行业主管或监管部门不明确的,由国家网信部门组织评估)。根据《汽车数据安全管理若干规定(试行)》第 11 条的规定,重要数据(包括涉及个人信息主体超过 10 万人的个人信息)应当依法在境内存储,因业务需要确需向境外提供的,应当通过国家网信部门会同国务院有关部门组织的安全评估。《网络安全审查办法(修订草案征求意见稿)》规定,“掌握超过 100 万用户个人信息的运营者赴国外上市,必须向网络安全审查办公室申报网络安全审查。”《网络数据安全管理条例(征求意见稿)》第 13 条规定,处理 100 万人以上个人信息的数据处理者赴国外上市的数据处理者,应当按照国家有关规定,申报网络安全审查。由此可见,个人信息出境由国家网信部门组织安全评估的数量标准,在不同的法律文件中有不同的规定。从前述几个条款来看,数量标准有可能指的是个人信息主体的数量,也可能指的是个人信息的数量。根据国家网信办于 2021 年 10 月 29 日发布的《数据出境安全评估办法(征求意见稿)》第 4 条的规定,数据处理者向境外提供数据,如果“处理个人信息达到一百万人的个人信息处理者向境外提供个人信息”或“累计向境外提供十万人以上个人信息或者一万人以上敏感个人信息”,则“应当通过所在地省级网信部门向国家网信部门申报数据出境安全评估”。可见,《个人信息保护法》第 40 条中的“数量”有可能指单次数据出境数量,也可能指某一时间段内的数据出境数量。

《个人信息保护法》第 40 条规制的对象是在中国境内“收集”和“产生”的个人信息。个人信息的收集,典型的是 App 汇集的个人信息,这属于直接收集。数据公司上下游之间相互传输或共享数据,则属于间接收集。个人信息的“产生”侧重于信息的加工。

从行为要求上看，原则上前述个人信息处理者在境内收集和产生的个人信息应进行本地化存储。仅在确需向境外提供的情形下，且通过国家网信部门组织的安全评估后，个人信息处理者方可向境外提供个人信息。《网络安全法》第 37 条确立了关键信息基础设施的运营者在中国境内运营中收集和产生的个人信息和重要数据"境内存储为原则，安全评估后向境外提供为例外"的数据本地化规则。① 在一些特定行业（如金融、征信、互联网、地图、网络出版）的立法中，也有关于在本地处理数据或计算设施本地化的要求。② 相较于《网络安全法》，《个人信息保护法》对数据本地化的主体进行了扩张，增加了"处理个人信息达到国家网信部门规定数量的个人信息处理者"。

《网络安全法》明确个人信息出境安全评估制度的具体实施细则由国家网信部门会同国务院有关部门制定。当前，国家网信办发布了《个人信息和重要数据出境安全评估办法（征求意见稿）》《个人信息出境安全评估办法（征求意见稿）》《数据出境安全评估办法（征求意见稿）》。《个人信息和重要数据出境安全评估办法（征求意见稿）》将数据本地化存储和数据出境安全评估的监管对象，从《网络安全法》规定的"关键信息基础设施的运营者"扩展至所有"网络运营者"，扩大了该措施的适用范围。《个人信息保护法》没有对个人信息出境安全评估作出具体规定。根据《个人信息和重要数据出境安全评估办法（征求意见稿）》的规定，个人信息出境安全评估应遵循公正、客观、有效的原则，保障个人信息安全，促进网络信息依法有序自由流动。该办法还明确了个人信息出境安全评估的主体、评估重点、法律责任等。《个人信息出境安全评估办法（征求意见稿）》进一步细化了安全评估要求。中国还在自由贸易试验区中试点开展数据跨境流动的安全评估。③《数据出境安全评估办法（征求意见稿）》对《个人信息和重要数据出境安全

---

① 《网络安全法》第 37 条规定："关键信息基础设施的运营者在中华人民共和国境内运营中收集和产生的个人信息和重要数据应当在境内存储。因业务需要，确需向境外提供的，应当按照国家网信部门会同国务院有关部门制定的办法进行安全评估；法律、行政法规另有规定的，依照其规定。"

② 根据《中国人民银行关于银行业金融机构做好个人金融信息保护工作的通知》，在中国境内收集的个人金融信息的储存、处理和分析应当在中国境内进行。《征信业管理条例》第 24 条规定："征信机构在中国境内采集的信息的整理、保存和加工，应当在中国境内进行……"《地图管理条例》第 34 条规定："互联网地图服务单位应当将存放地图数据的服务器设在中华人民共和国境内……"根据《网络出版服务管理规定》第 8 条的规定，图书、音像、电子、报纸、期刊出版单位从事网络出版服务，必须将相关服务器和存储设备存放在中国境内。

③ 根据《中国（上海）自由贸易试验区临港新片区管理办法》第 36 条（跨境数据流动）的规定，新片区聚焦集成电路、人工智能、生物医药和总部经济等关键领域，试点开展数据跨境流动的安全评估，建立数据保护能力认证、数据流通备份审查、跨境数据流通和交易风险评估等数据安全管理机制。

评估办法(征求意见稿)》和《个人信息出境安全评估办法(征求意见稿)》的内容进行了整合,将取代之前的这两个评估办法。

从评估的组织主体上看,《个人信息保护法》第 40 条规定安全评估由国家网信部门组织,将安全评估的组织权限统一交由国家网信部门行使。《数据出境安全评估办法(征求意见稿)》第 4 条亦规定,"应当通过所在地省级网信部门向国家网信部门申报数据出境安全评估"。

《个人信息保护法》第 40 条还规定了个人信息出境安全评估的例外情形,即"法律、行政法规和国家网信部门规定可以不进行安全评估的,从其规定",为后续立法规定例外情形留有余地。

【适用指引】

《个人信息和重要数据出境安全评估办法(征求意见稿)》和《个人信息出境安全评估办法(征求意见稿)》在针对申报监管部门进行个人信息出境安全评估方面,进行了不同的制度设计。① 第一,针对申报情形,《个人信息和重要数据出境安全评估办法(征求意见稿)》第 7 条明确网络运营者应在数据出境前,自行组织对数据出境进行安全评估,并在第 9 条明确特定情形下的数据出境才需要报请行业主管或监管部门或国家网信部门组织安全评估。换言之,原则上网络运营者自我评估即可出境,在例外情形下才需申报评估。《个人信息出境安全评估办法(征求意见稿)》第 3 条则要求,原则上个人信息出境均应当报请省级网信部门进行出境安全评估,仅在"向同一接收者多次或连续提供个人信息无需多次评估"。第二,针对组织个人信息出境安全评估的监管机构及层级,《个人信息和重要数据出境安全评估办法(征求意见稿)》第 9 条第 2 款明确,应当报请行业主管部门或监管部门的,仅在行业主管或监管部门不明确的情形下,方由国家网信部门组织评估,也即以行业主管或监管部门为主进行个人信息出境安全评估。《个人信息出境安全评估办法(征求意见稿)》第 3 条则将个人信息出境安全评估的组织方明确为网络运营者所在地的省级网信部门,一方面排除了行业主管部门或监管部门的评估职权,另一方面将评估权下放至省级网信部门。②

《数据出境安全评估办法(征求意见稿)》对上述两个评估办法的内容进行了整合,将来正式颁布的《数据出境安全评估办法》将为个人信息出境安全评估提供

---

① 参见张新宝、葛鑫:《个人信息保护法(专家建议稿)及立法理由书》,中国人民大学出版社 2021 年版,第 190 页。

② 参见张新宝、葛鑫:《个人信息保护法(专家建议稿)及立法理由书》,中国人民大学出版社 2021 年版,第 190 页。

具体的法律依据和指导。根据《数据出境安全评估办法(征求意见稿)》的规定,向境外提供数据,以下五种情形应申报安全评估:(1)关键信息基础设施的运营者收集和产生的个人信息和重要数据;(2)出境数据中包含重要数据;(3)处理个人信息达到100万人的个人信息处理者向境外提供个人信息;(4)累计向境外提供10万人以上个人信息或者1万人以上敏感个人信息;(5)国家网信部门规定的其他需要申报数据出境安全评估的情形。数据出境安全评估坚持事前评估和持续监督相结合、风险自评估与安全评估相结合。

【相关规定】

《网络安全法》第37条;《关键信息基础设施安全保护条例》第2条;《个人信息和重要数据出境安全评估办法(征求意见稿)》第7条、第9条;《汽车数据安全管理若干规定(试行)》第11条;《网络安全审查办法(修订草案征求意见稿)》;《数据出境安全评估办法(征求意见稿)》第4条;《个人信息出境安全评估办法(征求意见稿)》第3条

【域外比较】

《个人信息保护法》第40条对关键信息基础设施运营者和处理个人信息达到国家网信部门规定数量的个人信息处理者,规定了数据本地化的原则性要求。在可资类比的域外法律中,俄罗斯的数据本地化法案当属典型。根据相应法案①的规定:(个人)信息持有者和(个人)信息系统运营者应将用于收集、记录、系统化、积聚、存储、澄清(更新或修正)和取回俄罗斯联邦公民数据的数据库置于俄罗斯联邦境内。这一法律适用的实体包括"俄罗斯实体",因而不止于关键基础设施运营者。在适用范围的意义上,俄罗斯的相关规定稍显宽泛。

第四十一条　中华人民共和国主管机关根据有关法律和中华人民共和国缔结或者参加的国际条约、协定,或者按照平等互惠原则,处理外国司法或者执法机构关于提供存储于境内个人信息的请求。非经中华人民共和国主管机关批准,个人信息处理者不得向外国司法或者执法机构提供存储于中华人民共和国境内的个人信息。

---

① 俄罗斯第242-FZ号联邦法《有关更新信息电信网络中个人数据处理的程序、修正一些相关的俄罗斯联邦法的法案》第1条第12款第2项。这一条款修正了俄罗斯第149-FZ号联邦法《信息、信息技术和信息保护法》第16条第4款对信息持有者和信息系统运营者的法律义务的规定,增加了本地化义务。

【条文主旨】

《个人信息保护法》第 41 条规定与《数据安全法》第 36 条一脉相承，旨在从司法和行政执法层面阻却境外机构对境内机构和个人实施的“长臂管辖”。

【演进过程】

一审稿	二审稿	最终稿
第四十一条　因国际司法协助或者行政执法协助，需要向中华人民共和国境外提供个人信息的，应当依法申请有关主管部门批准。 　　中华人民共和国缔结或者参加的国际条约、协定对向中华人民共和国境外提供个人信息有规定的，从其规定。	第四十一条　中华人民共和国境外的司法或者执法机构要求提供存储于中华人民共和国境内的个人信息的，非经中华人民共和国主管机关批准，不得提供；中华人民共和国缔结或者参加的国际条约、协定有规定的，可以按照其规定执行。	
	第四十一条　中华人民共和国境外的司法或者执法机构要求提供存储于中华人民共和国境内的个人信息的，非经中华人民共和国主管机关批准，不得提供；中华人民共和国缔结或者参加的国际条约、协定有规定的，可以按照其规定执行。	第四十一条　中华人民共和国主管机关根据有关法律和中华人民共和国缔结或者参加的国际条约、协定，或者按照平等互惠原则，处理外国司法或者执法机构关于提供存储于境内个人信息的请求。非经中华人民共和国主管机关批准，个人信息处理者不得向外国司法或者执法机构提供存储于中华人民共和国境内的个人信息。

【条文释义】

在一国涉外司法或执法过程中，可能会需要调取他国境内数据或公民个人信息，这种数据跨境调取通常通过国际司法或执法协助进行。但 2018 年美国《云法》规定，美国政府有权调取存储于他国境内数据，而其他国家若要调取存储在美国的数据，则必须通过美国的“符合资格的外国政府”审查。这实质上采取了双重标准，并打破了国际司法或执法协助制度。①

在跨境数据调取方面，我国坚守传统地域管辖的主权原则，强调对于发生在

① 参见中国电子信息产业发展研究院、赛迪智库网络安全研究所、赛迪区块链研究院：《全球及中国数据跨境流动规则和机制建设白皮书》，载中国大数据产业观察网，https://view.inews.qq.com/a/20210905A04ZJV00。

领土之外的事项应当采取主权合作的路径。[①] 我国《国际刑事司法协助法》、《数据安全法》和《个人信息保护法》在跨境数据调取问题上都奉行对等原则。根据《国际刑事司法协助法》第 4 条第 3 款的规定，非经中华人民共和国主管机关同意，中华人民共和国境内的机构、组织和个人不得向外国提供证据材料和本法规定的协助。全国人大对其说明时明确提及，该条的增加在于应对实践中有外国司法执法机关未经我国主管机关准许就要求我国境内的机构、组织和个人向其提供相关协助的情况，我国境内的机构、组织和个人应抵制外国的“长臂管辖”要求。[②]

根据《个人信息保护法》第 41 条的规定，个人信息处理者因在境外参与司法程序或面临行政调查，需要向境外提供个人信息的，应当依法申请有关主管机关批准。这里的“主管机关”指的是什么机关？我们可以参考《国际刑事司法协助法》的相关规定来考察，该法第 6 条规定：“国家监察委员会、最高人民法院、最高人民检察院、公安部、国家安全部等部门是开展国际刑事司法协助的主管机关，按照职责分工，审核向外国提出的刑事司法协助请求，审查处理对外联系机关转递的外国提出的刑事司法协助请求，承担其他与国际刑事司法协助相关的工作……”可见，国际刑事司法领域的个人信息跨境调取的主管机关就可能有上述多个部门，而在民商事领域的个人信息跨境调取的情形可能又不太一样。因此，对《个人信息保护法》第 41 条中的“主管机关”的确定还是要基于个案具体分析。

“非经中华人民共和国主管机关批准，不得提供”，这意味着如果未经有关主管部门批准而擅自向境外提供个人信息，属于违反法律的禁止性规定，提供方应承担的法律后果将非常严重。

【适用指引】

根据以往的业务案件办理经验，跨国公司的中国子公司出于《反海外腐败法》调查、商业贿赂案件调查/反舞弊调查或者境外诉讼仲裁等客观需求，往往需要向境外政府部门、司法机构等提供文件资料，其中有可能涉及中国员工的个人信息。《个人信息保护法》正式实施以后，中国子公司未经批准将被禁止向外国司法或执

---

① 参见洪延青：《“法律战”旋涡中的执法跨境调取数据：以美国、欧盟和中国为例》，载《环球法律评论》2021 年第 1 期。

② 参见《全国人民代表大会宪法和法律委员会关于〈中华人民共和国国际刑事司法协助法（草案）〉审议结果的报告》，载中国人大网，http://www.npc.gov.cn/zgrdw/npc/xinwen/2018－10/26/content_2064519.htm。

法机构提供中国境内的员工个人信息，这需要格外注意。[①] 对此，建议跨国公司在个人信息出境前，通过获取外部专家的协助对相关文件进行筛查，如果经筛查发现相关资料涉及个人信息，应主动向主管机关报批。

【相关规定】

《数据安全法》第 36 条；《反外国制裁法》第 12 条；《国际刑事司法协助法》第 4 条、第 6 条

【域外比较】

《个人信息保护法》第 41 条是关于涉外司法或执法过程中数据跨境调取问题的规定。就此，美国相关法律实践有一定代表性。总体而言，一方面，在相对抽象的法律原则上，并不存在如管辖权或法律适用般的清晰结论，美国各地法院依赖于复杂的多要素权衡；另一方面，在更为具体的裁决结果上，美国法院通常使开示要求优先于他国法律。这里涉及的主要法律依据来自美国联邦最高法院确定的五要素平衡：涉案数据的重要性、开示要求的确切程度、数据是否产生于美国境内、是否存在其他获取数据的手段、不遵从要求是否会严重损害美国或数据所在国利益。相应分析原则延续至今。

不过，多要素权衡，本就难言清晰；美国各巡回区间，在因素的具体内容、分析顺序或者相对权重上，也存在差异。相应法律已经和欧盟《通用数据保护条例》发生冲突。例如，在涉及专利侵权的 Finjan 诉 Zscaler 案中，开示涉及受《通用数据保护条例》保护的个人邮件，且匿名化等方式不可行。加利福尼亚州北区联邦法院援引前述要素，作出了要求开示的裁决。该案中，法院首先指出：联邦最高法院先前并未穷尽应予平衡的要素，法院尚可考量开示方在法律冲突中所面临的困难和相冲突法律各自执法时应遵从的情况。在几乎所有因素上，法院都倾向于开示。尤其值得注意的是，在“开示对美国或数据所在国利益的损害”这一因素上的分析。法院首先认定，美国保护本国专利的利益“十分有力”。其次，尽管法院承认英国确有保护公民隐私的利益，然而，由于法院认为自身发出的、针对相应数据的保护令足以显著减损英国的相应利益，同时，法院不清楚相应邮件“在何种程度上涵盖了英国利益”，在“显著的、美国保护本国专利的利益”和“经缩减的、英国保护本国公民的利益”之间，这一要素显著地倾向于开示。在类似的开示礼让案件中，该案有相当代表性。鉴于以美国为代表的部分国家或地区对自身利益的（过度且狭隘）强调，我国《个人信息保护法》在数据跨境调取方面采取既坚决捍

---

① 参见杨锦文、高健、李圆圆：《个人信息保护法下企业八项合规要点》，载微信公众号“君合法律评论”2021 年 6 月 6 日，https://mp. weixin. qq. com/s/UwNbZKom_ - r8Fa_IU3Dhug。

卫自身利益，又充分尊重平等互惠原则的立场，确有必要。

第四十二条　境外的组织、个人从事侵害中华人民共和国公民的个人信息权益，或者危害中华人民共和国国家安全、公共利益的个人信息处理活动的，国家网信部门可以将其列入限制或者禁止个人信息提供清单，予以公告，并采取限制或者禁止向其提供个人信息等措施。

【条文主旨】

本条确立了限制或者禁止个人信息提供清单制度，限制或禁止向境外从事侵害中国公民的个人信息权益，或者危害中国国家安全、公共利益的个人信息处理活动的组织、个人提供个人信息。这一制度受到商务部出台的《不可靠实体清单规定》的影响，一定程度上有助于降低个人信息出境环节中危害国家安全、公共利益或损害个人信息权益的风险，亦可起到一定的威慑和警示作用。

【演进过程】

一审稿	二审稿	最终稿
第四十二条　境外的组织、个人从事损害中华人民共和国公民的个人信息权益，或者危害中华人民共和国国家安全、公共利益的个人信息处理活动的，国家网信部门可以将其列入限制或者禁止个人信息提供清单，予以公告，并采取限制或者禁止向其提供个人信息等措施。	第四十二条　境外的组织、个人从事损害中华人民共和国公民的个人信息权益，或者危害中华人民共和国国家安全、公共利益的个人信息处理活动的，国家网信部门可以将其列入限制或者禁止个人信息提供清单，予以公告，并采取限制或者禁止向其提供个人信息等措施。	
	第四十二条　境外的组织、个人从事损害中华人民共和国公民的个人信息权益，或者危害中华人民共和国国家安全、公共利益的个人信息处理活动的，国家网信部门可以将其列入限制或者禁止个人信息提供清单，予以公告，并采取限制或者禁止向其提供个人信息等措施。	第四十二条　境外的组织、个人从事侵害中华人民共和国公民的个人信息权益，或者危害中华人民共和国国家安全、公共利益的个人信息处理活动的，国家网信部门可以将其列入限制或者禁止个人信息提供清单，予以公告，并采取限制或者禁止向其提供个人信息等措施。

【条文释义】

本条是关于个人信息跨境提供管制的条款，确立了限制或者禁止个人信息提供清单制度。近年来，随着国际商业环境政治化的趋向和贸易保护主义的升温，一些境外互联网公司特别是社交媒体巨头已显示出巨大的政治和舆论影响力，其权力一旦滥用，确有可能对我国国家安全构成威胁；在经贸领域，个别国家针对我国电信、互联网等企业采取了禁止、限制交易或其他类似措施，高筑贸易壁垒。对此，我国政府极力改变这一被动局面，制定了类似的法律和框架来规范国外出口管制，包括对数据跨境提供的管制措施。《出口管制法》第 2 条规定，管制物项包括物项相关的技术资料等数据，出口管制是指国家对从中华人民共和国境内向境外转移管制物项，以及中华人民共和国公民、法人和非法人组织向外国组织和个人提供管制物项，采取禁止或者限制性措施。第 4 条明确规定，国家实行统一的出口管制制度，通过制定管制清单、名录或者目录、实施出口许可等方式进行管理。《数据安全法》第 25 条规定，国家对与维护国家安全和利益、履行国际义务相关的属于管制物项的数据依法实施出口管制。可以说，《个人信息保护法》第 42 条实则是《数据安全法》《出口管制法》等管制思路在个人信息保护领域的延续和具体体现，进一步完善了中国出口管制的整体框架。

《个人信息保护法》第 42 条规定的管制对象为从事侵害中国公民的个人信息权益，或者危害中国国家安全、公共利益的个人信息处理活动的境外组织和个人。除了个人信息权益的保障外，第 42 条也注意到了个人信息处理对公共利益和国家安全的影响，这与《个人信息保护法》第 10 条禁止性规定的精神一脉相承。

《个人信息保护法》第 42 条对管制对象采取的管制方式包括：(1)列入限制或者禁止个人信息提供清单，予以公告；(2)采取限制或者禁止向其提供个人信息等措施。从规定的表述来看，两种方式是并行适用，管制的实施主体为国家网信部门。关于“限制或者禁止个人信息提供清单”制度及限制或禁止提供个人信息措施，目前，第 42 条针对列入管制清单的相关程序、具体的限制措施等均没有明确规定，但合理预计未来网信部门会出台配套规定，如类似《不可靠实体清单规定》中的“不可靠实体清单”制度，明确管制清单相关调查启动与中止、清单内容的列出与移出。

【适用指引】

列入清单公告将限制或禁止境外违法主体接收个人信息，但更为核心的是，清单将限制或禁止我国企业或个人与相关境外主体之间进行包含个人信息提供的交易。虽然《个人信息保护法》没有明确规定禁止个人信息处理者向被列入清单对象提供个人信息及相应违法责任，但这是第 42 条及清单制度本身的应有之义。此外，按照《出口管制法》的规定，出口管制的责任主体不仅包括出口经营者，还包括"明知出口经营者从事出口管制违法行为仍为其提供代理、货运、寄递、报关、第三方电子商务交易平台和金融等服务的"主体。换言之,管制措施限制的市场主体范围可以很广。

如制度实施后,从企业合规的角度来看,我国企业和个人在未来应重点关注国家网信部门可能发布的"限制或者禁止个人信息提供清单",如交易相对方被列入该清单,则企业或个人向其传输个人信息的行为将受到限制或禁止。当然,就国家网信部门而言,在列入清单公告时也需提示我国相关主体与该境外违法主体进行交易的法律风险,通过合理提示减少中国企业及相关组织受损的风险。

【关联条文】

《个人信息保护法》第 10 条

【相关规定】

《数据安全法》第 25 条;《出口管制法》第 2 条;《不可靠实体清单规定》

【域外比较】

《个人信息保护法》第 42 条可以称为针对境外侵害我国公民个人信息权益、国家安全或公共利益的组织、个人的事后惩戒条款。针对可能涉及国家安全的特定场景,以美国为代表的部分国家和地区则采取更具"侵略性"的事前措施。例如,在并购审查场景中,如果涉及特定敏感个人数据并且存在侵害相应敏感个人数据的风险,美国外国投资委员会可以阻止相应并购,或为并购施加特定条件。这些条件中可能包含对提供个人信息的限制或禁止。

第四十三条　任何国家或者地区在个人信息保护方面对中华人民共和国采取歧视性的禁止、限制或者其他类似措施的,中华人民共和国可以根据实际情况对该国家或者地区对等采取措施。

【条文主旨】

本条确立了个人信息保护领域的对等反制措施,目的是反制其他国家和地区在个人信息保护方面对我国采取歧视性措施。这种对等反制是一项临时性的、例外性的救济制度,不是也不可能成为一种常态化机制。

【演进过程】

一审稿	二审稿	最终稿
第四十三条　任何国家和地区在个人信息保护方面对中华人民共和国采取歧视性的禁止、限制或者其他类似措施的，中华人民共和国可以根据实际情况对该国家或者该地区采取相应措施。	第四十三条　任何国家和地区在个人信息保护方面对中华人民共和国采取歧视性的禁止、限制或者其他类似措施的，中华人民共和国可以根据实际情况对该国家或者该地区对等采取措施。	
	第四十三条　任何国家和地区在个人信息保护方面对中华人民共和国采取歧视性的禁止、限制或者其他类似措施的，中华人民共和国可以根据实际情况对该国家或者该地区对等采取措施。	第四十三条　任何国家或者地区在个人信息保护方面对中华人民共和国采取歧视性的禁止、限制或者其他类似措施的，中华人民共和国可以根据实际情况对该国家或者地区对等采取措施。

【条文释义】

在互联网时代，数据/信息的跨境流动已成为国际贸易（尤其是数字贸易）的前提，但各国对于跨境数据流动的规制持有不同立场，各国的跨境数据流动政策在出台目的、适用范围和严格程度方面存在较大差异，而歧视性或不合理限制跨境数据流动的措施很可能构成贸易壁垒。因此，个人信息的跨境提供成了一个与贸易有关的国际法上的议题。

何为“有歧视性的禁止、限制或其他类似措施”？与歧视性相对应的一个概念是非歧视。非歧视原则是世界贸易组织设立和自由贸易协定实施的基石，具体体现在国民待遇原则和最惠国待遇原则中。简言之，国民待遇义务涉及一国授予的待遇相对于其他国家而言是否更偏向本国，禁止一国歧视其他国家；最惠国待遇义务涉及一国授予的待遇相对于其他国家而言是否更偏向某些国家，禁止一国在其他国家之间进行歧视。① 在个人信息保护方面，如果某些国家或地区采取的禁止或限制措施是专门针对某些国家或某个国家，那么这种措施很可能具有“歧视性”。

对等原则是国际法上的一项原则，尤其体现在国际经贸领域。在处理对外关系中，采取正当且必要的对等反制措施，是维护我国国家利益的重要手段。何为

① Peter Van den Bossche & Werner Zdouc, *The Law and Policy of the World Trade Organization: Text, Cases and Materials*, Cambridge University Press, 2017, p. 756.

对等？参考 WTO 框架下的报复制度，这里的"对等"应当指的是实际效果上的对等，对等措施的程度应当等同于歧视性措施所造成的利益丧失或减损的程度。

第 43 条确立的个人信息保护对等反制措施，也是《数据安全法》《出口管制法》等管制思路在个人信息保护领域的延续和具体体现，与《出口管制法》第 48 条和《数据安全法》第 26 条的立法精神一致。

【适用指引】

数据跨境流动已经跨越了公司的边界、跨越了国界，企业需要对其位于不同国家的合作伙伴的安全承担同样的责任，并面临更多的监管。当前，各国越来越意识到互联网主权的重要性，由于跨境数据保护标准不统一，法律法规在历史根源、立法模式、规制方式以及司法确认方面都各不相同，加之国际政治经济局势多变，如企业一旦违法将面临高额罚款。"走出去"的企业应拥有全球化视野，提前做好各国跨境数据法律风险预案。[①]

企业要持续关注全球数据保护整体趋势，涉及个人信息跨境传输时紧密关注接收方所在国家或地区的法律环境及动态，在选用境外合作伙伴时对其个人信息保护技术能力、合规能力、声誉等进行充分的调查及评估，及时调整业务策略，避免影响业务活动正常平稳运行。[②]

【相关规定】

《数据安全法》第 26 条；《反外国制裁法》第 3 条、第 4 条、第 10 条、第 11 条、第 13 条、第 15 条；《出口管制法》第 48 条

---

① 参见南方财经全媒体集团合规科技研究院：《个人信息保护法企业合规启示报告（下篇）企业合规风险研判》。

② 参见陈际红、蔡鹏等：《全景解构〈个人信息保护法〉，助力企业进入中国个人信息保护新纪元》，载微信公众号"中伦视界"2021 年 8 月 21 日，https://mp.weixin.qq.com/s/QPdhCCWm－WD65EpyFrRgXA。

第四章　个人在个人信息处理活动中的权利

随着新技术、新业态、新应用不断涌现，以电子等方式记录的个人信息大量产生。个人信息处理活动可以通过各类数字技术全面、系统、高频次、常态化地被采集和处理。个人信息成为信息时代的重要资源，其附属的多重价值不断显现。由于个人信息处理者占有的资源较多，个人信息主体往往处于弱势地位，双方经济实力不对等、专业信息不对称，个人信息相关的处理互动往往规范性不强、随意性较大，违法采集、信息泄露、遭受滥用等情况时有发生，应对个人在个人信息处理活动所遭受的不法侵害成为法治发展的必然要求。

《个人信息保护法》坚持以人民为中心，全面调整、规范各类主体的个人信息处理活动，第 4 章以专章形式规定了个人在个人信息处理活动中的权利，共 7 条。第 44 ~ 47 条规定在个人信息活动中，个人享有知情权、决定权、查阅权、复制权、信息转移权、更正权、补充权、删除权。第 48 条指出个人有权要求个人信息处理者对其个人信息处理规则进行解释说明，以应对个人信息处理活动专业性较高、隐私政策文本冗长复杂的情况。第 49 条明确死者的个人信息属于《个人信息保护法》的规范范围。第 50 条明确个人信息处理者应配合个人行使权利并建立相应的申请受理和处理机制。拒绝个人行使权利的请求的，个人信息处理者应当说明理由，个人也可向人民法院提起诉讼。

第四十四条　个人对其个人信息的处理享有知情权、决定权，有权限制或者拒绝他人对其个人信息进行处理；法律、行政法规另有规定的除外。

【条文主旨】

本条明确个人在个人信息处理活动中享有的知情权和决定权，是对个人在个人信息处理活动中的权利进行概括性规定，是个人在个人信息处理活动中所享有的最重要的权利。

本条所列的知情权，主要是指个人信息主体有了解相关个人信息处理活动真实情况的权利。本条所列的决定权，主要是指个人信息主体可以自主选择或者拒绝其他主体对其所属的个人信息进行处理活动。

在明确个人信息主体的知情权和决定权之外，本条还设定了除外条款，指出在法律、行政法规规定的例外情形下，知情权和决定权的行使会有所限制。

【演进过程】

一审稿	二审稿	最终稿
第四十四条　个人对其个人信息的处理享有知情权、决定权，有权限制或者拒绝他人对其个人信息进行处理；法律、行政法规另有规定的除外。	第四十四条　个人对其个人信息的处理享有知情权、决定权，有权限制或者拒绝他人对其个人信息进行处理；法律、行政法规另有规定的除外。	
	第四十四条　个人对其个人信息的处理享有知情权、决定权，有权限制或者拒绝他人对其个人信息进行处理；法律、行政法规另有规定的除外。	第四十四条　个人对其个人信息的处理享有知情权、决定权，有权限制或者拒绝他人对其个人信息进行处理；法律、行政法规另有规定的除外。

【条文释义】

作为《个人信息保护法》第 4 章“个人在个人信息处理活动中的权利”的首条，知情权和决定权是个人信息主体在个人信息处理活动中所享有的基础性权利。

（一）知情权

在个人信息处理活动中，个人信息处理者和个人之间往往处于信息不对称的状态，尤其是在数字技术迅猛发展的情况下，个人信息处理技术含量高、专业性强，个人信息主体权益容易因为个人信息处理活动受到损害，并且往往难以发现和察觉。为此，赋予个人信息主体以知情权尤其必要。个人信息主体的知情权，是其参与个人信息处理活动的一项基础性权利，是公开透明原则的直接体现，有助于协调个人信息处理者和个人之间的不对称性，个人有权知悉与其所属的个人信息直接关联的个人信息处理活动，以确保自身权益免受不合理侵犯，避免侵权行为的产生，起到防患未然的效果，更多地体现出事前事中的保护而不是事后救济。

知情权与《个人信息保护法》第 17 条、第 22 条、第 23 条、第 39 条所确定个人信息处理者应尽的告知规则体系紧密相连，个人信息处理者履行告知义务是保障个人信息权益的基本要求。同时，作为一项积极权利，个人信息主体可以要求个人信息处理者保障其应有的知情权,如根据《个人信息保护法》第48条的规定,考虑当前用户协议关于个人信息处理的约定内容往往冗长难懂,对于用户来说,实质地理解个人信息处理规则的全部内容存在较大困难,因而用户有权要求个人信息处理者对其个人信息处理规则进行解释说明。

(二)决定权

个人信息处理,是指利用技术手段对个人信息进行分析用于相应决策的行为,是个人信息保护立法的规范对象。从理论上来说,个人信息处理的双方应该是平等的,个人信息主体可以依照自身的意愿决定处理的目的、方式、手段,个人信息处理者应遵从个人信息主体的意愿进行处理行为。然而在个人信息处理的实践中,二者往往处于不平等地位,即便是个人信息处理者切实履行了告知义务,制定了合规的用户文本,但是往往仍然脱离个人的意愿去处理个人信息,个人信息主体由于自身缺乏个人信息保护的有关意识、对利用信息技术进行个人信息处理的活动存有认知障碍,缺少有效的救济渠道而无法履行其决定权。

"个人是独立主体,个人有权决定个人事务,那么就应当自主决定,而不是被决定。"①本条关于知情权和决定权的规定体现了"信息自决"的个人信息保护理念,是为了增强个人对自己所属信息的控制能力,是"知情同意"作为个人信息保护的核心原则在个人信息处理活动中的集中表现。知情权与决定权对于个人信息主体与个人信息处理者之间的不对称地位作出了相应调整,对于保障个人信息合法权益具有十分重要的作用。

(三)知情权、决定权的排除

本条设置的除外条款则体现出个人信息保护立法的多维目标,明确个人对知情权、决定权的行使并非没有限制。例如,根据《个人信息保护法》第13条第2款的规定,依照本法其他有关规定,处理个人信息应当取得个人同意,但是有规定情形的,不需取得个人同意。第18条规定,个人信息处理者处理个人信息,有法律、行政法规规定应当保密或者不需要告知的情形的,可以不履行相关的告知事项。又如,第35条规定,国家机关在法律、行政法规规定应当保密或者不需要告知,或者告知将妨碍国家机关履行法定职责情形下,可以不履行告知义务。这代表个人信息主体对其所属的个人信息并没有完全的支配权力,为了维护公共利益、保护自然人的生命健康和财产安全,个人信息主体的知情权、决定权必须作出一定的让渡,这样体现了个人信息保护立法对多元化诉求的一种理性的平衡。

---

① 高富平:《论个人信息保护的目的——以个人信息保护法益区分为核心》,载《法商研究》2019年第1期。

【适用指引】

长期以来，在个人信息处理的实践中，处理者往往拥有个人信息广泛的使用权限，在个人信息处理活动中处于主导地位。个人信息的权益保护仅依靠传统的民事救济路径是不够的，若想保障个人信息主体的相关权益，就必须设定信息收集者相对应的权利义务。就知情权和决定权而言，在个人信息保护规范意识整体水平不高的背景下，作为个人在个人信息处理活动所享有的最基础的权利，对于平衡个人信息主体和个人信息处理者的不对称关系能够起到促进作用。

作为个人所享有的基础权利，知情权和决定权的内涵和外延较为丰富，具体适用需要结合《个人信息保护法》以及其他法律法规的相关规定进行，如《个人信息保护法》第 14 条关于“知情同意”的界定、第 17 条关于告知义务的履行、第 24 条关于自动化决策方式的说明和决定等。需要注意的是，虽然本条还明确了个人行使知情权和决定权是存在一定限制的，但是这一限制只能由法律、行政法规加以规定，其他位阶的规范性文件不具备相应的规范效力。

【案例链接】

俞某诉北京乐某达康科技有限公司等网络侵权责任纠纷案①

1. 案情简介

原告俞某在线下购物中发现，自己使用支付宝客户端进行支付后，购物信息为支付宝客户端获取，并被默认共享至淘宝、天猫客户端进行展示。即使俞某取消了相关默认授权，后续交易仍然会共享展示在淘宝客户端和天猫客户端的订单中。俞某遂诉至法院。

2. 案例要点与解析

原告认为，个人信息控制者与他人对用户的个人信息进行共享属于信息使用的一种，而信息共享行为包括信息的收集和传输；将信息共享给其他主体是信息使用者对信息适用范围的扩张，接收他人共享来的信息本身也属于收集信息的行为。《网络安全法》和《消费者权益保护法》均规定了收集、使用个人信息应当征得被收集者同意，故被收集者有权拒绝他人对自己的个人信息进行处理。

结合案情，法院认为，购物信息综合购物者支付信息后能够识别特定主体，在本案中实际能够关联和匹配其他软件客户端的特定用户，属于个人信息范畴。本案中线下商家在原告使用支付宝当面付款时，应当履行告知事宜，明确告知原告其购物信息将被同步；支付宝、淘宝和天猫三家公司也应当就这一信息共享行为

---

① 北京市海淀区人民法院民事判决书，(2018)京 0108 民初 13661 号。

取得原告的同意,不能以其各自的服务条款中有概括性授权条款为由抗辩。综上所述,法院判定俞某有权拒绝被告各方以共享的方式处理自己的个人信息,乐某达康科技有限公司等构成侵犯个人信息权益的情形。

本案充分体现了个人有自主决定个人信息是否可以被处理的权利,也即本条规定的决定权,俞某作为个人信息主体,有权拒绝自己的线下购物信息被商家和支付软件客户端获取并处理,支付宝、淘宝和天猫三家公司共享俞某个人信息未经俞某同意,已经明确构成侵犯个人信息主体权益的行为。

域外案例

本条是关于知情权和决定权的规定,对应《通用数据保护条例》第 13 条。关于该条,欧盟法院比较经典的案例有 Bara 案、Ryneš 案、Fashion ID 案和 IPI 案等。在 Bara 案中,欧盟法院指出,通知数据主体数据处理情况的要求十分重要,因为其影响了数据主体查阅复制权、修改权和反对权的行使。此外,欧盟法院还指出,应提供给数据主体的信息包含所涉及的数据类型,并应使其知悉享有的查阅复制权和修改权。① Ryneš 案主要涉及公共场所的录像监控是否应向个人告知,在本案中,欧盟法院基于对数据控制者重大利益的维护豁免其告知义务。② Fashion ID 案涉及告知时间,在该案中,欧盟法院指出,所应提供的信息为其营运行为中涉及个人信息处理之部分,并且必须在进行数据处理行为的当下,即收集阶段,就进行告知。③

这里对较为具有代表性的 Fashion ID 案做一个简要的介绍。Fashion ID GmbH & Co. KG.(以下简称 Fashion ID),是德国一家网上服装零售商店,其在自己运营的网站页面嵌入社交网站脸书的“点赞”插件,即公众熟知的“点赞”功能。互联网的一项功能是,当用户访问某一网页时,浏览器允许显示来自不同来源的内容。因此,运营商可以设计在网站页面嵌入并显示,诸如照片、视频、新闻以及本案所涉及的“点赞”功能插件等第三方内容。网站运营商期望显示第三方内容的,需要在其页面上设置指向该外部内容的链接。当互联网用户访问的页面带有这类链接的,用户浏览器将向相应第三方内容提供商发出请求,并将请求返回的内容显示在正在访问的页面的相应位置。为完成上述指令,浏览器需要将用户的计算机 IP 地址、浏览器技术数据等信息传输给该第三方内容提供商,以便存储相

---

① Case C - 201/14, Bara.

② Case C - 212/13, Ryneš.

③ Case C40/17, Fashion ID.

应内容的服务器能够将请求的内容发送回该地址。此外,浏览器还可能发送与所要求的内容相关的其他信息。在此过程中,带有向外链接的网站运营商,无法接触到访问该网站的用户浏览器发送的数据内容,也无法控制第三方内容提供商后续如何处置该数据——特别是决定保存或使用该数据内容。

本案中,Fashion ID 在其网站嵌入脸书的“点赞”插件,用户访问该网站使用的浏览器会向脸书(第三方内容提供商)位于爱尔兰的服务器自动发送用户计算机 IP 地址、浏览器技术数据,以及与请求内容相关的其他数据信息。在收集和传输上述数据过程中,Fashion ID 无法访问和控制传输的数据内容,也无法参与脸书接下来处理此类数据的程序。此外,在上述数据传输过程中,不需要网站访问者已有脸书账号,或者实际操作点击该网站嵌入的“点赞”按钮。允许收集和传输上述数据,能够使 Fashion ID 的产品和服务在脸书上得到最大限度的宣传效果。

德国消费者权益保护公共服务机构(Verbraucherzentrale NRW)向德国杜塞尔多夫地方法院提起诉讼,要求法院禁止 Fashion ID 未经网站访问者许可,向脸书发送个人信息或者提供受法律保护的数据信息。一审法院部分支持了原告的诉讼请求。

Fashion ID 向地区高等法院上诉时辩称,自己不构成法律规定的数据控制者,因为在争议数据的传输以及脸书对收集的数据的后续使用等处理过程中,该网站不能产生任何影响——无法访问也不能控制。上诉法院请求欧盟法院对本案以下问题作出初步裁定:第一,数据控制者(controller)是指向网站运营商提供“点赞”插件或类似插件的第三方内容提供商,还是指尽管不能影响争议数据处理过程,但能够决定在其网站上嵌入上述插件的网站运营商?第二,网站访问者应当向谁授权许可处理其个人信息?是网站运营商,还是第三方内容提供商?第三,网站运营商是否有义务向网站访问者披露相关争议数据处理程序?其中第二个问题涉及本条所规定的知情权,具体来说是获得数据主体的同意应如何进行。

对此,欧盟法院人认为,关于同意本身,必须在收集和传输任何数据之前获得同意。因此,获得同意是网站运营商而非社交插件提供商的责任,因为个人信息的处理已经由访问者访问网站的事实触发。网站运营商仅需要同意他们实际共同决定手段目的的那些处理操作。对于脸书处理的“后续阶段”,网站没有义务获得同意。

【关联条文】

《个人信息保护法》第 7 条、第 14 条、第 17 条、第 18 条、第 22 ~ 24 条、第 30 条、第 35 条、第 39 条

【相关规定】

《消费者权益保护法》第 8 条、第 9 条、第 14 条;《电子商务法》第 17 条

【域外比较】

本条综合规定了信息主体对个人信息的知情权和限制处理权,名称与国际通行一致,内涵是否一致则仍有待考察。根据欧盟《通用数据保护条例》第 15 条的规定:"数据主体应当有权自控制者处获知他或她的个人数据是否正在被处理,如果相应数据正在被处理,数据主体应当有权访问相应个人数据、并有权获得下列信息:(a)处理目的;(b)处理个人数据的类别;(c)已经向其披露或者将要向其披露个人数据的接收者或接收者类别,特别是位于第三国的接收者或国际组织;(d)如果可能,预计个人数据将存储的期限,或者,如果不可能,用于确定存储期限的准则;(e)数据主体有向控制者要求更正或擦除数据的权利,有要求限制处理自身数据的权利,有反对相应处理的权利;(f)数据主体有权向监管机关投诉;(g)在数据并非从数据主体处收集时,任何可得的、有关数据来源的信息;(h)是否存在包括画像在内的自动化决策,以及至少在存在时,提供有意义的、关于决策逻辑的信息,包括相应处理对于数据主体的重要性和预计后果。"此处大体涵盖了知情权的范围。有关限制处理权,根据欧盟《通用数据保护条例》第 18 条的规定:"在以下情形中,数据主体应当有权要求控制者限制处理:(a)数据主体反对个人数据准确性时,限制一个让控制者得以验证个人数据准确性的时间段;(b)处理不合法,且数据主体反对擦除个人数据、转而要求限制使用;(c)控制者不再因处理目的而需要个人数据,但数据主体要求这些数据,以用于证明、执行或抗辩法律诉请;(d)数据主体行使反对权时,限制一个得以验证控制者的合法性基础是否高于数据主体主张的时间段。"值得指出的一点是,由于欧盟《通用数据保护条例》对限制处理的定义是"除了储存以外,只有在如下情形中才能进行处理:获取了数据主体的同意,或者为了提起、行使或辩护法律性主张,或者为了保护另一个自然人或法人的权利,或者为了欧盟或某个成员国的重要公共利益",相应概念与我国《个人信息保护法》第 47 条第 2 款对删除的概念颇为相似。因此,后续可能需要进一步解析我国《个人信息保护法》中"限制处理"与"删除"这对概念间的联系。

第四十五条　个人有权向个人信息处理者查阅、复制其个人信息;有本法第十八条第一款、第三十五条规定情形的除外。

个人请求查阅、复制其个人信息的,个人信息处理者应当及时提供。

个人请求将个人信息转移至其指定的个人信息处理者，符合国家网信部门规定条件的，个人信息处理者应当提供转移的途径。

【条文主旨】

本条是关于个人在个人信息处理活动中所享有的查阅权、复制权以及可携带权的规定。

本条第1款是个人在个人信息处理活动中享有查阅权、复制权的宣示性规定，并强调在需要保密或不需要告知，以及告知将妨碍国家机关履行法定职责的情形下，个人不具有查阅权和复制权。

本条第2款是从个人信息处理者的角度出发，个人信息处理者有配合履行个人行使查阅权与复制权的义务。

本条第3款是关于个人在个人信息处理活动中享有可携带权的规定，即在符合规范的条件下，允许个人信息主体从个人信息处理者处获取其所收集的个人信息，并且可以将个人信息转移至其指定的第三方个人信息处理者处，原个人信息处理者应响应个人信息主体的要求，提供适当的转移渠道。

【演进过程】

一审稿	二审稿	最终稿
第四十五条　个人有权向个人信息处理者查阅、复制其个人信息；有本法第十九条第一款规定情形的除外。 个人请求查阅、复制其个人信息的，个人信息处理者应当及时提供。	第四十五条　个人有权向个人信息处理者查阅、复制其个人信息；有本法第十九条第一款规定情形的除外。 个人请求查阅、复制其个人信息的，个人信息处理者应当及时提供。	
	第四十五条　个人有权向个人信息处理者查阅、复制其个人信息；有本法第~~十九~~条第一款规定情形的除外。 个人请求查阅、复制其个人信息的，个人信息处理者应当及时提供。	第四十五条　个人有权向个人信息处理者查阅、复制其个人信息；有本法第十八条第一款、第三十五条规定情形的除外。 个人请求查阅、复制其个人信息的，个人信息处理者应当及时提供。 个人请求将个人信息转移至其指定的个人信息处理者，符合国家网信部门规定条件的，个人信息处理者应当提供转移的途径。

【条文释义】

(一)查阅权与复制权

1. 查阅权的定义

查阅权,即个人信息主体有权查询阅读其个人信息处理相关的具体情况,也称访问权。个人信息主体可查阅的范围包括个人信息处理的目的、类别、来源、存储期限等信息,凡是《个人信息保护法》第 17 条、第 22 条、第 23 条、第 39 条所确定个人信息处理者应尽的告知义务规则体系中包含的相关事项都应属于查阅的范围之内。

查阅权是实现个人信息主体知情权的必然要求,是个人信息处理公开透明原则的具体体现。个人信息的可查阅也是行使复制权、可携带权等相关权益的前提,能够切实保障个人对个人信息处理活动充分了解,从而自主地维护其合法权益。

2. 复制权的定义

复制权,是指个人信息主体有权对其所属的、正在处理的个人信息进行复制的权利,根据个人信息主体的请求,个人信息处理者应提供可阅读化的电子形式或者提供非电子形式给个人信息主体。一方面,复制权承接了查阅权的要求,作为行使查阅权的辅助性权利,"通过复制权可以有更多时间了解个人信息的情况,从而进一步判断个人信息处理行为是否符合本人意愿等"[①]。另一方面,复制权也是可携带权的前提,如果个人无法获取其所属的个人信息副本,将个人信息转移至第三方的基础也就不复存在。

3. 查阅权与复制权的除外规定

通常情况,个人信息主体不得对个人的合理请求进行限制,但个人信息主体的权利不是无限且无节制的。本条规定了查阅权与复制权不可行使的两种情形,第一,根据《个人信息保护法》第 18 条第 1 款的规定,个人信息处理者处理个人信息,在法律、行政法规规定应当保密或者不需要告知的情形下,个人信息主体不可行使查阅权与复制权。第二,国家机关在法律、行政法规规定应当保密或者不需要告知,或者告知将妨碍国家机关履行法定职责情形下,个人信息主体的查阅权与复制权不可行使。如《保守国家秘密法》第 9 条规定的涉及国家安全和利益的事项,为维护国家安全社会公共利益的需要,个人信息处理者因负有保密义务而排除对帮助个人信息主体行使查阅权和复制权的义务,个人信息主体需要作出相应的权利让渡。

---

① 申卫星:《论个人信息权的构建及其体系化》,载《比较法研究》2021 年第 5 期。

（二）可携带权

可携带权指的是在符合相关规定的情形下，个人信息主体有权向现在处理其个人信息的处理者提出将个人信息转移至其指定的第三方处理者处。可携带权被认为具有可以遏制大型企业数据垄断促进数据市场竞争和数字经济繁荣的作用，可以方便个人获取并转移其个人信息，促进整个社会的数字化与智能化，但是由于可携带权的实践适用难以明确，常引起相应的争议，以至于《个人信息保护法》三审稿才出现了“可携带权”的规定。就本条第 3 款关于个人信息可携带权的规定来看，仅是原则性的规定，可携带权的具体内容、具体手段以及适用场景仍需要未来国家网信部门出台规定来推动落实。

对于可携带权的客体范围，《个人信息安全规范》指出本人的基本资料、身份信息以及本人的健康生理信息、教育工作信息是个人有权要求转移至指定的个人信息处理者的个人信息类型，但这一范围过于狭窄，和数字经济的发展实践不相匹配。参考欧盟《通用数据保护条例》的规定，个人可携带权的具体对象是本人的个人信息，且该类信息是提供给个人信息处理者的。根据《个人信息保护法》第 4 条的规定，“本人的个人信息”即可以理解为是本人所属的“可识别的自然人有关的各种信息”，不包括匿名化处理后的信息。提供“个人信息处理者”的个人信息应包含个人主动提供给处理者的信息，如手机号码、用户姓名、兴趣爱好等，还可以包含个人在使用相关产品和服务时所产生或者遗留的信息，如用户昵称、个人浏览信息、个人就诊信息、个人聊天和交易记录等。

【适用指引】

查阅权、复制权以及可携带权同属于个人信息主体的积极权利，就个人信息处理者而言应该在相应情形下进行明确的回应，但是《个人信息保护法》仅笼统地规定了查阅权、复制权、个人信息可携带权的基本内涵，而可转移的个人信息类型、可转移的具体情形、转移的方式未置一词，相关要求仍需要法律和实践不断探索。

（一）个人信息处理者的配合义务

由于个人信息处理活动的技术多样、具体行径也较为复杂，查阅、复制、转移等流程的实现对于个人信息的形态也具有相应的要求，根据欧盟《通用数据保护条例》的规定，其所获取的个人数据形态应当是结构化的、通用的和机器可读的，这可以视为个人信息查阅、复制、转移所需要的便利条件。《网络数据安全管理条例（征求意见稿）》第 23 条指出，在个人信息主体提出查阅、复制等合理请求时，个人信息处理者应提供便捷的支持个人结构化查询本人被收集的个人信息类型、数量等的方法和途径。个人信息处理者在响应查阅、复制、转移等要求时，所提供的个人信息应是明确的、容易理解的,不能直接提供给个人关于处理的源代码。此外,《网络数据安全管理条例(征求意见稿)》第23条规定,个人信息处理者必须提供便利个人行权的功能,并且不得设置不合理的条件,应当在15个工作日内处理并反馈个人关于查阅、复制、转移的申请,从提供个人信息的方式途径、设计便利功能、限期反馈三个方面提出了个人信息处理者的配合义务。

(二)可携带权的适用情形

本条第3款规定,对于可携带权的适用,需要“符合国家网信部门规定条件的”,也就是将关于可携带权适用情形授权给网信部门加以规范。作为《个人信息保护法》的配套落地规定,《网络数据安全管理条例(征求意见稿)》第24条规定了适用个人信息可携带权的三种具体情形。第一,请求转移的个人信息是基于同意或者订立、履行合同所必需而收集的个人信息,这也是《个人信息保护法》第13条规定的个人信息处理的合法性事由中前两项,其他几项处理情形不以个人意思表示为基础,不适用可携带权。第二,请求转移的个人信息是本人信息或者请求人合法获得且不违背他人意愿的他人信息。本人信息较好理解,至于“请求人合法获得且不违背他人意愿的他人信息”应指如社交平台的好友通讯录列表或者电商平台的买卖记录,其可能包含了他人的姓名、手机号、通信地址等,应在保证不违背他人意愿的前提下进行转移。第三,能够验证请求人的合法身份,由于请求人所需要转移的是“本人的个人信息”,关系个人的人格尊严、人身安全与财产安全,所以验证请求人的合法身份是转移的基础要求。

(三)可携带权的实现路径

可携带权的实现需要个人信息的有效转移,但是考虑不同个人信息处理者之间采用不同的软硬件设备,也不一定存在专门的数据接口,可能存在无法直接传输的情况,或者直接传输给个人信息处理者负担过重。因此,需要从行业发展的视角出发,逐步建立个人信息处理者之间标准化转移程序。如2018年谷歌、脸书、微软和推特联合宣布关于数据转移项目的标准倡议,尝试建立打通大型网络平台之间数据移动的渠道,可支持包括照片、邮件、联系人、日历和任务等垂直领域的用户数据传输。如用户存储在苹果iCloud里的所有照片都可以通过该计划直接转存到谷歌相册服务,不过这种转移只适用于通用格式的照片文件,照片元数据以及RAW格式的照片无法转移。根据谷歌发布的白皮书显示,数据转移工具应以下五个基本要求:第一,使用直观,可以与行业标准互操作;第二,信息转移的各方服务提供商应具有强大的隐私和安全措施,如传输中的加密措施,以防止未经授权的转移申请或其他类型的欺诈;第三,维护用户权益,转移后不能导致用户丧失其相应数据的控制;第四,强调支持个人用户的转移而不是商业数据、系统数据以及企业数据；第五，寻求个人隐私和开展新服务之间的平衡。[①] 未来，关于可携带权的具体实现以及开发标准化数据转移程序的需要可能会催生出新的行业，推动个人信息在不同处理者之间有序流动。

（四）行权成本的负担

查阅权、复制权、可携带权都会给个人信息处理者带来一定的成本。关于成本的承担，如《政府信息公开条例》第 42 条第 1 款规定："行政机关依申请提供政府信息，不收取费用。但是，申请人申请公开政府信息的数量、频次明显超过合理范围的，行政机关可以收取信息处理费。"《网络数据安全管理条例（征求意见稿）》第 24 条第 3 款规定："请求转移个人信息次数明显超出合理范围的，数据处理者可以收取合理费用。"基于上述规定可以得出，如果个人信息主体基于合理诉求行使相应权利，则个人信息处理者应该免费配合个人行权，如果个人查阅、复制、转移的需求明显超出合理限度，则个人信息主体应向个人信息处理者支付相应的费用。

【案例链接】

凌某某诉北京微播视界科技有限公司隐私权、个人信息权益网络侵权责任纠纷案[②]

1. 案情简介

凌某某使用手机号码注册了抖音 App 的账户，在"关注"列表中发现大量好友被推荐为"可能认识的人"，经原告凌某某比对，列表中的用户大都与微信好友列表重合，但原告本身未在此 App 中绑定微信账号；此外，原告凌某某还发现，被告公司的 App 对浏览器 Cookies 的设置存在异常操作，将 Cookies 的生命周期设定为 10 年的有效期并通过 POST 将上述内容存储至第三方的服务器中，不仅违反浏览器同源策略，还加大了用户数据泄露的风险。原告要求被告方删除所储存的相关信息。

凌某某为证明该手机号为自己所使用，向中国移动通信公司索取缴费发票，该发票内容能够证明该手机号码属于凌某某本人使用。

---

① Brian Willard & Jessie Chavez et al., *Data Transfer Project*: *From Theory to Practice*, Google (Jul. 2018), https://services.google.com/fh/files/blogs/data-transfer-project-google-whitepaper-v4.pdf.

② 参见北京互联网法院民事判决书，(2019)京 0491 民初 6694 号。

2. 案例要点与解析

法院认为，互联网时代，自然人的隐私权和个人信息权益会产生众多新问题。与传统线下场景相比，技术的发展为普通用户理解个人信息被如何处理增加了难度，减弱了用户对网络空间中个人信息和私人领域的控制程度。相关企业应当为用户的信息查询提供便利，以便于用户明确自己的个人信息流向。

结合案情，法院认为，根据《网络安全法》的相关规定，信息主体要求相关平台或企业删除所储存的个人数据，无须以用户受到实际损害为前提。故法院判定被告北京微播视界科技有限公司删除所储存的原告个人的相关信息。

域外案例

本条规定的是查阅权和复制权，对应于《通用数据保护条例》第 15 条。对于这一权利，欧盟法院在 Rijkeboer 案、YS 案、Nowak 案和 X 案等案件中对其作出说明。

在 Rijkeboer 案中，Rijkeboer 先生要求鹿特丹市地方政府向他告知近两年来将他的个人信息传输给第三方的信息，包括第三方的身份和向他们传输的个人信息的内容。主要原因在于，搬到另一个城市的 Rijkeboer 先生发现自己的地址信息被第三方知晓，他特别想知道地址信息是向谁透露的。然而，根据法律规定，地方政府仅有义务存储传输信息 1 年。根据这一规定，Rijkeboer 先生要求的信息在他提出要求前一年多就被自动删除。为此，Rijkeboer 先生向当地政府提出投诉。该投诉已被驳回，案件最终提交给荷兰国务委员会，其决定中止诉讼程序并将有争议的问题提交给欧盟法院。

欧盟法院在 2009 年 5 月 7 日作出的判决中首先强调，数据主体应该能够确保，他的个人信息以一个正确和合法的形式处理。也就是说，关于他自身的基础数据应该是准确的，并传输给被授权的第三方。关于获取个人信息向第三方传输情况信息的权利，欧盟《数据保护指令》并没有规定其是否涉及过去，以及过去的范围。在此基础之上，欧盟法院认为，这项权利必然与过去有关。因为如果这项权利无法及于过去的信息，那么数据主体将无法行使更正权和删除权，也无法通过提起诉讼的形式寻求损害赔偿。至于过去该权利的范围，欧盟法院指出，获取传输信息的限制，亦即存储传输信息的期限要求，必须保证数据主体能够实现其数据权利。存储基本数据的时间跨度可以构成一个考虑因素，但并不是决定性的。①

---

① Case C – 553/07, Rijkeboer.

因此，欧盟法院的最终结论是，欧盟《数据保护指令》规定的查阅复制权不仅涉及现在，还涉及过去，具体的利益权衡则交给成员国去完成。

在该案后，又有 YS 案。[①] 在该案中，YS.、M. 和 S. 同时申请荷兰的难民庇护。YS. 的申请被拒绝，M. 和 S. 则仅获得一个临时身份。这三名申请人根据荷兰数据保护法关于访问权的规定，申请要求访问他们的案件记录(the Minute)。荷兰移民、融合和庇护部(The Minister of Immigration, Integration and Asylum)拒绝了这些请求。为此，三名申请人均向法院提起诉讼，在这两个诉讼中，法院均向欧盟法院申请了初步裁决程序。两个法院要求欧盟法院回答：(1)对个人信息的解释和欧盟《数据保护指令》第 12 条(a)项中的访问权；(2)《欧盟宪章》第 41 条中的欧盟基本权利良好管理权。

案件记录是由荷兰移民归化局的一名官员起草的关于是否授予居留许可的内部意见，是决定过程中的过程性文件，而并非最终决定的组成部分。通常，会议记录包含有关申请人的信息，如姓名、出生日期、国籍、性别、种族、宗教、程序历史的详细信息以及申请人的陈述。此外，会议纪要包含初步决定或分析，其中将现行规则应用于案件事实。直到 2009 年，荷兰移民当局都为寻求庇护者提供了记录，包括法律分析。据移民、融合和庇护部长称，这项政策导致工作量加大，寻求庇护者经常误解法律分析。因此，自 2009 年 7 月 14 日以来，要求提供会议记录的请求一直被系统拒绝。申请人现在收到的不是会议记录的副本，而是会议记录中的个人信息概览，以及有关数据来源和数据可能已传达给的各方的信息。

访问难民庇护决定所依据的记录可能是必要的，以保障寻求庇护者获得有效补救的权利。在对否定决定提出上诉时，寻求庇护者需要了解决定所依据的事实和法律依据。否定决定中包含的理由陈述可能提供足够的信息，但有时，重要的附加信息只能在会议记录中找到。然而，对于积极的决定，寻求庇护者也可以有合法的兴趣获得会议记录。对寻求庇护者来说，出于多种原因，获取有关作出积极决定的法律推理的信息可能很重要。首先，庇护在理论上是一种临时状态。因此，如果庇护决定所依据的情况发生变化，一个国家可能会撤回其保护。例如，原籍国的变化(如在人权和安全方面)可能允许撤销庇护。其次，当被授予的身份提供的保护少于寻求庇护者可能有权获得的保护时，申请人可以在访问决定理由方

---

① Joined Cases C－141/12 and C－372/12, YS. 关于本案的详细解读，可参见 Brouwer, E. R. & Zuiderveen Borgesius F. J. ,*Access to Personal Data and the Right to Good Governance during Asylum Procedures after the CJEU's YS. and M. and S. judgment* (*C－141/12 and C－372/12*), European Journal of Migration and Law, Vol. 17:2－3, p. 259－272(2015)。

面享有合法权益。

对于第一个问题，欧盟法院认为这里的会议记录并不构成访问权的对象。欧盟法院认为，会议记录中的法律分析“不是与居留许可申请人有关的信息”。尽管会议记录中发现的法律分析可能包括与申请人有关的个人信息，但根据欧盟法院的说法，就 DPD 第 2 条(a)项而言，分析本身并不构成个人信息的一种形式。参照先前的判例法，欧盟法院对 DPD 的目标进行了狭义的解释，从而对第 12 条(a)项中保护的个人信息的访问权进行了解释。欧盟法院认为，根据巴伐利亚拉格案，欧盟机构处理个人信息的第 45/2001 号条例作出“并非旨在确保公共当局决策过程的最大可能透明度并促进良好的行为，也不是通过确保查阅文件的权利而促进行政管理实践”的表述。欧盟法院表示，这一论证同样也适用于 DPD。

根据欧盟法院的规定，DPD 的目的是保护申请人在处理与其相关的数据方面的隐私权，而不是“保证他有权访问行政文件”。欧盟法院随后得出结论，只有记录中包含的与居留许可申请人有关的个人信息，以及在相关情况下，记录中包含的法律分析中的数据才是 DPD 第 2 条(a)项下的“个人信息”，而相比之下，该分析本身不能如此分类。根据这一推理，第 12 条(a)项对会议记录的访问权仅限于包含个人信息的会议记录(及其法律分析)部分。

根据欧盟法院的规定，第 12 条(a)项将决定数据控制者应如何回应访问权的问题留给成员国，只要与数据主体的沟通是“可理解的”，换句话说，只要“它允许数据主体了解这些数据并检查它们是否准确并按照该指令进行处理，以便该人可以在相关的情况下行使授予他的权利”。欧盟法院补充说，数据主体并不总是有权获得原始文件的抄本。为了满足访问请求，数据控制者可以选择其他方式，“只要该访问权所追求的目标可以通过另一种通信形式完全达到”。根据欧盟法院的规定，为了避免让数据主体访问与其相关的个人信息以外的其他信息，只授予他或她一份包含其他信息的文件或原始文件的副本就足够了。此外，考虑到基本案例，欧盟法院指出，“以可理解的形式向居留许可申请人提供所有这些数据的完整摘要就足够了”。

在 YS 案中，荷兰法院还提出了关于庇护申请人是否可以根据《欧盟宪章》第 41 条保护的良好管理原则援引其访问权的初步问题。该条款赋予每个人“让欧盟的机构、团体和机构在合理的时间内公正、公平地处理他或她的事务”的权利。根据第 41 条第 2 款的规定，每个人都“有权访问他或她的档案，同时尊重保密以及专业和商业秘密的合法利益”。由于第 41 条的文本并非针对成员国，因此出现了个人是否可以针对其国家行政部门援引这一权利的问题。在先前关于国家庇护程序的两个决定中，欧盟法院得出结论，良好管理原则是欧盟法律的一般原则，因此可以对其国家管理援引。

然而，在YS案中，欧盟法院得出的结论是，《欧盟宪章》的良好管理仅仅针对欧盟的机构、团体、办事处和机构。因此，“居留许可的申请人不能根据第41条第2款(b)项获得访问与其申请相关的国家档案的权利”。欧盟法院在先前的判决中重复其结论，指出良好管理的原则“反映了欧盟法律的一般原则”。然而，由于荷兰法官在本案中并未要求对该一般原则进行解释，因此欧盟法院认为没有必要对该原则进行详细说明。

除此之外，近年来不少欧盟成员国法院也就访问权这一问题进行了裁判。2020年奥地利最高法院(Oberster Gerichtshof, OGH)根据《通用数据保护条例》第15条第3款和第12条第3款的规定解释了访问权。在该案中，一家医院根据奥地利国内法向申请访问个人信息的数据主体收取了复印费用，而数据主体拒绝支付。奥地利最高法院推翻了之前下级法院的裁判，认为《通用数据保护条例》优先于国内法。法院进一步表示，下级法院必须去个案式的审查，收取的费用是否符合《通用数据保护条例》第23条所规定的比例和必要要求，尤其是要考虑收取费用对数据主体造成的经济负担，以及数据主体承担费用的比例。①

【关联条文】

《个人信息保护法》第18条第1款、第35条、第44条

【相关规定】

《民法典》第1037条第1款；《电子商务法》第24条；《政府信息公开条例》第42条；《个人信息安全规范》第8.1款、第8.6款；《网络数据安全管理条例(征求意见稿)》第20条、第23条、第24条

【域外比较】

本条综合规定了信息主体对个人信息的查阅权和可携带权。相应权利在域外多称为访问权与可携带权，内涵大体一致。根据欧盟《通用数据保护条例》第15条的规定：“数据主体应当有权自控制者处获知他或她的个人数据是否正在被处理，如果相应数据正在被处理，数据主体应当有权访问相应个人数据、并有权获得下列信息：(a)处理目的；(b)处理个人数据的类别；(c)已经向其披露或者将要向其披露个人数据的接收者或接收者类别，特别是位于第三国的接收者或国际组织；(d)如果可能，预计个人数据将存储的期限，或者，如果不可能，用于确定存储期限的准则；(e)数据主体有向控制者要求更正或擦除数据的权利，有要求限制处理自身数据的权利，有反对相应处理的权利；(f)数据主体有权向监管机关投诉；

---

① Oberster Gerichtshof, judgment of 17 December 2020, 6Ob138/20t.

(g)在数据并非从数据主体处收集时,任何可得的、有关数据来源的信息;(h)是否存在包括画像在内的自动化决策,以及至少在存在时,提供有意义的、关于决策逻辑的信息,包括相应处理对于数据主体的重要性和预计后果。"此处的"查阅、复制"与"访问"概念多有重合,且两地均有及时性的要求。就可携带权而言,根据欧盟《通用数据保护条例》第 20 条第 1 款的规定:"如果处理的合法性基础是同意或为履行合同所必需,且处理以自动化方式施行,则数据主体有权以结构化、通用且机器可读的格式,从控制者处获得他或她提供给处理者的、有关他或她的数据,并有权从向其提供数据的控制者处,不受阻碍地将数据传输至另一控制者。"第 20 条第 2 款规定:"在行使可携带权时,如果技术可行,数据主体应当有权利要求将数据由一个控制者直接传输到另一个控制者。"此外,第 20 条第 3 款、第 4 款对可携带权作出了必要的限缩:一方面,不适用于以公共利益或法定职责为合法性基础的处理行为;另一方面,不能对他人的权利和自由产生负面影响。此处比较,仍有待国家网信部门细化行使可携带权的条件。

第四十六条　个人发现其个人信息不准确或者不完整的,有权请求个人信息处理者更正、补充。

个人请求更正、补充其个人信息的,个人信息处理者应当对其个人信息予以核实,并及时更正、补充。

【条文主旨】

本条规定了个人对其个人信息的更正权和补充权,以及个人信息处理者的相应义务。

【演进过程】

一审稿	二审稿	最终稿
第四十六条　个人发现其个人信息不准确或者不完整的,有权请求个人信息处理者更正、补充。 个人请求更正、补充其个人信息的,个人信息处理者应当对其个人信息予以核实,并及时更正、补充。	第四十六条　个人发现其个人信息不准确或者不完整的,有权请求个人信息处理者更正、补充。 个人请求更正、补充其个人信息的,个人信息处理者应当对其个人信息予以核实,并及时更正、补充。	

续表

一审稿	二审稿	最终稿
	第四十六条　个人发现其个人信息不准确或者不完整的，有权请求个人信息处理者更正、补充。 个人请求更正、补充其个人信息的，个人信息处理者应当对其个人信息予以核实，并及时更正、补充。	第四十六条　个人发现其个人信息不准确或者不完整的，有权请求个人信息处理者更正、补充。 个人请求更正、补充其个人信息的，个人信息处理者应当对其个人信息予以核实，并及时更正、补充。

【条文释义】

本条第1款规定了个人的更正权和补充权，即个人发现其个人信息不准确或者不完整的，有权请求个人信息处理者更正、补充。确保个人信息的准确性与完整性，一方面是保护信息主体合法权益的应有之义，另一方面也是个人信息处理者提供高质量信息服务的需要。提出请求的前提是个人信息不准确或者不完整的，提出请求的内容是更正或者补充个人信息。更正主要针对的是个人信息处理者掌握的个人信息不准确，需要予以修正的情况。补充主要针对的是个人信息处理者掌握的个人信息不完整，需要予以补充的情况。此外，对于因个人信息过时而造成不准确或者不完整的，本人也有权请求个人信息处理者及时更新。

本条第2款规定了个人信息处理者的更正义务。具体分为两个义务：一是对个人信息予以核实的义务。个人信息处理者收到个人的请求之后，不能直接根据个人的请求予以修改个人信息，而先要对个人处理者的请求予以核实。核实的内容包括：有关个人信息是不是申请人的个人信息，有关个人信息是否确实不准确或者不完整等。二是及时更正的义务，即经审核，个人信息处理者认为个人的请求合理的，应当及时对个人信息进行更正、补充，而不能有不合理的延迟。如果个人信息处理者认为个人的请求不合理或者不合法，也应当将原因及时告知申请人。

【适用指引】

个人信息更正权和补充权的权利人是个人，即个人信息被处理的个人。信息主体是未成年人的，由其父母或者其他监护人行使其权利。个人、未成年人的父母或者其他监护人既可以亲自行使，也可以委托其他人行使。自然人死亡后的相关权利，根据《个人信息保护法》第49条的规定处理。

个人行使更正权或者补充权的前提是发现个人信息处理者处理的个人信息不准确或者不完整。不准确，是指个人信息处理者所处理的个人信息与个人的真实信息在客观上并不一致。例如，电子商务平台记载的消费者的电话号码、收件地址等信息有错误。不完整,是指个人信息处理者所处理的个人信息虽然准确,但是存在遗漏。个人信息不完整是相对而言的,个人信息处理者事实上不一定掌握个人所有信息,也不应当掌握个人的所有信息,技术上也不太可能收集个人的所有信息。是否完整,取决于是否能实现特定的个人处理目的。一方面,个人信息处理者处理个人信息应当坚持必要性原则,不得过度收集个人信息。另一方面,处理更多的个人信息意味着增加个人信息处理者的成本,因此个人提出补充个人信息需要有额外的正当理由。这种理由包括但不限于:第一,个人信息处理者处理的个人信息不能实现个人信息处理目的。例如,医院掌握的医疗信息不完整,难以对个人的健康状况进行准确的判断。第二,个人信息不完整可能导致个人合法权益受到不利影响。

个人信息处理者应当健全个人信息更正补充的机制。个人信息处理者更正、补充个人信息,不仅是法定的义务,也是保证其个人信息处理活动质量的要求。个人信息处理者应建立便捷的申请、审查、处理、纠纷解决等机制。个人信息处理者收到个人的请求后,应当核实,核实后发现确实存在不准确、不完整的情形,应当及时更正、补充。"核实",一方面要求核实个人信息处理者在开展收集、存储、使用等个人信息处理活动时是否存在工作失误;另一方面也要求个人承担合理的证据责任,即要提出一定的证据证明个人信息处理者控制的个人信息存在不准确或不完整的情况。"及时更正、补充"的"及时",是指个人信息处理者应当毫不延迟地进行更正、补充。《个人信息保护法》没有统一规定具体的时间,需要由监管部门根据不同场景规定,或者通过司法机关在个案中进行判决。国家互联网信息办公室秘书局、工业和信息化部、公安部、市场监管总局联合制定的《App 违法违规收集使用个人信息行为认定方法》规定,虽提供了更正、删除个人信息及注销用户账号功能,但未及时响应用户相应操作,需人工处理的,未在承诺时限内(承诺时限不得超过 15 个工作日,无承诺时限的,以 15 个工作日为限)完成核查和处理,可被认定为未按法律规定提供删除或更正个人信息功能。

【案例链接】

陈某、宁波市鄞州区房屋拆迁服务中心房屋拆迁管理案①

1. 案情简介

2019 年 1 月 10 日,陈某通过邮寄形式向原宁波市鄞州区房屋拆迁办公室提交《更正政府信息申请书》,申请修改原宁波市鄞州区新城区拆迁办公室于 2012

① 浙江省宁波市中级人民法院行政裁定书,(2020)浙 02 行终 59 号。

年 7 月 13 日发布的《风险评估报告》中不完整、虚假的政府信息，排除妨碍。

2. 案例要点与解析

法院认为，鄞州区拆迁中心作出（2019）第 1 号答复书的时间在 2019 年 5 月 15 日之前，故该案应当适用修订前的《政府信息公开条例》。根据修改前《政府信息公开条例》第 25 条以及《最高人民法院关于审理政府信息公开行政案件若干问题的规定》第 5 条第 7 款的规定，申请人有权申请行政机关更正的对象是与申请人自身相关的税费缴纳、社会保障、医疗卫生等政府信息记录中不准确的部分，其保护的利益亦应属于个人信息保护范畴。

结合案情，法院认为，陈某申请更正的原宁波市鄞州区新城区拆迁办公室制作的《风险评估报告》并不涉及陈某及其家人的个人信息，明显不属于上述法条中所规定与其自身相关的政府信息记录范畴，因此鄞州区拆迁中心不具有依照陈某申请作出更正政府信息记录的法定职责。

【关联条文】

《个人信息保护法》第 49 条

【相关规定】

《民法典》第 1037 条第 1 款；《电子商务法》第 24 条；《网络安全法》第 43 条；《未成年人保护法》第 72 条第 2 款；《政府信息公开条例》；《最高人民法院关于审理政府信息公开行政案件若干问题的规定》；《App 违法违规收集使用个人信息行为认定方法》

【域外比较】

个人信息更正权是世界各国都承认的信息主体享有的权利。欧盟《通用数据保护条例》第 16 条规定："数据主体有权要求数据控制者对相关不准确的个人数据进行修改，不得无故延误。考虑到数据处理的目的，数据主体有权要求将不完整的个人数据补充完整，包括通过补充声明等措施。"

第四十七条　有下列情形之一的，个人信息处理者应当主动删除个人信息；个人信息处理者未删除的，个人有权请求删除：

（一）处理目的已实现、无法实现或者为实现处理目的不再必要；

（二）个人信息处理者停止提供产品或者服务，或者保存期限已届满；

（三）个人撤回同意；

（四）个人信息处理者违反法律、行政法规或者违反约定处理个人信息；

（五）法律、行政法规规定的其他情形。

法律、行政法规规定的保存期限未届满，或者删除个人信息从技术上难以实现的，个人信息处理者应当停止除存储和采取必要的安全保护措施之外的处理。

【条文主旨】

本条是关于个人在个人信息处理活动中所享有的删除权的规定。

本条第1款明确个人信息处理应主动履行删除个人信息的义务以及个人信息主体有权请求删除个人信息的五种情形。

本条第2款是关于删除权不能履行情形下的规定，在个人信息法定保存期限未满或者删除从技术上难以实现的，处理者可以停止处理活动方式保护。

【演进过程】

一审稿	二审稿	最终稿
第四十七条　有下列情形之一的，个人信息处理者应当主动~~或者根据个人的请求，~~删除个人信息： （一）~~约定的保存期限已届满~~或者处理目的已实现； （二）个人信息处理者停止提供产品或者服务； （三）个人撤回同意； （四）个人信息处理者违反法律、行政法规或者违反约定处理个人信息； （五）法律、行政法规规定的其他情形。 法律、行政法规规定的保存期限未届满，或者删除个人信息从技术上难以实现的，个人信息处理者应当停止处理~~个人信息~~。	第四十七条　有下列情形之一的，个人信息处理者应当主动删除个人信息；个人信息处理者未删除的，个人有权请求删除： （一）处理目的已实现或者为实现处理目的不再必要； （二）个人信息处理者停止提供产品或者服务，或者保存期限已届满； （三）个人撤回同意； （四）个人信息处理者违反法律、行政法规或者违反约定处理个人信息； （五）法律、行政法规规定的其他情形。 法律、行政法规规定的保存期限未届满，或者删除个人信息从技术上难以实现的，个人信息处理者应当停止除存储和采取必要的安全保护措施之外的处理。	

续表

一审稿	二审稿	最终稿
	第四十七条　有下列情形之一的，个人信息处理者应当主动删除个人信息；个人信息处理者未删除的，个人有权请求删除： （一）处理目的已实现或者为实现处理目的不再必要； （二）个人信息处理者停止提供产品或者服务，或者保存期限已届满； （三）个人撤回同意； （四）个人信息处理者违反法律、行政法规或者违反约定处理个人信息； （五）法律、行政法规规定的其他情形。 法律、行政法规规定的保存期限未届满，或者删除个人信息从技术上难以实现的，个人信息处理者应当停止除存储和采取必要的安全保护措施之外的处理。	第四十七条　有下列情形之一的，个人信息处理者应当主动删除个人信息；个人信息处理者未删除的，个人有权请求删除： （一）处理目的已实现、无法实现或者为实现处理目的不再必要； （二）个人信息处理者停止提供产品或者服务，或者保存期限已届满； （三）个人撤回同意； （四）个人信息处理者违反法律、行政法规或者违反约定处理个人信息； （五）法律、行政法规规定的其他情形。 法律、行政法规规定的保存期限未届满，或者删除个人信息从技术上难以实现的，个人信息处理者应当停止除存储和采取必要的安全保护措施之外的处理。

【条文释义】

（一）删除权的定义

在信息化时代背景下，个人信息被广泛地收集使用，又随着个人信息处理的各个环节存储于不同的场所。在相关处理环节不再需要个人信息时，个人信息往往成为冗余，有泄露或被滥用的风险，而计算机硬盘以及互联网网络所具有的超强记忆功能往往使个人信息被“遗忘”或者自行“消失”十分困难，对个人信息主动进行“删除”的需要由此产生。

本条阐明的“删除”既是个人信息处理者的义务，也是个人所享有的一种权利。在法定或者约定的规范情形下个人信息处理者应当主动删除个人信息，而在处理者未履行该项义务的前提下，个人有权要求个人信息处理者删除其所属的个人信息，确保个人信息不可再次被使用。个人行使删除权是为了避免个人信息处理活动给个人信息权益带来不必要的损害，通过删除方式实现对侵害可能的消除，是目的原则的具体要求。个人信息处理者应在符合法定或者约定条件时主动删除个人信息，个人信息处理者未履行这项义务时，个人信息主体有权请求或者说督促个人信息处理者完成删除个人信息的任务。

(二)删除权的适用情形

本条对适用删除权的情形采用"列举+兜底"的规范方式，具体情形包括如下五种：

1. 处理目的已实现、无法实现或者为实现处理目的不再必要。根据个人信息处理必要原则以及目的原则的要求，处理个人信息活动的进行应与其处理目的直接相关，如果在处理目的已实现、无法实现或者为实现处理目的不再必要时，也就缺少与处理个人信息活动的直接关联，因此应当删除个人信息。如交易双方在交易环节完全结束以后，双方主体应删除姓名、地址、电话等相关个人信息，不能再通过电话发放广告或进行骚扰。

2. 个人信息处理者停止提供产品或者服务，或者保存期限已届满。在个人信息处理者已停止提供产品或者服务的情况下，双方签订个人信息处理用户协议的基础也不复存在，如社交平台停运以后，平台应删除其用户为注册提交的信息以及聊天记录。

保存期限已届满则属于法定情形或者约定情形，往往是在处理目的已经实现之后，个人信息处理已无继续的必要，相关个人信息应妥善删除。法定情形如《电子商务法》第31条规定，电子商务平台经营者应当记录、保存平台上发布的商品和服务信息、交易信息，并确保信息的完整性、保密性、可用性。商品和服务信息、交易信息保存时间自交易完成之日起不少于3年。约定情形常见于互联网企业与用户之间的隐私协议，协议中往往会阐明个人信息的存储期限为实现服务所必需的时间内，期限届满后会进行删除或者是匿名化处理。

3. 个人撤回同意。在同意作为个人信息处理合法性基础的个人信息处理活动中，个人撤回同意意味着合法性基础的消失，处理者不可再继续进行个人信息处理，相关个人信息应妥善删除。

4. 个人信息处理者违反法律、行政法规或者违反约定处理个人信息。无论是违反法律还是违反协议约定，在此情形下，根据《个人信息保护法》第10条、第20条、第21条的规定，都属于违法处理个人信息的行为，个人信息处理者应承担相应的法律后果，相关信息应得到妥善删除。

5. 法律、行政法规规定的其他情形。本条为兜底性条款，如《民法典》《网络安全法》等皆有"删除"的规定，但与本条所规定适用情形有所重叠。《网络数据安全管理条例(征求意见稿)》第22条指出，因使用自动化采集技术等，无法避免采集到的非必要个人信息或者未经个人同意的个人信息以及个人注销账号的情形下,处理者应当在 15 个工作日内删除个人信息或者进行匿名化处理。随着个人信息处理场景日趋多元化,“删除”的适用情形有待实践的进一步发展和法律、行政法规的进一步完善。

(三)删除权无法适用的情形

本条第 2 款指出删除权的履行是有限制的,如《电子商务法》第 31 条规定“电子商务平台经营者应当记录、保存平台上发布的商品和服务信息、交易信息,并确保信息的完整性、保密性、可用性。商品和服务信息、交易信息保存时间自交易完成之日起不少于三年……”《电子签名法》第 24 条规定:“电子认证服务提供者应当妥善保存与认证相关的信息,信息保存期限至少为电子签名认证证书失效后五年。”法律要求相关处理者对个人信息履行相应的存储义务,是为了民事主体之间发生争议或者公权力机关进行调查时可以对个人信息便利地提取,履行法律赋予平台关于信息保存的相应义务。

关于“删除从技术上难以实现”,本条从技术角度强调删除难以实现而未从成本角度强调。这是考虑到在大数据时代背景下,大量个人信息存储在各类虚拟空间之中,其产生和消失往往无法控制,删除更是难以实现。而且,“删除”所包含的无法再复原的要求在许多场景下难以达到。如存储在计算机硬盘的信息文本,即便点击“删除”之后,也并非不可复原,而是可以再找回,只有从现实的物理空间上销毁存储个人信息的硬盘才能实现。在云空间中存储的数据往往需要对整个云服务器格式化才能达到“删除”的目的,这些属于个人信息删除难以逾越的技术障碍。

为了降低个人信息权益受损风险,避免对个人信息处理科以不合理负担,本条第 2 款指出,在无法执行个人信息删除时,个人信息处理者应当停止除存储和采取必要的安全保护措施之外的处理,也就是让个人信息停止流动,保持静止状态,从而达到类似“删除”的目的,保障个人信息主体权益。

【适用指引】

从个人信息保护实践来看,“删除”作为一种个人信息处理者的义务以及个人主体在个人信息处理活动中的基本权利,如何适用仍存在诸多疑问。

(一)“删除”的标准

本条未对“删除”的基本内涵进行阐释,根据《个人信息安全规范》第 3.10 款的规定,“删除”指“在实现日常业务功能所涉及的系统中去除个人信息的行为,使其保持不可被检索、访问的状态”,这一规定指出了“删除”的标准在于保持“个人信息”处于不可被检索或者被访问的状态。从这一定义来看,结合《个人信息保护法》第 73 条关于匿名化处理的规定,当个人信息经过匿名化处理,已经无法识别特定自然人且不能复原时,同样可以达到"删除"的标准。

(二)"删除"的实现

从删除内涵及相关规范的阐释来看,从现实的物理空间中毁灭个人信息存储的载体往往是最为彻底的"删除"方式,但是这种删除要付出过高的成本,不符合个人信息相关产业的持续发展。从现实的角度来看,删除的前提在于个人信息处理者对相应信息可以实现有效提取,如果未对收集的个人信息进行结构化的处理,处理者的内部不能准确识别其所属计算系统、硬盘、数据库、网络服务器内存储的个人信息的具体内容甚至类别,也就无法履行删除的义务和响应个人删除申请。根据《网络数据安全管理条例(征求意见稿)》第23条的规定,个人信息处理者应开发相应的功能模块提供个人行使删除权的便捷渠道。此外,《网络数据安全管理条例(征求意见稿)》还规定了删除的期限应在15个工作日内,综合考虑了删除难以实现的情况以及避免处理者拖延的实际需要,并且在《个人信息保护法》关于删除权规定的基础上,指出个人信息处理者如果存在删除确实难以实现的情况,应当向个人作出合理解释。

【案例链接】

黄某诉腾讯科技(深圳)有限公司等隐私权、个人信息权益网络侵权责任纠纷案①

1. 案情简介

本案其他要点在前文第7条等条文的案例分析中已有相关介绍。在原告的诉讼请求中,原告黄某请求判令腾讯科技(深圳)有限公司删除其留存的数据、解除腾讯科技(深圳)有限公司控制微信读书账户形成的微信读书关注关系。这一请求与本条文中关于个人信息删除权的规定相关联。

2. 案例要点与解析

在该案审理过程中,法院认为,根据《网络安全法》第43条,用户可以要求网络运营者删除违法收集的个人信息,无须以实际损害为前提。据此,法院判定原告黄某要求腾讯科技(深圳)有限公司删除其留存数据及由此形成的微信读书关注关系应当予以支持。这一判例所涉情形既与《个人信息保护法》第47条第3款相关,又同时符合第4款之情形。

---

① 北京互联网法院民事判决书,(2019)京0491民初16142号。

任某某诉北京百度网讯科技有限公司名誉权纠纷、姓名权纠纷、一般人格权纠纷案①

1. 案情简介

任某某曾与陶某公司在教育行业有过合作,该段合作的相关信息可以通过互联网查找获得。任某某认为,陶某公司声誉不佳,自己与该公司合作的信息可能引发民众对自己仍与陶某公司有合作的误解,影响自己的评价,故提起诉讼,要求删除自己与陶某公司合作的相关信息。这一案例涉及"被遗忘权",也关乎个人在什么情况下可以要求删除个人信息的问题。

2. 案例要点与解析

在该案审理过程中,法院认为,现行法律中并无"被遗忘权"(《个人信息保护法》关于个人信息删除的条款也未规定被遗忘权),任某某与陶某公司的合作关系是双方自愿作出,关系有效,不存在进行特殊保护的法理依据;任某某的任职经历虽然是其个人信息的一部分,但是这些涉诉信息与其个人行业资信具有直接相关性和时效性,对公众判断其资质是必要的;同时百度网讯科技有限公司由搜索引擎显示这些信息的行为并非不当使用,故判定对任某某的主张不予支持。

该案的判决体现了个人行使个人信息删除权需要法律法规的规定作为基础,同时还需要有正当理由。若个人信息存在的情形不属于《个人信息保护法》第47条规定的情形之一或有其他法律法规的规定,个人就无权要求删除这些信息。

域外案例

《通用数据保护条例》第17条规定了删除权和被遗忘权,是一个极具争议性的条款,围绕该条款最具有代表性的案例是Google西班牙案②和Google LLC v. CNIL案③。

在Google西班牙案中,西班牙报纸La Vanguardia于1998年在其印刷版中发表了两则关于强制出售因社会保障债务引起的财产公告。这些公告是根据西班牙劳动和社会事务部的命令发布的,其目的是吸引尽可能多的投标人。该公告的一个版本后来在网上发布。报纸公告中描述的房产之一属于Mario Costeja González,他在公告中被点名。2009年11月,Costeja联系该报抱怨说,当他的名

---

① 北京市第一中级人民法院民事判决书,(2015)一中民终字第09558号。

② Case C-131/12, Google Spain.

③ Case C-507/17, Google LLC.

字被输入谷歌搜索引擎时，将链接至公告。他要求删除与他有关的信息，认为强制出售已在几年前完成，不再与其相关。该报回复说，删除他的信息是不合适的，因为该出版物是按照西班牙劳动和社会事务部的命令进行的。Costeja 于 2010 年 2 月联系了 Google 西班牙，要求删除公告的链接。

本案主要涉及的问题包括：谷歌是否被归类为数据控制者？个人是否有理由基于删除权要求谷歌在检索中移除第三者发布的个人信息？对于第一个问题，前文第 3 条关联案例部分已经进行了详细介绍。对于第二个问题，欧盟法院首先指出，Google 作为互联网搜索引擎运营商，对于出现在其检索页面上的第三人提供的信息，也应该负责。在此前提下欧盟法院进一步指出，数据主体享有隐私权和保护个人信息的权利。一般而言，这两项权利都高于搜索引擎运营者的经济利益以及公众通过输入数据主体姓名从搜索引擎得到该些数据的利益。因此，本案当事人有权要求谷歌移除或屏蔽该些敏感的个人信息，使网民日后在搜索引擎输入其全名时，也无法找到他曾欠债的公告。然而，此项权利能否行使，取决于每个案件的具体情况，并须权衡各项相互竞争的权益。

Google 西班牙案的判决公布后，谷歌便开始在欧盟范围内，根据数据主体的申请删除了相关链接。然而，在此过程中，法国数据监管机关"国家信息与自由委员会"（以下简称 CNIL）对谷歌执行"被遗忘权"的范围提出了异议，认为谷歌删除链接的范围不应仅限于欧盟。2015 年 5 月，CNIL 正式通知谷歌，要求其在规定期限内，在其全球所有版本的搜索引擎中删除链接。在发现谷歌未在规定期限内执行后，CNIL 于 2016 年 3 月 10 日对谷歌作出了处以 10 万欧元罚款的行政处罚。①

由于"Google 西班牙案"仅确认了数据主体享有被遗忘权，但并未指明被遗忘权的执行范围，导致谷歌和 CNIL 针对该问题僵持不下。谷歌拒绝缴纳罚款，并向法国最高行政法院提起申诉，请求撤销该行政处罚。法国最高行政法院在受理"谷歌诉法国国家信息与自由委员会案"后，将该案呈交欧盟法院，并请求欧盟法院对被遗忘权的执行地域范围这一问题进行初步裁决。2019 年 9 月，欧盟法院对"西班牙案"作出了最终判决：Google 不必在除欧洲外的全球范围内执行"被遗忘权"。这意味着，根据欧盟法律，搜索服务没有义务在全球范围内执行欧洲的撤销链接申请。

---

① 应嘉毅：《"被遗忘权"的执行范围：欧盟抑或全球——兼评"谷歌诉法国国家信息与自由委员会案"》，载《欧洲法律评论》2020 年第 5 卷。

除了上述两个案例之外,还有Manni案也是围绕删除权的经典案例。[①] 2007年12月,一家获得在意大利建造旅游综合大楼许可的公司的董事Manni先生对莱切商会提起诉讼。在他看来,他之所以无法出售这座新大楼中的房产,是因为莱切商会公共登记册中的信息表明,他曾担任另一家公司的管理人,而该公司于1992年破产并于2005年清算。潜在的买家雇用调查公司查到了这些登记的信息并因此不再购买待售房产。Manni先生认为这些十年之前的登记信息导致自己失去了潜在买家,主张予以删除。

2011年8月1日,莱切法院维持了诉讼请求,并责令莱切商会对与Manni先生有关的数据进行匿名化处理,但无须予以删除,与此同时向其支付损失赔偿金。莱切法院在其裁决中辩称,除非有特殊的公共利益,否则保留和披露这些数据不能是永久性的。莱切商会根据2003年6月30日第196号法令(也称《意大利数据保护法》)第152条第13段直接向意大利最高法院提出上诉。意大利最高法院认为,公共登记册在收集和提供促进商业和社会关系的建立和发展的信息方面发挥着重要作用。这些数据有助于增加和确保法律的确定性,这是公共目的,足以证明保留它们是合理的。

尽管有公共目的论点可以证明永久处理个人信息是合理的,但意大利最高法院同时也认为被遗忘权作为保护个人的基本工具在本案中也有相关性。因此,意大利最高法院表示,这项权利需要与通过公司登记册中公布的信息确保法律确定性的必要性相平衡。鉴于这个问题具有较大的争议,意大利最高法院要求欧盟法院在没有任何法律规则的情况下,对这一问题提供意见。

2017年3月9日,欧盟法院裁定,根据欧盟现行法律,与公司登记册中公布的信息有关的被遗忘权应由成员国根据个案评估确定。如果与请求者的特定情况有关的令人信服的合法理由证明是正当的,则该机构可以在相关公司解散后足够长的期限届满时,仅限于能够证明对获取该数据具有特定利益的第三方能够访问该个人信息。根据欧盟法院的初步裁决,意大利最高法院认为,由于意大利法律中没有规定与公司登记册中公布的信息有关的被遗忘权,登记册中的个人信息不能删除。

意大利最高法院依据欧盟法院的初步裁决,认为由于意大利法律没有规定与公司登记册中公布的信息有关的被遗忘权,也没有当局负责维护登记册,法院也不能删除、阻止或匿名化登记册中的个人信息。仅仅因为潜在购买者可以访问而要求删除登记册的上个人信息不合理。被遗忘权的行使并非绝对的,是否适用需要逐案评估。

---

① Case C－398/15, Manni.

【关联条文】

《个人信息保护法》第 6 条、第 10 条、第 15 条、第 20 条、第 21 条

【相关规定】

《民法典》第 1037 条第 2 款;《网络安全法》第 43 条;《电子商务法》第 24 条;《未成年人保护法》第 72 条第 2 款;《电信和互联网用户个人信息保护规定》第 9 条;《个人信息安全规范》第 3.10 款、第 8.3 款;《网络数据安全管理条例(征求意见稿)》第 22 条、第 23 条

【域外比较】

本条规定了信息主体对个人信息的删除权,名称与内涵均与国际通行规定一致。例如,根据欧盟《通用数据保护条例》第 17 条的规定,"数据主体有权要求控制者删除关于其个人的数据,当具有如下情形之一时,控制者有责任及时删除个人数据:(a)个人数据对于实现其被收集或处理的相关目的不再必要;(b)处理是根据同意而进行的,并且没有其他合法性基础,数据主体撤回在此类处理中的同意;(c)数据主体根据本条例第 21 条第 1 款反对处理,并且不存在继续处理数据的正当理由,或者,数据主体根据本条例第 21 条第 2 款反对处理数据;(d)个人数据被非法处理;(e)为了履行欧盟或成员国法律为控制者所设定的法律义务,个人数据需要被删除;(f)个人数据是根据第 8 条第 1 款规定的因提供信息社会服务而收集的"。总之,两地法律存在显著的相似性。

第四十八条　个人有权要求个人信息处理者对其个人信息处理规则进行解释说明。

【条文主旨】

本条规定了个人有要求个人信息处理者解释说明其个人信息处理规则的权利,是个人知情权的组成部分。

【演进过程】

一审稿	二审稿	最终稿
第四十八条　个人有权要求个人信息处理者对其个人信息处理规则进行解释说明。	第四十八条　个人有权要求个人信息处理者对其个人信息处理规则进行解释说明。	
	第四十八条　个人有权要求个人信息处理者对其个人信息处理规则进行解释说明。	第四十八条　个人有权要求个人信息处理者对其个人信息处理规则进行解释说明。

【条文释义】

个人信息处理规则与个人的个人信息权利密切相关。《个人信息保护法》第7条规定:“处理个人信息应当遵循公开、透明原则,公开个人信息处理规则,明示处理的目的、方式和范围。”实践中,个人信息处理者一般不仅仅公开其个人信息处理规则,还会请求个人同意其个人信息处理规则,但这并不意味着个人清楚地知道个人信息处理规则的具体内容或者法律意义。因此,本条进一步规定,个人有权要求个人信息处理者对其个人信息处理规则进行解释说明。

首先,由于个人信息处理规则往往属于“格式条款”,个人并没有进行协商的权利。因此,当个人表示“同意”个人信息处理规则时,个人其实并没有参与规则的制定,也没有实质地理解个人信息处理规则的全部内容。因此,法律明确个人有请求解释说明的权利,可以防止个人信息处理者以“个人已经事先同意”为借口剥夺个人对个人信息处理规则的知情权。

其次,随着个人信息保护机制的不断完善,个人信息处理者往往制定详细、复杂的个人信息处理规则。由于个人处理规则的复杂性,“公开个人处理规则”仅意味着个人知道规则的相关文字,但并不意味着个人理解规则的含义。特别是针对个人信息处理规则的专业语言,如果个人缺乏相应的专业知识,往往难以真正地理解个人信息处理规则的含义,甚至完全不了解其中的专业术语,因此其知情权并没有真正地得到保障。鉴于此,本条进一步规定,个人有权要求个人信息处理者对其个人信息处理规则进行解释说明。也就是说,个人信息处理权不能仅仅单纯公开其个人处理规则,还要对其规则进行解释说明,让个人真正理解规则的含义。

最后,个人信息处理规则内容繁多,如果其中的一些条款存在矛盾之处,个人有权要求个人信息处理者进行解释说明。

【适用指引】

个人知道并理解个人信息处理规则,才能真正地理解个人信息处理活动对于其本身的意义,才能维护自身的合法权益。实践中,个人信息处理者可能只公开其个人信息处理规则,却不关心个人是否真正知道个人信息处理规则的内涵、外延以及法律后果等,因此造成个人知道却不理解个人信息处理规则的现象。但是,为了避免给个人信息处理者带来不必要的负担,防止个人无理纠缠,个人信息处理者的解释说明需要达到社会一般人能够理解的程度。

个人信息处理者应当为个人行使解释说明权提供方便,建立接受申请和提供答复的渠道。个人信息处理者可以开发“智能解答”系统,通过“机器人”回答常见的问题,但也要保留人工查询的渠道。个人信息处理者可以不断完善个人信息处理规则的表述方式，使有关规则既通俗易懂，又能符合法律要求。

【关联条文】

《个人信息保护法》第 7 条

【相关规定】

《民法典》第 496 条

【域外比较】

《通用数据保护条例》第 12 条第 1 款：“控制者应当以一种简洁、透明、易懂和容易获取的形式，以清晰和平白的语言来提供（应当告知的各项信息）。”尽管违反这一条款同样可能受到处罚，不过，除了在自动化决策这一特定场景之外，《通用数据保护条例》并未赋予个人就告知事项要求予以解释说明的权利。因此相对而言，我国在这一问题上对信息主体的权利有更强的保护。

第四十九条　自然人死亡的，其近亲属为了自身的合法、正当利益，可以对死者的相关个人信息行使本章规定的查阅、复制、更正、删除等权利；死者生前另有安排的除外。

【条文主旨】

本条规定了自然人死亡后，其近亲属就死者生前的个人信息可以行使的权利。

【演进过程】

一审稿	二审稿	最终稿
	第四十九条　自然人死亡的，本章规定的个人在个人信息处理活动中的权利，由其近亲属行使。	
	第四十九条　自然人死亡的，~~本章规定的个人~~在个人信息~~处理活动中~~的权利~~，由其近亲属行使~~。	第四十九条　自然人死亡的，其近亲属为了自身的合法、正当利益，可以对死者的相关个人信息行使本章规定的查阅、复制、更正、删除等权利；死者生前另有安排的除外。

【条文释义】

自然人死亡后，其个人信息并不会随之而消失，而是继续由相关个人信息处理者控制。在世界范围内,围绕死者的个人信息,存在许多争议。例如,死亡的个人信息权利能否被“继承”?死者的近亲属对死者生前留下来的个人信息,如网络社交媒体上的个人信息,是否享有处分等权利?

根据本条的规定,近亲属行使死者的相关个人信息权利,既有一定的前提条件,也有限定的范围,近亲属并不能当然地行使死者生前所享有的个人信息权利。

第一,权利主体是近亲属。《个人信息保护法》并没有规定近亲属的范围,因此应当适用《民法典》有关规定。依据《民法典》第1045条第2款,“配偶、父母、子女、兄弟姐妹、祖父母、外祖父母、孙子女、外孙子女为近亲属”。上述近亲属以外的亲属,均不能行使与本条有关的权利。

第二,近亲属行使有关权利的目的是维护自身的合法、正当利益。一方面,利益属于近亲属,而不是死者,近亲属不能为了死者的利益而行使本条的权利。另一方面,近亲属的利益是合法、正当的,即符合法律规定、不违反公序良俗和诚信原则的权利。“为了自身的合法、正当利益”的情形有许多。例如,死者将其遗嘱保存在云空间,为了行使继承权,近亲属需要查阅相关个人信息。又如,死者的个人信息可以在诉讼中作为证据支持近亲属的诉讼请求,近亲属为了维护自身合法权益、防止他人侵害,必须行使相关个人信息权利。

第三,权利的行使方式是查阅、复制、更正、删除等。这里有几个方面的限制。一是只能针对“相关”个人信息行使权利。所谓“相关”,是指为了实现近亲属合法正当利益所必需的个人信息。如为了了解死者生前对财产继承的安排,只能查阅相关个人信息,而不能查阅所有个人信息。二是只能行使本章规定的权利,针对《个人信息保护法》其他章节规定的以及其他法律规定的个人信息权利,近亲属不能行使本条规定之权利。三是只能行使查阅权、复制权、更正权和删除权。本章还规定了知情权、决定权、可携带权、解释说明权等权利,近亲属不能行使。

第四,死者生前另有安排的,近亲属不能行使。“另有安排”主要有三种情形:一是死者生前要求,个人信息处理者要在其死后删除所有个人信息,因此其近亲属无法行使查阅、复制、更正等权利。二是死者生前要求,任何人都不能行使相关个人信息权利。三是死者生前委托他人行使权利。

【适用指引】

本条的适用需要与《民法典》第994条有关死者人格利益保护的规定相区别。根据《民法典》的规定,人格权不得继承,但死者的姓名、肖像、名誉、荣誉、隐私、遗体等受到侵害的,其配偶、子女、父母有权依法请求行为人承担民事责任;死者没有配偶、子女且父母已经死亡的,其他近亲属有权依法请求行为人承担民事责任。《民法典》没有就死者的个人信息保护作出明确的规定。本条虽然是关于死者的个人信息的规定,但是同样没有直接规定“死者个人信息可以由近亲属保护”,而是规定了近亲属为了自身合法正当利益可以行使死者相关个人信息权利。死者的人格利益保护是一种消极的保护,即只有当死者的人格利益受到侵害时,近亲属才能请求行为人承担民事责任。与此不同,死者的个人信息权益保护是一种积极的保护,即近亲属可以直接行使相关权利。由此可见,一方面,《个人信息保护法》没有明确回答“个人信息权益能否被继承”这一富有争议性的问题。另一方面,在制定设计上,不同于死者的人格利益保护模式,本条规定了类似于继承的制度模式,近亲属在特定情形下可以直接行使死者在生前享有的某些个人信息权利。

死者人格利益保护的请求权主体具有顺位限制。根据《民法典》第994条的规定,配偶、子女、父母是第一顺位,如果存在配偶、子女、父母的,其他近亲属没有请求权。在死者没有配偶、子女且父母已经死亡的情形下,其他近亲属才享有请求权。相关规定与《民法典》有关继承顺序的制度相似。与此规定不同,本条对近亲属没有顺位的限制。有学者建议,可以参照《民法典》第994条,确立一个个人信息权利行使的顺位。[①] 笔者认为,确立权利行使的顺位,既没有法律依据,也没有合理性。本条权利行使的基础是近亲属为了自身的合法、正当利益。也就是说,本条实质上维护的不是死者的权利,而是近亲属的权利。因此,不能靠亲疏远近来判断是否能行使权利,不能规定一个所谓的“顺位”,只能根据维护合法正当利益的必要性来判断相关的近亲属是否可以行使权利。

【案例链接】

曹某等诉天津市社会保险基金管理中心出具文书复印件纠纷案[②]

1. 案情简介

原告曹某于2011年12月通过工亡职工周某维所在单位天津完达山乳品有限公司向被告的分支机构武清分中心申请支付某保险待遇。2012年2月,经原告询问得知被告于2011年2月作出了不支付工伤保险待遇的决定,相关文书《天津市涉及民事伤害赔偿工伤赔偿保险待遇核定表》已经送达周某维所在单位。原告要求被告出具上述文书的复印件,被告认为周某维的《天津市涉及民事伤害赔偿工伤赔偿保险待遇核定表》属于个人信息,不应该公开。

---

① 参见程啸:《个人信息保护法理解与适用》,中国法制出版社2021年版,第383页。

② 天津市和平区人民法院行政判决书,(2012)和行初0076号。

2. 案例要点与解析[①]

本案是一起请求政府信息公开的案件,《政府信息公开条例》(2007 年)第 14 条第 4 款规定:"行政机关不得公开涉及国家秘密、商业秘密、个人隐私的政府信息。但是,经权利人同意公开或者行政机关认为不公开可能对公共利益造成重大影响的涉及商业秘密、个人隐私的政府信息,可以予以公开。"案件的争议焦点是死亡公民的近亲属能否申请公开涉及该死亡公民的个人信息。

本案发生在《民法典》和《个人信息保护法》生效之前,因此当时关于死亡公民的近亲属能否申请公开涉及该死亡公民的个人信息,法律法规并没有明确规定。法院指出,从立法本意来看,涉及个人隐私的信息不得公开是为了保护公民的隐私权不受侵犯。根据学术界的看法,隐私权是自然人享有的对其个人的与公共利益无关的个人信息、私人活动和私有领域进行支配的一种人格权,其主体主要是自然人,不包括死者。死者不享有隐私权,因为我国《民法通则》(已废止)规定,公民的民事权利始于出生、终于死亡。隐私权是一项独立的民事权利,所以随着公民的死亡而终止。公民死亡后,其近亲属作为其权利义务的承受人,应属于《政府信息公开条例》(2007 年)第 14 条第 4 款规定的权利人,应当享有申请公开该死亡公民个人信息的权利。根据《行政诉讼法》(1989 年)第 24 条第 2 款有权提起诉讼的公民死亡,其近亲属可以提起诉讼的规定,法院运用了法律类推的适用,认定曹某环等三人申请公开个人信息的资格问题。

结合案情,法院认为,原告申请公开的《天津市涉及民事伤害赔偿工伤赔偿保险待遇核定表》属于周某维个人信息,本应由周某维本人申请公开,但是周某维已经死亡,曹某环、刘某芬、周某分别为周某维之妻、之母、之子,属于其近亲属,理应成为周某维个人信息的权利人,他们应当享有申请公开周某维个人信息的权利。

《个人信息保护法》就死者的个人信息权利保护问题进行了明确规定。根据第 49 条的规定,自然人死亡的,其近亲属为了自身的合法、正当利益,可以对死者的相关个人信息行使本章规定的查阅、复制等权利。劳动者因工身亡是否可以获得工伤赔偿,对死者的近亲属特别是继承人的合法利益有较大影响,因此《个人信息保护法》生效后,本案中的原告可以根据第 49 条的规定,向有关单位申请查阅、复制死者的相关个人信息。

【相关规定】

《民法典》第 994 条、第 1045 条第 2 款;《政府信息公开条例》(2007 年)第 14

---

① 参见刘志强、张战华、高博:《死亡公民的近亲属可以申请公开涉及该死亡公民的个人信息》,载《人民司法·案例》2013 年第 8 期。

条第 4 款;《行政诉讼法》(1989 年)第 24 条第 2 款;《最高人民法院关于审理使用人脸识别技术处理个人信息相关民事案件适用法律若干问题的规定》第 15 条

【域外比较】

关于死者个人信息权利是否可以由近亲属或者继承人行使问题,域外国家或地区很少有明确规定。例如,美国佛罗里达州《宪法》规定"患者的隐私权不会随着患者的过世而消失;患者生前的隐私权也不会因其过世而被销毁。"[①]佛罗里达州相关法律更侧重于患者信息不被擅自披露,并没有类似于我国《个人信息保护法》第 49 条有关死者个人信息权益(尽管未必是死者本人的权益)的体系性安排。

第五十条　个人信息处理者应当建立便捷的个人行使权利的申请受理和处理机制。拒绝个人行使权利的请求的,应当说明理由。

个人信息处理者拒绝个人行使权利的请求的,个人可以依法向人民法院提起诉讼。

【条文主旨】

本条规定了个人行使个人信息权利的保障措施,规定了个人信息处理者建立申请受理和处理机制的义务以及拒绝个人行使权利时的说明义务,规定了个人信息处理者拒绝个人行使权利请求时的司法救济途径。

【演进过程】

一审稿	二审稿	最终稿
第~~四十九~~条　个人信息处理者应当建立个人行使权利的申请受理和处理机制。拒绝个人行使权利的请求的,应当说明理由。	第五十条　个人信息处理者应当建立个人行使权利的申请受理和处理机制。拒绝个人行使权利的请求的,应当说明理由。	

① 方蕾:《逝者的隐私权》,载微信公众号"美国法律讲堂"2017 年 11 月 8 日,https://mp.weixin.qq.com/s? src = 11&timestamp = 1638977160&ver = 3484&signature = xao8z * eecKwNpQTbM82eSFJYOB0fBxgAT3d7h0bkiHS990RdUsq48 * DkYEZ4ki6Yn1ZKAvxKmzQFKyr1K3DeJoS1qLBr * reb8NnHpY5UuU0kBEocXnBC571r9pGL8pWq&new = 1。

续表

一审稿	二审稿	最终稿
	第五十条　个人信息处理者应当建立个人行使权利的申请受理和处理机制。拒绝个人行使权利的请求的,应当说明理由。	第五十条　个人信息处理者应当建立便捷的个人行使权利的申请受理和处理机制。拒绝个人行使权利的请求的,应当说明理由。 个人信息处理者拒绝个人行使权利的请求的,个人可以依法向人民法院提起诉讼。

【条文释义】

《个人信息保护法》明确了个人在个人信息处理活动中依法享有的各项权利。在个人信息处理活动中,个人行使权利往往需要个人信息处理者的协助与配合,为此,《个人信息保护法》就个人信息处理者协助与配合个人行使权利的程序性义务作出了一般性的规定。

第一,个人信息处理者要建立便捷的申请受理机制。除了征求个人同意等情形外,个人信息处理者一般不会主动请求个人行使其法定权利。在大多数情形下,个人要行使其知情权、查阅权、复制权、更正权、删除权等权利时,往往需要向个人信息处理者提出请求,因此,个人信息处理者必须建立相应的申请受理机制,该申请受理机制应当是简单方便、易识别的,不能为权利人行使设置不必要的障碍。申请受理机制包括申请机制与受理机制。申请机制主要包括权利人向个人信息处理者提出申请的渠道、方法以及个人需要提交的申请材料。申请的渠道、方法包括来访、电话、书面形式、互联网申请等。申请材料包括个人的具体诉求与证明材料等。受理机制包括个人信息处理者对个人的申请予以登记、审查与决定是否受理等程序。

第二,个人信息处理者要建立处理机制。处理机制主要是指个人信息处理者要根据内部的程序,对个人的申请作出决定并将结果反馈给个人。内部的程序包括有权作出决定的人员、作出决定的具体程序、作出决定的期限、个人不服决定的救济程序等。个人信息处理者建立的处理机制应当告知个人。

第三,个人信息处理者拒绝个人行使权利的请求的,负有说明原因的法律义务。为保障个人的合法权益以及防止个人信息处理者滥用其权利,本条规定了个人信息处理者的说明义务。个人信息处理者拒绝个人行使权利的请求的情形,包括不予受理或者受理后拒绝有关请求两种。无论是哪种情形,个人信息处理者均应当说明其理由。在法律没有规定“拒绝的理由”的情况下,个人信息处理者拒绝的理由,只能是个人的请求不符合法律的规定。例如,只有当相关信息不属于申请人时,个人信息处理者才能不受理相关请求。只有当个人的请求与法律规定不符合时,个人信息处理者才能拒绝请求。个人信息处理者不能以营业成本等为由拒绝个人的申请。

第四,个人信息处理者拒绝个人行使权利的请求的,个人可以依法向人民法院提起诉讼。诉讼是个人权利获得救济的有效途径之一。人民法院审理相关案件时,应当就个人请求的合法性、个人信息处理者的有无建立便捷的申请受理和处理机制、个人信息处理者拒绝请求的合法合理性等问题进行审查。

【适用指引】

在实践中,个人信息处理者建立的申请受理和处理机制是否便捷,拒绝个人请求的理由是否合法合理,可能是比较有争议的问题,法律法规也没有明确的判断标准。在国家标准层面,《个人信息安全规范》第8.7款提出了相对明确的要求,可供有关企业参考。

关于机制便捷性,《个人信息安全规范》指出,采用交互式页面(如网站、移动互联网应用程序、客户端软件等)提供产品或服务的,宜直接设置便捷的交互式页面提供功能或选项,便于个人信息主体在线行使其访问、更正、删除、撤回授权同意、注销账户等权利。同时对处理机制中的期限、成本等问题提出了国家标准:首先,在验证个人信息主体身份后,应及时响应个人信息主体提出的请求,应在30日内或法律法规规定的期限内作出答复及合理解释,并告知个人信息主体外部纠纷解决途径。其次,对合理的请求原则上不收取费用,但对一定时期内多次重复的请求,可视情况收取一定的成本费用;直接实现个人信息主体的请求需要付出高额成本或存在其他显著困难的,个人信息控制者应向个人信息主体提供替代方法,以保障个人信息主体的合法权益。

关于个人信息处理者拒绝个人请求的正当理由,《个人信息安全规范》列举了以下几项:(1)与个人信息控制者履行法律法规规定的义务相关的;(2)与国家安全、国防安全直接相关的;(3)与公共安全、公共卫生、重大公共利益直接相关的;(4)与刑事侦查、起诉、审判和执行判决等直接相关的;(5)个人信息控制者有充分证据表明个人信息主体存在主观恶意或滥用权利的;(6)出于维护个人信息主体或其他个人的生命、财产等重大合法权益但又很难得到本人授权同意的;(7)响应个人信息主体的请求将导致个人信息主体或其他个人、组织的合法权益受到严重损害的;(8)涉及商业秘密的。

【案例链接】

国家监管部门自2019年起对App进行了大规模专项监管工作,重点关注和治理了个人信息保护的多方面问题。其中,依据2019年发布的《App违法违规收集使用个人信息行为认定方法》,未提供有效的更正、删除个人信息及注销账号功能,未建立并公布个人信息安全投诉举报渠道或未在承诺时限内受理并处理等5种行为可被认定为"未按法律规定提供删除或更正个人信息功能"或"未公布投诉、举报方式等信息"。这一规定的法律基础是《网络安全法》第49条"网络运营者应当建立网络信息安全投诉、举报制度,公布投诉、举报方式等信息,及时受理并处理有关网络信息安全的投诉和举报"。《个人信息保护法》第50条的规定也为App治理相关规定提供了新的法律基础。

自2019年年末起,国家移动互联网应用安全管理中心下属的国家计算机病毒应急处理中心先后进行了约20次违法移动应用通报,几乎每次通报的违规违法移动应用中均包含"未建立并公布个人信息安全投诉、举报渠道,或超过承诺处理回复时限"违规情形。①

【相关规定】

《网络安全法》第49条;《电子商务法》第59条;《个人信息安全规范》;《App违法违规收集使用个人信息行为认定方法》

【域外比较】

本条规定了个人行使权利的受理处理机制,并就个人信息处理者拒绝个体行使权利设立了一项诉讼请求权。二者都可以在《通用数据保护条例》中找到相似的条款。《通用数据保护条例》第12条要求,控制者应当对数据主体行使各项权利(包括知情权、更正权、限制处理权等权利)提供帮助。在大部分情况下,当数据主体请求行使其权利时,控制者不应拒绝,除非控制者能够证明其不适合识别数据主体;在数据主体提出权利行使请求后,控制者应当在收到请求后1个月内提供信息。在必要的情形下,考虑请求的复杂性和多样性,这个期限可以再延长2个月。如果有此类延长,控制者应当在收到请求的1个月内将此类延长以及延长原因告知数据主体。当数据主体以电子形式作出请求,在可行的情况下,对信息的提供也应当以电子形式作出,除非数据主体有不同请求;如果控制者没有采取相应的行动对数据主体的请求作出回应,那么应当及时告知该数据主体其在收到请求后1个月内未能采取行动的具体原因,同时数据主体可向监管机构提出申

---

① 参见国家移动互联网应用安全管理中心:《违法曝光》,载国家移动互联网应用安全管理中心网2021年12月12日,https://www.cnaac.org.cn/illegal.html?type=1。

诉，寻求司法救济；以及，在大部分情况下，与权利行使相关的交流行为应当（对数据主体而言）是免费的。可见，《个人信息保护法》第 50 条与《通用数据保护条例》的上述规定有高度的相似性。

第五章　个人信息处理者的义务

网络空间良好生态关系国家安全、人民群众切身利益、市场经济秩序、社会公共利益等多个方面。规范个人信息处理活动，明确企业、机构等个人信息处理者的法律义务，是《个人信息保护法》从文本向实践落地的重要依托。本章对个人信息处理活动中个人信息处理者的义务进行具体规定，共计 9 条，明确了个人信息处理者保障个人信息安全的义务，要求其采取相应措施确保个人信息处理活动的合规，防范个人信息泄露、篡改、丢失等风险事件；指定个人信息保护负责人对其个人信息处理活动进行监督；定期开展合规审计；对处理敏感个人信息、向境外提供个人信息等高风险处理活动，事前进行风险评估；履行个人信息泄露通知和补救义务等。

第五十一条　个人信息处理者应当根据个人信息的处理目的、处理方式、个人信息的种类以及对个人权益的影响、可能存在的安全风险等，采取下列措施确保个人信息处理活动符合法律、行政法规的规定，并防止未经授权的访问以及个人信息泄露、篡改、丢失：

（一）制定内部管理制度和操作规程；

（二）对个人信息实行分类管理；

（三）采取相应的加密、去标识化等安全技术措施；

（四）合理确定个人信息处理的操作权限，并定期对从业人员进行安全教育和培训；

（五）制定并组织实施个人信息安全事件应急预案；

（六）法律、行政法规规定的其他措施。

【条文主旨】

本条规定了个人信息处理者合规管理和信息安全保护义务，具体列举了个人信息处理者应当采取的措施。

【演进过程】

一审稿	二审稿	最终稿
第五十条　个人信息处理者应当根据个人信息的处理目的、处理方式、个人信息的种类以及对个人的影响、可能存在的安全风险等，采取必要措施确保个人信息处理活动符合法律、行政法规的规定，并防止未经授权的访问以及个人信息泄露或者被窃取、篡改、删除： （一）制定内部管理制度和操作规程； （二）对个人信息实行分级分类管理； （三）采取相应的加密、去标识化等安全技术措施； （四）合理确定个人信息处理的操作权限，并定期对从业人员进行安全教育和培训； （五）制定并组织实施个人信息安全事件应急预案； （六）法律、行政法规规定的其他措施。	第五十一条　个人信息处理者应当根据个人信息的处理目的、处理方式、个人信息的种类以及对个人的影响、可能存在的安全风险等，采取必要措施确保个人信息处理活动符合法律、行政法规的规定，并防止未经授权的访问以及个人信息泄露或者被窃取、篡改、删除： （一）制定内部管理制度和操作规程； （二）对个人信息实行分类管理； （三）采取相应的加密、去标识化等安全技术措施； （四）合理确定个人信息处理的操作权限，并定期对从业人员进行安全教育和培训； （五）制定并组织实施个人信息安全事件应急预案； （六）法律、行政法规规定的其他措施。	
	第五十一条　个人信息处理者应当根据个人信息的处理目的、处理方式、个人信息的种类以及对个人的影响、可能存在的安全风险等，采取必要措施确保个人信息处理活动符合法律、行政法规的规定，并防止未经授权的访问以及个人信息泄露或者被窃取、篡改、删除： （一）制定内部管理制度和操作规程； （二）对个人信息实行分类管理； （三）采取相应的加密、去标识化等安全技术措施； （四）合理确定个人信息处理的操作权限，并定期对从业人员进行安全教育和	第五十一条　个人信息处理者应当根据个人信息的处理目的、处理方式、个人信息的种类以及对个人权益的影响、可能存在的安全风险等，采取下列措施确保个人信息处理活动符合法律、行政法规的规定，并防止未经授权的访问以及个人信息泄露、篡改、丢失： （一）制定内部管理制度和操作规程； （二）对个人信息实行分类管理； （三）采取相应的加密、去标识化等安全技术措施； （四）合理确定个人信息处理的操作权限，并定期对从业人员进行安全教育和

续表

一审稿	二审稿	最终稿
	培训； （五）制定并组织实施个人信息安全事件应急预案； （六）法律、行政法规规定的其他措施。	培训； （五）制定并组织实施个人信息安全事件应急预案； （六）法律、行政法规规定的其他措施。

【条文释义】

个人信息处理者不仅要履行其与个人签订的合同所约定的义务，而且要履行法律规定的强制性义务。基于个人信息的敏感性、权益保护的特殊性以及个人信息的涉众性，许多国家在个人信息保护领域并没有完全实施“合同自治”，而是选择在法律中明确规定个人信息处理者的强制性义务。

本条规定了个人信息处理者合规管理和保护个人信息安全的一般性义务，即所有个人信息处理者都需要采取的一般性措施。相对而言，《个人信息保护法》第52～59条则规定了个人信息处理者的某类特殊义务。合规管理的义务，是指个人信息处理者应当根据个人信息的处理目的、处理方式、种类以及对个人的影响、可能存在的安全风险等，采取必要措施确保个人信息处理活动符合法律、行政法规的规定。保护个人信息安全的义务，是指个人信息处理者采取必要措施维护个人信息安全，防止发生未经授权的访问以及个人信息泄露或者被窃取、篡改、删除等行为。

根据本条之规定，为履行合规管理和保护个人信息的义务，个人信息处理者需要采取以下措施：

第一，制定内部管理制度和操作规程。内部管理制度是个人信息处理者制定的有关合规经营和保护个人信息安全的管理组织架构、从业人员配备、从业人员行为规范与权限、奖励与惩处等规则。操作规程是个人信息处理者制定的有关从业人员在从事个人信息处理活动或者操作设备时的工作程序或者步骤。内部管理制度和操作规程所规定的具体制度、操作步骤都应当有具体的责任人，发生个人信息安全事故要有相应的人员负责。

第二，对个人信息实行分类管理。个人信息分类管理，是个人信息处理者按照某种标准，如重要程度、法律要求等，将个人信息进行区分、归类，并针对不同类型的个人信息采取不同的管理措施。例如，《个人信息保护法》对未成年人个人信息，敏感个人信息，在公共场所安装图像采集、个人身份识别设备所收集的个人图像和个人身份特征等，作出了特殊的规定，个人信息处理者对上述类型的个人信息应当采取符合法律特殊规定的分类管理措施。

第三,采取相应的加密、去标识化等安全技术措施。通过网络入侵等手段非法获取个人信息处理者所控制的个人信息,是违法犯罪分子非法获取个人信息的途径之一。为应对此类风险,个人信息处理者应当在强化系统安全的同时,依照本项的规定采取相应的加密、去标识化等安全技术措施,确保其收集的个人信息安全,防止信息泄露、毁损、丢失。加密措施即通过安全认证、采取特定方法对信息进行变换等措施,使一般人难以读取或者难以理解相关信息。去标识化即对个人信息进行技术处理,使其在不借助额外信息的情况下无法识别特定自然人。

第四,合理确定个人信息处理的操作权限,并定期对从业人员进行安全教育和培训。个人信息处理者内部工作人员故意或者过失泄露个人信息的案件时有发生,因此,完善个人信息处理者对相关从业人员的管理制度,对加强个人信息保护而言具有重要的现实意义。本条要求个人信息处理者对其员工处理个人信息的权限进行合理设置。对于与个人信息处理业务无关的人员,个人信息处理者不能赋予其操作权限。对于从事个人信息处理业务的工作人员,应当只赋予必要的操作权限。操作权限包括可以处理个人信息的类型、可以处理个人信息的范围、可以处理个人信息的时间、可以处理个人信息的数量、可以实施的行为类型等。本条还要求个人信息者对从业人员进行安全教育和培训,主要目的在于增加安全防范意识、防止出现人为疏忽造成的个人信息安全风险,提高安全防范水平与能力、防止出现因能力不足而造成的个人信息安全风险。

第五,制定并组织实施个人信息安全事件应急预案。个人信息安全事件是指发生个人信息泄露或者被窃取、篡改、删除等危害个人信息安全的事件。个人信息安全事件应急预案,是规定个人信息安全事件应对的基本原则、组织体系、运行机制以及处置等的工作方案。应急预案是个人信息处理者的相关人员应对个人信息安全事件的主要依据和行动规范。① 从世界范围来看,随着个人信息的商业价值越来越突出,不法分子总是希望通过各种手段实施非法获取、篡改个人信息等违法犯罪行为,发生个人信息安全事件是不可避免的,因此个人信息处理者必须对此做好预案,在发生个人信息安全事件时立即组织实施应急预案,对事件进行分析与评估,采取技术措施和其他必要措施,消除安全风险,防止危害扩大,并及时向受影响的个人和社会公众发出警示信息。

第六,法律、行政法规规定的其他措施。本条仅列举了五项个人信息处理者应当采取的合规管理和信息安全保护措施,其他法律、行政法规可以根据保护个

① 参见杨合庆主编:《中华人民共和国网络安全法解读》,中国法制出版社 2017 年版,第 115 页。

人信息安全的客观需要，合理地规定其他措施。

【适用指引】

本条规定了个人信息处理者需要采取的六类措施。每类措施具体怎么落实，需要个人信息处理者结合个人信息的处理目的、处理方式、种类以及对个人权益的影响、可能存在的安全风险等因素来决定。就个人处理目的而言，基于商业目的而处理个人信息与基于公安安全目的而处理个人信息，就需要制定不同的个人信息处理规则，内部管理制度和相关操作规程等亦应有所区别。就处理方式而言，个人信息处理者制定的合规措施要与其个人信息处理活动相联系，要覆盖到每一类处理活动。例如，如果某企业仅收集个人信息，而不实施其他处理活动，就不需要制定与存储、使用个人信息等相关的内部管理制度。就个人信息处理的种类而言，要对个人信息实行分类管理，不同类型的个人信息实行不同的管理措施。对于敏感的个人信息，需要制定相对更加严格的管理措施。在制定和执行相关管理措施时，也要评估个人权益可能受影响、受侵害的风险。例如，对于泄露可能造成个人生命健康或重大财产损失的个人信息，个人信息处理者要采取严格的保护措施，制定详细的应急预案，遇到安全事件后要立刻通知个人并采取相应的补救措施。

【案例链接】

浙江省温州市鹿城区人民检察院督促保护就诊者个人信息行政公益诉讼案①

1. 案情简介

温州市某儿童摄影公司员工张某某、某儿童培训公司卢某某，为提升公司业绩，进行商业营销，采用购买、交换等方式从温州市数家医院非法获取孕妇、产妇信息1万余条；张某某还向他人出售、提供以前述手段获取的个人信息。涉事医院均未采取相关措施确保个人信息处理活动符合法律、行政法规要求，致使就诊者个人信息被泄露。

2. 案例要点与解析

检察机关希望针对非法获取就诊人员个人信息用作其他商用的行为进行整治，规范市场、整顿乱象，督促相应行政机关依法履职，加强监督机制和信息保护力度。

---

① 参见最高人民检察院：《最高人民检察院发布11件检察机关个人信息保护公益诉讼典型案例之二：浙江省温州市鹿城区人民检察院督促保护就诊者个人信息行政公益诉讼案》，载最高人民检察院网上发布厅，https://www.spp.gov.cn/spp/xwfbh/wsfbt/202104/t20210422_516357.shtml#2。

结合案情，检方认为，经营者收集消费者个人信息，应当遵循合法、正当、必要原则，并采取相应的措施防止消费者个人信息被泄露。市场监督管理部门对消费者信息遭到泄露的情况应当负有监督职责，并对相应结果承担责任；被告人张某某等涉嫌刑事犯罪，相关涉案公司也应当受到行政处罚。

检察机关对相关医院发出了社会治理检察建议，建议加强就诊者的个人信息保护。《个人信息保护法》第51条规定，个人信息处理者应采取相应措施防止个人信息泄露、篡改、丢失，措施包括对敏感信息加密、去标识化等技术手段，还包括对从业人员进行安全教育和培训以及制定应急预案等。

【关联条文】

《个人信息保护法》第52～59条

【相关规定】

《民法典》第1038条第2款；《数据安全法》第21条；《网络安全法》第25条、第40条、第42条第2款；《密码法》第12条第1款；《消费者权益保护法》第29条第2款、第50条

【域外比较】

域外许多国家规定了个人信息处理者保障个人信息安全相关义务的规定。例如，《通用数据保护条例》第32条规定："在考虑了最新水平、实施成本、处理的性质、处理的范围、处理的场景与目的，以及处理给自然人权利与自由带来的伤害可能性与严重性之后，控制者和处理者应当采取包括但不限于如下的适当技术与组织措施，以便保证和风险相称的安全水平：(a)个人数据的匿名化和加密；(b)保持处理系统与服务的保密性、公正性、有效性以及重新恢复的能力；(c)在遭受物理性或技术性事件的情形中，有能力恢复对个人数据的获取与访问；(d)对技术性和组织性措施的有效性进行定期测试、评估与评价，以确保处理的安全性。"

第五十二条　处理个人信息达到国家网信部门规定数量的个人信息处理者应当指定个人信息保护负责人，负责对个人信息处理活动以及采取的保护措施等进行监督。

个人信息处理者应当公开个人信息保护负责人的联系方式，并将个人信息保护负责人的姓名、联系方式等报送履行个人信息保护职责的部门。

【条文主旨】

本条规定了个人信息保护负责人制度。

【演进过程】

一审稿	二审稿	最终稿
第五十一条 处理个人信息达到国家网信部门规定数量的个人信息处理者应当指定个人信息保护负责人，负责对个人信息处理活动以及采取的保护措施等进行监督。 个人信息处理者应当公开个人信息保护负责人的姓名、联系方式等，并报送履行个人信息保护职责的部门。	第五十二条 处理个人信息达到国家网信部门规定数量的个人信息处理者应当指定个人信息保护负责人，负责对个人信息处理活动以及采取的保护措施等进行监督。 个人信息处理者应当公开个人信息保护负责人的联系方式，并将个人信息保护负责人的姓名、联系方式等报送履行个人信息保护职责的部门。	
	第五十二条 处理个人信息达到国家网信部门规定数量的个人信息处理者应当指定个人信息保护负责人，负责对个人信息处理活动以及采取的保护措施等进行监督。 个人信息处理者应当公开个人信息保护负责人的联系方式，并将个人信息保护负责人的姓名、联系方式等报送履行个人信息保护职责的部门。	第五十二条 处理个人信息达到国家网信部门规定数量的个人信息处理者应当指定个人信息保护负责人，负责对个人信息处理活动以及采取的保护措施等进行监督。 个人信息处理者应当公开个人信息保护负责人的联系方式，并将个人信息保护负责人的姓名、联系方式等报送履行个人信息保护职责的部门。

【条文释义】

个人信息保护负责人是指专门负责对个人信息处理活动以及个人信息处理者采取的保护措施等进行监督的人员。根据本条的规定，只有处理的个人信息数量达到了国家网信部门规定数量的个人信息处理者，才有法律义务指定专门的个人信息保护负责人。处理的个人信息数量没有达到国家网信部门规定数量的个人信息处理者，可以自行决定是否指定专门的个人信息处理者。

依照本条之规定，个人信息保护负责人的主要职责是监督个人信息处理活动以及个人信息处理者采取的安全保护措施是否符合法律、行政法规的要求以及是否满足实践的需要。监督的含义是指定期或者不定期检查个人信息处理者的个人信息处理活动以及采取的保护措施是否符合法律、行政法规的要求，根据检查的情况向个人信息处理者提出合规建议。在不违反法律、行政法规规定的前提下,个人信息处理者可以赋予个人信息保护负责人更多的权限。

为了个人信息保护负责人更好地履行其监督职责,也方便个人、主管部门与个人信息保护负责人取得联系,《个人信息保护法》还明确要求个人信息处理者应当公开个人信息保护负责人的联系方式,并将个人信息保护负责人的姓名、联系方式等报送履行个人信息保护职责的部门。

【适用指引】

关于个人信息保护负责人是否专职、是否需要是个人信息处理者的内部人员、个人信息保护负责人的任职条件等问题,《个人信息保护法》均没有明确规定。从"指定个人信息保护负责人"的表述来看,个人信息处理者指定其内部工作人员兼职从事个人信息保护工作,是符合《个人信息保护法》的要求的。但是从企业外部聘请或者聘任专职的个人信息保护负责人,同样符合《个人信息保护法》的要求。

在《个人信息保护法》生效之前,由国家市场监督管理总局和国家标准化管理委员会发布的《个人信息安全规范》提出了个人信息保护负责人制度的"国家标准"。根据此国家标准,首先,个人信息控制者应任命个人信息保护负责人和个人信息保护工作机构,个人信息保护负责人应由具有相关管理工作经历和个人信息保护专业知识的人员担任,参与有关个人信息处理活动的重要决策直接向组织主要负责人报告工作。其次,满足以下条件之一的组织,应设立专职的个人信息保护负责人和个人信息保护工作机构,负责个人信息安全工作:(1)主要业务涉及个人信息处理,且从业人员规模大于200人;(2)处理超过100万人的个人信息,或预计在12个月内处理超过100万人的个人信息;(3)处理超过10万人的个人敏感信息的。根据此国家标准,个人信息保护负责人和个人信息保护工作机构的职责应包括但不限于:(1)全面统筹实施组织内部的个人信息安全工作,对个人信息安全负直接责任;(2)组织制订个人信息保护工作计划并督促落实;(3)制定、签发、实施、定期更新个人信息保护政策和相关规程;(4)建立、维护和更新组织所持有的个人信息清单(包括个人信息的类型、数量、来源、接收方等)和授权访问策略;(5)开展个人信息安全影响评估,提出个人信息保护的对策建议,督促整改安全隐患;(6)组织开展个人信息安全培训;(7)在产品或服务上线发布前进行检测,避免未知的个人信息收集、使用、共享等处理行为;(8)公布投诉、举报方式等信息并及时受理投诉举报;(9)进行安全审计;(10)与监督、管理部门保持沟通,通报或报告个人信息保护和事件处置等情况。《个人信息安全规范》还要求个人信息控制者应为个人信息保护负责人和个人信息保护工作机构提供必要的资源,保障其独立履行职责。

个人信息处理者要处理好个人信息保护人和网络安全负责人的关系。根据《网络安全法》第 21 条之规定，网络运营者应当按照网络安全等级保护制度的要求，确定网络安全负责人。实践中，网络运营者一般也是个人信息处理者，大型的个人信息处理者往往也是网络运营者，因此同一主体特别是互联网企业、国家机关可能要同时指定网络安全负责人和个人信息保护负责人。由于法律并没有禁止由一人同时担任网络安全负责人和个人信息保护负责人，因此，基于成本的考虑以及两项工作的重合性，有关主体可以指定一人同时担任网络安全负责人和个人信息保护负责人。

【相关规定】

《网络安全法》第 21 条；《电信和互联网用户个人信息保护规定》第 13 条；《个人信息安全规范》

【域外比较】

本条规定的"个人信息保护负责人"与欧盟《通用数据保护条例》中的"数据保护官"（Data Protection Officer，DPO）相似。根据《通用数据保护条例》第 39 条的规定，"数据保护官至少应当承担以下五项任务：（1）向数据控制者、数据处理者或者履行法定数据保护法务的雇员提出通知和建议。（2）监督本条例、欧盟或成员国数据保护规定及控制者或处理者个人数据保护政策的遵守情况，包括责任分配、意识提高和参加处理操作的员工培训及相关审计活动。（3）根据本条例第 35 条的规定，在需要时提出有关数据保护影响评估的建议，并监督建议的落实情况。（4）与监管机构合作。（5）作为监管机构监管处理活动的联络点，包括本条例第 36 条所规定的事先协商和其他协商"。与本条的规定相比，《通用数据保护条例》就数据保护官的职责进行了更加明确的规定。此外，《通用数据保护条例》第 38 条第 3 款还规定了数据保护官的职业保障机制："数据控制者和处理者应当确保数据保护官不会收到关于执行任务的任何指令，数据保护官不应因为执行任务而被控制者或处理者解雇或者受到处罚。数据保护官应当直接向控制者或处理者的最高管理者报告工作。"

第五十三条　**本法第三条第二款规定的中华人民共和国境外的个人信息处理者，应当在中华人民共和国境内设立专门机构或者指定代表，负责处理个人信息保护相关事务，并将有关机构的名称或者代表的姓名、联系方式等报送履行个人信息保护职责的部门。**

【条文主旨】

本条创设个人信息保护的立法管辖权与相应执法活动的"联络点",本质上是为了更好地实现域外管辖。本条规定在境外的个人信息处理者应在我国境内设置专门机构或指定代表,处理个人信息保护相关事务。此类境外个人信息处理者包括:在境外以向境内自然人提供产品或者服务为目的;分析、评估境内自然人的行为;有其他法律规定情形的个人信息处理者。

【演进过程】

一审稿	二审稿	最终稿
第五十三条　本法第三条第二款规定的中华人民共和国境外的个人信息处理者,应当在中华人民共和国境内设立专门机构或者指定代表,负责处理个人信息保护相关事务,并将有关机构的名称或者代表的姓名、联系方式等报送履行个人信息保护职责的部门。	第五十三条　本法第三条第二款规定的中华人民共和国境外的个人信息处理者,应当在中华人民共和国境内设立专门机构或者指定代表,负责处理个人信息保护相关事务,并将有关机构的名称或者代表的姓名、联系方式等报送履行个人信息保护职责的部门。	
	第五十三条　本法第三条第二款规定的中华人民共和国境外的个人信息处理者,应当在中华人民共和国境内设立专门机构或者指定代表,负责处理个人信息保护相关事务,并将有关机构的名称或者代表的姓名、联系方式等报送履行个人信息保护职责的部门。	第五十三条　本法第三条第二款规定的中华人民共和国境外的个人信息处理者,应当在中华人民共和国境内设立专门机构或者指定代表,负责处理个人信息保护相关事务,并将有关机构的名称或者代表的姓名、联系方式等报送履行个人信息保护职责的部门。

【条文释义】

欧美等国家对境外发生的对境内产生重大影响的经济活动实施保护性管辖权,但如何有效管辖,是实践中面临的难题。创设"联络点"或"联络机制"成为近期欧美国家的重要规制方法。例如,欧盟《数字服务法案》要求所有互联网企业在欧盟境内设立联络人或法律代表,由此实现欧盟立法对域外行为的有效管制。

欧美等国家的做法具有一定的启示意义。个人信息保护立法中吸收、借鉴了欧盟数字立法的经验,要求特殊的境外互联网企业应具有有效管辖的"联络点",特别是应将有关机构的名称或者代表的姓名、联系方式等报送履行个人信息保护职责的部门。

【适用指引】

在具体适用中，以向境内自然人提供产品或者服务为目的，分析、评估境内自然人的行为，或有其他法律规定情形的境外个人信息处理者，应按要求在我国境内设置专门机构或指定代表，处理个人信息保护相关事务。该机构或代表应将名称或者姓名、联系方式等报送履行个人信息保护职责的部门。值得注意的是，本条并未规定需要将专门机构或指定代表的信息公开，而仅规定报送义务。

【案例链接】

特斯拉公司数据本地化案

1. 案情简介

2021 年 5 月，特斯拉公司官方微博宣布已在中国建立数据中心，以实现数据存储本地化，并将陆续增加更多本地数据中心。特斯拉公司声称，接下来，所有在中国市场销售车辆所产生的数据，都将存储在中国境内。2021 年 9 月，特斯拉公司 CEO 埃隆·马斯克在乌镇互联网大会上再次确认了此事。

2. 案例要点与解析

特斯拉公司作为一家外资企业，在中国境内从事智能汽车、自动驾驶业务时，势必会处理车主本人的个人信息或者行车过程中产生的数据。其中符合个人信息保护法规定范围的信息应当依照本条及《个人信息保护法》第 3 章关于个人信息跨境提供的相关规则进行处理，尤其是应当根据本条规则在境内设立联络点，从而允许中国监管部门对其行使保护性管辖权，进行数据合规监管。特斯拉公司在中国境内设立数据中心并在境内处理数据的行为同时也是针对 2021 年 5 月国家互联网信息办公室发布的《汽车数据安全管理若干规定（征求意见稿）》中要求的合规措施。

【关联条文】

《个人信息保护法》第 3 条第 2 款

【域外比较】

本条肇始于《通用数据保护条例》，随后为世界立法机关所参考。依据《通用数据保护条例》第 27 条的规定，“在符合《通用数据保护条例》第 3 条关于域外适用的规定，为数据主体提供相关商品、服务或者监控数据主体行为时，控制者或处理者应当以书面形式在欧盟内委任一名代表”。此外，这名代表应当位于前述数据主体所在的欧盟成员国之一。

第五十四条　个人信息处理者应当定期对其处理个人信息遵守法律、行政法规的情况进行合规审计。

【条文主旨】

本条要求个人信息处理者定期开展合规审计。实践中,如何通过设计有效的激励相容机制调动信息处理者的积极性,提高个人信息保护的实效,实现保护与利用的统一,避免命令控制式管理方式带来的各种负面影响,一直是各国关注的重点,我国个人信息保护立法作出创新性探索。

针对我国信息安全管理实践中存在的重复检测、认证等痼疾,《个人信息保护法》第54条、第55条分别设计了特色鲜明的合规审计与风险评估制度。这些制度设计既避免了采用检测、认证等传统手段可能带来的负面影响,调动了信息处理者自我合规审计、自主风险评估的积极性,又保留了特定情形下管理部门要求委托专业机构进行合规审计,并通过明确界定风险评估的范围和标准,实现以自律为主、自律与他律相结合的管理方式创新。①

【演进过程】

一审稿	二审稿	最终稿
第五十三条　个人信息处理者应当定期对其个人信息处理活动~~、采取的保护措施~~等~~是否符合~~法律、行政法规的规定进行审计。~~履行个人信息保护职责的部门有权要求个人信息处理者委托专业机构进行审计。~~	第五十四条　个人信息处理者应当定期对其个人信息处理活动遵守法律、行政法规的情况进行合规审计。	
	第五十四条　个人信息处理者应当定期对其个人信息处理~~活动~~遵守法律、行政法规的情况进行合规审计。	第五十四条　个人信息处理者应当定期对其处理个人信息遵守法律、行政法规的情况进行合规审计。

【条文释义】

(一)合规审计是个人信息处理者的内部合规管理制度

合规审计是一种经济合规监督活动,主要指审计机构和审计人员依据国家法

① 参见周汉华:《〈个人信息保护法(草案)〉:立足国情与借鉴国际经验的有益探索》,载《探索与争鸣》2020年第11期。

律、法规和财经制度，对被审计单位的生产经营管理活动及其有关资料是否合规所进行的一种监督活动。审计就其组织形式而言，一般分为内审和外审，前者是指企业内部设立的审计部门进行的审计，后者是指第三方审计机构进行的审计。

事实上，个人信息处理者对其个人信息处理活动是否符合法律、行政法规的规定进行合规审计的前提，主要是基于个人信息处理者对其个人信息处理活动的内部合规管理。个人信息处理者可委托专业机构对其个人信息处理活动进行合规审计，个人信息处理者必须按照合规审计的结果及要求，采取措施，整改并消除隐患。

（二）合规审计的重点是合规性评估

个人信息处理者合规审计的内容为对其处理行为是否遵守法律、行政法规的情况进行分析与认定。个人信息处理者对个人信息的合规管理，主要是以有效防控个人数据，尤其是防控个人敏感数据合规风险为目的，以个人信息处理者对其控制的个人信息处理活动为对象，开展包括制度制定、风险识别、合规审查、风险应对、责任追究、考核评价、合规培训等有组织、有计划的管理活动。[①]个人信息合规审计特别应控制和避免企业及员工因处理个人信息不合规，引发法律责任、受到相关处罚、造成经济或声誉损失以及产生其他负面影响的可能性。

【适用指引】

在具体适用中，个人信息合规审计的内容，应当包括规范个人信息在收集、存储、使用、共享、转让与公开披露等信息处理环节中的相关行为，遏制个人信息非法收集、滥用、泄露等违规行为，最大限度地保护个人信息权益。

个人信息处理者不但要定期对个人信息的处理进行合规审计，而且要公布其审计结果，对不涉及国家秘密、商业秘密和个人隐私的个人信息审计结果应当一律公开，并对审计结果出现的问题限期进行整改，及时消除隐患。[②]

实际上，现有法律规定要求上市公司建立合规审计，多数上市公司设有内审合规部门，也有一些上市公司将合规审议业务外包给会计师事务所等，上述经验可被个人信息处理者借鉴。

【关联条文】

《个人信息保护法》第55条

---

① 参见王春晖：《〈个人信息保护法（草案）〉（二审稿）解析》，载《中国电信业》2021年第7期。

② 王春晖：《〈个人信息保护法（草案）〉（二审稿）解析》，载《中国电信业》2021年第7期。

【域外比较】

本条所述的合规审计与《通用数据保护条例》第42条建立的认证机制颇为相似,《通用数据保护条例》第42条规定,成员国、监管机关、欧盟数据保护委员会和欧盟委员会应当鼓励,尤其是在欧盟层面鼓励建立数据保护认证机制、数据保护印章和戳记,以阐明控制者和处理者的处理行为符合《通用数据保护条例》(相应机制应考虑微型、小型和中型企业所特有的需要)。

就认证内容为“是否符合条例”而言,该文本与“(是否)遵守法律、行政法规的情况”较为相似。尽管如此,如何理解《通用数据保护条例》认证、个人信息保护认证与个人信息合规审计三者间的关系,有可能引起困惑,仍有待后续澄清。除设立认证机构以外,第42条还包含鼓励认证机构与监管机构互通“进行认证程序所必需的所有信息与访问权”。鉴于欧盟相应制度,尽管我国的个人信息合规审计制度仍在创建过程中,但建立值得信赖的认证机构,并在认证机构和有关部门间建立长效性的信息沟通机制,可能成为未来趋势。

第五十五条　有下列情形之一的,个人信息处理者应当事前进行个人信息保护影响评估,并对处理情况进行记录:

(一)处理敏感个人信息;

(二)利用个人信息进行自动化决策;

(三)委托处理个人信息、向其他个人信息处理者提供个人信息、公开个人信息;

(四)向境外提供个人信息;

(五)其他对个人权益有重大影响的个人信息处理活动。

【条文主旨】

本条要求个人信息处理者完成事前影响评估工作。影响导向的理念,舍弃了传统路径中全有全无的“二元化”判断,转而进行“程度性”评估,以个案分析的精神,在相应场景中具体地评估数据处理行为的风险,根据风险等级采取相应程度的管理措施,并实现将风险控制在可接受范围内的目标。“影响评估”是衡量个人信息保护风险的有效工具,成为国际上日益认同的理念与最佳选择。在影响评估中,应坚持理性行为人的标准。

【演进过程】

一审稿	二审稿	最终稿
第五十四条　个人信息处理者应当对下列个人信息处理活动在事前进行风险评估，并对处理情况进行记录： （一）处理敏感个人信息； （二）利用个人信息进行自动化决策； （三）委托处理个人信息、向第三方提供个人信息、公开个人信息； （四）向境外提供个人信息； （五）其他对个人有重大影响的个人信息处理活动。 风险评估的内容应当包括： （一）个人信息的处理目的、处理方式等是否合法、正当、必要； （二）对个人的影响及风险程度； （三）所采取的安全保护措施是否合法、有效并与风险程度相适应。 风险评估报告和处理情况记录应当至少保存三年。	第五十五条　个人信息处理者应当对下列个人信息处理活动在事前进行风险评估，并对处理情况进行记录： （一）处理敏感个人信息； （二）利用个人信息进行自动化决策； （三）委托处理个人信息、向他人提供个人信息、公开个人信息； （四）向境外提供个人信息； （五）其他对个人有重大影响的个人信息处理活动。 风险评估的内容应当包括： （一）个人信息的处理目的、处理方式等是否合法、正当、必要； （二）对个人的影响及风险程度； （三）所采取的安全保护措施是否合法、有效并与风险程度相适应。 风险评估报告和处理情况记录应当至少保存三年。	
	第五十五条　个人信息处理者应当对下列个人信息处理活动在事前进行风险评估，并对处理情况进行记录： （一）处理敏感个人信息； （二）利用个人信息进行自动化决策； （三）委托处理个人信息、向他人提供个人信息、公开个人信息； （四）向境外提供个人信息；	第五十五条　有下列情形之一的，个人信息处理者应当事前进行个人信息保护影响评估，并对处理情况进行记录： （一）处理敏感个人信息； （二）利用个人信息进行自动化决策； （三）委托处理个人信息、向其他个人信息处理者提供个人信息、公开个人信息；

续表

一审稿	二审稿	最终稿
	（五）其他对个人有重大影响的个人信息处理活动。 ~~风险评估的内容应当包括：~~ ~~（一）个人信息的处理目的、处理方式等是否合法、正当、必要；~~ ~~（二）对个人的影响及风险程度；~~ ~~（三）所采取的安全保护措施是否合法、有效并与风险程度相适应。~~ ~~风险评估报告和处理情况记录应当至少保存三年。~~	（四）向境外提供个人信息； （五）其他对个人权益有重大影响的个人信息处理活动。

【条文释义】

（一）影响评估中的敏感个人信息

敏感个人信息保护是各国立法中的一个重要领域，其目的是对某些特殊种类的个人信息给予更高程度的保护，防止个人权利受到侵害。[①]一般而言，“敏感个人信息”涉及国家安全、公共利益，或者系个人隐私核心领域、具有高度私密性、对其公开或利用将会对个人造成重大影响的信息，如性生活、基因信息、遗传信息、医疗记录、财务的信息等；一般性个人信息是“低敏感信息”，包括其他琐细的个人信息，如消费习惯、手机号码、邮箱地址等。对于敏感性的认定而言，个人敏感信息是指一旦泄露、公开披露或滥用可能危害人身和财产安全、损害个人名誉和身心健康、导致歧视性待遇等信息。[②]

世界各国均将敏感个人信息作为单独的特殊信息加以保护。我国现行法律规定应予特殊处理的个人信息见表5－1。[③]

---

① 参见周汉华：《中华人民共和国个人信息保护法（专家建议稿）及立法研究报告》，法律出版社2006年版，第76页。

② 参见孙南翔：《论网络个人信息的商业化利用及其治理机制》，载《河北法学》2020年第7期。

③ 参见胡文涛：《我国个人敏感信息界定之构想》，载《中国法学》2018年第5期。

表 5－1 应予特殊处理的敏感信息

种类	健康生理信息	基因	身份证号码	银行账号（银行卡信息）	指纹	家庭住址	通信方式（手机号码）	行踪轨迹信息	通信内容（记录）	征信信息	财产信息
出现次数	5	3	3	3	2	2	2	2	2	2	2
来源	①②③④⑥	①④⑤	②⑤⑥	②⑥⑦	①⑤	②④	②⑤	③⑥	③⑥	③⑥	③⑥
种类	住宿信息	交易信息	宗教信仰	血型	车牌号码	动产或不动产权属证书编号	犯罪记录	种族	政治观点	个人生物识别信息	儿童个人信息
出现次数	2	2	2	1	1	1	1	1	1	1	1
来源	③⑥	③⑥	①⑤	①	②	②	④	⑤	⑤	⑥	⑥

注:1. 标号代表:①为《征信业管理条例》;②为《最高人民法院关于人民法院在互联网公布裁判文书的规定》;③为《最高人民法院、最高人民检察院关于办理侵犯公民个人信息刑事案件适用法律若干问题的解释》;④为《最高人民法院关于审理利用信息网络侵害人身权益民事纠纷案件适用法律若干问题的规定》;⑤为《信息安全技术公共及商用服务信息系统个人信息保护指南》;⑥为《信息安全技术个人信息安全规范》;⑦为《非银行支付机构网络支付业务管理办法》。

2. 健康生理信息不同表述还有:疾病和病史信息、健康状况、病历资料、健康检查资料。

3. 儿童个人信息在《信息安全技术个人信息安全规范》中的完整表述是:14 周岁以下(含)儿童的个人信息。

有学者建议，将以下个人信息列为个人敏感信息：(1)健康信息；(2)性生活和性取向；(3)身份证件号码；(4)金融信息；(5)政治意见；(6)通信信息；(7)基因信息；(8)生物特征信息；(9)精确地理位置。[①]

(二)利用个人信息进行自动化决策

与人工决策相比，自动化决策具有相对客观、高效的特点，但也存在算法歧视、算法或数据失误等风险。因此，应尽可能地避免个人信息自动化分析引发的“数据歧视”等风险。[②]在处理大量的个人信息且影响大量的用户时，个人信息保护风险较大。

为此，参考国家标准《个人信息安全规范》，利用个人信息进行自动化决策时，应对个人信息保护风险进行事前评估并做好相关记录。

(三)委托处理个人信息、向第三方提供个人信息、公开个人信息

实践中，网络服务提供者一般基于商业目的向其他商业伙伴披露用户信息。此外，网络信息的处理也时常依赖第三方的资源和技术。因此，在现有的模式中，用户将其信息交给服务提供者，并相信服务提供者向第三方传输信息的活动能满足信息安全的要求。然而，现实中，如果第三方未能保护数据，那么往往由用户承担利益受损的风险和损失。实践中，互联网服务提供者鲜有动力保护用户在第三方中的信息权益。与个人信息内部加工、存储等操作不同，向他人提供个人信息往往意味着个人信息链条上环节的增多，不仅个人信息安全风险增大，即个人信息的保密性、完整性、可用性被破坏的可能性增大，而且信息主体对其个人信息处理的控制力也在削弱，违背本人意愿而进行个人信息处理的可能性相应增大。[③]

为此，应强化向第三方传输个人信息过程中的风险评估政策。参考国家标准《个人信息安全规范》，信息处理者委托处理个人信息、向第三方提供个人信息、公开个人信息时应进行个人信息保护影响评估并做好相应记录，包括个人信息对外提供情况、个人信息公开披露情况等。

(四)向境外提供个人信息

向境外提供个人信息，导致个人信息不受我国个人信息保护立法的约束，并且境外个人信息处理者可能对我国公民个人信息安全造成严重的威胁。为此，在个人信息出境前，个人信息处理者应进行风险评估。

---

① 参见胡文涛：《我国个人敏感信息界定之构想》，载《中国法学》2018年第5期。

② 参见张新宝、葛鑫：《个人信息保护法(专家建议稿)及立法理由书》，中国人民大学出版社2021年版，第112页。

③ 参见张新宝、葛鑫：《个人信息保护法(专家建议稿)及立法理由书》，中国人民大学出版社2021年版，第115～116页。

（五）其他对个人有重大影响的个人信息处理活动

本条款为兜底条款，旨在一致性地对个人信息进行有效保护。

【适用指引】

本条具体规定个人信息处理者的影响评估义务。在具体适用中，个人信息处理者应当在处理敏感个人信息，利用个人信息进行自动化决策，委托处理个人信息、向他人提供个人信息、公开个人信息，向境外提供个人信息，以及处理其他对个人有重大影响的个人信息处理活动前，进行影响评估并做好记录。

【相关规定】

《个人信息安全规范》

【域外比较】

本条与《通用数据保护条例》建立的数据保护影响评估（DPIA）有一定的相似性，但有一定的区别。《通用数据保护条例》第 35 条第 1 款规定，考虑处理的性质、范围、场景和目的，如果一类处理，特别是使用新技术的处理，很可能对自然人的权利和自由造成高风险，控制者应在处理之前，就所预计处理行为对个人数据保护的影响开展评估。带来相似高风险的相似处理行为可以只进行一项评估。第 35 条第 3 款进一步明确了必须进行 DPIA 的三种情形，包括：（a）基于包括画像在内的自动化处理的、系统且广泛的、对与（多个）自然人有关的个人因素的评价，以及基于相应评价、对自然人作出具备法律效果或者严重程度类似的决定；（b）处理大量《条例》第 9 条第 1 款提及的敏感个人数据，或者处理《通用数据保护条例》第 10 条提及的、与刑事指控或违法行为相关的个人数据；（c）对公共区域的大范围、系统性监控。

《个人信息保护法》与《通用数据保护条例》的相似性在于，我国法律规定的个人信息保护影响评估和 DPIA 关注是否对主体权益造成“重大影响”或“高风险”，且在敏感信息处理、自动化决策等具体场景上有一定重合。不同之处在于，整体而言，我国要求施行评估的场景范围更加广泛，包括了委托处理、向外提供，非大规模地处理敏感个人信息等常见场景。[①] 总之，我国在相应条款上可谓赋予了更高的保护水平。

---

① 值得指出的是，如果考虑 EDPB 前身第 29 条工作组所发布的《数据保护影响评估指南》，二者重合的比例可能更加显著。

第五十六条　个人信息保护影响评估应当包括下列内容：
（一）个人信息的处理目的、处理方式等是否合法、正当、必要；
（二）对个人权益的影响及安全风险；
（三）所采取的保护措施是否合法、有效并与风险程度相适应。
个人信息保护影响评估报告和处理情况记录应当至少保存三年。

【条文主旨】

虽然本条正式公布的将“风险评估”修改为“影响评估”，但二者本质上并无太大区别。实践中，影响评估理念的目标并非消除风险，而是承认风险的存在，并将风险控制在可接受之范围。某种程度上，风险导向的理念跳脱日益失灵的知情同意制度，提升用户信息保护的有效性与实质意义，同时因承认合理风险的不可避免性，能够大幅减轻企业的合规压力，从而为数据流通减少不必要的障碍。①

【演进过程】

一审稿	二审稿	最终稿
第五十四条第二款　风险评估的内容应当包括： （一）个人信息的处理目的、处理方式等是否合法、正当、必要； （二）对个人的影响及风险程度； （三）所采取的安全保护措施是否合法、有效并与风险程度相适应。 风险评估报告和处理情况记录应当至少保存三年。	第五十五条第二款　风险评估的内容应当包括： （一）个人信息的处理目的、处理方式等是否合法、正当、必要； （二）对个人的影响及风险程度； （三）所采取的安全保护措施是否合法、有效并与风险程度相适应。 风险评估报告和处理情况记录应当至少保存三年。	
	~~第五十五条第二款~~　风险评估的内容应当包括： （一）个人信息的处理目的、处理方式等是否合法、正当、必要； （二）对个人的影响及风险程度；	第五十六条　个人信息保护影响评估应当包括下列内容： （一）个人信息的处理目的、处理方式等是否合法、正当、必要； （二）对个人权益的影响及安全风险；

① 参见范为：《大数据时代个人信息保护的路径重构》，载《环球法律评论》2016 年第 5 期。

续表

一审稿	二审稿	最终稿
	（三）所采取的安全保护措施是否合法、有效并与风险程度相适应。 风险评估报告和处理情况记录应当至少保存三年。	（三）所采取的保护措施是否合法、有效并与风险程度相适应。 个人信息保护影响评估报告和处理情况记录应当至少保存三年。

【条文释义】

（一）个人信息的处理目的、处理方式等是否合法、正当、必要

“合法、正当、必要原则”是个人信息收集、使用的基本原则。在“合法、正当、必要”原则中，“合法”系指符合目前我国有关收集、使用个人信息涉及的相关法律、行政法规。这里的法律、行政法规是一个广义的概念，除了《个人信息保护法》《网络安全法》等个人信息立法，还包括《消费者权益保护法》《妇女权益保障法》《居民身份证法》《刑法》《未成年人保护法》等中涉及个人信息的规定。

“正当、必要”原则是指“任何个人信息都必须采用合法、公平的手段收集”。“正当”包括业务正当性，指个人信息的收集、使用应当是其开展业务所需要的，不得超出其业务范围开展信息收集活动；还包括目的正当性，一般而言，私法主体收集、使用目的是否正当，法律不过多干涉，只要该目的在社会的惯例和人们认识中合理即可。同时，约定目的的范围应当予以适当限缩，约定目的的范围不应当超过信息控制主体的实际需求和处理、保护个人信息能力的范围，不能有先收集再使用的想法。①

（二）对个人的影响及风险程度

一般而言，不同的个人信息以及不同规模的个人信息会对个人产生不同的影响。特别是有些信息虽然本身不具有高敏感性，但结合其他信息可能得出与个人隐私相关的结论，进而对个人隐私和个人信息产生极大影响。为此，在处理上述个人信息时，必须严格评估其风险程度。

（三）所采取的安全保护措施是否合法、有效，并与风险程度相适应

个人信息处理者在处理上述个人信息时，应具备足够的控制手段和安全保障措施。当前，每天都有众多交易在网络上达成（而这些交易几乎都会涉及个人信息的收集和使用），而大多数信息主体根本无暇考虑个人信息收集和使用的有关

---

① 梁泽宇：《个人信息保护中目的限制原则的解释与适用》，载《比较法研究》2018 年第 5 期。

条款,就匆匆地点下了“同意”按钮。为此,个人信息处理者必须自主采取适当的安全保护措施,此类安全保障措施必须与风险程度相适应。

【适用指引】

影响评估的具体事项包括:个人信息的处理目的、处理方式等是否合法、正当、必要,对个人的影响及风险程度,所采取的安全保护措施是否合法、有效并与风险程度相适应。

个人信息处理者的影响评估报告和处理情况记录应当至少保存 3 年。此处涉及企业日志的保留时间要求。

【关联条文】

《个人信息保护法》第 5 条

【相关规定】

《民法典》第 188 条;《网络安全法》;《消费者权益保护法》;《妇女权益保障法》;《居民身份证法》;《刑法》;《未成年人保护法》

【域外比较】

此条规定了个人信息保护影响评估的具体内容,可与《通用数据保护条例》对 DPIA 内容的具体规定相对比。《通用数据保护条例》第 35 条第 7 款规定,评估应至少包括:(a)对所预计处理行为和处理目的的系统性描述,如果适用,也包括控制者所追求的合法利益;(b)对处理行为相较处理目的而言的必要性与成比例性的评估;(c)对本条第 1 款提及的、对数据主体权利和自由所造成影响的评估;(d)所预计的解决风险的措施,包括考虑数据主体和其他相关主体的权利和合法利益,确保个人数据保护和阐明《通用数据保护条例》合规情况的保障措施、安全措施和机制。第 35 条第 8 款还规定“(DPIA)应当合理考虑其对已生效的行为准则的遵守”。总体而言,《个人信息保护法》和《通用数据保护条例》的规定具有相似性,不同之处主要体现为我国法律对留存期限作出了具体规定。

第五十七条　发生或者可能发生个人信息泄露、篡改、丢失的,个人信息处理者应当立即采取补救措施,并通知履行个人信息保护职责的部门和个人。通知应当包括下列事项:

(一)发生或者可能发生个人信息泄露、篡改、丢失的信息种类、原因和可能造成的危害;

(二)个人信息处理者采取的补救措施和个人可以采取的减轻危害的措施;

（三）个人信息处理者的联系方式。

个人信息处理者采取措施能够有效避免信息泄露、篡改、丢失造成危害的，个人信息处理者可以不通知个人；履行个人信息保护职责的部门认为可能造成危害的，有权要求个人信息处理者通知个人。

【条文主旨】

本条是关于个人信息处理者解决个人信息泄露的补救与告知义务规定。《个人信息保护法》的规范对象是处理个人信息的"个人信息控制者"，而不是一般的组织或者个人。脱离《个人信息保护法》的制度运行背景，脱离特定主体"个人信息控制者"，脱离特定行为"个人信息处理"，对作为一般主体的"任何组织或者个人"谈个人信息依法获取或者知情同意等，与生活常识严重背离。①

就个人信息保护机制而言，作为民事权利，主要的保护手段是事后救济以及相应的侵权赔偿，责任形式包括停止侵害、排除妨碍、消除危险、赔偿损失、消除影响、恢复名誉、赔礼道歉等民事责任，对抗的主体是平等的民事主体。与此相应，《个人信息保护法》第 57 条要求个人信息处理者采取技术上的补救措施，并履行充分告知义务，确保相关部门和个人的知情权。

【演进过程】

一审稿	二审稿	最终稿
第~~五十~~五条　个人信息处理者发现个人信息泄露的，应当立即采取补救措施，并通知履行个人信息保护职责的部门和个人。通知应当包括下列事项： （一）个人信息泄露的原因； （二）泄露的个人信息种类和可能造成的危害； （三）已采取的补救措施； （四）个人可以采取的减轻危害的措施； （五）个人信息处理者的联系方式。	第五十六条　个人信息处理者发现个人信息泄露的，应当立即采取补救措施，并通知履行个人信息保护职责的部门和个人。通知应当包括下列事项： （一）个人信息泄露的原因； （二）泄露的个人信息种类和可能造成的危害； （三）已采取的补救措施； （四）个人可以采取的减轻危害的措施； （五）个人信息处理者的联系方式。	

① 参见周汉华：《个人信息保护的法律定位》，载《法商研究》2020 年第 3 期。

续表

一审稿	二审稿	最终稿
个人信息处理者采取措施能够有效避免信息泄露造成损害的，个人信息处理者可以不通知个人；但是，履行个人信息保护职责的部门认为个人信息泄露可能对个人造成损害的，有权要求个人信息处理者通知个人。	个人信息处理者采取措施能够有效避免信息泄露造成损害的，个人信息处理者可以不通知个人；但是，履行个人信息保护职责的部门认为个人信息泄露可能对个人造成损害的，有权要求个人信息处理者通知个人。	
	第五十六条　个人信息处理者发现个人信息泄露的，应当立即采取补救措施，并通知履行个人信息保护职责的部门和个人。通知应当包括下列事项： （一）个人信息泄露的原因； （二）泄露的个人信息种类和可能造成的危害； （三）已采取的补救措施； （四）个人可以采取的减轻危害的措施； （五）个人信息处理者的联系方式。 个人信息处理者采取措施能够有效避免信息泄露造成损害的，个人信息处理者可以不通知个人；但是，履行个人信息保护职责的部门认为个人信息泄露可能对个人造成损害的，有权要求个人信息处理者通知个人。	第五十七条　发生或者可能发生个人信息泄露、篡改、丢失的，个人信息处理者应当立即采取补救措施，并通知履行个人信息保护职责的部门和个人。通知应当包括下列事项： （一）发生或者可能发生个人信息泄露、篡改、丢失的信息种类、原因和可能造成的危害； （二）个人信息处理者采取的补救措施和个人可以采取的减轻危害的措施； （三）个人信息处理者的联系方式。 个人信息处理者采取措施能够有效避免信息泄露、篡改、丢失造成危害的，个人信息处理者可以不通知个人；履行个人信息保护职责的部门认为可能造成危害的，有权要求个人信息处理者通知个人。

【条文释义】

（一）充分披露义务是个人信息处理者解决个人信息泄露的重要方法

在发现个人信息泄露后，个人信息处理者享有充分披露的义务。本质上，通过明确告知用户其信息出现泄露，用户可理性地管理其风险与责任，个人信息处理者也具有真正解决个人信息泄露问题的外部监督机制。

《个人信息保护法》将“公开透明原则”确立为一项基本原则。所谓公开透明原则，是指处理个人信息时应当采取公开、透明的方式，公开个人信息处理的规则，向信息主体明示个人信息处理的目的、处理的方式和处理的范围。[①]在个人信息泄露事件中，《个人信息保护法》需要赋予个人对个人信息处理的知情权，相关的告知事项包括：发生或者可能发生个人信息泄露、篡改、丢失的信息种类、原因和可能造成的危害；个人信息处理者采取的补救措施和个人可以采取的减轻危害的措施；个人信息处理者的联系方式。

（二）个人信息处理者具有特殊的免于告知情形

告知义务则有所不同，告知义务的履行既有利于维护个人的知情权，也完全不会如同意规则那样构成对处理者实施个人信息处理活动的法律障碍。告知义务享有特殊的豁免情形，体现个人信息保护义务与国家利益、社会公共利益之间的平衡。本条仅豁免通知个人的义务，并未豁免通知履行个人信息保护职责部门的义务。

为避免对个人信息处理者产生不必要的负担，个人信息处理者若采取措施能够有效避免信息泄露造成损害的，个人信息处理者可以不通知个人。但对个人信息处理者的免于告知情形应当进行严格限制，若履行个人信息保护职责的部门认为个人信息泄露可能对个人造成损害的，有权要求个人信息处理者通知个人。

【适用指引】

本条具体规定个人信息处理者发现个人信息泄露时的补救及告知义务。在具体适用中，个人信息处理者发现个人信息泄露时，应立即采取停止侵害、排除妨碍、消除危险、消除影响等补救措施。本条款的补救措施，更多被认为是技术性的手段，特别是对个人信息泄露行为及时进行技术性处理，避免损失扩大。实践中，关闭接口、加密码验证、解决接口暴露问题等均为重要的补救手段。

为实现充分披露义务，个人信息处理者应将发生或者可能发生个人信息泄露、篡改、丢失的信息种类、原因和可能造成的危害，个人信息处理者采取的补救措施和个人可以采取的减轻危害的措施，个人信息处理者的联系方式，告知履行个人信息保护职责的部门和个人。

个人信息处理者若采取措施能够有效避免信息泄露造成损害的，个人信息处理者可以不通知个人。但履行个人信息保护职责的部门认为个人信息泄露可能对个人造成损害的，有权要求个人信息处理者通知个人。

【关联条文】

《个人信息保护法》第 7 条、第 13 条、第 56 条

---

① 参见程啸：《论个人信息处理者的告知义务》，载《上海政法学院学报（法治论丛）》2021 年第 4 期。

【域外比较】

本条规定了发生个人信息泄露时，相应处理者对履职部门和有关个人的通知义务。域外相关法律最为典型的，应数《通用数据保护条例》。按《通用数据保护条例》第 33 条，发生个人数据泄露时，除非个人数据泄露对于自然人的权利与自由不太可能带来风险，相应的个人数据控制者应当将泄露事件告知 DPA。具体告知内容包括：(a)描述个人数据泄露的性质，如果可能，还包括所涉数据主体的类型和数量以及所涉个人数据记录的类型和数量；(b)告知数据保护官的名字和联系方式细节，或者其他可以获知更多信息的联络点；(c)描述个人数据泄露的可能后果；(d)描述控制者已经采取或拟采取的应对个人数据泄露的措施，如果适用，还包括纾解潜在负面后果的措施。

与此同时，依据《通用数据保护条例》第 34 条，只有在个人数据泄露很可能给自然人的权利与自由带来高风险时，个人数据控制者才有必要及时向数据主体告知个人数据泄露情况。同时，只需满足以下条件之一即可免于告知：(a)控制者已经采取了适当的技术和组织措施，且相应措施已应用于受个人数据泄露影响的个人数据，特别是加密等令任何未经授权访问相应数据的个体难以理解相应数据的措施；(b)控制者已经采取后续措施，确保本条第 1 款提及的、对数据主体权利和自由造成的高风险不再可能实现；(c)(告知)要求付出不成比例的努力。此时，应有公开告知或类似的机制，使个体可以通过同等有效的方式接收相应信息。第 34 条还规定："……监管机构在考虑了个人数据泄露所可能带来的高风险可能性后，可以要求其告知。"总之，我国法律规定与《通用数据保护条例》之间有一定的相似性。

第五十八条　提供重要互联网平台服务、用户数量巨大、业务类型复杂的个人信息处理者，应当履行下列义务：

（一）按照国家规定建立健全个人信息保护合规制度体系，成立主要由外部成员组成的独立机构对个人信息保护情况进行监督；

（二）遵循公开、公平、公正的原则，制定平台规则，明确平台内产品或者服务提供者处理个人信息的规范和保护个人信息的义务；

（三）对严重违反法律、行政法规处理个人信息的平台内的产品或者服务提供者，停止提供服务；

（四）定期发布个人信息保护社会责任报告，接受社会监督。

【条文主旨】

本条规定了处理个人信息的超大型互联网平台的特殊个人信息保护义务。

【演进过程】

一审稿	二审稿	最终稿
	第五十七条 提供基础性互联网平台服务、用户数量巨大、业务类型复杂的个人信息处理者,应当履行下列义务: (一)成立主要由外部成员组成的独立机构,对个人信息处理活动进行监督; (二)对严重违反法律、行政法规处理个人信息的平台内的产品或者服务提供者,停止提供服务; (三)定期发布个人信息保护社会责任报告,接受社会监督。	
	第~~五十七~~条 提供~~基础性~~互联网平台服务、用户数量巨大、业务类型复杂的个人信息处理者,应当履行下列义务: (一)成立主要由外部成员组成的独立机构,对个人信息~~处理活动~~进行监督; (二)对严重违反法律、行政法规处理个人信息的平台内的产品或者服务提供者,停止提供服务; (三)定期发布个人信息保护社会责任报告,接受社会监督。	第五十八条 提供重要互联网平台服务、用户数量巨大、业务类型复杂的个人信息处理者,应当履行下列义务: (一)按照国家规定建立健全个人信息保护合规制度体系,成立主要由外部成员组成的独立机构对个人信息保护情况进行监督; (二)遵循公开、公平、公正的原则,制定平台规则,明确平台内产品或者服务提供者处理个人信息的规范和保护个人信息的义务; (三)对严重违反法律、行政法规处理个人信息的平台内的产品或者服务提供者,停止提供服务; (四)定期发布个人信息保护社会责任报告,接受社会监督。

【条文释义】

本条规定旨在增加“超大型互联网平台”的特殊法律义务，这与世界上加大对“守门人”企业（用户量超大的企业）的监管力度的趋势是一致的。本条的义务主体是作为个人信息处理者的“超大型互联网平台”。超大型互联网平台要符合三个条件：一是提供重要互联网平台服务。二是用户数量巨大。三是业务类型复杂。三个条件的具体适用标准需要由配套的行政法规、部门规章规定。随着数字经济发展，各国的超大型互联网平台成为掌握最多个人信息的机构之一，对社会影响力亦越来越大，其已经不单纯是一个企业，客观上已经成为提供公共特性服务的组织，应当承担更大的社会责任。根据本条的规定，超大型互联网平台处理个人信息，需要履行以下四项特殊义务：

一是更高的合规制度义务，即按照国家规定建立健全个人信息保护合规制度体系，成立主要由外部成员组成的独立机构对个人信息保护情况进行监督。时任全国人大常委会法工委经济法室副主任杨合庆在 2019 年 1 月的学术会议上提出：“仅依靠现有的立法体系治理数据是不够的，要推进数据个人信息保护的社会共治，培育独立的个人信息保护评价和监督的第三方机构，倡导并鼓励掌握大量个人数据的机构以及涉及个人信息数据新的应用领域的机构设置专门的道德伦理委员会，监督本机构收集、处理、使用个人数据信息。”①这是有关本条内容起草的最早公开观点。根据本条的规定，除了《个人信息保护法》规定的个人信息保护合规制度之外，超大型互联网平台需要建立健全额外的合规制度，从而形成“个人信息保护合规制度体系”。至于额外的合规制度的具体内容，需要由国务院或者有关主管部门以行政法规、部门规章等的形式制定。外部成员是与个人信息处理者没有隶属关系的人员，类似上市公司的独立监事、外部董事等。独立机构对个人信息处理者的个人信息处理活动进行监督，但独立行使权利，不对个人信息处理者负责。个人信息处理者应当为独立机构的运行提供必要的便利与支持。设置独立机构可让外部人士参加公司的内部治理，监督企业切实地负起保护个人信息的责任，提升企业处理个人信息的透明度，进而提高个人信息处理者保护个人信息安全的水平。

二是制定平台规则的义务，即遵循公开、公平、公正的原则，制定平台规则，明确平台内产品或者服务提供者处理个人信息的规范和保护个人信息的义务。超大型互联网平台对于平台内的用户，特别是平台内产品或者服务提供者往往具有

① 《专家学者共话隐私保护与数据治理》，载民主与法治网，http://www.mzyfz.com/cms/benwangzhuanfang/xinwenzhongxin/zuixinbaodao/html/1040/2019-01-28/content-1382209.html。

较大的控制力。平台需要保障平台内产品或者服务提供者的个人信息处理活动符合法律的要求。为此，本条规定，超大型互联网平台要通过制定符合公开、公平、公正原则的平台规则，明确平台内产品或者服务提供者处理个人信息的规范和保护个人信息的义务，确保平台内产品或者服务提供者清楚理解其个人信息保护义务——既包括法律针对个人信息处理者规定的义务，也包括平台针对平台内产品或者服务提供者规定的特殊义务。

三是违法行为的制止义务，即对严重违反法律、行政法规处理个人信息的平台内的产品或者服务提供者，停止提供服务。这是超大型互联网平台对平台上的用户行为进行管理的义务。超大型互联网平台自身是个人信息处理者的同时，往往也是其他个人信息处理者聚合的平台，对于平台内的个人信息处理者的个人信息处理行为，超大型互联网平台也要履行相应的法律责任，不能因为自身不直接处理个人信息而不负责任。本条明确要求，超大型互联网平台对严重违反法律、行政法规处理个人信息的平台内的产品或者服务提供者，停止提供服务。一方面，超大型互联网平台要建立对平台内的产品或者服务提供者是否合规经营的监督机制；另一方面，在监督过程中，如果发现平台内的产品或者服务提供者在处理个人信息的过程中严重违反法律、行政法规的，应当主动停止提供服务。

四是特殊的社会责任，即定期发布个人信息保护社会责任报告，接受社会监督。“社会责任”是一个比较宽泛的概念，《个人信息保护法》并没有对“个人信息保护社会责任报告”的内容进行解释。《个人信息保护法》第 55 条、第 56 条规定了个人信息处理者的风险评估机制。风险评估报告主要针对具体的个人信息处理活动和安全保护措施的成效。与此不同，个人信息保护社会责任报告从相对宏观的角度概括平台履行个人信息保护法定义务的情况、平台采取其他个人信息保护措施的情况、平台在个人信息保护技术的开发利用情况、对提高社会个人信息保护意识和保护水平作出的贡献等。

【适用指引】

超大型互联网平台在履行本条规定之法定义务时，需要注意的是：

第一，要及时掌握国家有关超大型互联网平台合规制度的要求。本条实际上赋予国务院与监管部门针对超大型互联网平台规定额外的合规要求的权力，也说明“个人信息保护合规制度体系”的建构需要由监管机关和企业共同完成。国务院、监管部门应当结合实践的需要，有针对性地要求、指导超大型互联网平台建立健全个人信息保护合规制度体系。

第二，处理好外部独立机构与超大型互联网平台的关系。超大型互联网平台一方面要为外部独立机构的工作提供各种保障，另一方面也要自觉接受监督，不能通过各种方式控制独立机构的运作,不能使独立机构变成“橡皮图章”。

第三,正确履行平台治理责任。从制度上要完善平台规则,保证规则的合理科学性,同时要抓好制度的落实,对于对严重违反法律、行政法规处理个人信息的平台内的产品或者服务提供者,要坚决停止其提供服务,不能因为顾及商业利益而故意“放水”。同时,“停止服务”是对平台的最低要求,对于涉嫌违法犯罪的个人信息处理行为,平台要依法向有关机关移交线索,由有关机关依法进行查处。

【关联条文】

《个人信息保护法》第 5 条、第 7 条、第 55 条、第 56 条

【相关规定】

《电子商务法》第 32 条、第 36 条

【域外比较】

本条规定了所谓“守门人”的个人信息保护义务。尽管域外对这一理论多有讨论,但已经形诸纸面的法律依然寥寥。土耳其《社交媒体法》可为实例之一:如果一家社交媒体平台每日来自土耳其的访问量超过 1,000,000 次(而无须是 1,000,000名不同的用户),则需在土耳其境内任命代表,并遵从数据本地化、定期提交合规报告和实施内容治理等一系列规定。欧盟《数字服务法(提案)》《数字市场法(提案)》也引入了“守门人”理论,但依然有待通过。

第五十九条　接受委托处理个人信息的受托人,应当依照本法和有关法律、行政法规的规定,采取必要措施保障所处理的个人信息的安全,并协助个人信息处理者履行本法规定的义务。

【条文主旨】

本条规定了接受委托处理个人信息的受托人对个人信息处理事项及其委托人应尽的义务。

一般而言,接受委托处理个人信息的受托人与委托人通过合同安排,接受委托人关于处理目的、处理方式、个人信息的种类、保护措施等方面的要求,进行个人信息的处理。受托人与个人信息共同处理者不同,因其并不自主决定处理目的和处理方式,[①]因而不扮演直接处理个人信息的角色,只是委托人在委托合同下的意定延伸。同时,本条指出该义务的法律依据为《个人信息保护法》及其他有关的

① 参见程啸:《论个人信息共同处理者的民事责任》,载《法学家》2021 年第 6 期。

法律和行政法规，与二审稿相比扩张了该义务的依据范畴，能够更大限度地保障人民群众的个人信息权益。受托人一方面需采取必要措施保障所处理的个人信息的安全，另一方面还需协助个人信息处理者履行义务。该条契合了时代背景，同时很好地回应了现实需求。

【演进过程】

一审稿	二审稿	最终稿
	第五十八条　接受委托处理个人信息的受托方，应当履行本章规定的相关义务，采取必要措施保障所处理的个人信息的安全。	
	第~~五十八~~条　接受委托处理个人信息的受托方，应当~~履行本章规定的相关义务~~，采取必要措施保障所处理的个人信息的安全。	第五十九条　接受委托处理个人信息的受托人，应当依照本法和有关法律、行政法规的规定，采取必要措施保障所处理的个人信息的安全，并协助个人信息处理者履行本法规定的义务。

【条文释义】

目前，由于个人信息具有极高的数据化价值，产业和管理机构对此越发青睐，但同时未经个人同意的个人信息处理和滥用个人信息的风险也逐步增大。实践中，由于个人信息处理者的个人信息库通常比较庞大，其委托外部机构协助处理个人信息的现象尤为普遍，但对受托人的义务之前尚未有法律层面的明确指引。本条明确了委托处理个人信息中受托人的义务，这一概念有点类似我国香港特别行政区的“资料处理者”，即代另一人处理个人信息且不为该人本身目的而处理该信息的人。欧盟《通用数据保护条例》中的“processor”（处理者）也是相似定义，即“接受数据控制者委托处理个人信息的自然人或法人、公共机构、代理商或其他主体”。由于个人信息由委托人提供给受托人后，个人信息被泄露、窃取和丢失的风险因素加大，因此本条基于这一考量，将委托处理者纳入规制范围，明确其义务内容的同时，也在一定程度上为个人信息处理者委托其他机构处理个人信息时提供了法律依据。

本条在二审稿的基础上，新增了委托处理者安全义务的义务依据和内容，其应当履行的义务，应当包括但不限于《个人信息保护法》的规定，同时还新增了委托处理者有义务协助个人信息处理者依法履行相关义务的规定。具体而言，受托人应当依据与委托人的合同处理个人信息，如果合同不生效、无效、被撤销或者终止，受托人应当将个人信息返还给个人信息处理者或者予以删除，不得保留，同时未经个人信息处理者授权，也不得再转委托。

【适用指引】

本条的规范对象为委托处理者。首先，委托处理者应履行的义务依据是《个人信息保护法》及其他法律和行政法规中的规定。实际上在其他规范中，关于该义务有更详细的说明，对此可以参考《个人信息安全规范》第9.1款规定，受委托者应严格按照个人信息控制者的要求处理个人信息，确需再次委托时应事先征得个人信息控制者的授权，无法提供足够的安全保护水平或发生了安全事件的应向个人信息控制者及时反馈，在委托关系解除时不再存储相关个人信息。《个人信息保护法》从更高层面上对委托处理者提出了更高要求，将之前有关的法律和行政法规也作为委托处理者义务来源的依据。

其次，关于协助个人信息处理者履行相关义务的范畴，大致包括以下几个方面，协助个人信息处理者开展个人信息保护影响评估，如提供自身网络与数据安全能力证明材料、相关合规制度文本等；协助个人信息控制者响应个人信息主体行权；配合个人信息控制者对自身的审计；协助履行与个人信息处理者签订的数据处理协议中约定的其他义务等。

【相关规定】

《民法典》第1038条；《儿童个人信息网络保护规定》第16条；《个人信息安全规范》第9.1款

【域外比较】

本条与《通用数据保护条例》第28条、第32条关于个人数据处理者义务的规定一致。《通用数据保护条例》第28条规定，本条例意义下的处理者需要“通过适当的技术和组织措施，协助控制者履行响应数据主体行使特定主体权利请求的义务”，并“考虑处理的性质和处理者可得的信息，协助控制者履行多种特定合规义务”。第32条则规定，处理者应考虑前沿水准、实施成本、处理性质、处理范围、处理场景、处理目的以及对自然人权利和自由造成的风险可能性和严重性，实施包括下列措施在内的、适当的技术和组织措施，以确保相较风险而言适当的安全水平：(a)个人数据的假名化和加密；(b)确保处理系统和服务持续具备保密性、完整性、可用性和坚韧性的能力；(c)发生物理或技术事故时，及时恢复个人数据可用性和访问的能力；(d)一套定期测试、评估和评价技术和组织措施有效性，以确保处理安全性的流程。《通用数据保护条例》关于个人数据处理者义务的规定，可以为本条的实务应用提供参考。

第六章　履行个人信息保护职责的部门

除直接参与个人信息处理活动的自然人、个人信息处理者外，履行个人信息保护职责的部门是《个人信息保护法》中的又一重要主体，其一般不直接作为当事方参与到具体的个人信息处理活动中，但对维持社会各类个人信息处理活动的规范有序化具有保障性作用。可以说，在双方信息优势极度不对等的个人信息处理活动中，只有履行个人信息保护职责部门的适当介入，才能改变互联网信息服务行业用户与企业之间的"鱼肉刀俎"局面。

为充分实现上述个人信息保护职责，本章围绕以下几个方面对履行个人信息保护职责的部门作出规范：一是明确履行个人信息保护职责部门对应的行政主体、职责分工，这解决了自然人的个人信息由谁保护、保护什么的问题；二是赋予对应行政主体执法权限，以解决如何实现对自然人个人信息的保护；三是以促进社会整体个人信息保护水平为目的提出其他要求，如面向社会及当事人进行宣传教育、指导监督并设立投诉举报制度等。

第六十条　国家网信部门负责统筹协调个人信息保护工作和相关监督管理工作。国务院有关部门依照本法和有关法律、行政法规的规定，在各自职责范围内负责个人信息保护和监督管理工作。

县级以上地方人民政府有关部门的个人信息保护和监督管理职责，按照国家有关规定确定。

前两款规定的部门统称为履行个人信息保护职责的部门。

【条文主旨】

本条是关于履行个人信息保护职责部门范围的规定。

第1款规定了国家层面的职责分工，确立了由国家网信部门统筹协调个人信息保护工作，有关部门依职责范围管理的总体分工框架。该框架基本沿袭了《网络安全法》第8条和《数据安全法》第6条所确立了网信部门协调，各部门分领域管理的分工模式。

国家互联网信息办公室的协调地位与国务院确定的"指导、协调、督促有关部门加强互联网信息内容管理"职责定位基本一致，本条将使国家网信部门在个人信息保护领域统筹协调地位明确化；在分领域管理方面，概括规定相关部门在职责范围内的个人信息保护职责。其中，对赋权的法律规范作"依照法律、行政法规"的限定，与《行政许可法》第 14 条保持一致，有利于合理规范相关部门在个人信息保护领域的执法权限。

第 2 款概括规定了地方政府部门的个人信息保护及监督管理职责。其中，用以确定职责范围的依据为"国家有关规定"，这比中央部门"依照法律、行政法规"的确定更为宽泛，也更具灵活性。部门规章、规范性文件也可能对地方政府部门的个人信息保护工作发挥指导作用。

第 3 款是对履行个人信息保护职责部门的内涵的界定，明确了第 1～2 款所确定的国家及地方政府机构均为履行个人信息保护职责部门。相应地，《个人信息保护法》为履行个人信息保护职责部门所设定的职责及义务，所涉部门亦应予以遵守。

【演进过程】

一审稿	二审稿	最终稿
第五十六条　国家网信部门负责统筹协调个人信息保护工作和相关监督管理工作。国务院有关部门依照本法和有关法律、行政法规的规定，在各自职责范围内负责个人信息保护和监督管理工作。 县级以上地方人民政府有关部门的个人信息保护和监督管理职责，按照国家有关规定确定。 前两款规定的部门统称为履行个人信息保护职责的部门。	第五十九条　国家网信部门负责统筹协调个人信息保护工作和相关监督管理工作。国务院有关部门依照本法和有关法律、行政法规的规定，在各自职责范围内负责个人信息保护和监督管理工作。 县级以上地方人民政府有关部门的个人信息保护和监督管理职责，按照国家有关规定确定。 前两款规定的部门统称为履行个人信息保护职责的部门。	
	第五十九条　国家网信部门负责统筹协调个人信息保护工作和相关监督管理工作。国务院有关部门依照本法和有关法律、行政法规的规定，在各自职责范围内负责个人信息保护和监督管理工作。 县级以上地方人民政府有关部门的个人信息保护和	第六十条　国家网信部门负责统筹协调个人信息保护工作和相关监督管理工作。国务院有关部门依照本法和有关法律、行政法规的规定，在各自职责范围内负责个人信息保护和监督管理工作。 县级以上地方人民政府有关部门的个人信息保护和

续表

一审稿	二审稿	最终稿
	监督管理职责，按照国家有关规定确定。 前两款规定的部门统称为履行个人信息保护职责的部门。	监督管理职责，按照国家有关规定确定。 前两款规定的部门统称为履行个人信息保护职责的部门。

【条文释义】

对个人信息保护问题的治理是一个系统性问题，这不仅需要个人信息所有者加强自我保护意识和个人信息控制者加强自律与合规意识，也需要国家公权力机关通过发挥协调、监督以及促进等作用来保障法律的实施。因此，本条的意义在于确定了由哪些部门来承担有关行政职责。

本条对履行个人信息保护职责部门范围的设定，与我国个人信息保护现状基本相适应。首先，目前的个人信息保护问题主要存在于互联网，个人信息也主要通过电子形式表现，互联网的兴起使个人信息的收集、存储、使用等活动逐渐普遍化，也促使个人信息保护问题日渐凸显。因此，将统筹协调的职责交由国家网信部门符合解决个人信息保护问题的实际需求。

其次，虽然个人信息活动集中于互联网之上，但互联网更多扮演着个人信息收集、展示等活动的渠道作用。论及相关活动的有因性，仍与社会各行各业紧密相连。例如，消费者基于商家的折扣让利提供了电话、姓名等个人信息，寄件人需填写自己与收件人的真实姓名、电话和住址信息方能完成邮寄活动，出于防疫的需求居民需提供个人行程情况。个人信息所有者基于各种缘由而提供个人信息，相关个人信息控制者也是因经营、管理等需求而收集相关主体个人信息，对个人信息的处理是其经营、管理活动中的一个环节。同时，在现有的法律体系中，前述举例相关的市场经营、邮政业务以及疫情防控等领域已有较为成熟的法律制度。因此，本条第 1 款后半段采用准用规范的策略，将相关领域的法律监管部门纳入履行个人信息保护职责部门的范围内，有利于从源头上治理个人信息问题。

此外，严密的执法体系除需要规范中央层级各部门的职责分工外，还需将地方各级政府部门纳入执法主体范围，更有利于个人信息保护制度的落实和监督，县级以上政府部门依法参与到个人信息保护活动中，为《个人信息保护法》的实施提供了执法保障。

【适用指引】

在执法实践中，本条可用以判定相关执法主体是否具有个人信息保护监督管理职责,即相关部门是否属于履行个人信息保护职责的部门。但从可操作性角度来看,除第1款规定的国家网信部门外,其他部门均无法单独依据本条直接被认定为履行个人信息保护职责的部门。

对于其他国务院部门,还需按照《个人信息保护法》其他条文的规定和其他法律、行政法规的规定予以明确。需要注意本条第1款对国务院主管部门履行个人信息保护及监管职责所依据的法律位阶,限于法律和行政法规层级,即相关部门如需履行个人信息保护及监管职责,则需全国人大及其常委会制定的法律、国务院制定的行政法规予以赋权,而无法自己通过部门规章予以创设,这与《行政许可法》第14条所规定的法律位阶相一致。因此,在认定相关部门是否具有个人信息保护及监管职责时,除关注该法律文件内容上是否明确授权外,还应关注该文件是否达到法律或行政法规的位阶。

对于县级以上政府部门,认定其是否属于履行个人信息保护和监管职责的依据是"国家有关规定",这与前款国务院主管部门依据《个人信息保护法》和有关法律、行政法规确定相关职责相比更灵活。一方面,地方政府部门的个人信息保护与监管职责需按照"国家的有关规定"予以确定,则相关规定应为法律、行政法规、部委规章或中央层级的规范性文件,而无法直接依据地方性法规或规章予以确定;另一方面,中央层级的规定并未如前款一样限定为法律、行政法规位阶,部门规章或相关规范性文件也可作为确定其个人信息保护及监管职责的依据。

据此,各政府部门关于个人信息保护与监管职责的赋权逻辑基本确定,即国务院主管部门依据法律、行政法规的规定履行相应职责,地方政府部门依据包括国务院部门规章、规范性文件在内的国家规定履行相应职责。

【案例链接】

广东省江门市江海区人民检察院督促整治保护个人信息安全行政公益诉讼案①

1. 案情简介

广东省江门市江海区某些住宅小区的物业管理公司,在未向行政主管部门申请并验收的情况下,安装了含有人脸识别功能的门禁系统,并且完成了业主的相

① 参见最高人民检察院:《最高人民检察院发布12起公益诉讼检察听证典型案例之十一:广东省江门市江海区人民检察院督促整治保护个人信息安全行政公益诉讼案》,载最高人民检察院网上发布厅2021年7月22日,https://www.spp.gov.cn/xwfbh/wsfbt/202107/t20210722_524481.shtml#1。

关信息采集。小区物业仅口头通知业主,收集其人脸信息、联系电话、门牌号等信息用于门禁信息登记。

2. 案例要点与解析

检察院认为,个人信息处理者收集个人信息时,应当遵循"合法、正当、必要"的原则。涉案小区在安装门禁系统需要进行个人生物信息收集的场景下,必须谨慎处理业主的信息,以防止如虹膜信息、人脸数据等可以识别到业主个人身份的敏感信息被泄露。出于保护涉案小区信息安全的目的,防止生物敏感信息的泄露造成业主的损失,检察院发起了针对涉案小区物业管理公司的公益诉讼。

当时,相关法律尚未明确规定哪些机关应该履行相应的监管职责,导致监管滞后,行业标准不一;《个人信息保护法》出台后,明确了负有公民个人信息保护职责的主体。《个人信息保护法》第 60 条规定,国家网信部门、国务院有关部门、县级以上地方人民政府是履行个人信息保护职责的部门。

【关联条文】

《个人信息保护法》第 61 ~ 63 条

【相关规定】

《网络安全法》第 8 条、第 45 条;《数据安全法》第 6 条;《消费者权益保护法》第 14 条;《行政许可法》第 14 条;《征信业管理条例》第 42 条;《常见类型移动互联网应用程序必要个人信息范围规定》;《App 违法违规收集使用个人信息行为认定方法》;《市场监管总局办公厅关于开展"守护消费"暨打击侵害消费者个人信息违法行为专项执法行动的通知》

【域外比较】

国际上就是否设立统一的执法机构还存在差异,演化出专门监管和分散监管两种模式。

欧盟《通用数据保护条例》第 51 条第 1 款规定:"为了保护自然人在处理过程中的基本权利与自由,以及促进欧盟内部个人数据的自由流通,每个成员国应当建立一个或多个独立公共机构,负责监控本条例的实施。"为此,欧盟各成员国相继成立了本国内独立负责个人数据保护的官方机构。法国国家信息自由委员会(CNIL)是该国个人数据保护监管机构,主要履行向数据主体告知其权利和义务、监督所有个人数据处理是否符合法国和欧盟数据保护规则并予以处罚的职权。意大利的监管机构是数据保护局(Garante),由理事会和办公室组成。其中,理事会由 4 名成员组成,其中 2 名由众议院选举产生,2 名由共和国参议院选举产生,办公室由公开竞聘的 162 名成员组成。在荷兰,数据保护局(Autoriteit Persoonsgegevens)已被法律任命为监督数据保护机构,并监督《通用数据保护条例》的遵守情况。

美国的个人信息保护执法机构设置与前述设立专门、独立的个人信息保护机构不同，该国没有单一的部门来履行个人信息保护职责。联邦贸易委员会对大多数商业实体拥有管辖权，有权发布和执行特定领域的隐私法规（如电话营销、商业电子邮件和儿童隐私），并开展执法行动来保护消费者免受不公平或欺骗性贸易行为的影响，包括实质性不公平的隐私和数据安全行为。许多州总检察长对不公平和欺骗性的商业行为拥有类似的执法权，如对未能实施合理的安全措施而侵害本州消费者的隐私权的营利实体处以罚款。此外，特定部门监管机构，如医疗保健、金融服务、电信和保险监管部门，有权发布和执行其职责范围内的隐私安全法规。

第六十一条　履行个人信息保护职责的部门履行下列个人信息保护职责：

（一）开展个人信息保护宣传教育，指导、监督个人信息处理者开展个人信息保护工作；

（二）接受、处理与个人信息保护有关的投诉、举报；

（三）组织对应用程序等个人信息保护情况进行测评，并公布测评结果；

（四）调查、处理违法个人信息处理活动；

（五）法律、行政法规规定的其他职责。

【条文主旨】

本条是关于个人信息保护职责内容的规定。

第1项为宣传教育、指导、监督职责。与“谁执法，谁普法”的惯例相适应，本条款赋予履行个人信息保护职责部门宣传教育职责，有利于培养社会公众个人信息保护意识，使《个人信息保护法》深入人心。指导、监督职责主要面向个人信息处理者，有利于促进相关主体合规开展个人信息处理活动。

第2项和第4项旨在使履行个人信息保护职责的部门能够有效地监督相关主体的个人信息处理活动。一方面，允许社会公众向相关部门投诉、举报违法的个人信息处理活动，使行政机关在履行监督管理职责时，能充分借助社会监督的积极作用，提高执法的效率和精准性；另一方面，赋予履行个人信息保护职责的部门调查、处理权限，使其监管职责的履行具备可执行性，从而保障《个人信息保护法》的实施。

第 3 项是最终发布稿的新增条款，主要明确了履行个人信息保护职责部门的组织测评，并向社会公布结果的职能。该项职能的增设有利于从外部监督个人信息处理者的个人信息处理合规问题。在实践中，早在 2018 年，中国消费者协会等社会组织已经从消费者权益保护角度对通信社交、影音播放、网上购物、交易支付等 10 类 App 开展个人信息手机与隐私政策测评活动，并公布了相关测评结果。[①]

第 5 项是关于履行个人信息保护职责部门权限范围的兜底性条款，相关职责的确定以法律、行政法规的规定为限。这与第 60 条第 1 款"依照本法和有关法律、行政法规的规定，在各自职责范围内负责个人信息保护和监督管理工作"的分领域管理模式相协调。

【演进过程】

一审稿	二审稿	最终稿
第五十七条　履行个人信息保护职责的部门履行下列个人信息保护职责： （一）开展个人信息保护宣传教育，指导、监督个人信息处理者开展个人信息保护工作； （二）接受、处理与个人信息保护有关的投诉、举报； （三）调查、处理违法个人信息处理活动； （四）法律、行政法规规定的其他职责。	第六十条　履行个人信息保护职责的部门履行下列个人信息保护职责： （一）开展个人信息保护宣传教育，指导、监督个人信息处理者开展个人信息保护工作； （二）接受、处理与个人信息保护有关的投诉、举报； （三）调查、处理违法个人信息处理活动； （四）法律、行政法规规定的其他职责。	
	第六十条　履行个人信息保护职责的部门履行下列个人信息保护职责： （一）开展个人信息保护宣传教育，指导、监督个人信息处理者开展个人信息保护工作； （二）接受、处理与个人信息保护有关的投诉、举报； （三）调查、处理违法个人信息处理活动；	第六十一条　履行个人信息保护职责的部门履行下列个人信息保护职责： （一）开展个人信息保护宣传教育，指导、监督个人信息处理者开展个人信息保护工作； （二）接受、处理与个人信息保护有关的投诉、举报； （三）组织对应用程序等个人信息保护情况进行测评，

① 中国消费者协会：《100 款 App 个人信息收集与隐私政策测评报告》，载中国消费者协会官网 2018 年 11 月 28 日，http://www.cca.cn/jmxf/detail/28310.html。

续表

一审稿	二审稿	最终稿
	（四）法律、行政法规规定的其他职责。	并公布测评结果； （四）调查、处理违法个人信息处理活动； （五）法律、行政法规规定的其他职责。

【条文释义】

本条第 1 项、第 2 项分别为宣传教育、指导及监督职责，和接受社会公众的投诉、举报职责。需要注意各细分职责的相对人差异。宣传、教育职责面向全体社会，而指导、监督职责则主要针对个人信息处理者。根据《个人信息保护法》第 72 条第 1 款定义，这里的个人信息处理者指自主决定处理目的、处理方式等个人信息处理事项的组织、个人。

第 3 项的组织测评对象不限于应用程序的个人信息保护情况，还可能包括其他主体或产品，如网页、小程序，但应用程序将是该项职责的重点执法对象。由中央网信办指导的全国信息安全标准化技术委员会已发布《信息安全技术 移动互联网应用程序（App）个人信息安全测评规范（征求意见稿）》，为 App 的个人信息测评的开展确立了行业标准。

第 4 项是对违法个人信息处理活动的调查、处理权。本项的处理职责与第 2 项有所差异，第 2 项的处理依赖于相关主体的投诉举报行为，本项还包含基于自主调查而作出的处理。在处理结果上，本项的处理是对非法个人信息处理行为进行否定性评价，作出相应处罚措施，而第 2 项的处理则是对投诉举报内容作出回应。

【适用指引】

本条是履行个人信息保护职责的部门的职责内容的规定，其中接受、处理投诉或举报的职责，于行政机关而言是其职权范围，于社会公众而言也是其投诉、举报权的具体落实。社会公众有权依据本条规定向相关行政机关投诉、举报实践中存在的违规个人信息处理活动，并获得行政机关的答复和处理结果通知。举报、投诉主体如果不满意相关行政机关对投诉举报的处理，可能还会有复议、诉讼等救济行为；同时，行政机关应向社会公众提供便捷的投诉举报途径，这包括投诉举报设施、场地以及人员的落实。

虽然本条将接受投诉、举报合并为履个人信息保护职责部门的职责内容之一，但投诉人、举报人与所反映内容在利益关联性上存在差异，因此对二者的处理是否都应视作可诉的具体行政行为，还有待确定。在司法实践中，区分二者的主要标准是行为人是否基于自身个体合法权益而向行政机关反映情况。行政机关处理投诉和举报的行为性质有所不同,在最高人民法院(2017)最高法行申 281 号裁定中确认,由于行政机关对举报的处理结果与举报人权益之间缺乏直接、实际的影响,因此认为行政机关对举报的处理行为不属于行政诉讼的受案范围。

【案例链接】

实践中,履行个人信息保护职责的部门在职责范围内积极履行个人信息保护及监管职责。中央网信办、市场监管总局联合发布《关于开展 App 安全认证工作的公告》,推动建立了 App 个人信息安全认证制度,App 运营商可自愿申请对其收集、存储、传输、使用个人信息等活动进行评估,对于符合国家标准的将颁发安全认证证书。

工业和信息化部开展“App 侵害用户权益行为专项整治行动”,重点整治违规收集用户个人信息、违规使用用户个人信息、不合理索取用户权限、为用户账号注销设置障碍等四个方面的八类突出问题,已对多款 App 采取下发整改通知、通报和下架等处置措施。

【关联条文】

《个人信息保护法》第 60 条第 1 款、第 65 条、第 68 条、第 73 条第 1 款

【相关规定】

《电子商务法》第 5 条;《国务院关于在线政务服务的若干规定》第 14 条;《信息安全技术　移动互联网应用程序(App)个人信息安全测评规范(征求意见稿)》;《关于开展 App 安全认证工作的公告》

【域外比较】

欧盟对个人信息监管机构的职责规定得更为明确和细化,根据《通用数据保护条例》第 57 条的规定,成员国拟设监管机构主要任务达 20 余项,主要包括监督法律实施、提高全社会信息保护意识、处置并调查申诉、标准制定等内容。有关欧盟个人信息保护监管机构的职责规定如下:

“1. 在不影响《通用数据保护条例》设置的其他任务的前提下,各监管机关应在其管辖区内:

(a)监督和执行《条例》的适用;

(b)提高公众对处理相关的风险、规则、保障和权利的意识和理解,应当就特别针对儿童的活动投诸特别注意;

(c)遵照成员国法,就与处理相关的、保护自然人权利和自由的立法和行政措施,为各国议会、政府和其他机构、机关提供建议;

(d)提高控制者和处理者对履行《条例》义务的意识;

(e)依其请求,向数据主体提供有关行使《条例》权利的信息,如果适用,与其他成员国监管机关就这一目的合作;

(f)处理数据主体、机关、组织或协会依据《条例》第80条的投诉,以及,在适当的程度内调查投诉的主体事宜,并在合理期限内,特别是在有必要进一步调查或与其他监管机关合作时,告知投诉者调查的进展和结果;

(g)以确保《条例》统一适用与执行的观点,与其他监管机构合作,包括共享信息和提供互助;

(h)就适用《条例》开展调查,包括基于自其他监管机关或公共机关收到的信息(开展调查);

(i)监测相关进展,只要是影响个人数据保护的进展(都属于监测范围),特别是信息和通信技术以及商业实践的发展;

(j)采纳《条例》第28条第8款和第46条第2款(d)项提及的标准合同条款;

(k)订立和维持《条例》第35条第4款提及的、与数据安全影响评估要求有关的列表;

(l)对《条例》第36条第2款的特定处理行为给出建议;

(m)鼓励草拟《条例》第40条规定的行为准则,并根据《条例》第40条第5款的规定,对提供充分保障的行为准则出具观点、予以批准;

(n)鼓励建立数据保护认证机制,鼓励订立《条例》第42条第1款规定的数据保护印章和戳记,并批准《条例》第42条第5款规定的认证准则;

(o)如果适用,对根据《条例》第42条第7款颁发的认证开展定期复核;

(p)起草并颁布根据《条例》第41条或第43条的规定,认可特定主体为监督行为准则(的主体)或发放认证的主体的要求;

(q)根据《条例》第41条或第43条的规定,认可特定主体为监督行为准则(的主体)或发放认证的主体;

(r)批准(为跨境传输所需的)《条例》第46条第3款规定的合同条款和规定;

(s)根据《条例》第47条的规定,批准约束性公司规则;

(t)襄助欧盟数据保护委员会的活动;

(u)就对《条例》的违反和根据《条例》第58条第2款采取的措施留存内部记录;

(v)完成其他有关个人数据保护的任务。

2. 各监管机关均应为本条第1款第(f)项提及的投诉提供便利,例如,在不排除其他通信方式的前提下,采取能够以电子方式填写的投诉提交格式。

3. 各监管机关均应以对数据主体免费的方式完成任务,如果适用,对数据保护官也应免费。

4. 如果请求显然无理或显然过分，特别是因为请求的重复特性而显然无理或显然过分，监管机关可以根据行政成本收取合理费用，或拒绝根据请求行事。监管机关负有阐明请求的显然无理或显然过分的特性的责任。”

第六十二条　国家网信部门统筹协调有关部门依据本法推进下列个人信息保护工作：

（一）制定个人信息保护具体规则、标准；

（二）针对小型个人信息处理者、处理敏感个人信息以及人脸识别、人工智能等新技术、新应用，制定专门的个人信息保护规则、标准；

（三）支持研究开发和推广应用安全、方便的电子身份认证技术，推进网络身份认证公共服务建设；

（四）推进个人信息保护社会化服务体系建设，支持有关机构开展个人信息保护评估、认证服务；

（五）完善个人信息保护投诉、举报工作机制。

【条文主旨】

本条是对国家网信部门作为统筹协调机构在个人信息保护领域的工作要求，相关内容在《个人信息保护法》的修改进程中进行了多番修改。

第二次审议稿在第一次审议稿的基础上，增加了第 2 项对敏感个人信息以及人脸识别、人工智能等新技术、新应用制定专门的个人信息保护规则、标准的工作要求，以及第 3 项支持研究开发安全、方便的电子身份认证技术的工作要求。此后，最终发布稿又在第二次审议稿的基础上，于第 2 项增加了制定针对小型个人信息处理者的个人信息保护规则、标准的工作内容，并于第 3 项增加了对网络身份认证公共服务建设的推进职责。同时，还新增了第 5 项关于完善个人信息保护投诉、举报工作机制的工作要求。

基于本条规定，国家网信部门除基于履行个人信息保护职责部门身份而履行第 60 条规定的五项职责外，在个人信息保护领域还承担本条所列的五项统筹协调职责。五项职责主要涉及规则、标准的设立和技术、制度的创新。将规则、制度和技术的创设作为统筹协调工作，有利于使各执法主体、执法领域的实际情况集中、协调反映在新制度、新技术中，从而维持个人信息保护相关标准、制度的统一性，增加执法效率和被监管主体在合规上的可预见性。同时，为应对互联网信息技术的不断发展更新，对新技术、新应用的规则标准确定统筹协调机制，有利于国家立法在新技术来临时，能够及时出台相应政策，减小立法的滞后性，促进个人信息保护事业和信息互联网产业的平稳健康发展。

【演进过程】

一审稿	二审稿	最终稿
第五十六条　国家网信部门和国务院有关部门按照职责权限组织制定个人信息保护相关规则、标准，推进个人信息保护社会化服务体系建设，支持有关机构开展个人信息保护评估、认证服务。	第六十一条　国家网信部门统筹协调有关部门依据本法推进下列个人信息保护工作： （一）制定个人信息保护具体规则、标准； （二）针对敏感个人信息以及人脸识别、人工智能等新技术、新应用，制定专门的个人信息保护规则、标准； （三）支持研究开发安全、方便的电子身份认证技术； （四）推进个人信息保护社会化服务体系建设，支持有关机构开展个人信息保护评估、认证服务。	
	第六十一条　国家网信部门统筹协调有关部门依据本法推进下列个人信息保护工作： （一）制定个人信息保护具体规则、标准； （二）针对敏感个人信息以及人脸识别、人工智能等新技术、新应用，制定专门的个人信息保护规则、标准； （三）支持研究开发安全、方便的电子身份认证技术； （四）推进个人信息保护社会化服务体系建设，支持有关机构开展个人信息保护评估、认证服务。	第六十二条　国家网信部门统筹协调有关部门依据本法推进下列个人信息保护工作： （一）制定个人信息保护具体规则、标准； （二）针对小型个人信息处理者、处理敏感个人信息以及人脸识别、人工智能等新技术、新应用，制定专门的个人信息保护规则、标准； （三）支持研究开发和推广应用安全、方便的电子身份认证技术，推进网络身份认证公共服务建设； （四）推进个人信息保护社会化服务体系建设，支持

续表

一审稿	二审稿	最终稿
		有关机构开展个人信息保护评估、认证服务； （五）完善个人信息保护投诉、举报工作机制。

【条文释义】

第1项和第2项均为制定个人信息保护具体规则及标准的工作要求。在规则制定方面，目前国家网信部门已牵头出台了《常见类型移动互联网应用程序必要个人信息范围规定》《App违法违规收集使用个人信息行为认定方法》《儿童个人信息网络保护规定》等具体规则。

在标准制定层面，现有个人信息保护相关的国家标准，如《个人信息安全规范》、《信息安全技术 个人信息安全影响评估指南》（GB/T 39335－2020）以及《信息安全技术 个人信息去标识化指南》（GB/T 37964－2019）等均由全国信息安全标准化技术委员会制定并发布。对于第2项所列新技术、新应用的规则及标准制定，目前已有全国信息安全标准化技术委员会制定的《信息安全技术 人脸识别数据安全要求（征求意见稿）》《信息安全技术 远程人脸识别系统技术要求》等。

第3项和第4项均为支持性工作，既包括技术开发层面的支持，也有社会服务体系建设上的支持。关于电子身份认证技术支持，在《网络安全法》第24条第2款"国家实施网络可信身份战略，支持研究开发安全、方便的电子身份认证技术，推动不同电子身份认证之间的互认"的规定中，已将国家对电子身份认证技术的支持研究开发作出宣誓性规定，本项与之衔接，并进一步落实到国家网信部门的工作安排中。

关于评估、测评等社会化服务体系建设，《网络安全法》已于第17条就网络安全社会化服务体系建设作出规范，目前已备案的相关测评机构已成规模，国家网络安全等级保护工作协调小组办公室发布的《全国网络安全等级保护测评机构推荐目录》中，已对全国各地共211家测评机构颁发推荐证书。

在个人信息保护评估或测评方面，《个人信息出境安全评估办法（征求意见稿）》规定个人信息出境安全评估事项由省级网信部门负责，中国电子技术标准化研究院也通过App个人信息保护合规评估工具面向社会作互联网应用的信息保护合规评估。在《个人信息保护法》通过并生效后，相关社会化服务体系将进一步完善。

由于小型个人信息处理者的技术水平、风险等级与大型个人信息处理者之间存在差异，第 3 项还新增了针对小型个人信息处理者的规则制定职责，此后可能会有专门适用于小型个人信息处理者的个人信息保护规范。有关小型个人信息处理者的身份界定、例外适用等内容，有待相关法律法规进一步明确。

【适用指引】

全国信息安全标准化技术委员会目前在有关个人信息保护的相关标准制定工作中具有重要作用，根据《全国信息安全标准化技术委员会章程》第 4 条的规定，信安标委在业务上受中央网信办指导。国家网信部门具有统筹协调个人信息保护标准及规则制定的职责，此后有关个人信息保护的规则、标准制定将在国家网信部门组织的框架内开展。

实践中，在《个人信息保护法》施行以前，国家网信部门主要依据《网络安全法》等先前施行的法律开展个人信息保护工作。其中，与本条第 1 项、第 2 项有关的个人信息保护规则和标准主要有《App 违法违规收集使用个人信息行为认定方法》(2019 年)、《常见类型移动互联网应用程序必要个人信息范围规定》(2021 年)等。此外，近年来个人信息保护评估及认证服务已经试行。2019 年 3 月，为规范移动互联网应用程序收集、使用用户信息特别是个人信息的行为，加强个人信息安全保护，《市场监督管理总局、中央网信办关于开展 App 安全认证工作的公告》出台，将依据《移动互联网应用程序(App)安全认证实施规则》对 App 开展安全认证工作，由中国网络安全审查技术与认证中心作为安全认证机构，并由其根据认证业务需要和技术能力确定检测机构。根据相关报道，基于自愿申请原则，包括云闪付、苏宁易购、中国移动、百度地图等 10 家企业在内的 18 款应用已通过安全认证。

本条较一审稿新增多项统筹协调工作，例如，制定专门的小型个人信息处理者、敏感信息、人脸识别、人工智能新技术、应用的规则制定标准，作为《个人信息保护法》交办的“命题作文”，相关专门规则标准将逐渐制定完善；再如，支持研究开发安全、便捷的电子身份认证技术，目前电子身份认证主要依赖电话卡实名制展开。由于缺乏动态实名核验，无法保证人卡一致的情形，开发新的实名认证技术有利于完善网络实名制，强化网络空间的治理能力。

【关联条文】

《个人信息保护法》第 12 条、第 60 条、第 65 条

【相关规定】

《网络安全法》第 14 条、第 17 条、第 24 条第 2 款；《数据安全法》第 17 条、第 18 条；《中国人民银行金融消费者权益保护实施办法》第 7 条；《常见类型移动互

联网应用程序必要个人信息范围规定》;《App 违法违规收集使用个人信息行为认定方法》;《儿童个人信息网络保护规定》;《个人信息出境安全评估办法(征求意见稿)》;《信息安全技术 个人信息安全规范》;《信息安全技术 个人信息安全影响评估指南》;《信息安全技术 个人信息去标识化指南》;《信息安全技术 人脸识别数据安全要求》;《信息安全技术 远程人脸识别系统技术要求》;《全国信息安全标准化技术委员会章程》第 4 条;《关于开展 App 安全认证工作的公告》;《移动互联网应用程序(App)安全认证实施规则》

【域外比较】

此前,欧盟依据《关于涉及个人数据处理的个人保护以及此类数据自由流动的指令》(95/46/EC)第 29 条"保护个人数据处理行为的工作组"的规定,设立成员国之间议事协调机构,又称"第 29 条工作组"。其工作内容包括:审查有关国家措施的适用问题,以促进此类措施的统一适用;向委员会提供关于共同体和第三国保护水平的意见;拟议修正案、保障自然人在处理个人数据方面的权利,向委员会提供咨询;对行为守则发表意见等。《通用数据保护条例》生效后,该条例第 68 条规定将设立欧洲数据保护委员会替代此前的第 29 条工作组。根据《通用数据保护条例》第 70 条的规定,欧洲数据保护委员会履行确保一致性适用、向欧盟委员会提供建议、发布指导方针、建议和最佳操作等 25 项职能。

关于在规则制定上对大型和小型个人信息处理者进行区分的立法,全球范围内还处于探索阶段,少数国家对此作出了规定。例如,《通用数据保护条例》明确要求考虑微型、小型以及中型经济主体的特定需求,但还未出台具有实践指导性的文件;美国在《加州消费者隐私法》(CCPA)中明确,规制对象仅涵盖收入超过 2500 万美元的企业,以及销售大量个人信息的数据经纪人,直接将中小型企业排除在调整范围之外;印度《个人数据保护法(草案)》及澳大利亚《隐私法》中对小型企业作出界定,并直接豁免其部分个人信息保护义务。①

第六十三条　履行个人信息保护职责的部门履行个人信息保护职责,可以采取下列措施:

(一)询问有关当事人,调查与个人信息处理活动有关的情况;

---

① 参见杨婕:《〈个人信息保护法〉正式出台——中国走出第三条路》,载微信公众号"中国信通院 CAICT"2021 年 8 月 20 日,https://mp. weixin. qq. com/s/l1H4VGP0Apqe_fnHRl7_HQ。

（二）查阅、复制当事人与个人信息处理活动有关的合同、记录、账簿以及其他有关资料；

（三）实施现场检查，对涉嫌违法的个人信息处理活动进行调查；

（四）检查与个人信息处理活动有关的设备、物品；对有证据证明是用于违法个人信息处理活动的设备、物品，向本部门主要负责人书面报告并经批准，可以查封或者扣押。

履行个人信息保护职责的部门依法履行职责，当事人应当予以协助、配合，不得拒绝、阻挠。

【条文主旨】

本条是对相关部门在履行个人信息保护职责时可采取的调查行为和行政强制措施的规定，同时规定了当事人的协助配合义务。

相较于一审稿，本条在第4项有关查封、扣押的规定中，增加了"向本部门主要负责人书面报告并经批准"的限制条款，这体现了《个人信息保护法》对履行个人信息保护职责的部门在启动行政强制措施时的谦抑性取向。基于依法行政原则，履行个人信息保护职责的部门可通过本条规定的措施，履行前述第61条所规定的个人信息保护和监督管理职责。相应地，为保障相关部门能够顺利执法，本条第2款明确了当事人的配合协助义务，并强调不得拒绝、阻挠执法活动。

【演进过程】

一审稿	二审稿	最终稿
第五十九条　履行个人信息保护职责的部门履行个人信息保护职责，可以采取下列措施： （一）询问有关当事人，调查与个人信息处理活动有关的情况。 （二）查阅、复制当事人与个人信息处理活动有关的合同、记录、账簿以及其他有关资料。 （三）实施现场检查，对涉嫌违法个人信息处理活动进行调查。 （四）检查与个人信息处理活动有关的设备、物品；	第六十二条　履行个人信息保护职责的部门履行个人信息保护职责，可以采取下列措施： （一）询问有关当事人，调查与个人信息处理活动有关的情况。 （二）查阅、复制当事人与个人信息处理活动有关的合同、记录、账簿以及其他有关资料。 （三）实施现场检查，对涉嫌违法个人信息处理活动进行调查。 （四）检查与个人信息处理活动有关的设备、物品；	

续表

一审稿	二审稿	最终稿
对有证据证明是违法个人信息处理活动的设备、物品,可以查封或者扣押。 履行个人信息保护职责的部门依法履行职责,当事人应当予以协助、配合,不得拒绝、阻挠。	对有证据证明是违法个人信息处理活动的设备、物品,向本部门主要负责人书面报告并经批准,可以查封或者扣押。 履行个人信息保护职责的部门依法履行职责,当事人应当予以协助、配合,不得拒绝、阻挠。	
	第六十三条　履行个人信息保护职责的部门履行个人信息保护职责,可以采取下列措施: (一)询问有关当事人,调查与个人信息处理活动有关的情况。 (二)查阅、复制当事人与个人信息处理活动有关的合同、记录、账簿以及其他有关资料。 (三)实施现场检查,对涉嫌违法个人信息处理活动进行调查。 (四)检查与个人信息处理活动有关的设备、物品;对有证据证明是违法个人信息处理活动的设备、物品,向本部门主要负责人书面报告并经批准,可以查封或者扣押。 履行个人信息保护职责的部门依法履行职责,当事人应当予以协助、配合,不得拒绝、阻挠。	第六十三条　履行个人信息保护职责的部门履行个人信息保护职责,可以采取下列措施: (一)询问有关当事人,调查与个人信息处理活动有关的情况; (二)查阅、复制当事人与个人信息处理活动有关的合同、记录、账簿以及其他有关资料; (三)实施现场检查,对涉嫌违法的个人信息处理活动进行调查; (四)检查与个人信息处理活动有关的设备、物品;对有证据证明是用于违法个人信息处理活动的设备、物品,向本部门主要负责人书面报告并经批准,可以查封或者扣押。 履行个人信息保护职责的部门依法履行职责,当事人应当予以协助、配合,不得拒绝、阻挠。

【条文释义】

第 1 款明确了行政机关在履行个人信息保护职能时可采取的具体措施,一是采取行政调查措施,包括通过询问当事人、对现场及物品设备实施检查的方式对个人信息处理活动进行调查,并有权查阅复制相关资料;二是采取行政强制措施,在有证据证明涉嫌违法个人信息处理活动的情况下,可对相关设备物品进行查封、扣押。

第 2 款明确了当事人在面对履行个人信息保护职责的部门开展执法行为时的配合协助义务。另结合《个人信息保护法》第 71 条的规定，违反此义务可能依照《治安管理处罚法》《刑法》追究责任。

【适用指引】

本条规定的部分措施属于行政行为，在具体适用时还需关注相关程序性要求。以询问为例，如果履行个人信息保护职责部门的执法活动涉及行政处罚的，则依据《行政处罚法》第 55 条第 2 款"询问或者检查应当制作笔录"的规定，应制作询问笔录。再如第 1 款第 3 项的检查、调查活动，按照《行政处罚法》第 55 条第 1 款"执法人员在调查或者进行检查时，应当主动向当事人或者有关人员出示执法证件。当事人或者有关人员有权要求执法人员出示执法证件。执法人员不出示执法证件的，当事人或者有关人员有权拒绝接受调查或者检查"的要求，相关执法人员应出示证件。

第 1 款第 4 项中的查封、扣押行为，在我国行政法律体系中属于行政强制措施，应受《行政强制法》调整。在二审稿中增加的经部门负责人书面批准的程序限定，与《行政强制法》第 18 条第 1 项"实施前须向行政机关负责人报告并经批准"的要求相一致。除此之外，该法还专设了查封、扣押程序章节，对相关内容以及总则部分的要求，在《个人信息保护法》没有特殊规定的情况下，执法机关在履行个人信息保护及监管执法过程中，也应予以遵守。

【案例链接】

沈某冲侵犯公民个人信息案①

1. 案情简介

浙江省建设银行余姚城建支行原行长沈某冲，在担任行长期间，非法获取余姚市东城名苑业主的财产信息共计 1111 条，并通过 QQ 邮箱非法提供给周某用来招揽业务；后利用职务之便，将该银行受理的贷款客户财产信息共计 127 条提供给周某招揽业务。事后，沈某冲主动向公安机关投案，如实供述上述事实。

2. 案例要点与解析

本案中，法院认为被告人沈某冲构成了侵犯公民个人信息罪，并且有利用职务之便获取本银行客户个人信息的行为，依法从重处罚；同时，被告人沈某冲主动投案，如实供述自己的罪行，成立自首，且当庭认罪认罚，依法可以从轻处罚。综

---

① 浙江省余姚市人民法院刑事判决书，(2020)浙 0281 刑初 62 号。

合上述情节,对被告人沈某冲判处有期徒刑的同时,判处3年缓刑。

根据《个人信息保护法》第63条的规定,国家网信部门、国务院有关部门、县级以上地方政府履行个人信息保护职责时,可采取询问相关当事人、实施现场检查等措施。本案中,以上主体在依法履行相应职责时,被告人沈某冲应当予以协助、配合,并视具体情况纳入酌定量刑考察范围。

【关联条文】

《个人信息保护法》第61条、第64条、第71条

【相关规定】

《治安管理处罚法》;《刑法》;《行政处罚法》第55条;《行政强制法》第18条;《消费者权益保护法》;《网络安全法》第44条、第64条;《网络交易监督管理办法》第35条

【域外比较】

在个人信息保护执法领域,各国基于本国国情及立法实践,赋予其监管机构不同的执法权限。澳大利亚由隐私专员负责监督执行《隐私法》,如果相关行为干扰个人隐私并被投诉的,隐私专员可以发起调查。一般来说,隐私专员更倾向于组织双方调解,如果隐私专员对未解决的投诉进行调查,则必须确保公开调查结果。目前,相关调查通过OAIC网站披露。

在欧盟,《通用数据保护条例》赋予监管机构的执法权限更为多样且充分,本条主要对应《通用数据保护条例》下DPA的调查权力和矫正性权力。根据《通用数据保护条例》第58条规定,监管机构享有如下权力:

"1. 各监管机关均享有下列各调查权力:

(a)命令控制者和处理者,以及如果适用,控制者和处理者的代表,提供为其所要求的、为完成其任务所需的任何信息;

(b)以数据保护审计的形式开展调查;

(c)根据《条例》第42条第7款的规定,对认证开展复核;

(d)通知控制者或处理者据称的、对《条例》的违反;

(e)从控制者和处理者处,访问所有个人数据,并获得为完成其任务所必需的任何信息;

(f)遵照欧盟法和成员国法,访问控制者和处理者的任何场所,包括任何数据处理设备和手段。

2. 各监管机关均享有下列各矫正权力:

(a)向控制者或处理者发出意图处理行为可能违反《条例》规定的警告;

(b)向控制者或处理者发出处理行为已经违反(条例)规定的训诫;

(c)命令控制者或处理者根据《条例》、遵从数据主体行使他或她的权利的请求;

(d)命令控制者或处理者使其处理行为符合《条例》规定,如果适用,命令控制者或处理者以指定的方式、在指定期限内使其处理行为符合《条例》规定;

(e)命令控制者向数据主体通知个人数据泄露;

(f)施以临时性或终局性的限制,包括对处理的禁令;

(g)命令更正或擦除数据,或根据《条例》第 16 ~ 18 条命令限制处理,并根据《条例》第 17 条第 2 款和第 19 条,要求将所命令的举措通知给已经向其披露个人数据的接收者;

(h)根据《条例》第 42 条、第 43 条的规定,在未能达到认证要求或不复达到认证要求时,撤回认证、命令认证主体撤回认证或命令认证主体不予颁发认证;

(i)根据《条例》第 83 条和个案情况,在本条规定措施之余额外施以行政罚款,或以行政罚款替代本条规定措施;

(j)命令停止向第三国接收者或国际组织传输数据。

3. 各监管机关均享有下列各批准和建议权力:

(a)根据《条例》第 36 条提及的事前咨询程序,对控制者提出建议;

(b)由自身主动发起或根据相应请求,就任何与个人数据保护有关的问题向成员国议会和政府出具观点,或遵照成员国法,就任何与个人数据保护有关的问题向其他机构、机关和公众出具观点;

(c)如果成员国法要求相应的事先批准,根据《条例》第 36 条第 5 款批准相应处理;

(d)根据《条例》第 40 条第 5 款的规定,出具观点并批准行为准则;

(e)根据《条例》第 43 条的规定,认可认证主体;

(f)根据《条例》第 42 条第 5 款的规定,颁发认证并批准认证准则;

(g)根据《条例》第 28 条第 8 款和第 46 条第 2 款(d)项,采纳标准数据保护条款;

(h)根据《条例》第 46 条第 3 款(a)项的规定,批准合同条款;

(i)根据《条例》第 46 条第 3 款(b)项的规定,批准行政安排;

(j)根据《条例》第 47 条的规定,批准约束性公司规则。

4. 由《条例》授予监管机关的权力的行使,应处于适当的、遵照欧盟《宪章》的欧盟法和成员国法设立的制约之下,包括有效的司法救济和正当程序。

5. 各成员国均应以法律规定,监管机关应有权将对《条例》的违反提请司法机关注意,并应有权在适当时发起或参与司法程序,以执行《条例》规定。

6. 各成员国可以法律授予监管机关本条第 1 ~ 3 款以外的权力。相应权力的行使不得阻碍《条例》关于合作与一致性的规定的有效运作。”

第六十四条　履行个人信息保护职责的部门在履行职责中，发现个人信息处理活动存在较大风险或者发生个人信息安全事件的，可以按照规定的权限和程序对该个人信息处理者的法定代表人或者主要负责人进行约谈，或者要求个人信息处理者委托专业机构对其个人信息处理活动进行合规审计。个人信息处理者应当按照要求采取措施，进行整改，消除隐患。

履行个人信息保护职责的部门在履行职责中，发现违法处理个人信息涉嫌犯罪的，应当及时移送公安机关依法处理。

【条文主旨】

本条第1款规定了履行个人信息保护职责的部门可以采取的约谈和合规审计措施。本条第2款规定了个人信息保护领域行政执法与刑事司法的衔接机制。

【演进过程】

一审稿	二审稿	最终稿
第六十条　履行个人信息保护职责的部门在履行职责中，发现个人信息处理活动存在较大风险或者发生个人信息安全事件的，可以按照规定的权限和程序对该个人信息处理者的法定代表人或者主要负责人进行约谈。个人信息处理者应当按照要求采取措施，进行整改，消除隐患。	第六十三条　履行个人信息保护职责的部门在履行职责中，发现个人信息处理活动存在较大风险或者发生个人信息安全事件的，可以按照规定的权限和程序对该个人信息处理者的法定代表人或者主要负责人进行约谈，或者要求个人信息处理者委托专业机构对其个人信息处理活动进行合规审计。个人信息处理者应当按照要求采取措施，进行整改，消除隐患。	
	第六十三条　履行个人信息保护职责的部门在履行职责中，发现个人信息处理活动存在较大风险或者发生个人信息安全事件的，可以按照规定的权限和程序对该个人信息处理者的法定代表人或者主要负责人进行约谈，或者要求个人信息处理者委托专业机构对其个人信息处理	第六十四条　履行个人信息保护职责的部门在履行职责中，发现个人信息处理活动存在较大风险或者发生个人信息安全事件的，可以按照规定的权限和程序对该个人信息处理者的法定代表人或者主要负责人进行约谈，或者要求个人信息处理者委托专业机构对其个人信息处理

续表

一审稿	二审稿	最终稿
	活动进行合规审计。个人信息处理者应当按照要求采取措施,进行整改,消除隐患。	活动进行合规审计。个人信息处理者应当按照要求采取措施,进行整改,消除隐患。 履行个人信息保护职责的部门在履行职责中,发现违法处理个人信息涉嫌犯罪的,应当及时移送公安机关依法处理。

【条文释义】

本条第1款赋予了履行个人信息保护职责的部门在特定情形下可以采取约谈、责令合规审计的措施。

履行个人信息保护职责的部门采取措施的前提是在履行职责中,发现个人信息处理活动存在较大风险或者发生个人信息安全事件的。个人信息处理活动存在较大风险,可能是因为个人信息处理者没有依法采取相应的个人信息保护措施,可能是因为个人信息处理者在处理个人信息时没有遵守法律的要求,可能是由于外部攻击等原因导致个人信息存在被非法收集、窃取、篡改、丢失等的风险。发生个人信息安全事件,主要是指已经发生个人信息被他人非法收集、窃取、篡改、丢失等危害个人信息安全的事件。

履行个人信息保护职责的部门可以根据情况采取约谈或者责令合规审计的措施。约谈,是指有关部门按照规定的权限和程序对该个人信息处理者的法定代表人或者主要负责人进行约谈。约谈是行政部门履行监管职责的常用手段,但目前并没有法律明文规定其具体含义。《互联网新闻信息服务单位约谈工作规定》规定,约谈是指国家互联网信息办公室、地方互联网信息办公室在互联网新闻信息服务单位发生严重违法违规情形时,约见其相关负责人,进行警示谈话、指出问题、责令整改纠正的行政行为。从该规定可知,约谈虽然只是“警示谈话”,但重点是指出问题、责令整改纠正。约谈要按照规定的权限和程序进行,但本条并没有具体规定,需要由行政法规或者部门规章具体规定中央和地方履行个人信息保护职责部门的具体权限以及约谈的具体程序。责令合规审计,是指履行个人信息保护职责的部门要求个人信息处理者委托专业机构对其个人信息处理活动进行合规审计。《个人信息保护法》第54条规定,个人信息处理者应当定期对其处理个人信息遵守法律、行政法规的情况进行合规审计。第54条的合规审计是定期举行的,可以是个人信息处理者自行审计,也可以委托其他专业机构进行审计;合规审计的对象是处理个人信息遵守法律、行政法规的情况。本条规定的是基于特定理由的强制性审计，应当由个人信息处理者委托其他专业机构进行合规审计，合规审计的重点对象是履行个人信息保护职责的部门发现的个人信息处理活动风险或者个人信息安全事件。

本条第2款规定了个人信息保护领域行政执法与刑事司法的衔接机制，即履行个人信息保护职责的部门在履行职责过程中，发现违法处理个人信息涉嫌犯罪的，应当及时移送公安机关依法处理。这里所谓的涉嫌犯罪，主要是指涉嫌构成《刑法》第253条之一的侵犯公民个人信息罪、第286条之一的拒不履行信息网络安全管理义务罪、第287条之二的帮助信息网络犯罪活动罪等犯罪。履行个人信息保护职责的部门发现违法处理个人信息涉嫌犯罪的，应当按照《行政执法机关移送涉嫌犯罪案件的规定》，及时将案件移送公安机关依法处理。

【适用指引】

本条第1款规定了履行个人信息保护职责的部门可以采取约谈或者责令合规审计的措施。有关部门应当对两种措施的效果进行预估，选择一种最能实现目的，即最有助于个人信息处理者进行整改、消除隐患的措施。当履行个人信息保护职责的部门或者个人信息处理者不清楚个人信息处理活动存在较大风险或者发生个人信息安全事件的具体原因时，宜采取责令合规审计的措施，查明风险或者安全事件发生的原因后再采取下一步的措施。

本条第2款规定了行政执法和刑事司法的衔接机制。需要注意的是，当公安机关与履行个人信息保护职责的部门对相关行为是否构成犯罪有不同意见时，应当依照《行政执法机关移送涉嫌犯罪案件的规定》处理。首先，如果履行个人信息保护职责的部门认为相关行为构成犯罪的，可以自接到不予立案通知书之日起3日内，提请作出不予立案决定的公安机关复议，也可以建议人民检察院依法进行立案监督。其次，对公安机关决定不予立案的案件，履行个人信息保护职责的部门应当依法作出处理，例如，根据本条第1款采取约谈或者责令合规审计的措施，或者依照《个人信息保护法》的其他规定作出行政处罚决定。

【案例链接】

工信部信息通信管理局就用户个人信息保护问题约谈同程艺龙[①]

针对网民反映的同程艺龙微信小程序中"12306畅行会员"服务存在的默认

① 参见工业和信息化部信息通信管理局：《信息通信管理局就用户个人信息保护问题约谈同程艺龙》，载工业和信息化部官网2018年12月4日，https://www.miit.gov.cn/xwdt/gxdt/sjdt/art/2020/art_48b6c4c2faf845e3a434dd923585dd34.html。

开通会员协议等用户个人信息保护相关问题，工业和信息化部信息通信管理局进行了核查，并于2018年12月3日约谈了苏州同程艺龙网络科技有限公司（以下简称同程艺龙公司）。工业和信息化部信息通信管理局指出，对照《网络安全法》《全国人民代表大会常务委员会关于加强网络信息保护的决定》《电信和互联网用户个人信息保护规定》等有关规定，同程艺龙微信小程序存在未公示用户个人信息收集使用规则、默认开通12306畅行会员协议、未履行部分服务承诺的问题，同程艺龙公司应当本着充分保障用户知情权和选择权的原则立即进行整改，切实维护用户合法权益。同程艺龙公司表示，将按照监管部门要求，全面排查存在的问题，立即进行整改，并举一反三，完善内部管理和产品设计，提升服务水平和能力，保障用户合法权益。今后，公司将继续严格遵守相关法律法规和工业和信息化部有关规定，进一步规范用户个人信息收集、使用和服务行为。

【关联条文】

《个人信息保护法》第54条

【相关规定】

《刑法》第253条、第286条、第287条；《网络交易监督管理办法》第38条；《互联网新闻信息服务单位约谈工作规定》；《行政执法机关移送涉嫌犯罪案件的规定》

【域外比较】

欧盟《通用数据保护条例》规定了DPA的调查权力和矫正性权力。根据《通用数据保护条例》第58条第1款，DPA具有以下调查权力："（a）要求控制者和处理者，以及——在适合的情形下——控制者或处理者的代表提供履行其任务所需要的所有信息；（b）以数据保护核查的方式进行调查；（c）对根据第42（7）所颁布的认证进行审查；（d）将可能侵犯本条例的情况告知控制者或处理者；（e）从控制者或处理者那里获取访问个人数据的权力，以及为了行使其任务而所需的所有信息；（f）按照欧盟与成员国法律的程序法，获取对控制者和处理者的所有房屋建筑及场地，包括数据处理设施和处理方法的访问权。"此处的数据保护审计，可以与我国法律中的合规审计相互观照。与此同时，根据第58条第2款，DPA具有以下矫正性权力："（a）对控制者或处理者颁发警告，警告预期的处理操作可能会侵犯本条例的条款；（b）当处理操作违反本条例条款的时候，对控制者或处理者进行训诫；（c）命令控制者或处理者尊重数据主体行使符合本条例的权利；（d）命令控制者或处理者的处理操作符合本条例条款，如果适合的话，应当在特定的期限内以特定的方式完成；（e）命令控制者将个人数据泄露的情况告知数据主体；（f）对处理施加暂时性或具有明确期限的限制包括禁令；（g）根据本条例第16条、第17条及第 18 条的规定，命令对个人数据进行更改、删除或限制处理，同时根据第 17 条第 2 款及第 19 条的规定将上述行为告知个人数据已经被披露的人员；(h)依据本条例第 42 条、第 43 条的规定撤销认证或命令认证机构已发布的认证，或者当认证的要求不满足或不再满足时，命令认证机构不再颁发认证；(i)根据本条例第 83 条的规定作出罚款，根据案件的具体情况，罚款可以作为本款其他措施的替代措施或者附加处罚；(j)要求中止将数据传输到第三国或国际组织。"

第六十五条　任何组织、个人有权对违法个人信息处理活动向履行个人信息保护职责的部门进行投诉、举报。收到投诉、举报的部门应当依法及时处理，并将处理结果告知投诉、举报人。

履行个人信息保护职责的部门应当公布接受投诉、举报的联系方式。

【条文主旨】

本条是关于公众就个人信息保护处理活动享有投诉、举报权的规定，同时对行政机关处理投诉、举报工作作出要求。投诉、举报既包括社会公众在自身个人信息权益受到侵害时通过合法程序向行政监管部门反映，还包括在与自身无直接利益关系时对个人信息违法处理行为进行举报。本条既有利于社会公众充分保障自身合法权益，培养社会公众个人信息保护意识，也可以督促个人信息处理者合规开展个人信息处理活动，更有利于履行个人信息保护职责的部门广泛收集个人信息违法违规行为，充分高效履行法定职责。

【演进过程】

一审稿	二审稿	最终稿
第~~六十一~~条　任何组织、个人有权对违法个人信息处理活动向履行个人信息保护职责的部门进行投诉、举报。收到投诉、举报的部门应当依法及时处理，并将处理结果告知投诉、举报人。 履行个人信息保护职责的部门应当公布接受投诉、举报的联系方式。	第六十四条　任何组织、个人有权对违法个人信息处理活动向履行个人信息保护职责的部门进行投诉、举报。收到投诉、举报的部门应当依法及时处理，并将处理结果告知投诉、举报人。 履行个人信息保护职责的部门应当公布接受投诉、举报的联系方式。	

续表

一审稿	二审稿	最终稿
	第六十四条　任何组织、个人有权对违法个人信息处理活动向履行个人信息保护职责的部门进行投诉、举报。收到投诉、举报的部门应当依法及时处理，并将处理结果告知投诉、举报人。 履行个人信息保护职责的部门应当公布接受投诉、举报的联系方式。	第六十五条　任何组织、个人有权对违法个人信息处理活动向履行个人信息保护职责的部门进行投诉、举报。收到投诉、举报的部门应当依法及时处理，并将处理结果告知投诉、举报人。 履行个人信息保护职责的部门应当公布接受投诉、举报的联系方式。

【条文释义】

投诉一般是投诉者基于自身权益受到侵害而向有关部门或组织提出的协助解决请求，例如，《消费者权益保护法》第 39 条第 3 项规定的消费者与经营者发生消费者权益争议时的解决途径，以及《民法典》第 1196 条规定的网络侵权主体双方的争议解决途径；举报是指任何公民、法人向有权行政机关反映各种违法行为，例如，《安全生产法》第 74 条明确任何单位或者个人对事故隐患或者安全生产违法行为均有权举报。

【适用指引】

投诉、举报人可以基于自身利益需求、他人合法权益或者国家利益、社会公共利益，向行政机关反映违法的个人信息处理活动。本条将投诉举报权确定为任何组织、个人的权利，而不要求所举报内容与投诉举报人存在直接的利益关系。为保障该项权利的行使，本条还相应地明确了行政机关对应的受理并作出处理的义务，无论相关投诉举报内容是否属实及违法，行政机关均应在职权范围内予以答复处理，并公布接受投诉、举报的联系方式。

在本条款的适用中，还需要关注《个人信息保护法》第 62 条关于国家网信部门工作内容的规定。相较于第一次和第二次审议稿，第 62 条新增了第 5 项“完善个人信息保护投诉、举报工作机制”的规定。基于该项新增内容，即使在各部门分领域管理的职责分工下，各监管部门对个人信息投诉、举报相关制度的设定，仍应参照国家网信部门出台的统一文件执行。

【案例链接】

实践中，履行个人信息保护职责的部门在执法过程中已经建立起相对成熟的投诉举报机制。从 2019 年 1 月起，中央网信办、工业和信息化部、公安部、市场监管总局四部门已在全国范围内联合开展 App 违法违规收集使用个人信息专项治理,并委托“App 治理工作组”开展相关工作。同时在 App 治理工作组官网(pip.tc260.org.cn)、微信公众号“App 个人信息举报”、违法和不良信息举报中心(www.12377.cn)、网络不良与垃圾信息举报受理中心(www.12321.cn)等平台设置投诉举报入口。以工信部数据为例,2021 年第三季度工信部开设的互联网信息服务投诉平台共收到个人信息保护类投诉 5818 件①。

【关联条文】

《个人信息保护法》第 61 条、第 62 条

【相关规定】

《消费者权益保护法》第 39 条第 3 款;《民法典》第 1196 条;《电子商务法》第 59 条;《安全生产法》第 74 条;《常见类型移动互联网应用程序必要个人信息范围规定》第 6 条;《App 违法违规收集使用个人信息行为认定方法》第 6 条;《儿童个人信息网络保护规定》第 24 条

【域外比较】

在举报方面,欧盟于 2019 年 12 月通过《欧盟举报指令》(2019/1937 号指令),旨在更有效地保护揭露和报告违法行为的举报人免受报复。该指令要求所有欧盟成员国必须在 2021 年年底前将该指令转化为相应的国家法律。根据该指令第 2 条第 1 款规定,《欧盟举报指令》适用于以下十项领域的举报:公共采购;金融服务、产品和市场,以及反洗钱和资助恐怖主义;产品安全性和合规性;运输安全;保护环境;辐射防护和核安全;食品和饲料安全、动物健康和福利;公共卫生;消费者保护;保护隐私和个人数据,以及网络和信息系统的安全。

在投诉方面,欧盟《通用数据保护条例》于第 13 条“从数据主体收集个人数据时应提供的信息”第 2 款要求个人数据者在向数据主体收集个人数据时告知其有向监管部门投诉的权利。同时,第 47 条“具有约束力的规则”第 2 款明确,相应企业规则中应具有投诉程序内容;在第 57 条有关监管机构的任务规定中,明确监管机构的任务包含就数据主体或机构、组织或协会提出的投诉,酌情调查投诉事项,并在合理时间内将调查的进展和结果告知投诉人。按欧盟《通用数据保护条例》第 77 和第 78 条的规定,“在不影响任何其他行政或司法救济的前提下,每个数据主体都有向监管机构进行申诉的权利,这尤其适用于以下地点的监管机构:数据主体所属的成员国或经常居住地、工作地,或数据主体认为处理其个人数据违反

---

① 参见工业和信息化部:《工业和信息化部关于电信服务质量的通告(2021 年第 3 号)》,载工业和信息化部官网 2021 年 9 月 6 日,https://www.miit.gov.cn/jgsj/xgj/wjfb/art/2021/art_2d1bb105e7b34be194f4186b89cda097.html。

本条例的发生地。收到申诉的监管机构应当告知申诉者申诉的进展和结果，包括符合条件的司法救济的可能性”“如果有关监管机构不处置申诉，或者在三个月内没有向数据主体告知相应申诉的进展或结果，任何自然人或法人都有权获得有效的司法救济”。

第七章 法律责任

法律责任是法律得以遵守和实施的重要保障。本章规定了违反《个人信息保护法》的行为所需要承担的法律责任，包括行政责任、民事责任和刑事责任。对于个人信息处理者而言，有关违法行为可能导致行政责任、民事责任和刑事责任；对于国家机关及其工作人员而言，有关违法行为主要可能导致行政责任和刑事责任。

《个人信息保护法》在本章中的制度创新主要体现为两个方面：第一，针对个人信息处理者的相关严重违法行为，引入了高额罚款制度；第二，对于个人信息处理者相关违法行为的民事责任，《个人信息保护法》规定了过错推定原则并正式引入了公益诉讼制度。

第六十六条　违反本法规定处理个人信息，或者处理个人信息未履行本法规定的个人信息保护义务的，由履行个人信息保护职责的部门责令改正，给予警告，没收违法所得，对违法处理个人信息的应用程序，责令暂停或者终止提供服务；拒不改正的，并处一百万元以下罚款；对直接负责的主管人员和其他直接责任人员处一万元以上十万元以下罚款。

有前款规定的违法行为，情节严重的，由省级以上履行个人信息保护职责的部门责令改正，没收违法所得，并处五千万元以下或者上一年度营业额百分之五以下罚款，并可以责令暂停相关业务或者停业整顿、通报有关主管部门吊销相关业务许可或者吊销营业执照；对直接负责的主管人员和其他直接责任人员处十万元以上一百万元以下罚款，并可以决定禁止其在一定期限内担任相关企业的董事、监事、高级管理人员和个人信息保护负责人。

【条文主旨】

本条规定了违法处理个人信息或者不履行个人信息保护义务的行政责任，规定了行政执法的主体和行政处罚的类型。

【演进过程】

一审稿	二审稿	最终稿
第六十三条　违反本法规定处理个人信息，或者处理个人信息未按照规定采取必要的安全保护措施的，由履行个人信息保护职责的部门责令改正，没收违法所得，给予警告；拒不改正的，并处　百万元以下罚款；对直接负责的主管人员和其他直接责任人员处一万元以上十万元以下罚款。 有前款规定的违法行为，情节严重的，由履行个人信息保护职责的部门责令改正，没收违法所得，并处五千万元以下或者上一年度营业额百分之五以下罚款，并可以责令暂停相关业务、停业整顿、通报有关主管部门吊销相关业务许可或者吊销营业执照；对直接负责的主管人员和其他直接责任人员处十万元以上一百万元以下罚款。	第六十五条　违反本法规定处理个人信息，或者处理个人信息未按照规定采取必要的安全保护措施的，由履行个人信息保护职责的部门责令改正，给予警告，没收违法所得；拒不改正的，并处　百万元以下罚款；对直接负责的主管人员和其他直接责任人员处一万元以上十万元以下罚款。 有前款规定的违法行为，情节严重的，由履行个人信息保护职责的部门责令改正，没收违法所得，并处五千万元以下或者上一年度营业额百分之五以下罚款，并可以责令暂停相关业务、停业整顿、通报有关主管部门吊销相关业务许可或者吊销营业执照；对直接负责的主管人员和其他直接责任人员处十万元以上一百万元以下罚款。	
	第~~六十五~~条　违反本法规定处理个人信息，或者处理个人信息未~~按照~~规定~~采取必要的安全~~保护~~措施~~的，由履行个人信息保护职责的部门责令改正，给予警告，没收违法所得；拒不改正的，并处一百万元以下罚款；对直接负责的主管人员和其他直接责任人员处一万元以上十万元以下罚款。 有前款规定的违法行为，情节严重的，由履行个人信息保护职责的部门责令改正，没收违法所得，并处五千万元以下或者上一年度营业额百分之五以下罚款，并可以责令暂停相关业务、停业整顿、通报有关主管部门吊销相关业务许可或者吊销营	第六十六条　违反本法规定处理个人信息，或者处理个人信息未履行本法规定的个人信息保护义务的，由履行个人信息保护职责的部门责令改正，给予警告，没收违法所得，对违法处理个人信息的应用程序，责令暂停或者终止提供服务；拒不改正的，并处一百万元以下罚款；对直接负责的主管人员和其他直接责任人员处一万元以上十万元以下罚款。 有前款规定的违法行为，情节严重的，由省级以上履行个人信息保护职责的部门责令改正，没收违法所得，并处五千万元以下或者上一年度营业额百分之五以下罚款，并可以责令暂停相关业

续表

一审稿	二审稿	最终稿
	业执照;对直接负责的主管人员和其他直接责任人员处十万元以上一百万元以下罚款。	务或者停业整顿、通报有关主管部门吊销相关业务许可或者吊销营业执照;对直接负责的主管人员和其他直接责任人员处十万元以上一百万元以下罚款,并可以决定禁止其在一定期限内担任相关企业的董事、监事、高级管理人员和个人信息保护负责人。

【条文释义】

(一)违法行为

本条规定的违法行为有两种:一种是“违反本法规定处理个人信息”的行为,另一种是“处理个人信息未履行本法规定的个人信息保护义务”的行为。前者是一种作为,后者是一种不作为。但从法条字面意义来看,某些违法行为可能既属于违反《个人信息保护法》规定处理个人信息的行为,也属于未履行《个人信息保护法》规定的个人信息保护义务的行为。例如,未经个人同意收集个人信息,既是违反《个人信息保护法》规定处理个人信息的行为,也是没有履行《个人信息保护法》规定的“取得个人同意”这一义务的行为。但是,从立法目的来看,“违反本法规定处理个人信息”强调的是信息处理行为本身具有违法性,主要是指违反《个人信息保护法》第 2 章规定进行个人信息处理活动。例如,没有合法的授权而非法买卖、提供或者公开他人的个人信息,在没有未成年人的父母或者其他监护人授权的情况下处理不满 14 周岁未成年人的个人信息。“处理个人信息未履行本法规定的个人信息保护义务”,则主要是指个人信息处理行为本身并不违法,但个人信息处理者没有履行法律规定的与个人信息处理相关的义务。例如,个人信息处理者处理不满 14 周岁未成年人个人信息,但没有依法制定专门的个人信息处理规则;个人信息处理者没有依法定期对其处理个人信息遵守法律、行政法规的情况进行合规审计。

(二)行政处罚的种类

根据违法行为的严重程度,本条规定了不同的行政处罚措施。

1. 一般违法行为的行政处罚措施

对于一般的、情节不严重的违法行为,行政处罚措施包括:责令改正,给予警告,没收违法所得,对违法处理个人信息的应用程序,责令暂停或者终止提供服务。有关执法部门采取作出上述处罚决定后,违法行为人拒不改正的,并处100万元以下罚款;对直接负责的主管人员和其他直接责任人员处1万元以上10万元以下罚款。换言之,对于一般违法行为,行政处罚的首要目标是让违法行为人自行整改以符合法律之规定。只有当违法行为人"知错不改"时,才予以罚款。

实践中,个人信息违法行为的常见形式是应用程序(App)违法处理个人信息。《个人信息保护法》首次以法律的形式明确了"对违法处理个人信息的应用程序,责令暂停或者终止提供服务"这一行政处罚类型。"责令暂停或者终止提供服务"即通常所谓的"下架",从其实际后果来看,与"停产停业"类似,是针对应用程序的具体特征设计的行政处罚类型。根据《移动互联网应用程序信息服务管理规定》(自2016年8月1日起施行),所谓移动互联网应用程序,是指通过预装、下载等方式获取并运行在移动智能终端上、向用户提供信息服务的应用软件。

2. 情节严重的违法行为的行政处罚措施

对于情节严重的违法行为,行政处罚措施包括:责令改正,没收违法所得,并处500万元以下或者上一年度营业额百分之五以下罚款,并可以责令暂停相关业务或者停业整顿、通报有关主管部门吊销相关业务许可或者吊销营业执照;对直接负责的主管人员和其他直接责任人员处10万元以上100万元以下罚款,并可以决定禁止其在一定期限内担任相关企业的董事、监事、高级管理人员和个人信息保护负责人。对于何为情节严重,《个人信息保护法》并没有作出明确规定,这为执法部门留下一定裁量空间的同时,也要求有关部门制定具体的规则。

第一,《个人信息保护法》参考《通用数据保护条例》罚则的计算方式,引进以"上一年度营业额"为基准的罚款制度。实践中,一些大型互联网企业控制大量个人信息,如果其非法处理个人信息,则规模和社会危害性将非常大,非法收益巨大,普通的罚款并不能起到威慑作用。为此,《个人信息保护法》一方面规定了"五千万元以下"的高额罚款制度,另一方面参照欧盟《通用数据保护条例》的做法,以个人信息处理者的上一年度营业额作为罚款金额的计算基准,规定了可以处"上一年度营业额百分之五以下罚款",借此高额罚款来对大型互联网企业形成威慑。

第二,相较于一般违法行为的行政处罚措施,对于情节严重的违法行为,执法机关还可以决定责令暂停相关业务或者停业整顿、通报有关主管部门吊销相关业务许可或者吊销营业执照。这些处罚措施对于企业的影响非常大,甚至可能导致企业破产倒闭,因此在作出相关决定时要慎重。"通报有关主管部门吊销相关业务许可或者吊销营业执照",是指执法机关本身并没有权力直接吊销相关业务许可或者吊销营业执照,因此需要其他执法机关作出相应的决定。其他执法机关收到“通报”后，应当依法作出决定。

第三，本条针对严重违法行为，还规定了禁业措施，即可以禁止直接负责的主管人员和其他直接责任人员在一定期限内担任相关企业的董事、监事、高级管理人员和个人信息保护负责人。《个人信息保护法》并没有规定“一定期限”所指涉具体时间长度，但既然条文使用的是“一定期限”，因此其不包括“终身禁止”的情形。至于“相关企业”，可以有不同的理解：一是理解为“行业相关”的企业，即不能在开展个人信息处理活动的企业担任上述职务；二是理解为“违法企业”的相关企业，即不能在违法企业及其关联企业担任上述职务。从禁业措施的法律目的来看，“相关企业”应当理解为“行业相关”的企业，这当然也包括违法企业及其关联企业。

（三）执法主体

本条的执法主体是履行个人信息保护职责的部门。根据《个人信息保护法》第 60 条的规定，包括国家网信部门、国务院有关部门和县级以上地方人民政府有关部门。

《个人信息保护法》针对情节严重的违法行为，规定了非常严厉的行政处罚措施，同时也规定只有省级以上履行个人信息保护职责的部门才能作出相关决定。换言之，省级以下的履行个人信息保护职责的部门只能根据本条第 1 款开展执法活动。

【适用指引】

（一）情节严重违法行为的判断

情节严重，需要从违法行为的次数、违法行为后果的严重程度、被侵权的人数、违法主体的主观心理状态（如故意、过失、重大过失）等多方面的因素进行综合考虑。鉴于本条第 2 款针对情节严重的违法行为规定了巨额罚款，根据比例原则，第 2 款情节严重的违法行为与第 1 款的一般违法行为相比，前者的社会危害性应当是数倍于后者。

（二）处罚程序

鉴于《个人信息保护法》并没有规定特殊的行政处罚程序，因此有关部门应当依照《行政处罚法》等法律、行政法规所规定程序，依法开展行政执法活动。

鉴于本条第 2 款规定了严厉的处罚措施，有关部门应当依法组织听证。根据《行政处罚法》第 63 条第 1 款的规定，“行政机关拟作出下列行政处罚决定，应当告知当事人有要求听证的权利，当事人要求听证的，行政机关应当组织听证：（一）较大数额罚款；（二）没收较大数额违法所得、没收较大价值非法财物；（三）降低资质等级、吊销许可证件；（四）责令停产停业、责令关闭、限制从业；

（五）其他较重的行政处罚；（六）法律、法规、规章规定的其他情形”。因此，当行政机关拟采取本条第1款的“责令暂停或者终止提供服务”以及第2款的罚款，责令暂停相关业务或者停业整顿、限制从业措施时，应当组织听证。省级以上履行个人信息保护职责的部门通报有关主管部门吊销相关业务许可或者吊销营业执照，有关主管部门应当组织听证。

（三）与《网络安全法》第64条的竞合关系

在《个人信息保护法》实施之前，《网络安全法》第64条等条文是监管部门对违法处理个人信息行为进行行政处罚的主要法律依据。《网络安全法》第64条第1款规定，“网络运营者、网络产品或者服务的提供者违反本法第二十二条第三款、第四十一条至第四十三条规定，侵害个人信息依法得到保护的权利的，由有关主管部门责令改正，可以根据情节单处或者并处警告、没收违法所得、处违法所得一倍以上十倍以下罚款，没有违法所得的，处一百万元以下罚款，对直接负责的主管人员和其他直接责任人员处一万元以上十万元以下罚款；情节严重的，并可以责令暂停相关业务、停业整顿、关闭网站、吊销相关业务许可证或者吊销营业执照”。

在《个人信息保护法》实施之后，就产生一个问题：对于既违反《个人信息保护法》又违反《网络安全法》的行为，应当如何适用法律？根据《行政处罚法》第29条之规定，“对当事人的同一个违法行为，不得给予两次以上罚款的行政处罚。同一个违法行为违反多个法律规范应当给予罚款处罚的，按照罚款数额高的规定处罚”。换言之，除罚款“从重处罚”外，两个法律中所规定的其他行政处罚措施都可以适用。但由于《个人信息保护法》的罚款规则比较特殊，因此法律适用显得更加复杂。

整体来看，《个人信息保护法》的罚款规定更加严厉，但对于一般违法行为，《个人信息保护法》采取的是“先责令改正，拒不改正才罚款”的模式，而《网络安全法》第64条采取的是可以直接单处或者并处罚款的模式。因此，对于一般违法行为，根据《个人信息保护法》不能直接罚款，但根据《网络安全法》则可以直接罚款。如果依据“从重处罚”的原理，则可以依据《网络安全法》对一般违法行为直接罚款。然而，这与《个人信息保护法》的立法精神是相违背的。从监管思路来看，《个人信息保护法》一方面体现了“审慎监管”的思路，给予一般违法者悔改的机会；但另一方面也体现了“从严监管”的思路，对严重违法行为加大罚款的力度。《立法法》第92条规定，“同一机关制定的法律、行政法规、地方性法规、自治条例和单行条例、规章，特别规定与一般规定不一致的，适用特别规定；新的规定与旧的规定不一致的，适用新的规定”。《个人信息保护法》和《网络安全法》都是由全国人大常务委员会制定的法律，而在个人信息保护领域，《个人信息保护法》既是特别规定，也是新的规定，因此有关个人信息违法行为的罚款规则，应当适用《个人信息保护法》的规定。

【案例链接】

豆瓣、唱吧等106款App存在违规行为被工信部下架①

2021年12月9日，工业和信息化部信息通信管理局发布《关于下架侵害用户权益App名单的通报》，并指出：2021年11月3日，工信部针对App超范围、高频次索取权限，非服务场景所必需收集用户个人信息，欺骗误导用户下载等违规行为进行了检查，并对未按要求完成整改的App进行了公开通报。截至目前，尚有5款App未按工信部要求完成整改。各通信管理局按照工信部统筹部署，积极开展App技术检测，截至2021年12月10日尚有101款App仍未完成整改。

依据《个人信息保护法》《网络安全法》等相关法律要求，工信部组织对上述共计106款App进行下架，相关应用商店应在上述通报发布后，立即组织对名单中应用软件进行下架处理。针对部分违规情节严重、拒不整改的App，属地通信管理局应对App运营主体依法予以行政处罚。

【关联条文】

《个人信息保护法》第13～37条、第60条

【相关规定】

《行政处罚法》第29条、第63条；《网络安全法》第41～43条、第64条；《立法法》第92条；《电子商务法》第79条；《消费者权益保护法》第56条；《电信和互联网用户个人信息保护规定》第23条；《移动互联网应用程序信息服务管理规定》；《工信部关于下架侵害用户权益App名单的通报》

【域外比较】

本条的高额行政罚款制度与《通用数据保护条例》的规定有相似之处。对于严重违法（包括对于个人数据处理各原则的违反）行为，根据《通用数据保护条例》第83条，罚款最高可达20,000,000欧元或有关实体全球年营业额的4%。从比例上看，4%与我国《个人信息保护法》第66条规定的5%在绝对值上相近；不过，由于《通用数据保护条例》罚款计算的基准是全球年营业额，实际罚款可能会更加高昂。

---

① 参见工业和信息化部信息通信管理局：《关于下架侵害用户权益App名单的通报》，载工业和信息化部官网2021年12月9日，https://www.miit.gov.cn/jgsj/xgj/gzdt/art/2021/art_2e45f8b0d0034d5e98bedb5d0f823b55.html。

第六十七条　有本法规定的违法行为的，依照有关法律、行政法规的规定记入信用档案，并予以公示。

【条文主旨】

本条规定了违法行为记入信用档案和公示的制度。

【演进过程】

一审稿	二审稿	最终稿
第六十三条　有本法规定的违法行为的，依照有关法律、行政法规的规定记入信用档案，并予以公示。	第六十六条　有本法规定的违法行为的，依照有关法律、行政法规的规定记入信用档案，并予以公示。	
	第六十六条　有本法规定的违法行为的，依照有关法律、行政法规的规定记入信用档案，并予以公示。	第六十七条　有本法规定的违法行为的，依照有关法律、行政法规的规定记入信用档案，并予以公示。

【条文释义】

信用档案，是指政府部门或者征信机构对于个人、组织的信用信息进行采集、保存、加工而提供的记录，体现了个人、组织在市场活动中的可信度、公信力，是证实其是否诚实守信、遵纪守法或有无违法违约、欺诈等行为的重要凭证和依据，是出具信用报告和进行信用惩戒的基础。[①] 将违法行为记入信用档案，可能会引发一系列不利后果，可以对违法行为人形成重要威慑，因此逐渐成为我国治理违法行为的一项重要举措。

第一，被记入信用档案的是“本法规定的违法行为”，主要是指违反《个人信息保护法》规定处理个人信息，或者处理个人信息未履行《个人信息保护法》规定的个人信息保护义务的行为。因此，违法行为人除了承担《个人信息保护法》第66条的行政责任以外，还可能要承担违法行为被记入信用档案的法律后果。

第二，记入信用档案要有法律或者行政法规作为依据。《个人信息保护法》对于哪些违法行为可以被记入信用档案、由谁来记入信用档案、记入哪个信用档案、记入信用档案的法律后果等具体问题，均没有明确作出规定。因此，必须结合具体的法律或者行政法规的规定才能落实本条之规定。

第三，记入信用档案后要公示。仅仅将违反《个人信息保护法》的行为记入信

① 参见杨合庆主编：《中华人民共和国网络安全法解读》，中国法制出版社2017年版，第147页。

用档案不直接产生行政法上的限制、惩罚效力，不会对个人和企业产生过于严重的影响，但是一旦予以公示，客观上就形成了一种“声誉罚”，违法信息能够被公众或者合作伙伴知悉，会对失信主体的信誉和舆论形象产生现实的减损效果，对其生产生活等方面产生极大影响和实质性限制。

【适用指引】

当前，我国信用档案制度还在建设中，因此在适用本条时要坚持合法性原则，严格依照法律、行政法规的规定将违反《个人信息保护法》的行为记入信用档案。法律、行政法规没有规定的，部门规章、地方性法规等不能先行予以规定。

相对于其他领域的信用档案制度，个人信息保护领域的信用档案制度还处于起步阶段。例如，根据《食品安全法》的规定，县级以上人民政府食品安全监督管理部门应当建立食品生产经营者食品安全信用档案，记录许可颁发、日常监督检查结果、违法行为查处等情况，依法向社会公布并实时更新。但是个人信息保护的信用档案由谁来建立，由谁来记录，记录哪些内容等问题，《个人信息保护法》并没有规定，也没有赋予履行个人信息保护职责的部门相关的职责。因此，在法律、行政法规出台之前，本条的规定难以完全落地。

目前，可以根据国务院制定的《企业信息公示暂行条例》来处理部分案件。《企业信息公示暂行条例》规定，国务院工商行政管理部门推进、监督企业信息公示工作，组织企业信用信息公示系统的建设。国务院其他有关部门依照本条例规定做好企业信息公示相关工作。工商行政管理部门、其他政府部门应当通过企业信用信息公示系统，公示其在履行职责过程中产生的对企业的行政处罚信息和其他依法应当公示的信息。因此，当履行个人信息保护职责的部门对作为个人信息处理者的企业进行行政处罚时，可以将相关信息录入“企业信用信息公示系统”。

需要注意的是，记入信用档案并不等同于所谓的“违法失信名单”。国务院制定的《食品安全法实施条例》第 66 条规定，“国务院食品安全监督管理部门应当会同国务院有关部门建立守信联合激励和失信联合惩戒机制，结合食品生产经营者信用档案，建立严重违法生产经营者黑名单制度，将食品安全信用状况与准入、融资、信贷、征信等相衔接，及时向社会公布”。也就是说，在食品安全领域，《食品安全法实施条例》在食品生产经营者信用档案制度的基础上，以行政法规的形式构建了违法生产经营者黑名单制度。在个人信息保护领域，如果需要进一步建立类似的黑名单制度，则需要由法律或者行政法规作出规定；在法律或行政法规作出明确规定之前，部门规章或者地方性法规均不适宜先行作出规定。

【关联条文】

《个人信息保护法》第 66 条

【相关规定】

《网络安全法》第71条;《电子商务法》第86条;《消费者权益保护法》第56条;《食品安全法》第113条;《食品安全法实施条例》;《全国人民代表大会常务委员会关于加强网络信息保护的决定》;《企业信息公示暂行条例》第6条、第7条;《征信业管理条例》

第六十八条　国家机关不履行本法规定的个人信息保护义务的,由其上级机关或者履行个人信息保护职责的部门责令改正;对直接负责的主管人员和其他直接责任人员依法给予处分。

履行个人信息保护职责的部门的工作人员玩忽职守、滥用职权、徇私舞弊,尚不构成犯罪的,依法给予处分。

【条文主旨】

本条规定了国家机关及其工作人员违反《个人信息保护法》的行政责任。第1款规定了国家机关不履行个人信息保护义务的行政责任,第2款规定了履行个人信息保护职责的部门的工作人员渎职的行政责任。

【演进过程】

一审稿	二审稿	最终稿
第~~六十四~~条　国家机关不履行本法规定的个人信息保护义务的,由其上级机关或者履行个人信息保护职责的部门责令改正;对直接负责的主管人员和其他直接责任人员依法给予处分。	第六十七条　国家机关不履行本法规定的个人信息保护义务的,由其上级机关或者履行个人信息保护职责的部门责令改正;对直接负责的主管人员和其他直接责任人员依法给予处分。	
	第六十七条　国家机关不履行本法规定的个人信息保护义务的,由其上级机关或者履行个人信息保护职责的部门责令改正;对直接负责的主管人员和其他直接责任人员依法给予处分。	第六十八条　国家机关不履行本法规定的个人信息保护义务的,由其上级机关或者履行个人信息保护职责的部门责令改正;对直接负责的主管人员和其他直接责任人员依法给予处分。 　　履行个人信息保护职责的部门的工作人员玩忽职守、滥用职权、徇私舞弊,尚不构成犯罪的,依法给予处分。

【条文释义】

本条规定了国家机关违反《个人信息保护法》规定的两种行为类型。

（一）国家机关不履行《个人信息保护法》规定的个人信息保护义务

在我国，国家机关控制了大量的公民个人信息，是重要的个人信息处理者。根据《个人信息保护法》的规定，国家机关作为个人信息处理者，负有法定的个人信息保护义务。《个人信息保护法》第66条规定了个人信息处理者违法行为的行政责任，本条规定了国家机关相关违法行为的行政责任，某种意义上属于第66条的"特殊法条"。

国家机关是指从事国家管理和行使国家权力的机关，包括立法机关、行政机关、监察机关、审判机关、检察机关和军事机关等。《个人信息保护法》第37条规定："法律、法规授权的具有管理公共事务职能的组织为履行法定职责处理个人信息，适用本法关于国家机关处理个人信息的规定。"因此，具有公共管理职能的银保监会、证监会等机构也同样是适用本条规定的责任主体。国家机关尤其是行政机关、审判机关和检察机关由于管理公共事务和司法活动的需要必须收集处理大量的个人信息。《个人信息保护法》第33条规定："国家机关处理个人信息的活动，适用本法……"在处理个人信息过程中如果违反《个人信息保护法》就要承担相应的行政责任和民事赔偿责任。

国家机关作为一类特殊的个人信息处理者在处理个人信息过程中如果违反《个人信息保护法》的相关规定需要承担双重责任，即国家机关作为一个责任主体要承担法律责任，机关内的主管人员和其他责任人员也要承担相应责任。上级机关或者履行个人信息保护职责的部门有权责令独立承担责任的个人信息处理机关或部门改正，责令改正是国家机关作为责任主体所承担的一类补救性责任，既要求有违法行为的机关停止违法行为，履行《个人信息保护法》规定的义务，也要求该机关尽量消除违法行为对信息主体所产生的不良后果。相较于其他类型的个人信息处理者，国家机关的经费源于国家财政，因此没有必要设置第66条的罚款规定。对于直接负责的主管人员和其他直接责任人员依法给予处分。对国家机关工作人员处分的主要依据是《公务员法》、《公职人员政务处分法》和《监察法》等，处分分为六种：警告、记过、记大过、降级、撤职、开除。根据《公务员法》第61条的规定，违纪违法行为情节轻微，经批评教育后改正的，可以免予处分。处分决定可以由任免机关作出（内部惩戒），也可以由监察机关作出（外部惩戒），但对同一违纪违法行为，监察机关已经作出政务处分决定的，公务员所在机关不再给予处分。

（二）履行个人信息保护职责的部门的工作人员玩忽职守、滥用职权、徇私舞弊

《个人信息保护法》规定了履行个人信息保护职责的部门的具体职责，本条规定了履行个人信息保护职责的部门的工作人员不正确履行职责的行政责任。不正确履行职责的方式包括玩忽职守、滥用职权、徇私舞弊三种。玩忽职守是指职责部门工作人员严重不负责任，不履行或不正确地履行自己的工作职责的行为。滥用职权是指职责部门工作人员故意逾越职权，违反法律决定、处理其无权决定、处理的事项，或者违反规定处理公务的行为。[①] 徇私舞弊是指部门工作人员徇个人私情、徇个人私利，弄虚作假、玩弄职权的行为。

履行个人信息保护职责的部门的工作人员玩忽职守、滥用职权、徇私舞弊，致使公共财产、国家和人民利益遭受重大损失的，可以依照我国《刑法》第 9 章“渎职罪”中的条款追究其刑事责任。如果行为尚不构成犯罪的，要依照《监察法》《公职人员政务处分法》《公务员法》《行政机关公务员处分条例》等给予相关人员处分。

【适用指引】

国家机关及其工作人员实施违法行为，需要承担相应的法律责任。本条仅规定了国家机关的行政责任，并没有涉及民事赔偿或者国家赔偿责任。

对于作为个人信息处理者的国家机关不履行个人信息保护义务的行为，既可以“责令改正”的方式追究国家机关的行政责任，也可以“处分”的方式追究直接负责的主管人员和其他直接责任人员的行政责任。对于履行个人信息保护职责部门实施的违法行为，《个人信息保护法》并没有直接规定该部门的行政责任承担方式，只规定了其工作人员实施违法行为的行政责任。但这并不意味着履行个人信息保护职责部门违反《个人信息保护法》时不需要承担行政责任，而只是需要根据其他法律、行政法规依法追究相关部门的行政责任。

对于履行个人信息保护职责部门的工作人员玩忽职守、滥用职权、徇私舞弊这三类渎职行为的认定，要比照《刑法》的相关条款，确定未达到入刑标准后再依照本条第 2 款的规定作出处分决定，构成犯罪的要移送司法机关依法追究刑事责任。

---

① 参见高铭暄、马克昌主编：《刑法学》（第 9 版），北京大学出版社、高等教育出版社 2019 年版，第 644 ~ 648 页。

【案例链接】

公职人员因泄露个人信息被问责

据新华网2021年1月10日报道①，云南省丽江市宁蒗彝族自治县西布河乡工作人员马海某某在处置新冠肺炎疫情流调过程中，纪律意识不强，处理方式不当，擅自将公函发在微信群中，导致密切接触者梁某等人的个人信息在微信朋友圈泄露，造成了不良影响。据丽江市疫情防控指挥部办公室通报，2021年1月3日，丽江市疾病预防控制中心收到北京市疾病预防控制中心关于1例新冠肺炎确诊病例密切接触者的协查函，通报2020年12月31日北京市确诊病例刘某的密切接触者梁某曾于2020年12月31日至2021年1月1日到过丽江市。根据疫情防控工作要求，丽江市立即对梁某在丽江的密切接触者进行追踪排查，在此过程中，由于宁蒗彝族自治县西布河乡工作人员马海某某工作失误，导致梁某等人的个人信息在微信朋友圈泄露，给梁某等人的生活造成困扰，对此丽江市表示最诚挚的歉意。据宁蒗县纪委监委通报，宁蒗县纪检监察机关已对纪律意识不强、处理方式不当的马海某某给予党内警告处分；对落实纪律不严谨，党员管理教育疏忽、监管不到位的西布河乡党委进行通报批评。

【关联条文】

《个人信息保护法》第33条、第37条、第60条、第66条

【相关规定】

《监察法》；《刑法》；《数据安全法》第43条；《电子商务法》第87条；《行政处罚法》第19条；《公职人员政务处分法》第16条；《公务员法》第61条、第112条；《行政机关公务员处分条例》

第六十九条　处理个人信息侵害个人信息权益造成损害，个人信息处理者不能证明自己没有过错的，应当承担损害赔偿等侵权责任。

前款规定的损害赔偿责任按照个人因此受到的损失或者个人信息处理者因此获得的利益确定；个人因此受到的损失和个人信息处理者因此获得的利益难以确定的，根据实际情况确定赔偿数额。

① 参见字强：《泄露密切接触者信息 丽江一乡党委及涉事工作人员被问责》，载新华网，http://www.xinhuanet.com/legal/2021-01/10/c_139655807.htm。

【条文主旨】

本条规定了因个人信息处理活动导致个人信息权益受到侵害时的损害赔偿责任，为自然人通过民事侵权救济途径维护个人信息权益提供了法律依据。本条有两个条款，分别对应个人信息侵权损害赔偿中的过错认定和赔偿数额确定两个问题。

第1款是关于个人信息侵权责任归责原则的规定。侵权责任的归责原则包括过错责任原则、过错推定原则和无过错责任原则，本款确定了个人信息侵权责任的过错推定原则。相较于过错责任原则，过错推定原则的确立降低了信息主体在个人信息权益受到侵害时的维权成本。

第2款是有关侵权损害赔偿数额的规定，关注采用何种标准确定具体赔偿数额，以填平信息主体的全部损失。一方面，以个人受到的损失或侵权行为人的获利数额来确定损害赔偿的数额；另一方面，在实际损害或侵权人获利数额难以确定时，赋予法官根据实际情况确定赔偿数额的自由裁量权。法律未对"实际情况"作明确的规定，有观点认为，个人信息侵权损害赔偿认定要素有侵权人过错程度、侵权行为的时间及空间维度、侵权情节与方式等。①

本条还涉及与《民法典》的衔接和协调问题。《民法典》第1034条第2款"个人信息中的私密信息，适用有关隐私权的规定；没有规定的，适用有关个人信息保护的规定"的规定，在个人信息的概念上析出私密信息概念，并将私密信息按照隐私权加以保护。基于该规定，对私密信息的泄露、公开、刺探等侵权行为，将适用隐私权侵权的规定明确侵权责任。

【演进过程】

一审稿	二审稿	最终稿
第~~六十五~~条　因个人信息处理活动侵害个人信息~~权益的，~~按照个人因此受到的损失或者个人信息处理者因此获得的利益承担赔偿责任；个人因此受到的损失和个人信息处理者因此获得的利益难以确定的，~~由人民法院~~根据实际情况确定赔偿数额~~。个人信息处理者能够证明自己没有过错的，可以减轻或者免除责任。~~	第六十八条　个人信息权益因个人信息处理活动受到侵害，个人信息处理者不能证明自己没有过错的，应当承担损害赔偿等侵权责任。 前款规定的损害赔偿责任按照个人因此受到的损失或者个人信息处理者因此获得的利益确定；个人因此受到的损失和个人信息处理者因此获得的利益难以确定的，根据实际情况确定赔偿数额。	

① 参见吕颖：《个人信息侵权损害认定规则探析》，载《人民法院报》2020年12月3日，第7版。

续表

一审稿	二审稿	最终稿
	第~~六十八~~条　个人信息~~权益~~因个人信息~~处理活动受到侵害，~~个人信息处理者不能证明自己没有过错的，应当承担损害赔偿等侵权责任。 前款规定的损害赔偿责任按照个人因此受到的损失或者个人信息处理者因此获得的利益确定；个人因此受到的损失和个人信息处理者因此获得的利益难以确定的，根据实际情况确定赔偿数额。	第六十九条　处理个人信息侵害个人信息权益造成损害，个人信息处理者不能证明自己没有过错的，应当承担损害赔偿等侵权责任。 前款规定的损害赔偿责任按照个人因此受到的损失或者个人信息处理者因此获得的利益确定；个人因此受到的损失和个人信息处理者因此获得的利益难以确定的，根据实际情况确定赔偿数额。

【条文释义】

按照《民法典》第 1165 条第 2 款“依照法律规定推定行为人有过错，其不能证明自己没有过错的，应当承担侵权责任”的规定，自然人在向个人信息处理者主张个人信息侵权损害赔偿过程中，对过错构成要件的证明责任将由作为原告的信息主体转移至作为被告的个人信息处理者一方，如个人信息处理者无法证明自己不存在过错，则推定过错成立。从法律文本上看，信息主体仍需对侵权行为、损害后果以及之间的因果关系承担积极的证明责任。

损害一般包括人身损害、财产损害和精神损害，本款尚未明确个人信息侵权损害类型是否包括精神损害。结合《民法典》第 1183 条第 1 款“侵害自然人人身权益造成严重精神损害的，被侵权人有权请求精神损害赔偿”的规定，以及个人信息权益作为一项人格法益，具有形成个人“数字人格”的功能。[①] 信息主体以个人信息权益受到侵害为由主张精神损害赔偿具有法律依据，但仍应以精神损害的严重性为条件。

【适用指引】

在适用本条款主张个人信息侵权救济时，有以下两点值得关注。

一是对损害是否存在的认定标准。本条并未免除被侵权人对损害结果的证明责任，而是将损害作为侵权损害赔偿得以成就的前提。对是否构成损害的判定，将成为在法律实施阶段再次平衡产业发展和权益保护两项价值的手段。是将

① 参见谢鸿飞：《个人信息泄露侵权责任构成中的“损害”——兼论风险社会中损害的观念化》，载《国家检察官学院学报》2021 年第 5 期。

泄露、非法公开等违法处理个人信息的行为本身视为一种损害，还是需基于泄露等非法行为产生其他侵害（如诈骗）方能视为存在损害，两种认定口径将对个人信息侵权的胜诉率产生重要影响。

二是私密信息侵权救济规则的适用。《民法典》中的私密信息侵权适用隐私权侵权规则，但《个人信息保护法》并未与《民法典》同步规定私密信息概念。对于隐私权侵权的过错归责原则，有无过错责任、一般过错责任两种观点，但无论哪种观点均与本条规定的过错推定责任存在差别。因此在本条款的适用中，是否析出私密信息，适用《民法典》相关侵权赔偿归责，尚待确定。

【案例链接】

赵某诉北京链家房地产经纪有限公司、宋某华、杨某东隐私权纠纷案①

1. 案情简介

委托人赵某与受托人链家公司签订《房屋出售委托协议》，约定受托方以不低于1150万元的价格出售赵某名下建筑面积为89.53平方米的家庭唯一住房，委托期限自协议签订之日至成功出售之日为止。赵某提供交易房屋所需要的相关证件和资料以及房屋钥匙给乙方，乙方负有妥善保管证件、资料和房屋钥匙的义务。

时任链家公司员工的宋某华找到同事杨某东，要求杨某东提供该地区的业主个人信息给自己办理居住证使用，杨某东将原告赵某的身份证复印件、涉案房屋产权证复印件提供给宋某华，宋某华持上述资料伪造了赵某与自己签订的涉案房屋租赁合同，并在居住证上登记了涉案房屋为其与配偶的住址，该居住证在案发后被注销。

2. 案例要点与解析

法院认为，个人信息的处理者，应当履行妥善保管其所收集、储存、使用的个人信息的义务，避免因保管不当导致相关信息泄露，造成相关权利人的损失。因处理个人信息侵害个人权益造成损害的，个人信息处理者无法证明自己不存在过错的，应当承担损害赔偿等侵权责任。法院的看法与《个人信息保护法》第69条第1款的规定相同。

结合案情，法院认为，宋某华出于个人目的，利用其同事杨某东在工作期间获取的相关信息为自己办理居住证，构成了民事侵权行为；杨某东明知宋某华出于不法目的，仍利用职务之便非法公开被害人赵某的个人信息，与宋某华构成共同

---

① 北京市朝阳区人民法院民事判决书，(2018)京0105民初9840号。

侵权;链家公司作为房地产经纪服务机构,应保证其收集赵某的个人信息限定在履行《房屋出售委托协议》合同的需要,并且对经纪人相关的权限管理过于宽松,这与客户赵某信息被泄露存在直接关系。综上所述,法院判定链家公司、杨某东、宋某华承担连带赔偿责任,并向被害人赵某赔礼道歉。

域外案例

一直以来,欧洲个人信息法的执行更多的是依赖于政府的执法,而个人信息损害赔偿则处于一个边缘的角色,相关案件也并不多见。在《通用数据保护条例》出台之前,DPD同样也有个人信息损害赔偿条款(第23条)。尽管欧盟法院从未在初步裁决程序中对这一条款作出解释,但其曾就《关于欧盟各类官方机构处理个人信息的条例》第32条关于个人信息损害赔偿的规定作出裁决。例如,在Nikolaou v. Commission案中,欧盟法院认定,欧洲反欺诈办公室未经授权向媒体披露有关对申请人Nikolaou女士进行的某些信息构成《关于欧盟各类官方机构处理个人信息的条例》第5条的非法处理。特别是个人信息的泄露构成了严重和明显的违法行为。鉴于所有这些调查结果,法院决定判给3000欧元作为非物质损失的赔偿。①

然而随着《通用数据保护条例》明文规定了个人信息损害赔偿制度,不少案例开始涌现。正是由于其一直以来无论在实践中还是学术上并未受到足够的重视,这一问题在司法实践中引发了极大的争议。尤其是对非物质损害究竟是否在个人信息损害赔偿范围内这一问题,欧洲各国均处于莫衷一是的状态。②

以德国为例,目前法学界存在两种观点:一种观点认为,根据德国传统民法的见解,民事法庭只会在原告权利受到严重侵犯的情况下作出非物质损害赔偿的裁判,这是目前绝大多数法院的做法。德国最高法院(BGH NJW 2005, 215, 217)认为基于最小手段性原则,仅于严重侵害且无其他适当填补方式时才能进行非物质损害赔偿。以人格权侵害作为理由的非财产损害赔偿仅限于例外情形(BGH NJW 1995, 861)。而以旧联邦个人信息保护法上权利受侵害为理由请求非财产损害赔偿者,实务上多半不予认可。在个别情况下,法院会支持非物质损害赔偿,如实务中曾发生工作场所未经允许装设录像设备的例子,法院判定赔偿7000欧元(LAG Hessen MMR 2011, 346)。

另一种观点认为,失去对个人信息的控制本身便足以使原告获得赔偿,违法

---

① Case T-259/03, Nikolaou v. Commission.

② 参见刘云:《论个人信息非物质性损害的认定规则》,载《经贸法律评论》2021年第1期。

行为的严重程度无关紧要。这一观点的主张者强调赔偿的威慑功能，即通过赔偿来惩罚不法行为进而实现法律的有效性，德国不少劳动法院采用了这一观点。①例如，德累斯顿劳动法院在判决中指出："必须对违规行为进行有效制裁。数据保护违规时的赔偿应具有威慑作用，以帮助《通用数据保护条例》得到有效执行。法院还可以根据《通用数据保护条例》第83条评估非金钱损害赔偿，因此评估标准包括类型、严重程度、违规持续时间、过错程度、减少相关人员遭受损害的措施，可以查看以前的相关违规行为和相关个人信息的类别。根据上述原则，被告必须赔偿造成的非物质损失1500欧元。"②

由于这两种观点争执不下，德国法院已经将该问题提交给欧盟法院，让欧盟法院就这一问题给出一个最终的答案。德国联邦劳动法院在2021年8月26日的裁决中向欧盟法院提交了初步裁决申请，就《通用数据保护条例》第82条规定的损害赔偿提出了两个问题：一是《通用数据保护条例》第82条规定的损害赔偿是否具有一般预防性质，在评估非物质损害赔偿时是否应考虑这一点？二是法院在根据《通用数据保护条例》第82条的规定评估费物质损害赔偿数额时，是否应考虑过错问题？该案目前已经诉讼中止，等待欧盟法院作出初步裁决后再作决定。③

与此同时，奥地利也存在类似的争议。在一个个人信息被用作商业营销目的使用的判决中，判决赔付800欧元的慰抚金（LG Feldkirch/Österreich ZD 2019, 562）。然而上述地方法院见解，遭到上级法院撤销判决并发回重审（Oberlandesgericht Innsbruck Urt. v. 13.2.2020 - 1 R 182/19 b.）。2021年4月15日，奥地利法院也在一个类似争点的案件中向欧盟法院提交了初步裁决申请。该案件涉及2019年奥地利关于奥地利邮政的数据保护丑闻。该公司根据社会人口因素计算了数百万奥地利人的政治亲和力。原告辩称，由于非法的个人信息处理（在本案中数据未出售），他遭受了非物质损失，因为算法将他分配给右翼党派FPÖ（奥地利自由党）。他辩称，他总体上并不同情极右翼政党，因此这种经过计算的政治亲和力判断对他是一种侮辱，并引起了他的极大愤怒，进而寻求1000欧元的非物质损害赔偿。奥地利法院申请咨询的问题包括：一是仅违反《通用数据保护条例》的

---

① Labor Court Dresden, decision of August 26, 2020 - 13 Ca 1046/20, BeckRS 2020, 26940; Labor Court Lübeck, decision of June 20, 2019 - 1 Ca 538/19, ZD 2020, 422; Regional Court Darmstadt, decision of May 26, 2020 - 13 O 244/19, ZD 2020, 642; Magistrate Court Pforzheim, decision of March 25, 2020 - 13 C 160/19, BeckRS 2020, 27380; Labor Court Düsseldorf, decision of March 5, 2020 - 9 Ca 6557/18, BeckRS 2020, 11910.

② ArbG Dresden, Urteil vom 26.08.2020 - 13 Ca 1046/20.

③ Decision of 28 August, 8 AZR 253/20(A).

规定本身就足以获得损害赔偿吗？二是除了有效性和等效性原则外，欧盟法律是否还提出了国家法院在根据《通用数据保护条例》第82条评估损害赔偿时必须遵守的进一步要求？三是非物质损害是否需要超出侵权造成的困扰的损害（或至少具有一定分量的侵权后果）？

因此，这一问题目前在欧盟尚不存在一个确切的答案，尚需等待欧盟法院在初步裁决程序中对这一问题作出判断。可以肯定的是，无论欧盟法院给出何种裁判，其都将对个人信息保护制度产生深远的影响。

【关联条文】

《个人信息保护法》第5条、第20条

【相关规定】

《民法典》第1034条、第1165条、第1182条、第1183条；《消费者权益保护法》第14条、第29条、第50条、第56条；《最高人民法院关于审理使用人脸识别技术处理个人信息相关民事案件适用法律若干问题的规定》第8条

【域外比较】

本条规定了举证责任倒置与损害赔偿责任的确定。前者发轫于国内重要案例，在全球范围内可称独特，体现了较高的个人信息保护水平。相比之下，可资观照的《通用数据保护条例》第82条第2款、第3款规定："任何涉及处理的控制者都应当对因为违反《通用数据保护条例》的处理而受到的损害承担责任。对于处理者，当其没有遵守《通用数据保护条例》明确规定的对处理者的要求，或者当其违反控制者的合法指示时，其应当对处理所造成的损失负责……控制者或处理者如果证明自己对引起损失的事件没有任何责任，那么前述责任可以免除。"依然以违反《通用数据保护条例》相关规定作为定责的要件。就损害赔偿责任之确定而言，《通用数据保护条例》第82条第1款规定："任何因为违反本条例而受到物质或非物质性损害的人都有权从控制者或数据者那里获得对损害的赔偿。"这一规定的文义与我国规定相仿，现实中亦面临与我国相近的争议，例如，仅仅失去对个人信息的控制而未造成其他任何损害是否足以构成非物质性损害。

关于个人信息侵权责任的归责原则，除本条款所确立的一元归责原则外，有些国家和地区还存在多元归责制度。以我国台湾地区"个人资料保护法"为例，按照信息处理者的主体性质不同，分别适用无过错原则和过错推定原则。我国台湾地区"个人资料保护法"第28条"公务机关违反本法规定，致个人资料遭不法收集、处理、利用或其他侵害当事人权利者负损害赔偿责任。但损害因天灾、事变或其他不可抗力所致者，不在此限"的规定，基本确立了公务机关在承担个人信息侵权责任时的无过错责任；相应地，"非公务机关违反本法规定，致个人资料遭不法

收集、处理、利用或其他侵害当事人权利者,负损害赔偿责任。但能证明其无故意或过失者,不在此限”的规定,基本确立与我国大陆相似的过错推定原则。

德国《联邦数据保护法》也采用二元归责制度,该法第 7 条“如控制者采取本法或其他数据保护条款规定不允许或认为不正确的方式收集、处理或使用个人数据而给数据主体造成了损害,则控制者或其支持组织应赔偿由此造成的损失。如控制者依据具体情形已尽必要之注意,则此赔偿责任不适用”的规定,基本确定了一般个人信息侵权中过错推定归责原则。但针对“因公共机构自动处理数据而产生的赔偿”情形,根据该法第 8 条“如公共机构采取本法或其他数据保护条款规定不允许或认为不正确的自动方式收集、处理或使用个人数据而给数据主体造成了损害,则公共机构的支持组织应赔偿由此造成的损失,而不论其过错如何”的规定,明确了在主体为公共机构、数据处理方式为自动方式的条件下,个人信息侵权适用无过错责任。

第七十条　个人信息处理者违反本法规定处理个人信息,侵害众多个人的权益的,人民检察院、法律规定的消费者组织和由国家网信部门确定的组织可以依法向人民法院提起诉讼。

【条文主旨】

本条规定了人民检察院、法律规定的消费者组织和由国家网信部门确定的组织可以对违反《个人信息保护法》规定的侵害众多个人的权益的个人信息处理行为提起公益诉讼。

【演进过程】

一审稿	二审稿	最终稿
~~第六十六条~~　个人信息处理者违反本法规定处理个人信息,侵害众多个人的权益的,人民检察院、履行个人信息保护职责的部门和国家网信部门确定的组织可以依法向人民法院提起诉讼。	第六十九条　个人信息处理者违反本法规定处理个人信息,侵害众多个人的权益的,人民检察院、履行个人信息保护职责的部门和国家网信部门确定的组织可以依法向人民法院提起诉讼。	

续表

一审稿	二审稿	最终稿
	第六十九条　个人信息处理者违反本法规定处理个人信息，侵害众多个人的权益的，人民检察院、~~履行个人信息保护职责的部门~~和国家网信部门确定的组织可以依法向人民法院提起诉讼。	第七十条　个人信息处理者违反本法规定处理个人信息，侵害众多个人的权益的，人民检察院、法律规定的消费者组织和由国家网信部门确定的组织可以依法向人民法院提起诉讼。

【条文释义】

公益诉讼是指非以维护自身权益，由特定的机关、社会团体或个人提起的旨在维护社会公共利益的诉讼活动。[①] 公益诉讼是一种特殊的诉讼，其适用范围、诉讼主体、责任承担方式等都有法律限制。公益诉讼依据不同的性质和诉讼对象分为民事公益诉讼和行政公益诉讼。《民事诉讼法》第 55 条第 1 款规定，"对污染环境、侵害众多消费者合法权益等损害社会公共利益的行为，法律规定的机关和有关组织可以向人民法院提起诉讼"。《行政诉讼法》第 25 条第 4 款规定，"人民检察院在履行职责中发现生态环境和资源保护、食品药品安全、国有财产保护、国有土地使用权出让等领域负有监督管理职责的行政机关违法行使职权或者不作为，致使国家利益或者社会公共利益受到侵害的，应当向行政机关提出检察建议，督促其依法履行职责。行政机关不依法履行职责的，人民检察院依法向人民法院提起诉讼"。

（一）个人信息保护公益诉讼对象

本条将公益诉讼的对象限定为"个人信息处理者违反本法规定处理个人信息，侵害众多个人的权益的"行为。首先，违法行为主体是个人信息处理者，因此，当履行个人信息保护职责的部门不履行个人信息保护义务时，相关主体不得根据本条的规定提起行政公益诉讼。其次，公益诉讼的对象是违反《个人信息保护法》规定处理个人信息的行为，因此未履行《个人信息保护法》规定的个人信息保护义务的行为，不属于公益诉讼的范围，主要由履行个人信息保护职责的部门根据《个人信息保护法》第 66 条的规定进行监管。最后，违法行为要侵害众多个人的权益。违法行为侵害一人或者少数人的权益的，不需要通过公益诉讼方式进行救济。至于"众多个人"的具体标准，需要根据个案进行判断或者由相关司法解释进行明确。需要注意的是，《民事诉讼法》第 58 条规定的民事公益诉讼的对象，是

---

① 参见张卫平：《民事诉讼法》，法律出版社 2019 年版，第 358 页。

"损害社会公共利益"的违法行为，而本条规定的只是"侵害众多个人的权益的"违法行为，二者之间存在一定的区别。

（二）个人信息保护公益诉讼的原告资格

在我国，公益诉讼的原告资格一般由法律明确规定。根据本条的规定，有权提起个人信息保护公益诉讼的主体包括人民检察院、法律规定的消费者组织和由国家网信部门确定的组织。

1. 人民检察院。《民事诉讼法》第 58 条第 2 款规定："人民检察院在履行职责中发现破坏生态环境和资源保护、食品药品安全领域侵害众多消费者合法权益等损害社会公共利益的行为，在没有前款规定的机关和组织或者前款规定的机关和组织不提起诉讼的情况下，可以向人民法院提起诉讼……"由此可见，人民检察院根据《民事诉讼法》第 58 条第 2 款提起民事检察公益诉讼需要坚持辅助性原则，即只有"在没有前款规定的机关和组织或者前款规定的机关和组织不提起诉讼的情况下"，人民检察院才可以直接提起公益诉讼。但根据本条的规定，在个人信息保护领域，人民检察院可以直接依法向人民法院提起诉讼。

2. 法律规定的消费者组织。《消费者权益保护法》第 47 条规定，"对侵害众多消费者合法权益的行为，中国消费者协会以及在省、自治区、直辖市设立的消费者协会，可以向人民法院提起诉讼"。因此，如果个人信息处理行为同时侵害了众多消费者合法权益的，中国消费者协会以及在省、自治区、直辖市设立的消费者协会可以依照本条的规定提起个人信息保护公益诉讼。

3. 国家网信部门确定的组织。除人民检察院之外，目前我国公益诉讼的原告一般不是国家机关，而是社会组织。目前在个人信息保护领域，还没有类似于"中国消费者协会"的专业组织，因此本条并没有明确可以提起个人信息保护公益诉讼的专业组织。但为了合理限制原告范围，避免公益诉讼制度被滥用，确保公益诉讼的质量，本条规定了国家网信部门可以确定具体的组织作为个人信息保护公益诉讼的原告。

【适用指引】

2021 年 8 月 21 日，《最高人民检察院关于贯彻执行个人信息保护法推进个人信息保护公益诉讼检察工作的通知》发布，规范相关公益诉讼案件办理，切实履行好公益诉讼检察的法定职责。该通知明确，根据个人信息保护法有关规定，各级检察机关在履行公益诉讼检察职责时应当突出重点、从严把握以下方面：生物识别、宗教信仰、特殊身份、医疗健康、金融账号、行踪轨迹等敏感个人信息应当严格保护；儿童、妇女、残疾人、老年人、军人等特殊群体的个人信息需要特别保护；教育、医疗、就业、养老、消费等重点领域处理的个人信息，以及处理 100 万人以上的大规模个人信息应当重点保护；对因时间、空间等联结形成的特定对象的个人信息加强精准保护。该通知强调，要构建完善个人信息保护办案流程机制，充分发挥检察一体化办案优势。各级检察机关要用足用好《人民检察院公益诉讼办案规则》中关于调查核实权的有关规定，充分运用科技手段，借助公安、工信等部门的专业技术力量，完善检察技术人员参加公益诉讼办案机制。个人信息保护法正式施行后，最高人民检察院、省级检察院要加大自办案件和对下指导力度，采取上级院交办、提办、督办、领办等方式，以检察一体化应对个人信息公益损害网络化。该通知要求，要延伸拓展公益诉讼检察职能，推动形成个人信息保护多元共治新格局。积极稳妥办理涉及互联网平台企业的相关案件，加强与行政机关协作配合，健全行政执法与公益诉讼检察衔接机制，加强与法院的沟通协调，深化个人信息保护公益诉讼的制度探索，加强学习宣传，积极营造推进个人信息公益保护的法治环境。①

【案例链接】

浙江省杭州市余杭区人民检察院诉某网络科技有限公司侵害公民个人信息民事公益诉讼案②

1. 案情简介

2019 年 5 月，浙江省杭州市余杭区人民检察院（以下简称余杭区院）在开展公民个人信息保护专项监督行动中发现，App 强制授权、过度索权、超范围收集个人信息等问题突出，针对辖区内企业开发经营的 10 余款 App 存在违法违规收集用户个人信息的违法行为，向相关行政机关发出诉前检察建议，督促行政机关依法整治并开展专项治理。在跟进监督过程中，余杭区院发现，对于公民个人信息被 App 违法收集后的处置问题，众多受侵害用户的合法权益无法通过行政公益诉讼得到维护，遂决定通过民事公益诉讼的路径解决这一问题。2019 年 10 月 16 日，余杭区院对某网络科技有限公司研发的音乐视频教学类 App 侵害个人信息的违法行为立案调查。通过走访询问、提取电子数据、同步录像固证等方式，发现该款 App 存在强制索取“访问设备上的照片、媒体内容和文件”及手机设备号等权限行为，涉及违法违规获取、存储用户个人信息数量千万条以上。

---

① 参见闫晶晶：《个人信息保护纳入检察公益诉讼法定领域》，载《检察日报》2021 年 8 月 22 日，第 1 版。

② 参见最高人民检察院：《最高人民检察院发布 11 件检察机关个人信息保护公益诉讼典型案例之七：浙江省杭州市余杭区人民检察院诉某网络科技有限公司侵害公民个人信息民事公益诉讼案》，载最高人民检察院网上发布厅，https://www.spp.gov.cn/spp/xwfbh/wsfbt/202104/t20210422_516357.shtml#2。

为进一步确定公益损害的后果，余杭区院委托第三方机构开展社会调查，近九成受访者认为个人信息被侵害对其正常生活和工作造成影响。余杭区院先后两次组织论证会，邀请人大代表、政协委员、互联网行业代表、高校的专家学者、行政机关的技术人员，就网络侵权行为的界定、公民个人信息的范围、诉讼请求的确定等问题进行专题研讨和论证，并形成一致意见：该款App违法违规收集个人信息的行为已侵害不特定多数个人信息权益，致使社会公共利益受到损害，应当由检察机关提起公益诉讼。

余杭区院经公告，没有法律规定的机关和有关组织提起诉讼。2020年6月23日，余杭区院依法向杭州互联网法院提起民事公益诉讼，诉请被告某网络科技有限公司停止违法违规收集、储存、使用个人信息并公开赔礼道歉。同年9月9日，法院公开开庭审理本案。庭审中，公益诉讼起诉人出示案涉App违法违规收集个人信息的电子数据等证据，充分阐述社会公共利益受损的情况，被告同意履行检察机关提出的全部诉讼请求。双方当庭达成调解协议：被告立即删除违法违规收集、储存的全部用户个人信息1100万余条；在《法治日报》及案涉App首页公开赔礼道歉；承诺今后合法合规经营，若存在违反协议约定的行为，将自愿支付50万元违约金用于全国性个人信息保护公益基金的公益支出。

达成调解协议后，余杭区院引入第三方代表评估，由网信部门认可的检测机构对整改情况进行合规检测，确保调解协议执行到位。2020年11月18日，经检察机关跟进监督，调解协议内容已全部履行到位。

2. 案例要点与解析

针对App违法违规收集、存储个人信息的侵权行为，检察机关在通过行政公益诉讼督促行政机关依法履职的同时，还可以对App服务提供者的侵权行为依法提起民事公益诉讼，要求侵权者承担侵权责任，多维度保护众多不特定用户的合法权益。

本案发生在《个人信息保护法》生效之前，检察机关只能依照《民事诉讼法》等提起个人信息保护公益诉讼，因此，人民检察院在公告并确认没有法律规定的机关和有关组织提起诉讼之后，才向人民法院提起公益诉讼。但依照《个人信息保护法》的规定，人民检察院无须公告就可以直接提起公益诉讼。

杭州市下城区人民检察院诉孙某个人信息保护民事公益诉讼案

2021年1月8日，杭州市下城区人民检察院提起的《民法典》实施后全国首例个人信息保护民事公益诉讼案件，由杭州互联网法院通过网络开庭审理并当庭作出判决。[①]

案情简介

被告孙某将自己从网络购买、互换得到的4万余条含自然人姓名、电话号码、电子邮箱等的个人信息,通过网络贩卖给案外人刘某。案外人刘某在获取相关信息后用于虚假的外汇业务推广。公益诉讼起诉人称,被告上述行为导致众多不特定人员的信息长期面临受侵害的风险,严重侵害社会众多不特定主体的个人信息权益,致使社会公共利益受到侵害。请求判令被告孙某依法承担赔偿损失、赔礼道歉等民事责任。

法院认为,个人信息保护不仅涉及自然人个人的权益保障,也具有社会公共利益的属性。公益诉讼起诉人依法对孙某侵害众多不特定自然人个人信息的行为提起民事公益诉讼符合《民事诉讼法》的规定。本案中,孙某的上述行为系非法收集、买卖个人信息的行为,构成对公共信息安全领域的社会公共利益侵害。法院判决孙某支付侵害社会公共利益的损害赔偿款34,000元,专门用于信息安全保护或个人信息保护等公益事项,并公开赔礼道歉。

域外案例

近年来,欧美个人信息集体诉讼显著增多,通过集体诉讼来解决个人信息保护争议的做法已越发成为一种趋势。不过各国自身的集体诉讼机制存在差异,个人信息保护集体诉讼也表现出不同的形态。在这些案件中,英国的Richard Lloyd v. Google LLC案最具有代表性,[②]其打开了英国数据保护领域集体诉讼的闸门,是英国数据保护集体诉讼的里程碑案件,对英国个人信息保护制度的发展具有重大意义。

该案源于Google使用Safari Workaround来绕开Safari(浏览器)对于第三方Cookies的阻止,从而使Google在用户不知情的情况下在用户使用的浏览器上设置DoubleClick Ad Cookie,这使Google能够识别设备或用户访问其庞大广告网络中任何显示广告的网站的访问次数,并收集大量信息。这些信息包含访问频率、浏览时长、浏览日期、IP地址等。基于大量的访问数据,Google不仅可以分析出用户的浏览习惯,甚至还可以分析出导致该结果的原因,比如兴趣爱好、宗教种族、社会阶层、政治信仰、年龄、性别及经济状况。最终这些分析结果被用于投放定向广告,从而获取商业利益。

---

① 杭州市互联网法院民事判决书,(2020)浙0192民初10605号。

② Lloyd v. Google LLC.

Richard Lloyd 代表所有被 Safari Workaround 影响的英国居民（以下简称该集体）向法院提起代表诉讼（Representative Litigation），要求 Google 承担赔偿责任。在此基础上，被告应支付的总损害赔偿金应通过将针对每个集体成员所判给的固定金额乘以该集体总人数来计算。若现有证据中原告主张的人均索赔数额被接受，Google 需承担的潜在赔偿金在 1 亿～30 亿英镑。

一审法院认为，本案不满足代表诉讼的条件，该集体中的每个成员没有相同的利益，其理由是：基于每个成员使用互联网的范围和类型区别，他们所遭受的损害类型及程度也不同。将该集体中部分未受影响的用户进行识别区分是无法实现的，比如有些用户已经更改了设置来阻止 Cookies。Warby J 认为不应当允许个人在以下情况下消耗大量资源进行代表诉讼：该集体中的其他成员未从中获利，未进行授权，或者未对该诉讼中涉及的事项表示过关注和忧虑。

上诉法院推翻了一审判决，并允许代表诉讼继续进行损害索赔包括失去对数据的控制，即便没有证明用户遭受物质或精神损害。Google 可以对数据进行货币化，其收集的数据显然具有经济价值，因此失去对数据的控制这一损害同样具有价值。该集体所有的成员具有同样的利益（same interest），该利益是失去对数据的控制这一损害的索赔。该集体的所有成员都在不知情的情况下，被 Google 处理、收集和分析信息，他们都是 Google 违法处理用户数据这一行为的受害者，并遭受同样的损失。尽管代表诉讼需要高额的成本及法院资源，但是，在 Google 反复和广泛地违反其数据处理义务和相关法律规定的情况下，可以确保民事赔偿这一救济措施。

【关联条文】

《个人信息保护法》第 66 条

【相关规定】

《民事诉讼法》第 58 条；《行政诉讼法》第 25 条；《消费者权益保护法》第 47 条；《最高人民法院关于审理使用人脸识别技术处理个人信息相关民事案件适用法律若干问题的规定》第 14 条；《最高人民检察院关于贯彻执行个人信息保护法推进个人信息保护公益诉讼检察工作的通知》；《人民检察院公益诉讼办案规则》；《检察机关个人信息保护公益诉讼典型案例》

【域外比较】

本条规定与《通用数据保护条例》第 80 条等规定有一定的相似性。《通用数据保护条例》第 80 条规定，数据主体有权委托非营利机构、实体或协会代表其行使第 77 条、第 78 条、第 79 条规定的权利（包括向 DPA 申诉、针对 DPA 提起请求、针对数据控制者或处理者提起请求），以及在成员国法律规定的情形下，代表其行使获得赔偿的权利。非营利机构、实体或协会应具备如下条件：按照成员国法律设立，其章程目标是实现公共利益，在为了保护数据主体的权利与自由而代表个人提起申诉方面表现积极。第 80 条还规定，不论数据主体是否委托，成员国都可以规定，（上述）任何机构、组织或协会如果认为《通用数据保护条例》所规定的数据主体的权利已经因为处理而受到侵犯，都有权在成员国向 DPA 提起申诉，并行使第 78 条和第 79 条规定的权利（针对 DPA 提起请求、针对数据控制者或处理者提起请求）。

《通用数据保护条例》与我国规定的相似性在于，都允许依法确定的组织提起公益诉讼。二者的不同点在于，在我国，人民检察院作为国家机关可以依法提起公益诉讼，而在其他国家或地区，尤其是英美法系国家，更倾向于通过代表诉讼或集体诉讼来维护众多权益遭受侵害的个体的权益。

第七十一条　违反本法规定，构成违反治安管理行为的，依法给予治安管理处罚；构成犯罪的，依法追究刑事责任。

【条文主旨】

本条是对违反《个人信息保护法》的行为的治安管理处罚和刑事责任的规定。

【演进过程】

一审稿	二审稿	最终稿
第~~六十七~~条　违反本法规定，构成违反治安管理行为的，依法给予治安管理处罚；构成犯罪的，依法追究刑事责任。	第七十条　违反本法规定，构成违反治安管理行为的，依法给予治安管理处罚；构成犯罪的，依法追究刑事责任。	
	第七十条　违反本法规定，构成违反治安管理行为的，依法给予治安管理处罚；构成犯罪的，依法追究刑事责任。	第七十一条　违反本法规定，构成违反治安管理行为的，依法给予治安管理处罚；构成犯罪的，依法追究刑事责任。

【条文释义】

（一）治安管理处罚

治安管理处罚的法律依据是《治安管理处罚法》，该法第 2 条规定，“扰乱公共秩序，妨害公共安全，侵犯人身权利、财产权利，妨害社会管理，具有社会危害性，依照

《中华人民共和国刑法》的规定构成犯罪的,依法追究刑事责任;尚不够刑事处罚的,由公安机关依照本法给予治安管理处罚”。《治安管理处罚法》没有专门针对侵犯公民个人信息的行为作出规定,只能根据案件的具体情节适用相关的条文。

如果非法获取计算机信息系统的个人信息,可能构成《治安管理处罚法》第29条的违法行为。根据第29条的规定,“有下列行为之一的,处五日以下拘留;情节较重的,处五日以上十日以下拘留:(一)违反国家规定,侵入计算机信息系统,造成危害的;(二)违反国家规定,对计算机信息系统功能进行删除、修改、增加、干扰,造成计算机信息系统不能正常运行的;(三)违反国家规定,对计算机信息系统中存储、处理、传输的数据和应用程序进行删除、修改、增加的;(四)故意制作、传播计算机病毒等破坏性程序,影响计算机信息系统正常运行的”。

如果个人信息涉及隐私,相关的违法行为可能触犯《治安管理处罚法》第42条的规定。根据第42条之规定,偷窥、偷拍、窃听、散布他人隐私的,处5日以下拘留或者500元以下罚款;情节较重的,处5日以上10日以下拘留,可以并处500元以下罚款。

(二)刑事处罚

违反《个人信息保护法》行为,可能会触犯《刑法》的多个条文,构成犯罪。主要涉及以下几个罪名:

1. 侵犯公民个人信息罪(《刑法》第253条之一)

根据《刑法》第253条之一,侵犯公民个人信息罪的行为类型主要有两种:第一种是非法向他人提供、公开个人信息的行为,即“违反国家有关规定,向他人出售或者提供公民个人信息”;第二种是非法收集他人个人信息的行为,即“窃取或者以其他方法非法获取公民个人信息的”。可见,侵犯公民个人信息罪规制的主要是与个人信息收集、提供、公开等处理活动相关的违法行为。根据2017年5月8日发布的《最高人民法院、最高人民检察院关于办理侵犯公民个人信息刑事案件适用法律若干问题的解释》(以下简称《侵犯公民个人信息解释》)第2条的规定,“违反法律、行政法规、部门规章有关公民个人信息保护的规定”应当认定为《刑法》第253条之一规定的“违反国家有关规定”;“提供公民个人信息”,是指向特定人提供公民个人信息,以及通过信息网络或者其他途径发布公民个人信息;“以其他方法非法获取公民个人信息”是指违反国家有关规定,通过购买、收受、交换等方式获取公民个人信息,或者在履行职责、提供服务过程中收集公民个人信息。

侵犯公民个人信息,情节严重的,才构成犯罪。根据《侵犯公民个人信息解释》第5条的规定,非法获取、出售或者提供公民个人信息,具有下列情形之一的,应当认定为《刑法》第253条之一的“情节严重”:(1)出售或者提供行踪轨迹信息,被他人用于犯罪的;(2)知道或者应当知道他人利用公民个人信息实施犯罪,向其出售或者提供的;(3)非法获取、出售或者提供行踪轨迹信息、通信内容、征信信息、财产信息50条以上的;(4)非法获取、出售或者提供住宿信息、通信记录、健康生理信息、交易信息等其他可能影响人身、财产安全的公民个人信息500条以上的;(5)非法获取、出售或者提供第3项、第4项规定以外的公民个人信息5000条以上的;(6)数量未达到第3项至第5项规定标准,但是按相应比例合计达到有关数量标准的;(7)违法所得5000元以上的;(8)将在履行职责或者提供服务过程中获得的公民个人信息出售或者提供给他人,数量或者数额达到第3项至第7项规定标准一半以上的;(9)曾因侵犯公民个人信息受过刑事处罚或者2年内受过行政处罚,又非法获取、出售或者提供公民个人信息的;(10)其他情节严重的情形。

实践中,一些行为人特别是企业为了合法经营活动而非法购买、收受个人信息,对此类行为,《侵犯公民个人信息解释》规定了特殊的“情节严重”的认定标准。如果行为人为合法经营活动而非法购买、收受的个人信息属于行踪轨迹信息、通信内容、征信信息、财产信息,或者住宿信息、通信记录、健康生理信息、交易信息等其他可能影响人身、财产安全的公民个人信息,则根据《侵犯公民个人信息解释》第5条判断是否属于“情节严重”。如果行为人为合法经营活动而非法购买、收受其他个人信息的,具有下列情形之一的,才认定为“情节严重”:(1)利用非法购买、收受的公民个人信息获利5万元以上的;(2)曾因侵犯公民个人信息受过刑事处罚或者2年内受过行政处罚,又非法购买、收受公民个人信息的;(3)其他情节严重的情形。可见相对而言,针对为合法经营活动而非法购买、收受个人信息的行为,《侵犯公民个人信息解释》提高了入罪门槛,缩小了刑事处罚的范围。

2. 拒不履行信息网络安全管理义务罪(《刑法》第286条之一)

根据《刑法》第286条之一的规定,拒不履行信息网络安全管理义务罪是指网络服务提供者不履行法律、行政法规规定的信息网络安全管理义务,经监管部门责令采取改正措施而拒不改正,有下列情形之一的行为:(1)致使违法信息大量传播的;(2)致使用户信息泄露,造成严重后果的;(3)致使刑事案件证据灭失,情节严重的;(4)有其他严重情节的。

个人信息处理者如果属于网络服务提供者,又拒不履行《个人信息保护法》规定的信息网络安全管理义务,经监管部门责令采取改正措施而拒不改正,致使用户的公民个人信息泄露,造成严重后果的,应当依照《刑法》第286条之一的规定,以拒不履行信息网络安全管理义务罪定罪处罚。“严重后果”是指具有下列情形之一的:(1)致使泄露行踪轨迹信息、通信内容、征信信息、财产信息500条以上的;(2)致使泄露住宿信息、通信记录、健康生理信息、交易信息等其他可能影响人身、财产安全的用户信息5000条以上的;(3)致使泄露第1项、第2项规定以外的用户信息50,000条以上的;(4)数量虽未达到第1项至第3项规定标准,但是按相应比例折算合计达到有关数量标准的;(5)造成他人死亡、重伤、精神失常或者被绑架等严重后果的;(6)造成重大经济损失的;(7)严重扰乱社会秩序的;(8)造成其他严重后果的。如果相关行为同时构成侵犯公民个人信息罪的,按照处罚较重的规定定罪处罚。

3. 非法利用信息网络罪(《刑法》第287条之一)

根据《刑法》第287条之一的规定,非法利用信息网络罪是指利用信息网络实施下列行为之一,情节严重的:(1)设立用于实施诈骗、传授犯罪方法、制作或者销售违禁物品、管制物品等违法犯罪活动的网站、通讯群组的;(2)发布有关制作或者销售毒品、枪支、淫秽物品等违禁物品、管制物品或者其他违法犯罪信息的;(3)为实施诈骗等违法犯罪活动发布信息的。

行为人如果设立用于实施非法获取、出售或者提供公民个人信息违法犯罪活动的网站、通讯群组,情节严重的,应当依照《刑法》第287条之一的规定,以非法利用信息网络罪定罪处罚;同时构成侵犯公民个人信息罪的,按照侵犯公民个人信息罪定罪处罚。

【适用指引】

行政处罚和刑事处罚都是保障个人信息权益的重要方法。目前,由于《治安管理处罚法》并没有针对个人信息的非法处理行为,或者个人信息处理者未依法履行个人信息保护义务的行为规定治安管理处罚措施,因此对相关违法行为的行政处罚,主要根据《个人信息保护法》第66条等规定进行。《治安管理处罚法》目前在个人信息保护行政执法领域难以发挥重要作用。因此在实践中,做好行政处罚与刑事处罚的衔接,既要做好《治安管理处罚法》与《刑法》的衔接工作,也要做好《个人信息保护法》第66条等条文与《刑法》的衔接工作。

【案例链接】

泄露涉疫个人信息受治安管理处罚案[①]

新冠肺炎疫情期间,由于新冠肺炎确例、疑似病例和密切接触者的个人信息

---

① 参见袁猛:《公安部公布十起侵犯公民个人信息违法犯罪典型案件》,载公安部网2020年4月16日,http://www.gov.cn/xinwen/2020-04/16/content_5502912.htm。

相较于平时在更大范围内进行了共享和处理，部分非国家工作人员在参与疫情防控过程中个人信息保护意识不强或出于其他原因泄露为防控目的收集的个人信息，严重侵害了公民的个人信息权益和隐私权。

2020 年 1 月，贵州省安顺市公安局网安部门工作发现，贵州省安顺市某社区工作人员杨某在获取了社区疫情防控人员信息后私自发送给微信好友，导致相关信息在微信朋友圈内扩散并造成了恶劣影响。杨某被公安机关处以行政拘留和罚款的处罚。此外，某幼儿园员工王某在工作中获取了防控重点人员信息后发布在微信群中，导致上述信息被层层转发，在互联网上扩散，王某也被公安机关处以行政拘留和罚款的处罚。

【关联条文】

《个人信息保护法》第 66 条

【相关规定】

《电子商务法》第 52 条；《治安管理处罚法》第 2 条、第 29 条、第 42 条；《刑法》第 253 条、第 286 条、第 287 条；《最高人民法院、最高人民检察院关于办理侵犯公民个人信息刑事案件适用法律若干问题的解释》第 2 条、第 5 条

第八章　附　　则

第七十二条　自然人因个人或者家庭事务处理个人信息的，不适用本法。

法律对各级人民政府及其有关部门组织实施的统计、档案管理活动中的个人信息处理有规定的，适用其规定。

【条文主旨】

本条规定为不适用《个人信息保护法》的个人信息处理活动。自然人因个人或者家庭事务处理个人信息的，不适用《个人信息保护法》。自然人之间因为个人或家庭事务处理个人信息的行为，属于平等主体之间的个人信息处理行为，往往是为了维持正常的社会交往。由于其不涉及商业问题，因此不属于《个人信息保护法》所约束的个人信息保护对象。

我国《统计法》《档案法》等对各级人民政府及其有关部门组织实施的统计、档案管理活动中的个人信息处理有具体规定的，适用相关具体规定。

【演进过程】

一审稿	二审稿	最终稿
第~~六十八~~条　自然人因个人或者家庭事务而处理个人信息的，不适用本法。 法律对各级人民政府及其有关部门组织实施的统计、档案管理活动中的个人信息处理有规定的，适用其规定。	第七十一条　自然人因个人或者家庭事务处理个人信息的，不适用本法。 法律对各级人民政府及其有关部门组织实施的统计、档案管理活动中的个人信息处理有规定的，适用其规定。	
	第七~~十一~~条　自然人因个人或者家庭事务处理个人信息的，不适用本法。 法律对各级人民政府及其有关部门组织实施的统计、档案管理活动中的个人信息处理有规定的，适用其规定。	第七十二条　自然人因个人或者家庭事务处理个人信息的，不适用本法。 法律对各级人民政府及其有关部门组织实施的统计、档案管理活动中的个人信息处理有规定的，适用其规定。

【条文释义】

(一)自然人因个人或家庭事务处理个人信息活动无须适用《个人信息保护法》

自然人因个人、家庭事务处理个人信息的不属于《个人信息保护法》的调整范围。《民法典》并未对个人信息处理的范围进行任何限定,依据该法第1035条第2款,无论是通过自动方式还是非自动方式处理个人信息,无论是公司企业、国家机关等个人信息使用者处理个人信息,还是纯粹的私人或家庭活动中的个人信息处理(如家人朋友之间进行的通信联络、保存联系方式或者社交活动中的个人信息的提供等),都属于个人信息的处理。但是,《个人信息保护法》第72条第1款规定:"自然人因个人或者家庭事务而处理个人信息的,不适用本法。"第72条借鉴了《通用数据保护条例》的规定。在《通用数据保护条例》中,所谓"纯粹的个人或家庭生活中"的个人信息处理行为是指,为了休闲活动、爱好、度假或娱乐目的而处理的个人数据,或者用于社交网络,或者数据只是作为个人收集的地址、生日或其他重要日期(如周年纪念)的一部分。然而,一旦所处理的个人信息涉及私人的同时也是商业信息,则该例外就不适用。我国学者也认同此观点。例如,周汉华研究员主编的《中华人民共和国个人信息保护法(专家建议稿)》第10条第2款规定,"本法的规定不适用于公民在纯粹的个人或家庭活动中所进行的个人信息处理"。①

第72条将自然人因个人或家庭事务处理个人信息的活动排除在《个人信息保护法》所调整的个人信息处理的范围之外,是非常必要的。自然人之间因为个人或家庭事务而处理个人信息的行为,属于平等主体之间的个人信息处理行为,往往是为了维持正常的社会交往,并不涉及侵害个人信息权益的问题,无须给此等情形中的信息处理者施加各种法定义务,更无须个人信息保护机关强制介入;只有涉及利用信息能力的不平等收集、处理个人信息的行为,才是信息时代保护个人信息的法律真正要调整的对象。另外,即便在此等情形中的个人信息处理行为侵害了其他自然人的合法权益,也可以由《民法典》中的姓名权、肖像权、隐私权等加以调整。②

(二)统计、档案法律法规中有特殊规定的,从其规定

各级人民政府及其有关部门组织实施的统计、档案管理活动中的个人信息处

---

① 周汉华:《中华人民共和国个人信息保护法(专家建议稿)及立法研究报告》,法律出版社2006年版,第3页。

② 参见程啸:《论我国个人信息保护法中的个人信息处理规则》,载《清华法学》2021年第3期。

理具有特殊性,其是国家政府及相关部门的日常公务活动,《统计法》《档案法》中有明确的个人信息保护规则。

例如,《统计法》第9条规定,“统计机构和统计人员对在统计工作中知悉的国家秘密、商业秘密和个人信息,应当予以保密”。《档案法》第25条规定,“属于国家所有的档案和本法第二十二条规定的档案及其复制件,禁止擅自运送、邮寄、携带出境或者通过互联网传输出境。确需出境的,按照国家有关规定办理审批手续”。第28条第3款规定“利用档案涉及知识产权、个人信息的,应当遵守有关法律、行政法规的规定”。

【适用指引】

在具体适用中,自然人因个人或者家庭事务处理个人信息的,不适用《个人信息保护法》。《个人信息保护法》的主要适用对象为个人信息处理者。关于自然人因个人或者家庭事务处理个人信息的,可适用《民法典》等民事法律规范。

作为专业性、特别性的法律,若《统计法》《档案法》等对各级人民政府及其有关部门组织实施的统计、档案管理活动中的个人信息处理有规定的,无须适用《个人信息保护法》,而直接适用具体的法律规定。

【案例链接】

在欧盟,个人信息保护的家庭豁免制度在1995年DPD中便确立,①并在2016年《通用数据保护条例》中延续。对于这一机制,由于法律表述的模糊性,欧盟法院也产生了若干判决,其中最具代表性意义的便是Rynes案和Lindqvist案。②

在Rynes案中,Rynes安装了一个固定位置、仅用于拍摄的摄像系统,该系统将拍摄录像记录到硬盘之中进行存储,无法通过监视器实时查看数据。这意味着数据仅在被放置在硬盘驱动器上的新数据覆盖之前才会保留,并且只能在事件发生后由Rynes访问。摄像机拍摄了他家的入口、公共人行道和他家对面房子的入口,只有Rynes可以直接访问系统及其包含的数据。他这么做的唯一原因是在未知人员袭击后保护家人和他自己的财产、健康和生命,随后向警方披露了后来被袭击的录音,并用于针对破坏者的刑事诉讼,破坏者又向捷克数据保护办公室投诉。捷克数据保护办公室发现,Rynes安装的监控系统违反了为执行1995年欧盟《数据保护条例》而制定的捷克法律的多项规定,包括在数据保护办公室注册为数据控制者的要求。Rynes对这一决定提起诉讼。

---

① 欧盟1995年《数据保护条例》第3条第2款规定,本条例不适用于纯粹的个人或家庭活动中的数据处理。

② 参见杨洋:《从Lindqvist案看个人信息保护与新闻自由的平衡》,载《新闻传播》2019年第9期。

捷克法院在裁判该案时,将下列问题提交给欧盟法院裁决:“为保护业主的财产、健康和生命而安装在家庭住宅上的摄像系统的操作是否可以归类为欧盟《数据保护条例》中的纯粹的个人或家庭活动中的数据处理,即使这样的系统也监控公共空间?”欧盟法院认为,该监控系统构成了对个人信息的自动化处理。欧盟法院通过援引以往的案例强调,1995 年欧盟《数据保护条例》意图确保一个对自然人基本权利和自由的高水平保护,对这一权利的限制必须采取狭义解释的立场,即只有“纯粹的”个人和家庭活动是排除在外的。基于以上理由,欧盟法院认为,该案中的摄像系统拍摄到了公共空间,不能视为纯粹的个人和家庭活动。①

在 Lindqvist 案中,Lindqvist 夫人曾在 Alseda 教区(瑞典)担任传教士。1998 年年底,她在自己的个人电脑上设置了互联网页面,让准备确认的教友们获得他们需要的任何信息。她要求瑞典教会网站的管理员在这些页面和网站之间建立一个链接。她设置的页面包含有关 Lindqvist 夫人和她在教区的 18 位同事的信息。这些页面包含的信息包括他们的名字、所从事的工作、爱好、电话号码和她一位同事的医疗信息。她没有将这些网页通知她的同事,也没有征得他们的同意,也没有寻求监管机构的批准来处理个人信息和敏感的个人信息。检察官对她提起诉讼,称她违反了 PUL,理由是她在未事先书面通知监管机构(Datainspektionen)的情况下自动处理了个人信息。此外,她在未经数据主体授权或同意的情况下处理敏感个人信息并将个人信息传输到第三国。

瑞典皇家法院中止了国内诉讼程序,并将一些法律问题提交给欧盟法院。提交给欧盟法院的问题包括个人信息的处理是否包含在第 3(1)条指令 95/46 下的家庭活动处理例外情况? 对此,欧盟法院认为,该例外必须被解释为仅与个人在私人或家庭生活过程中进行的活动有关,而处理在互联网上发布的个人信息会使无限制数量的人访问,明显不符合这一解释。② 在不限制其可访问性的情况下在线上传内容的事实排除了第 3 条第 2 款第 2 项规定的豁免的适用。

【关联条文】

《个人信息保护法》第 71 条第 1 款

【相关规定】

《民法典》第 1035 条第 2 款;《统计法》第 9 条;《档案法》第 22 条、第 25 条、第 28 条

---

① Case C－212/13, Ryneš.

② Case C－101/01, Lindqvist.

【域外比较】

各国立法机关普遍制定有类似规则。《通用数据保护条例》第 2 条第 2 款规定：自然人在纯粹个人或家庭活动中所进行的个人数据处理，不适用《通用数据保护条例》。此外，巴西《通用数据保护法》（LGPD）还规定：LGPD 不适用于由自然人进行，仅用于私人和非经济目的的处理活动。一般而言，依据《通用数据保护条例》第 6 条或其他国家或地区有关合法性基础的条款，实施统计、档案活动，并因此处理个人信息，通常具备履行法定义务和/或促进公共利益的合法性基础。

第七十三条　本法下列用语的含义：

（一）个人信息处理者，是指在个人信息处理活动中自主决定处理目的、处理方式的组织、个人。

（二）自动化决策，是指通过计算机程序自动分析、评估个人的行为习惯、兴趣爱好或者经济、健康、信用状况等，并进行决策的活动。

（三）去标识化，是指个人信息经过处理，使其在不借助额外信息的情况下无法识别特定自然人的过程。

（四）匿名化，是指个人信息经过处理无法识别特定自然人且不能复原的过程。

【条文主旨】

本条对个人信息保护法中的基本用语进行界定。实践中，概念的认识不同，时常导致对法律权利和义务解释存在差异。为避免适用分歧，本条规定个人信息处理者具有自主作出信息处理决定的能力，自动化决策侧重于引入计算机程序处理个人信息，去标识化强调降低信息与个人之间的关联，匿名化则切断信息和个人之间的关联。

【演进过程】

一审稿	二审稿	最终稿
第~~六十九~~条　本法下列用语的含义： （一）个人信息处理者，是指自主决定处理目的、处理方式等个人信息处理事项的组织、个人。	第<u>七十二</u>条　本法下列用语的含义： （一）个人信息处理者，是指自主决定处理目的、处理方式等个人信息处理事项的组织、个人。	

续表

一审稿	二审稿	最终稿
（二）自动化决策，是指利用个人信息对个人的行为习惯、兴趣爱好或者经济、健康、信用状况等，通过计算机程序自动分析、评估并进行决策的活动。 （三）去标识化，是指个人信息经过处理，使其在不借助额外信息的情况下无法识别特定自然人的过程。 （四）匿名化，是指个人信息经过处理无法识别特定自然人且不能复原的过程。	（二）自动化决策，是指利用个人信息对个人的行为习惯、兴趣爱好或者经济、健康、信用状况等，通过计算机程序自动分析、评估并进行决策的活动。 （三）去标识化，是指个人信息经过处理，使其在不借助额外信息的情况下无法识别特定自然人的过程。 （四）匿名化，是指个人信息经过处理无法识别特定自然人且不能复原的过程。	
	第~~七十三~~条　本法下列用语的含义： （一）个人信息处理者，是指自主决定处理目的、处理方式~~等个人信息处理事项~~的组织、个人。 （二）自动化决策，是指利用个人~~信息对个人~~的行为习惯、兴趣爱好或者经济、健康、信用状况等，~~通过计算机程序自动分析、评估~~并进行决策的活动。 （三）去标识化，是指个人信息经过处理，使其在不借助额外信息的情况下无法识别特定自然人的过程。 （四）匿名化，是指个人信息经过处理无法识别特定自然人且不能复原的过程。	第七十三条　本法下列用语的含义： （一）个人信息处理者，是指在个人信息处理活动中自主决定处理目的、处理方式的组织、个人。 （二）自动化决策，是指通过计算机程序自动分析、评估个人的行为习惯、兴趣爱好或者经济、健康、信用状况等，并进行决策的活动。 （三）去标识化，是指个人信息经过处理，使其在不借助额外信息的情况下无法识别特定自然人的过程。 （四）匿名化，是指个人信息经过处理无法识别特定自然人且不能复原的过程。

【条文释义】

个人信息处理者，是指自主决定处理目的、处理方式等个人信息处理事项的组织、个人。此处的定义表明个人信息处理者具有处理目的、处理方式的自主决定权。事实上，此处的个人信息处理者以组织或个人为形态。

自动化决策，是指利用个人信息对个人的行为习惯、兴趣爱好或者经济、健康、信用状况等，通过计算机程序自动分析、评估并进行决策的活动。自动化决策本身是对个人信息的处理活动，其以计算机技术为手段。对个人行为进行分析和评价，而非人工程序。实践中，自动化决策的速度更快、规模更大、精准度更高，产生个人信息保护的风险更大。

去标识化，是指个人信息经过处理，使其在不借助额外信息的情况下无法识别特定自然人的过程。对于公民个人而言，由于个人信息可以识别出个人身份，因此个人信息的广泛收集、使用及其被滥用的风险，会对私人生活、人格尊严和自由，乃至人身和财产安全产生重要影响。去标识化之后个人信息处理、传输和利用不当的风险将显著降低，能够避免信息主体可能遭受的直接识别的侵害，对信息主体具有积极意义，也是最大限度地在业者和信息主体之间实现个人信息的保护及利用需求。①

匿名化，是指个人信息经过处理无法识别特定自然人且不能复原的过程。匿名化的结果是，切断信息与特定个人之间的辨识要素，实现信息的去个人化，由于匿名化的信息不能复原识别特定自然人，其公开对信息主体的影响微不足道。

【适用指引】

在具体适用中，个人信息处理者、自动化决策、去标识化、匿名化概念均体现在《个人信息保护法》若干条文规则中。本条的适用需要结合《个人信息保护法》中的具体规则。例如，《个人信息保护法》第 24 条规定，个人信息处理者利用个人信息进行自动化决策，应当保证决策的透明度和结果公平合理。自动化决策的概念与《个人信息保护法》第 24 条的适用密切相关。

实际上，去标识化是企业自主降低风险责任的手段，而匿名化才是免除法律责任的手段。多数个人信息处理者认为完全匿名化的场景难以出现。换言之，此处的“匿名化”仅指现有技术条件下的“匿名化”，而非绝对标准。当然，笔者赞同此观点，但需要明确的是，现有技术条件不断演进需要企业自身更新匿名化技术，并且针对具有不同能力条件的企业，匿名化的责任应有所不同。

【关联条文】

《个人信息保护法》第 25 条

第七十四条　本法自 2021 年 11 月 1 日起施行。

---

① 参见张新宝：《从隐私到个人信息：利益再衡量的理论与制度安排》，载《中国法学》2015 年第 3 期。

【条文主旨】

本条规定了《个人信息保护法》的施行时间。此条彰显了我国保护个人信息的决心与效率。相较而言,欧盟相关立法多以2年为限:《通用数据保护条例》第99条将适用的时间规定为《通用数据保护条例》生效后的2年后,给予了各数据处理2年的过渡期;2021年发布的欧盟《电子隐私条例》(E – Priuacy Regulation)草案,同样给予了个人信息处理者2年的过渡期限。这种区别存在客观原因,欧盟立法较为激进,确立了新的权利模式和规制体系,对数据处理者和控制者的合规提出了较高的要求。相较而言,我国《个人信息保护法》酝酿已久,经历了长期、反复的调研、沟通和调整,有着较为充分和扎实的立法基础。与此同时,欧盟立法也使许多有海外业务的个人信息处理者已有充分的合规准备和实务基础。

【演进过程】

一审稿	二审稿	最终稿
第~~七十~~条 本法自 年 月 日起施行。	第七十三条 本法自 年 月 日起施行。	
	第~~七十三~~条 本法自 年 月 日起施行。	第七十四条 本法自2021年11月1日起施行。

附录

网络数据安全管理条例(征求意见稿)

(2021 年 12 月 6 日发布)

第一章　总　　则

第一条　为了规范网络数据处理活动,保障数据安全,保护个人、组织在网络空间的合法权益,维护国家安全、公共利益,根据《中华人民共和国网络安全法》《中华人民共和国数据安全法》《中华人民共和国个人信息保护法》等法律,制定本条例。

第二条　在中华人民共和国境内利用网络开展数据处理活动,以及网络数据安全的监督管理,适用本条例。

在中华人民共和国境外处理中华人民共和国境内个人和组织数据的活动,有下列情形之一的,适用本条例:

(一)以向境内提供产品或者服务为目的;

(二)分析、评估境内个人、组织的行为;

(三)涉及境内重要数据处理;

(四)法律、行政法规规定的其他情形。

自然人因个人或者家庭事务开展数据处理活动,不适用本条例。

第三条　国家统筹发展和安全,坚持促进数据开发利用与保障数据安全并重,加强数据安全防护能力建设,保障数据依法有序自由流动,促进数据依法合理有效利用。

第四条　国家支持数据开发利用与安全保护相关的技术、产品、服务创新和人才培养。

国家鼓励国家机关、行业组织、企业、教育和科研机构、有关专业机构等开展数据开发利用和安全保护合作,开展数据安全宣传教育和培训。

第五条　国家建立数据分类分级保护制度。按照数据对国家安全、公共利益或者个人、组织合法权益的影响和重要程度,将数据分为一般数据、重要数据、核心数据,不同级别的数据采取不同的保护措施。

国家对个人信息和重要数据进行重点保护，对核心数据实行严格保护。

各地区、各部门应当按照国家数据分类分级要求，对本地区、本部门以及相关行业、领域的数据进行分类分级管理。

第六条　数据处理者对所处理数据的安全负责，履行数据安全保护义务，接受政府和社会监督，承担社会责任。

数据处理者应当按照有关法律、行政法规的规定和国家标准的强制性要求，建立完善数据安全管理制度和技术保护机制。

第七条　国家推动公共数据开放、共享，促进数据开发利用，并依法对公共数据实施监督管理。

国家建立健全数据交易管理制度，明确数据交易机构设立、运行标准，规范数据流通交易行为，确保数据依法有序流通。

第二章　一 般 规 定

第八条　任何个人和组织开展数据处理活动应当遵守法律、行政法规，尊重社会公德和伦理，不得从事以下活动：

（一）危害国家安全、荣誉和利益，泄露国家秘密和工作秘密；

（二）侵害他人名誉权、隐私权、著作权和其他合法权益等；

（三）通过窃取或者以其他非法方式获取数据；

（四）非法出售或者非法向他人提供数据；

（五）制作、发布、复制、传播违法信息；

（六）法律、行政法规禁止的其他行为。

任何个人和组织知道或者应当知道他人从事前款活动的，不得为其提供技术支持、工具、程序和广告推广、支付结算等服务。

第九条　数据处理者应当采取备份、加密、访问控制等必要措施，保障数据免遭泄露、窃取、篡改、毁损、丢失、非法使用，应对数据安全事件，防范针对和利用数据的违法犯罪活动，维护数据的完整性、保密性、可用性。

数据处理者应当按照网络安全等级保护的要求，加强数据处理系统、数据传输网络、数据存储环境等安全防护，处理重要数据的系统原则上应当满足三级以上网络安全等级保护和关键信息基础设施安全保护要求，处理核心数据的系统依照有关规定从严保护。

数据处理者应当使用密码对重要数据和核心数据进行保护。

第十条　数据处理者发现其使用或者提供的网络产品和服务存在安全缺陷、漏洞，或者威胁国家安全、危害公共利益等风险时，应当立即采取补救措施。

第十一条 数据处理者应当建立数据安全应急处置机制，发生数据安全事件时及时启动应急响应机制，采取措施防止危害扩大，消除安全隐患。安全事件对个人、组织造成危害的，数据处理者应当在三个工作日内将安全事件和风险情况、危害后果、已经采取的补救措施等以电话、短信、即时通信工具、电子邮件等方式通知利害关系人，无法通知的可采取公告方式告知，法律、行政法规规定可以不通知的从其规定。安全事件涉嫌犯罪的，数据处理者应当按规定向公安机关报案。

发生重要数据或者十万人以上个人信息泄露、毁损、丢失等数据安全事件时，数据处理者还应当履行以下义务：

（一）在发生安全事件的八小时内向设区的市级网信部门和有关主管部门报告事件基本信息，包括涉及的数据数量、类型、可能的影响、已经或拟采取的处置措施等；

（二）在事件处置完毕后五个工作日内向设区的市级网信部门和有关主管部门报告包括事件原因、危害后果、责任处理、改进措施等情况的调查评估报告。

第十二条 数据处理者向第三方提供个人信息，或者共享、交易、委托处理重要数据的，应当遵守以下规定：

（一）向个人告知提供个人信息的目的、类型、方式、范围、存储期限、存储地点，并取得个人单独同意，符合法律、行政法规规定的不需要取得个人同意的情形或者经过匿名化处理的除外；

（二）与数据接收方约定处理数据的目的、范围、处理方式，数据安全保护措施等，通过合同等形式明确双方的数据安全责任义务，并对数据接收方的数据处理活动进行监督；

（三）留存个人同意记录及提供个人信息的日志记录，共享、交易、委托处理重要数据的审批记录、日志记录至少五年。

数据接收方应当履行约定的义务，不得超出约定的目的、范围、处理方式处理个人信息和重要数据。

第十三条 数据处理者开展以下活动，应当按照国家有关规定，申报网络安全审查：

（一）汇聚掌握大量关系国家安全、经济发展、公共利益的数据资源的互联网平台运营者实施合并、重组、分立，影响或者可能影响国家安全的；

（二）处理一百万人以上个人信息的数据处理者赴国外上市的；

（三）数据处理者赴香港上市，影响或者可能影响国家安全的；

（四）其他影响或者可能影响国家安全的数据处理活动。

大型互联网平台运营者在境外设立总部或者运营中心、研发中心，应当向国家网信部门和主管部门报告。

第十四条　数据处理者发生合并、重组、分立等情况的，数据接收方应当继续履行数据安全保护义务，涉及重要数据和一百万人以上个人信息的，应当向设区的市级主管部门报告；数据处理者发生解散、被宣告破产等情况的，应当向设区的市级主管部门报告，按照相关要求移交或删除数据，主管部门不明确的，应当向设区的市级网信部门报告。

第十五条　数据处理者从其他途径获取的数据，应当按照本条例的规定履行数据安全保护义务。

第十六条　国家机关应当依照法律、行政法规的规定和国家标准的强制性要求，建立健全数据安全管理制度，落实数据安全保护责任，保障政务数据安全。

第十七条　数据处理者在采用自动化工具访问、收集数据时，应当评估对网络服务的性能、功能带来的影响，不得干扰网络服务的正常功能。

自动化工具访问、收集数据违反法律、行政法规或者行业自律公约、影响网络服务正常功能，或者侵犯他人知识产权等合法权益的，数据处理者应当停止访问、收集数据行为并采取相应补救措施。

第十八条　数据处理者应当建立便捷的数据安全投诉举报渠道，及时受理、处置数据安全投诉举报。

数据处理者应当公布接受投诉、举报的联系方式、责任人信息，每年公开披露受理和收到的个人信息安全投诉数量、投诉处理情况、平均处理时间情况，接受社会监督。

第三章　个人信息保护

第十九条　数据处理者处理个人信息，应当具有明确、合理的目的，遵循合法、正当、必要的原则。基于个人同意处理个人信息的，应当满足以下要求：

（一）处理的个人信息是提供服务所必需的，或者是履行法律、行政法规规定的义务所必需的；

（二）限于实现处理目的最短周期、最低频次，采取对个人权益影响最小的方式；

（三）不得因个人拒绝提供服务必需的个人信息以外的信息，拒绝提供服务或者干扰个人正常使用服务。

第二十条　数据处理者处理个人信息，应当制定个人信息处理规则并严格遵守。个人信息处理规则应当集中公开展示、易于访问并置于醒目位置，内容明确具体、简明通俗，系统全面地向个人说明个人信息处理情况。

个人信息处理规则应当包括但不限于以下内容：

（一）依据产品或者服务的功能明确所需的个人信息，以清单形式列明每项功能处理个人信息的目的、用途、方式、种类、频次或者时机、保存地点等，以及拒绝处理个人信息对个人的影响；

（二）个人信息存储期限或者个人信息存储期限的确定方法、到期后的处理方式；

（三）个人查阅、复制、更正、删除、限制处理、转移个人信息，以及注销账号、撤回处理个人信息同意的途径和方法；

（四）以集中展示等便利用户访问的方式说明产品服务中嵌入的所有收集个人信息的第三方代码、插件的名称，以及每个第三方代码、插件收集个人信息的目的、方式、种类、频次或者时机及其个人信息处理规则；

（五）向第三方提供个人信息情形及其目的、方式、种类，数据接收方相关信息等；

（六）个人信息安全风险及保护措施；

（七）个人信息安全问题的投诉、举报渠道及解决途径，个人信息保护负责人联系方式。

第二十一条　处理个人信息应当取得个人同意的，数据处理者应当遵守以下规定：

（一）按照服务类型分别向个人申请处理个人信息的同意，不得使用概括性条款取得同意；

（二）处理个人生物识别、宗教信仰、特定身份、医疗健康、金融账户、行踪轨迹等敏感个人信息应当取得个人单独同意；

（三）处理不满十四周岁未成年人的个人信息，应当取得其监护人同意；

（四）不得以改善服务质量、提升用户体验、研发新产品等为由，强迫个人同意处理其个人信息；

（五）不得通过误导、欺诈、胁迫等方式获得个人的同意；

（六）不得通过捆绑不同类型服务、批量申请同意等方式诱导、强迫个人进行批量个人信息同意；

（七）不得超出个人授权同意的范围处理个人信息；

（八）不得在个人明确表示不同意后，频繁征求同意、干扰正常使用服务。

个人信息的处理目的、处理方式和处理的个人信息种类发生变更的，数据处理者应当重新取得个人同意，并同步修改个人信息处理规则。

对个人同意行为有效性存在争议的，数据处理者负有举证责任。

第二十二条　有下列情况之一的，数据处理者应当在十五个工作日内删除个人信息或者进行匿名化处理：

（一）已实现个人信息处理目的或者实现处理目的不再必要；

（二）达到与用户约定或者个人信息处理规则明确的存储期限；

（三）终止服务或者个人注销账号；

（四）因使用自动化采集技术等，无法避免采集到的非必要个人信息或者未经个人同意的个人信息。

删除个人信息从技术上难以实现，或者因业务复杂等原因，在十五个工作日内删除个人信息确有困难的，数据处理者不得开展除存储和采取必要的安全保护措施之外的处理，并应当向个人作出合理解释。

法律、行政法规另有规定的从其规定。

第二十三条　个人提出查阅、复制、更正、补充、限制处理、删除其个人信息的合理请求的，数据处理者应当履行以下义务：

（一）提供便捷的支持个人结构化查询本人被收集的个人信息类型、数量等的方法和途径，不得以时间、位置等因素对个人的合理请求进行限制；

（二）提供便捷的支持个人复制、更正、补充、限制处理、删除其个人信息、撤回授权同意以及注销账号的功能，且不得设置不合理条件；

（三）收到个人复制、更正、补充、限制处理、删除本人个人信息、撤回授权同意或者注销账号申请的，应当在十五个工作日内处理并反馈。

法律、行政法规另有规定的从其规定。

第二十四条　符合下列条件的个人信息转移请求，数据处理者应当为个人指定的其他数据处理者访问、获取其个人信息提供转移服务：

（一）请求转移的个人信息是基于同意或者订立、履行合同所必需而收集的个人信息；

（二）请求转移的个人信息是本人信息或者请求人合法获得且不违背他人意愿的他人信息；

（三）能够验证请求人的合法身份。

数据处理者发现接收个人信息的其他数据处理者有非法处理个人信息风险的，应当对个人信息转移请求做合理的风险提示。

请求转移个人信息次数明显超出合理范围的，数据处理者可以收取合理费用。

第二十五条　数据处理者利用生物特征进行个人身份认证的，应当对必要性、安全性进行风险评估，不得将人脸、步态、指纹、虹膜、声纹等生物特征作为唯一的个人身份认证方式，以强制个人同意收集其个人生物特征信息。

法律、行政法规另有规定的从其规定。

第二十六条 数据处理者处理一百万人以上个人信息的，还应当遵守本条例第四章对重要数据的处理者作出的规定。

第四章 重要数据安全

第二十七条 各地区、各部门按照国家有关要求和标准，组织本地区、本部门以及相关行业、领域的数据处理者识别重要数据和核心数据，组织制定本地区、本部门以及相关行业、领域重要数据和核心数据目录，并报国家网信部门。

第二十八条 重要数据的处理者，应当明确数据安全负责人，成立数据安全管理机构。数据安全管理机构在数据安全负责人的领导下，履行以下职责：

（一）研究提出数据安全相关重大决策建议；

（二）制定实施数据安全保护计划和数据安全事件应急预案；

（三）开展数据安全风险监测，及时处置数据安全风险和事件；

（四）定期组织开展数据安全宣传教育培训、风险评估、应急演练等活动；

（五）受理、处置数据安全投诉、举报；

（六）按照要求及时向网信部门和主管、监管部门报告数据安全情况。

数据安全负责人应当具备数据安全专业知识和相关管理工作经历，由数据处理者决策层成员承担，有权直接向网信部门和主管、监管部门反映数据安全情况。

第二十九条 重要数据的处理者，应当在识别其重要数据后的十五个工作日内向设区的市级网信部门备案，备案内容包括：

（一）数据处理者基本信息，数据安全管理机构信息、数据安全负责人姓名和联系方式等；

（二）处理数据的目的、规模、方式、范围、类型、存储期限、存储地点等，不包括数据内容本身；

（三）国家网信部门和主管、监管部门规定的其他备案内容。

处理数据的目的、范围、类型及数据安全防护措施等有重大变化的，应当重新备案。

依据部门职责分工，网信部门与有关部门共享备案信息。

第三十条 重要数据的处理者，应当制定数据安全培训计划，每年组织开展全员数据安全教育培训，数据安全相关的技术和管理人员每年教育培训时间不得少于二十小时。

第三十一条 重要数据的处理者，应当优先采购安全可信的网络产品和服务。

第三十二条　处理重要数据或者赴境外上市的数据处理者，应当自行或者委托数据安全服务机构每年开展一次数据安全评估，并在每年 1 月 31 日前将上一年度数据安全评估报告报设区的市级网信部门，年度数据安全评估报告的内容包括：

（一）处理重要数据的情况；

（二）发现的数据安全风险及处置措施；

（三）数据安全管理制度，数据备份、加密、访问控制等安全防护措施，以及管理制度实施情况和防护措施的有效性；

（四）落实国家数据安全法律、行政法规和标准情况；

（五）发生的数据安全事件及其处置情况；

（六）共享、交易、委托处理、向境外提供重要数据的安全评估情况；

（七）数据安全相关的投诉及处理情况；

（八）国家网信部门和主管、监管部门明确的其他数据安全情况。

数据处理者应当保留风险评估报告至少三年。

依据部门职责分工，网信部门与有关部门共享报告信息。

数据处理者开展共享、交易、委托处理、向境外提供重要数据的安全评估，应当重点评估以下内容：

（一）共享、交易、委托处理、向境外提供数据，以及数据接收方处理数据的目的、方式、范围等是否合法、正当、必要；

（二）共享、交易、委托处理、向境外提供数据被泄露、毁损、篡改、滥用的风险，以及对国家安全、经济发展、公共利益带来的风险；

（三）数据接收方的诚信状况、守法情况、境外政府机构合作关系、是否被中国政府制裁等背景情况，承诺承担的责任以及履行责任的能力等是否能够有效保障数据安全；

（四）与数据接收方订立的相关合同中关于数据安全的要求能否有效约束数据接收方履行数据安全保护义务；

（五）在数据处理过程中的管理和技术措施等是否能够防范数据泄露、毁损等风险。

评估认为可能危害国家安全、经济发展和公共利益，数据处理者不得共享、交易、委托处理、向境外提供数据。

第三十三条　数据处理者共享、交易、委托处理重要数据的，应当征得设区的市级及以上主管部门同意，主管部门不明确的，应当征得设区的市级及以上网信部门同意。

第三十四条 国家机关和关键信息基础设施运营者采购的云计算服务，应当通过国家网信部门会同国务院有关部门组织的安全评估。

第五章 数据跨境安全管理

第三十五条 数据处理者因业务等需要，确需向中华人民共和国境外提供数据的，应当具备下列条件之一：

（一）通过国家网信部门组织的数据出境安全评估；

（二）数据处理者和数据接收方均通过国家网信部门认定的专业机构进行的个人信息保护认证；

（三）按照国家网信部门制定的关于标准合同的规定与境外数据接收方订立合同，约定双方权利和义务；

（四）法律、行政法规或者国家网信部门规定的其他条件。

数据处理者为订立、履行个人作为一方当事人的合同所必需向境外提供当事人个人信息的，或者为了保护个人生命健康和财产安全而必须向境外提供个人信息的除外。

第三十六条 数据处理者向中华人民共和国境外提供个人信息的，应当向个人告知境外数据接收方的名称、联系方式、处理目的、处理方式、个人信息的种类以及个人向境外数据接收方行使个人信息权利的方式等事项，并取得个人的单独同意。

收集个人信息时已单独就个人信息出境取得个人同意，且按照取得同意的事项出境的，无须再次取得个人单独同意。

第三十七条 数据处理者向境外提供在中华人民共和国境内收集和产生的数据，属于以下情形的，应当通过国家网信部门组织的数据出境安全评估：

（一）出境数据中包含重要数据；

（二）关键信息基础设施运营者和处理一百万人以上个人信息的数据处理者向境外提供个人信息；

（三）国家网信部门规定的其他情形。

法律、行政法规和国家网信部门规定可以不进行安全评估的，从其规定。

第三十八条 中华人民共和国缔结或者参加的国际条约、协定对向中华人民共和国境外提供个人信息的条件等有规定的，可以按照其规定执行。

第三十九条 数据处理者向境外提供数据应当履行以下义务：

（一）不得超出报送网信部门的个人信息保护影响评估报告中明确的目的、范围、方式和数据类型、规模等向境外提供个人信息；

（二）不得超出网信部门安全评估时明确的出境目的、范围、方式和数据类型、规模等向境外提供个人信息和重要数据；

（三）采取合同等有效措施监督数据接收方按照双方约定的目的、范围、方式使用数据，履行数据安全保护义务，保证数据安全；

（四）接受和处理数据出境所涉及的用户投诉；

（五）数据出境对个人、组织合法权益或者公共利益造成损害的，数据处理者应当依法承担责任；

（六）存留相关日志记录和数据出境审批记录三年以上；

（七）国家网信部门会同国务院有关部门核验向境外提供个人信息和重要数据的类型、范围时，数据处理者应当以明文、可读方式予以展示；

（八）国家网信部门认定不得出境的，数据处理者应当停止数据出境，并采取有效措施对已出境数据的安全予以补救；

（九）个人信息出境后确需再转移的，应当事先与个人约定再转移的条件，并明确数据接收方履行的安全保护义务。

非经中华人民共和国主管机关批准，境内的个人、组织不得向外国司法或者执法机构提供存储于中华人民共和国境内的数据。

第四十条　向境外提供个人信息和重要数据的数据处理者，应当在每年 1 月 31 日前编制数据出境安全报告，向设区的市级网信部门报告上一年度以下数据出境情况：

（一）全部数据接收方名称、联系方式；

（二）出境数据的类型、数量及目的；

（三）数据在境外的存放地点、存储期限、使用范围和方式；

（四）涉及向境外提供数据的用户投诉及处理情况；

（五）发生的数据安全事件及其处置情况；

（六）数据出境后再转移的情况；

（七）国家网信部门明确向境外提供数据需要报告的其他事项。

第四十一条　国家建立数据跨境安全网关，对来源于中华人民共和国境外、法律和行政法规禁止发布或者传输的信息予以阻断传播。

任何个人和组织不得提供用于穿透、绕过数据跨境安全网关的程序、工具、线路等，不得为穿透、绕过数据跨境安全网关提供互联网接入、服务器托管、技术支持、传播推广、支付结算、应用下载等服务。

境内用户访问境内网络的，其流量不得被路由至境外。

第四十二条 数据处理者从事跨境数据活动应当按照国家数据跨境安全监管要求，建立健全相关技术和管理措施。

第六章 互联网平台运营者义务

第四十三条 互联网平台运营者应当建立与数据相关的平台规则、隐私政策和算法策略披露制度，及时披露制定程序、裁决程序，保障平台规则、隐私政策、算法公平公正。

平台规则、隐私政策制定或者对用户权益有重大影响的修订，互联网平台运营者应当在其官方网站、个人信息保护相关行业协会互联网平台面向社会公开征求意见，征求意见时长不得少于三十个工作日，确保用户能够便捷充分表达意见。互联网平台运营者应当充分采纳公众意见，修改完善平台规则、隐私政策，并以易于用户访问的方式公布意见采纳情况，说明未采纳的理由，接受社会监督。

日活用户超过一亿的大型互联网平台运营者平台规则、隐私政策制定或者对用户权益有重大影响的修订的，应当经国家网信部门认定的第三方机构评估，并报省级及以上网信部门和电信主管部门同意。

第四十四条 互联网平台运营者应当对接入其平台的第三方产品和服务承担数据安全管理责任，通过合同等形式明确第三方的数据安全责任义务，并督促第三方加强数据安全管理，采取必要的数据安全保护措施。

第三方产品和服务对用户造成损害的，用户可以要求互联网平台运营者先行赔偿。

移动通信终端预装第三方产品适用本条前两款规定。

第四十五条 国家鼓励提供即时通信服务的互联网平台运营者从功能设计上为用户提供个人通信和非个人通信选择。个人通信的信息按照个人信息保护要求严格保护，非个人通信的信息按照公共信息有关规定进行管理。

第四十六条 互联网平台运营者不得利用数据以及平台规则等从事以下活动：

（一）利用平台收集掌握的用户数据，无正当理由对交易条件相同的用户实施产品和服务差异化定价等损害用户合法利益的行为；

（二）利用平台收集掌握的经营者数据，在产品推广中实行最低价销售等损害公平竞争的行为；

（三）利用数据误导、欺诈、胁迫用户，损害用户对其数据被处理的决定权，违背用户意愿处理用户数据；

（四）在平台规则、算法、技术、流量分配等方面设置不合理的限制和障碍，限制平台上的中小企业公平获取平台产生的行业、市场数据等,阻碍市场创新。

第四十七条　提供应用程序分发服务的互联网平台运营者,应当按照有关法律、行政法规和国家网信部门的规定,建立、披露应用程序审核规则,并对应用程序进行安全审核。对不符合法律、行政法规的规定和国家标准的强制性要求的应用程序,应当采取拒绝上架、督促整改、下架处置等措施。

第四十八条　互联网平台运营者面向公众提供即时通信服务的,应当按照国务院电信主管部门的规定,为其他互联网平台运营者的即时通信服务提供数据接口,支持不同即时通信服务之间用户数据互通,无正当理由不得限制用户访问其他互联网平台以及向其他互联网平台传输文件。

第四十九条　互联网平台运营者利用个人信息和个性化推送算法向用户提供信息的,应当对推送信息的真实性、准确性以及来源合法性负责,并符合以下要求:

(一)收集个人信息用于个性化推荐时,应当取得个人单独同意;

(二)设置易于理解、便于访问和操作的一键关闭个性化推荐选项,允许用户拒绝接受定向推送信息,允许用户重置、修改、调整针对其个人特征的定向推送参数;

(三)允许个人删除定向推送信息服务收集产生的个人信息,法律、行政法规另有规定或者与用户另有约定的除外。

第五十条　国家建设网络身份认证公共服务基础设施,按照政府引导、网民自愿原则,提供个人身份认证公共服务。

互联网平台运营者应当支持并优先使用国家网络身份认证公共服务基础设施提供的个人身份认证服务。

第五十一条　互联网平台运营者在为国家机关提供服务,参与公共基础设施、公共服务系统建设运维管理,利用公共资源提供服务过程中收集、产生的数据不得用于其他用途。

第五十二条　国务院有关部门履行法定职责需要调取或者访问互联网平台运营者掌握的公共数据、公共信息,应当明确调取或者访问的范围、类型、用途、依据,严格限定在履行法定职责范围内,不得将调取或者访问的公共数据、公共信息用于履行法定职责之外的目的。

互联网平台运营者应当对有关部门调取或者访问公共数据、公共信息予以配合。

第五十三条　大型互联网平台运营者应当通过委托第三方审计方式,每年对平台数据安全情况、平台规则和自身承诺的执行情况、个人信息保护情况、数据开发利用情况等进行年度审计,并披露审计结果。

第五十四条 互联网平台运营者利用人工智能、虚拟现实、深度合成等新技术开展数据处理活动的,应当按照国家有关规定进行安全评估。

第七章 监督管理

第五十五条 国家网信部门负责统筹协调数据安全和相关监督管理工作。

公安机关、国家安全机关等在各自职责范围内承担数据安全监管职责。

工业、电信、交通、金融、自然资源、卫生健康、教育、科技等主管部门承担本行业、本领域数据安全监管职责。

主管部门应当明确本行业、本领域数据安全保护工作机构和人员,编制并组织实施本行业、本领域的数据安全规划和数据安全事件应急预案。

主管部门应当定期组织开展本行业、本领域的数据安全风险评估,对数据处理者履行数据安全保护义务情况进行监督检查,指导督促数据处理者及时对存在的风险隐患进行整改。

第五十六条 国家建立健全数据安全应急处置机制,完善网络安全事件应急预案和网络安全信息共享平台,将数据安全事件纳入国家网络安全事件应急响应机制,加强数据安全信息共享、数据安全风险和威胁监测预警以及数据安全事件应急处置工作。

第五十七条 有关主管、监管部门可以采取以下措施对数据安全进行监督检查:

(一)要求数据处理者相关人员就监督检查事项作出说明;

(二)查阅、调取与数据安全有关的文档、记录;

(三)按照规定程序,利用检测工具或者委托专业机构对数据安全措施运行情况进行技术检测;

(四)核验数据出境类型、范围等;

(五)法律、行政法规、规章规定的其他必要方式。

有关主管、监管部门开展数据安全监督检查,应当客观公正,不得向被检查单位收取费用。在数据安全监督检查中获取的信息只能用于维护数据安全的需要,不得用于其他用途。

数据处理者应当对有关主管、监管部门的数据安全监督检查予以配合,包括对组织运作、技术系统、算法原理、数据处理程序等进行解释说明,开放安全相关数据访问、提供必要技术支持等。

第五十八条 国家建立数据安全审计制度。数据处理者应当委托数据安全审计专业机构定期对其处理个人信息遵守法律、行政法规的情况进行合规审计。

主管、监管部门组织开展对重要数据处理活动的审计，重点审计数据处理者履行法律、行政法规规定的义务等情况。

第五十九条　国家支持相关行业组织按照章程，制定数据安全行为规范，加强行业自律，指导会员加强数据安全保护，提高数据安全保护水平，促进行业健康发展。

国家支持成立个人信息保护行业组织，开展以下活动：

（一）接受个人信息保护投诉举报并进行调查、调解；

（二）向个人提供信息和咨询服务，支持个人依法对损害个人信息权益的行为提起诉讼；

（三）曝光损害个人信息权益的行为，对个人信息保护开展社会监督；

（四）向有关部门反映个人信息保护情况、提供咨询、建议；

（五）违法处理个人信息、侵害众多个人的权益的行为，依法向人民法院提起诉讼。

第八章　法 律 责 任

第六十条　数据处理者不履行第九条、第十条、第十一条、第十二条、第十三条、第十四条、第十五条、第十八条的规定，由有关主管部门责令改正，给予警告，可以并处五万元以上五十万元以下罚款，对直接负责的主管人员和其他直接责任人员可以处一万元以上十万元以下罚款；拒不改正或者导致危害数据安全等严重后果的，处五十万元以上二百万元以下罚款，并可以责令暂停相关业务、停业整顿、吊销相关业务许可证或者吊销营业执照，对直接负责的主管人员和其他直接责任人员处五万元以上二十万元以下罚款。

第六十一条　数据处理者不履行第十九条、第二十条、第二十一条、第二十二条、第二十三条、第二十四条、第二十五条规定的数据安全保护义务的，由有关部门责令改正，给予警告，没收违法所得，对违法处理个人信息的应用程序，责令暂停或者终止提供服务；拒不改正的，并处一百万元以下罚款；对直接负责的主管人员和其他直接责任人员处一万元以上十万元以下罚款。

有前款规定的违法行为，情节严重的，由有关部门责令改正，没收违法所得，并处五千万元以下或者上一年度营业额百分之五以下罚款，并可以责令暂停相关业务或者停业整顿、通报有关主管部门吊销相关业务许可证或者吊销营业执照；对直接负责的主管人员和其他直接责任人员处十万元以上一百万元以下罚款，并可以决定禁止其在一定期限内担任相关企业的董事、监事、高级管理人员和个人信息保护负责人。

第六十二条 数据处理者不履行第二十八条、第二十九条、第三十条、第三十一条、第三十二条、第三十三条规定的数据安全保护义务的，由有关部门责令改正，给予警告，对违法处理重要数据的系统及应用，责令暂停或者终止提供服务；拒不改正的，并处二百万元以下罚款，对直接负责的主管人员和其他直接责任人员处五万元以上二十万元以下罚款。

有前款规定的违法行为，情节严重的，由有关部门责令改正，没收违法所得，并处二百万元以上五百万元以下罚款，并可以责令暂停相关业务或者停业整顿、通报有关主管部门吊销相关业务许可证或者吊销营业执照；对直接负责的主管人员和其他直接责任人员处二十万元以上一百万元以下罚款。

第六十三条 关键信息基础设施运营者违反第三十四条的规定，由有关部门责令改正，依照有关法律、行政法规的规定予以处罚。

第六十四条 数据处理者违反第三十五条、第三十六条、第三十七条、第三十九条第一款、第四十条、第四十二条的规定，由有关部门责令改正，给予警告，暂停数据出境，可以并处十万元以上一百万元以下罚款，对直接负责的主管人员和其他直接责任人员可以处一万元以上十万元以下罚款；情节严重的，处一百万元以上一千万元以下罚款，并可以责令暂停相关业务、停业整顿、吊销相关业务许可证或者吊销营业执照，对直接负责的主管人员和其他直接责任人员处十万元以上一百万元以下罚款。

第六十五条 违反本条例第三十九条第二款的规定，未经主管机关批准向外国司法或者执法机构提供数据的，由有关主管部门给予警告，可以并处十万元以上一百万元以下罚款，对直接负责的主管人员和其他直接责任人员可以处一万元以上十万元以下罚款；造成严重后果的，处一百万元以上五百万元以下罚款，并可以责令暂停相关业务、停业整顿、吊销相关业务许可证或者吊销营业执照，对直接负责的主管人员和其他直接责任人员处五万元以上五十万元以下罚款。

第六十六条 个人和组织违反第四十一条的规定，由有关主管部门责令改正，给予警告、没收违法所得；拒不改正的，处违法所得一倍以上十倍以下的罚款，没有违法所得的，对直接负责的主管人员和其他直接负责人员，处五万元以上五十万元以下罚款；情节严重的，由有关主管部门依照相关法律、行政法规的规定，责令其暂停相关业务、停业整顿、吊销相关业务许可证或者吊销营业执照；构成犯罪的，依照相关法律、行政法规的规定处罚。

第六十七条 互联网平台运营者违反第四十三条、第四十四条、第四十五条、第四十七条、第五十三条的规定，由有关部门责令改正，予以警告；拒不改正，处五十万元以上五百万元以下罚款，对直接负责的主管人员和其他直接负责人员，处五万元以上五十万元以下罚款；情节严重的，可以责令暂停相关业务、停业整顿、关闭网站、吊销相关业务许可证或者吊销营业执照。

第六十八条　互联网平台运营者违反第四十六条、第四十八条、第五十一条的规定，由有关主管部门责令改正，给予警告；拒不改正的，处上一年度销售额百分之一以上百分之五以下的罚款；情节严重的，由有关主管部门依照相关法律、行政法规的规定，责令其暂停相关业务、停业整顿、吊销相关业务许可证或者吊销营业执照；构成犯罪的，依照相关法律、行政法规的规定处罚。

第六十九条　互联网平台运营者违反第四十九条、第五十四条的规定，由有关主管部门责令改正，予以警告；拒不改正，处五万元以上五十万元以下罚款，对直接负责的主管人员和其他直接责任人员处一万元以上十万元以下罚款；情节严重的，可由有关主管部门责令暂停相关业务、停业整顿、关闭网站、吊销相关业务许可证或者吊销营业执照。

第七十条　数据处理者违反本条例规定，给他人造成损害的，依法承担民事责任；构成违反治安管理行为的，依法给予治安管理处罚；构成犯罪的，依法追究刑事责任。

第七十一条　国家机关不履行本法规定的数据安全保护义务的，由其上级机关或者履行数据安全管理职责的部门责令改正；对直接负责的主管人员和其他直接责任人员依法给予处分。

第七十二条　在中华人民共和国境外开展数据处理活动，损害中华人民共和国国家安全、公共利益或者公民、组织合法权益的，依法追究法律责任。

第九章　附　　则

第七十三条　本条例下列用语的含义：

（一）网络数据（简称数据）是指任何以电子方式对信息的记录。

（二）数据处理活动是指数据收集、存储、使用、加工、传输、提供、公开、删除等活动。

（三）重要数据是指一旦遭到篡改、破坏、泄露或者非法获取、非法利用，可能危害国家安全、公共利益的数据。包括以下数据：

1. 未公开的政务数据、工作秘密、情报数据和执法司法数据；

2. 出口管制数据，出口管制物项涉及的核心技术、设计方案、生产工艺等相关的数据，密码、生物、电子信息、人工智能等领域对国家安全、经济竞争实力有直接影响的科学技术成果数据；

3. 国家法律、行政法规、部门规章明确规定需要保护或者控制传播的国家经济运行数据、重要行业业务数据、统计数据等；

4. 工业、电信、能源、交通、水利、金融、国防科技工业、海关、税务等重点行业和领域安全生产、运行的数据，关键系统组件、设备供应链数据；

5. 达到国家有关部门规定的规模或者精度的基因、地理、矿产、气象等人口与健康、自然资源与环境国家基础数据；

6. 国家基础设施、关键信息基础设施建设运行及其安全数据，国防设施、军事管理区、国防科研生产单位等重要敏感区域的地理位置、安保情况等数据；

7. 其他可能影响国家政治、国土、军事、经济、文化、社会、科技、生态、资源、核设施、海外利益、生物、太空、极地、深海等安全的数据。

（四）核心数据是指关系国家安全、国民经济命脉、重要民生和重大公共利益等的数据。

（五）数据处理者是指在数据处理活动中自主决定处理目的和处理方式的个人和组织。

（六）公共数据是指国家机关和法律、行政法规授权的具有管理公共事务职能的组织履行公共管理职责或者提供公共服务过程中收集、产生的各类数据，以及其他组织在提供公共服务中收集、产生的涉及公共利益的各类数据。

（七）委托处理是指数据处理者委托第三方按照约定的目的和方式开展的数据处理活动。

（八）单独同意是指数据处理者在开展具体数据处理活动时，对每项个人信息取得个人同意，不包括一次性针对多项个人信息、多种处理活动的同意。

（九）互联网平台运营者是指为用户提供信息发布、社交、交易、支付、视听等互联网平台服务的数据处理者。

（十）大型互联网平台运营者是指用户超过五千万、处理大量个人信息和重要数据、具有强大社会动员能力和市场支配地位的互联网平台运营者。

（十一）数据跨境安全网关是指阻断访问境外反动网站和有害信息、防止来自境外的网络攻击、管控跨境网络数据传输、防范侦查打击跨境网络犯罪的重要安全基础设施。

（十二）公共信息是指数据处理者在提供公共服务过程中收集、产生的具有公共传播特性的信息。包括公开发布信息、可转发信息、无明确接收人信息等。

第七十四条 涉及国家秘密信息、核心数据、密码使用的数据处理活动，按照国家有关规定执行。

第七十五条 本条例自 年 月 日起施行。

中华人民共和国个人信息保护法

（2021年8月20日第十三届全国人民代表大会常务委员会第三十次会议通过　2021年8月20日中华人民共和国主席令第91号公布　自2021年11月1日起施行）

目　录

第一章　总　　则

第一条　为了保护个人信息权益，规范个人信息处理活动，促进个人信息合理利用，根据宪法，制定本法。

第二条　自然人的个人信息受法律保护，任何组织、个人不得侵害自然人的个人信息权益。

第三条　在中华人民共和国境内处理自然人个人信息的活动，适用本法。

在中华人民共和国境外处理中华人民共和国境内自然人个人信息的活动，有下列情形之一的，也适用本法：

（一）以向境内自然人提供产品或者服务为目的；

（二）分析、评估境内自然人的行为；

（三）法律、行政法规规定的其他情形。

第四条 个人信息是以电子或者其他方式记录的与已识别或者可识别的自然人有关的各种信息，不包括匿名化处理后的信息。

个人信息的处理包括个人信息的收集、存储、使用、加工、传输、提供、公开、删除等。

第五条 处理个人信息应当遵循合法、正当、必要和诚信原则，不得通过误导、欺诈、胁迫等方式处理个人信息。

第六条 处理个人信息应当具有明确、合理的目的，并应当与处理目的直接相关，采取对个人权益影响最小的方式。

收集个人信息，应当限于实现处理目的的最小范围，不得过度收集个人信息。

第七条 处理个人信息应当遵循公开、透明原则，公开个人信息处理规则，明示处理的目的、方式和范围。

第八条 处理个人信息应当保证个人信息的质量，避免因个人信息不准确、不完整对个人权益造成不利影响。

第九条 个人信息处理者应当对其个人信息处理活动负责，并采取必要措施保障所处理的个人信息的安全。

第十条 任何组织、个人不得非法收集、使用、加工、传输他人个人信息，不得非法买卖、提供或者公开他人个人信息；不得从事危害国家安全、公共利益的个人信息处理活动。

第十一条 国家建立健全个人信息保护制度，预防和惩治侵害个人信息权益的行为，加强个人信息保护宣传教育，推动形成政府、企业、相关社会组织、公众共同参与个人信息保护的良好环境。

第十二条 国家积极参与个人信息保护国际规则的制定，促进个人信息保护方面的国际交流与合作，推动与其他国家、地区、国际组织之间的个人信息保护规则、标准等互认。

第二章 个人信息处理规则

第一节 一般规定

第十三条 符合下列情形之一的，个人信息处理者方可处理个人信息：

（一）取得个人的同意；

（二）为订立、履行个人作为一方当事人的合同所必需，或者按照依法制定的劳动规章制度和依法签订的集体合同实施人力资源管理所必需；

（三）为履行法定职责或者法定义务所必需；

（四）为应对突发公共卫生事件，或者紧急情况下为保护自然人的生命健康和财产安全所必需；

（五）为公共利益实施新闻报道、舆论监督等行为，在合理的范围内处理个人信息；

（六）依照本法规定在合理的范围内处理个人自行公开或者其他已经合法公开的个人信息；

（七）法律、行政法规规定的其他情形。

依照本法其他有关规定，处理个人信息应当取得个人同意，但是有前款第二项至第七项规定情形的，不需取得个人同意。

第十四条　基于个人同意处理个人信息的，该同意应当由个人在充分知情的前提下自愿、明确作出。法律、行政法规规定处理个人信息应当取得个人单独同意或者书面同意的，从其规定。

个人信息的处理目的、处理方式和处理的个人信息种类发生变更的，应当重新取得个人同意。

第十五条　基于个人同意处理个人信息的，个人有权撤回其同意。个人信息处理者应当提供便捷的撤回同意的方式。

个人撤回同意，不影响撤回前基于个人同意已进行的个人信息处理活动的效力。

第十六条　个人信息处理者不得以个人不同意处理其个人信息或者撤回同意为由，拒绝提供产品或者服务；处理个人信息属于提供产品或者服务所必需的除外。

第十七条　个人信息处理者在处理个人信息前，应当以显著方式、清晰易懂的语言真实、准确、完整地向个人告知下列事项：

（一）个人信息处理者的名称或者姓名和联系方式；

（二）个人信息的处理目的、处理方式，处理的个人信息种类、保存期限；

（三）个人行使本法规定权利的方式和程序；

（四）法律、行政法规规定应当告知的其他事项。

前款规定事项发生变更的，应当将变更部分告知个人。

个人信息处理者通过制定个人信息处理规则的方式告知第一款规定事项的，处理规则应当公开，并且便于查阅和保存。

第十八条　个人信息处理者处理个人信息，有法律、行政法规规定应当保密或者不需要告知的情形的，可以不向个人告知前条第一款规定的事项。

紧急情况下为保护自然人的生命健康和财产安全无法及时向个人告知的，个人信息处理者应当在紧急情况消除后及时告知。

第十九条 除法律、行政法规另有规定外，个人信息的保存期限应当为实现处理目的所必要的最短时间。

第二十条 两个以上的个人信息处理者共同决定个人信息的处理目的和处理方式的，应当约定各自的权利和义务。但是，该约定不影响个人向其中任何一个个人信息处理者要求行使本法规定的权利。

个人信息处理者共同处理个人信息，侵害个人信息权益造成损害的，应当依法承担连带责任。

第二十一条 个人信息处理者委托处理个人信息的，应当与受托人约定委托处理的目的、期限、处理方式、个人信息的种类、保护措施以及双方的权利和义务等，并对受托人的个人信息处理活动进行监督。

受托人应当按照约定处理个人信息，不得超出约定的处理目的、处理方式等处理个人信息；委托合同不生效、无效、被撤销或者终止的，受托人应当将个人信息返还个人信息处理者或者予以删除，不得保留。

未经个人信息处理者同意，受托人不得转委托他人处理个人信息。

第二十二条 个人信息处理者因合并、分立、解散、被宣告破产等原因需要转移个人信息的，应当向个人告知接收方的名称或者姓名和联系方式。接收方应当继续履行个人信息处理者的义务。接收方变更原先的处理目的、处理方式的，应当依照本法规定重新取得个人同意。

第二十三条 个人信息处理者向其他个人信息处理者提供其处理的个人信息的，应当向个人告知接收方的名称或者姓名、联系方式、处理目的、处理方式和个人信息的种类，并取得个人的单独同意。接收方应当在上述处理目的、处理方式和个人信息的种类等范围内处理个人信息。接收方变更原先的处理目的、处理方式的，应当依照本法规定重新取得个人同意。

第二十四条 个人信息处理者利用个人信息进行自动化决策，应当保证决策的透明度和结果公平、公正，不得对个人在交易价格等交易条件上实行不合理的差别待遇。

通过自动化决策方式向个人进行信息推送、商业营销，应当同时提供不针对其个人特征的选项，或者向个人提供便捷的拒绝方式。

通过自动化决策方式作出对个人权益有重大影响的决定，个人有权要求个人信息处理者予以说明，并有权拒绝个人信息处理者仅通过自动化决策的方式作出决定。

第二十五条　个人信息处理者不得公开其处理的个人信息，取得个人单独同意的除外。

第二十六条　在公共场所安装图像采集、个人身份识别设备，应当为维护公共安全所必需，遵守国家有关规定，并设置显著的提示标识。所收集的个人图像、身份识别信息只能用于维护公共安全的目的，不得用于其他目的；取得个人单独同意的除外。

第二十七条　个人信息处理者可以在合理的范围内处理个人自行公开或者其他已经合法公开的个人信息；个人明确拒绝的除外。个人信息处理者处理已公开的个人信息，对个人权益有重大影响的，应当依照本法规定取得个人同意。

第二节　敏感个人信息的处理规则

第二十八条　敏感个人信息是一旦泄露或者非法使用，容易导致自然人的人格尊严受到侵害或者人身、财产安全受到危害的个人信息，包括生物识别、宗教信仰、特定身份、医疗健康、金融账户、行踪轨迹等信息，以及不满十四周岁未成年人的个人信息。

只有在具有特定的目的和充分的必要性，并采取严格保护措施的情形下，个人信息处理者方可处理敏感个人信息。

第二十九条　处理敏感个人信息应当取得个人的单独同意；法律、行政法规规定处理敏感个人信息应当取得书面同意的，从其规定。

第三十条　个人信息处理者处理敏感个人信息的，除本法第十七条第一款规定的事项外，还应当向个人告知处理敏感个人信息的必要性以及对个人权益的影响；依照本法规定可以不向个人告知的除外。

第三十一条　个人信息处理者处理不满十四周岁未成年人个人信息的，应当取得未成年人的父母或者其他监护人的同意。

个人信息处理者处理不满十四周岁未成年人个人信息的，应当制定专门的个人信息处理规则。

第三十二条　法律、行政法规对处理敏感个人信息规定应当取得相关行政许可或者作出其他限制的，从其规定。

第三节　国家机关处理个人信息的特别规定

第三十三条　国家机关处理个人信息的活动，适用本法；本节有特别规定的，适用本节规定。

第三十四条　国家机关为履行法定职责处理个人信息，应当依照法律、行政法规规定的权限、程序进行，不得超出履行法定职责所必需的范围和限度。

第三十五条 国家机关为履行法定职责处理个人信息，应当依照本法规定履行告知义务；有本法第十八条第一款规定的情形，或者告知将妨碍国家机关履行法定职责的除外。

第三十六条 国家机关处理的个人信息应当在中华人民共和国境内存储；确需向境外提供的，应当进行安全评估。安全评估可以要求有关部门提供支持与协助。

第三十七条 法律、法规授权的具有管理公共事务职能的组织为履行法定职责处理个人信息，适用本法关于国家机关处理个人信息的规定。

第三章 个人信息跨境提供的规则

第三十八条 个人信息处理者因业务等需要，确需向中华人民共和国境外提供个人信息的，应当具备下列条件之一：

（一）依照本法第四十条的规定通过国家网信部门组织的安全评估；

（二）按照国家网信部门的规定经专业机构进行个人信息保护认证；

（三）按照国家网信部门制定的标准合同与境外接收方订立合同，约定双方的权利和义务；

（四）法律、行政法规或者国家网信部门规定的其他条件。

中华人民共和国缔结或者参加的国际条约、协定对向中华人民共和国境外提供个人信息的条件等有规定的，可以按照其规定执行。

个人信息处理者应当采取必要措施，保障境外接收方处理个人信息的活动达到本法规定的个人信息保护标准。

第三十九条 个人信息处理者向中华人民共和国境外提供个人信息的，应当向个人告知境外接收方的名称或者姓名、联系方式、处理目的、处理方式、个人信息的种类以及个人向境外接收方行使本法规定权利的方式和程序等事项，并取得个人的单独同意。

第四十条 关键信息基础设施运营者和处理个人信息达到国家网信部门规定数量的个人信息处理者，应当将在中华人民共和国境内收集和产生的个人信息存储在境内。确需向境外提供的，应当通过国家网信部门组织的安全评估；法律、行政法规和国家网信部门规定可以不进行安全评估的，从其规定。

第四十一条 中华人民共和国主管机关根据有关法律和中华人民共和国缔结或者参加的国际条约、协定，或者按照平等互惠原则，处理外国司法或者执法机构关于提供存储于境内个人信息的请求。非经中华人民共和国主管机关批准，个人信息处理者不得向外国司法或者执法机构提供存储于中华人民共和国境内的个人信息。

第四十二条　境外的组织、个人从事侵害中华人民共和国公民的个人信息权益，或者危害中华人民共和国国家安全、公共利益的个人信息处理活动的，国家网信部门可以将其列入限制或者禁止个人信息提供清单，予以公告，并采取限制或者禁止向其提供个人信息等措施。

第四十三条　任何国家或者地区在个人信息保护方面对中华人民共和国采取歧视性的禁止、限制或者其他类似措施的，中华人民共和国可以根据实际情况对该国家或者地区对等采取措施。

第四章　个人在个人信息处理活动中的权利

第四十四条　个人对其个人信息的处理享有知情权、决定权，有权限制或者拒绝他人对其个人信息进行处理；法律、行政法规另有规定的除外。

第四十五条　个人有权向个人信息处理者查阅、复制其个人信息；有本法第十八条第一款、第三十五条规定情形的除外。

个人请求查阅、复制其个人信息的，个人信息处理者应当及时提供。

个人请求将个人信息转移至其指定的个人信息处理者，符合国家网信部门规定条件的，个人信息处理者应当提供转移的途径。

第四十六条　个人发现其个人信息不准确或者不完整的，有权请求个人信息处理者更正、补充。

个人请求更正、补充其个人信息的，个人信息处理者应当对其个人信息予以核实，并及时更正、补充。

第四十七条　有下列情形之一的，个人信息处理者应当主动删除个人信息；个人信息处理者未删除的，个人有权请求删除：

（一）处理目的已实现、无法实现或者为实现处理目的不再必要；

（二）个人信息处理者停止提供产品或者服务，或者保存期限已届满；

（三）个人撤回同意；

（四）个人信息处理者违反法律、行政法规或者违反约定处理个人信息；

（五）法律、行政法规规定的其他情形。

法律、行政法规规定的保存期限未届满，或者删除个人信息从技术上难以实现的，个人信息处理者应当停止除存储和采取必要的安全保护措施之外的处理。

第四十八条　个人有权要求个人信息处理者对其个人信息处理规则进行解释说明。

第四十九条 自然人死亡的,其近亲属为了自身的合法、正当利益,可以对死者的相关个人信息行使本章规定的查阅、复制、更正、删除等权利;死者生前另有安排的除外。

第五十条 个人信息处理者应当建立便捷的个人行使权利的申请受理和处理机制。拒绝个人行使权利的请求的,应当说明理由。

个人信息处理者拒绝个人行使权利的请求的,个人可以依法向人民法院提起诉讼。

第五章 个人信息处理者的义务

第五十一条 个人信息处理者应当根据个人信息的处理目的、处理方式、个人信息的种类以及对个人权益的影响、可能存在的安全风险等,采取下列措施确保个人信息处理活动符合法律、行政法规的规定,并防止未经授权的访问以及个人信息泄露、篡改、丢失:

(一)制定内部管理制度和操作规程;

(二)对个人信息实行分类管理;

(三)采取相应的加密、去标识化等安全技术措施;

(四)合理确定个人信息处理的操作权限,并定期对从业人员进行安全教育和培训;

(五)制定并组织实施个人信息安全事件应急预案;

(六)法律、行政法规规定的其他措施。

第五十二条 处理个人信息达到国家网信部门规定数量的个人信息处理者应当指定个人信息保护负责人,负责对个人信息处理活动以及采取的保护措施等进行监督。

个人信息处理者应当公开个人信息保护负责人的联系方式,并将个人信息保护负责人的姓名、联系方式等报送履行个人信息保护职责的部门。

第五十三条 本法第三条第二款规定的中华人民共和国境外的个人信息处理者,应当在中华人民共和国境内设立专门机构或者指定代表,负责处理个人信息保护相关事务,并将有关机构的名称或者代表的姓名、联系方式等报送履行个人信息保护职责的部门。

第五十四条 个人信息处理者应当定期对其处理个人信息遵守法律、行政法规的情况进行合规审计。

第五十五条 有下列情形之一的,个人信息处理者应当事前进行个人信息保护影响评估,并对处理情况进行记录:

(一)处理敏感个人信息;

(二)利用个人信息进行自动化决策;

(三)委托处理个人信息、向其他个人信息处理者提供个人信息、公开个人信息;

(四)向境外提供个人信息;

(五)其他对个人权益有重大影响的个人信息处理活动。

第五十六条　个人信息保护影响评估应当包括下列内容:

(一)个人信息的处理目的、处理方式等是否合法、正当、必要;

(二)对个人权益的影响及安全风险;

(三)所采取的保护措施是否合法、有效并与风险程度相适应。

个人信息保护影响评估报告和处理情况记录应当至少保存三年。

第五十七条　发生或者可能发生个人信息泄露、篡改、丢失的,个人信息处理者应当立即采取补救措施,并通知履行个人信息保护职责的部门和个人。通知应当包括下列事项:

(一)发生或者可能发生个人信息泄露、篡改、丢失的信息种类、原因和可能造成的危害;

(二)个人信息处理者采取的补救措施和个人可以采取的减轻危害的措施;

(三)个人信息处理者的联系方式。

个人信息处理者采取措施能够有效避免信息泄露、篡改、丢失造成危害的,个人信息处理者可以不通知个人;履行个人信息保护职责的部门认为可能造成危害的,有权要求个人信息处理者通知个人。

第五十八条　提供重要互联网平台服务、用户数量巨大、业务类型复杂的个人信息处理者,应当履行下列义务:

(一)按照国家规定建立健全个人信息保护合规制度体系,成立主要由外部成员组成的独立机构对个人信息保护情况进行监督;

(二)遵循公开、公平、公正的原则,制定平台规则,明确平台内产品或者服务提供者处理个人信息的规范和保护个人信息的义务;

(三)对严重违反法律、行政法规处理个人信息的平台内的产品或者服务提供者,停止提供服务;

(四)定期发布个人信息保护社会责任报告,接受社会监督。

第五十九条　接受委托处理个人信息的受托人,应当依照本法和有关法律、行政法规的规定,采取必要措施保障所处理的个人信息的安全,并协助个人信息处理者履行本法规定的义务。

第六章　履行个人信息保护职责的部门

第六十条　国家网信部门负责统筹协调个人信息保护工作和相关监督管理工作。国务院有关部门依照本法和有关法律、行政法规的规定，在各自职责范围内负责个人信息保护和监督管理工作。

县级以上地方人民政府有关部门的个人信息保护和监督管理职责，按照国家有关规定确定。

前两款规定的部门统称为履行个人信息保护职责的部门。

第六十一条　履行个人信息保护职责的部门履行下列个人信息保护职责：

（一）开展个人信息保护宣传教育，指导、监督个人信息处理者开展个人信息保护工作；

（二）接受、处理与个人信息保护有关的投诉、举报；

（三）组织对应用程序等个人信息保护情况进行测评，并公布测评结果；

（四）调查、处理违法个人信息处理活动；

（五）法律、行政法规规定的其他职责。

第六十二条　国家网信部门统筹协调有关部门依据本法推进下列个人信息保护工作：

（一）制定个人信息保护具体规则、标准；

（二）针对小型个人信息处理者、处理敏感个人信息以及人脸识别、人工智能等新技术、新应用，制定专门的个人信息保护规则、标准；

（三）支持研究开发和推广应用安全、方便的电子身份认证技术，推进网络身份认证公共服务建设；

（四）推进个人信息保护社会化服务体系建设，支持有关机构开展个人信息保护评估、认证服务；

（五）完善个人信息保护投诉、举报工作机制。

第六十三条　履行个人信息保护职责的部门履行个人信息保护职责，可以采取下列措施：

（一）询问有关当事人，调查与个人信息处理活动有关的情况；

（二）查阅、复制当事人与个人信息处理活动有关的合同、记录、账簿以及其他有关资料；

（三）实施现场检查，对涉嫌违法的个人信息处理活动进行调查；

（四）检查与个人信息处理活动有关的设备、物品；对有证据证明是用于违法个人信息处理活动的设备、物品，向本部门主要负责人书面报告并经批准，可以查封或者扣押。

履行个人信息保护职责的部门依法履行职责，当事人应当予以协助、配合，不得拒绝、阻挠。

第六十四条　履行个人信息保护职责的部门在履行职责中，发现个人信息处理活动存在较大风险或者发生个人信息安全事件的，可以按照规定的权限和程序对该个人信息处理者的法定代表人或者主要负责人进行约谈，或者要求个人信息处理者委托专业机构对其个人信息处理活动进行合规审计。个人信息处理者应当按照要求采取措施，进行整改，消除隐患。

履行个人信息保护职责的部门在履行职责中，发现违法处理个人信息涉嫌犯罪的，应当及时移送公安机关依法处理。

第六十五条　任何组织、个人有权对违法个人信息处理活动向履行个人信息保护职责的部门进行投诉、举报。收到投诉、举报的部门应当依法及时处理，并将处理结果告知投诉、举报人。

履行个人信息保护职责的部门应当公布接受投诉、举报的联系方式。

第七章　法 律 责 任

第六十六条　违反本法规定处理个人信息，或者处理个人信息未履行本法规定的个人信息保护义务的，由履行个人信息保护职责的部门责令改正，给予警告，没收违法所得，对违法处理个人信息的应用程序，责令暂停或者终止提供服务；拒不改正的，并处一百万元以下罚款；对直接负责的主管人员和其他直接责任人员处一万元以上十万元以下罚款。

有前款规定的违法行为，情节严重的，由省级以上履行个人信息保护职责的部门责令改正，没收违法所得，并处五千万元以下或者上一年度营业额百分之五以下罚款，并可以责令暂停相关业务或者停业整顿、通报有关主管部门吊销相关业务许可或者吊销营业执照；对直接负责的主管人员和其他直接责任人员处十万元以上一百万元以下罚款，并可以决定禁止其在一定期限内担任相关企业的董事、监事、高级管理人员和个人信息保护负责人。

第六十七条　有本法规定的违法行为的，依照有关法律、行政法规的规定记入信用档案，并予以公示。

第六十八条　国家机关不履行本法规定的个人信息保护义务的，由其上级机关或者履行个人信息保护职责的部门责令改正；对直接负责的主管人员和其他直接责任人员依法给予处分。

履行个人信息保护职责的部门的工作人员玩忽职守、滥用职权、徇私舞弊，尚不构成犯罪的,依法给予处分。

第六十九条 处理个人信息侵害个人信息权益造成损害,个人信息处理者不能证明自己没有过错的,应当承担损害赔偿等侵权责任。

前款规定的损害赔偿责任按照个人因此受到的损失或者个人信息处理者因此获得的利益确定;个人因此受到的损失和个人信息处理者因此获得的利益难以确定的,根据实际情况确定赔偿数额。

第七十条 个人信息处理者违反本法规定处理个人信息,侵害众多个人的权益的,人民检察院、法律规定的消费者组织和由国家网信部门确定的组织可以依法向人民法院提起诉讼。

第七十一条 违反本法规定,构成违反治安管理行为的,依法给予治安管理处罚;构成犯罪的,依法追究刑事责任。

第八章 附 则

第七十二条 自然人因个人或者家庭事务处理个人信息的,不适用本法。

法律对各级人民政府及其有关部门组织实施的统计、档案管理活动中的个人信息处理有规定的,适用其规定。

第七十三条 本法下列用语的含义:

(一)个人信息处理者,是指在个人信息处理活动中自主决定处理目的、处理方式的组织、个人。

(二)自动化决策,是指通过计算机程序自动分析、评估个人的行为习惯、兴趣爱好或者经济、健康、信用状况等,并进行决策的活动。

(三)去标识化,是指个人信息经过处理,使其在不借助额外信息的情况下无法识别特定自然人的过程。

(四)匿名化,是指个人信息经过处理无法识别特定自然人且不能复原的过程。

第七十四条 本法自 2021 年 11 月 1 日起施行。

全国人民代表大会宪法和法律委员会关于《中华人民共和国个人信息保护法(草案三次审议稿)》修改意见的报告

全国人民代表大会常务委员会:

本次常委会会议于8月17日下午对个人信息保护法草案三次审议稿进行了分组审议。普遍认为,草案已经比较成熟,建议进一步修改后,提请本次常委会会议表决通过。同时,有些常委会组成人员和列席人员还提出了一些修改意见和建议。宪法和法律委员会于8月17日晚召开会议,逐条研究了常委会组成人员的审议意见,对草案进行了审议。宪法和法律委员会认为,草案是可行的,同时,提出以下修改意见:

一、一些常委委员建议,根据最小必要原则,在草案已有规定的基础上,进一步强调不得过度收集个人信息。宪法和法律委员会经研究,建议采纳上述意见,在草案三次审议稿第六条中增加相应规定。

二、有的常委委员建议,对草案三次审议稿中关于为人力资源管理所必需处理个人信息的规定作出必要限制。宪法和法律委员会经研究,建议将草案有关规定修改为:按照依法制定的劳动规章制度和依法签订的集体合同实施人力资源管理所必需。

三、有的常委委员提出,应当要求个人信息处理者提供便捷的途径,并明确个人向人民法院起诉寻求救济的权利,以更好保障个人行使个人信息查询、复制等权利。宪法和法律委员会经研究,建议在草案三次审议稿第五十条中增加以下规定:一是个人信息处理者应当建立"便捷的"个人行使权利的申请受理和处理机制;二是个人信息处理者拒绝个人行使权利的请求的,个人可以依法向人民法院提起诉讼。

四、有的常委委员提出,应当要求大型互联网平台建立个人信息保护合规体系,加强内部合规管理。宪法和法律委员会经研究,建议在草案三次审议稿第五十八条中增加规定,大型互联网平台应当"按照国家规定建立健全个人信息保护合规制度体系"。

五、有关部门提出，为减少网络身份认证中对个人信息的过度采集，有关方面遵循自愿原则正在试点应用网络身份认证公共服务，建议在草案中增加相应规定。宪法和法律委员会经研究，建议在草案三次审议稿第六十二条中增加规定，国家网信部门统筹协调有关部门“推进网络身份认证公共服务建设”。

六、中国消费者协会建议，与消费者权益保护法有关规定相衔接，在本法中明确法律规定的消费者组织可以对违法处理个人信息侵害众多个人权益的行为提起诉讼。宪法和法律委员会经研究，建议采纳上述意见，在草案三次审议稿第七十条中增加相应规定。

经与有关部门研究，建议将本法的施行时间确定为2021年11月1日。

此外，根据常委会组成人员的审议意见，还对草案三次审议稿作了一些文字修改。

草案修改稿已按上述意见作了修改，宪法和法律委员会建议本次常委会会议审议通过。

草案修改稿和以上报告是否妥当，请审议。

全国人民代表大会宪法和法律委员会

2021年8月19日

全国人民代表大会宪法和法律委员会关于《中华人民共和国个人信息保护法（草案）》审议结果的报告

全国人民代表大会常务委员会：

常委会第二十八次会议对个人信息保护法草案进行了二次审议。会后，法制工作委员会在中国人大网全文公布草案征求社会公众意见。宪法和法律委员会、法制工作委员会召开座谈会，分别听取有关专家、企业和法院系统的意见；就草案的有关问题与有关方面交换意见，共同研究。宪法和法律委员会于7月14日召开会议，根据7月9日委员长会议精神、常委会组成人员审议意见和各方面的意见，对草案进行了逐条审议。中央网络安全和信息化委员会办公室有关负责同志列席了会议。7月28日，宪法和法律委员会召开会议，再次进行了审议。宪法和法律委员会认为,为加强个人信息保护,维护人民群众在网络空间的合法权益,并促进信息合理利用,制定本法是必要的,草案经过两次审议修改,已经比较成熟。同时,提出以下主要修改意见:

一、有的常委委员和社会公众、专家提出,我国宪法规定,国家尊重和保障人权;公民的人格尊严不受侵犯;公民的通信自由和通信秘密受法律保护。制定实施本法对于保障公民的人格尊严和其他权益具有重要意义,建议在草案二次审议稿第一条中增加规定"根据宪法"制定本法。宪法和法律委员会经研究,赞同上述意见,建议予以采纳。

二、一些常委会组成人员和地方、部门、社会公众建议,进一步完善个人信息处理规则,特别是对应用程序(App)过度收集个人信息、大数据杀熟以及非法买卖、泄露个人信息等作出有针对性规范。宪法和法律委员会经研究,建议对草案二次审议稿作以下修改:一是进一步明确处理个人信息应当遵循合法、正当、必要原则。二是将第六条修改为:处理个人信息应当具有明确、合理的目的,并应当与处理目的直接相关,采取对个人权益影响最小的方式。收集个人信息,应当限于实现处理目的的最小范围。三是增加规定,任何组织、个人不得非法收集、使用、加工、传输他人个人信息,不得非法买卖、提供或者公开他人个人信息。四是增加规定,利用个人信息进行自动化决策,不得对个人在交易价格等交易条件上实行不合理的差别待遇。五是增加规定,履行个人信息保护职责的部门应当组织对应用程序等个人信息保护情况进行测评、公布测评结果,对违法处理个人信息的应用程序,责令暂停或者终止提供服务。

三、有的常委委员和企业、专家提出,现实中有关企业、单位在人力资源管理工作中需要处理个人信息,建议在草案中将此类情况作为允许收集和处理个人信息的情形。宪法和法律委员会经研究,建议采纳上述意见,在草案二次审议稿第十三条中增加相应规定。

四、一些常委会组成人员和地方、部门、企业、专家建议,进一步做好草案有关条款与民法典有关规定的衔接。宪法和法律委员会经研究,建议对草案二次审议稿作以下修改:一是将第二十八条修改为,个人信息处理者可以在合理的范围内处理已合法公开的个人信息,个人明确拒绝的除外;对个人权益有重大影响的,应当取得个人同意。二是将第五十六条中的"个人信息泄露"修改为"个人信息泄露、篡改、丢失"。

五、有些常委会组成人员建议,将未成年人个人信息作为敏感个人信息予以严格保护。宪法和法律委员会经研究,建议明确将不满十四周岁未成年人的个人信息作为敏感个人信息,并要求个人信息处理者对此制定专门的个人信息处理规则。

六、有的常委委员和部门、专家提出，按照我国缔结或者参加的经贸合作等国际条约，可以向境外提供个人信息，草案中应当考虑规定这种情形，同时，也需要规定，对转移到境外的个人信息的保护，不应低于我国的保护标准。宪法和法律委员会经研究，建议增加规定：中华人民共和国缔结或者参加的国际条约、协定对向境外提供个人信息的条件等有规定的，可以按照其规定执行；个人信息处理者应当采取必要措施，保障境外接收方处理个人信息的活动达到本法规定的个人信息保护标准。

七、有的常委委员和社会公众、部门、专家提出，为方便个人获取并转移其个人信息，建议借鉴有关国家和地区的立法，增加个人信息可携带权的规定。宪法和法律委员会经研究，建议增加规定：个人请求将其个人信息转移至其指定的个人信息处理者，符合国家网信部门规定条件的，个人信息处理者应当提供转移的途径。

八、草案二次审议稿第四十九条对死者个人信息的保护作了规定。有的常委委员和专家提出，死者的近亲属行使相关权利应当有合理的理由，并尊重死者生前的安排，建议对上述规定再作研究。宪法和法律委员会经研究，建议将这一条修改为：自然人死亡的，其近亲属为了自身的合法、正当利益，可以对死者的个人信息行使本章规定的查阅、复制、更正、删除等权利；死者生前另有安排的除外。

九、有的部门、专家提出，大型互联网企业制定有关个人信息保护的平台规则时，应当公平合理地对待平台内经营者。有的常委委员和企业、专家提出，对处理信息数量少、处理活动简单的小型个人信息处理者，应适当减轻其合规成本。宪法和法律委员会经研究，建议对草案二次审议稿作以下修改：一是增加规定，大型互联网企业应当遵循公开、公平、公正的原则，制定有关个人信息保护的平台规则；二是授权国家网信部门针对小型个人信息处理者制定相关规则。

十、有的常委委员和部门、社会公众提出，有关部门应完善个人信息保护投诉、举报机制，并在案件查处方面加强协同配合。宪法和法律委员会经研究，建议在草案二次审议稿中增加以下规定：一是国家网信部门统筹协调有关部门完善个人信息保护投诉、举报工作机制。二是履行个人信息保护职责的部门发现违法处理个人信息涉嫌犯罪的，应当及时移送公安机关依法处理；对有关责任人员可以决定禁止其在一定期限内担任相关企业的董事、监事、高级管理人员和个人信息保护负责人等职务。

此外，还对草案二次审议稿作了一些文字修改。

7 月 28 日，法制工作委员会召开会议，邀请部分全国人大代表、专家学者以及基层立法联系点、地方有关部门、企业等方面的代表，就草案中主要制度规范的可行性、法律出台时机、法律实施的社会效果和可能出现的问题等进行评估。普遍认为，草案适应我国信息化发展需要，聚集人民群众重大关切，深入总结现行法律实施经验，健全完善个人信息保护制度规则，对于维护广大人民群众网络空间合法权益具有重要意义。草案内容全面、系统，针对性和可操作性较强，并具有一定的包容性、前瞻性，建议尽快通过实施。与会人员还对草案提出了一些具体修改意见，有的意见已经采纳。

草案三次审议稿已按上述意见作了修改，宪法和法律委员会建议提请本次常委会会议审议通过。

草案三次审议稿和以上报告是否妥当，请审议。

全国人民代表大会宪法和法律委员会

2021 年 8 月 17 日

全国人民代表大会宪法和法律委员会关于《中华人民共和国个人信息保护法（草案）》修改情况的汇报

全国人民代表大会常务委员会：

常委会第二十二次会议对个人信息保护法草案进行了初次审议。会后，法制工作委员会将草案印发各省（区、市）、中央有关部门和部分基层立法联系点、人大代表、企业、研究机构等征求意见，在中国人大网全文公布草案征求社会公众意见。宪法和法律委员会、法制工作委员会联合召开座谈会，听取中央有关部门和部分人大代表、专家、企业的意见，到北京、深圳、湖南调研，听取地方意见，并就草案的有关问题与有关方面交换意见，共同研究。宪法和法律委员会于 4 月 1 日召开会议，根据常委会组成人员的审议意见和各方面意见，对草案进行了逐条审议。中央网络安全和信息化委员会办公室有关负责同志列席了会议。4 月 20 日，宪法和法律委员会召开会议，再次进行了审议。现将个人信息保护法草案主要问题修改情况汇报如下：

一、草案第五条至第八条规定了个人信息处理应遵循的原则。一些常委会组成人员和地方、部门、专家、社会公众提出，当前，个人信息收集、使用规则不透明及过度收集、使用等问题仍很突出，建议有针对性地完善上述内容。宪法和法律委员会经研究，建议对上述规定予以修改完善，进一步明确：不得通过“胁迫”方式处理个人信息；处理个人信息应当限于实现处理目的所必要的最小范围、采取对个人权益影响最小的方式；处理个人信息应当公开个人信息处理规则，明示处理目的、方式和范围，并应当保证个人信息的质量，避免因个人信息不准确、不完整对个人权益造成不利影响。

二、根据一些常委会组成人员和地方、部门、专家、企业、社会公众的意见，宪法和法律委员会经研究，建议进一步完善个人信息处理规则，对草案作以下修改：一是增加规定：个人信息处理者应当为个人提供便捷的撤回同意的方式；个人撤回同意，不影响撤回同意前已进行的个人信息处理活动的效力。二是规定：通过自动化决策方式进行商业营销、信息推送，应当同时提供不针对其个人特征的选项，或者向个人提供拒绝的方式。三是明确：个人信息跨境提供的合同应“按照国家网信部门制定的标准合同”订立。

三、有的常委委员和专家、社会公众提出，民法典中规定，死者的姓名、肖像、名誉等受到侵害的，其近亲属有权依法请求行为人承担民事责任。建议参照上述内容对死者的个人信息保护问题作出规定。宪法和法律委员会经研究，建议增加一条规定：自然人死亡的，个人在个人信息处理活动中的权利由其近亲属行使。

四、有的部门、专家建议，强化超大型互联网平台的个人信息保护义务，并加强监督。宪法和法律委员会经研究，建议增加一条规定：提供基础性互联网平台服务、用户数量巨大、业务类型复杂的个人信息处理者，应当履行下列义务：（一）成立主要由外部成员组成的独立机构，对个人信息处理活动进行监督；（二）对严重违反法律、行政法规处理个人信息的平台内的产品或者服务提供者，停止提供服务；（三）定期发布个人信息保护社会责任报告，接受社会监督。

五、有的常委委员和部门、专家提出，接受委托处理个人信息的受托方，不属于本法规定的个人信息处理者，但仍应履行相应的个人信息安全保护义务，建议增加这方面的内容。宪法和法律委员会经研究，建议增加一条规定：接受委托处理个人信息的受托方，应当履行第五章规定的相关义务，采取必要措施保障所处理的个人信息的安全。

六、有的部门、专家提出，应当充分发挥国家网信部门的统筹协调作用，推进配套规定制定等工作，保证本法有效贯彻实施。宪法和法律委员会经研究，建议在有关条款中明确由国家网信部门统筹推进个人信息保护有关工作，包括：制定个人信息保护具体规则、标准；针对敏感个人信息以及人脸识别、人工智能等新技术、新应用制定专门的个人信息保护规则、标准;支持研究开发安全、方便的电子身份认证技术等。

七、草案第六十五条规定,因个人信息处理活动侵害个人信息权益,个人信息处理者能够证明自己没有过错的,可以减轻或者免除责任。一些常委委员和地方、部门、专家、企业建议,根据过错推定责任原则确定侵害个人信息权益的损害赔偿责任。宪法和法律委员会经研究,建议根据民法典有关规定,将上述规定修改为:个人信息权益因个人信息处理活动受到侵害,个人信息处理者不能证明自己没有过错的,应当承担损害赔偿等侵权责任。

此外,还对草案作了一些文字修改。

草案二次审议稿已按上述意见作了修改,宪法和法律委员会建议提请本次常委会会议继续审议。

草案二次审议稿和以上汇报是否妥当,请审议。

全国人民代表大会宪法和法律委员会

2021 年 4 月 26 日

关于《中华人民共和国个人信息保护法(草案)》的说明

——2020 年 10 月 13 日在第十三届全国人民代表大会常务委员会第二十二次会议上

全国人大常委会法制工作委员会副主任　刘俊臣

委员长、各位副委员长、秘书长、各位委员:

我受委员长会议的委托,作关于《中华人民共和国个人信息保护法(草案)》的说明。

一、关于制定本法的必要性

随着信息化与经济社会持续深度融合,网络已成为生产生活的新空间、经济发展的新引擎、交流合作的新纽带。截至 2020 年 3 月,我国互联网用户已达 9 亿,互联网网站超过 400 万个、应用程序数量超过 300 万个,个人信息的收集、使用更为广泛。虽然近年来我国个人信息保护力度不断加大,但在现实生活中,一些企业、机构甚至个人,从商业利益等出发,随意收集、违法获取、过度使用、非法买卖个人信息，利用个人信息侵扰人民群众生活安宁、危害人民群众生命健康和财产安全等问题仍十分突出。在信息化时代，个人信息保护已成为广大人民群众最关心最直接最现实的利益问题之一。社会各方面广泛呼吁出台专门的个人信息保护法，本届以来，全国人大代表共有340人次提出39件相关议案、建议，全国政协委员共提出相关提案32件。党中央高度重视网络空间法治建设，对个人信息保护立法工作作出部署。习近平总书记多次强调，要坚持网络安全为人民、网络安全靠人民，保障个人信息安全，维护公民在网络空间的合法权益，对加强个人信息保护工作提出明确要求。为及时回应广大人民群众的呼声和期待，落实党中央部署要求，制定一部个人信息保护方面的专门法律，将广大人民群众的个人信息权益实现好、维护好、发展好，具有重要意义。

第一，制定个人信息保护法是进一步加强个人信息保护法制保障的客观要求。党的十八大以来，全国人大及其常委会在制定关于加强网络信息保护的决定、网络安全法、电子商务法、修改消费者权益保护法等立法工作中，确立了个人信息保护的主要规则；在修改刑法中，完善了惩治侵害个人信息犯罪的法律制度；在编纂民法典中，将个人信息受法律保护作为一项重要民事权利作出规定。我国个人信息保护法律制度逐步建立，但仍难以适应信息化快速发展的现实情况和人民日益增长的美好生活需要。因此，应当在现行法律基础上制定出台专门法律，增强法律规范的系统性、针对性和可操作性，在个人信息保护方面形成更加完备的制度、提供更加有力的法律保障。

第二，制定个人信息保护法是维护网络空间良好生态的现实需要。网络空间是亿万民众共同的家园，必须在法治轨道上运行。违法收集、使用个人信息等行为不仅损害人民群众的切身利益，而且危害交易安全，扰乱市场竞争，破坏网络空间秩序。因此，应当制定出台专门法律，以严密的制度、严格的标准、严厉的责任，规范个人信息处理活动，落实企业、机构等个人信息处理者的法律义务和责任，维护网络空间良好生态。

第三，制定个人信息保护法是促进数字经济健康发展的重要举措。当前，以数据为新生产要素的数字经济蓬勃发展，数据的竞争已成为国际竞争的重要领域，而个人信息数据是大数据的核心和基础。党的十九大报告提出了建设网络强国、数字中国、智慧社会的任务要求。按照这一要求，应当统筹个人信息保护与利用，通过立法建立权责明确、保护有效、利用规范的制度规则，在保障个人信息权益的基础上，促进信息数据依法合理有效利用，推动数字经济持续健康发展。

二、关于起草工作和把握的几点

制定个人信息保护法列入了十三届全国人大常委会立法规划和年度立法工

作计划。栗战书委员长和王晨副委员长等常委会领导同志高度重视这项立法工作,多次作出指示批示。2018 年全国人大常委会法制工作委员会会同中央网络安全和信息化委员会办公室,着手研究起草个人信息保护法草案。在起草过程中,认真梳理研究近年来全国人大代表、政协委员提出的建议,召开座谈会听取部分全国人大代表的意见;委托专家组开展专题研究,搜集整理国内外立法资料,形成研究报告;通过多种方式深入调研,广泛征求有关部门、企业和专家等各方面意见。在上述工作的基础上,经反复研究修改,形成了《中华人民共和国个人信息保护法(草案)》。

起草工作注意把握以下几点:一是,坚持立足国情与借鉴国际经验相结合。从我国实际出发,深入总结网络安全法等法律、法规、标准的实施经验,将行之有效的做法和措施上升为法律规范。从 20 世纪 70 年代开始,经济合作与发展组织、亚太经济合作组织和欧盟等先后出台了个人信息保护相关准则、指导原则和法规,有 140 多个国家和地区制定了个人信息保护方面的法律。草案充分借鉴有关国际组织和国家、地区的有益做法,建立健全适应我国个人信息保护和数字经济发展需要的法律制度。二是,坚持问题导向和立法前瞻性相结合。既立足于个人信息保护领域存在的突出问题和人民群众的重大关切,建立完善可行的制度规范。同时,对一些尚存争议的理论问题,在本法中留下必要空间,对新技术新应用带来的新问题,在充分研究论证的基础上作出必要规定,体现法律的包容性、前瞻性。三是,处理好与有关法律的关系。把握权益保护的立法定位,与民法典等有关法律规定相衔接,细化、充实个人信息保护制度规则。同时,与网络安全法和已提请全国人大常委会审议的数据安全法草案相衔接,对于网络安全法、数据安全法草案确立的网络和数据安全监管相关制度措施,本法不再作规定。

三、关于草案的主要内容

草案共八章七十条,主要内容包括:

(一)明确本法适用范围

一是,对本法相关用语作出界定,规定:个人信息是以电子或者其他方式记录的与已识别或者可识别的自然人有关的各种信息;个人信息的处理包括个人信息的收集、存储、使用、加工、传输、提供、公开等活动。

二是,明确在我国境内处理个人信息的活动适用本法的同时,借鉴有关国家和地区的做法,赋予本法必要的域外适用效力,以充分保护我国境内个人的权益,规定:以向境内自然人提供产品或者服务为目的,或者为分析、评估境内自然人的行为等发生在我国境外的个人信息处理活动,也适用本法;并要求境外的个人信息处理者在境内设立专门机构或者指定代表,负责个人信息保护相关事务。

(二)健全个人信息处理规则

一是,确立个人信息处理应遵循的原则,强调处理个人信息应当采用合法、正当的方式,具有明确、合理的目的,限于实现处理目的的最小范围,公开处理规则,保证信息准确,采取安全保护措施等,并将上述原则贯穿于个人信息处理的全过程、各环节。

二是,确立以"告知—同意"为核心的个人信息处理一系列规则,要求处理个人信息应当在事先充分告知的前提下取得个人同意,并且个人有权撤回同意;重要事项发生变更的应当重新取得个人同意;不得以个人不同意为由拒绝提供产品或者服务。考虑到经济社会生活的复杂性和个人信息处理的不同情况,草案还对基于个人同意以外合法处理个人信息的情形作了规定。

三是,根据个人信息处理的不同环节、不同个人信息种类,对个人信息的共同处理、委托处理、向第三方提供、公开、用于自动化决策、处理已公开的个人信息等提出有针对性的要求。

四是,设专节对处理敏感个人信息作出更严格的限制,只有在具有特定的目的和充分的必要性的情形下,方可处理敏感个人信息,并且应当取得个人的单独同意或者书面同意。

五是,设专节规定国家机关处理个人信息的规则,在保障国家机关依法履行职责的同时,要求国家机关处理个人信息应当依照法律、行政法规规定的权限和程序进行。

在应对新冠肺炎疫情中,大数据应用为联防联控和复工复产提供了有力支持。为此,草案将应对突发公共卫生事件,或者紧急情况下保护自然人的生命健康,作为处理个人信息的合法情形之一。需要强调的是,在上述情形下处理个人信息,也必须严格遵守本法规定的处理规则,履行个人信息保护义务。

(三)完善个人信息跨境提供规则

一是,明确关键信息基础设施运营者和处理个人信息达到国家网信部门规定数量的处理者,确需向境外提供个人信息的,应当通过国家网信部门组织的安全评估;对于其他需要跨境提供个人信息的,规定了经专业机构认证等途径。

二是,对跨境提供个人信息的"告知—同意"作出更严格的要求。

三是,对因国际司法协助或者行政执法协助,需要向境外提供个人信息的,要求依法申请有关主管部门批准。

四是,对从事损害我国公民个人信息权益等活动的境外组织、个人,以及在个人信息保护方面对我国采取不合理措施的国家和地区,规定了可以采取的相应措施。

（四）明确个人信息处理活动中个人的权利和处理者义务

一是，与民法典的有关规定相衔接，明确在个人信息处理活动中个人的各项权利，包括知情权、决定权、查询权、更正权、删除权等，并要求个人信息处理者建立个人行使权利的申请受理和处理机制。

二是，明确个人信息处理者的合规管理和保障个人信息安全等义务，要求其按照规定制定内部管理制度和操作规程，采取相应的安全技术措施，并指定负责人对其个人信息处理活动进行监督；定期对其个人信息活动进行合规审计；对处理敏感个人信息、向境外提供个人信息等高风险处理活动，事前进行风险评估；履行个人信息泄露通知和补救义务等。

（五）关于履行个人信息保护职责的部门

个人信息保护涉及各个领域和多个部门的职责。草案根据个人信息保护工作实际，明确国家网信部门负责个人信息保护工作的统筹协调，发挥其统筹协调作用；同时规定：国家网信部门和国务院有关部门在各自职责范围内负责个人信息保护和监督管理工作。

此外，草案还对违反本法规定行为的处罚及侵害个人信息权益的民事赔偿等作了规定。

个人信息保护法（草案）和以上说明是否妥当，请审议。

后　　记

“数字技术正以新理念、新业态、新模式全面融入人类经济、政治、文化、社会、生态文明建设各领域和全过程，给人类生产生活带来广泛而深刻的影响。”随着数字技术加速创新和数字经济蓬勃发展，个人信息处理的复杂性、普遍性日益增强，个人信息合理利用的经济社会价值和滥采滥用的侵权安全风险同步凸显，传统社会法律规则亟待系统性更新。自2021年11月1日起，《个人信息保护法》正式施行，标志着中国数字经济的发展和治理迈入崭新阶段。

本书由中国社会科学院法学研究所副所长、中国法学会网络与信息法学研究会负责人周汉华研究员领衔策划组织，由中国社会科学院法学研究所网络与信息法研究室出品，周汉华研究员在编写过程中亲自指导撰写、修改和统稿。从组建撰写团队、收集资料、反复研讨、形成初稿、推敲修改到最后的磨砺定稿，本书凝结了诸位同仁的心血和智识：本书导读以及第1条、第13条、第28~37条、第47条、第69条由中国社会科学院法学研究所网络与信息法研究室副主任、中国法学会网络与信息法学研究会副秘书长周辉撰写；第3条、第4条、第12条、第53~57条、第72条、第73条由中国社会科学院国际法研究所副研究员孙南翔撰写；第8条、第26条、第46条、第48~52条、第58条、第64条、第66~68条、第70条、第71条由中国社会科学院法学研究所网络与信息法研究室助理研究员刘灿华撰写；第38~43条由中国社会科学院国际法研究所助理研究员谭观福撰写；第14~25条、第27条、第59条、第74条由中国社会科学院法学研究所网络与信息法研究室助理研究员徐玖玖撰写；第2条、第5条、第6条、第44条、第45条由中国社会科学院文化法制研究中心助理研究员张心宇撰写；第7条、第9~11条由中国社会科学院文化法制研究中心助理研究员闫文光撰写；第60~63条、第65条由中国社会科学院文化法制研究中心助理研究员吴红强撰写。全书域外比较部分由中国社会科学院文化法制研究中心助理研究员朱悦撰写；域外案例由中国社会科学院法学研究所助理研究员刘绍宇提供素材。

本书撰写团队核心成员通过参与立法起草或参加有关研讨会，为《个人信息保护法》的出台提供了重要学术支撑；本书的编写也是对这一学术支撑成果的重要展示。本书的撰写特别受益于全国人大常委会法工委和国家网信办委托周汉华研究员开展的个人信息保护立法起草研究成果和最高人民法院2021年度司法研究重大课题“司法服务保障数字经济发展问题研究”相关研究成果。在本书的撰写过程中,全国人大常委会法工委立法规划室杨合庆主任、经济法室高飞处长和林一英副处长,中央网信办网络法治局李民处长在百忙之中就我们请教的问题提供了权威指导。北京互联网法院、杭州互联网法院、广州互联网法院的创新审判,也为本书的撰写提供了高价值的案例素材和裁判规则参考。特别感谢有关单位和领导的信任、指导、支持,为我们策划和完成本书增强了信心、丰富了知识。

此外,法律出版社冯雨春分社长、邢艳萍编辑为本书的顺利出版付出了大量心血。中国法学会网络与信息法学研究会理事许琳博士和褚轶律师为本书的内容校对提供了宝贵助力。中国社会科学院大学法学院硕士研究生陈默、吴若恒、孙牧原、刘思拓参与了部分资料整理。对他们的帮助一并表达衷心感谢!

希望本书理论和实务并重的解读,能够为广大人民群众和相关组织维护其个人信息权益、为个人信息处理者做好合规工作、为履行个人信息保护职责的部门依法履责、为司法机关依法履职等提供参考。